लोकतंत्र का नया लोक

चुनावी राजनीति में राज्यों का उभार

भाग–1

लोकतंत्र का नया लोक

चुनावी राजनीति में राज्यों का उभार

भाग–1

संपादक

अरविंद मोहन

वाणी प्रकाशन

लोकनीति CSDS

वाणी प्रकाशन का 'लोगो'
विख्यात चित्रकार मक़बूल फ़िदा हुसेन की
कूची से

ISBN : 978-93-5000-027-4

वाणी प्रकाशन
21-ए, दरियागंज, नयी दिल्ली-110002
द्वारा प्रकाशित

फोन : 0091#11#23273167, 23275710
फैक्स : 0091#11#23275710
ई-मेल : vaniprakashan@gmail.com
vani_prakashan@yahoo.com
प्रथम संस्करण : अप्रैल, 2009

दो खण्ड
आवरण : वाणी प्रकाशन
मूल्य : 3000.00
आर. टेक ऑफसेट प्रिंटर्स, दिलशाद गार्डन
दिल्ली-95, द्वारा मुद्रित

LOKTANTRA KA NAYA LOK : Chunavi
Rajneeti Mein Rajyon Ka Ubhar-1
Edited by : Arvind Mohan

अनुक्रम

भूमिका

सचमुच देखते-देखते हमारी राजनीति एकदम बदल गई है। काफी सारी आदर्शवादी बातें, विचारधाराओं का फर्क, नीतियों-कार्यक्रमों का फर्क गायब होता गया है। देश से ऊपर उठकर दुनिया के नेतृत्व में भागीदारी करने का ख्वाब देखने वाले पंडित जवाहरलाल नेहरू जैसों की कौन कहे मुल्क का नेतृत्व करने की आकांक्षा करने वाले नेता भी मुश्किल से नजर आते हैं। प्रधानमंत्री पद पर मात्र 'संयोग से' या धरपकड़ कर आने वाले लोग भी आज अपवाद नहीं रह गए हैं। और जो कथित राष्ट्रीय नेता हैं उनमें से ज्यादातर अपने लिए लोकसभा की एक सीट अपने दम पर जीत लें ऐसे भी अपवाद ही हैं। जो अपवाद हैं वे भी राष्ट्र की काफी सारी संपदा और अपना जरूरी से ज्यादा ध्यान अकेले एक चुनाव क्षेत्र को 'सींचने' में लगाते हैं।

लेकिन यही बदलाव नहीं हुए हैं। बीते साठ वर्षों में हमारा लोकतंत्र भी काफी बदला है, बल्कि यह कहें कि जवान हुआ है। इसके बदलावों में कुछ ऋणात्मक प्रवृत्तियां भी हैं, पर ज्यादातर बदलाव सार्थक और धनात्मक है। जब दुनिया भर में लोकतंत्र का जोर बढ़ा है तब भी स्थापित लोकतांत्रिक शासनों में लोगों की दिलचस्पी घटी है—खासकर कमजोर और अनपढ़ लोगों में। पर भारत में उल्टा हुआ है यहां न सिर्फ मतदान का प्रतिशत बढ़ा है बल्कि इसमें कमजोर समूहों का प्रतिशत और ज्यादा बढ़ा है। इनमें लोकतंत्र के प्रति उत्साह और भरोसा बढ़ा है। जिस जम्मू-कश्मीर में सारी सुरक्षा के बावजूद किसी नेता को आम सभा करने की हिम्मत नहीं हो रही है वहां के मतदान के प्रतिशत ने हर किसी को चौंका दिया। जो लड़के सुबह वोट का नारा लगाते थे वही शाम तक स्वयं बदल जाते थे और बूथ पर मतदाताओं की लाइन में खड़े होते थे। और अकेले एक चुनाव ने कई मसलों का हल कर दिया।

मसला जम्मू-कश्मीर में निष्पक्ष चुनाव से दुनिया, पाकिस्तान और अलगाववादी जमातों को जवाब देने भर का नहीं है। हमारी इसी लोकतांत्रिक व्यवस्था ने दलित महिला के हाथ में मुल्क के सबसे बड़े प्रदेश के शासन की बागडोर सौंपने जैसा आश्चर्यजनक काम किया है तो पत्थर तोड़ने वाली मजदूर महिला को संसद में

पहुंचाने और गाय-भैंस चराकर जीवन शुरू करने वाले कुशाग्र पिछड़े नेताओं को बिहार और उत्तर प्रदेश ही नहीं मुल्क की राजनीति के सूत्रधारों में शामिल कराने का काम भी किया है। राष्ट्रीय एकता के लिए खतरा बनकर उभरने वाले कई क्षेत्रीय आंदोलनों को सर्वाधिक प्रभावी जवाब लोकतांत्रिक चुनावों के माध्यम से मिला है। और मजेदार बात यह है कि आज केन्द्रीकृत या राष्ट्रीय राजनीति का जोर कम होने और गठबंधनों की राजनीति के परवान चढ़ने के बावजूद मुल्क के टूटने का डर किसी के मन में नहीं है।

हमारे लोकतंत्र ने और हमारी चुनावी व्यवस्था ने ये बदलाव किए हैं तो यह सामाजिक बदलाव में लोकतांत्रिक व्यवस्था की सार्थक भूमिका को ही रेखांकित करता है। आज मुल्क की राजनीति दलितों के सवाल पर, अल्पसंख्यकों के मसलों पर, आदिवासियों के सवाल पर, पिछड़ों से जुड़े मसलों पर जितनी सचेत और सक्रिय है उतना पहले कभी नहीं थी। इन सक्रियताओं ने बाबा साहब, डॉ. लोहिया, पेरियार जैसे बिसराए नायकों को भी नया महत्त्व दिलाया है। लोकतांत्रिक अधिकारों पर हमला, प्रेस की आजादी पर हमला और अन्य स्वतंत्रताओं को छीनने की कोशिश अब सफल हो सकती है, यह संभव नहीं लगता। लोगों पर कई किस्म के प्रभाव आ रहे हैं, काफी सारे उकसावे-भड़कावे हैं, बाजार का जाल है, पैसे-हथियारों-अपराधियों का प्रभाव है, पर जन प्रतिनिधि का काम ही लोगों के लिए सर्वाधिक निर्णायक कारक है, यह भी पक्की बात है। और इसी ने बदलाव कराए हैं। हर किसी की सारी इच्छाएं पूरी हुई हों, या होनी चाहिए यह संभव नहीं है, पर अधिकतम लोगों की इच्छा शासन में, उसकी नीतियों पर असर डाले, उनमें अभिव्यक्त हो तो यह बहुत बड़ी बात है।

आजाद भारत की लोकतांत्रिक शासन प्रणाली में जो बदलाव सर्वाधिक आश्चर्यपूर्ण है वह केंद्रीय या राष्ट्रीय राजनीति की जगह क्षेत्रीय या राज्यवार राजनीति का उदय प्रमुख है। आज राष्ट्रीय राजनीति का व्यावहारिक मतलब राज्यवार नतीजों का कुल योगफल ही हो गया है। कभी मुल्क पर एकछत्र राज करने वाली कांग्रेस पार्टी को भी दो-दो, चार-चार सीटें जीतने वाली क्षेत्रीय पार्टियों और नेताओं के आगे हाथ पसारना पड़ता है और उनमें मात्रा में साझेदारी काफी होती है। राष्ट्रवाद का ठेका ले चुकी भाजपा को भी अपने दर्शन में एकदम उजट राजनीति करने वालों को साथ लेने में कोई परेशानी नहीं होती, बल्कि शासन में आने के लिए उसने अपने चुनावी एजेंडे की तीनों मुख्य बातों—राममंदिर निर्माण, धारा 370 की समाप्ति और समान नागरिक संहिता का निर्माण को दफनाने में देर नहीं लगी और क्षेत्रीय सूरमाओं को भी इस नई स्थिति में मेलजोल करने और मलाई मंत्रालय हथियाने या अपने मतलब की मांग मनवाने में बहुत मजा आ रहा है।

हमारे राष्ट्रीय आंदोलन के नेताओं के नेताओं ने हर स्तर पर अंग्रेजों की चुनौती

का सामना किया और राष्ट्रीय कांग्रेस में क्षेत्र, जाति, सामाजिक समूह और लैंगिक आधार पर लगातार संतुलन रखने का प्रयास किया गया फिर कांग्रेस पार्टी ने राज मिलने पर भी उसी परंपरा का पालन लंबे समय तक किया। पर जल्दी ही लगने लगा कि आंदोलन और शासन करने में फर्क है। ऐसे में कांग्रेस भी शासन पार्टी बनी और उसने चुनावी गणित को ध्यान में रखकर सभी जातियों, समूहों को समेटने, कुछ खास समूहों पर ज्यादा ध्यान देने, चुनावी समीकरणों को प्राथमिकता देने का काम देना शुरू किया। विभिन्न क्षेत्रों के नेताओं और सामाजिक समूहों के बीच एक किस्म की प्रतिद्वंद्विता भी चलती रही पर केंद्रीय नेतृत्व की छतरी के नीचे ही। पंडित नेहरू, इंदिरा गांधी वगैरह ऐसे नेता बने रहे जिन्हें कोई चुनौती नहीं मिली या जिन्होंने ऐसी चुनौतियों को दरकिनार किया। कांग्रेस पार्टी के इनके चमत्कारिक नेतृत्व से भी चुनावी लाभ मिलता रहा। इनके आगे सारे विरोधी (राष्ट्रीय) नेता बौना बने रहे, विरोधी दल ढंग से खड़े भी नहीं हो पाए। डॉ. लोहिया तो कांग्रेस को ऐसा वटवृक्ष मानते थे जिसकी छाया में कोई और नहीं पनप सकता था।

पर कांग्रेस पार्टी ने ठीक वही काम किया था मुल्क को वैसा ही नेतृत्व दि या जैसा राष्ट्रीय आंदोलन के दौरान हुआ था, यह कहना गलत होगा। एक तो शासन की पार्टी बनी तो उसमें इस चलते भी कई बुराइयां आ गयीं उसके काफी सारे फैसले चुनावी लाभ को ध्यान में रखकर लिए जाते थे फिर वह धीरे-धीरे व्यवस्थावादी भी बनती गई। वह दलितों, मुसलमानों के लिए चुनावी दल तो रही पर उनको समान असर लगे, उनके हित में काम करने वाली पार्टी नहीं रही उस तरह भी नहीं जैसा राष्ट्रीय आंदोलन में हुआ था। उसने इनके बीच भी न्यस्त स्वार्थी नेतृत्व बना लिया और काफी कुछ कर्मकांड जैसी व्यवस्था करने लगी। जमींदारी उन्मूलन जैसे क्रांतिकारी कार्यक्रम उसने छोड़ दिए या इन सवालों पर वह गोलमोल रवैया अपनाती रही। नेहरू और इंदिरा युग में ही चीजों में काफी अंतर आ गया, पार्टी संगठन नामक चीज दिन-ब-दिन दिखावे की रह गई।

और शायद यह कहना भी अपने आप में गलत होगा कि आज़ादी के बाद पूरा मुल्क उसी तरह कांग्रेसी प्रभाव में रहा जैसा कि आज़ादी के पहले था, बल्कि शुरू में ही केरल, पंजाब, तमिलनाडु, पश्चिम बंगाल और लगभग पूरा पूर्वोत्तर (तथा एक हद तक जम्मू-कश्मीर) कांग्रेसी प्रभाव के बाहर रहा और तब इन सबके कम राष्ट्रवादी होने या अलगाववाद के ज्यादा करीबी होने के आरोप मजे से लगते रहे। तमिलनाडु के द्रविड़ आंदोलन को तो लगभग अलगाववाद मानने का दौर ही चला। पूर्वोत्तर की स्थिति भिन्न रही है। बल्कि पूर्वोत्तर से लेकर तमिलनाडु तक का एक भिन्न राजनैतिक चरित्र दिखाना कई मामलों में कांग्रेसी राजनीति की प्रतिक्रिया था या उसकी कमियों के चलते यहां अलग राजनीति चली।

कांग्रेस ने नीतियों के मामले में एक मध्य मार्ग अपनाने का दावा किया पर

असल में यह स्पष्टतः व्यवस्थावादी बनी रही, इसके एजेंडे में क्रांतिकारी कार्यक्रम धीरे-धीरे गायब हुए। अगर 'गरीबी हटाओ' का नारा लगा भी तो वह भी काफी कुछ 1967 के गैर-कांग्रेसवाद की जीत का जवाब था। उसने कभी मुल्क टूटने का डर दिखाकर तो कभी सैनिक जीत के नाम पर वोट मांगे और पाए। इस दौरान पूरा का पूरा संगठन व्यक्ति केन्द्रित होता गया। संगठन की जगह करिश्मा उसकी मुख्य ताक़त बनने लगा। दिखने को पार्टी जाति, धर्म और क्षेत्रवाद में उदासीन दिखती रही, पर असम में ऐसा था नहीं—कुछ-कुछ समूहों और क्षेत्रों को विशेष लाभ मिलता रहा।

1967 हो या 1977, दोनों ही दफे कांग्रेस को उन अधिकांश इलाकों और राज्यों में विपक्ष ने जबरदस्त टक्कर दी जो लगातार कांग्रेसी छतरी में रहे थे। पर जो पार्टियां उसकी जगह आईं वे भले ही ढंग से शासन और राजनीति न कर पाई हों लेकिन उन्होंने खुद को कांग्रेस के विकल्प के रूप में पेश करने की राजनीति की। मगर समाजवादी, साम्यवादी और अन्य एजेंडों को लेकर राजनीति करने वाले दल और जमात भी धीरे-धीरे कांग्रेसी एजेंडे अर्थात मध्य मार्ग के नाम पर यथास्थितिवाद की राजनीति पर आते गए। उन्हें कहीं न कहीं कांग्रेसी तौर-तरीके, सोच और एक हद तक खुलापन पसंद आता था—हिंदुस्तानी स्वभाव के अनुकूल लगता था।

दूसरी ओर तमिलनाडु, केरल और पंजाब वाली राजनीति भी आगे बढ़ती रही जो प्रांतीय पहचान, धार्मिक पहचान और व्यवस्थित गठबंधन अर्थात सत्ता को सभी समूहों में ठीक से बांटने पर आधारित थी। केरल का अनुभव पश्चिम बंगाल में पहुंचा तो जम ही गया। तमिलनाडु का क्षेत्रीय चरित्र आंध्र प्रदेश आया तो कांग्रेस पिटी और बाकी दल मिट गए। पंजाब की अकाली राजनीति ने धार्मिक आधार पर राजनीति करने के लिए काफी लोगों को प्रेरित किया—भाजपा ने इस प्रयोग को राम मंदिर आंदोलन के जरिए राष्ट्रीय स्तर पर करके अपने लिए काफी लाभ लिये, पर कई मामलों में मुल्क का नुकसान भी किया।

हिंदी प्रदेशों में कांग्रेस की प्रभावी जातियों को समेटने वाली राजनीति के खिलाफ सुगबुगाहट तो समाजवादी आंदोलन के दौर में चलती थी (जो पार्टी संगठन के हिलते-डुलते रहने के चलते कभी ढंग से परवान नहीं चढ़ी), वह अचानक 1989 के बाद एक बड़े आंदोलन पर लहर के रूप में उभरी। और मंडल आयोग को लागू करने के फैसले ने नौकरियों में पिछड़ों को चाहे जितना कम या ज्यादा लाभ दिया हो, इसने राजनीति में काफी हद तक उनका वर्चस्व बना दिया। वर्चस्व बनाने में भी ज्यादा महत्त्वपूर्ण था अगड़ों का वर्चस्व तोड़ना जो कांग्रेसी व्यवस्था के चलते बन गया था। अब इस बदलाव में क्या-क्या हुआ इसका ब्यौरा बहुत बड़ा है पर इसकी अपनी भी सीमाएं दिखीं। इसमें भी एक किस्म का क्षेत्रवाद है (मुलायम सिंह का प्रभाव उत्तर प्रदेश से बाहर शायद ही कहीं दिखा जबकि

उनकी बिरादरी के लालू प्रसाद यादव का असर भी बिहार तक सिमटा रहा), इसमें भी दिन-ब-दिन अधिक पिछड़ी जातियों का उभार दिखता है—यादवों के बाद कुर्मी-कोइरी-मल्लाह-दलित वगैरह। पर यह कुल मिलाकर अधिक लोगों, अधिक से अधिक कमज़ोर-ग़रीब लोगों के अधिक सक्रिय रूप से लोकतांत्रिक व्यवस्था में जुड़ने का अभियान ही है जो अभी जारी है।

अगर मुसलमानों ने आपातकाल के बाद कांग्रेस का साथ छोड़ा और संगठित करते हुए अपनी व्यवस्थित राजनीति की, अपने मुद्दों को ढंग से उठाया और अपने समुदाय की जरूरतों को नजरों से ओझल नहीं होने दिया तो यह भी कम बड़ी उपलब्धि नहीं थी क्योंकि उनके यहां मध्यवर्ग प्राय: नदारद रहा है और उच्च वर्ग का न्यस्त स्वार्थ शासन से जुड़ गया था। अब मुसलमान आजाद भारत में बहुत लाभ पाने वाले जमातों में नहीं हैं पर अधिकांश छोटे और स्पष्ट अलग पहचान रखने वाले समूहों की तुलना में कमजोर हालत में भी नहीं हैं।

कांग्रेसी छतरी में रहने वाला एक अन्य बड़ा समूह दलित भी उसी मंडल लहर के आसपास में अपनी स्वतंत्र पहचान और ताकत बनाने का प्रयास करता दिखता है जिसने अन्य पिछड़ी जातियों में जबरदस्त ऊर्जा भरी। बीस वर्षों से भी कम अवधि में देश के सबसे बड़े राज्य उत्तर प्रदेश में अपने दम पर शासन करना इसकी सबसे बड़ी उपलब्धि है। पर आज दलित मतदाताओं की उपेक्षा कोई नहीं कर सकता और न ही उनका रहनुमा बनने का दावा भी। बसपा उनके लिए मुख्य राजनैतिक उपकरण है तो हर प्रदेश में उनका भी अलग-अलग नेतृत्व और दल उभर आया है—मंडल वाली जातियों की तरह।

जब इनकी विविधताएं अपने-अपने ढंग से सक्रिय और सचेत हों, क्षेत्र का सवाल, मार्का, जाति, धर्म, सत्ता में हिस्सेदारी जैसे सवालों पर कोई समूह पीछे छूटने को तैयार न हो तो इसे लोकतंत्र की जीत ही मानना चाहिए। और संसदीय लोकतंत्र को आए इतना वक्त बीत चुका है तथा वह इतना मज़बूत हो चुका है कि इन प्रवृत्तियों में उसे या मुल्क टूटने का कोई खतरा दिखे, इसकी गुंजाइश नहीं दिखती। आडवाणी जी बड़े राष्ट्रभक्त हैं और मायावती या करुणानिधि कम राष्ट्रभक्त यह बात आडवाणी या उनके समर्थक भी नहीं कह सकते। कोई ज्यादा लोकतांत्रिक है, कोई कम यह कहना भी मुश्किल है। किसी के समर्थन ज्यादा पक्के हैं और दूसरे कम यह भी नहीं कहा जा सकता।

यों ज्यादा समझदारी इसी में थी कि अधिक से अधिक स्पष्ट एजेंडे और सत्ता के पारदर्शी बंटवारे के साथ गठबंधन बनाया जाए और शासन किया जाए। इसे संयोग नहीं मानना चाहिए कि लोकतांत्रिक राजनीति के अनुभव से आए इस सबक को गैर-कांग्रेसी दलों में सबसे आगे निकली भाजपा ने पहचाना और उसने अपने एजेंडे के सबसे विवादास्पद मुद्दों को छोड़कर राष्ट्रीय जनतांत्रिक गठबंधन

का निर्माण किया और लगातार दो बार राज किया। कांग्रेस को यह सबक लेने में देर हुई, पर उसने भी ठीक वही किया। इतना ज़रूर हुआ कि अतिवाद की राजनीति से परहेज करने के चलते इसे भाजपा की तरह अपने एजेंडे में ज्यादा नाटकीय बदलाव करने की ज़रूरत नहीं हुई। पर राष्ट्रीय स्तर के खिलाड़ियों को अभी भी गठबंधन की राजनीति, एजेंडा और सत्ता की हिस्सेदारी का गुर केरल जैसे राज्यों से सीखना होगा।

यह काम इसलिए भी ज्यादा जरूरी है कि आने वाले वक्त में कोई एक राष्ट्रीय राजनीति चलने की गुंजाइश कम से कम होती दिखती है। भारत में जितनी विविधताएं हैं, जितनी भाषा, जाति, धर्म, क्षेत्र के लोग हैं उन सबको एक 'डंडे' से हांकना संभव नहीं है—वह भी लोकतांत्रिक शासन के अंदर। अगर लोकतंत्र होगा, सभी लोगों में जागरूकता आएगी तो वे अपने-अपने विवेक के आधार पर जो फैसले होंगे उसमें भी यह विविधता झलकेगी और झलकने भी लगी है। राष्ट्रीय आंदोलन के दौरान मुख्य स्वर और था जिसमें आगे बाकी स्वर मंद थे। और बाबा गांधी के नेतृत्व ने आंदोलन के स्वर को जितना भी बदला, आज की हमारी लोकतांत्रिक व्यवस्था में कमज़ोर और छोटी जमातें जिस उत्साह और ऊर्जा से भागीदारी कर रही हैं उन्होंने राष्ट्रीय आंदोलन में वैसी भागीदारी नहीं की थी।

अब इस भागीदारी में सिर्फ चुनाव और लोकतांत्रिक व्यवस्था में जीवंतता आई हो ऐसा भी नहीं है। मंडल के जिस मंत्र ने पिछड़ों को जगाया और चुनावी राजनीति में बदलाव किया उसने काफी हद तक सांप्रदायिक राजनीति से लड़ने का काम भी किया है, मुल्क की आर्थिक गतिविधियों में नई ऊर्जा भरी है। उन्होंने कई मामलों ने सबसे कमजोर और गरीब समूहों को नुकसान पहुंचाने वाली उन आर्थिक नीतियों के खिलाफ मोर्चा क्यों नहीं खोला यह छोटा सवाल नहीं है। ऐसा ही सवाल यह भी है कि मंडल लहर कई राज्यों और इलाकों से क्यों हार गई। पर आज भारत में जो नई ऊर्जा दिख रही है, जो अपूर्व विकास दर दिख रही है उसके पीछे समाज में हुई ये हलचलें और बदलाव भी जिम्मेवार हैं, यह बात भी माननी होगी। इस बारे में कोई बहुत अध्ययन नहीं हुए हैं पर अगर राजनीति में इतने बड़े बदलाव के साथ मुल्क की ऊर्जा और क्षमता में भी बदलाव लक्षित हो रहा है तो इस संबंध को भी देखना-जानना होगा।

यह किताब मुख्यत: चुनावी राजनीति से आए उस बदलाव पर केन्द्रित है जिसमें राज्यवार अलग-अलग चरित्र उभरे हैं। हर राज्य की राजनीति में 1990 के दशक से अब तक किस तरह के बदलाव हुए हैं, उनके पीछे सामाजिक गोलबंदी किस तरह की रही है, कैसे काम करती रही है, इसे ही समझने-समझाने का काम विभिन्न लेखकों ने किया है। ज्यादातर आंकड़े विकासशील समाज अध्ययन पीठ के लोकनीति एकांश द्वारा जुटाए गए हैं। पुस्तक की योजना भी मुख्यत: इसके निदेशक

प्रो. योगेन्द्र यादव और डॉ. सुहास पल्शीकर की है। मैंने संपादक के रूप में लेखों के संपादन, पुनर्लेखन, अनुवाद या अनुवाद संशोधन जैसे काम ही किए हैं या फिर सारे लेखकों से लेख जुटाने और नया कराने का काम किया है। शुरू में इसी पीठ के संपादक भाई अभय कुमार दुबे ने इस परियोजना का कुछ काम किया था। मैंने उसको आधार बनाकर आगे का काम किया है और पुस्तक रूप तक ले आया हूं। सो अब अगर इसमें जो कमियां और गलतियां छूटी होंगी तो वह पूरी तरह मेरी जिम्मेवारी है—इनमें न तो योगेन्द्र-सुहास जी का योगदान है न दुबे जी का। युवा पत्रकार मित्र राजेश यादव ने पुस्तक को आखिरी रूप देने और प्रूफ देखने का भार लेकर मुझे काफी राहत दी। पुराने सहयोगी शंकर सिंह राव ने किताब तैयार करने में बहुत मदद की। वाणी प्रकाशन के स्वत्वाधिकारी अरुण माहेश्वरी ने बहुत कम समय में पुस्तक प्रकाशन का जिम्मा लेकर हम सबके लिए उत्साह बढ़ाने वाला काम किया है।

पार्टी प्रणाली और चुनावी राजनीति

—योगेन्द्र यादव और सुहास पल्शीकर

अस्सी के दशक के बाद से भारतीय राजनैतिक परिदृश्य एकदम बदल गया है। इन बदलावों की व्याख्या भारतीय राजनीति को समझने-बताने वाले पुराने उपकरणों से नहीं हो सकती।

लंबे समय तक प्रभावी रही कांग्रेस प्रणाली पर फिर से गौर करना मौजूदा पार्टी व्यवस्था के ऐतिहासिक परिप्रेक्ष्य को स्पष्ट करने में मददगार होता है। सारी सैद्धांतिक चर्चाओं पर नए सिरे से गौर करने से आप पार्टी प्रणाली का एक ऐसा मॉडल बना सकते हैं जो कांग्रेस प्रणाली के पतन के बाद भारत में उभरी विभिन्न पार्टी प्रणालियों को श्रेणीबद्ध करने में मददगार होगी। यह मॉडल पार्टी प्रणाली को एक तरफ प्रतिद्वंद्विता के प्रारूप में रखने के साथ-साथ सामाजिक-राजनैतिक बदलावों/टकरावों की सघनता के समांतर रखता है। इतना ही नहीं, 'अलगाव के अवसर' वाली चर्चा हमें यह समझने में मदद करती है कि किस तरह अलग-अलग राज्य अलग-अलग अवसर पर और तरीके से कांग्रेस प्रणाली से अलग हुए। पार्टियों, सामाजिक और राजनैतिक शक्तियों के इस उथल-पुथल और पुनर्गठन-पुनःसंयोजन में हर प्रदेश के अलग-अलग सामाजिक समूहों के लिए नए अवसर और जगहें बनती हैं। पर इस बदलाव का मुख्य स्वर है भारतीय राजनीति का आधिपत्यवादी स्वभाव बदल कर अभिमुखतावादी होना। एक पार्टी के आधिपत्य का युग अब समाप्त हो गया है। पर इस अभिमुखता का यह मतलब भी है कि पार्टी व्यवस्था में निहित प्रतिद्वंद्विता वाली प्रवृत्ति लोकतांत्रिक राजनीति की परिवर्तनवादी क्षमताओं को अनिवार्यतः बढ़ाए, यह जरूरी नहीं है।

भारत में पार्टी प्रणाली को राज्य स्तर पर परिभाषित करने की जरूरत पिछले एक दशक के दौरान काफी महसूस की गई और इसके कारण कोई दबे हुए नहीं हैं। नब्बे के दशक में भारत की पूरी राजनीति बदल गई। भारतीय राजनीति पर नजर रखने वाले अध्येता और विद्यार्थी जब तक इस बदलाव के महत्त्व के बारे में कोई साझा राय विकसित करते तब तक यह झमाझम आ चुका था। सो इस बदलाव को,

इसके असर और गहराई की कोई अनदेखी कर सके यह असंभव है। भारतीय राजनीति में बहुत सामान्य दिलचस्पी रखने वाले को भी अस्सी के दशक और आज की राजनीति में जमीन-आसमान का फर्क दिख जाता है। राजनीति पर गंभीर नजर रखने वालों को अब अस्सी के दशक के बाद और नब्बे के दशक का बदलाव राजनीति का आमूल-चूल बदलाव लगता है, इसमें सिर्फ अलग और हैरान करने वाले नतीजे ही नहीं आ रहे हैं, बल्कि खेल का सारा नियम ही बदल गया है (यादव, 1996)। यह साफ है कि खेल के बदलते नियमों को समझने के लिए पार्टी प्रणाली की बदलती प्रकृति को ज्यादा अच्छे ढंग से समझा जाए।

इन बदलावों के विस्तार और गहराई की जगह इनकी प्रकृति ही पार्टी व्यवस्था पर नए सिरे से गौर करने की जरूरत बताती है। इन बदलावों को, चाहे वे बड़े हों या छोटे, हम अभी तक प्रचलित राजनैतिक आख्यानों के हिसाब से अनफिट पाते हैं। यही कारण है कि राजनैतिक पंडित कुछ बदलावों को लेकर नाक-भौं सिकोड़ते हैं। अभी जो बात सबसे ज्यादा नजर आती है वह है राजनैतिक दलों के चढ़ते-गिरते सितारे : कांग्रेस पार्टी की राजनैतिक हैसियत सिकुड़ना, भाजपा का सत्ता तक पहुंच जाना, बसपा का उभार वगैरह-वगैरह। पर राजनैतिक लड़ाई के स्वरूप में आए भीतरी बदलाव पर कम ध्यान जाता है और इसका विश्लेषण और भी कम हुआ है। इसी प्रकार मतदाताओं में आए उत्साह और सक्रियता को देखना तो आसान है पर उसके कारणों को ठीक से नहीं समझा जा सकता है। राजनीति में जाति और समुदाय जैसे सामाजिक व्यवहारों का जोर बढ़ने की चर्चा तो होती है पर पहले से हुए बदलावों को समझने और बताने का काम कम ही हुआ है।

नब्बे के दशक में एक साथ राजनैतिक बदलावों की कई स्वतंत्र धाराएँ निकली हैं। मतदाताओं की सक्रियता और उत्साहपूर्ण भागीदारी बढ़ने के साथ ही चुनावी प्रतिद्वंद्विता भी तेज हो गई। और फिर राजनीति का अखाड़ा 'अखिल भारतीय' होने की जगह प्रदेश तक सिमटने लगा। 'अखिल भारतीय' चुनावी नतीजा और कुछ भी नहीं अलग-अलग प्रदेशों के नतीजों का कुल योग भर बनता लगा। इन बदलावों के साथ चुनावी जुमला और तौर-तरीके भी बदले। इन सबको साथ देखें तो काफी घालमेल दिखाई देगा। यह घालमेल या गड़बड़झाला कई चीजों के आपस में मिल या उलझ जाने भर से पैदा नहीं हुआ है। असलियत यह है कि इनमें से कई चीजों को ठीक से समझते भी नहीं और इनके अंतस्संबंधों को जानने-समझने की दृष्टि भी हमारे पास नहीं है। और हैरानी की बात नहीं है कि हमें इन बदलावों के टिकाऊपन को लेकर भी कोई अंदाजा नहीं है। क्या ये बदलाव अब बने रहेंगे? या फिर से किन्हीं अन्य बदलावों की पूर्वपीठिका हैं? नब्बे के दशक की भारतीय राजनीति को समझने-जानने की किसी भी कोशिश में अनुभवजन्य साक्ष्यों की जटिलता, भविष्य की अस्पष्टता और प्रवृत्तियों संबंधी सिद्धांत न बनने या कम

बनने के चलते तस्वीर काफी उलझ जाती है। यहां इसी तस्वीर को समझने की कोशिश की जा रही है। हम इस अस्पष्टता को एक बौद्धिक पहेली मानते हैं। हमारा उद्देश्य इस पहेली को सुलझाना और इसे ऐतिहासिक और तुलनात्मक परिप्रेक्ष्य में रखना है। आजादी के बाद से लोकतांत्रिक राजनैतिक प्रतिद्वंद्विता में जिस तरह भारत की पार्टी प्रणाली का विकास हुआ है उसकी धारा को तभी से देखना-समझना ही ऐतिहासिक परिप्रेक्ष्य है। और तुलनात्मक परिप्रेक्ष्य को हम विभिन्न राज्यों में राजनैतिक प्रतिद्वंद्विता से उभरी अलग-अलग प्रवृत्तियों के जरिए जानेंगे। अकादमिक जगत ने इन दोनों ही प्रवृत्तियों, खासकर दूसरी पर एकदम ध्यान नहीं दिया है। अपने यहां शायद ही लिपसेट और राक्केन (1967) जैसे विद्वत्तापूर्ण अध्ययन हुए हैं जिसमें उन्होंने यूरोप के गठन के तुलनात्मक ऐतिहासिक समाजशास्त्र और वहां के जटिल सामाजिक संबंधों तथा गतियों के संदर्भ में यूरोप की पार्टी प्रणाली को रखकर देखा है। भारतीय संदर्भ में ऐसे सवाल उठाने वाली अकादमिक खोजबीन अभी तक दिखाई नहीं देती। इस आलेख के जरिए भी हम कोई इतना बड़ा काम करने नहीं जा रहे हैं। इस आलेख के जरिए अभी हम सिर्फ ऐसी खोजबीन के लिए कुछ मानक तय करने और भारत के राज्यों में उभरी पार्टी प्रतिद्वंद्विता के ढांचे को रूपायित करने का प्रयास करेंगे।

पार्टी प्रणाली के इस अध्ययन के पीछे के नजरिए को भी स्पष्ट करना लाभकर होगा। पार्टी व्यवस्था में हमारी गहरी दिलचस्पी है, क्योंकि लोकतांत्रिक राजनीति में और उसके जरिए सामाजिक बदलाव हो, इसमें हमारी दिलचस्पी है। पार्टी व्यवस्था और प्रतिद्वंद्विता बदलाव के लिए उपलब्ध विकल्पों का रास्ता खोलती है या और विकल्पों की गुंजाइश बनाती है उसमें हमारी दिलचस्पी है। लोकतांत्रिक राजनीति और सामाजिक बदलाव के बीच संभावित संबंधों के लिए पार्टी व्यवस्था एक महत्त्वपूर्ण कड़ी है, प्रभावी कारक है। पार्टी व्यवस्था ही राजनैतिक प्रतिद्वंद्विता के स्वरूप को तय करती है जो नागरिकों के राजनैतिक विकल्पों का स्वरूप और दबावों का निर्माण करती है। इस प्रकार पार्टी व्यवस्था ही लोकतांत्रिक तरीके से सामाजिक बदलाव की संभावना तय करने वाले विकल्पों का 'मेनू' बनाती है। इस बात पर भरोसा करने का अर्थ लोकतांत्रिक राजनीति द्वारा मतदाताओं को सामाजिक बदलाव के लिए चुनावी विकल्प उपलब्ध कराने, सत्ता के ढांचे को पुनर्गठित करने, समाज में सत्ता के संबंधों को पुनर्परिभाषित करने का विकल्प उपलब्ध कराने में विश्वास करना भी है। इसके साथ ही हमें इस बात का एहसास भी है कि सामाजिक और आर्थिक असमानता वाला ढांचा हर संभव तरीके से इस बदलाव को रोकने के लिए काम करता है। इसलिए इस आलेख में हम पार्टी व्यवस्था को सामाजिक और आर्थिक ढांचों के संदर्भ में भी देखने का प्रयास करेंगे।

इस आलेख की शुरुआत हम भारत में सत्ता की राजनीति से संबंधित मौजूदा

साहित्य के परिचय के साथ कर रहे हैं जिससे अध्ययन के इस अनुशासन के उभरने की कहानी और पार्टी व्यवस्था के तुलनात्मक अध्ययन के इसके तौर-तरीकों का पता चल सके। दलों की मौजूदा प्रतिद्वंद्विता को एक ऐतिहासिक परिप्रेक्ष्य में रखने के लिए हम आलेख के भाग II में प्रसिद्ध 'कांग्रेस प्रणाली' का पुनर्मूल्यांकन करेंगे। इस मॉडल के संस्थापक रजनी कोठारी हैं। इसके बाद भाग III में हमने आदर्श पार्टी प्रणाली विकसित करने या उसकी तलाश के लिए सैद्धांतिक चर्चाओं पर गौर किया है जिससे हमें कांग्रेस प्रणाली के पतन के बाद भी भारत में उभरी पार्टी प्रणाली के विभिन्न रूपों को वर्गीकृत करने में मदद मिले। हमें उम्मीद है कि हमारा यह मॉडल, जो प्रतिद्वंद्विता और सामाजिक-राजनैतिक बंटवारे की सघनता की दो धाराओं के बरक्स पार्टी व्यवस्था को रखकर चलता है, वह भारतीय संदर्भों में ज्यादा उपयुक्त है और अन्य उपलब्ध मॉडलों की तुलना में हमारे उद्देश्यों के भी ज्यादा अनुकूल बैठता है। इस क्रम में हम भाग IV में पार्टी प्रणाली के प्रकारों या चरित्र निर्धारण पर पहुंचते हैं जिसमें हमने कांग्रेस प्रणाली के 'दो जीवनों' और उसके बाद की स्थिति की चर्चा की है। भाग I में हमने 'विलगाव के अवसर' पर चर्चा की है, अर्थात कौन राज्य, किस-किस अलग तरीके से कब-कब कांग्रेस प्रणाली के रास्ते से अलग गया, इसकी चर्चा की है। लोगों की चुनावी प्रक्रिया में भागीदारी बढ़ने, ज्यादा उत्साह से चुनाव में हिस्सा लेने जैसे कारकों ने चुनावी परिदृश्य और 1990 के दशक में पार्टी प्रणाली को बदलने का काम किया है—भाग II कांग्रेस प्रणाली के बाद वाले दौर में राज्यों की राजनीति की प्रवृत्तियों और रुझानों की चर्चा करता है। भाग III में हम आलेख के मूल बिन्दु पर लौटते हैं अर्थात यहां हमने कांग्रेस प्रणाली के पतन के बाद वाले दौर की पार्टी व्यवस्था और उसकी बदलाव वाली राजनीति के बीच संबंधों को देखने का प्रयास किया है। विभिन्न राज्यों में जो अलग-अलग तरह की राजनीति विकसित हुई है उस पर गौर करके हम यह काम करते हैं। आखिरी हिस्से में हमने आलेख के विभिन्न पक्षों को समेटते हुए इस बड़े सवाल को उठाने की कोशिश की है कि अस्सी के दशक के बाद की पार्टी प्रणाली में बदलावों की व्याख्या हम किस तरह करें? और लोकतांत्रिक राजनीति के माध्यम से सामाजिक बदलाव की संभावना के अर्थ में इसका क्या महत्त्व है?

एक बात और। इस संग्रह के सारे लेख विभिन्न राज्यों के इसी दौर की राजनीति पर केन्द्रित हैं। पर वे इस आलेख की स्थापनाओं को ध्यान में रखकर नहीं लिखे गए हैं। हर राज्य में चुनावी राजनीति में जो बदलाव हुए हैं उनका ब्यौरा वहां है और हमने अपनी स्थापनाओं के लिए उनके तथ्यों को भी आधार बनाया है। संभव है कि इस आलेख की स्थापनाओं और राज्यों वाले आलेखों के बीच थोड़ा कम सामंजस्य दिखे।

I. राज्यों की राजनीति पर अध्येताओं की नजर

वास्तविक राजनीति हो या अकादमिक चर्चा, दोनों में राज्यों की राजनीति जिस तरह से केन्द्र में आई है वह हाल की एक महत्त्वपूर्ण परिघटना है। अभी ज्यादा दिन नहीं हुए जब देश की राजनीति के अध्ययन का मतलब सिर्फ 'राष्ट्रीय' राजनीति था। राज्यों की राजनीति को पुछल्ला विषय माना जाता था। दिल्ली, नेहरू और राष्ट्रीय स्तर की राजनैतिक लड़ाई की चर्चा और अध्ययन को ही भारतीय राजनीति का अध्ययन मान लिया जाता था। रजनी कोठारी की चर्चित किताब 'पॉलिटिक्स इन इंडिया' की एक हल्की टिप्पणी राज्यों की राजनीति के लगभग 'शूद्र' वाले दर्जे की स्थिति स्पष्ट करती है। राजनैतिक प्रणाली पर समग्रता से नजर डालते हुए प्रो. कोठारी कहते हैं कि उनकी मंशा भारतीय राजनीति के काफी सारे घटकों के रहस्यमय विवरणों में खो जाने की नहीं है। और अपनी इस बात को वे वहीं दर्ज एक याद टिप्पणी से स्पष्ट करते हैं कि वे राज्यों की राजनीति पर राष्ट्रीय नजरिए से विचार कर रहे हैं और जिनकी दिलचस्पी राज्यों के नजरिए से ही राज्य की राजनीति में हो, उन्हें वेइनर या नारायण वगैरह की किताबें देखनी चाहिए (कोठारी, 1970, पृ. 122)। इस कथन में दो अघोषित बातें शामिल हैं : पहली, राज्यों की राजनीति और राष्ट्रीय राजनीति में अंतर है और दूसरी, राज्य के नजरिए से राज्य की राजनीति पर गौर करना सिर्फ दिलचस्पी भर का मसला है। भारतीय राजनीति पर सोचने विचारने वालों की कई पीढ़ियों के लिए यह संभवत: स्वाभाविक प्रतिक्रिया थी, क्योंकि उनका सारा ध्यान राष्ट्रीय आंदोलन और कथित राष्ट्र निर्माण पर ही लगा था क्योंकि यह माना जाता था कि राष्ट्रीय स्तर की राजनीति का यही उद्देश्य है। इसके उलट राज्य स्तरीय राजनीति को तब संभवत: सत्ता का, व्यक्तिगत महत्त्वाकांक्षा का, क्षुद्र स्वार्थों का या ऐसे स्वार्थों की वकालत का खेल माना जाता था। साथ ही यह भी सच है कि अगर किसी को पचास और साठ के दशक की राजनीति के बारे में जानना है तो राष्ट्रीय स्तर की राजनीति, राष्ट्रीय नेतृत्व, नीति निर्माण वगैरह पर ही गौर करने से उसका काफी कुछ काम चल सकता था। राजनैतिक विश्लेषण में जहां-तहां राज्यों से जुड़े कुछ प्रमुख मसलों की चर्चा करने से बहुत काम हो सकता था। और जिस तरह से हर कहीं कांग्रेस का एकाधिकार था उसमें राज्यों की राजनीति भी काफी कुछ राष्ट्रीय राजनीति की छाया जैसी ही दिखती थी। साठ के दशक में जब राज्यों वाली राजनीति परवान चढ़ने लगी तब अध्येताओं ने भी धीरे-धीरे इस पर ध्यान देना शुरू किया। फिर जब राज्यों ने 'राष्ट्रीय राजनीति' को अपने रंग में रंगना

शुरू किया तो सिर्फ राष्ट्रीय राजनीति पर केन्द्रित अध्ययनों की सीमाएं भी साफ दिखने लगीं। फिर अलग-अलग राज्यों को लेकर अध्ययन होने शुरू हुए। फिर राज्यों की राजनीति से संबंधित सिद्धांतों का गढ़ा जाना शुरू हुआ और अध्ययन की यह प्रवृत्ति और सघन हुई। फिर राज्यों से जुड़े अध्ययनों के संग्रह भी सामने आने लगे।

राज्यों की राजनीति से जुड़े आलेखों के शुरुआती संग्रहों में माइरन वेइनर द्वारा संपादित 'स्टेट पॉलिटिक्स इन इंडिया' (1968) भी एक है। इसमें वे इस सवाल का जवाब ढूंढ़ने की कोशिश करते हैं कि भारत में राज्य स्तरीय राजनीति के गंभीर अध्ययन क्यों नहीं हुए हैं (वेइनर, 1968, पृ. 5-6)। पर इसमें उन्होंने राज्यों की राजनीति के अध्ययन के जो तर्क दिए हैं वे ज्यादा दिलचस्प हैं। उनका तर्क है कि चूंकि राज्य विकास संबंधी अनेक पहलुओं में निर्णायक भूमिका निभाते हैं इसलिए भारत के विकास की राजनीति में दिलचस्पी रखने वालों को राज्य स्तरीय राजनीति पर गौर करना चाहिए। इसके अलावा राज्यों का अध्ययन तुलना की दृष्टि से भी बहुत उपयोगी है। उनका मानना था कि भारत की राजनीति के बारे में जितनी ठोस जानकारी राज्यों की तुलना से मिलती है उतनी किसी और चीज से नहीं। (वेइनर, 1968, पृ. 3-5)। मोटे तौर पर वे तीन आधारों पर राज्य की राजनीति पर गौर करते हैं : राजनीति का संघीय ढांचा, लोगों की भागीदारी के संदर्भ पर आधारित पार्टी प्रतिद्वंद्विता और राज्य की पार्टी व्यवस्था तथा राज्य सरकार का कामकाज (विकास जानने के हिसाब से यह तीसरा मानक ज्यादा महत्त्वपूर्ण है) (18-58)। वेइनर राज्य स्तरीय पार्टी व्यवस्था और राष्ट्रीय पार्टी व्यवस्था में फर्क करते हैं। उनका कहना है कि 1967 चुनाव के पहले से ही राज्य स्तरीय पार्टी प्रणाली ने राष्ट्रीय पार्टी व्यवस्था से अलग दिशा अपनानी शुरू कर दी थी। सैद्धांतिक स्तर पर वेइनर टकराव के सामाजिक-आर्थिक आधार पर जोर देते हैं। इसके साथ ही वे राजनैतिक स्थायित्व की परिस्थितियों पर भी गौर करते हैं। ऐसा उस समय राजनीति विज्ञान के अध्ययन के सामान्य चलन को ध्यान में रखकर किया गया होगा। वेइनर की किताब के बाद इकबाल नारायण ने अधिक राज्यों के अध्ययन वाली एक अधिक बड़ी किताब संपादित की (1976)। इस किताब में शामिल आलेख राज्यों की राजनीति और सामाजिक-आर्थिक विवरणों से भरे थे पर राजनीति विज्ञान की दृष्टि से इनमें खास बातें न थीं और ना ही कुछ नई मान्यताओं को स्थापित करने या रेखांकित करने का प्रयास किया गया था। ऐसा राज्यों के संरचनात्मक ढांचे पर ज्यादा जोर देने के चलते और तब उत्तर अमेरिका में प्रचलित धारणाओं से प्रभावित होने के चलते हुआ था। पर पुस्तक के आखिर में इकबाल नारायण यह दिलचस्प मुद्दा उठाते हैं कि 'राज्य स्तरीय राजनीति' एक तरफ अंतरःक्षेत्रीय द्वंद्वों और दूसरी ओर अंतः-क्षेत्रीय

असंतुलनों के बीच उलझ गई है (नारायण, पृ. 592)।

दरअसल, राज्य स्तरीय राजनीति के ऐसे अध्ययनों की जरूरत सिर्फ इस कारण से महसूस की गई कि राज्य स्तरीय बातों को ढंग से समझे बिना राष्ट्रीय राजनीति का जो विश्लेषण रहा है वह बुद्धिमत्तापूर्ण नहीं है। राष्ट्रीय राजनीति के अध्ययन का एक बना-बनाया ढांचा था और जब उससे चीजें पूरी तरह समझ न आती थीं या लगता था कि ठीक उसके अनुरूप अध्ययन नहीं हो रहा है तो अध्येता यह देखने के लिए राज्य स्तरीय राजनीति पर गौर करते थे कि भारतीय राजनीति के साथ क्या गड़बड़ है तथा उसे किस तरह से एक 'स्वाभाविक' ढांचे के अनुरूप समझा-समझाया जा सकता है। जब इंदिरा गांधी सत्ता में आईं तो उन्होंने भारत के राजनैतिक खेल को कुछ इतना बदल दिया कि अब उसे समझने के लिए नई परिभाषा और नए उपकरणों की जरूरत सभी को महसूस होने लगी। अब राजनैतिक जानकार मानने लगे कि अब पुराने बने-बनाए ढांचे से काम नहीं चलने वाला है। इस बदलाव से संकटों, संस्थागत गैर-संस्थागत तर्कों और पुनरुद्धार वाली बातें जोर-शोर से उठाने लगीं। कांग्रेस प्रणाली की रजनी कोठारी वाली व्याख्या को अनेक विद्वान खींच-तान कर यह बताने लगे कि भारत में लोकतंत्र के जिंदा रहने के लिए यह जरूरी संतुलनकारी स्थिति है।

लगभग इन्हीं भावनाओं और सोच के तहत जान वुड की राज्यों की राजनीति संबंधी किताब आई 'क्राइसिस एंड कंटीन्यूटी' जो इस शीर्षक वाले तर्क पर ही आधारित थी। फिर भी वुड का यह कहना सही था कि 1970 के दशक के आखिरी दौर की भारतीय राजनीति का एक मुद्दा राज्यों की राजनीति में केन्द्र का दखल था। उन्होंने अपना यह निष्कर्ष भी पेश किया कि आने वाले वक्त में राज्यों की राजनीति को नियंत्रित करने की केन्द्रीय नेतृत्व की क्षमता और राज्यों की तरफ से उस पर होने वाली प्रतिक्रिया ही आगे आने वाली राजनीति की धुरी बनेगी (वुड, 1984, पृ. 3)। वुड द्वारा संपादित पुस्तक के आखिरी आलेख में चर्च ने भारतीय राजनीति के समक्ष के दो संकटों, नई सामाजिक शक्तियों की भागीदारी का मुद्दा और कांग्रेस पार्टी का भविष्य, की चर्चा की है। उन्होंने राज्यों का वर्गीकरण दोहरे आधार पर करने का सुझाव दिया है—राज्य स्तर पर सत्ता में पिछड़ी जातियों की भागीदारी और कांग्रेस द्वारा पिछड़ों के दावे को समाहित करने की क्षमता (चर्च, 1984, पृ. 236-241)।

जब वुड द्वारा संपादित किताब छपने जा रही थी तभी इंदिरा गांधी की हत्या हो गई। फिर भारतीय राजनीति में एकदम नया ही दौर शुरू हुआ। ऐसा एक मजबूत व्यक्ति के नेतृत्व के उठ जाने के चलते नहीं हुआ, बल्कि उन्हीं के दौर में दिखने वाली कुछ प्रवृत्तियों के जोर पकड़ने से हुआ। इनमें नियंत्रित अर्थव्यवस्था की जगह बाजोरोन्मुख आर्थिक नीतियों का जोर बढ़ना, प्रतिद्वंद्वी सांप्रदायिकता की राजनीति का मजबूत होना और अनेक सामाजिक टकरावों और सक्रियताओं के मुख्य मंच के

लिए राज्यों का उदय होना प्रमुख था। दिलचस्प बात यह है कि नारायण और वेइनर द्वारा शुरुआत कर दिए जाने के बावजूद भारतीय राजनीति का अध्ययन करने वालों ने राज्यों की राजनीति की उभरती और बढ़ती भूमिका पर खास गौर नहीं किया। अस्सी के दशक के आखिरी समय तक तो राज्यों की राजनीति ही सबसे प्रमुख हो गई तब भी विद्वानों का इस पर कोई ध्यान न था। अस्सी के दशक के आखिरी और नब्बे के दशक के शुरुआती दिनों में लिखे गए अनेक आलेख और किताबों में भले ही राज्य की राजनीति से जुटाए आंकड़ों का इस्तेमाल किया गया पर व्याख्या 'राष्ट्रीय स्तर' पर ही की गई। इसके उलट अगर कुछ लोगों ने राज्य स्तरीय राजनीति पर गौर किया भी तो सारा जोर राज्य की विशिष्टता या अलगमना बताने पर ही रहा (चर्च, 1984, पृ. 230)।

यह कहने का अर्थ ऐसा नहीं है कि इस दौरान राज्यों की राजनीति का अध्ययन ही नहीं हुआ। विद्वानों ने अनेक राज्यों के अलग-अलग गंभीर अध्ययन किए और राज्यों की राजनीति वाले आलेखों के संग्रह भी प्रकाशित हुए। इनसे भी ज्यादा महत्त्वपूर्ण चीज थी फ्रांसिन फ्रैंकेल और एम. एस. ए. राव द्वारा संपादित दो खंडों वाले ग्रंथ का प्रकाशन (1989 और 1990)। इसे बहुत सीमित अर्थों में राज्यों की राजनीति भर की किताब नहीं माना जा सकता। राज्यों की राजनीति के स्वरूप और गति को समझने में इस किताब ने काफी महत्त्वपूर्ण काम किया। इसने चुनावी और पार्टी पोलिटिक्स को संसाधनों के नियंत्रण और प्रभुत्व जैसे मुद्दों से जोड़कर विश्लेषण करने की संभावनाओं के रास्ते खोले। चुनावी राजनीति को एकदम अलग-थलग चीज मानने के पारंपरिक नजरिए से अलग हटते हुए फ्रैंकेल और राव ने संबंधित राज्य के ऐतिहासिक विकासक्रम को वहां के राजनैतिक अर्थशास्त्र के संदर्भ में देखने की कोशिश की। ज्यां द्रेज और अमल सेन (1996) द्वारा संपादित ग्रंथ में भी इसी मुद्दे को उभारने की कोशिश की गई। राव और फ्रैंकेल ने राज्यों को ऐसी स्वायत्त इकाई के रूप में देखने-समझने की संभावनाओं के द्वार खोले जहां प्रभुत्व की प्रणाली स्वतंत्र ढंग से विकसित होती है इसलिए हर राज्य में पार्टियों की आपसी प्रतिद्वंद्विता का स्वरूप और विकास क्रम एकदम स्वतंत्र हो सकता है। इस प्रकार उनकी इस किताब ने भारतीय राजनीति में राज्य को विश्लेषण की एक स्वतंत्र इकाई के रूप में स्थापित किया। पर इस बड़े ग्रंथ से भी हमें राज्यों की राजनीति की तुलना करने या राज्यों का उनके गुण-दोष के आधार पर वर्गीकरण करने के सूत्र नहीं मिलते। इन खंडों में शामिल आलेख वास्तविक चुनावी मुकाबलों की जगह राजनीति के सामाजिक आधार पर ही ज्यादा गौर करते हैं। फिर भी कुछ आलेखों, खासकर बिहार और उत्तर प्रदेश वालों में, राज्यों में पार्टियों की प्रतिद्वंद्विता पर जातियों की गोलबंदी के प्रभावों पर विस्तार से चर्चा हुई है। साथ ही, महाराष्ट्र वाले आलेख में पार्टी की गुटबंदी और जाति के संबंधों पर चर्चा की गई है।

नब्बे के दशक में जैसे-जैसे भारतीय राजनीति का राज्यवार चरित्र ज्यादा उभरता गया चुनावी नतीजों का राज्यों के हिसाब से अध्ययन करने का क्रम भी बढ़ता गया। इसी क्रम में राय और वैलेस (1999) तथा वैलेस और राय (2003) ने पिछली सदी के दो लोकसभा चुनावों के राज्यवार विश्लेषण के आधार पर उनका मूल्यांकन किया। ये दो किताबें बताती हैं कि समकालीन भारतीय राजनीतिक प्रक्रिया को समझने के लिए कोई सार्थक अध्ययन प्रणाली विकसित करने के लिए हमें कितने सारे मुद्दों को समेटने की जरूरत होगी। इनमें क्षेत्रवाद, अस्मिता की राजनीति, हिन्दुत्व वगैरह शामिल हैं। वैलेस ने गठबंधन की राजनीति की उन बाध्यताओं को बताया है जो राजनैतिक प्रक्रिया को प्रभावित करती हैं (वैलेस, 1999, पृ. 17-22)। दो ही ग्रंथ इस बात को स्पष्टतः रेखांकित करते हैं कि अगर राजनीति को समझना है तो राज्यों पर ही गौर करना होगा, क्योंकि असली चीजें वहीं से संचालित होती हैं। इसी प्रकार, नब्बे के दशक में दो दलीय प्रणाली के प्रभावी होने को भारतीय पार्टी व्यवस्था की मुख्य विशेषता बताते हुए छिब्बर और नूरुद्दीन का निष्कर्ष था कि भारत में भविष्य के राजनैतिक विश्लेषण को राज्यों का आधार ही लेना होगा (छिब्बर-नूरुद्दीन, 1999)। नब्बे के दशक का राजनैतिक विकास क्रम और उन पर किए गए अध्ययनों ने भारतीय राजनीति के अध्ययन के आधार के तौर पर राज्यों की राजनीति की उसकी अंतर्ध्वनियों के साथ पढ़ाई को काफी आगे ला खड़ा किया।

पर इस एहसास के बाद भी गंभीर अध्ययन के स्वरूप में बदलाव नहीं दिखता या बहुत कम दिखता है। राज्यों की राजनीति के काफी सारे ऐसे अध्ययन हैं जिनमें शायद ही कभी तुलनात्मक नजरिया अपनाया जाता है या जिनमें ऐसे सवाल उठाए जाते हैं जिनके आधार पर भारतीय राजनीति को समझने के सूत्र विकसित किए जा सकें। सामान्य चलन यही है कि विभिन्न राज्यों की राजनीति की समीक्षा कर दी जाए और बस काम खत्म। पर नब्बे के दशक में ही राज्यों की राजनीति के वास्तविक तुलनात्मक अध्ययन की तरफ बढ़ने के संकेत भी दिखे हैं, जिनके आधार पर भारतीय राजनीति पर कायदे का पुनर्विचार संभव है। ऐसे अध्ययनों को हम तीन श्रेणियों में बांट सकते हैं। पहली श्रेणी में एक-एक राज्य पर आधारित वे अध्ययन हैं जिनके आधार पर भारतीय राजनीति को समझने का बृहत्तर तर्क खड़ा किया गया है। इनमें मध्य प्रदेश से संबंधित जेफ्रेले (1999) का अध्ययन, तमिलनाडु से संबंधित नरेन्द्र सुब्रह्मण्यम (1998) का अध्ययन, धीरू भाई शेठ (2002) और घनश्याम शाह (2002) के अध्ययन, गोवा संबंधी पीटर डिसूजा (1999) के अध्ययन के साथ चुनावी राजनीति पर आए इकोनॉमिक एंड पॉलिटिकल वीकली के संग्रह के कुछ आलेख शामिल हैं। दूसरी श्रेणी में वे अध्ययन हैं जो सीधे एक से अधिक राज्यों की राजनीति की तुलना करते हैं (कोहली, 1987, सिन्हा, 2003, राबर्ट जेनकिन्स, 2004)। तीसरी श्रेणी में वे अध्ययन हैं जिनमें अनेक राज्यों की

पार्टी पॉलिटिक्स की प्रवृत्तियों और धाराओं पर गौर किया गया है (प्रदीप कुमार, 2000, श्रीधरन, 2002, यादव, 1996, 1999 और जेफ्रेले, 2003)। श्रीधरन का विस्तृत विश्लेषण राजनैतिक प्रतिद्वंद्विता के ढांचे वाले पक्ष पर ज्यादा जोर देता है, सामाजिक पक्ष पर कम जबकि जेफ्रेले का जोर कांग्रेस की गिरावट शुरू होने के बाद उसके पास उपलब्ध रणनीतिक विकल्पों पर है। जैसे, श्रीधरन का तर्क है कि भारत की पार्टी व्यवस्था में बदलाव को सबसे अच्छी तरह 'व्यवस्थात्मक गुणों' के जरिए ही समझा जा सकता है (श्रीधरन, पृ. 595-96)। दूसरी तरफ जेफ्रेले बताते हैं कि मध्य प्रदेश में नब्बे के दशक में कांग्रेस सबको साथ लेकर चलने वाला नजरिया छोड़कर 'अतिवादों के गठबंधन' वाली रणनीति पर अमल करती है और सफल होती है (जेफ्रेले, 2003, पृ. 435-452)। दूसरे शब्दों में कहें तो भारत में पार्टी व्यवस्था और चुनावी राजनीति संबंधी समकालीन अध्ययन दो एकदम अलग नजरिए से हो रहे हैं। राज्य स्तरीय राजनीति के अध्ययन का अधिक व्यापक और महत्त्वाकांक्षी ढांचा हैरिस (1999) ने पेश किया है। उनका कहना है कि हर राज्य में जाति और वर्ग वाले संतुलन को आधार बनाकर राज्यों की पार्टी प्रणाली में फर्क करना चाहिए। उनका मानना है विभिन्न राज्यों में लोकतंत्र के कामकाज में अंतर के लिहाज से इसका प्रभाव है। हमारा उद्देश्य यहां इस विषय पर बढ़ते अध्ययन के भंडार को दिखाना और पिछली आधी सदी की भारतीय राजनीति को ध्यान में रखते हुए इसी दिशा में अपनी बात को कहना है जिससे राज्यों की राजनीति के क्षेत्र में पार्टी व्यवस्था और चुनावी राजनीति को बेहतर ढंग से समझा जा सके। राज्य स्तरीय चुनावी राजनीति पर अध्ययन सामग्री की कमी नहीं है, लेकिन इनके आधार पर भारत की पार्टी व्यवस्था पर नए तरह से चिंतन नहीं किया जा सका है। सार विश्लेषण और चिंतन इसी घोषणा तक आ जाता है कि अब कांग्रेसी राजनीति का अंत हो गया है और उत्तर-कांग्रेसी राजनीति का दौर आ गया है। यह बदलाव राज्य स्तर पर हो रहे थे और अखिल भारतीय स्तर पर यह चीज उतनी साफ नहीं दिखती थी, इस तथ्य को लगभग भुला दिया गया है। यह भी कहा जा सकता है कि भारतीय राजनीति का विश्लेषण सामाजिक बदलाव के मुद्दे को पूरी गंभीरता से नहीं उठाया। पार्टी प्रणाली और सामाजिक बदलाव के बीच स्पष्ट रिश्ता है, इसे देखने-समझने का प्रयास शायद ही कभी किया जाता है।

II. कांग्रेसी व्यवस्था क्या है

समकालीन भारतीय पार्टी प्रणाली में हुए बदलावों को समझने की किसी भी कोशिश की शुरुआत इस बुनियादी सवाल का जवाब देने से ही होनी चाहिए कि हम किसी बिन्दु से इस बदलाव को मापने की कोशिश करें। और इसका जवाब हमें अगली तार्किक स्थिति पर ला देता है और हम पूछते हैं कि पार्टी प्रणाली क्यों

बदली है ? भारतीय राजनीति से संबंधित किताबों में भारतीय राजनीति से संबंधित एक नक्शा होता है जिसमें इन समकालीन बदलावों से पहले के दौर का भारत दिखाया जाता है। इस नक्शे या तस्वीर को आधार बना कर दिखने वाले बदलावों को बताया जाता है। कहा जाता है कि अब पार्टी प्रणाली एक दल के प्रभुत्व की जगह बहुदलीय प्रतिद्वंद्विता के दौर में आ गई है, सामाजिक मेल-जोल और एकजुटता की राजनीति की जगह बिखराव की राजनीति होने लगी है, स्थायित्व की जगह उथल-पुथल के दौर में आ गई है, पार्टियों की प्रतिद्वंद्विता सिद्धांतों की जगह गलत चीजों के बीच होने लगी है। आज पार्टी प्रणाली की जो प्रभावी चर्चा है उस पर पुनर्विचार करने से पहले उस आधार बिंदु पर ही चर्चा शुरू की जाए।

1960 के दशक में मुल्क के लोकतांत्रिक अनुभव के डेढ़ दशकों के आधार पर दलगत राजनैतिक प्रतिद्वंद्विता के बारे में एक सामान्य सोच विकसित हुई (कोठारी, 1961, कृष्णा, 1967, मारिस जोन्स, 1964)। निश्चित रूप से इस सामान्य समझ को 'कांग्रेस प्रणाली' (कोठारी, 1961, कोठारी, 1970, पृ. 152-199) का नाम ही सबसे उपयुक्त लगता है। साठ के दशक के मध्य में विकसित यह पद सत्तर के दशक तक की दलगत राजनीति को सही ढंग से बता देता था। भारत ने बाहर से सीधे-सीधे एकदलीय या बहुदलीय प्रणाली नहीं ली थी और अपने यहां जो व्यवस्था विकसित हुई थी उसे एक सैद्धांतिक पद देने की यह दमदार कोशिश थी। सत्तर के मध्य में कोठारी ने स्वयं इस पद पर पुनर्विचार किया और कहा कि मूल स्थापना में थोड़े बदलावों की जरूरत है, लेकिन सत्तर के दशक और उसके बाद की दलगत राजनीति के बुनियादी स्वरूप को समझने में इस स्थापना को अभी भी इस्तेमाल किया जा सकता है (कोठारी, 1989)।

'कांग्रेस प्रणाली' के सिद्धांत में यह तर्क शामिल था कि इसमें एक पार्टी का प्रभुत्व तो था पर इसमें अंतर-पार्टी और अंत:पार्टी प्रतिद्वंद्विता भी चलती रही। अक्सर यह प्रतिद्वंद्विता एक सर्वानुमति के दायरे के अंदर ही चली, क्योंकि 'केन्द्र' में कांग्रेस ही रही, सो चाहे पार्टी की अंदरूनी लड़ाई हो या बाहर के दलों की, वे सभी हाशिए की चीज ही रहे। कोठारी की स्थापना सिर्फ संरचनात्मक स्वरूप से जुड़ी न थी, इसकी स्पष्ट वैचारिक स्थापना भी थी। कांग्रेस प्रणाली वैधता वाली प्रणाली थी। एक लोकतांत्रिक सत्ता को स्थापित करने का मुद्दा था। एक ऐतिहासिक सर्वानुमति से ही भारत में यह काम हुआ और यह पार्टी प्रणाली को 'वर्तमान सर्वानुमति' में बदलकर हासिल हुआ (कोठारी, 1989, पृ. 25)। यह कांग्रेस प्रणाली द्वारा समाज के सभी प्रमुख समूहों और हित समूहों को साथ लेने से ही संभव हुआ (पूर्वोक्त, पृ. 27)। कोठारी का मानना था कि कांग्रेस प्रणाली ने वैधता पाने और सामाजिक बदलाव के प्रयास, दोनों को साथ-साथ जारी रखा। और कांग्रेस ने नाराजगी के सारे संभावित ठिकानों का ध्यान रखकर यह काम किया। कांग्रेस

पार्टी की अपनी लोकतांत्रिक पृष्ठभूमि और उसकी सरकार की नीतियों ने उसे इस काम को करने में काफी मदद की। इस मॉडल में सामाजिक बदलाव में सरकार की भूमिका पर जोर दिया गया था। साथ ही, नेहरू के नेतृत्व ने भी, जिसकी चर्चा कोठारी ने अपनी शुरुआती स्थापना में की थी, कांग्रेसी प्रणाली के इस पक्ष को व्यवस्थित रूप देने में महत्त्वपूर्ण भूमिका निभाई।

सत्तर के दशक के मध्य में कांग्रेस प्रणाली पर गंभीर सवाल उठे। अस्सी के दशक में कांग्रेस ने वापस सत्ता पाई पर इस दौर में कांग्रेस प्रणाली काफी कमजोर पड़ चुकी थी। अस्सी के दशक के अंतिम दिनों से भारतीय राजनीति में हुई कई भारी-भरकम घटनाओं ने भारतीय राजनीति के पूरे स्वरूप और विषयों को एकदम बदल दिया। पर यह बात ध्यान देने की है कि इन बदलावों की चर्चा भी अक्सर कांग्रेस प्रणाली को आधार बनाकर की जाती है। जाहिर है इससे कांग्रेस प्रणाली वाले तर्क की असली मजबूती ही जाहिर होती है। भारतीय राजनीति के अनुभवों को पश्चिम की स्थापित मान्यताओं और मॉडलों के अनुरूप विश्लेषित करने की जगह कोठारी की स्थापना ने भारतीय राजनीति को उसके अपने असली रंग-रूप में ही रखकर देखने और उसके आधार पर एक मान्यता बनाने की कोशिश की थी। इसने माना कि एक पार्टी के प्रभुत्व की राजनीति, जिसमें पार्टी की तानाशाही वाली चीज नहीं थी, अपने यहां प्रभावी है। इसमें राजनैतिक प्रतिद्वंद्विता समाप्त हो गई है, इस बात का खंडन करते हुए उन्होंने पार्टी के अंदर से ही आने वाले दबावों और विरोध की चर्चा की और बताया कि इस कांग्रेसी प्रणाली में अंतर-पार्टी और अंत:पार्टी वाली राजनीति की गुंजाइश रही है और वह लगातार चलती गई। कोठारी की यह विलक्षण स्थापना सिर्फ संरचनात्मक स्तर से आगे जाकर इस प्रणाली में अंतर्निहित वैचारिक पक्ष को भी बताती है।

कांग्रेस प्रणाली वाले तर्क के इन गुणों और ताकत का अपना महत्त्व है, पर अब इस पर विचार करने पर लगता है कि इसने या इसके लोकप्रिय स्वरूपों ने पार्टी प्रणाली में साठ के दशक में उभरने लगी कुछ प्रवृत्तियों को नजरअंदाज किया। कांग्रेस प्रणाली पर विस्तार से चर्चा करने के पहले हमें इन पहलुओं पर एक सरसरी नजर डाल लेनी चाहिए। इस स्थापना की सबसे बड़ी कमी यह रही कि इसने कभी भी इस बात को रेखांकित नहीं किया कि भारत का एक चौथाई से आधा हिस्सा कभी भी कांग्रेस प्रणाली के दायरे में रहा ही नहीं। पश्चिम बंगाल, केरल, तमिलनाडु और पंजाब जैसे इलाकों ने या तो बहुत शुरू से ही कांग्रेस प्रणाली का विरोध किया या उसके प्रभाव में आए ही नहीं। इनके अलावा ओडिसा, राजस्थान, मध्य प्रदेश और असम जैसे इलाकों में कांग्रेसी शासन था। पर कांग्रेस प्रणाली का प्रभुत्व कभी नहीं बना। कोठारी खुद भी कहते हैं कि पुराने रजवाड़ों वाले इलाके में कांग्रेस प्रणाली कमजोर थी। पर संपूर्णता से गौर करें तो ये अपवाद भी काफी बड़े

और ज्यादा थे और कम से कम नजरअंदाज करने लायक तो कतई न थे। इसके आधार पर हम सिर्फ यह निष्कर्ष निकाल सकते हैं कि कांग्रेस प्रणाली को 'भारतीय' प्रणाली मानने की जगह 'राष्ट्रीय' पार्टी प्रणाली मानना चाहिए। यह बात कोठारी के इस कथन के भी अनुरूप बैठती है कि वे राजनीति पर एक राष्ट्रीय नजरिए से गौर कर रहे थे। साठ के दशक और बाद में भी यह आम धारणा थी कि राजनीति पर चर्चा का मतलब तो राष्ट्रीय राजनीति ही है। सिर्फ राष्ट्रीय राजनीति को समझने की जरूरत है—राज्यों की राजनीति तो उसी की एक स्थानीय अभिव्यक्ति भर है।

दूसरे, कोठारी की स्थापना कांग्रेस प्रणाली को एक असमान और 'अ' केन्द्रित राजनीति के 'स्वाभाविक' नतीजे के रूप में पेश करती है और कोई राजनैतिक केन्द्र मानकर ही तर्क करती है। इससे पाठक के मन में उस पार्टी प्रणाली की बहुत दमदार और टिकाऊ होने की धारणा बैठती है जबकि वास्तव में ऐसा हुआ नहीं। इस स्थापना के चलते कांग्रेस प्रणाली एक टिकाऊ और नियमित चीज मान ली गई और फिर जब इसमें गिरावट आई तो उसकी व्याख्या की जरूरत महसूस की गई। अब सारी चीजों पर गौर करने के बाद लगता है कि लोकतांत्रिक प्रतिद्वंद्विता की राजनीति के पहले दौर पर गौर करते हुए कोठारी ने कुछ प्रमुख प्रवृत्तियों को कुछ ज्यादा ही महत्त्व दे दिया। जब लोगों की सक्रियता-सचेतपना सीमित हो तब राजनैतिक प्रतिद्वंद्विता भी कुछ बहुत बने-बनाए तरीकों के अंदर ही संभव है। भारतीय संदर्भ में कांग्रेस एक विशाल आंदोलन का मुख्य उपकरण थी, शासक पार्टी थी और उसका नेता जबरदस्त लोकप्रिय और अपने प्रतिद्वंद्वियों से काफी बड़ा था, सो इस वटवृक्ष की छाया वाली प्रतिद्वंद्वी राजनीति भी अपने ही ढंग की हुई। और इसमें ऐसा कुछ भी न था जो वास्तविक प्रतिद्वंद्वी और जन भागीदारी वाली राजनीति शुरू होने के बाद भी कांग्रेस प्रणाली को बचाए रखती।

तीसरे, कांग्रेस प्रणाली वाले तर्क में सबको साथ लेने और सर्वानुमति वाली राजनीति चलाने का प्रयास वाली बात शामिल थी। यह बात तथ्यात्मक रूप से सही भी है। पर इस सर्वानुमति के आंतरिक तर्क को देखने-परखने का प्रयास इसमें नहीं किया गया है और ना ही प्रभावी हित समूहों की भूमिका को इसमें देखा गया था। सबको साथ लेने और सर्वानुमति बनाने की धारणा ने कांग्रेस प्रणाली को दो मामलों में मदद की। एक तो उसने ऊंची जातियों से समझौता करने और राजनीति के मामले में उनके प्रभुत्व को बने रहने देने का जतन किया। लोकतांत्रिक प्रक्रिया के बारे में इस तरह के नजरिए और कल्याणकारी विकासवाद ने निचली जातियों के दावों को मजबूती से उभरने ही नहीं दिया, उन पर जोर ही नहीं पड़ा। दूसरी ओर सबको साथ लेने की नीति ने कांग्रेस को अपनी नीतियों और नेतृत्व के तौर-तरीकों में बदलाव लाए बगैर चुनाव जीतने का तरीका दे दिया। कांग्रेस पार्टी को आम लोगों का समर्थन था और इसमें विभिन्न सामाजिक पृष्ठभूमि के लोग शामिल थे। इसी से उसे यह

ख्याति मिलती गई कि वह सबको साथ लेकर चलती है। पर वोट के मामले में यह स्थिति रहने के बावजूद पार्टी ने दलितों को, आदिवासियों को, किसानों और मजदूरों को सत्ता में वास्तविक भागीदारी नहीं दी। कांग्रेस प्रणाली एक किस्म की सौदेबाजी थी। सांकेतिक रूप से कांग्रेस पार्टी विभिन्न सामाजिक समूहों को साथ लेगी पर वह पार्टी के उच्च वर्ण नेतृत्व को ही सत्ता का असली हकदार और आम लोगों का प्रतिनिधि मानकर राज करने देगी। दूसरे शब्दों में कहें तो कांग्रेस प्रणाली उतनी खुली नहीं थी जितनी उसके सिद्धांतकार ने सोचा या बताया है। इसमें विभिन्न समूहों को साथ लेने वाला गुण भी था तो सत्ता के मामले में काफी सारे समूहों को उससे वंचित रखने का दुर्गुण भी। सर्वानुमति के नाम पर कांग्रेस प्रणाली में समर्थकों और लाभ पाने वालों के बीच फासला रखा ही गया। संभवतः ऐसा इसलिए हुआ, जैसा कि कोठारी खुद भी बताते हैं, कि राजनैतिक वर्ग एक साझा सामाजिक पृष्ठभूमि से ही आया और यह लोकतंत्र के सामाजिक-तार्किक पहलुओं के प्रति संवेदनशील नहीं था। राजनैतिक अभिजात जमात के सोच में यह समानता राष्ट्र तथा विकास के बारे में उनके साझा नजरिए से निकली थी, सामाजिक रूप से स्वीकृति या सर्वमान्य नजरिए के चलते नहीं।

आजादी के बाद से भारत की लोकतांत्रिक राजनीति में सरकार के कामकाज पर जनमत संग्रह वाली जो प्रवृत्ति है उसे कोठारी के तर्क में पर्याप्त महत्त्व नहीं मिला है। कोठारी की बातों पर आज हम गौर करते हुए यह कह सकते हैं कि उन्होंने पार्टी प्रतिद्वंद्विता पर ज्यादा जोर दिया हो सकता है। बहुत व्यवस्थित संगठन के बावजूद तब कांग्रेस चुनावी जीत के लिए काफी हद तक नेहरू पर निर्भर रहा करती थी। राज्य स्तरीय मजबूत संगठनों और नेहरू द्वारा अपने नाम पर वोट लेने (जो जनमत संग्रह जैसा ही होता था) के आधार पर ही कांग्रेस चुनाव जीता करती थी। कांग्रेस ने काफी लंबे समय तक जैसी चुनावी सफलताएं हासिल कीं वह अकेले संगठन के दम पर संभव न थीं। दरअसल, भारतीय राजनीति में और खासकर कांग्रेस की राजनीति में सदा से नेता के नाम पर वोट मांगने और पाने वाला पक्ष काफी प्रबल रहा है और यह चीज आजादी के पहले भी थी। आजादी के बाद चुनाव काफी समय तक नेता के नाम पर ही लड़े जाते रहे। जिस तरह कांग्रेस का मजबूत संगठन विपक्ष को दरकिनार कर दिया करता था उसी तरह नेता के नाम पर वोट मांगने और पाने वाला पक्ष अन्य मुद्दों को गौण बना देता था। सारा जोर ठोस कार्यक्रम या सरकार के प्रदर्शन पर वोट लेने-देने की जगह नेता के करिश्मा पर ही ज्यादा जोर रहा। जैसा हम मानते हैं कि नेता के नाम पर वोट मांगने और पाने का खेल सत्तर के दशक तक चलता रहा है। नेहरू से इंदिरा गांधी तक की राजनीति के बदलाव को हम तब ज्यादा अच्छी तरह जान सकते हैं जब हम इस पहलू पर गौर करें जो बाद में ज्यादा ही प्रभावी होता गया।

कांग्रेस प्रणाली वाले तर्क की ये सभी कमजोरियां अपनी जगह हैं, पर इनके चलते इस पूरे तर्क का महत्त्व कम नहीं हो जाता और ना ही वह बेमानी हो जाता है, बल्कि भारतीय राजनीति के एक खास युग के मुख्य चरित्र को उजागर करने वाले इस पद या नाम को बनाए रखने की जरूरत है। इस सिद्धांत पर अपनी आलोचना हम दो कारणों से कर रहे हैं। हमारी पहली स्थापना है कि सार्वभौम मताधिकार का द्वार एक बार में खोलने से लोकतांत्रिक सक्रियता का शुरुआती दौर था कांग्रेस प्रणाली तत्कालीन जरूरतों के हिसाब से ही विकसित हुई थी। इससे राजनीति के बारे में कुछ खास लागों के इस अतीत की ललक (कास्टेल्जिया) को रेखांकित किया जा सकता है। वे इस दौर को किसी बहुत अच्छे आदर्श के चलते याद नहीं करते—उनकी असली तड़प भर है कि लोकतंत्र के शुरुआती दिनों में आम लोगों में कोई राजनैतिक चेतना न थी और सारा खेल थोड़े से लोगों का था। दूसरे, इस आलोचना से हम इस बात के प्रति सचेत होते हैं कि कांग्रेस की 'सर्वानुमति' का चरित्र काफी कुछ आधिपत्यवादी था : इसमें लोकतांत्रिक राजनीति का सांस लेना-हाथ-पांव मारना और सामाजिक बदलावों के अनुरूप एक सुरक्षित किस्म का प्रयोग तो संभव हुआ पर सामाजिक उथल-पुथल और बदलावों के अनुरूप प्रतिद्वंद्वी राजनीति का जुड़ाव और विकास इसमें संभव नहीं हुआ। अपने लंबे जीवन की शुरुआत में ही कांग्रेस प्रणाली परिर्वनकारी राजनीति के लिए बाधक बन गई।

इस प्रकार कांग्रेस प्रणाली के समझदारी भरे विश्लेषण के लिए हमें इसके दो दौर को भी रेखांकित करना होगा। और अगर हम ऐसा नहीं करेंगे तो 1947-1977 के पूरे दौर को एक समान और स्थिर मानने की गलती कर बैठेंगे। हम इस गलत धारणा का दोष कोठारी को नहीं दे सकते पर इस तर्क को जिस तरह से रखा गया है उससे यही धारणा बनती गई है। आज कांग्रेस प्रणाली पर पुनर्विचार का मतलब कांग्रेसी प्रभुत्व को समझना और उसी को आधार बनाकर भारत में पार्टी प्रणाली के चरित्र को समझना-बताना जिससे कांग्रेस प्रणाली वाले दौर में ही नहीं, बाद के समय की तस्वीर साफ हो सके।

III. पार्टी प्रणाली के लिए एक मॉडल

भारतीय राजनीति पर किसी भी चर्चा में पार्टी प्रणाली पर बात जरूर होती है। पर अक्सर यह बातचीत ढंग की नहीं होती और सारा दोष या गुण पार्टियों के मत्थे ही जाता है। या फिर पार्टी संख्या वाले हिसाब की होती है—एक दलीय प्रणाली, दो दलीय प्रणाली या बहुदलीय व्यवस्था की, इन दोनों तरह की चर्चाओं में पार्टी प्रणाली के पीछे असली मुद्दे को भुला ही दिया जाता है। असली मुद्दा है कि कोई व्यवस्था या प्रणाली अपने अधीन काम करने वाले दलों के कामकाज को तय करती है—उनके लिए स्थितियां उपलब्ध कराती है या परेशानियां पैदा करती है और यह

विभिन्न चीजों का एक कुल योगफल भर नहीं होता (मैव्ट, 1997, पृ. 51)। इसलिए हमें पार्टियों में प्रदर्शन और फलने-फूलने या बदलाव तथा पार्टी प्रणाली में बदलाव के बीच अंतर करने की जरूरत है। जैसे, इस आलेख में हम यह देखने पर ज्यादा ध्यान नहीं दे रहे हैं कि कांग्रेस पार्टी क्यों सत्ता से बाहर हुई। हम इस बात पर ज्यादा गौर कर रहे हैं कि उसे क्यों और कैसे एकदम अलग तरह की राजनैतिक प्रतिद्वंद्विता झेलनी पड़ी, इसका मौजूदा पार्टियों के लिए क्या मतलब था और जन भागीदारी तथा सक्रियता में इसने क्या और कैसा योगदान किया। इस प्रकार मुख्य काम उन परिस्थितियों के विन्यास को समझना है जिनमें पार्टियां खुद को फंसा पाती हैं। और ये चीजें स्वतंत्र रूप से घटित होती हैं और फिर पार्टियों और मतदाताओं को उनके अनुरूप आचरण करना होता है। यह विन्यास ही तय करता है कि पार्टी प्रतिद्वंद्विता कैसे चले और लोगों का रुझान कैसे बने। प्रतिद्वंद्विता की प्रकृति और स्वरूप यह तय करता है कि समाज के विभिन्न जमातों के दावों को निपटाने, नए दावेदारों के लिए जगह बनाने, अभी तक ध्यान न दिए गए मुद्दों पर ध्यान देने जैसी चीजों को किस तरह लें या न लें।

ज्ञान मीमांसा के स्तर पर पार्टी प्रणाली के बारे में यही धारणा प्रभावी रही है कि यह उदासीन और स्थायी किस्म की होती है तथा इसका सही वर्गीकरण काल और दिक् के प्रभाव से भी अछूता होता है। उस समझ के हिसाब से किसी भी राजनैतिक विश्लेषण को सिर्फ 'सही' वर्गीकरण की पहचान करनी और उसी आधार पर राजनीति और शासन नीति का एक खास तरह से मूल्यांकन और विश्लेषण करना होता है। पर ज्ञान मीमांसा की सामान्य बुद्धि और राजनैतिक समझ से यह जरूरी हो जाता है कि हम बने बनाए वर्गीकरणों के आधार पर बनी इस उदासीनता वाले नजरिए को छोड़ें। वर्गीकरण और श्रेणी कोई ईश्वर प्रदत्त चीज नहीं है, यह हमारी समीक्षा और परीक्षा के लिए आई चीजों की बेहतर समझ के लिए बनाए गए विश्लेषणात्मक उपकरण हैं। इस प्रकार वर्ग और श्रेणियां अपने आप में सही या गलत नहीं होतीं, वे हमारी समझ, हमारी खोज-बीन-परीक्षा में कितनी मददगार होती हैं उसी आधार पर हम उनका भी मूल्यांकन करते हैं। वे हमें अपने सवालों का जवाब ढूंढ़ने की कितनी आजादी देती हैं, उनमें कितनी मददगार होती हैं, यही उनकी खूबी या खामी है। इस समझ के हिसाब से वर्गीकरण हमारी अनुकूल अवस्थिति, हमारे उद्देश्यों और हमारे स्थान पर निर्भर करता है। इसलिए लोकतांत्रिक राजनीति के सामाजिक बदलाव में पार्टी प्रणाली की भूमिका को देखने-जानने में हम सीधे-सीधे पार्टी प्रणाली की बनी-बनाई पुरानी श्रेणियों को लागू करके अपना काम नहीं कर सकते। हमें अपनी अवस्थिति से पुराने वर्गीकरणों को भी जांचना होगा। बीसवीं सदी के उत्तरार्द्ध की प्रतिद्वंद्विता वाली राजनीति के अनुभवों को ध्यान में रखकर और सामाजिक बदलाव में लोकतांत्रिक राजनीति की

भूमिका देखने के उद्देश्य को आधार बनाकर यह जांच करनी होगी।

एक बार जब हम इन बातों पर स्पष्ट हो जाते हैं तो यह समझने में देर नहीं लगती कि भारत में कांग्रेस प्रणाली के पतन के बाद की पार्टी प्रणाली के बारे में सोच में एक तरह का प्रतिगमन रहा है। कांग्रेस प्रणाली के बारे में सिद्धांत बनाने के प्रयासों की चाहे जो सीमाएं हों, इस बात से कौन इंकार कर सकता है कि भारत में लोकतांत्रिक राजनीति के पहले दौर में प्रभावी पार्टी प्रणाली को समझने पर काफी सोच-विचार हुआ है और यह सिद्धांत उसका ही फल है। भारत की राजनैतिक स्थितियों की विशिष्टताओं ने हमारे राजनीति शास्त्रियों को पश्चिमी पार्टी प्रणाली वाले मॉडलों से अलग सोचने पर मजबूर किया। कांग्रेस के पतन ने इस खास प्रयास की जरूरत नहीं रहने दी और फिर भारत की दलगत राजनीति और शेष दुनिया की दलगत राजनीति के बीच ऊपरी स्तर पर मेल दिखाई देने लगा। इससे पुराने तरह की प्रतिद्वंद्वी राजनीति में पार्टी प्रणाली के पारंपरिक वर्गीकरण की ओर मुड़ जाने की प्रवृत्ति भी आई। दुर्भाग्य से ऐसे अधिकांश वर्गीकरण एक आयामी हैं और पार्टियों की संख्या को ही मुख्य आधार बनाते हैं (दुवर्गर, 1954, ब्लांडेल, 1968, रोक्कन, 1968)।

और सिर्फ दोष देने और कमी देने का मामला नहीं है। पारंपरिक वर्गीकरण में पार्टी प्रणाली की संख्या के हिसाब से देखना चीजों को एक अन्य पहलू से देखने-जानने से जुड़ा है। दो पार्टी प्रणाली को मध्य मार्ग की राजनीति और सरकार के स्थायित्व से जुड़ा माना जाता है, बहुदलीय प्रणाली को अतिवाद, बैरभाव और सरकार की अस्थिरता वाला माना जाता है। पर यह हिसाब अनुभवजन्य साक्ष्यों पर आधारित होने से ज्यादा बनी बनाई धारणाओं पर आधारित है। इसके अलावा इस तरह के वर्गीकरण में राजनीति की अन्य बातों की जगह दलों की संख्या ही सब पर भारी हो जाती है। इस तरह से यह वर्गीकरण एक आयामी ही रहता है। सरकार के स्थायित्व और मध्य मार्ग को सर्वाधिक महत्त्व देने वाले विचार को महत्त्व देने वाले राजनैतिक विश्लेषण के लिए यह वर्गीकरण अभी भी उपयोगी हो सकता है। पर भारतीय पार्टी प्रणाली के उन अध्येताओं को इससे कोई मदद नहीं मिल सकती जो लोकतांत्रिक राजनीति को सामाजिक बदलाव का वाहक मानते हैं।

ऐसे विश्लेषण के लिए पार्टी प्रणाली के अन्य तरह के वर्गीकरण की जरूरत होगी। इस बारे में शुरुआत एक से अधिक आयामी वर्गीकरण की कोशिश से हो सकती है। संख्या वाले वर्गीकरण को छोड़ते हुए डहल (1966) ने पार्टी प्रतिद्वंद्विता की प्रकृति को आधार बनाकर चार वर्गों में बांटा। सारटोगी (1976) ने पार्टी प्रणाली को दो आयामी ढंग से देखने की कोशिश की। एक पार्टी, दो दलीय या बहुदलीय जैसे वर्गीकरण को रखते हुए भी सारटोगी ने पार्टियों के बीच वैचारिक फासले (मध्यमार्गी या कट्टर विचार वाली) को भी आधार बनाया और चार वर्ग बनाए।

पार्टी प्रणाली को दो आयाम से देखने और वर्गीकृत करने के इस तरीके के प्रति एक स्पष्ट आकर्षण बनता है। सारटोगी के वर्गीकरण से हम सिर्फ राजनैतिक प्रतिद्वंद्विता के ढांचे को ही नहीं समझते, हम इसके तलों पर भी विचार कर सकते हैं। इस आलेख का हमारा उद्देश्य भी इससे मिलता-जुलता है।

पर यह भी है कि हम सीधे-सीधे सारटोगी के वर्गीकरण को लेकर उसे भारतीय संदर्भ में लागू नहीं कर सकते। जैसे, वे एक प्रभुत्व वाली पार्टी प्रणाली की चर्चा करते हैं, पर यह उनके वर्गीकरण के अनुरूप ही नहीं बैठता, क्योंकि एक पार्टी का प्रभुत्व दो दलीय या बहुदलीय व्यवस्था में भी हो सकता है। इसी प्रकार वैचारिक फासला 'बड़ा' भी हो सकता है और 'छोटा' भी (मैर, 1977 : 2003)। दूसरे, सारटोगी का संख्या और 'स्वरूप' वाला वर्गीकरण आनुपातिक प्रतिनिधित्व वाली प्रणालियों के हिसाब से बना था। सर्वाधिक मतों से जीत वाली व्यवस्था और राजनैतिक रूप से अपनी मौजूदगी भी दर्ज कराए रखने के लिए जो न्यूनतम आवश्यकताएं हैं, वे छोटे राजनैतिक समूहों और सक्रिय लोगों को हाशिए पर डालती जाती हैं। भारतीय राजनीति में इसका प्रभाव यह है कि हम राजनैतिक प्रतिद्वंद्विता के ऊपरी हिस्से (जिसे कई बार मुख्यधारा भी कहा जाता है) पर ही ध्यान दे पाते हैं। भारतीय संदर्भ में सारटोगी के वर्गीकरण को मानने में तीसरी और मुख्य परेशानी यह है कि वे वैचारिक दूरियों का हिसाब वाम-दक्षिण के हिसाब पर करते हैं। संख्या वाले वर्गीकरण के साथ उन्होंने वैचारिक आधार को भी जोड़ा है। पर वैचारिक वर्गीकरण ऐसे ही करते हैं। इससे समस्या होती है। वैसे काफी सारे राजनैतिक विश्लेषक यह कहते हैं कि भारतीय राजनीति में विचारधारा की कोई भूमिका नहीं है, पर हम ऐसा नहीं मानते। यहां विचारधारा की भूमिका रहती है, पर यह पारंपरिक भाषा वाली 'उच्च' विचारधारा वाले रूप में नहीं रहती, हमें दैनंदिन राजनीति में 'प्रभावी' वैचारिक स्थिति के आधार पर वैचारिक अंतरों को पहचानना होता है। इन अंतरों को हम अकेले वाम और दक्षिण जैसे एक आयाम वाले ध्रुवों पर सार्थक रूप से नहीं बांट सकते। आजादी के बाद के भारत में, और खास तौर से कांग्रेस प्रणाली के अवसान के बाद की राजनीति में अनेक और प्रतिद्वंद्वी वैचारिक धुरियों से राजनीति चलती रही है। और फिर पार्टी प्रणाली के वर्गीकरण में दूसरा आयाम जोड़ने का काम तो राजनीति में सार्थक विकल्पों के चुनाव वाले पक्ष पर ज्यादा स्पष्ट ध्यान देने का तरीका ढूंढ़ने के लिए ही हुआ है। अगर हम उपरोक्त परेशानियों को नजरअंदाज भी कर दें तो भी राजनैतिक विकल्प की प्रकृति पर सीधे विचार करने का तरीका ही बेहतर है—विचारधारा या किसी अन्य चीज को आधार बनाने में उससे ज्यादा परेशानियां आती हैं। राजनैतिक विकल्पों के बीच चुनाव करने में वैचारिक अंतर आधार बन सकते हैं या बनते भी हैं, लेकिन हर बार ऐसा ही हो यह जरूरी नहीं है। इसलिए भारत के विभिन्न प्रदेशों और विभिन्न दौर की राजनीति

में बदलती पार्टी प्रणाली का खाका खींचने के लिए हमें खालिस भारतीय अनुभवों के आधार पर दो आयामों का चुनाव करके वर्गीकरण करना चाहिए।

हमारी राय है कि भारत के लिए वर्गीकरण का आधार दो चीजें बननी चाहिए—पार्टी प्रतिद्वंद्विता की बाह्याकृति और राजनैतिक विकल्पों की प्रकृति। पार्टी प्रणाली की विभिन्न श्रेणियां बनाने के पहले आइए इन दोनों आयामों पर अलग-अलग विचार कर लें।

पहला आयाम तो पार्टी प्रणाली संबंधी पारंपरिक साहित्य में आने वाली प्रमुख चीजों पर ही ज्यादा ध्यान देता है। इसमें सार्थक राजनैतिक विकल्पों की संख्या या पार्टी प्रतिद्वंद्विता के स्वरूप को ध्यान में रखना प्रमुख है। पर इसमें एक और चीज ध्यान देने की है कि एक खास तरह की प्रतिद्वंद्विता में जो अपने कायदे बन जाते हैं, राजनैतिक विकल्प पेश करने वाले उससे काफी प्रभावित ही नहीं रहते खुद को उनके अनुरूप ढाल भी लेते हैं। राजनैतिक प्रतिद्वंद्विता के स्थापित स्वरूप—सीधा मुकाबला, त्रिकोणीय या बहुकोणीय लड़ाई या इन्हीं का कोई और रूप—सिर्फ राजनैतिक विकल्पों का स्वरूप ही नहीं निर्धारित करता उनके चरित्र को भी तय करता है। यह आयाम अभी तक मानी जाने वाली श्रेणियों से भी काफी कुछ चीजें लेता है। हमें सिर्फ इतना और जोड़ना है कि भारत के पिछले पचासेक वर्षों के अनुभवों से दिखने वाली प्रवृत्तियों को भी इसमें जोड़ लें। इस आयाम को स्पष्ट परिमाणन के दायरे में भी लिया जा सकता है। राजनैतिक पार्टियों की प्रभावी संख्या (इफेक्टिव नंबर) की गणना करने वाले टागेपारा-शूगार्ट सूचकांक विधायिका और मतदाताओं के बीच पार्टी के बंटवारे को संक्षेप में आंकड़ों के हिसाब से अभिव्यक्त करने का बहुत अच्छा उपकरण है (इस आलोख में हम राजनैतिक दलों की संख्या को अंग्रेजी के 'एन' से बताएंगे, 'वी' और 'एस' के उपसर्ग यह स्पष्ट करेंगे कि गणना मतों के अनुपात की है या सीटों की)। इस आयाम पर आने वाले अंतर किसी प्रदेश के हर कोने में एक पार्टी के पूर्ण प्रभुत्व से लेकर छोटे दलों और निर्दलीयों के प्रभाव वाली राजनीतिक प्रतिद्वंद्विता के एकदम बिखरे स्वरूप के चलते हर सीट पर होने वाले बहुकोणीय मुकाबले तक के पैमाने पर रखा जा सकता है। भारतीय अनुभवों के आधार पर इस पैमाने पर चार श्रेणियां बना लेना उपयोगी होगा (इन आधारों पर की गई गणना के नतीजें के चार्ट और टेबल इस आलेख के अंत में दी गई अनुक्रमणिका में दिए गए हैं)।

1. एक पार्टी का प्रभुत्व : इस किस्म की राजनैतिक लड़ाई में सारी चीजें सबसे बड़ी पार्टी के पक्ष में पहले से ही झुकी होती हैं। इसमें 'एनएस' का 2.0 से नीचे होना बहुत असामान्य बात नहीं है जिसका मतलब है शासक दल को तीन चौथाई से ज्यादा बहुमत मिलना। उत्तर प्रदेश, मध्य प्रदेश और महाराष्ट्र विधानसभाओं के पहले दो चुनावों में कांग्रेस की जीत इसका बहुत अच्छा उदाहरण है। पर एक

पार्टी के प्रभुत्व के भारतीय रूप में जितनी बढ़ती सीटों में दिखती है उतनी वोटों के मामले में नहीं होती। अपने सबसे अच्छे वक्त में भी कांग्रेस शायद ही कभी वोटों के मामले में पचास फीसदी का आंकड़ा पार करती थी। कांग्रेस को जो सबसे बड़ी जीतें मिली हैं, वह लोगों के उसी अनुपात में वोट देने की जगह कांग्रेस विरोधी मतों के बिखराव से हासिल हुई हैं। ऐसी स्थिति में एक पार्टी प्रभुत्व में 'एनवी' सूचकांक के चार और कई बार पांच तक चले जाना कोई असामान्य बात नहीं है। उत्तर प्रदेश विधानसभा में ज्यादा बढ़त (एनवी=4.3) के बावजूद सदन में भारी बहुमत (एनएस=1.2) मिल गया था।

2. दो दलीय/दो-ध्रुवीय मुकाबला : पार्टी प्रतिद्वंद्विता का अध्ययन करने वाला हर व्यक्ति इसी तरह की लड़ाई से सबसे ज्यादा परिचित है। इस स्थिति में दो प्रभुत्व राजनैतिक प्रतिद्वंद्वी दल या ध्रुव होते हैं जो लगभग सभी सीटों पर एक-दूसरे का मुकाबला करते हैं और अपवाद छोड़कर ज्यादातर सीटें उन्हीं की झोलियों में जाती हैं। चुनाव के समय अगर इनमें किसी एक की 'लहर' चली (जैसा 1993 और 1998 में दिल्ली में, 1993 में हिमाचल में, 1995 में गुजरात में और 1994 में राजस्थान में हुआ) तो 'एन एस' दो से नीचे आ जाता है, लेकिन आमतौर पर यह दो और तीन के बीच ही रहा करता है। दो दलों के पक्ष में ही सारा ध्रुवीकरण होने के चलते उन्हें वैध मतों का 80 से 90 फीसदी हिस्सा मिल जाता है। और जब 'एन वी' औसतन तीन के आसपास हो तब निर्दलीय या दोनों दलों के बागी सिर्फ 'वोटकटवा' बनकर रह जाते हैं। भारतीय संदर्भ में इस श्रेणी में उन प्रदेशों और इलाकों को भी लेना होगा जहां लंबे समय से चलने वाले गठबंधन भी दो ध्रुवीय मुकाबले में रहे हैं। इसका सबसे अच्छा उदाहरण केरल है जहां 1980 से ही एलडीएफ और यूडीएफ एक-दूसरे के मुकाबले जमे हुए हैं। अगर सिर्फ कागजी हिसाब से देखेंगे तो 'एन वी' छह या उससे भी ज्यादा होने के चलते केरल के एकदम राजनैतिक बिखराव वाले प्रदेश का दर्जा देना होगा। पर ये दो गठबंधन राज्य के लगभग सभी विधानसभा क्षेत्रों में स्पष्ट विकल्प पेश करते हैं और इन्हें कुल वैध मतों का लगभग 90 फीसदी मिला करता है। अगर 'एन वी' की गणना के लिए हम दोनों गठबंधनों को एक-एक दल के हिसाब से रखते हैं तो यह लगभग तीन निकलता है जो दो दलीय प्रतिद्वंद्विता का आदर्श हिसाब है। तमिलनाडु में द्रमुक-अन्नाद्रमुक का मुकाबला और 1996 चुनाव तक पश्चिम बंगाल में वाम मोर्चा और कांग्रेस का मुकाबला भी इसी श्रेणी में आता है। यह बात ध्यान रखनी चाहिए कि विकल्पों के मामले में दो गठबंधनों की प्रतिद्वंद्विता दो दलीय प्रतिद्वंद्विता से कुछ ज्यादा खुला विकल्प देती है। पर इन दोनों श्रेणियों के लिए छोटे समय वाली परेशानियां अक्सर एक जैसी होती हैं।

3. 'दो जोड़' प्रतिद्वंद्विता : इस श्रेणी पर कम ध्यान दिया गया है, पर पार्टी प्रणाली से संबंधित अध्ययनों के लिए यह एकदम अनजान स्थिति भी नहीं है। इसमें मुकाबला तो बहुदलीय रहता है पर मुख्य रूप से दो दल और एक कुछ कमजोर या इलाकाई प्रभाव रखने वाला दल ही मुकाबले में होता है। पंजाब इसका बहुत अच्छा उदाहरण है जहां अकाली दल और कांग्रेस के बीच सत्ता की लड़ाई होती रही है और भाजपा एक छोटे खिलाड़ी की हैसियत से रही है। यह तितरफा मुकाबला नहीं है, क्योंकि इसमें तीसरे दल की यह स्थिति नहीं होती कि वह पूरे प्रदेश में या समाज के सभी समूहों में ठीक उपस्थिति रखे और मुकाबला कर सके। अक्सर यह दल किसी एक बड़े दल के साथ गठबंधन बनाता है और कई बार शासन का पलड़ा उसके चलते ही बदलता है। 1980 के दशक में तमिलनाडु में कांग्रेस ने ऐसी ही भूमिका निभाई थी। त्रिपुरा में स्थानीय आदिवासी समूहों द्वारा खड़ी की गई पार्टी भी वहां की राजनैतिक लड़ाई में ऐसी भूमिका निभाती है। 1990 के दशक में जब भाजपा ने ओडिसा, आंध्र प्रदेश और कर्नाटक में ऐसी ही स्थिति अपने लिए बनाई तो वह इस श्रेणी के मुकाबले का विस्तार ही बताती है। पार्टियों की प्रभावी संख्या के असली आंकड़े पर इसका क्या असर होता है यह कहना थोड़ा मुश्किल है, क्योंकि 'दो जोड़' वाली लड़ाई काफी कुछ दो दलीय मुकाबले जैसी ही हो जाती है। मोटे तौर पर बदलाव वाले दौर में ऐसा मुकाबला देखने में आता है क्योंकि हमारी चुनावी प्रणाली में छोटे दलों को टिकने में मुश्किल होती है। अगर दो प्रमुख दल समाज के किसी समूह या प्रदेश के किसी क्षेत्र को लगातार नजरअंदाज करते हैं तभी यह तीसरा खिलाड़ी उनके हितों का प्रतिनिधित्व करने के चलते कुछ ज्यादा समय तक अपनी हैसियत बनाए रख पाता है।

4. बहु-दलीय प्रतिद्वंद्विता : इस श्रेणी में कई तरह के मामले आ जाते हैं और वे सभी प्रदेश इसी में आते हैं जहां तीन या उससे अधिक दल चुनावी मुकाबले में डटे होते हैं। इसमें हर चुनाव क्षेत्र में तिकोना या चतुष्कोणीय मुकाबला देखने को मिलता है (जैसा 1991 के बाद उत्तर प्रदेश में होता रहा है) या राज्य के अलग-अलग इलाकों में अलग-अलग दलों के बीच सीधा या तिकोना मुकाबला होता है (जैसा झारखंड बंटने के पहले 1990 के दशक में बिहार में या 1985 से असम में हो रहा है) या फिर दोनों का मिला-जुला रूप (जैसा 1960 और 1970 के दशक में केरल में था) देखने में आता है। 'एन एस' सूचकांक के अनिवार्यत: तीन और कई बार चार तक होना बहुदलीय मुकाबले को बताता है। इस श्रेणी में 'एन वी' आम तौर पर पांच या ऊपर ही रहता है। 1995 और 2000 में हुए बिहार विधानसभा चुनाव में 'एन एस' क्रमश: 3.3 और 4.7 तथा 'एन वी' 7.5 और 7.7 था। प्रतिद्वंद्विता में ऐसा बिखराब आम तौर पर आनुपातिक चुनाव व्यवस्था में तो दिखता है, सर्वाधिक मतों से जीत वाली व्यवस्था में नहीं। पर एक साथ सारे सामाजिक और

क्षेत्रीय समीकरणों के सक्रिय होने पर बहुमत वाली चुनाव प्रणाली भी आनुपातिक चुनाव व्यवस्था का नकल करती लगती है। इस श्रेणी में वे राज्य भी आते हैं जहां चुनावी मुकाबला व्यवस्थित होकर पार्टी के राजनैतिक लाइनों वाली नहीं बनी रहती है। वहां काफी सारे दल हर चुनाव में कुकुरमुत्ते की तरह उग आते हैं और चुनाव के बाद बिला जाते हैं, पार्टियां लगातार अपना नाम और स्वरूप बदलती रहती हैं तथा ऐसे दलों के साथ विधानसभा में बड़ी संख्या में निर्दलीय भी पहुंच जाते हैं। गोवा, हरियाणा, झारखंड और पूर्वोत्तर के कुछ राज्यों में यह स्थिति अक्सर दिखती है। कई मामलों में (मिजोरम, मणिपुर और पांडिचेरी वगैरह में) तो वोटों के हिसाब से ('एन वी') राजनैतिक दलों की प्रभावी संख्या दोहरे अंकों तक पहुंच गई। ऐसे मामलों में पार्टी प्रतिद्वंद्विता किसी व्यवस्थित हिसाब की नहीं रहती, बल्कि इसे पार्टी प्रतिद्वंद्विता कहना भी नहीं चाहिए।

पार्टी प्रतिद्वंद्विता को उसके पहले आधार या आयाम—संख्या वाले वर्गीकरण—के हिसाब से बनी श्रेणियों का थोड़े विस्तार से चर्चा कर लेने के बाद आइए अब दूसरे आधार अर्थात् राजनीति के स्वरूप या विन्यास के हिसाब से देखें। सामाजिक बदलाव में पार्टी प्रणाली की भूमिका का मूल्यांकन करने के हमारे उद्देश्य के लिए इस आयाम का काफी महत्त्व है। आम नागरिक स्पष्ट विकल्पों के अभाव में चुनावी राजनीति के माध्यम से सामाजिक बदलाव की अपनी पसंद या इच्छा को अभिव्यक्त नहीं कर सकता। सिद्धांत रूप में तो यह संभव लग सकता है कि हम अपने विकल्प भी बनाएं या जो चीजें सामने पेश की जाएं, उन्हें अपनी इच्छा के अनुरूप ढालें पर इसके लिए जो संसाधन, जो कौशल और जो संयोग या भाग्य चाहिए वह अधिकतर सामान्य नागरिकों को सारे जीवन नसीब नहीं होता। व्यावहारिक रूप से तो लोग ही खुद को उपलब्ध विकल्पों के अनुरूप ढाल लेते हैं। कई बार मतदाताओं के पास काफी सारे विकल्प होते हैं पर अक्सर उनके पास ज्यादा विकल्प होते ही नहीं। यह 'होना' और 'न होना' किसी वैचारिक फैसले की अभिव्यक्ति नहीं है, नागरिक अक्सर अपनी पसंद राजनैतिक रूप से गलत ढंग से करते हैं या कर सकते हैं। यहां इन पदों का उपयोग थोड़े ज्यादा व्यापक या खुले अर्थों के लिए किया जा रहा है। काफी विकल्प 'होने' वाला पद ऐसी स्थिति के लिए किया जा रहा है जिसमें लोगों के पास अपनी सामाजिक स्थितियों में बदलाव ला सकने वाले विकल्प उपलब्ध हों। इसमें सामान्य जीवन के किसी एक पक्ष को दूसरे से बड़ा नहीं माना गया है या इसमें नागरिकों की पसंद को व्यक्त और पूरा होने के किसी स्पष्ट नीतिगत मार्ग की वकालत की गई है। लोग सामूहिक/समुदाय के मान के सवाल को भौतिक सुविधाओं से ज्यादा महत्त्व दे सकते हैं और अक्सर देते भी हैं। वे संरचनात्मक बदलाव के पक्ष में जाने की जगह 'लोक लुभावन' बातों के पक्ष में ढल सकते हैं। हम इन मुद्दों पर बहुत पक्की राय रख सकते हैं, लेकिन इनको बताने का हमारा

उद्देश्य यह नहीं है कि हम अपने वर्गीकरण को अनिवार्यत: इन्हीं पर आधारित कर रहे हैं। ना ही हम इनकी उत्पत्ति वाले पक्ष से ही इनको जोड़ रहे हैं। यह सामाजिक बदलाव की वैचारिक राजनीति (जैसे साम्यवादी, समाजवादी या अंबेडकरवादी) से आ सकते हैं या किसी सामाजिक समूह के सीधे-सीधे जाति या जातीय पहचान से जुड़ी सचेतना का या सक्रियता से (जैसे उत्तर प्रदेश में सपा और बसपा, असम में अगप)।

इन आधारों पर हम नागरिकों के लिए उपलब्ध राजनैतिक विकल्पों को तीन स्तर पर बांट सकते हैं :

1. पर्याप्त या काफी सारे विकल्प : यह स्थिति तब आती है जब अलग-अलग पार्टियां एकदम भिन्न उन नीतियों पर चलने की राजनीति करती हैं जिनका मुल्क के आम लोगों के जीवन पर काफी असर होने की उम्मीद की जाती है। जब कोई नया दल सामने आता है और स्थापित राजनैतिक नीतियों और कार्यक्रम तथा कार्यशैली को चुनौती देता है, तब अक्सर ऐसी स्थिति होती है (जैसे 1960 और 1970 के दशक में पश्चिम बंगाल में वाम दलों का उभार या 1960 के दशक में तमिलनाडु में द्रमुक का सत्ता में आना)। सामाजिक और जातीय उथल-पुथल (जैसे 1990 के दशक में बिहार और उत्तर प्रदेश, 1980 के दशक में पंजाब, 1980-85 में असम) वाले दौर में भी ऐसा होता है। वैचारिक भिन्नता और सामाजिक उथल-पुथल, दोनों स्थितियां साथ हों तब भी यह स्थिति आती है जैसे कि 1950 के दशक में केरल में हुआ था। ऐसे में मतदाता दीर्घकालिक परिणामों के हिसाब से अपने विकल्प का चुनाव करते हैं। पर ऐसा दौर बहुत लंबा नहीं होता। लंबे दौर वाली राजनीति में विकल्प सीमित होते जाते हैं और बड़े बदलावों के तुरंत बाद अक्सर ऐसे लंबे दौर आते हैं। उसमें या तो नया उभर कर आने वाली जमात अपने एजेंडे को हल्का करती है (जैसे असम में अगप ने किया) या फिर उसके प्रतिद्वंद्वी भी उसके एजेंडे की कई चीजें अपना लेते हैं (जैसे तमिलनाडु में द्रमुक के समांतर अन्नाद्रमुक का उभार)। कई बार इन दोनों चीजों का घालमेल भी होता है (वाम मोर्चा सरकार की स्थापना के बाद पश्चिम बंगाल में ऐसा दिखता है।)।

2. कम या सीमित विकल्प : यह बुर्जुआ राजनीति की केन्द्रीय या मुख्य श्रेणी है और अक्सर मध्य मार्ग और स्थायित्व की दुहाई देकर चलती जाती है तथा इसके तीखे आलोचकों को भी गंभीरता से नहीं लिया जाता। यहां विकल्प होते हैं, पर एकदम स्पष्ट परिभाषित सीमाओं के अंदर ही। मुख्य पार्टियां एक-दूसरे से ज्यादा स्पष्ट एजेंडा नहीं पेश करतीं—हां, उनके बीच अपनी ब्रांड छवि बनाए रखने या चमकाने के सवाल पर जरूर चौकसी रहती है। अक्सर वे अपने प्रतिद्वंद्वी की तुलना में उसी काम को बेहतर ढंग से करने का दावा करते हैं। मुख्य राजनैतिक पार्टियां तीखे वैचारिक मतभेद न बनाती हैं, न जाहिर होने देती हैं। सारा अंतर एक या दो

दल सांकेतिक लेकिन काफी प्रचारित मुद्दों तक सीमित होता है या नेता के नाम का रहता है। रजनी कोठारी ने बताया था कि एक पार्टी का प्रभुत्व होने के बावजूद कांग्रेस प्रणाली पार्टी की अंदरूनी गुटबाजी और लड़ाई के चलते स्वयं ही ठीक-ठाक विकल्प भी पेश करती थी। आज के समय में भी जिन राज्यों में कांग्रेस-भाजपा के बीच ही बंटी राजनीति है (राजस्थान, मध्य प्रदेश, दिल्ली, हिमाचल प्रदेश, गुजरात) वहां उन दलों में भी ऐसे बंटवारे और टकराव दिखते हैं—कहीं उदारपंथी-कट्टरपंथी, कहीं अगड़ा-पिछड़ा या जातिगत गुटबाजी है। दोनों पार्टियां अलग आर्थिक या सामाजिक नीति चलाने का दिखावा भी नहीं करतीं। सांप्रदायिकता ही इन दोनों के बीच सबसे बड़ा अंतर लाती है पर इस सवाल पर भी दोनों सचेत रहते हैं कि उनकी कथनी-करनी में एक-दूसरे से ज्यादा फर्क न रह जाए। यही बात आंध्र प्रदेश में कांग्रेस-तेदेपा की लड़ाई या कर्नाटक में कांग्रेस-जनता दल की लड़ाई पर भी लागू होती है। इस श्रेणी में वे प्रदेश भी आते हैं जहां क्रांतिकारी एजेंडे से शासन में आई पार्टियां अपना एजेंडा ढीला करती जा रही हैं। आज केरल में एलडीएफ और यूडीएफ के बीच या पश्चिम बंगाल, उत्तर प्रदेश और बिहार में उपलब्ध विकल्पों के बीच का अंतर बहुत ही कम या दिखावटी भर है।

3. दिखावटी विकल्प या विकल्पहीनता : इस श्रेणी में दो बिल्कुल अलग स्थितियां आती हैं। एक तरफ ऐसे उदाहरण हैं जिनमें अलोकतांत्रिक तरीकों से लोगों को राजनैतिक विकल्प चुनने से वंचित कर दिया गया (जैसे जम्मू-कश्मीर और नगालैंड) और ऐसी सरकारें बैठा दी गईं जिनकी कोई राजनैतिक वैधता न थी। दूसरी तरफ ऐसे भी उदाहरण हैं जिनमें मतदाताओं के सामने चुनने के लिए कोई भी व्यवस्थित विकल्प होता ही नहीं। अगर विकल्प होता भी है तो एकदम स्थानीय स्तर का या व्यक्तिगत पसंद का ही—राजनैतिक पार्टी के स्तर का विकल्प उनके पास नहीं होता। लोकतांत्रिक सिद्धांत के अनुसार यह बहुत शुरुआती स्थिति हो सकती है और जब व्यवस्थित प्रतिद्वंद्विता शुरू हो जाती है तो यह स्थिति भी समाप्त होने लगती है पर भारतीय अनुभव बताता है कि ये बीमारियां टिकाऊ और संस्थागत रूप ले सकती हैं।

इन दो आयामों की अलग-अलग चर्चा करने के बाद हम उनके आपसी मेल से पैदा स्थिति तथा पार्टी प्रणाली पर उनके कुल प्रभाव की चर्चा कर सकते हैं। चार्ट-1.1 इस मेल को संक्षेप में बताता है और इसके परिणामस्वरूप बनने वाली पार्टी प्रणाली की सात श्रेणियों को दिखाता है। प्रत्येक आयाम की तीन श्रेणियों के आपसी टकराव और मेलजोल से (यहां सुविधा के लिए दो ध्रुवीय या सीधे मुकाबले और 'दो जोड़' वाली श्रेणियों को एक साथ ही रखा गया है) कुल नौ उप श्रेणियां सामने आती हैं। लेकिन दो संभावित उपश्रेणियों को उनके पास वाली उपश्रेणियों से जोड़ देने से सात उप श्रेणियां ही बचती हैं। इन सात में से प्रत्येक में संख्या वाले

वर्गीकरण और गुण-दोष वाले वर्गीकरण के कम-ज्यादा प्रभाव दिखते हैं जो प्रतिद्वंद्वी राजनीति में आते हैं। हर वह श्रेणी असल में उसमें उभरने वाले सबसे प्रमुख गुण को ही आधार बनाकर बनाई गई है। इन उप श्रेणियों को स्पष्ट करने के लिए कुछ उदाहरण भी दिए गए हैं।

इस वर्गीकरण से पार्टी प्रणाली की जो सात श्रेणियां सामने आती हैं उनमें से चार तो आजादी के बाद की हमारी राजनीति की पार्टी प्रणाली की सामान्य या 'नियमित' श्रेणियां ही हैं : 1. एक ध्रुवीय प्रभुत्व प्रणाली, 2. दो ध्रुवीय अभिसारिता, 3. बहु ध्रुवीय अभिसारिता, और 4. प्रतिद्वंद्वी अपसरण की प्रणाली। इनके अलावा जो तीन 'अनियमित' प्रणालियां हैं वे विशिष्ट और असामान्य स्थितियों की उपज हैं। ये हैं : 5. एक दल के आधिपत्य की प्रणाली, 6. बंद एक दलीय प्रणाली, और 7. प्रणाली विहीन प्रतिद्वंद्विता।

1. एक ध्रुवीय प्रभुत्व वाली प्रणाली : आलेख के पिछले हिस्से में जिस कांग्रेस प्रणाली का जिक्र किया गया है वह एक ध्रुवीय प्रभुत्व वाली ठेठ भारतीय प्रणाली का उदाहरण है। कांग्रेसी प्रभुत्व 'सबको साथ लेकर चलने' की उसकी रणनीति के चलते टिकाऊ हो पाया। उसने समाज के सभी समूहों को साथ रखने का प्रयास किया। इस प्रणाली में सामाजिक या वैचारिक अंतरों/दरारों को बड़े राजनैतिक ध्रुवीकरण तक नहीं जाने दिया गया। यह बात रेखांकित करनी जरूरी है कि इस तरह के प्रभुत्व में विपक्षी दलों को राजनैतिक मैदान से कानूनी रूप से या वास्तविक रूप से गायब नहीं किया जाता। इस अर्थ में यह तीसरी दुनिया के अनेक देशों में विकसित हुई एक दलीय प्रणाली से अलग थी। पर इससे भी ज्यादा बड़ा अंतर था कि कांग्रेस प्रणाली में आंतरिक मतभेद और बाहरी आलोचना पर किसी किस्म की रोक-टोक न थी। कांग्रेस के अंदर के गुट ही बड़ी नीतियों और फैसलों के मामले में विपक्ष जैसी भूमिका निभाते थे। निश्चित रूप से नागरिकों के पास काफी कम थे पर विकसित औद्योगिक देशों में प्रचलित दो दलीय प्रणाली जैसे विकल्प थे। यह श्रेणी कांग्रेस प्रणाली से इतना जुड़ सी गई है कि हैरानी नहीं होती कि इसके अधिकतर उदाहरण वहीं के हैं।

इस प्रणाली को 'एक ध्रुवीय प्रभुत्व' बताते हुए हमारी इच्छा यह नहीं है कि अंतर्राष्ट्रीय संबंधों वाली शब्दावली में इसका मतलब काफी कुछ उस तरह के अमेरिकी प्रभुत्व वाली व्यवस्था है जिसमें एक जवाबदेही से मुक्त व्यक्ति के हाथ में सारी आर्थिक, राजनैतिक और सैनिक शक्ति सीमित होती है। हम समाज विज्ञान की पदावली वाले अर्थ में ही प्रभुत्व का इस्तेमाल करते हैं जो आधिपत्य से अलग स्थिति को बताता है। आधिपत्य में जबरिया गुलामी जुड़ी है जबकि प्रभुत्व में शासित होने वाली का स्वीकार भाव भी शामिल होता है। इस अर्थ में एक ध्रुवीय प्रभुत्व को एक लोकतांत्रिक मान्यता और सबसे बड़ी पार्टी की नैतिक सत्ता की

स्वीकृति भी दिखती है। पर साथ ही 'प्रभुत्व' पद हमें यह भी याद दिलाता है कि यह प्रणाली विशुद्ध और स्वाभाविक सर्वानुमति पर आधारित नहीं है जैसा कि कई बार बताने का प्रयास किया जाता है। जैसा कि ग्राम्शी ने हमें बताया था कि प्रभुत्व वाली प्रणाली में नियमित रूप से आत्म स्वीकृति बनवाने का काम भी जुड़ा होता है।

हमने पश्चिम बंगाल के वाम मोर्चा शासन का भी जिक्र किया है जिससे यह बताया जा सके कि यह प्रणाली सिर्फ कांग्रेसी की नहीं रही है और न सिर्फ बीते दिनों की चीज है। तथ्य यही है कि 1977 से पश्चिम बंगाल में चल रहा वामपंथी प्रभुत्व जितने समय तक कांग्रेसी प्रभुत्व किसी भी राज्य में नहीं चला था। यह गठबंधन दिखता है पर असलियत में यह एक दल माकपा का प्रभुत्व ही चला रहा है। इस गठबंधन पर चुनाव में धांधली करने और मतदाताओं को डराने-धमकाने के आरोप अपनी जगह हैं, पर इसे जनसमर्थन और वैधता न हो, यह कोई नहीं कह सकता। यह भी कहा जा सकता है कि उत्तर प्रदेश या महाराष्ट्र जैसे राज्यों में कांग्रेसी प्रणाली के दौरान जितने विकल्प थे उस तुलना में वाम मोर्चा शासन में ज्यादा विकल्प हैं पर आज इसका पक्का समर्थक भी यह दावा नहीं कर सकता कि यह अब क्रांतिकारी बदलाव की राजनीति कर रहा है। सो कुल मिलाकर यह कहना असंगत नहीं लगता कि वाम मोर्चा के अधीन का पश्चिम बंगाल एक ध्रुवीय प्रभुत्व वाली प्रणाली का ही उदाहरण है।

2. दो-ध्रुवीय अभिसारिता : दुर्वेगर का प्रसिद्ध सिद्धांत है कि एक जिले में सर्वाधिक मतों से जीत वाली चुनावी प्रणाली दो दलीय व्यवस्था ला देगी। पार्टी प्रणाली से संबंधित अध्ययनों में इस बात पर जोर दिया गया है कि इस तरह की राजनैतिक प्रतिद्वंद्विता सारे प्रतिद्वंद्वियों को मध्यम मार्ग पर ले आती है और लंबे समय में दोनों मुख्य प्रतिद्वंद्वियों को एक-दूसरे जैसा बना देती है। भारत में सर्वाधिक मतों से जीत वाली चुनावी प्रणाली है पर अपने पहले दो दशक तक इसने दुर्वेगर की उम्मीदों को दूर ही रखा। मध्य प्रदेश और दिल्ली जैसे अपवादों को छोड़ दें तो 1980 के दशक तक भारत के किसी भी राज्य में दो दलीय प्रणाली के उदाहरण ढूंढ़ना मुश्किल है। कांग्रेस प्रणाली के पतन के साथ ही दो-ध्रुवीय या 'दो जोड़' प्रतिद्वंद्विता का विस्तार हुआ। 1990 के दशक में दो दलों या दो गठबंधनों की प्रतिद्वंद्विता ही राज्यों की राजनीति का मुख्य चरित्र बनी।

भारत में भले ही दुर्वेगर का नियम थोड़ी देर से लागू हुआ हो पर राजनैतिक क्षितिज पर दो-ध्रुवीय लड़ाई शुरू होने के साथ ही इसने उम्मीद के अनुरूप अभिसारिता वाली प्रणाली का रूप भी ले लिया। भारतीय संदर्भ में दो-ध्रुवीय अभिसारिता का मतलब है समरूपीकरण और राजनैतिक जमीन को खाली करते जाना। दो-ध्रुवीय अभिसारिता वाले अधिकांश मामलों में यही हुआ है कि राज्य के किसी एक क्षेत्र में असर रखने वाली गैर कांग्रेसी पार्टी ने पूरे प्रदेश में प्रभाव कायम

चार्ट-1.1 : भारतीय राज्यों की राजनीति में राजनैतिक प्रतिद्वंद्विता का स्वरूप और प्रकृति

विकल्प की प्रकृति (1)	प्रतिद्वंद्विता का स्वरूप एक पार्टी (एक पार्टी का प्रभुत्व) (2)	दो दलीय (दो दलीय दो जोड़) (3)	बहुदलीय (दो जोड़ या चार और अधिक) (4)
पर्याप्त/काफी सारे विकल्प	**छांटने लायक स्थिति** जम्मू-कश्मीर 1987 असम 1983 पंजाब 1992 *एक दल का प्रभुत्व*	**बदलाव** तमिलनाडु 1960 पश्चिम बंगाल, 1969-82 *विविध तरह की प्रतिद्वंद्विता*	केरल 1960 और 1970 बिहार 1989-95 उ.प्र. 1989-96
कम/सीमित विकल्प	**प्रभुत्व** कांग्रेस सिस्टम महाराष्ट्र 1987 तक उ.प्र., बिहार 1967 तक आंध्र, कर्नाटक 1983 तक पश्चिम बंगाल 1982 एकध्रुवीय बढ़त	**सिद्धांत का पटना** केरल 1980 गुजरात 1991 हिमाचल 1977 राजस्थान, म.प्र. 1987 (1977 ?) उड़ीसा 1990-99 कर्नाटक 1983-96	**बिखराव** उ.प्र. 1996 बिहार 1995 असम 1985 तमिलनाडु 1996 बहुध्रुवीय मेल
दिखावटी विकल्प/विकल्पहीनता	**बंद** जम्मू-कश्मीर 1953-1977 *एक दल का राज*	आंध्र 1983-99 पंजाब 1997 *द्विध्रुवीय सिद्धांत की ओर*	**अनिश्चितता** हरियाणा 1967-72 गोवा 1990 में मणिपुर, अरुणाचल मिजोरम 1985 से पहले *अव्यवस्थित मुकाबला*

कर लिया (जैसे गुजरात, राजस्थान और हिमाचल प्रदेश में भाजपा, कर्नाटक में जनता दल और आंध्र प्रदेश में तेलुगु देशम पार्टी)। इनमें से अधिकांश मामलों में दो-ध्रुवीय व्यवस्था तभी टिकाऊ बनी जब नई उभरने वाली पार्टी ने कांग्रेस की तरह सबको साथ लेकर चलने का विशेष प्रयास किया। ऐसा नहीं है कि राजनैतिक लड़ाई में अपने-अपने सामाजिक समीकरण न चलते हों या दोनों प्रमुख दल समाज के सभी समूहों में बराबर-बराबर प्रभाव रखते हों। फिर भी यह प्रणाली सामाजिक ध्रुवीकरण से बचने के सचेत प्रयास पर ही टिकी है।

इस प्रणाली में नीतिगत मामलों और शासन की कार्य सूची, दोनों ही में दोनों दलों या ध्रुवों के बीच काफी कुछ समानता या निकटता बन जाती है। इसमें मध्य मार्ग और बहुत बारीकी वाले अंतरों के विकल्प के बीच फर्क करना बहुत उपयोगी नहीं रहता, क्योंकि दोनों ही ध्रुवों के बीच अधिकतर चीजों में समानता होती ही है। पर दो दलों की मौजूदगी 'लड़ाई' जैसी स्थिति का एहसास बनाए रखती है और औपचारिक रूप से विकल्पहीनता घोषित हो जाने जैसी स्थिति नहीं आने देती। फिर भी 'मुकाबला' अक्सर 'दोस्ताना' बनकर रह जाता है। यह स्थिति सिर्फ कांग्रेस बनाम भाजपा की प्रतिद्वंद्विता में ही नहीं आती जहां कई बार इन दोनों को इसी सवाल को ढूंढ़ने पर काफी माथापच्ची करनी होती है कि ऐसा क्या मुद्दा उठाया जाए जिस पर मतदाता दोनों को अलग-अलग मान लें। केरल में वाम और संयुक्त मोर्चा, दोनों के बीच भी काफी कम नीतिगत फर्क रह गए हैं। दो-ध्रुवीय मुकाबले में अक्सर दोनों पक्षों की सरकार बारी-बारी से बनती है। पर इस प्रणाली के चलते ऐसा होता है, यह कहना मुश्किल है।

3. बहु-ध्रुवीय अभिसारिता : पार्टी प्रणाली पर उपलब्ध अध्ययनों में बहु ध्रुवीय प्रतिद्वंद्विता और अभिसारिता के बीच संबंध दिखाया गया है। साथ ही सामाजिक बिखराव, उलझनपूर्ण राजनैतिक आधार, कड़वी राजनैतिक लड़ाई और सरकार की अस्थिरता को इसका साथी बताया जाता है। पर भारतीय राज्यों का अनुभव इन चीजों से मेल नहीं खाता। यह सही है कि सामाजिक बिखराव और कड़वाहट भरी राजनैतिक लड़ाई की स्थिति में ही बहु-ध्रुवीय प्रतिद्वंद्विता सामने आती है। फिर भी दशक भर चली ऐसी प्रतिद्वंद्विता के बाद हम सामाजिक बिखराव और नीतियों की अभिसारिता का एक विलय युग देखते हैं। उत्तर प्रदेश और बिहार में हमने जबरदस्त जातिगत ध्रुवीकरण और असम में लंबी जातीय गिरोहबंदी देखी है। इन ध्रुवीकरणों से चुनावी राजनीति में जो सामाजिक समीकरण उभरे हैं वे आगे भी काफी समय तक प्रभावी रह सकते हैं। इन सभी में कुछ समय के लिए नीतियों में काफी उथल-पुथल की स्थिति भी दिखी। पर बहुत जल्दी ही बाकी अंतर खत्म हो गए और 'जातीय' मामलों (जैसे उत्तर प्रदेश में अनुसूचित जाति/जनजाति दमन विरोधी कानून लागू करना, बिहार में यादव प्रभुत्व, तमिलनाडु में लिट्टे को समर्थन देने, न देने का मसला और असम में

बहिरागत वाला मुद्दा) पर राजनैतिक और शासकीय नजरिया अलग होने तक बात सिमट गई और आर्थिक तथा अन्य नीतिगत मसलों पर ज्यादा अंतर नहीं रहा।

इस अभिसारिता में कुछ योगदान चुनाव प्रणाली का भी है। हमारी चुनाव प्रणाली में बहुमत पाने या बनाने की जो बाध्यता है उसके चलते ध्रुवीकृत राजनीति करने वालों को भी अपनी राजनीति की सीमाओं का एहसास करने में ज्यादा वक्त नहीं लगता। बहुमत न मिलने की स्थिति में उन्हें ऐसे समूहों से मदद लेनी होती है या सत्ता में साझेदारी करनी पड़ती है, जिन्हें सत्ता से बाहर करने के नाम पर ही ऐसे नेता पहले वोट मांगते हैं (जैसे उत्तर प्रदेश में अगड़ों के वोट के लिए बसपा और सपा की होड़ या असम में अगप द्वारा मुसलमानों और बहिरागतों को पटाने का प्रयास करना)। पर इस अभिसारिता के लिए स्थानीय दबावों से ज्यादा प्रभावी दबाव बाहरी हैं। भूमंडलीकरण की अर्थनीति जैसे बाहरी दबावों ने पार्टियों की नीतियों का अंतर ज्यादा कम किया है।

4. प्रतिद्वंद्वी अपसरण की प्रणाली : हम यह नाम ऐसी व्यवस्था को देते हैं जिसमें राजनैतिक प्रतिद्वंद्विता में, चाहे वह दो ध्रुवीय हो या बहु ध्रुवीय, मतदाताओं के पास नीतियों और कार्यक्रमों संबंधी स्पष्ट विकल्प होते हैं और इनके आधार पर किया गया उनका फैसला सामान्य नागरिकों के जीवन में पर्याप्त बदलाव लाने का आधार बनता है। अभी उपलब्ध अध्ययनों में इस प्रणाली को थोड़े संदेह की नजर से देखने और बदला भुनाने वाली तथा अस्थिरता लाने वाली व्यवस्था के रूप में बताया गया है। पर हमारे अपने हिसाब से यह श्रेणी बदलाव लाने वाली है और लोकतांत्रिक राजनीति अगर सामाजिक बदलाव का उपकरण बन सकती है तो ऐसा इसी प्रणाली में संभव होगा।

इस श्रेणी के जो उदाहरण गिनाए गए हैं वे सामाजिक बदलाव की राजनीति के बहुत ही अलग-अलग राजनैतिक रणनीति और संकेन्द्रण वाले हैं। तमिलनाडु में जाति और भाषा के आधार पर गोलबंदी हुई तो बिहार में, केरल में जाति और वर्ग के आधार पर, उत्तर प्रदेश और बिहार में जाति गोलबंदी का सबसे प्रभावी आधार बनी तो पश्चिम बंगाल में वर्ग। ऐसे प्रदेशों में राजनैतिक प्रतिद्वंद्विता का स्वरूप अलग-अलग रहा है। तमिलनाडु और पश्चिम बंगाल की राजनीति एक ध्रुवीय प्रभुत्व से दो ध्रुवीय होती गई जबकि केरल, उत्तर प्रदेश और बिहार में कांग्रेस प्रणाली के विदाई के साथ बहुध्रुवीय प्रतिद्वंद्विता उभरी। इन अलग-अलग राज्यों में बदलाव लाने की सफलता का स्तर भी अलग-अलग रहा है, इनमें से किसी में भी बदलाव की लहर कुछ वर्षों से ज्यादा समय तक प्रभावी नहीं रह पाई। बिहार के अपवाद को छोड़ दें तो जब बदलाव लाने वाली पार्टी विपक्ष में थी तो वहां की राजनीति क्रांतिकारी और ज्यादा ध्रुवीकृत हुई। पर इन सभी में एक मामले में समानता है : इन सभी राज्यों के आम मतदाताओं ने अपनी मौजूदा सामाजिक व्यवस्था और उसके ऊंच-नीच के क्रम को बदलने की मंशा से बैलेट का प्रयोग किया।

5. एक दल का आधिपत्य : यहां का 'आधिपत्य' शब्द पहले वर्ग के प्रभुत्व से एकदम अलग अर्थ देता है। यह श्रेणी उन अलग-अलग, लेकिन सैद्धांतिक रूप से महत्त्वपूर्ण मामलों के लिए है जहां की राजनीति में अनेक ऐसे समूह और दल मौजूद थे जो स्थानीय समाज को गहरा प्रभावित करने वाले मुद्दों पर अलग-अलग विकल्प उपलब्ध कर सकते थे, (जैसे जम्मू-कश्मीर में मुस्लिम यूनाइटेड फ्रंट, पंजाब में बादल धड़ा, असम में छात्र आंदोलनकारी) लेकिन शासन ने लोगों के सामने ऐसे विकल्पों को आने ही नहीं दिया। इसका परिणाम हुआ कि इन राज्यों में एक प्रभावी दल को सत्ता तो सौंप दी गई पर लोगों में जबरदस्त अलगाववादी भाव पैदा हुआ। इन चुनावों की लोक वैधता पूरी न थी और इन्हें भारतीय शासन द्वारा अपना शक्ति प्रदर्शन माना गया। इसीलिए इन्हें 'आधिपत्य' वाली प्रणाली कहा गया है।

6. बंद एक दलीय प्रणाली : इस श्रेणी में तीसरी दुनिया के देशों में बनी एक दलीय लोकतांत्रिक व्यवस्थाएं आएंगी जिनमें नागरिकों के पास दूसरा कोई विकल्प ही नहीं होता। या तो उनको मतदान का अधिकार ही नहीं होता या फिर उनके मतदान का कोई मतलब नहीं होता। सौभाग्य से भारत में अब तक लोकतंत्र जिस तरह चला है उसमें इस स्थिति के ज्यादा उदाहरण नहीं हैं। पर 1953 से 1977 तक जम्मू-कश्मीर में जिस तरह से एक पार्टी का शासन केन्द्र सरकार द्वारा चलाया गया और इसके लिए बार-बार चुनाव में धांधली कराई गई, वह इस संभावना या अंदेशे को जताने के लिए पर्याप्त है।

7. प्रणाली विहीन प्रतिद्वंद्विता : पार्टी प्रणाली से जुड़ी चर्चा का मतलब ही है कि कोई व्यवस्था होगी। फिर यह भी माना जाता है कि इसमें कुछ पार्टियां होंगी या कोई पार्टी समाप्त हो तो नई पार्टी भी उभर कर आती होगी। पार्टियों का अपना सांगठनिक स्वरूप होगा। मतदाताओं और सामाजिक समूहों के बीच उनकी पहचान होगी। पर भारत के कई राज्य इन न्यूनतम उम्मीदों वाली व्यवस्था को भी नहीं चलने देते और इसीलिए पार्टी प्रणाली के अध्ययन में यह नई श्रेणी डालनी पड़ी। ऐसे मामलों में या तो विशुद्ध व्यक्तिवाद चलता है या फिर एकदम ढीला-ढाला या मतलब भर चलने वाला गठजोड़। हाल की झारखंड की राजनीति काफी कुछ इसी का उदाहरण है। पर यह बात बतानी जरूरी है कि 'प्रणाली विहीन' का मतलब यहां दिए चार्ट वाले राज्यों तक सीमित नहीं है। यह बीमारी काफी व्यापक है और यह किन व्यवस्थाजन्य और बाहरी कारणों से पैदा होती है उसकी ज्यादा तथा गंभीर अध्ययन की जरूरत है।

IV. 'कांग्रेस प्रणाली' के दो जीवन

इस लंबी और जरूरी कवायद के बाद अब हम भारतीय राज्यों की पार्टी प्रणाली और

उसके साथ ही उपरोक्त तथा नए वर्गीकरण की उपयोगिता का मूल्यांकन कर सकते हैं। हमने देखा है कि कांग्रेस प्रणाली उस विशिष्ट स्थिति की पैदाइश थी जिसमें आजादी के बाद की भारतीय राजनीति में लोकतांत्रिक व्यवस्था लागू हुई, चली और उसने संस्थागत रूप लिया। इस मुद्दे को ज्यादा स्मरण करने के लिए हमें औपनिवेशिक शासन से मुक्त हुए समाजों में लोकतांत्रिक राजनीति और पश्चिम में बुर्जुआ लोकतंत्र के विकास के अलग-अलग रास्तों पर भी गौर करना चाहिए। पश्चिम में मताधिकार धीरे-धीरे मिला। इस प्रक्रिया के साथ ही वहां के सामाजिक विभाजन भी उभरते आ रहे थे। और जब तक सबको मताधिकार मिला तब तक वहां पार्टी वाली राजनैतिक गोलबंदी भी अंतिम रूप ले चुकी थी। ऐसा विभिन्न सामाजिक समूहों की गोलबंदी और राजनैतिक संगठनों का विकास भी साथ-साथ होने के चलते हुआ (लिपोट और रोक्कन, 1967)। मोटे तौर पर राष्ट्रीय क्रांति और औद्योगिक क्रांति ने समाज में जो समूह और सक्रियता बनाई थी, जिनके अनुरूप ही राजनैतिक गोलबंदी हुई।

भारत में गुलामी के खिलाफ जो जबरदस्त राष्ट्रीय आंदोलन चला वह न सिर्फ ताकतवर था, बल्कि समाज के सभी वर्ग के लोगों की भागीदारी वाला था। पर इसके चलते समाज के बंटवारों के अनुरूप वे दरारें नहीं उभर पाईं जो बाद की प्रतिद्वंद्वी राजनीति को व्यवस्थित रूप देने का आधार बनती हैं। और हमारे यहां एक बार में ही सार्वभौम मताधिकार की व्यवस्था आ गई। तब समाज के बंटवारे वाले वे मुद्दे ज्यादा नहीं उभरे थे जिनके आधार पर ही दलीय राजनीति ही नहीं होती, समाज के विभिन्न समूहों की तीखी गोलबंदी भी होती है। इसके चलते बीसवीं सदी की भारतीय राजनीति को एक विलक्षण स्वायत्तता मिली और यह मनचाहे ढंग से विभिन्न राजनैतिक मुद्दों को उभारने और स्थापित करने के मामले में आजाद रहा। इस मामले में राष्ट्रीय आंदोलन ने महत्त्वपूर्ण भूमिका निभाई। विभिन्न राजनैतिक गोलबंदियों ने यहां राजनैतिक लड़ाई के स्वरूप और शर्तों को तय नहीं किया। यहां राष्ट्रीय आंदोलन ने ही यह तय किया कि समाज की सक्रियता और गोलबंदी किन-किन आधारों पर हो और किन मुद्दों को हाशिए पर ही रहने दिया जाए।

आजादी के समय राजनैतिक सक्रियता और गोलबंदी के लिए बहुत कम सामाजिक आधार या बंटवारे उपलब्ध थे। और अगर हम सरसरी तौर पर भी इन पर नजर डालें तो यह सवाल उठेगा कि आखिर राजनीति ने इन सवालों को परदे के पीछे ही क्यों रहने दिया और उनको आधार क्यों नहीं बनाया। जाति, धर्म, प्रदेश के अंदर के क्षेत्रीय बंटवारे वो बड़े मुद्दे हैं जिनका उपयोग राजनीति में किया जा सकता था। साथ ही गांव और शहर के अंतर, खेती और आधुनिक अर्थव्यवस्था के अंतर को राजनैतिक लड़ाई में आधार बनाया जा सकता था। वैचारिक रूप से परंपरावादी बनाम आधुनिकतावादी या वाम बनाम दक्षिण पंथ की लड़ाई भी राजनैतिक गोलबंदी के

लिए इस्तेमाल की जा सकती थी। विभिन्न मुद्दों या वर्ग आधारित बंटवारों के आधार पर भी राजनैतिक गोलबंदी की जा सकती थी।

आधुनिक लोकतंत्र के ढांचे में इन राजनैतिक आधारों का इस्तेमाल हुआ है। आधुनिक लोकतंत्र द्वारा स्थापित संस्थागत व्यवस्थाओं और राष्ट्रीय आंदोलन की पृष्ठभूमि ने यह अनिवार्य कर दिया कि लोगों की बड़े पैमाने पर भागीदारी हो, उनमें लोकतांत्रिक चेतना जागे। राजनैतिक प्रतिद्वंद्विता भी अखिल भारतीय स्तर पर ही की जाने लगी। इसका मतलब था कि स्थानीय और छोटे स्तर के मुद्दों को महत्त्व नहीं दिया जाए। सर्वाधिक मतों से जीत वाली व्यवस्था की अपनी बाध्यताओं ने भी समाज, क्षेत्र या विचारों के बंटवारे के आधार पर राजनीति को ज्यादा बढ़ने का अवसर नहीं दिया। संवैधानिक रूप से ही कुछ सामाजिक श्रेणियों (अनुसूचित जाति, अनुसूचित जनजाति और अन्य पिछड़ा वर्ग) को मान्यता दी गई थी जिससे इन समूहों के लिए अपनी गतिशीलता या गोलबंदी की कुछ गुंजाइश स्वतः बन गई थी। कुछ अन्य आधारों को संविधान में नहीं माना गया (धर्म के आधार पर मुसलमान या ईसाई जैसे समूह) था पर इनकी पहचान और कुछ गोलबंदी पहले से थी। पर एकल या संयुक्त निर्वाचन मंडल में इन समूहों के लिए सीटें आरक्षित रखने के प्रावधान के चलते इनकी विशिष्ट गोलबंदी भी संभव नहीं रही।

देश के बंटवारे ने अल्पसंख्यक आधार पर (खासकर मुसलमानों के लिए) बड़ी गोलबंदी की गुंजाइश नहीं रहने दी। अल्पसंख्यकों के अधिकारों का संरक्षण करके और उनके निजी कानून में सुधार की बात को टालकर उनके बीच के तीखे सवालों को उभरने नहीं दिया गया पर विडंबना यह है कि यही चीजें बाद में अल्पसंख्यकों की गोलबंदी और दूसरी तरफ बहुसंख्यकों की तीखी गोलबंदी का आधार बनीं। स्वतंत्रता संग्राम में गांधी के नेतृत्व में दो अन्य बंटवारों को भी वास्तविक माना गया था। पहला बंटवारा था शहरी–ग्रामीण और दूसरा था भाषा के आधार पर क्षेत्रीय पहचान का। आजादी के बाद कांग्रेस पार्टी ने जिस तरह से समाज के सभी वर्गों को साथ लेकर चलने का सचेत प्रयास किया उसमें शहरी–ग्रामीण बंटवारा राजनैतिक गोलबंदी का आधार नहीं बन पाया। भाषा को आधार बनाकर एक दौर में राजनैतिक आंदोलन तेज होने लगे थे पर कांग्रेस ने देरी नहीं की और उसने बहुत सूझबूझ से भाषावार प्रांतों का पुनर्गठन करके इस टकराव को ज्यादा उभरने नहीं दिया।

आजादी के तत्काल बाद वाले दौर में राजनैतिक दलों ने विभिन्न संभावित आधारों (बंटवारों) पर सामाजिक समर्थन बनाने का प्रयास किया। इस दौर की पार्टी प्रणाली का नक्शा बताता है कि तब गोलबंदी के लिए क्या अलग–अलग गुंजाइशें थीं। यह बीसवीं सदी के प्रथमार्द्ध के राजनैतिक आंदोलनों को भी प्रतिबिंबित करता है। आजादी के पूर्व कांग्रेस ने समाज को बांटने वाले विभिन्न मुद्दों पर जिस तरह से

काम किया था, बाद में विभिन्न पार्टियों को उसी अनुपात में सफलता-असफलता मिली। जिस सवाल पर कांग्रेस पहले से काफी सचेत होकर काम करती रही थी उन पर कोई दल ज्यादा समर्थन पाने में सफल नहीं हो सका। आजादी के बाद के पहले दशक में उत्तर भारत में कांग्रेस एकदम अजेय स्थिति में थी क्योंकि उसने अपने राष्ट्रवादी बातों के दायरे में ऊंची जाति वाले जमींदारों के हितों को भी समाहित कर रखा था। यह उन इलाकों में भी, (जैसे महाराष्ट्र) काफी सफल रही थी जहां इसने थोड़े सुधारवादी नारों के साथ मंझोली किसान जातियों को अपने साथ लिया था। दूसरे शब्दों में कहें तो कांग्रेस ने देश के अलग-अलग हिस्सों में समाज के अलग-अलग वर्गों को खास प्रयास करके अपने साथ लिया था और उन्हें एक राष्ट्रवादी विचारधारा की छतरी के नीचे रखती थी। इस प्रकार राष्ट्रवादी विचारधारा अपने सीमित अर्थ से ज्यादा बड़े अर्थ में प्रयुक्त होती रही।

लोगों की गोलबंदी का यह बड़ा आधार बाकी और स्पष्ट बंटवारे वाले आधारों पर हुई गोलबंदियों को दरकिनार किए रहा। समाजवादी वैचारिक आधार पर राजनैतिक गोलबंदी बनाने और 1942 के भारत छोड़ो आंदोलन की अपनी थाती पर आस लगाए रहे। कम्युनिस्ट लोग केरल के साथ ही पश्चिम बंगाल और तेलंगाना क्षेत्र में काफी मजबूत थे। उन्होंने जमींदारी के संदर्भ में वर्ग आधारित बंटवारे को आगे करके उसके आधार पर गोलबंदी की कोशिश की। स्वाभिमान आंदोलन, भूमि सुधार आंदोलन और औद्योगिक केन्द्रों पर चलने वाले मजदूर आंदोलन कम्युनिस्टों के आधार थे। स्वतंत्र पार्टी ने पूर्ववर्ती रजवाड़ों में अच्छी पैठ बनाई जबकि राष्ट्रीय स्वयंसेवक संघ से निकली भारतीय जन संघ ने ऊंची जातियों में मौजूद मुसलमान विरोधी भावनाओं को आधार बनाकर अपने लिए एक व्यापक हिन्दू समर्थन बनाने का प्रयास किया। दक्षिण भारत में चला सामाजिक न्याय आंदोलन द्रविड़ कषगम का आधार बना तो पंजाब में अकाली आंदोलन अकाली दल का। आजादी के बाद की छोटी अवधि में गैर कांग्रेसी दलों की राजनीति कैसी चली और कितनी चली इसका अंदाजा इस छोटे विवरण से पता चलता है। ये दल समाज में विभिन्न संभावित बंटवारों को आधार बनाने का प्रयास जरूर कर रहे थे, पर सबको साथ लेकर चलने वाली कांग्रेस पार्टी का किसी भी स्तर पर मुकाबला करना उनके वश में नहीं दिखता था। साथ ही इन दलों का समर्थन आधार भी उसी अनुपात में बड़ा या छोटा दिखता था जितना आजादी की लड़ाई वाले दौर में उनके मुख्य मुद्दे को मिला महत्त्व था। जिन मुद्दों पर पहले कांग्रेस ने काम किया था या जो कांग्रेस के विरोध के बावजूद तब उभरे थे (जैसे सामाजिक न्याय आंदोलन) या जिनसे सहानुभूति रखने वाले कांग्रेस के अंदर ही थे (जैसे हिन्दू राष्ट्रवाद) उन्हीं का आजादी के बाद की राजनीति में कोई राजनैतिक महत्त्व था—कांग्रेस के लिए भी या उसका विरोध करने वाली पार्टियों के लिए भी।

कांग्रेस प्रणाली इस दौर की और इस ऐतिहासिक पृष्ठभूमि की पैदाइश थी। राष्ट्रवादी आंदोलन ने गुलामी बनाम आजादी के जिस बुनियादी बंटवारे को केन्द्रीय मुद्दा बनाकर एक बड़ा आंदोलन खड़ा किया वह इतना बड़ा और मजबूत था कि उसने अन्य सभी बंटवारों और मुद्दों को छोटा बना दिया था। कांग्रेस परियोजना एक विस्तृत राष्ट्रीय राजनैतिक समुदाय द्वारा निर्मित थी जिसमें सारे बाकी बंटवारे दब जाते थे और जिससे सभी तरह के लोग शासित थे। 'भारत की काल्पनिक संस्था' से यह जुड़ाव आजादी के बाद तक बना रहा (कविराज)। कांग्रेस ने एक सतरंगी गठबंधन बनाया और राजनैतिक क्षेत्र में जो भी रंग बिखरने की स्थिति में था उसे इसमें समाहित किया। यह भी याद रखना जरूरी है कि इस दौर में अगर कोई और बंटवारा या आधार उभरा और किसी ने उस पर राजनीति करनी चाही तो उसे किसी तरह की मनाही न थी और कांग्रेस द्वारा अक्सर यही प्रयास किया गया कि उसे भी अपने अंदर समाहित कर लिया जाए। हमने पहले ही देखा है कि किस तरह इसमें क्षेत्र, भाषा और वैचारिक अंतरों वाले समूह साथ रहा करते थे। एक बृहद् सोच और रूपाकार तथा स्थानीय स्तर के गठबंधनों के सहारे कांग्रेस प्रणाली ने राष्ट्रीय राजनैतिक समुदाय नामक बृहद राजनैतिक रूपाकार को बनाए रखा। इससे कांग्रेस का 'सबको साथ लेकर चलने' वाला गुण आया और समाज के कई बंटवारों के बावजूद इसकी पहुंच हर समूह तक रही। अपने वर्गीकरण के हिसाब से देखें तो कांग्रेस प्रणाली एक दलीय प्रभुत्व वाली ऐसी व्यवस्था थी जिसमें प्रतिद्वंद्विता, विरोध और नाराजगी की गुंजाइश बनी रहती थी। इसका प्रभुत्ववादी स्वभाव किसी राजनैतिक झगड़े को कभी ज्यादा तीखा नहीं होने देता था—न बात को पार्टी को टूटने की नौबत तक जाने दिया जाता था और न ही वैचारिक मतभेदों को एक सीमा से ज्यादा बढ़ने दिया जाता था।

इसका मतलब यह नहीं था कि पार्टी के किसी गुटों या राज्यों ने मतभेदों को उसी सीमा तक बनाए रखा जितना पार्टी अनुमति देती थी। बातें कई बार काफी आगे तक जा पहुंचीं। कांग्रेस प्रणाली के 'पहले' दौर में ही हम पाते हैं कि कई सामाजिक समूहों और राज्यों पर कांग्रेस की पकड़ कमजोर थी। हम पहले ही यह जिक्र कर चुके हैं कि इस दौर में भी कई राज्य कांग्रेसी छतरी से बाहर निकल गए थे। राजस्थान, ओडिसा और मध्य प्रदेश के पुराने रजवाड़ों वाले इलाकों के अलावा पूरा पूर्वोत्तर ऐसा ही इलाका था और इनमें कांग्रेसी राजनीति का रंग ढंग से नहीं चढ़ पाया था। दिलचस्प तथ्य यह भी है कि जिन राज्यों पर कभी राजनैतिक रंग ज्यादा चढ़ा था (केरल, पश्चिम बंगाल, तमिलनाडु, पंजाब) वे भी इस छतरी से बाहर रहे। इसी प्रकार कांग्रेसी छतरी में रहे सामाजिक रूप से बहिष्कृत जमातों (आदिवासी, किसानी वाली जातियां) और इसमें बहुत मजबूत स्थिति में रहे समूहों (शहरी, शिक्षित, ऊंची जाति) से भी कांग्रेस प्रणाली को चुनौतियां आईं। जैसा कि हम आगे

देखेंगे, इन चुनौतियों से उभरने वाला नक्शा उन दो अलग-अलग दिशाओं का स्पष्ट संकेत देता है जिसमें पार्टी प्रणाली आगे विकसित हुई। जब कांग्रेस प्रणाली का पतन हुआ तो दलगत राजनीति ने इन्हीं दो दिशाओं में प्रगति की। कांग्रेस प्रणाली के पहले दौर में उसे चुनौती देने की दो असफल कोशिशें हुईं। इनमें पहला प्रयास लोहिया ने निचली और किसान जातियों का गठबंधन बनाकर किया और दूसरा प्रयास कम्युनिस्टों ने वर्ग बंटवारे के आधार पर किया।

चार्ट 1.2 : समकालीन भारत के दो आयामी आधार पर राज्य पार्टी प्रणाली

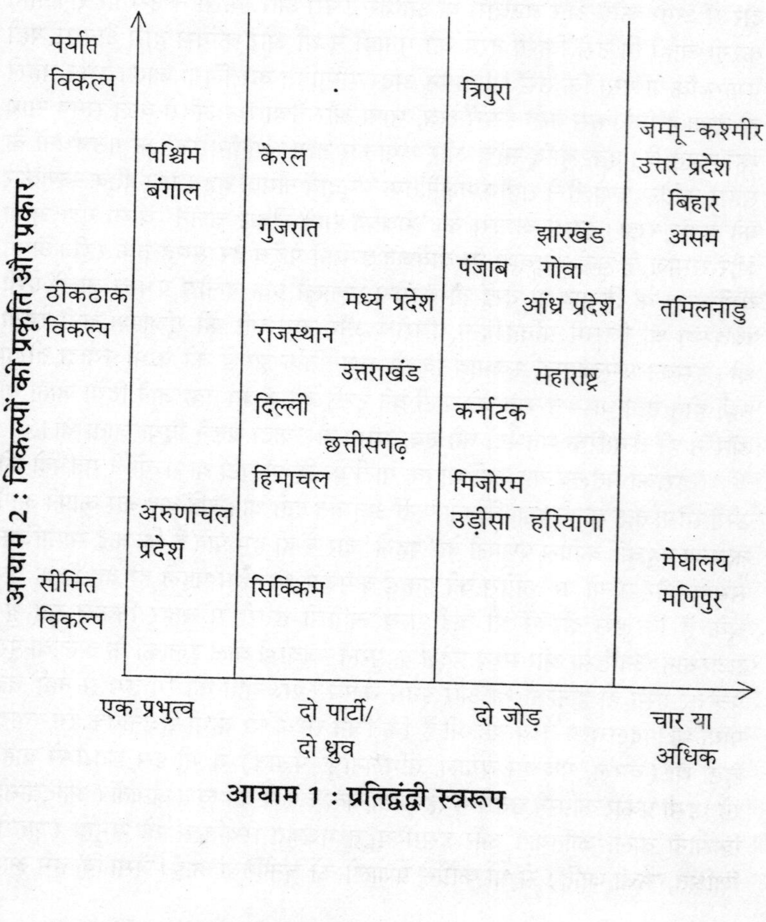

कांग्रेस प्रणाली को पहली गंभीर चुनौती 1967 में मिली जब अनेक राज्यों में पार्टी पॉलिटिक्स एकदम नए समीकरणों के साथ सामने आई। प्रभुत्व वाली पार्टी प्रतिद्वंद्विता कमजोर हुई और अनेक राज्यों में कम समय तक चले गठबंधन सामने आए। पर मामला सिर्फ चुनावी मुकाबले और सरकार बनाने की सफलता-असफलता भर का नहीं था। एक बड़े अर्थ में यह कांग्रेस प्रणाली की असफलता भी थी, क्योंकि विरोध को अपने में समाहित करने की उसकी क्षमता काफी घटी तथा अनेक राज्यों में कांग्रेस के बागी गुट निकल कर बाहर गए तथा उन्होंने राज्य स्तरीय कांग्रेस पार्टियों का गठन किया। राष्ट्रीय आंदोलन और नेहरू के विकास वाले सपने के आधार पर जो राष्ट्रीय राजनैतिक समुदाय अपना राशन-पानी पाता था उसे इस उभरती बेचैन सामाजिक शक्तियों की आकांक्षाओं से डर लगना शुरू हुआ।

क्षेत्रीय और सामाजिक विभाजनों को समेट कर और इनकी राजनीति को दरकिनार करके एक राष्ट्रीय राजनैतिक समुदाय का निर्माण करना कांग्रेस प्रणाली के 'दूसरे जीवन' में भी हुआ। इंदिरा गांधी ने गरीबी हटाओ के नारे की शक्ति को पहचानते हुए राष्ट्रीय संवेदन तंत्र को झकझोरा और नए राष्ट्रीय राजनैतिक समुदाय का निर्माण किया। इस नारे की अंतर्ध्वनि स्पष्टतः वर्ग चेतना वाली थी और इसने नया राजनैतिक रूप लेने वाले अन्य मुद्दों की ताकत को हर लिया। एक और राष्ट्रीय राजनैतिक समुदाय का जन्म हुआ। 1971 में इंदिरा गांधी ने इसी के सहारे पार्टी के अंदर और बाहर के अपने राजनैतिक प्रतिद्वंद्वियों को पछाड़ा और 1979-80 में भी वह इसी के सहारे दन से सत्ता में वापस आई। यह कांग्रेस के नए जीवन का ही दौर था।

मुद्दा आधारित बंटवारे और गोलबंदी के पीछे दूसरी सच्चाई भी थी—कांग्रेस पार्टी ने इस बार नया सामाजिक गठबंधन भी बनाया था। यह अभी भी सतरंगा गठबंधन था, पर इसकी कुछ धारियां अब ज्यादा गहरी बना दी गई थीं। और विशेष बात यह थी कि हर राज्य के लिए अलग तरह का गठबंधन बना था। कर्नाटक में देवराज अर्स निचली जातियों को आगे ले आए तो गुजरात में पाटीदारों को दरकिनार करके क्षत्रिय, हरिजन, आदिवासी और मुसलमानों का 'खाम' गठबंधन बना। उत्तर प्रदेश में ब्राह्मण-दलित-मुसलमान गठबंधन था। इन नए सामाजिक गठबंधनों ने कांग्रेस को जबरदस्त चुनावी जीत दी। इसने बाकी सारे मुद्दों को दरकिनार किया और राजनैतिक विरोध का आधार बनने वाले अधिकांश मामलों को अपनी छाया में समेट लिया। पर जब इंदिरा गांधी की कांग्रेस ने राज्य आधारित सामाजिक गठबंधनों को महत्त्व दिया तो यह स्पष्टतः राजनीति में एक बड़े बदलाव को स्वीकार करना था कि अब राजनीति का मुख्य मंत्र राष्ट्रीय न होकर राज्यों का हो गया है। कांग्रेस प्रणाली के दूसरे जीवन का यह अप्रकट पक्ष ही नब्बे के दशक में 'तीसरी चुनावी प्रणाली' के विकास का आधार बना। इंदिरा गांधी की राजनैतिक सफलता एक ऐसे राजनैतिक ढांचे में आती थी जिसका आधार तो राज्य विशेष वाली रणनीति थी पर जब केन्द्र

की बात हो तो इन बातों को परदे के पीछे भी करने में सफल था। सत्तर के दशक और अस्सी के दशक के शुरुआत में इंदिरा गांधी की इस बृहद गोलबंदी वाली रणनीति को मुख्यतः दो ओर से चुनौती मिली। चरण सिंह निरंतर गांव बनाम शहर के मुद्दे को भारतीय समाज में मुख्य विभाजक मसला मानकर गांव वाली राजनीति चलाते रहे थे। सत्तर और अस्सी की इस अवधि में वे ही किसान हितों के सबसे बड़े हितैषी के रूप में थे। जनसंघ और बाद में बने उसके नए रूप भारतीय जनता पार्टी ने हिन्दू राष्ट्रवाद को आधार बनाकर कांग्रेस प्रणाली को चुनौती देने का प्रयास किया (शुरू में उसकी हिन्दुत्व की परिभाषा संकीर्ण थी, जिसने बाद में दीनदयाल उपाध्याय के 'एकात्म मानववाद' और गांधीवादी समाजवाद का नाम भी धरा)। पर ये चुनौतियां गंभीर नहीं हो पाईं। 1977 में कांग्रेस बुरी तरह पराजित हुई, पर वह एकदम अलग रास्ते की राजनीति के चलते हारी थी। गैर-कांग्रेसवाद एक ऐसा चुनावी प्लेटफार्म बन गया जो कांग्रेस को कुछ-कुछ समय के लिए सत्ता से बाहर करा देता था। पर इससे कोई और ऐसा टिकाऊ आधार नहीं बन पाया जो गैर कांग्रेसी राजनीति की धुरी बन सके। परिणाम यह हुआ कि 1980 में ही कांग्रेस फिर से चुनाव जीत कर वापस आ गई।

कांग्रेस सत्ता में वापस जरूर आ गई पर अपने दूसरे जीवन में इसने कृत्रिम रूप से जो राष्ट्रीय राजनैतिक समुदाय बनाया था उसमें दरारें आने लगीं। तब तक तमिलनाडु, केरल और पश्चिम बंगाल ने राष्ट्रीय राजनीति से अलग, लेकिन अपनी मजबूत राजनैतिक प्रणाली बना ली थी। सत्तर के दशक और अस्सी की शुरुआत में हरियाणा, आंध्र प्रदेश और कर्नाटक ने भी अपनी-अपनी स्वतंत्र राजनैतिक प्रणालियां विकसित कर ली थीं। इसी अवधि में असम और पंजाब से राष्ट्रीय राजनैतिक समुदाय के लिए बड़ी चुनौतियां पेश की गईं। इस प्रकार देश का एक बड़ा हिस्सा कांग्रेस प्रणाली से बाहर जा रहा था। राजीव गांधी के शासन में कांग्रेस प्रणाली को वैचारिक और राजनीति के सामाजिक आधार, दोनों तरह से नया रूप दिया जा रहा था। राजीव गांधी ने कांग्रेस की राजनीति को समाजवादी नारेबाजी से मुक्त किया और नई तकनीक और भूमंडलीकरण के रूमाल को राजनीति के केन्द्रीय मंच पर ले आए। अस्सी के दशक में राजनीति में नए समूहों का प्रवेश भी हुआ। राजीव गांधी ने शहरी और मध्य वर्ग के लोगों को राजनैतिक एजेंडा तय करने में बड़ी भूमिका दी। इन समूहों ने प्रभाव जमाना और राजनीति के एजेंडे को वैधता देनी तथा सरकार के फैसलों को प्रभावित करना शुरू किया। व्यावहारिक अर्थ में कांग्रेस प्रणाली का पुनर्गठन बाद में आई अर्थनीति का आधार तैयार करने के लिए ही हुआ लगता है। पंजाब, असम और मिजो विवादों को राजीव गांधी ने जिस तरह से सुलझाया वह कांग्रेस और क्षेत्रीय राजनैतिक दलों की राजनैतिक प्रतिद्वंद्विता के रिश्ते को भी पुनर्परिभाषित करने वाला था। आज

जब हम इस दौर पर गौर करते हैं तो लगता है कि राजीव की इस कोशिश में ही कांग्रेस प्रणाली के पतन और समाप्ति के बीज छिपे थे।

V. पुनःसंयोजन और विभेदीकरण का क्षण

कांग्रेस प्रणाली के दूसरे दौर का अंत अचानक ही हुआ और यह बदलाव कितना अचानक हुआ इसे सिर्फ वक्त बीत जाने के बाद ही समझा जा सकता है। राजीव गांधी शासन के अंतिम वर्षों में यह स्पष्ट होता गया कि कांग्रेस प्रणाली भी दीवारों से बंद व्यवस्था बनती जा रही है और किसी सार्थक विकल्प की गुंजाइश भी नहीं रह गई है। श्रीमती गांधी की हत्या से उपजी सहानुभूति के चलते उत्तर और पश्चिम के प्रदेशों से भारी संख्या में इसके जो सांसद जीते थे वे इसके गले का बोझ बनते जा रहे थे। पार्टी जब आंतरिक और बाहरी, दोनों तरह के दबावों से मुक्त हो गई तो यही अपार बहुमत उसके लिए कुछ नया सीखने और नीचे से आने वाले संकेतों के अनुरूप अपने अंदर बदलाव करने के रास्ते में बाधक बन गया। ऊपर से देखने में तो ये अधिकतर राज्य एक पार्टी के भारी प्रभुत्व वाली राजनीति के अधीन आ गए लगते हैं पर जमीनी हकीकत कुछ और थी।

एक दल के प्रभुत्व वाली राजनीति में जो दो अन्य संभावनाएं अंतर्निहित होती हैं, कांग्रेस प्रणाली में उनके तत्त्व विकसित होते जा रहे थे। ये संभावनाएं हैं काफी सारी चीजों को छांटते जाना और खुद को सबसे काटते जाने, अपने इर्द-गिर्द बाड़ उठाते जाना। श्रीमती गांधी के आखिरी दौर की विरासत को विभिन्न अल्पसंख्यक समूहों और छोटी जातीय पहचान वाले समूहों पर प्रभुत्व की एक पूरी प्रणाली का रूप दे दिया गया। राजीव गांधी का शासन काफी कुछ एक दलीय तानाशाही शासन प्रणाली जैसा हो गया और नागरिकों के लिए विकल्पों की गुंजाइश लगभग समाप्त हो गई। अपने दूसरे दौर के अंतिम दिनों में कांग्रेस प्रणाली को सही अर्थों में काफी उलटने-पलटने और साफ-सफाई की जरूरत थी। इसे तीसरी दफे राष्ट्रीय राजनैतिक समुदाय वापस ढूंढ़ने और कांग्रेस पार्टी को ठीक उसी तरफ फिर से खड़ा करने की जरूरत थी जैसा कि इंदिरा गांधी ने किया था। और स्पष्ट है कि राजीव गांधी ने इस ऐतिहासिक जिम्मेदारी को निभाने की तरफ कोई कदम नहीं उठाया।

भारतीय मध्य वर्ग की नजरों से राजीव गांधी का उतरना 1987-88 में बोफोर्स सौदे के पर्दाफाश से ही शुरू हो गया। 1989 के चुनाव में कांग्रेस को काफी परेशानियों के साथ उतरना पड़ा पर चुनाव परिणाम उसके अंदेशे से भी ज्यादा खराब हुए। पर 1989 की चुनावी पराजय ने कांग्रेस प्रणाली के अंत की घोषणा नहीं की। ऊपर से देखने में तो 1989 के चुनाव परिणाम काफी कुछ 1977 जैसे ही लगे : विपक्षी एकता, उत्तर भारत में कांग्रेस के खिलाफ लहर, 1990 में हुए विधानसभा चुनावों में लोकसभा जैसे परिणाम आना, जनता दल-भाजपा के अलगाव और जनता

पार्टी के टूटने में समानता, चरण सिंह की तरह कांग्रेस द्वारा चंद्रशेखर की अल्पमत सरकार बनवाना। ये सारी चीजें 1977–79 के बीच के घटनाक्रम को दोहराए जाने जैसी थीं। सो स्वाभाविक था कि 1991 के लोकसभा चुनाव में कांग्रेस की वापसी की उम्मीद की जाती। पर ऐसा हुआ नहीं, जबकि चुनाव के दौरान ही राजीव गांधी की हत्या हुई और कांग्रेस के पक्ष में हल्की सहानुभूति भी दिखी। और इसे विडंबना ही कहेंगे कि कांग्रेस प्रणाली के पराभव के बाद जो पहली सरकार बनी वह कांग्रेसी ही थी। पर अब खेल के सारे कायदे-कानून बदल चुके थे। यह बात 1993 से 1996 के दौरान हुए विधानसभा चुनावों में से कई में कांग्रेस की पराजय से स्पष्ट होती गई।

भारतीय राजनीति का कांग्रेस प्रणाली से एक अलग व्यवस्था में जाना न तो बहुत व्यवस्थित ढंग से हुआ ना ही किसी खास प्रवृत्ति के अनुसार लगातार। यह झटकों-हिचकोलों की शक्ल में आता गया। यह सिर्फ सत्ता की राजनीति के खिलाड़ियों या पार्टियों का बदल जाना भर नहीं था। राजनैतिक प्रतिद्वंद्विता के तौर-तरीके और मुद्दे इस दौर में एकदम बदल गए। दलगत राजनीति के अखाड़े की सारी शक्ल-सूरत बदल गई। बदलाव एकदम मौलिक और बड़े थे। शुरू में कांग्रेस का पराभव एक संकट जैसा लगा पर यह लोकतांत्रिक राजनैतिक प्रतिद्वंद्विता में नई जान भरने और ज्यादा वास्तविक मुद्दे लाने का अवसर भी बन गया।

मंदिर, मंडल और मार्केट (बाजार) का राजनीति के अखाड़े में बड़ा मुद्दा बनना इस बदलाव को सबसे ज्यादा स्पष्ट ढंग से दर्शाते हैं। इस दौरान हुए बदलाव पर जरा ज्यादा बारीकी से गौर करना जरूरी है, क्योंकि कुछ चीजें सचमुच में रातोंरात बदल गईं। अयोध्या में विवादित स्थल का मसला विश्व हिन्दू परिषद ने उठाया था और बाद में इसे राष्ट्रीय स्वयंसेवक संघ तथा भारतीय जनता पार्टी ने उठाया। इसी के बाद राम जन्मभूमि आंदोलन ने जोर पकड़ा और इस दौरान हिंदुओं में जो भावनात्मक उभार दिखा उसके आधार पर जाति और क्षेत्र से ऊपर उठकर मुल्क भर के लिए एक समरूपी हिन्दू पहचान बनाने का प्रयास भी किया गया। पर मंदिर की राजनीति ने भारतीय समाज के बहुलतावादी चरित्र और लोकतांत्रिक राजनैतिक प्रक्रिया के लचीलेपन पर भी गंभीर सवाल उठाए। मंदिर विवाद ने समाज को बहुसंख्यक और अल्पसंख्यक समुदाय में बांटने, अनेक सारे सांप्रदायिक दंगों और लोकतांत्रिक संस्थाओं के कामकाज़ पर सवाल उठाने का काम भी किया। आडवाणी और गोविन्दाचार्य की अगुवाई वाली इस राजनीति ने पूरे राजनैतिक आख्यान को बदलना चाहा और उसे बहुलतावादी लोकतंत्र की जगह बहुमतवादी राजनीति बनाने का प्रयास किया। अस्सी के दशक में मुट्ठी भर धार्मिक अतिवादियों द्वारा शुरू की गई मुहिम ने नब्बे के दशक में पूरी राजनीति के कायदे-कानून बदलने वाली हैसियत पा ली। दिसम्बर 1992 में बाबरी मस्जिद गिरने से पहले ही मंदिर की राजनीति ने

राष्ट्रीय राजनीति में केन्द्रीय स्थान हासिल कर लिया था। 1989–91 की बड़ी राजनैतिक घटनाओं ने भी भाजपा को केन्द्रीय मंच पर स्थान दिला दिया था : सबसे पहले उसने अपनी राजनीति को लाभ पहुंचाने तक के लिए वी. पी. सिंह की सरकार बनवा और चलवा दी। फिर वह सबसे प्रमुख राज्य, उत्तर प्रदेश में सत्ता में आई। इसके बाद उसने 1991 में हुए लोकसभा चुनाव में जबरदस्त प्रदर्शन किया और मुख्य राष्ट्रीय विपक्षी दल बन गई।

लेकिन इन घटनाओं और बदलावों के संग-संग इस दौर ने एक अन्य बदलाव को भी देखा—भारतीय राजनीति में पिछड़ी जातियों और दलितों का उभार। पिछड़ों की राजनीति का अपना इतिहास काफी पुराना है। दक्षिण भारत के राज्यों में पिछड़े वर्गों का उभार तो साठ के दशक में ही हो चुका था। पर उत्तर भारत और राष्ट्रीय स्तर पर पिछड़ों के उभार का बहुत प्रबल विरोध हुआ। समाज के इन समूहों की आकांक्षाओं की परवाह न करना कांग्रेस को 1977–78 की अवधि में काफी महंगा पड़ा था—राष्ट्रीय स्तर पर भी और खास तौर से उत्तर भारत में। फिर भी पार्टी ने मंडल आयोग की सिफारिशों को न लागू करने का रास्ता चुना और इसके बाद उत्तर भारत में पिछड़ों की राजनीति प्रतीक के रूप में मंडल आयोग को ही केन्द्र में रखकर मजबूत हुई। जब वी. पी. सिंह की सरकार ने इन सुझावों को मान लिया तो उत्तर भारत में अगड़ों और पिछड़ों के बीच हिंसक टकराव तक हुए। कांग्रेस और भाजपा, दोनों ने ही अगड़ों की नाराजगी का राजनैतिक लाभ लेने की कोशिश की। पर अब तक पिछड़ों की राजनीति पर्याप्त दमदार हो चुकी थी। उत्तर प्रदेश और बिहार में उनका प्रतिनिधित्व करने वाली पार्टी ने भारी चुनावी जीत दर्ज की और बात पिछड़ा जातियों के 'पिछड़ेपन' और नौकरियों में आरक्षण भर की नहीं रही। अब मंडल सत्ता पर कब्जा और उसमें पर्याप्त हिस्सेदारी के सवाल का प्रतीक बन गया।

मंडल ने उत्तर भारत की राजनीति में जाति के सवाल को केन्द्र में ला दिया। इसने सारी चर्चा सामाजिक न्याय के सवाल पर ला दी और यह कमजोर-निम्न तबके के उभार का प्रतीक बन गया। और यह उभार सिर्फ पिछड़ी जातियों तक सीमित नहीं रहा। कांशीराम के नेतृत्व में बहुजन समाज पार्टी ने अपना कार्यक्षेत्र पंजाब और हरियाणा से हटाकर मुख्यत: उत्तर प्रदेश को बनाया और मंदिर तथा मंडल के उथल-पुथल के बीच ही बड़ी-बड़ी और चौंकाऊ सफलताएं हासिल करनी शुरू कीं। उत्तर प्रदेश की राजनीति जैसे ही अगड़ों के राजनैतिक नियंत्रण से निकली, बसपा ने इस उथल-पुथल का लाभ लिया और अपने लिए अच्छी जगह बनाई। 1993 चुनाव में उसने समाजवादी पार्टी से गठजोड़ और फिर मंदिर मसले के असली उफान वाले दौर में उत्तर प्रदेश में भाजपा को चित करके सबको चौंका दिया। इस चुनाव के बाद उत्तर प्रदेश की राजनीति सदा के लिए एकदम बदल गई। भले ही वी. पी. सिंह को मंडल राजनीति का मुख्य

कर्त्ताधर्त्ता माना जाए पर उत्तर भारत की राजनीति का मंडलीकरण कांशीराम, मायावती, लालू प्रसाद और मुलायम सिंह यादव के बिना नहीं होता। और बहुत जल्दी ही यह स्थिति बन गई कि हर दल को इस मसले पर स्पष्ट लाइन लेनी पड़ी और किसी ने भी सीधे विरोध की हिम्मत नहीं की।

अगर अस्सी के दशक के आखिरी दिनों में मंदिर और मंडल वाले मुद्दे आए और राजनीति को काफी बदलने में सक्षम हुए तो नए दशक के आने के साथ ही तीसरे 'एम' अर्थात मार्केट (बाजारवादी आर्थिक नीतियों) का भी धमाकेदार आगमन हुआ। यह ध्यान देने की जरूरत है कि इस दिशा में शुरुआत अस्सी के दशक में ही हो गई थी। पर 1991-92 में ही सरकार की तरफ से बाजारवादी अर्थव्यवस्था का खुले रूप में पक्ष लेना और इस दिशा में लिए गए फैसलों का श्रेय लेने की कोशिश करना शुरू हुआ। इस नई अर्थव्यवस्था के मुख्य कर्त्ताधर्त्ता थे नरसिंह राव और मनमोहन सिंह। और जब एक बार इसकी शुरुआत हुई तो यह आगे बढ़ता ही गया, मंदिर-मंडल का हंगामा अपनी जगह रहा। खैर, इसकी शुरुआत और पहले हुई थी जब विश्वनाथ प्रताप सिंह वित्त मंत्री थे। 1985-86 में ही नई वित्त नीति नाम से उन्होंने जो पहल की उसे नई अर्थव्यवस्था की दिशा में पहला बड़ा कदम माना जाता है। तब राजीव गांधी प्रधानमंत्री थे और भारतीय जनता पार्टी ने उन नीतियों का यह कहते हुए स्वागत किया था कि हम तो सदा से ऐसी ही नीति चाहते हैं। आर्थिक नीति में इतने भारी बदलाव की शुरुआत का तब भी राजनैतिक रूप से कोई विरोध नहीं हुआ था पर 'बाजार' सिर्फ शासन की आर्थिक नीति भर का मसला न रह कर जल्दी ही बुद्धिजीवियों, अर्थशास्त्रियों, नौकरशाहों और नागरिक समाज के लिए दुलारा विचार बन गया। 'समाजवाद' पर एक बेमतलब या झूठी चर्चा के बाद नेहरू की आलोचना फैशन में आती गई। और जब संयुक्त मोर्चा की सरकार सत्ता में आई तब तक ये सारी बातें इतिहास का हिस्सा बन गई थीं। नई सरकार ने भी चुपचाप, लेकिन पूरे मन से पूर्ववर्ती कांग्रेस सरकारों द्वारा शुरू की गई आर्थिक नीतियों को आगे बढ़ाने का काम जारी रखा। और आखिरकार जब भाजपा शासन में आई तो उसने इन आर्थिक नीतियों को आगे बढ़ाने का काम बहुत जोर-शोर से चलाया, बल्कि यह कहना बेहतर होगा कि निर्लज्ज ढंग से चलाया। राजनीति का यह बाजारोन्मुख बहाव समाज में वर्ग वाले बंटवारे को ध्यान में रखकर नहीं आया था। लेकिन बेरोकटोक पूंजीवाद को बढ़ावा देने और 'मध्य वर्ग' के उपभोगवादी रुझानों को बेलगाम छोड़ने से यह काम भी हुआ। साथ ही बहुत बताए बगैर बाजार ने पूरे राजनैतिक आख्यान को ही बदल दिया। आजादी के बाद से राष्ट्रीय राजनैतिक जमात जिस राष्ट्रवादी-उपनिवेशवादी विपर्यास की भाषा में बात करता था वह चुपचाप विदा भी हो गया। राजनैतिक आख्यान का ऐसा बदलाव संभवतः सोवियत संघ के पतन के बाद रूस में ही आया होगा।

अब कुछ वक्त बीतने पर इस दौर पर गौर करने से लगता है कि ये तीनों 'एम' अलग-अलग लक्ष्य से चलने वाले कार्यक्रम थे : पुरानी और जीर्णशीर्ण हो चुकी कांग्रेस प्रणाली की जगह लेने के लिए राजनीति की ये तीन बिल्कुल नई निर्माण योजनाएं थीं। और यह स्पष्ट होने के बाद थोड़ा रुक कर इस बात पर भी गौर कर लेना चाहिए कि असल में ये तीनों जिस चीज की जगह लेना चाहती थीं वह क्या थी। अपने पहले प्रभाव काल में कांग्रेस प्रणाली राष्ट्रीय बनाम औपनिवेशिक ताकत के विपर्यास से ताकत ग्रहण की। इस आधार पर बात करने से कांग्रेस को खुद को 'राष्ट्रीय' या 'अखिल भारतीय' राजनैतिक समुदाय के रूप में विकसित करने का अवसर मिला। यह वह गांठ या बिन्दु था जिसके इर्द-गिर्द कांग्रेसी प्रभुत्व का पूरा जाल बुना गया था। कांग्रेस प्रणाली के दूसरे दौर तक इस विपर्यास की प्रासंगिकता काफी कम हो चुकी थी। इंदिरा गांधी ने अब गरीब लोग बनाम अमीर लोग के विपर्यास के आधार पर अपना 'अखिल भारतीय समुदाय' बनाने का प्रयास किया।

मंदिर, मंडल और मार्केट को अपने-अपने तरह से 'राष्ट्रीय समुदाय' बनाने की तीन परियोजनाओं के तौर पर देखना चाहिए। मंदिर वाली परियोजना हिन्दू समुदाय को राष्ट्रीय समुदाय के तौर पर स्थापित करने की थी तो मंडल परियोजना पिछड़ों को मुख्य राष्ट्रीय समुदाय के तौर पर स्थापित करने की। तीसरी परियोजना मध्य वर्ग को नए राष्ट्रीय समुदाय के केन्द्र में रखने की थी। ऐसा करती हुई ये तीनों परियोजनाएं एक तरह का अपना 'जाल' भी बिछाती जा रही थीं जिसके हिसाब से ही प्रतिद्वंद्वी राजनीति चले। कांग्रेस प्रणाली अपनी कमजोरियों के साथ-साथ इन नई परियोजनाओं के दबाव से भी गिरकर चूर हो गई।

1989 के बाद की भारतीय राजनीति का इतिहास इन तीन परस्पर टकराते ढांचों का इतिहास है जो अलग-अलग बिन्दुओं पर एकदम अनपेक्षित ढंग से टकराते हैं और ऐसे नतीजे सामने लाते हैं जिसकी कल्पना इनको रचने और संचालित करने वालों समेत किसी ने नहीं की थी। तीखे चुनावी मुकाबलों और सरकारों की अस्थिरता वाले दौर में इन तीनों ने कभी टकराव और कभी हाथ मिला कर पूरी पार्टी पॉलिटिक्स को बदलने के लिए अपूर्व स्थितियां पैदा कीं। इन नई उभरती शक्तियों की आपसी होड़ से पैदा जटिलताएं और स्थितियां बदलाव को बताती हैं तथा नब्बे के दशक में राजनीति के कांग्रेस प्रणाली से अलग होने की कहानी कहती हैं। हर प्रदेश में बदलाव अलग-अलग ढंग से और वक्त में हुआ पर काफी सारे राज्यों में नब्बे के दशक के विधानसभा चुनावों में कांग्रेस पार्टी के पतन की जो शुरुआत हुई वह दशक के मध्य तक राष्ट्रीय परिदृश्य पर भी नजर आने लगी।

बदलाव के इस दौर और इन तीन परियोजनाओं के मैदान में उतरने के काफी समय बाद आज विचार करने पर स्पष्ट लगता है कि इनमें से कोई भी

अपना वांछित लक्ष्य पूरी तरह पाने या पूरा असर छोड़ने में सफल नहीं हुआ। लालकृष्ण आडवाणी को छोड़ दें तो इन सभी के असली सूत्रधार या तो अब नहीं रहे या जीवित रहते हुए भी हाशिए पर ही पड़े रहे। पर इन तीनों ने राजनैतिक प्रतिद्वंद्विता की स्थितियों और राजनीति की विषयवस्तु, दोनों को बदल डाला। मंडल ने पूरे भारत भर में असर नहीं डाला और ना ही कोई नया राजनैतिक दल या गठबंधन बनाने में सफलता पाई। पर दलितों और पिछड़ों का उभार उत्तर प्रदेश और बिहार जैसे कई राज्यों में काफी सफल रहा और उसने वहां स्पष्ट ध्रुवीकरण किए। पर यह वहां दलित-पिछड़ा एकता की कौन कहे खुद पिछड़ों में ही एकता सुनिश्चित नहीं कर सका। इसकी जगह इसने विभिन्न पिछड़ी और दलित जातियों में जातिगत और राजनैतिक चेतना बढ़ाई।

पर मंडल की असली सफलता विभिन्न दलों के नेतृत्व वाले समूह की सामाजिक संरचना बदलना है। मंडल के दौर के बाद सभी प्रमुख राजनैतिक दलों ने अपने प्रांतीय और राष्ट्रीय नेतृत्व वाले समूह में पिछड़ी जातियों के नेताओं को जगह दी। विडंबना यह भी रही कि मंडल की इस सफलता से इसके जो कर्त्ताधर्त्ता (जैसे लालू प्रसाद और मुलायम सिंह) सभी पिछड़ी जातियों का नेता बनने का सपना देखने लगे थे वे मोटे तौर पर अपने-अपने प्रदेशों तक ही सीमित रह गए और केन्द्र की राजनीति में सहयोगी भूमिकाएं ही पा सके। पिछड़ों की तुलना में दलितों की उपलब्धियां ज्यादा ठोस रहीं। उत्तर प्रदेश में बसपा के उभार ने अंततः मायावती के हाथ में पूरी सत्ता ही नहीं पकड़ाई, शुरू से आम दलित भी सीना तानकर चलने की स्थिति में आया और उसके दैनंदिन जीवन में भी बदलाव हुआ। इन सभी उपलब्धियों को गिनवाने के बावजूद यह कहना होगा कि मंडल वाला ढांचा अपने मुख्य लक्ष्य को हासिल नहीं कर पाया और यह दलित-पिछड़ा उभार के आधार पर कोई अखिल भारतीय आंदोलन या दल बनाने जैसी उपलब्धि से दूर ही रहा।

मंदिर आंदोलन की सफलता और उसका शोर, दोनों ही मंडल की तुलना में ज्यादा स्पष्ट दिखते हैं। पूरे मुल्क को हिन्दुत्व और गैर-हिन्दू आधार पर बांटने और समाज के बाकी बंटवारों को बेमानी बनाने का इसका लक्ष्य सफल नहीं हुआ, खासकर उस तरह तो एकदम नहीं जैसा कि संघ परिवार चाहता था। अखिल भारतीय हिन्दू समुदाय बनाने के अभियान में जाति और क्षेत्रीय आधार पर बंटवारे का विरोध भी किया गया पर वह सफल नहीं हुआ। इन कमियों के बावजूद मंदिर आंदोलन तीन मामलों में सफल दिखता है। यह पढ़े-लिखे मध्य वर्ग के मन को छूने में सफल रहा। दूसरे, समुदाय के आधार पर मुहिम चलाने से इसका प्रभाव उन इलाकों तक भी पहली बार पहुंचा जहां जनसंघ या भाजपा की पहुंच कभी नहीं थी। तीसरी, और सर्वाधिक महत्त्वपूर्ण सफलता यह थी कि मंदिर मुहिम ने पूरे राजनैतिक आख्यान को बदल डाला। इसने राष्ट्र-राज्य के धर्मनिरपेक्ष लोकतांत्रिक चरित्र को

ही विवादों के घेरे में ला दिया। अयोध्या में राम मंदिर बनाने और उत्तर प्रदेश में शासन की स्वाभाविक पार्टी बनने का इसका तात्कालिक लक्ष्य तो पूरा नहीं हुआ पर मंदिर वाली परियोजना ने भारतीय राष्ट्र के राजनैतिक आख्यान को बदल डाला। इस अर्थ में मंदिर और मंडल की सफलताएं एकदम अलग-अलग तरह की रहीं। मंडल राष्ट्रीय स्तर पर सफल नहीं हुआ और मंदिर स्थानीय स्तर पर असफल होकर भी राष्ट्रीय स्तर पर सफल हो गया।

बाजार इन तीनों परियोजनाओं में सबसे कम चर्चा या हंगामे में रहा है पर अपने लक्ष्य को पाने में यही संभवतः सबसे ज्यादा सफल हुआ है। और जैसा कि पहले जिक्र किया जा चुका है, यह सफलता मुख्यतः इस बात पर टिकी थी कि इसने सभी प्रमुख पार्टियों के अंदर अपनी स्वीकृति गुपचुप ढंग से बना ली थी और आर्थिक नीतियां लोकतांत्रिक राजनीति के तर्क से परे हो गईं। नब्बे के दशक में और उसके बाद सरकार जिस दल की बनी या जो वित्त मंत्री बना, आर्थिक नीतियों के मामले में आश्चर्यजनक ढंग से एकरूपता बनी रही और बाजार अपनी परियोजना को सफलतापूर्वक लागू करने में जुटा रहा। आर्थिक नीतियों को उदार बनाने और इन्हें वैश्विक पूंजीवाद से जोड़ने से राष्ट्रीय बनाम गुलामी वाला पुराना और सर्वाधिक प्रभावी मुद्दा राजनीति और मध्य वर्ग के मानस से उतर गया। बाजार ने न सिर्फ भारतीय और वैश्विक पूंजीवादियों का गठजोड़ कराया, बल्कि इसने भारतीय पूंजीवादियों और तेजी से फल-फूल रहे देसी मध्य वर्ग की भी दोस्ती करवा दी। इस गठबंधन ने इस बात का पुख्ता इंतजाम कर दिया कि अर्थनीति चुनावी राजनीति के उतार-चढ़ाव और बदलावों से अछूती रहेगी। इस प्रकार बाजार की परियोजना खुद को और अर्थनीति को पार्टी प्रतिद्वंद्विता के नतीजों से आजाद कर पाने में सफल रही। चूंकि इस विषय को लोकतांत्रिक राजनीति के अखाड़े से बाहर निकाल लिया गया था इसलिए नागरिकों के पास अर्थनीति के मामले में कोई विकल्प ही नहीं था। इसी के चलते हम पाते हैं कि सरकारों की अस्थिरता के बावजूद भारत की आर्थिक नीति में जबर्दस्त स्थिरता बनी रही। बाजार की परियोजना की इस सफलता के पीछे कई और ऐसे परिणाम छिपे हुए थे जो बिना इसकी मंशा के भी निकल आए। ऐसा पहले देखा गया है, समाज में अमीर-गरीब का फासला बढ़ा है, मजदूरों के लिए काम करने की स्थितियां बदल गईं जिसका उनकी गोलबंदी पर भी प्रभाव पड़ा है, मध्य वर्ग की सामाजिक स्थिति गरीब तबके से काफी अलग हुई है, गरीबी और लोगों की पीड़ा के प्रति समाज की सहानुभूति कम हुई है। ऐसे और भी काफी बदलाव हुए हैं। इन बदलावों ने दीर्घकालिक स्तर पर राजनीति की स्थितियों और तौर तरीकों को भी बदल दिया है। नई आर्थिक नीतियों पर हर दल की सहमति ने पार्टी प्रणाली में भी एक बदलाव ला दिया है। चुनावी प्रतिद्वंद्विता का स्वरूप चाहे जो हो, और पार्टी प्रणाली के दो आयामी नक्शे पर राज्यों की अवस्थिति जो हो राजनैतिक

विकल्पों के मामले में हर राज्य का सूचकांक नीचे की तरफ खिसका है।

जाति, संप्रदाय और वर्ग को आधार बनाकर की गई इस तितरफा राजनैतिक लड़ाई में संभव है कि किसी भी एक पक्ष को अपना पूरा वांछित फल न मिला हो और समाज उसके आधार पर न बंटा हो पर इसने राजनैतिक लड़ाई को दीर्घकालिक रूप से जरूर ऐसा बदल दिया जो किसी की मंशा न थी। यह बदलाव है क्षेत्रीय या राज्य की राजनीति का उभार। अचानक नब्बे के दशक में राज्य की सीमा ही राजनैतिक परिदृश्य की वास्तविक सीमा बन गई। राजनीति के संचालन की प्रासंगिक इकाई राज्य ही बन गया और यही लड़ाई दिखने और समझ में आने भी लगी। पर यह परिणाम हमें भारतीय राजनीति के मूल उलझन या पहेली तक ले आता है कि पूरे मुल्क की राजनीति को अपने-अपने रंग में रंगने और राष्ट्रीय राजनैतिक समुदाय का निर्माण करने निकली तीन कोशिशें एकदम उल्टे परिणाम पर क्यों आ गईं, क्योंकि उन्होंने वास्तव में राज्य या क्षेत्र आधार वाले राजनैतिक समुदाय का निर्माण कर दिया।

सबसे पहले तो यही मानना चाहिए कि इन तीनों परियोजनाओं के 'मैदान' में आने के पहले जो पार्टी प्रणाली मौजूद थी उसने भी इनके रास्ते में परेशानियां पैदा कीं। कांग्रेस प्रणाली भी अपने अंतिम दिनों में अलग-अलग प्रदेश में अलग-अलग तरीके से काम करती थी और उसका प्रभाव भी असमान था : तब ही यह धारणा बनने लगी थी कि अब राष्ट्रीय मंच की जगह राज्य ही वे मंच हैं जिन पर असली राजनैतिक नाटक खेला जाता है। जैसे तब जाति या संप्रदाय वाली परियोजना भी कांग्रेस प्रणाली से बाहर कुछ हद तक भी कामयाब हो इसकी गुंजाइश कम दिखती थी। मंडल या मंदिर का मुद्दा जिन इलाकों में असर कर सकता था उनमें पश्चिम बंगाल, आंध्र प्रदेश, तमिलनाडु और केरल न थे। दक्षिण भारत के अनेक इलाकों में जाति का मसला पहले ही निपट चुका था और यहां मंडल के मामले ने राजनैतिक लड़ाई में मात्र थोड़ा सा और ध्रुवीकरण करा दिया। सिर्फ उत्तर प्रदेश और बिहार ही ऐसे प्रदेश थे जहां की राजनीति को मंडल ने एकदम बदल दिया। शेष उत्तर भारत में मंडल की राजनीति करने वाले मजबूत नेता और संगठन नहीं थे, इसलिए वहां यह उतना प्रभावी नहीं हुआ। महाराष्ट्र और गुजरात जैसे राज्यों में न यह मुद्दा ज्यादा स्पष्ट रंग जमा पाया, न यहां इसकी राजनीति के वाहक मजबूत थे। मंदिर परियोजना के लिए भी उत्तर भारत ने ही मुख्य मंच उपलब्ध कराया, क्योंकि यहां इस मुद्दे के लिए राजनैतिक जगह भी थी और इसको राजनीति में जमाने वाले 'पहलवान' भी। धीरे-धीरे मंदिर मुद्दा उन राज्यों में भी रंग जमाने लगा जहां कांग्रेस प्रणाली कमजोर होती जा रही थी (जैसे महाराष्ट्र और गुजरात)। इससे अवसरों और राजनैतिक प्रतिद्वंद्विता के अलग-अलग ढांचे उभरे। शुरू में विभेदीकरण की स्थिति राजनेताओं द्वारा अलग-अलग प्रदेश के असमान अवसरों का लाभ लेने के लिए बनाई। बाद में मंदिर और मंडल के मुद्दों ने अवसर वाली जगह और पार्टी प्रतिद्वंद्विता, दोनों को

अपने-अपने ढंग से नया रूप देने का प्रयास किया।

दूसरे, राजनैतिक भूगोल के दीर्घकालिक बदलाव ने इस असमानता के प्रभावी उपयोग के लिए जमीन तैयार की। अधिकतर राज्यों के राजनैतिक-प्रशासनिक ढांचे, वहां की अंदरूनी राजनीति की जमीन को काफी हद तक समतल कर दिया था। अलग राज्य बनाने की लड़ाई (आंध्र प्रदेश, महाराष्ट्र और पंजाब वगैरह में), कभी-कभार उठने वाला क्षेत्रवाद या इलाकाई पिछड़ेपन या भेदभाव का मसला (जैसे तमिलनाडु या कहें बिहार), कांग्रेस प्रणाली से अलग राजनैतिक राह पकड़ने (जैसे पश्चिम बंगाल और केरल) जैसे मसलों ने राज्य के अंदर समरूपीकरण के अवसर पैदा किए। इसके अलावा राज्य का संघ सरकार की एक इकाई होने के चलते भी राज्य में एक राजनैतिक इकाई होने के गुण भी आते गए। अलग-अलग राज्यों के लोग राजनैतिक विकल्प के मामले में अपने प्रदेश को ही पैमाना बनाने के अभ्यस्त होते गए। इसका दो तरह का परिणाम हुआ। लोग राष्ट्रीय राजनीति को भी राज्य के चश्मे से देखने लगे। राज्य और केन्द्र सरकार के भेद के लिए वे राजनीति की किसी अन्य इकाई या पैमाने को मानने को आसानी से तैयार नहीं होते। इससे राज्य के अंदर की राजनैतिक जमीन एक जैसी बनती गई। दूसरी तरफ राज्य पर ही ज्यादा या सारा जोर होने से राज्य से छोटी किसी इकाई को स्वीकार करना लोगों की राजनैतिक चेतना से गायब होता गया। राज्य के अंदर के विभिन्न क्षेत्र या जिले तो मात्र प्रशासनिक श्रेणी रह गए और इनका राजनैतिक गुण या चरित्र काफी कुछ समाप्त हो गया।

इन सभी कारकों का मिला-जुला प्रभाव 1950 के दशक से ही हर राज्य का अपने भर में एकरूप होते जाना था भले ही यह प्रक्रिया धीमी और बहुत शोर-शराबे वाली न थी। राज्यों के बीच आपसी अंतर के हिसाब से यह बदलाव उल्टे अनुपात में हुआ है। इस मामले में तीन प्रवृत्तियां देखी जा सकती हैं। भारतीय संघ के गठन के तत्काल बाद जब राज्यों के बीच आपसी अंतर कम थे तब राज्य के भीतर विभिन्न क्षेत्रों और जिलों के राजनैतिक चरित्र काफी अलग-अलग थे। इसके बाद, कांग्रेस के दूसरे जीवनकाल में अंतर राज्य फासले कुछ बढ़ते लगते हैं और अंत:राज्य अर्थात राज्य के भीतर के अंतरों का फासला घटता दिखता है। आखिर में, अब हम पाते हैं कि विभिन्न राज्यों की राजनीति के बीच तो भारी अंतर आ गया है पर हर राज्य के अंदर के अंतर काफी हद तक पट गए हैं। और इन तीन चरणों में ही राज्यों की राजनैतिक प्रतिद्वंद्विता का मुख्य अखाड़ा बन जाने की पूरी कथा संक्षेप में आ गई है। तीसरे, पिछले पांच-छह दशकों के आर्थिक और राजनैतिक अनुभव ने भी राज्यों को मुख्य राजनीतिक इकाई के रूप में उभरने में मदद की है। भारत के विकास के रास्ते में बढ़ने के क्रम में राज्य सरकार की नागरिकों की दैनंदिन परेशानियों को गुनने-जानने और उनका निपटारा करने वाली इकाई या केन्द्र के रूप में उभरी। इसी प्रकार भाषाई राज्यों के गठन से एक साझा सांस्कृतिक मंच बनाने में मदद मिली। और

आज एंडरसन जिसे विभिन्न इलाकों का 'प्रिंट कल्चर' कहते हैं, वह भी राज्यों के साथ बढ़िया मेल करती दिखती है। इससे राज्य के अलग होने और अपनी पहचान को मजबूत करने में मदद मिली। इन कारकों ने इस बात का इंतजाम कर दिया कि पहले जिन तीन 'एम' परियोजनाओं का जिक्र किया है वे भी राज्यों के राजनैतिक अखाड़े में ही आएं और कम-ज्यादा जो असर डालना हो, वहीं डालें। और ऐसा ही हुआ भी। समरूपीकरण के अभियान का ठीक उल्टा परिणाम क्यों और कैसे निकला, यह बात इसी से समझ में आती है।

आइए, अब पार्टी राजनीति की लड़ाई के इस विभेदीकरण की प्रकृति और परिणामों पर संक्षेप में चर्चा करें। यह बात जोर देकर कहनी चाहिए कि राजनीति के जिस बदलाव को हम देख रहे हैं वह 'क्षेत्रीयता' की राजनीति नहीं है। देखने में यह बात कुछ विरोधाभासी भले लगे पर यह सच्चाई है कि राज्य या क्षेत्र के भारतीय राजनीति का केन्द्रीय मंच पर आ जाना किसी क्षेत्रीयता की भावना से किसी सचेत प्रयास या आंदोलन का नतीजा नहीं है। इसकी जगह यह एक संरचनात्मक गतिशीलता का नतीजा है जो काफी हद तक बिना मंशा के ही इस नतीजे तक आया है। इतना ही नहीं, राज्यों के इस उत्थान के साथ कोई क्षेत्रीयतावादी उभार भी नहीं दिखता है। यह सिर्फ राजनीति का अखाड़ा बदलना है और यह राज्य केन्द्रित बनावटों से राजनीति के तीन प्रारूपों का छनकर सामने आना है। सो, इसे बिखराव वाली प्रवृत्ति का उभार या राष्ट्र का एक केन्द्र से हटना मानना गलत होगा, क्योंकि इस प्रक्रिया ने राज्य के अंदर का समरूपीकरण चलाया है और इस क्रम में राज्य सत्ता के मजबूत केन्द्र के रूप में सामने आए हैं।

विभेदीकरण की इस प्रक्रिया से राजनैतिक प्रतिद्वंद्विता का स्वरूप तय होने और सामान्य नागरिक के लिए उपलब्ध विकल्पों को छानकर प्रस्तुत करने के मामले में तीन दीर्घकालिक प्रभाव सामने आ चुके हैं। पहला, हमने देखा है कि राज्य ही राजनैतिक विकल्प के असली चुनाव का प्रभावी स्तर बनकर उभरा है। भारत की समकालीन राजनीति में राज्य के छोटे स्तर की राजनीति को न चल पाने वाला और ऊपर की राजनीति को दूर की चीज या असंबद्ध चीज माना जाने लगा है। इसका मतलब यह है कि आज राष्ट्रीय राजनीति राज्यवार नतीजों का कुल योगफल हो गई है। इसका यह भी मतलब है कि जब तक हम राज्यों के संदर्भ से नतीजों को समझने का प्रयास नहीं करेंगे हम राष्ट्रीय नतीजों को ठीक से समझ ही नहीं सकेंगे। दूसरा, आज राज्य स्तरीय संगठनों/पार्टियों के लिए उभरने के ज्यादा अवसर और संभावनाएं हैं। कांग्रेस प्रणाली की गिरावट वाले दौर में अनेक 'राज्य स्तरीय' पार्टियां सामने आई हैं। समाजवादी पार्टी, राष्ट्रीय जनता दल, इंडियन नेशनल लोक दल, तृणमूल कांग्रेस और बीजू जनता दल इसके कुछ उदाहरण हैं। आखिरी, आज नए राज्य का निर्माण पहले जितना विवादास्पद मामला नहीं रह गया, वरना पहले

अलग राज्य की मांग और उसका विरोध दोनों ही पर्याप्त हंगामेदार होते थे। नवम्बर 2001 में जिस आसानी से उत्तरांचल, झारखंड और छत्तीसगढ़ का निर्माण हो गया वह इसी बात की पुष्टि करता है। जहां कहीं भी एक राज्य के समरूपीकरण का काम ऐसे एकदम अलग क्षेत्रीय प्रभाव के चलते कारगर नहीं होता या इससे प्रतिरोध का सामना करना होता है, वहां नए राज्यों का काम जिस आसानी से किया जा सकता है वैसा पहले सोचा भी नहीं जा सकता था।

VI. उत्तर-कांग्रेसी दौर में प्रभुत्व से अभिसारी राजनीति

कांग्रेस के 'दूसरे जीवन' और उत्तर-कांग्रेसी राजनीति का विभाजक बिन्दु 1990 के दशक से शुरू का एक बहुत ही ऐतिहासिक दौर है। पार्टी प्रणाली के आमूल-चूल बदल जाने और राजनैतिक प्रवृत्तियों और रुझानों के राष्ट्रीय स्तर की जगह राज्य स्तर पर ही बंटने वाला यही दौर विभाजक है। जैसी हमने पहले चर्चा की है, यह क्षण दीर्घकालिक शक्तियों के जमाव, परिवर्त्तनकारी घटनाओं और ऐतिहासिक व्यक्तित्वों के संयोग से घटित हुआ। 1990 के दशक की राजनैतिक कहानी विभिन्न राजनैतिक पात्रों-दलों, नेताओं और सामाजिक समूहों द्वारा अपनी क्षमता, योग्यता, कौशल, संसाधनों, दूरदृष्टि, गोलबंदी की ताकत और निरे भाग्य के सहारे अवकलन/विभेदीकरण और विभेदीकृत अवसर का लाभ उठाने की कहानी है। समाज विज्ञान के तर्क की संरचना पर ही केन्द्रित होने के चलते अक्सर हम बदलाव के महत्त्वपूर्ण और नाजुक क्षणों में बदलाव में मजबूत भूमिका निभाने वाले बल या एजेंसी की भूमिका को कम करके देखते हैं या नजरअंदाज कर देते हैं। जैसे, क्या यह संभव था कि राजीव गांधी की हत्या न हुई होती तो कांग्रेस प्रणाली को 'तीसरा जीवन' मिल जाता या फिर क्या उनकी जगह आम लोगों के बीच व्यापक आधार वाला नेता आता जो पार्टी को भी बदल पाने में सक्षम होता? ज्यादा वास्तविक उदाहरण देना हो तो गुजरात का उदाहरण अच्छा है कि अगर चिमनभाई पटेल ने जनता दल के आत्महत्या करने जैसा फैसला न किया होता तो क्या वहां दो दलीय व्यवस्था आ सकती थी? क्या बिहार में लालू प्रसाद के न होने पर भी राजनीति और सत्ता का इतना व्यापक बदलाव संभव होता? या अगर मुलायम सिंह ने कांशीराम से भी पहले दलितों की गोलबंदी का प्रयास करके पिछड़ा-दलित एकता बना ली होती तो उत्तर प्रदेश की राजनैतिक तस्वीर कैसी होती?

1990 के दशक की कथा खास तौर से राजनीति में क्रांतिकारी बदलाव का अवसर देने की कहानी है, क्योंकि कांग्रेसी प्रभुत्व तभी खत्म हुआ। कांग्रेस प्रणाली के पतन के साथ ही लोकतांत्रिक राजनीति के नए तरह से मुक्त होने का ऐतिहासिक अवसर बना। कांग्रेस प्रणाली तब उभर रहे हितों और सामाजिक समूहों की आकांक्षाओं को समेट कर अपने नेतृत्व में मुल्क चलाने की क्षमता खो बैठी थी।

सीधे शब्दों में कहें तो कांग्रेस प्रणाली की समाप्ति ने प्रतिद्वंद्विता वाली राजनीति के लिए मैदान खुला छोड़ा उससे सामान्य नागरिकों के लिए काफी अच्छे विकल्प उपलब्ध करा दिए। पर पिछले 20 वर्षों की कहानी इस ऐतिहासिक अवसर को गंवाने और उपेक्षित करने की कथा ही है। पार्टी प्रणाली के स्तर पर यह एक दलीय प्रभुत्व से दो-ध्रुवीय और बहु-ध्रुवीय अभिसारिता वाली प्रणाली आने का दौर है। यह उल्लेखनीय है कि जहां राजनैतिक प्रतिद्वंद्विता का स्वरूप और प्रारूप एकदम बदल गया वहीं नागरिकों के लिए उपलब्ध विकल्पों की प्रकृति और वास्तविक संख्या में कोई खास बदलाव नहीं हुआ। अगर कुछ हुआ भी है तो यही कि राज्य के स्तर पर नागरिकों के लिए प्रभावी अस्थायी विकल्पों की संख्या बढ़ गई है। इस अर्थ में 1990 के दशक की कहानी सामाजिक-आर्थिक असमानता के स्वरूपों के तर्क का एक लगातार 'रुकावट' या 'बोझ' बन जाना और आखिरकार उत्तर-कांग्रेसी राजनीति के लोकतांत्रिक उभार को थामने और रोक देने की कहानी है।

कांग्रेस प्रणाली की समाप्ति से जो अवसर बने वे हर राज्य के लिए समान और एक जैसे न थे। कई राज्य राजनीति के इस बदलाव के निर्णायक दौर से पहले ही उस व्यवस्था से निर्णायक ढंग से अलग हो चुके थे। कर्नाटक और महाराष्ट्र में यह 'निर्णायक' चुनाव 1983 में ही हुआ था। तब राज्य विधानसभाओं के मध्यावधि चुनाव में कांग्रेसी प्रभुत्व वाली राजनीति वाली प्रणाली समाप्त हुई और उसकी जगह दो दलीय व्यवस्था ने ली थी। असम की राजनीति पर कांग्रेस प्रभुत्व 1985 में टूटा। हरियाणा में कांग्रेसी प्रभुत्व के आगे सदा से प्रश्नचिह्न लगा था, राज्य के गठन के बाद से पार्टी कभी भी यहां के मजबूत जाट समुदाय में अपना कोई टिकाऊ आधार कभी भी नहीं बना सकी थी। और बगैर मजबूत आधार के भी इसने लगातार सरकार बनाकर जो प्रभुत्व बनाया था उसे 1987 के चुनाव में देवीलाल ने धो डाला। फिर पश्चिम बंगाल, केरल और तमिलनाडु जैसे राज्य हैं जहां 1960 के दशक में ही कांग्रेसी प्रभुत्व टूट चुका था। पर पार्टी प्रणाली में बड़े उथल-पुथल का, खासतौर से राष्ट्रीय स्तर के बदलाव का इन राज्यों में भी कुछ प्रभाव पड़ना ही था। खासतौर से विभेदन/अवकलन का तर्क तो इन राज्यों पर भी बराबर ही लागू होता है। पर ये राज्य कांग्रेसी प्रभुत्व समाप्त होने के खेल का मुख्य मंच नहीं थे।

पार्टी प्रणाली में क्रांतिकारी उथल-पुथल और बदलाव के मुख्य मंच उत्तर और पश्चिम भारत के वे राज्य थे जहां 1989 और उसके आसपास तक कांग्रेसी प्रभुत्व कायम था। ये राज्य हैं उत्तर प्रदेश, बिहार, मध्य प्रदेश, राजस्थान, गुजरात, महाराष्ट्र, ओडिसा और कुछ हद तक हिमाचल प्रदेश और दिल्ली। कांग्रेस प्रणाली के अचानक अवसान ने इन राज्यों में नई राजनैतिक शक्तियों के उभरने या पार्टी प्रतिद्वंद्विता के नए रूप में आने की गुंजाइश बनाई। इसने यह स्थिति पैदा की कि राजनीति के मैदान में नए मुद्दे रखे जा सकें, नई मांगों को ठीक से उठाया जा सके।

इसने, थोड़े समय के लिए ही सही, उन निम्नवर्गी समुदायों और समूहों की चेतना और सक्रियता में अचानक काफी वृद्धि कर दी जो पारंपरिक रूप से कांग्रेसी वटवृक्ष की छाया में पड़े थे। ऐसे समूहों द्वारा अपने हितों को आगे बढ़ाने के लिए मोल-तोल के अवसर भी पैदा हुए। इन समूहों के अलग-अलग सक्रिय और सचेत होने से कांग्रेस की परेशानियां बढ़ी ही। कांग्रेस और उसके प्रतिद्वंद्वियों के लिए इन चीजों का उनकी रणनीति की दृष्टि से काफी महत्त्व था। कांग्रेस के विरोधी तो इन गोलबंद जमातों की अलग-अलग राजनीति के रास्ते पर चल पड़े और उन्हें यह रास भी आया पर कांग्रेस को अब सभी को साथ लेकर चलने वाली पुरानी नीति दिन-ब-दिन ज्यादा मुश्किल लगने लगी। अपने प्रतिद्वंद्वियों द्वारा समाज के विभिन्न हिस्सों भर की राजनीति करने के जवाब में कांग्रेस ने भी काफी कुछ यही रास्ता अपनाया और पहले की तुलना में उसने भी 'सेक्शनल' राजनीति शुरू की (यादव, 2003)।

जो राज्य 1990 के दशक के आसपास कांग्रेसी प्रभुत्व वाली राजनीति के रास्ते से अलग हुए उनकी राजनीति का विकास मोटे तौर पर तीन तरीकों का हुआ। पहले रास्ते पर चलने वाले राज्य उत्तर और पश्चिम भारत के थे—राजस्थान, गुजरात, मध्य प्रदेश, हिमाचल प्रदेश और संभवतः दो नए राज्य उत्तरांचल और छत्तीसगढ़। इन राज्यों में जल्दी ही दो-ध्रुवीय राजनैतिक प्रतिद्वंद्विता शुरू हो गई जिसमें एक तरफ कांग्रेस और दूसरी ओर भाजपा रहने लगी। दूसरा समूह उत्तर प्रदेश और बिहार—तथा अब झारखंड भी—जैसे राज्यों का था जिन्होंने इस अवसर का ज्यादा बदलाव में उपयोग किया और कांग्रेस प्रणाली की जगह बहु-ध्रुवीय प्रतिद्वंद्विता शुरू हुई। पर ये राज्य इस स्थिति में ज्यादा वक्त तक नहीं रहे और यहां बहु-ध्रुवीय अभिसारिता आने लगी। राज्यों का तीसरा समूह है महाराष्ट्र और ओडिसा का जिन्होंने कांग्रेस प्रणाली से बहु-ध्रुवीय अभिसारिता तक पहुंचने के लिए कुछ एकदम अलग और अजीबोगरीब रास्ता अपनाया। आइए, अब इन तीनों भागों पर ज्यादा बारीकी से गौर करें।

सामाजिक बदलाव लाने में लोकतांत्रिक व्यवस्था के उपयोग के हिसाब से देखें तो कांग्रेसी प्रभुत्व वाली प्रणाली की जगह कांग्रेस बनाम भाजपा की दो-ध्रुवीय लड़ाई वाला परिदृश्य कोई ज्यादा संभावनाओं से भरा नहीं है। यह बदलाव नागरिकों को उपलब्ध विकल्प और उनकी प्रकृति में ज्यादा कुछ चुनने लायक स्थिति नहीं छोड़ता, मात्र कुर्सी पर बैठने वाले बदलते हैं। इन राज्यों के राजनैतिक मुकाबले का सबसे बड़ा बदलाव तो मैदान से तीसरी शक्ति की विदाई ही है। यह उल्लेखनीय है कि इन सभी राज्यों में 1990 तक जनता दल के किसी न किसी रूप या धड़े की महत्त्वपूर्ण उपस्थिति रही थी। राजस्थान के पूर्वी और उत्तरी इलाकों में, खासतौर से मजबूत जाट समुदाय में जनता दल की काफी ठीक-ठाक स्थिति थी। गुजरात में तो जनता दल भाजपा से भी ज्यादा मजबूत स्थिति में रहा करता था। मध्य

प्रदेश और हिमाचल प्रदेश में जनता दल और कम्युनिस्ट पार्टियां अपेक्षाकृत कमजोर थीं पर वे एकदम मृतप्राय या गायब न थीं। दिल्ली के बाहरी इलाकों में जनता दल एक मजबूत ताकत हुआ करता था। इन सभी राज्यों में 1991 के लोकसभा चुनाव और उसके बाद होने वाले विधानसभा चुनावों में तीसरी शक्ति एकदम से गायब हो गई। भाजपा अपनी राम लहर का लाभ उठाते हुए इन सभी राज्यों में कांग्रेस का राज्यव्यापी प्रतिद्वंद्वी बन गई। इन सभी राज्यों में स्पष्ट दो-दलीय व्यवस्था जरूर उभरी पर यहां के राजनैतिक आख्यान में अलग तरह की खदबदाहट चलती रही। कांग्रेस का इनमें से अधिकतर राज्यों में आधार पिछड़ी जातियों और पिछड़े वर्गों में ज्यादा था पर उसने नीतियों और कार्यक्रमों में इस तरह का कोई रुझान नहीं दिखाया। हिमाचल प्रदेश और राजस्थान में बार-बार और दिल्ली, गुजरात तथा मध्य प्रदेश में उनसे कम रफ्तार में सत्ता में बदलाव हुआ और कभी कांग्रेस को मौका मिला तो कभी भाजपा को पर राजनैतिक एजेंडे में ज्यादा बदलाव कभी भी नहीं दिखा। दो ध्रुवीय राजनीति में दोनों पार्टियों ने चुनावी लड़ाई का स्तर इतना ऊंचा कर दिया कि गंभीर चुनौती देने वाला कोई भी खिलाड़ी—मध्य प्रदेश में बसपा, हिमाचल में हिमाचल विकास कांग्रेस और उत्तरांचल में उत्तराखंड आंदोलन के विभिन्न समूहों- के लिए अपनी दमदार उपस्थिति भी दर्ज कराने की स्थिति नहीं बनी। चुनावी लड़ाई में कोई उनको भी विकल्प माने इसके लिए उनकी चुनौती को एक खास स्तर तक का तो दिखना ही चाहिए। कई मायनों में इन राज्यों में दो दलीय प्रणाली उभरने के बाद से नागरिकों के लिए विकल्प और मोल तोल की क्षमता, दोनों में काफी कमी आ गई है। इस तर्क को भी एकदम खारिज नहीं किया जा सकता कि अगर गुजरात से तीसरी शक्ति गायब न हो गई रहती तो वह उस रास्ते पर नहीं चलता जिसे उसने 2002 में पकड़ा।

उत्तर प्रदेश और बिहार में कांग्रेस प्रणाली के पतन के साथ-साथ कांग्रेस पार्टी की स्थिति भी काफी कमजोर हो गई। बिहार में कांग्रेस 1960 के दशक में उभरी समाजवादी चुनौती से कभी भी उबर नहीं पाई थी और बाद में जब उसने मुल्क भर में दूसरा जीवन पूरे दम से जिया तब भी बिहार में पूर्व समाजवादियों की चुनौती उसके लिए परेशानी पैदा करती रही। उत्तर प्रदेश में कांग्रेस को कोई ऐसी पुरानी चुनौती या कमजोरी ने नहीं डुबोया, वह 1989 और 1991 में भाजपा, बसपा और जनता दल (बाद में समाजवादी पार्टी) की चुनौतियों का सही मुकाबला नहीं कर पाई। इन दोनों राज्यों में कांग्रेस की शक्ति में भारी गिरावट से इसके प्रतिद्वंद्वियों के लिए काफी अवसर मिल गया। पहले समूह के राज्यों में कांग्रेस प्रणाली के पतन से ज्यादा बड़ी राजनैतिक जगह खाली नहीं हो पाई थी। 1991 लोकसभा और विधानसभा चुनाव में मिली भाजपा की भारी जीत में यह बात छुपी नहीं रही कि राज्य की चुनावी लड़ाई एकदम बदल गई है। पूरे ही राज्य में उस बार तिकोनी

लड़ाई देखने में आई—कई जगह चौकोनी लड़ाई भी रही। भाजपा ने कांग्रेस की समर्थक रही ऊंची जातियों और निचली जातियों के एक हिस्से का वोट तो लिया ही अपने लिए एक नया समर्थक आधार भी पैदा किया। समाजवादी पार्टी ने समाजवादियों के पुराने किसान आधार को नए तरह से एकजुट किया और उसके साथ मुसलमानों का वोट जोड़कर अपनी स्थिति दमदार बनाई। मुसलमान इससे पहले तक कांग्रेस के समर्थक थे। बसपा द्वारा दलितों को अपने पक्ष में एकजुट करने की कीमत भी कांग्रेस को चुकानी पड़ी, क्योंकि दलित भी पारंपरिक रूप से कांग्रेस समर्थक रहे थे। इन सभी तरफ से हुए हमलों के बीच कांग्रेस का अपना कोई पक्का आधार नहीं बचा और वह एकदम डुबकी खा गई। दलगत राजनीति के अखाड़े के एकदम खुल जाने और जाति-समुदाय के आधार पर हुए ध्रुवीकरण की प्रतिद्वंद्वी राजनीति के उभार से विभिन्न क्षेत्रों, मुद्दों और समूहों के लिए अपनी बात आगे करने, अपने लिए सत्ता में ज्यादा से ज्यादा दावेदारी करने का अवसर मिला जो कांग्रेसी प्रभुत्व के दौर में उपलब्ध नहीं था। दलित स्वाभिमान और दलितों के दमन का सवाल राजनीति के मुख्य एजेंडे पर आ गया। मुसलमानों का वोट भी अब कोई पक्का मानकर नहीं चल सकता था। उत्तराखंड, पूर्वांचल और हरित प्रदेश जैसे क्षेत्रों की मांग भी राजनैतिक एजेंडे पर आ गई और निचली पिछड़ी जातियों के वोट पाने की मारामारी में हर दल उनके हितों की रखवाली को तत्पर लगा और उनकी मोल-तोल की क्षमता काफी बढ़ गई।

उत्तर प्रदेश इस स्थिति में ज्यादा वक्त तक नहीं रहा। एक बार जब तीनों बड़े खिलाड़ियों ने अपने जाति-समुदाय के समर्थन को पुख्ता कर लिया तो वे अपने 'स्वाभाविक मित्र' समुदाय से बाहर के समूहों की तलाश में लग गए। इस चुनावी व्यवस्था में टिकाऊ बहुमत का 'निर्माण' का अपना दबाव रहा। इसके साथ ही सपा और बसपा के पास कोई स्पष्ट आर्थिक एजेंडा भी न था। दोनों का साथ आने से परहेज करने के साथ-साथ सभी पक्ष अपने-अपने ढंग से बहुमत के जुगाड़ में लगे रहे और राजनैतिक अभिसारिता की तलाश भी रही। उनकी लड़ाई राजनैतिक से ज्यादा व्यक्तिगत हो गई, वह नीतियों के आधार पर न होकर ऊपरी दिखावों पर ही रह गई। ऐसा लगता है कि प्रतिद्वंद्वितापूर्ण विविधता से सामाजिक और आर्थिक बदलाव की नीतियां आने की संभावना उत्तर प्रदेश में कम से कमतर होती गई हैं। बिहार भी लगभग इसी स्थिति में आ गया था, लेकिन उसका रास्ता थोड़ा अलग रहा। यहां कांग्रेस द्वारा खाली की गई जमीन का लालू प्रसाद यादव ने एक टिकाऊ सामाजिक समूह बनाने में इस्तेमाल किया। उत्तर प्रदेश जैसी राम लहर और दलितों की गोलबंदी न होने से भी उन्हें लाभ मिला और इस सामाजिक गोलबंदी के बल पर उन्होंने 15 वर्षों तक राज किया। बिहार में भी कांग्रेसी प्रभुत्व खत्म होने से काफी सारी लोकतांत्रिक संभावनाएं बनीं : सत्ता पर से अगड़ी जातियों का कब्जा

टूटा, झारखंड बनाने की मांग मानी गई, मुसलमानों के बीच के पिछड़ों की आवाज पर ध्यान दिया जाने लगा। पर विकास के मामले में बहुत ही खराब प्रदर्शन के बावजूद राष्ट्रीय लोक दल के लंबे शासनकाल ने यह धारणा भी बना दी कि बिहार के राजनैतिक एजेंडे से विकास गायब हो गया है पर बाद में यह स्थिति बदली। तब बिहार के नागरिकों के पास विकल्पों की कमी न थी, पर कोई ठोस या मजबूत विकल्प न था। नवगठित झारखंड में तो अभी पार्टी व्यवस्था भी ढंग से जड़ नहीं जमा पाई है। अभी यहां प्रतिद्वंद्विता 'दो-जोड़' वाली या बहुध्रुवी अभिसारिता वाली है। पर इस क्रम में प्राकृतिक संसाधनों पर आदिवासियों के नियंत्रण जैसा महत्त्वपूर्ण मुद्दा कहीं पीछे छूट गया है। पर इस बात की संभावना लगती है कि आगे चल कर मुकाबला कांग्रेस और भाजपा के बीच हो जाएगा और झारखंड मुक्ति मोर्चा समेत बाकी दल हाशिए पर आते जाएंगे।

तीसरे, रास्ता कोई बहुत एक जैसा नहीं है, पर यह जिस मुकाम पर पहुंचता है वह पहले दो से ज्यादा अलग नहीं है। इसमें राजनीति कांग्रेसी प्रभुत्व से बहुध्रुवीय अभिसारिता की तरफ जाती है और बीच में दो ध्रुवीय मुकाबले का एक छोटा पड़ाव आता है। कांग्रेसी प्रभुत्व का सबसे लंबा और बहुत ही जटिल संरचना पर आधारित राज्य महाराष्ट्र रहा है और यहां कांग्रेसी प्रभुत्व 1995 में समाप्त हुआ। उसके बाद से मुकाबला मोटे तौर पर दो ध्रुवीय ही होता रहा है। शिव सेना के जूनियर सहयोगी के तौर पर भाजपा और कांग्रेस से निकले राष्ट्रवादी कांग्रेस के चलते मुकाबला ऊपर से चतुष्कोणीय लगता है, पर असल में ऐसा है नहीं। चूंकि इस प्रदेश में कांग्रेसी प्रभुत्व अन्य राज्यों की तरह बंद प्रकृति का और कुछ जमातों को बाहर रखने वाला नहीं था इसलिए यह स्पष्ट नहीं है कि मुकाबले के दो ध्रुवीय या चतुष्कोणीय होने से मतदाताओं को कुछ ज्यादा विकल्प मिल गए हैं। ओडिसा में पहले दो ध्रुवीय (कांग्रेस बनाम जनता दल) और बाद में त्रिकोणीय मुकाबले (कांग्रेस-बीजू जनता दल-भाजपा) ने क्षेत्रीय भेदभाव के सवाल को छोड़कर राजनैतिक एजेंडे में कुछ भी नया नहीं जोड़ा है। मंडल के अछूते इस प्रदेश में दलित उभार या वर्ग आधारित गोलबंदी भी नहीं दिखी है और मतदाताओं के पास यहां जितना सीमित विकल्प है उतना देश के शायद ही किसी और राज्य में होगा।

आंध्र प्रदेश, कर्नाटक और असम के राजनैतिक मुकाबले के स्वरूप में भी ऐसा ही बदलाव हुआ है पर वहां विकल्पों के मामले में थोड़ी वृद्धि हो गई है। इन सभी राज्यों में भाजपा के प्रवेश से प्रतिद्वंद्विता का स्वरूप बदला है। कर्नाटक में पहली बार 1991 में भाजपा की उपस्थिति मजबूत दिखी पर उसके बाद वह सुस्त पड़ी रही और अब जाकर उसने सत्ता पाने तक का सफर पूरा कर लिया। अपने अनेक विभाजनों के बावजूद जनता दल का राज्य में, खासकर ग्रामीण समाज में अच्छा प्रभाव है। आंध्र में तेलुगु देशम पार्टी ने सामाजिक रूप से सभी

वर्गों को साथ लेकर चलने का कांग्रेसी चरित्र ही अपनाया और यह उन कुछेक गैर-कांग्रेसी पार्टियों में एक है जिसने गरीबों और कमजोर वर्गों में टिकाऊ आधार विकसित किया है। नायडू ने गठबंधन की राजनीति द्वारा उपलब्ध अवसर का पूरी चुस्ती से लाभ उठाते हुए दो-दलीय राजनैतिक लड़ाई में तीसरे दल के दखल को रोके रखा है। तेलंगाना राज्य समिति की तरफ से उभरी क्षेत्रीय चुनौती के बाद यहां 'दो जोड़' वाली या बहुध्रुवीय प्रतिद्वंद्विता उभर जाए तो हैरानी की बात नहीं। असम में इधर काफी समय से एक पार्टी का शासन चल रहा है पर यहां की लड़ाई किसी भी भारतीय राज्य की तुलना में ज्यादा बहुध्रुवीय है। अपने सामाजिक आधार को बचाए रखने और अपने पक्ष में टिकाऊ सामाजिक गठजोड़ बनाने की असम गण परिषद की अक्षमता ने राज्य के राजनैतिक अखाड़े में भाजपा के प्रवेश का अवसर बना दिया। पर भाजपा के प्रवेश से भी ज्यादा बड़ी बात राजनीति का जातीय आधार पर एकदम बंट जाना है और संभव है कि इससे राज्य की पार्टी प्रणाली दीर्घकालिक तौर पर बदल जाए। इस बिखराव से छोटे समूहों और जातीयताओं को अपनी बातें और मांगें आगे लाने का अवसर मिल गया है लेकिन, यह स्पष्ट नहीं है कि राजनीति में इतने बड़े बदलाव का समाज के बदलाव के लिए कोई प्रभावी असर हो रहा है या नहीं।

कई राज्य 1960 के दशक में ही कांग्रेस प्रणाली से अलग हुए थे। उन पर 1990 के दशक में कांग्रेस प्रणाली की राष्ट्रव्यापी गिरावट का प्रभाव सीधा नहीं दिखता। हां, वहां अन्य कारणों से कुछ बदलाव आए हैं। केरल एक ऐसा राज्य है जहां की पार्टी प्रणाली में पिछले 20 वर्षों में कोई बड़ा बदलाव नहीं आया है। 1980 के बाद से वाम लोकतांत्रिक मोर्चा और संयुक्त लोकतांत्रिक मोर्चा के बीच ही मुकाबला होता आया है। इस बीच दूसरे मोर्चे के छोटे दलों में जरूर कुछ जोड़-तोड़ हुआ है। इस सख्त दो ध्रुवीय मुकाबले में भाजपा या किसी अन्य बाहरी खिलाड़ी के लिए मैदान में जगह बना पाना मुश्किल ही रहा है। कांग्रेस प्रणाली के अंत का मतलब केरल की राजनीति से कांग्रेस पार्टी की विदाई न थी। दो गठबंधनों के बीच चली लंबी होड़ से मुद्दों के मामलों में दोनों के बीच की दूरी कम हुई है, लेकिन यहां पूरी अभिसारिता का उदाहरण नहीं दिखता- मुद्दों और नजरिए का अंतर बना हुआ है। पश्चिम बंगाल में वाम मोर्चा और उसमें भी माकपा का प्रभुत्व तीस वर्षों से ज्यादा समय से जारी है, लेकिन वहां की पार्टी प्रणाली भी विभेदीकरण और अदल-बदल के दौर से गुजरी है। जब पश्चिम बंगाल में वामपंथी उभार हुआ तब वहां की राजनीति में मतदाताओं के पास अपनी स्थिति बदलने के लिए चुनाव करने लायक विकल्प थे। पर पिछले दशक की दो चीजों ने स्थिति को एकदम बदल दिया है और अब बंगाल एकदम अलग श्रेणी में आ गया है। माकपा के अभी तक जारी प्रभुत्व और विपक्षी बिखराव के चलते पश्चिम बंगाल समकालीन भारत में एक

पार्टी के आधिपत्य का एकमात्र उदाहरण है। वाम दल काफी समय से राजनीति में हैं और इस बीच उनके प्रतिद्वंद्वियों ने भी उनके राजनैतिक एजेंडे की कई चीजें अपना ली हैं और इस प्रकार विविधता या अंतर में कमी आई है। तमिलनाडु में कांग्रेस प्रणाली के पतन से भी अधिक फर्क कांग्रेस पार्टी की टूट और पतन से आया है, क्योंकि इसी ने राज्य की पार्टी पॉलिटिक्स में उथल-पुथल और ज्यादा बदलाव किए हैं। पिछले दशक में तमिलनाडु में विभिन्न क्षेत्रों और समुदायों वाली पार्टियां उभरी हैं—उत्तर प्रदेश और असम की तरह। इस अर्थ में वहां बहुध्रुवीयता आई है और छोटे दलों और हित समूहों के लिए अपने मुद्दे और मांगों को आगे लाने के बेहतर अवसर मिले हैं। इधर केरल की तर्ज पर तमिलनाडु में भी द्रमुक और अन्ना द्रमुक के नेतृत्व में दो गठबंधनों की लड़ाई बनने लगी है पर इसमें छोटे दलों की भूमिका निश्चित, लेकिन सीमित होती जाएगी। इससे यहां की राजनैतिक लड़ाई अभिसारिता की तरफ बढ़ती जाएगी। इस बीच द्रमुक ने अपने पुराने वैचारिक आग्रहों को भी ढीला किया है, इससे बदलाव ज्यादा तेज होगा।

इसके बाद बचे वे राज्य जहां की राजनैतिक लड़ाई को किसी व्यवस्थित श्रेणी में नहीं डाल सकते। हरियाणा इस श्रेणी में आता लगता है और यहां की राजनीति हर चुनाव में बदलती जाती है। अभी तो यहां का बिखराव पहले से कम दिखता है पर पार्टियों का टिकाऊ सामाजिक आधार न होने और पार्टी नेता के रिश्ते पक्के न होने से चुनाव के समय कोई भी समीकरण बन-बिगड़ सकता है। गोवा में भाजपा के प्रवेश से वहां की राजनीति का स्वरूप पहले से कुछ बदला और हल्का टिकाऊ बनता दिखता है। मतदाताओं के पास भी विकल्प दिखने लगा है, लेकिन यह राज्य अगर भाजपा बनाम कांग्रेस की दो ध्रुवीय लड़ाई के दौर में आ जाता है तो यहां भी मुद्दों और नीतियों के मामले में दोनों में फर्क करना मुश्किल हो जाएगा। पूर्वोत्तर के कई पर्वतीय राज्यों में भाजपा के पहुंचने से भले ही कथित राष्ट्रीय दलों की मौजूदगी वहां बढ़ गई हो पर वहां की राजनीति में किसी तरह की स्थिरता आती नहीं दिखती। पार्टी प्रणाली के लिहाज से मणिपुर और अरुणाचल प्रदेश सबसे नाजुक राज्य हैं और वहां कोई स्थिरता नहीं दिखती। मेघालय और मिजोरम में जरूर प्रतिद्वंद्विता वाली राजनीति का ढांचा बनता लगता। त्रिपुरा में 'दो जोड़' वाली प्रणाली काफी समय से है पर जातीयता वाले सवाल पर किसी मुद्दे में किस्म की अभिसारिता आती नहीं दिखती। जम्मू-कश्मीर और नगालैंड की राजनीति के स्वरूप को लेकर टिप्पणी करना जल्दबाजी होगी पर अतिवादी आंदोलनों की गिरफ्त में रहे इन राज्यों में स्वतंत्र और निष्पक्ष चुनाव कराना पहली चुनौती रही है और इस मामले में इस बार के कश्मीरी चुनाव ने काफी सारे लोगों को हैरान किया है और वहां के लोगों की तरफ से कई सवालों के जवाब भी मिल गए हैं।

निष्कर्ष

राज्यों के स्तर पर विकसित हुई पार्टी प्रणाली का यह प्रारंभिक मूल्यांकन हमें एक विरोधाभास का एहसास कराता है। पार्टी प्रणाली को भारतीय संदर्भों के हिसाब से प्रतिद्वंद्विता के स्वरूप और विकल्पों की प्रकृति जैसे दो आयामों के आधार पर वर्गीकृत करने की हमारी कोशिश इस विरोधाभास को स्पष्ट करने और समझने में मदद करती है। एक तरफ प्रतिद्वंद्वी स्वरूप को ज्यादा खुला बनाने की प्रवृत्ति दिखती है : आज एक पार्टी का प्रभुत्व आम नियम की जगह अपवाद जैसा दिखता है। काफी सारे राज्य दो ध्रुवीय या 'दो जोड़' पार्टी प्रतिद्वंद्विता की तरफ बढ़े हैं तो पहले की तुलना में आज अधिक राज्यों में बहुध्रुवीय मुकाबले की स्थिति है। दूसरी तरफ नागरिकों को उपलब्ध विकल्पों की प्रकृति और संख्या सिकुड़ती जा रही है, बल्कि इस मामले में जड़ता या विकल्प कम होते जाने जैसी स्थिति ही नजर आ रही है। चुनावी राजनीति क्रांतिकारी बदलाव का रास्ता चुनने का विकल्प भी उपलब्ध कराती है। पर ऐसा विकल्प ज्यादा लंबे समय के लिए नहीं होता। ऊपर किए गए विश्लेषण से लगता है कि पूरी व्यवस्था ही मुद्दों की अभिसारिता के पक्ष में झुकी लगती है और वह ऐसा करने को प्रेरित करती है। इसी चलते पार्टी पोलिटिक्स के अखाड़े के सारे बड़े 'पहलवान' धीरे-धीरे एक-दूसरे जैसे बनते जाते हैं और दूरगामी बदलाव की संभावना वाले मुद्दे राजनैतिक एजेंडे से गायब होते जाते हैं।

लोकतांत्रिक राजनीति के इन दो आयामों के बीच का तनाव काफी समय से बना लगता है, लेकिन भारतीय राजनीति के पिछले दशक-डेढ़ दशक के घटनाक्रमों ने इस विरोधाभास को ज्यादा स्पष्ट बनाया है। कांग्रेसी प्रभुत्व की अचानक हुई समाप्ति से चुनावी प्रतिद्वंद्विता द्वारा सामाजिक बदलाव में सार्थक बदलाव करने की क्रांतिकारी संभावनाएं खुल गई थीं, क्योंकि अब मतदाताओं के पास काफी विकल्प थे। पर अनुभवों से लगता है कि ये उम्मीदें फलदायी नहीं हुई हैं—राजनैतिक चयन की प्रभावी इकाई के तौर पर राज्य के उभरने और हर राज्य में स्वतंत्र ढंग से अपनी राजनैतिक प्रवृत्तियों और रुझानों के विकास से जड़ पड़ी पार्टी व्यवस्था नए रूप धरने के लिए खुली जरूर और ऐसा बदलाव हुआ भी है। इसके परिणामस्वरूप राजनैतिक प्रतिद्वंद्विता ज्यादा सघन हुई है। कुछ मामलों में इस नई प्रतिस्पर्द्धा ने हाशिए पर पड़े सामाजिक समूहों को अपनी उपस्थिति दर्ज कराने और अपने मुद्दों को उठाने का अवसर भी दिया है। पर कुल मिलाकर यही लगता है कि प्रतिद्वंद्विता जितनी बढ़ी है, मुद्दों का विकल्प कम हुआ है, बदलाव वाले विकल्प सीमित हुए हैं। बदलावकारी राजनीति या तो इस बड़ी राजनीति में अपनी ढंग से उपस्थिति दर्ज कराने की स्थिति में ही नहीं आ पाती या आती भी है तो बहुत कम समय तक क्रांतिकारी एजेंडा रख पाती है। या तो उसके मुद्दे दूसरे 'लूट' लेते या वह खुद उन्हें छोड़कर सामान्य चरित्र का बन जाता है और इसी राजनैतिक खेल में शामिल हो जाता है।

तो क्या यह व्यावहारिक असफलता है या यह व्यवस्थाजन्य नतीजा है जो हमारी तरह की लोकतांत्रिक व्यवस्था में अंतर्निहित है ? अगर यह राजनैतिक कार्यव्यापार की असफलता है तो इस साझा नतीजे तक पहुंचाने के लाभ या घाटे क्या हैं ? अगर हम एक व्यवस्थाजन्य परिघटना की बात करते हैं तो हम किस व्यवस्था की बात कर रहे हैं—चुनावी व्यवस्था या सामाजिक-आर्थिक व्यवस्था की ? इस व्यवस्थाजन्य 'गिरावट' के लिए जिम्मेवार संस्थागत खामियां क्या हैं ? इन सवालों को हम तुलनात्मक लोकतांत्रिक प्रयोग के अध्येताओं के लिए छोड़ रहे हैं।

अनुवाद : अरविन्द मोहन

संदर्भ :

एंडरसन, बेनडिक्ट, 1991, रिपलेक्शंस आन द ओरिजिन एंड स्प्रेड ऑफ नेशनलिज्म, संशोधित संस्मरण, लंदन और न्यूयार्क, वेर्सो।

बोंदेल, ज्यां, 1968 : पार्टी सिस्टम्स एंड पैटर्न्स आफ गवर्नमेंट इन वेस्टर्न डेमोक्रेसीज, कैनेडियन जर्नल आफ पॉलिटिकल साइंस, खंड 1, अंक-2।

चटर्जी, पार्थ और ज्ञानेन्द्र पांडेय (संपा.), 1993, सबाल्टर्न स्टडीज, खंड VII, दिल्ली, ऑक्सफोर्ड यूनिवर्सिटी प्रेस।

छिब्बर, प्रदीप और इरफान नूरुद्दीन, 1993, पार्टी कंप्टीशन एंड फ्रैगमेंटेशन इन इंडियन नेशनल इलेक्शंस, 1957-1998, राय और वैलेस संपादित ग्रंथ में, 1999।

चर्च, राडिक, 1984, कन्क्लूजन : द पैटर्न आफ स्टेट पॉलिटिक्स इन इंदिरा गांधीज इंडिया, वूड संपादित ग्रंथ में, 1984।

डहल, राबर्ट. ए. (संपा.), 1966, पॉलिटिकल अपोजिशन्स इन वेस्टर्न डेमोक्रेसीज, न्यू हीवन, चेल यूनिवर्सिटी प्रेस।

डी सूजा, पीटर रोनाल्ड, 1999, प्रैग्मैटिक पोलिटिक्स इन गोवा : 1987-1999, इकोनॉमिक एंड पॉलिटिकल वीकली, खंड 34, अंक: 34-35।

ज्यां द्रेज और अमर्त्य सेन (संपा.), 1998 : इंडियन इकोनॉमिक डेवलपमेंट एंड सोशल अपार्चुनिटी, ऑक्सफोर्ड यूनिवर्सिटी प्रेस, नई दिल्ली।

दुर्वेजर, मॉरिस, 1954, पॉलिटिकल पार्टीज, न्यूयार्क, विले.

फ्रैंकेल, फ्रांसिन और एम. एस. ए. राय (संपा.), 1989 और 1990, डोमिनेन्स एंड स्टेट पावर इन इंडिया, डिक्लाइन आफ ए सोशल आर्डर, खंड I, और II, ऑक्सफोर्ड यूनिवर्सिटी प्रेस, नई दिल्ली।

हैरिस, जान, 1999 : कंपेयरिंग पॉलिटिकल रिजीम्स, एक्रास इंडियन स्टेट्स, ए प्रिलिमनरी एसे, इकोनॉमिक एंड पॉलिटिकल वीकली, खंड 34, अंक 48, नवम्बर 27।

हसन, जोया, 1988 : क्वेस्ट आफ पावर : अपोजिशनल मूवमेंट्स एंड पोस्ट-कांग्रेस पोलिटिक्स इन उत्तर प्रदेश, ऑक्सफोर्ड यूनिवर्सिटी प्रेस, नई दिल्ली।

हसन, जोया (संपा.) 2002 : पार्टीज एंड पार्टी पोलिटिक्स इन इंडिया, ऑक्सफोर्ड

यूनिवर्सिटी प्रेस, नई दिल्ली।
जेफ्रेले, क्रिस्टोफ, 1993, द हिन्दू नेशनलिस्ट मूवमेंट एंड इंडियन पोलिटिक्स : 1925 टू द नाइन्टीन नाइनटीज, बाइकिंग, नई दिल्ली।
जेफ्रेले, क्रिस्टोफ, 2003, इंडियाज साइलेंट रिवोल्यूशन, द राइज आफ लोअर कास्ट्स इन नार्थ इंडिया, कोलंबिया यूनिवर्सिटी प्रेस, न्यूयार्क।
कविराज, सुदीप्त, 1993 : 'द इमेजिनरी इंस्टीट्यूशन आफ इंडिया', चटर्जी और पांडेय संपा. ग्रंथ में, 1993।
कोहली, अतुल, 1987 : द स्टेट एंड पॉवर्टी इन इंडिया, बांबे, कैम्ब्रिज यूनिवर्सिटी प्रेस, साथ में ओरिएंट लांगमेंज।
कोठारी, रजनी, 1961, 'फार्म एंड सब्स्टैंस इन इंडियन पॉलिटिक्स', द इकोनॉमिक वीकली, जून, 3।
कोठारी, रजनी, 1964 : 'द कांग्रेस सिस्टम इन इंडिया' एशियन सर्वे, खंड 4, अंक-12, दिसम्बर।
कोठारी, रजनी, 1970 : पॉलिटिक्स इन इंडिया, बोस्टन, लिटल, ब्राउन।
कोठारी, रजनी, 1989, 'पॉलिटिक्स एंड द पीपल', सर्च आफ ह्यूमेन इंडिया, खंड-I में। अजंता, दिल्ली।
कोठारी, रजनी, गोपाल कृष्ण, रामाश्रय राय, तरुण शेठ, घनश्याम शाह, बशीरुद्दीन अहमद, ऋषिकेश मारन, 1967, पार्टी सिस्टम एंड इलेक्शन स्टडीज, एलायड पब्लिशर्स, बांबे।
कृष्ण, गोपाल, 1967, वन पार्टी डोमिनेन्स, डेवलपमेंट एंड ट्रेंड्स, कोठारी संपा. ग्रंथ में, 1967, पृ.-19-98।
कुमार, प्रदीप, 2000, द उत्तराखंड मूवमेंट : कंस्ट्रक्शन आफ ए रीजनल आइडेंटिटी, कनिष्क पब्लिशर्स, नई दिल्ली।
लिपसेट, सेमूर मार्टिन और स्टेइन रोक्कन, 1967, पार्टी सिस्टम एंड वोटर एलायनमेंट, क्रांस-नेशनल सर्समेक्टिक, फ्री प्रेस, न्यूयार्क।
मेइर, पीटर, 1997, पार्टी सिस्टम चेंज : एप्रोचेज एंडे इंटरप्रिटेशन्स, ऑक्सफोर्ड यूनिवर्सिटी प्रेस, न्यूयार्क।
मारिस-जान्स, डब्ल्यू. एच., 1964, द गवर्नमेंट एंड पॉलिटिक्स आफ इंडिया, हचिंसन यूनिवर्सिटी लाइब्रेरी, लंदन।
नारायण, इकबाल (संपा.), 1967, स्टेट पोलिटिक्स इन इंडिया, मीनाक्षी प्रकाशन, मेरठ।
रोक्केन, स्टेइन, 1968, द ग्रोथ एंड स्ट्रक्यरिंग आफ मास पॉलिटिक्स इन स्मालर यूरोपियन डेमोक्रेसीज, केमेरेटिव स्टडीज इन सोसाइटी एंड हिस्ट्री, खंड 10, नं. 2।
राय, रामाश्रय और पाल वैलेस (संपा.), 1999, इंडियन पॉलिटिक्स एंड द 1998 इलेक्शन्स, रीजनलिज्म, हिन्दुत्व एंड स्टेट पोलिटिक्स, सेज, नई दिल्ली।
सारटोगी, जिओवानी, 1976, पार्टीज एंड पार्टी सिस्टम्स, ए फ्रेमवर्क फार एनालिसिस,

कैम्ब्रिज यूनिवर्सिटी प्रेस, न्यूयार्क।

शाह, घनश्याम, 2002, 'कंटेस्टेशन एंड निगोशिएशन, हिन्दू सेंटीमेंट्स एंड टेंपरल इंटरेस्ट्स इन गुजरात इलेक्शन' इकोनॉमिक एंड पॉलिटिकल वीकली, खंड 37, अंक 48, नवम्बर 30।

शेठ, डी. एल., 2002, पॉलिटिक्स आफ कम्यूनल पोलराइजेशन : प्रिकार्सन आफ गुजरात कार्नेज, मानुषी, 1291

सिन्हा, असीमा, डिवाइडेड लेविएयन : कंपेयरिंग एब-नेशनल स्टेट्स इन इंडिया, शीघ्र प्रकाश्य।

सुब्रह्मण्यम, नरेन्द्र, 1999, इथनिसिटी एंड पॉपुलर मोबिलाइजेशन, पॉलिटिकल पार्टीज, सिटिजन्स एंड डेमोक्रेसी इन साउथ इंडिया, ऑक्सफोर्ड यूनिवर्सिटी प्रेस, नई दिल्ली।

श्रीधरन, ई. 2002, द फ्रैग्मेंटेशन आफ इंडियन पार्टी सिस्टम, 1952-1999, जोया हसन संपा. पुस्तक में, 2002, पृ. 475-503।

बेइनर, माइरन (संपा.), 1968, स्टेट पॉलिटिक्स इन इंडिया, प्रिंस्टन यूनिवर्सिटी प्रेस, प्रिंस्टन।

वैलेस, पाल और रामाश्रय राय (संपा.), 2003, इंडियाज 1999, इलेक्शन्स एंड ट्वेंटीएथ सेंचुरी पॉलिटिक्स, सेज पब्लिकेशन्स, नई दिल्ली।

बुड, जान आर (संपा.) 1984, स्टेट पॉलिटिक्स इन इंडिया : क्राइसिस और कंटिन्यूटी, बाउल्डर, वेस्व्यू प्रेस।

यादव, योगेन्द्र, 1996, रीकंफिगरेशन इन इंडियन पॉलिटिक्स : स्टेट एसेंबली इलेक्शन्स, 1993-95, इकोनॉमिक एंड पॉलिटिकल वीकली, खंड 31, अंक 2-3, जनवरी 13-20।

यादव, योगेन्द्र, 1999, इलेक्ट्राल पॉलिटिक्स इन द टाइम आफ चेंज : इंडियाज थर्ड इलेक्ट्राल सिस्टम, 1989-99, इकोनॉमिक एंड पॉलिटिकल वीकली, खंड 34, अंक 34-35, अगस्त 21-28।

यादव, योगेन्द्र, 2003, द न्यू कांग्रेस वोटर, सेमीनार, अंक 536, जून।

आंध्र प्रदेश

Adilabad
Nizamabad
Karimnagar
Srikakulam
Vizianagaram
Medak
Warangal
Visakhapatnam
Khammam
Rangareddi
East Godavari
Nalgonda
West Godavari
Krishna
Mahbubnagar
Guntur
Prakasam
Kurnool
Anantapur
Cuddapah
Nellore
Chittoor
TIRUPATI

लोक-लुभावन राजनीति से परिणामवाद का सफर

— के.सी.सूरी

आंध्र प्रदेश की राजनीति की पहली दुविधा है 'राष्ट्र' बनाम 'क्षेत्र' की। भारतीय राजनीति के अध्ययन में इन शब्दों का जमकर इस्तेमाल होता है, लेकिन ये भारतीय जटिलताओं को व्यक्त करने के लिए काफी नहीं हैं। यह कह पाना मुश्किल है कि कथित राष्ट्रीय या क्षेत्रीय पार्टियां राज्य के स्तर पर जनता की आकांक्षाओं को पूरा कर पाती हैं या नहीं। साथ ही यह सवाल भी बना रहता है कि आखिर क्षेत्रीय पार्टियां वजूद में आती क्यों हैं, राष्ट्रीय पार्टियों के साथ उनका तालमेल किस तरह बनता है या फिर इनके बीच किस तरह के विवाद खड़े होते हैं। सवाल यह भी है कि क्षेत्रीय पार्टियां किस प्रकार के हितों का प्रतिनिधित्व करती हैं और भारतीय राजनीति में मौजूद अलग-अलग नजरियों और आशयों की कैसी व्याख्या इनके पास है। यह भी सच है कि बड़े राज्यों में उप-क्षेत्रीय अस्मिताएं बड़े पैमाने पर उभर कर सामने आ रही हैं। मांग की जा रही है कि प्रत्येक उप-क्षेत्र के साथ उचित बरताव होना चाहिए और विकास की असमानता या खामियों को दुरुस्त किया जाना चाहिए। सरकारी संरचनाओं और पार्टियों के स्तरों पर भारतीय राज्य को अधिक एकात्मक या फिर पूरी तरह से संघीय बनाने की होड़ और अधिक गहराई है। आमतौर पर क्षेत्रीय अभिजनों की ओर से राज्य-व्यवस्था को संघात्मक बनाने की मांग प्रबल होती जा रही है। राज्यों की स्वायत्तता, राष्ट्र (क्षेत्र) का आत्मसम्मान और सच्चे संघवाद के नारों से देखा जा सकता है। इन्हीं प्रक्रियाओं ने क्षेत्रीय पार्टियों के उभार और उसके सुदृढ़ीकरण को सुगम बनाया है। अनेक राज्यों में सत्ताधारी या प्रमुख विपक्षी पार्टी की हैसियत से मौजूद क्षेत्रीय पार्टियों ने वहां की राजनीति को एक विशिष्टता प्रदान कर दी है, और साथ ही इसने राष्ट्रीय राजनीति को भी जटिल बना दिया है। लिहाजा अब किसी एक समान राष्ट्रीय परिप्रेक्ष्य की मातहती में भारतीय राजनीति का अध्ययन करने के बजाय उसे राज्यों की अलग-अलग राजनीति की रोशनी में देखा जाना चाहिए।

दूसरी दुविधा यह है कि आजकल सरकारी संस्थानों पर होने वाले खर्चों, सब्सिडी और अन्य सरकारी निवेशों को भारतीय अर्थव्यवस्था के संकट का कारण बताया जा रहा है। पश्चिम के राजनीति विज्ञानी कहते रहे हैं कि विभिन्न तबकों से उठने वाली मांगों के तले भारतीय राज्य बुरी तरह दबा हुआ है, या तो समाज ने इसे 'माई-बाप' समझ लिया है या फिर इस समाज पर शासन किया ही नहीं जा सकता है। अब 'विकास' और 'कल्याण' पहले एक-दूसरे के पूरक थे लेकिन अब उन्हें परस्पर विरोधी बताया जा रहा है। 1990 में आर्थिक सुधारों के साथ उदारीकरण की प्रक्रिया राष्ट्रीय पैमाने पर आरंभ की गई थी, लेकिन आंध्र प्रदेश में यह प्रक्रिया 1995 के बाद तेलुगू देशम पार्टी में हुए नेतृत्व परिवर्तन के साथ आरंभ हुई। आंध्र की राजनीति की तीसरी दुविधा वही है जो पूरे राष्ट्र की है। मतदाताओं का नेताओं पर से विश्वास उठ जाना।

इस लेख 'लोक-लुभावनवाद' का तात्पर्य नंदमूरि तारक रामाराव (एनटीआर) के शासन काल से है, जबकि 'परिणामवाद' को चंद्रबाबू नायडू के शासनकाल से जोड़ा गया है। लोक-लुभावनवाद के तहत नेता इस तरह के चुनावी वायदे करते हैं कि प्रतिद्वंद्वी मात खा जाएं और जनता उन्हें वोट दे दे। लेकिन इसका मतलब केवल यही नहीं होता। जब 'लोक-लुभावनवादी' शासन में होते हैं तो वे कुछ ऐसी नीतियां भी लागू करते हैं, जिससे आम जनता को फायदा होता है। यहां परिणामवाद से अभिप्राय है राजनीतिक मामलों में प्रबंधकीय दृष्टिकोण अपनाना। इस राजनीति में समय के साथ बदलने की क्षमता होती है। वाक्‌पटुता या सिद्धांतों से चिपके रहने के बजाय राजनीतिक जोड़-घटाव और सत्ता से जुड़े सवालों को ज्यादा तरजीह दी जाती है। लेकिन एनटीआर और चंद्रबाबू नायडू के राजनीतिक तौर-तरीकों और उनमें आए बदलावों को रेखांकित करने के लिए इन दोनों अभिव्यक्तियों को इस्तेमाल किया गया है।

इस लेख में आंध्र प्रदेश की 1983 से 2008 तक की राजनीति की चर्चा की गई है। 1983 के चुनाव को इस लेख का प्रस्थान बिंदु बनाया गया है क्योंकि राजनीतिक पटल पर तेदेपा के उदय के कारण राज्य की राजनीतिक होड़ में एक आमूल-चूल बदलाव आया। लेख के पहले भाग में राज्य की राजनीति की सामाजिक पृष्ठभूमि, खासकर उसकी जातीय संरचना की चर्चा की गई है। दूसरे भाग में 1956 में राज्य के गठन के बाद से लेकर 1983 में कांग्रेसी वर्चस्व के युग की समाप्ति तक की राजनीति का एक लेखा-जोखा पेश किया गया है। तीसरे भाग में चुनावी राजनीति के स्वरूप, लोक-लुभावनवादी कहे गए एनटीआर काल के तौर-तरीकों तथा तेदेपा और कांग्रेस के बीच विवादों की चर्चा की गई है। चौथे भाग में चंद्रबाबू नायडू द्वारा सत्ता संभालने के बाद की चुनावी प्रवृत्ति तथा राजनीति में हुए प्रतिमानमूलक बदलावों की चर्चा की गई है। साथ ही इस भाग में 1999 और 2004 के चुनावी नतीजों का जिक्र भी किया गया

है। लेख का अंतिम भाग निष्कर्षों और टिप्पणी का है।

1. सामाजिक विभाजन

आजाद हिंदुस्तान के मानचित्र पर भाषायी आधार पर राज्य का दर्जा पाने वाला सबसे पहला राज्य आंध्र ही था। तेलुगू भाषी जनता द्वारा अलग राज्य के लिए किए गए लम्बे संघर्षों के बाद 1953 में यह संयुक्त मद्रास राज्य से अलग हुआ। बाद में 1956 में पूर्ववर्ती हैदराबाद राज्य के तेलुगू भाषी तेलंगाना क्षेत्र के विलय के साथ आंध्र प्रदेश को तटीय क्षेत्र, रायलसीमा तथा तेलंगाना नामक तीन अलग-अलग क्षेत्रों के तौर पर देखा जाता है। अक्सर तटीय और रायलसीमा जिलों को संयुक्त रूप से 'आंध्र' कहा जाता है जबकि 'तेलंगाना' के साथ ऐसा नहीं है। विकास के मामले में इन क्षेत्रों में काफी हद तक अन्तरक्षेत्रीय गैरबराबरी मौजूद है। असमान विकास को लेकर इन तीनों ही क्षेत्रों में हमेशा ही तनाव रहा है। नतीजे के तौर पर अलग राज्यों के लिए उग्र आंदोलन भी हुए थे।

1986 में हुए प्रशासनिक विकेन्द्रीकरण से हिस्से के तौर पर प्रत्येक जिले को विभिन्न मंडलों में और प्रत्येक मंडल को ग्राम पंचायतों में विभाजित किया गया है। जुलाई-अगस्त 2001 में स्थानीय निकायों के चुनावों के समय राज्य में 22 जिला परिषद, 1094 मंडल और 21943 ग्राम पंचायतें थीं। वर्ष 2000 के अंत तक मतदाताओं की संख्या करीब 5,05,00,000 थी। राज्य में लोकसभा के 42 निर्वाचन क्षेत्र और राज्यसभा की 18 सीटें हैं। राज्य विधानसभा में सदस्यों की कुल संख्या 294 है।

सांस्कृतिक और भौगोलिक दृष्टि से आंध्र प्रदेश भारत के उत्तरी और दक्षिणी भाग के बीच एक महत्त्वपूर्ण कड़ी है। क्षेत्रफल और आबादी के हिसाब से आंध्र प्रदेश भारत का पांचवां सबसे बड़ा राज्य है। 2001 की जनगणना के मुताबिक राज्य की जनसंख्या 7,57,30,000 है, जो भारत की कुल जनसंख्या का 7.4 प्रतिशत है। राज्य की करीब 27 प्रतिशत आबादी शहरी इलाकों में रहती है। राज्य में शहरीकरण का स्तर करीब-करीब राष्ट्रीय स्तर के बराबर ही है। यह बहुत हद तक कृषि पर निर्भर है। करीब 80 प्रतिशत कामगार खेती में लगे हुए हैं। कहना न होगा कि आंध्र प्रदेश का समाज और अर्थव्यवस्था आज भी मुख्य रूप से कृषि पर टिकी हुई है। राष्ट्रीय औद्योगिक परिदृश्य में आंध्र प्रदेश की उपस्थिति देर में दर्ज हुई। यहां के औद्योगिक विकास का श्रेय निजी क्षेत्र के उद्योगों को जाता है। ज्यादातर उद्योग हैदराबाद और उसके आस-पास तथा विशाखापत्तनम में विकसित हुए।

देश के अन्य भागों की तरह ही गरीबी सरकार और समाज के लिए यहां भी एक गंभीर चुनौती रही है। यहां गरीबी की राजनीतिक और चुनावी अहमियत को रेखांकित करना जरूरी है। यह गरीबी ही है, जिसके कारण हाल के दशकों में

पार्टियों की चुनावी रणनीति पर मूलभूत सुविधाएं मुहैया कराने के वायदे हावी रहे। चुनाव में अक्सर पैसे और अन्य प्रलोभनों के जरिए वोट खरीदने की चर्चा होती है। कहा जाता है कि नेतागण जाति और सम्प्रदाय के आधार पर गरीबों को बांटना चाहते हैं। दरअसल, राज्य में गरीबों की संख्या बहुत ज्यादा है और वे रंग-रूप वाले लोगों से डरने के कारण दब्बू हो चुके हैं। सरकारी अफसर उनके प्रति अक्खड़ ढंग से मालिकों जैसा बरताव करते हैं। दूसरी तरफ नेता भ्रष्ट होने के साथ-साथ लोक-लुभावनवादी हो गए हैं।

आंध्र प्रदेश के समाज को पारंपरिक दृष्टिकोण से देखने पर लगता है कि काम के लिहाज से तो लोग एक-दूसरे पर निर्भर हैं, परंतु आम जीवन में वे अलग-अलग समूहों में बंटे हुए हैं। ऊंच-नीच का श्रेणीक्रम बना हुआ है। फिर भी विगत सैकड़ों वर्षों से जाति व्यवस्था में बड़े पैमाने पर बदलाव हुए हैं। अलग-अलग क्षेत्रों में अलग-अलग तरीके से हुए बदलावों के कारण जाति को एक जड़ और स्थायी सामाजिक संबंध के रूप में नहीं देखा जाना चाहिए। जातियों में ब्राह्मणों की आबादी राज्य की कुल आबादी का 2-3 प्रतिशत है। अन्य 2-3 प्रतिशत आबादी कोमती या वैश्य जातियों की है जो मुख्य रूप से व्यापार से जुड़ी हुई हैं। अपने आप को क्षत्रिय मानने वाली राजू जाति मुख्य रूप से उत्तरी और मध्य तटीय क्षेत्रों में हैं और इनकी संख्या राज्य की कुल आबादी के 1 प्रतिशत से भी कम है। राजनीतिक शक्ति पर नियंत्रण के लिहाज से रेड्डी, कम्मा, कापू तथा वेलमा जातियां महत्त्वपूर्ण हैं, क्योंकि इनकी संख्या भी अधिक है और इनके पास जमीनें भी हैं। एम. एन. श्रीनिवास ने ऐसी ही जातियों को 'वर्चस्वशाली जाति' की संज्ञा दी थी। मध्य काल और शुरुआती ब्रिटिश काल में उत्तर भारत के क्षत्रियों की तरह इनको भी सम्मान के कारण बीसवीं सदी के आरंभ में ये जातियां ब्राह्मणों के सांस्कृतिक वर्चस्व को चुनौती देने और उसे तोड़ पाने में कामयाब रहीं।

रेड्डी, जो कि राज्य की कुल जनसंख्या के 8-10 प्रतिशत हैं, राज्य के तीनों क्षेत्रों में पाए जाते हैं—खासकर करीमनगर के तेलंगाना, वारंगल, नरगोंडा, महबूबनगर और खम्मम में। रेड्डी गुंटूर, प्रकाशम और नेल्लोर के सिरकार जिलों में एवं रायलसीमा के चार जिलों में भी हैं। आंध्र प्रदेश के खेतिहर वर्ग में रेड्डी जाति की श्रेष्ठता के बहुत से कारण हैं। मसलन, राज्य में चारों तरफ उनकी उपस्थिति, किसानों में उनका सबसे ज्यादा अनुपात, राज्य के बहुत से जिलों एवं गांवों में उनकी पारंपरिक सत्ता, स्थानीय शासन में उनकी भूमिका से जुड़ी उनकी यशस्वी यादें, आजादी के पहले और बाद में कांग्रेस तथा कम्युनिस्ट पार्टियों में उनकी सक्रियता, गांव, मंडल, जिला और राज्य स्तर पर नेतृत्व तथा कृषि संपदा पर मजबूत पकड़।

वेलमा जाति राज्य की कुल जनसंख्या का 1-2 प्रतिशत है। यह मुख्य रूप से तेलंगाना के ही कुछ जिलों में स्थित है। आजादी से पहले रेड्डी और वेलमा जातियां

राज्य की सामंती और राजनीतिक व्यवस्था का आधार थीं। कापूओं की आबादी कुल जनसंख्या का 10-12 प्रतिशत है। यह विभिन्न उपजातियों में बंटी हुई है, जैसे कि तेलगा, कापू, मुन्नुराकापू, ओन्तारी इत्यादि। लेकिन ये उपजातियां अब अपने-आप को केवल कापू कहलवाना ही पसंद करती हैं। रेड्डी की तरह की कापूओं की उपस्थिति भी राज्य के हर-एक हिस्से में हैं। कम्मा जाति के लोग राज्य की जनसंख्या का 4-5 प्रतिशत हैं। ये मुख्य रूप से कृष्णा और गोदावरी डेल्टा में रहते हैं। इनकी उपस्थिति नेलौर, चित्तूर, अनन्तपुर और खम्मम जिलों में भी है। कम्मा और रेड्डी के बीच होड़ आंध्र की मुख्य राजनीतिक विशेषता है हालांकि इसे कई बार तोड़-मरोड़ कर भी पेश किया गया है।

विभिन्न पेशों से जुड़ी जातियों को उनके पुश्तैनी पेशे से ही जाना जाता है, खासकर काश्तकारों/शिल्पकारों और विभिन्न सेवाओं से जुड़ी जातियों को। राज्य की जनसंख्या का सबसे बड़ा अनुपात ऐसे ही शिल्पकारों और पेशेवरों का है। आज ये जातियां पिछड़े वर्ग के रूप में जानी जाती हैं। राज्य में इनकी आबादी लगभग 35-40 प्रतिशत है, हालांकि राज्य के दूसरे पिछड़ा वर्ग आयोग (1982) की रिपोर्ट के मुताबिक पिछड़े वर्गों की आबादी 44 प्रतिशत है। इन्हें अपनी जाति पर गर्व है और रूढ़िवादी ब्राह्मण मानें या न मानें, ये अपने-आप को द्विज मानती हैं और उन्हें लगता है कि कई अन्य समुदायों के मुकाबले वे सांस्कृतिक रूप से श्रेष्ठ हैं। इनमें से कुछ जातियां जैसे, यादव और गोवदा खेती के काम में लगी हुई हैं। इनका सामाजिक स्तर भी अच्छा है और पिछले कुछ वर्षों में शिक्षा, रोजगार और आर्थिक-सामाजिक क्षेत्रों में इनकी भागीदारी बढ़ी है। इन जातियों को 1961 से अन्य पिछड़े वर्गों की श्रेणी के अन्तर्गत आरक्षण दिया जा रहा है।

आंध्र प्रदेश में अनुसूचित जाति और अनुसूचित जनजाति के लोगों का अनुपात इनके राष्ट्रीय अनुपात के काफी करीब है। राज्य की करीब 16 प्रतिशत आबादी अनुसूचित जातियों की है। इन जातियों की कुल संख्या 59 है। 19 जिलों में इनका अनुपात 14 प्रतिशत से ज्यादा है। अनुसूचित जाति का दो तिहाई (68 प्रतिशत) से अधिक हिस्सा खेतिहर मजदूर है और इनमें गरीबी रेखा से नीचे रहने वालों की संख्या भी बहुत ज्यादा है। इसका एक बहुत बड़ा हिस्सा आज भी सामाजिक भेदभाव का शिकार है। खासकर ग्रामीण इलाकों में इनकी हालत ज्यादा खराब है। हालांकि आजादी के बाद से इनकी हालत काफी बदली है। पिछले कुछ वर्षों से इस तबके के लिए 'दलित' शब्द का इस्तेमाल हो रहा है। 'माला' और 'माडिगा' जातियां अनुसूचित जाति के अन्दर अगड़ी मानी जाती हैं और इन दोनों जातियों की आबादी राज्य की कुल अनुसूचित जाति आबादी के 90 प्रतिशत से भी ज्यादा है। संख्या के लिहाज से मालाओं की तुलना में माडिगाओं ने अनुसूचित जातियों के आरक्षण के वर्गीकरण में सुधार करने के लिए काफी संघर्ष किया ताकि आरक्षण का

फायदा सभी उपवर्गों में बराबर बंट सके।

आंध्र प्रदेश में करीब 33 जनजातियां हैं जो राज्य की जनसंख्या का 7 प्रतिशत हैं। उत्तरी सिरकार के इलाकों और तेलंगाना के कुछ इलाके तो आदिवासी पट्टी के रूप में ही जाने जाते हैं। जनजातियों का शैक्षिक स्तर काफी नीचे है। कुछ जनजातियां तो ऐसी हैं जो आज भी पूरी तरह कुदरत की मेहरबानी पर निर्भर हैं। एजेंसी क्षेत्र (पहाड़ों और जंगलों वाला इलाका) में इनसे जमीन छिन गई है और वे कर्ज और बंधुआ मजदूरी के शिकार हो गए हैं। साथ ही इन लोगों में अपने अधिकारों के प्रति जागरूकता बढ़ रही है और अपने संवैधानिक तथा पारंपरिक अधिकारों की सुरक्षा के लिए ये अपने-आप को संगठित करके आंदोलन कर रहे हैं।

धार्मिक पहचानों के हिसाब से आंध्र प्रदेश विभिन्न धर्मों का संगम है। राज्य में कुल जनसंख्या का 88 प्रतिशत हिन्दू हैं, जबकि 9 प्रतिशत आबादी के साथ मुसलमान दूसरे स्थान पर हैं। ईसाइयत ज्यादातर समाज के उपेक्षित तबके के बीच ही प्रचलित है, ईसाई इनके बीच काफी सेवा कार्य करते हैं। वैसे ऊंची जातियों का भी एक हिस्सा ईसाई धर्म को मानता है। ईसाइयों का प्रतिशत (1.8) देखने में भले ही कम लग सकता है क्योंकि दलित ईसाइयों का एक बहुत बड़ा तबका तकनीकी कारणों से अपने आपको हिंदू कहता है। राज्य की कुल जनसंख्या में 0.4 प्रतिशत जैन, 0.3 प्रतिशत बौद्ध और करीब 0.3 प्रतिशत सिख भी हैं।

2. कांग्रेस का दबदबा (1956-1983)

आजादी के शुरुआती सालों में देश के दूसरे राज्यों के विपरीत आंध्र और तेलंगाना में भारतीय राष्ट्रीय कांग्रेस का दबदबा नहीं था। भारतीय कम्युनिस्ट पार्टी (भाकपा) ने जुझारू किसान संघर्षों का नेतृत्व किया था। इस पार्टी ने भाषायी आधार पर राज्य के गठन में भी महत्त्वपूर्ण भूमिका निभाई थी। 1950 के दशक के आरंभ में वह सत्ता के एक मजबूत दावेदार के रूप में उभरी। 1952 में हुए पहले आम चुनाव में संयुक्त मद्रास राज्य के आंध्र क्षेत्र में कांग्रेस ने 40 और कम्युनिस्टों ने 41 सीटें जीतीं। तेलंगाना उस समय तत्कालीन हैदराबाद राज्य का अंग था। वहां भी करारी टक्कर हुई। कांग्रेस को 44 और भाकपा को 37 सीटें मिलीं। गैर-कम्युनिस्ट पार्टियों ने कम्युनिस्टों को सत्ता में आने से रोकने के लिए कांग्रेस के साथ गठबंधन किया। किसी भी गैर-कांग्रेसी पार्टी के साथ तालमेल न बना पाने के कारण कम्युनिस्टों को 1955 में आंध्र और 1957 में तेलंगाना में चुनाव हारना पड़ा। फिर भी इन चुनावों में पार्टी को आंध्र में 31 और तेलंगाना में 26 प्रतिशत वोट मिले। 1950 और 60 की शुरुआत में राज्य के राजनीतिक परिदृश्य पर स्वतंत्र पार्टी का भी उदय हुआ, लेकिन वह कुछ तटीय इलाकों और रायलसीमा के जिलों तक ही सीमित थी। इधर पार्टी में एक के बाद एक हुए दो विभाजनों के कारण राज्य में कम्युनिस्टों की स्थिति काफी

कमजोर हो गई। 1964 में भाकपा और 1967 में माकपा को विभाजन के दौर से गुजरना पड़ा। जुझारू किसान संघर्षों के कारण कृषि क्षेत्र में सुधार किए गए। उससे मध्यम और छोटे किसानों के बीच कम्युनिस्टों का चुनावी समर्थन घटा। धीरे-धीरे ये तबके कम्युनिस्ट पार्टी से अलग हो गए। संभवतः कम्युनिस्टों की कलह तथा उनकी आपसी चुनावी स्पर्द्धा के साथ-साथ कम्युनिस्ट पार्टियों के प्रति कृषक वर्ग का समर्थन घटने के कारण ही कांग्रेस पार्टी को उभरने का अवसर मिला।

जब कांग्रेस दूसरे राज्यों में विपक्षी पार्टियों से पिछड़ रही थी उस समय आंध्र प्रदेश में उसकी स्थिति सुदृढ़ हो रही थी। 1962 या शायद 1967 में उसका दबदबा बना जो 1983 तक चलता रहा। कांग्रेस ने अभिजन तबकों और रंग-रुतवे वाली कृषक जातियों को पार्टी तथा सरकार में महत्त्वपूर्ण स्थान दिया। पंचायती राज व्यवस्था के कारण इन तबकों को सत्ता और प्रतिष्ठा पाने का अवसर मिला। कांग्रेस ने कमजोर तबकों की बेहतरी को ध्यान में रखकर नई नीतियों की शुरुआत की। लिहाजा इन तबकों का समर्थन पाने में भी वह कामयाब रही। भारत में यदि पहली बार कहीं कोई अनुसूचित जाति का व्यक्ति मुख्यमंत्री बना तो वह था आंध्र प्रदेश। डी. संजीवैया रेड्डी 1960 से 1962 तक राज्य के मुख्यमंत्री रहे। शिक्षा और रोजगार के क्षेत्र में पिछड़े वर्गों को 1961 में ही आरक्षण दे दिया गया। इसका असर यह हुआ कि कांग्रेस को निचली जातियों के बीच धीरे-धीरे एक मजबूत और भरोसेमंद आधार बनाने में कामयाबी मिली। 1967 के चुनावों में 'कांग्रेस प्रणाली' का विजय रथ रुक गया था और राज्यों में विपक्षी पार्टियां सत्तारूढ़ हो गई थीं, पर आंध्र प्रदेश कांग्रेस का गढ़ बना रहा। इस राज्य में विपक्षी पार्टियां दो दशकों से भी ज्यादा समय तक हाशिए पर रहीं।

1956 में नीलम संजीव रेड्डी राज्य के प्रथम मुख्यमंत्री बने तब भी कांग्रेस पर रेड्डियों का ही वर्चस्व था। फिर भी वह सभी वर्गों का समर्थन प्राप्त करती रही। हालांकि चुनावी आधार सीमा से अधिक बढ़ जाने और विपक्षी पार्टियों की तरफ से किसी भी प्रकार की चुनौती न होने के कारण पार्टी के अंदर खेमेबंदी तेज हो गई। राम रेड्डी के मुताबिक सत्ता और उसके संरक्षण के दावेदार इतने बढ़ गए कि सबको कुछ न कुछ देकर मिलाए रखने की राजनीति का सिलसिला भंग हो गया।

गैर-कांग्रेसी और गैर-कम्युनिस्ट एकजुटता पहली बार 1977 के लोकसभा चुनावों में देखी। नतीजतन जनता पार्टी को 32 प्रतिशत वोट मिले। हालांकि 1978 के विधानसभा चुनावों में कांग्रेस को बहुमत मिला, लेकिन उसके वोटों का प्रतिशत केवल 39 प्रतिशत था। जबकि 1962, 1967 और 1972 के चुनावों में इसे क्रमशः 47, 45 और 52 प्रतिशत वोट मिले थे (**तालिका 1.1**)। आंध्र प्रदेश की राजनीतिक अनिश्चितता इसी बात से स्पष्ट होती है कि विधानसभा के एक ही कार्यकाल (1978-1982) के दौरान राज्य में चार मुख्यमंत्री हुए और वह भी तब जब

सत्ताधारी पार्टी को सदन में पूर्ण बहुमत प्राप्त था। उन दिनों पार्टी हाई कमान का मतलब था श्रीमती इंदिरा गांधी। राज्य इकाई के विभिन्न खेमे अपनी ताकत का प्रदर्शन इन लोगों को प्रभावित करने के लिए करते थे जो दिल्ली में बैठकर फैसला करते थे। 1970 और 1980 के शुरुआती दौर में निजी फायदों के लिए सामाजिक पहचानों का गलत इस्तेमाल, राजनीतिक भ्रष्टाचार, जान-बूझकर नैतिकता का अनादर, मनमाने तरीके से लोकतांत्रिक संस्थाओं की अनदेखी तथा जुझारू आंदोलनों का क्रूर दमन आंध्र प्रदेश में कांग्रेस की पहचान बनी।

3. तेलुगू देशम का उदय : लोक-लुभावनवाद और केन्द्र से टकराव

कांग्रेस पार्टी के क्षरण और राजनीतिक पतन के माहौल में एनटीआर ने 29 मार्च 1982 को एक नई राजनीतिक पार्टी तेलुगू देशम पार्टी (तेदेपा) की नींव रखी। वाक्पटुता और नाटकीयता में माहिर एनटीआर ने 'तेलुगू आत्मसम्मान', 'दिल्ली से मुख्यमंत्री थोपे जाने की वजह से होने वाले तेलुगुओं के अपमान की समाप्ति', 'कांग्रेस के असफल और भ्रष्ट प्रशासन के खिलाफ संघर्ष', 'पतनोन्मुखी कांग्रेस की सत्ता से बेदखली' इत्यादि जैसे नारों से एक खुशफहमी का माहौल तैयार किया। तेदेपा ने वादा किया कि राज्य में औद्योगिक और वैसे आप्रवासियों के अनुकूल माहौल तैयार करेगी जो राज्य में निवेश करना चाहते हैं। इन नारों और नीतियों के साथ उन्होंने कुछ लोक-लुभावनवादी परियोजनाओं की भी घोषणा की थी। मसलन रियायती दर पर चावल, स्कूली बच्चों के लिए दोपहर का भोजन, कॉलेजों से कैपिटेशन फीस की समाप्ति, इत्यादि। उन्होंने जनता को अच्छी सरकार देने का वचन दिया और लोगों से अपील की कि वह वैसे भ्रष्ट कांग्रेसी नेताओं को खारिज कर दें जो अपने सुनहरे अतीत के नाम पर सत्ता सुख भोगना चाहते हैं। अखबारों ने एनटीआर को जनता के उद्धारक के तौर पर पेश किया और उन्होंने भी यह दावा किया कि भगवान ने उन्हें कांग्रेस की बुराई को समाप्त करने तथा तेलुगू जनता के लिए अच्छी सरकार बनाने के लिए भेजा है। पहले वायदे पर तो वह खरे उतरे, लेकिन बाद वाले मामले में उनकी कामयाबी विवादास्पद है।

1983 के चुनाव में वो तमाम विशिष्टताए थीं जिसे चुनाव-विज्ञानी एक 'क्रिटिकल इलेक्शन' कहते हैं। चुनाव प्रचार का सशक्त भावनात्मक आधार था। वह चुनाव अम्मा (माता अर्थात श्रीमती गांधी) तथा अन्ना (बड़े भाई अर्थात एनटीआर) के बीच की लड़ाई बन गई। चुनाव के अंतिम नतीजे ने राज्य की राजनीति में व्यापक परिवर्तन को अंजाम दिया। तीन दशकों से चले आ रहे कांग्रेस के एकछत्र राज्य पर तेदेपा ने न केवल रोक लगाई, बल्कि 48.6 प्रतिशत वोटों के साथ उसने एक जबरदस्त जीत दर्ज की। विधानसभा में उसे दो तिहाई बहुमत मिला। राज्य का राजनीतिक भूगोल बदल गया। राज्य के तीनों ही क्षेत्रों में इसे भारी

समर्थन मिला। कांग्रेस को 33.6 प्रतिशत वोट मिले, जो आंध्र प्रदेश के अब तक के चुनावी इतिहास में सबसे कम थे (**देखें तालिका 1.2**)। इस चुनाव में वामपंथियों का क्षरण पूरा हो गया। भाकपा को 2.74 प्रतिशत वोटों के साथ 4 सीटें मिलीं जबकि माकपा को 2.07 प्रतिशत वोटों के साथ 5 सीटों से संतोष करना पड़ा। अब हालत कांग्रेस बनाम तेदेपा की थी।

इतने कम समय में एक सत्ताधारी पार्टी के तौर पर तेदेपा के उदय के बारे में तरह-तरह की व्याख्याएं की गईं। एनटीआर की सिनेमाई छवि और उनके करिश्माई व्यक्तित्व के कारण तेदेपा सत्ता पाने में कामयाब हुई, यह कहना तेदेपा के सत्तारोहण की सबसे सरल व्याख्या है। जातीय गणित के आधार पर की गई इसकी व्याख्या ज्यादा सटीक लगती है। इससे लगता है कि अकादमिक 'विवेचनात्मक चुनाव' के साथ मतदाताओं की पक्षधरता में फेरबदल भी जुड़ा रहता है। रेड्डी और कम्मा जातियों के बीच प्रतिद्वंद्विता के संदर्भ में आंध्र प्रदेश की राजनीति की व्याख्या करने की कोशिशें तो राज्य के गठन के बाद से ही चल रही हैं। लेकिन ऐसे लोग भी रहे हैं जिन्होंने इस तरह के विश्लेषण का विरोध किया है। 1983 के चुनावों के बाद एक बार फिर ऐसे विश्लेषण को मान्यता मिली। इसे सही मानने वालों ने तेदेपा को कम्माओं की पार्टी बताया क्योंकि राज्य के गठन के बाद से ही कांग्रेस पार्टी और आंध्र प्रदेश की राजनीति में रेड्डियों के वर्चस्व से त्रस्त कम्मा समुदाय में सत्ता पाने की बेचैनी थी। कृषि, व्यवसाय, उद्योग, इत्यादि के जरिए अमीर हो जाने के कारण कम्माओं के भीतर आर्थिक रूप से सम्पन्न एक अभिजात तबका भी उभरा, लेकिन इसके बावजूद कम्मा राज्य का मुख्यमंत्री नहीं बन सका। आर्थिक शक्ति होते हुए भी शीर्षस्थ राजनीतिक सत्ता पाने में नाकाम रहने के कारण कम्मा समुदाय में कांग्रेस के प्रति अलगाव पैदा हुआ। नतीजतन वे एनटीआर के पीछे एकजुट हुए और उन्होंने तेदेपा को वित्तीय और राजनीतिक समर्थन देना शुरू कर दिया। गौरतलब है कि एनटीआर कम्मा जाति के थे। वैसे यह कोई बहुत वजनदार नहीं लगता क्योंकि कम्मा समुदाय में एक नवधनाढ्य वर्ग का विकास और उदय कोई अनूठी बात नहीं है। हो सकता है कि बहुसंख्यक कम्मा मतदाताओं ने एनटीआर को वोट दिया हो, लेकिन कुल मतदाताओं के अनुपात से तेदेपा की जीत के हिसाब से कम्माओं के वोट की कोई खास अहमियत नहीं थी। वैसे भी किसी खास जाति के ठप्पे के साथ कोई राजनीतिक पार्टी आंध्र प्रदेश में चुनाव जीतने की उम्मीद नहीं कर सकती है।

यहां इसकी दूसरी व्याख्या भी है जो 1983 के चुनावों को राजनीतिक समीकरणों में हुए फेरबदल, राजनीतिक अर्थशास्त्र और वर्ग के आधार पर देखता है। आजादी के बाद भारत के बहुत से राज्यों में एक क्षेत्रीय बुर्जुआ वर्ग का उदय हुआ और जैसे-जैसे यह वर्ग बढ़ने लगा वैसे-वैसे केन्द्रीय सत्ता पर नियंत्रण रखने वाले राष्ट्रीय या बड़े बुर्जुआ के साथ इनके हित टकराने लगे। चूंकि केन्द्र सरकार की

आर्थिक नीतियां, उसकी राजनीतिक रूपरेखा तथा प्रशासनिक संरचना ने क्षेत्रीय हितों, सांस्कृतिक अस्मिताओं और खास राष्ट्रीयताओं के आत्म-सम्मान की बात उठाकर उसने अपनी दावेदारी ठोंकनी शुरू कर दी। उदाहरण के लिए, संजय बारू का मानना है कि पिछले दो दशकों में कृषि के क्षेत्र में जो परिवर्तन किए गए उसके कारण पूंजीवादी किसानों की नई पीढ़ी को पूंजीपति उद्यमी बनने का अवसर मिला। उभरते क्षेत्रीय बुर्जुआ की जरूरतों को पूरा करने में राष्ट्रीय राजनीतिक पार्टियों और केन्द्र सरकार की विफलता ने इन्हें क्षेत्रीय पार्टियों के गठन के लिए प्रेरित किया। बारू के अनुसार क्षेत्रीय पूंजीवाद और क्षेत्रीय पार्टियों की उत्पत्ति के संबंध को अनदेखा नहीं किया जा सकता है। हालांकि इस तरह के अध्ययन के दिलचस्प परिणाम निकल सकते हैं पर, कम से कम राज्य के सौ बड़े उद्योगपतियों और व्यवसायियों के सामाजिक और पेशागत पृष्ठभूमि पर नजर डाले बिना केवल एक या दो मामलों के आधार पर इसका सामान्यीकरण नहीं किया जाना चाहिए। इसी तरह हो सकता है कि क्षेत्रीय पूंजीपतियों और व्यवसायियों के बीच क्षेत्रीय और राष्ट्रीय राजनीतिक पार्टियों के प्रति समर्थन को लेकर कोई खास अंतर न निकले।

इसके अलावा एक और व्याख्या है। पिछड़े वर्ग के ज्यादातर मतदाताओं ने एनटीआर का समर्थन इसलिए किया क्योंकि उनकी नजर में इंदिरा गांधी कांग्रेस की नीतियां सत्ता प्राप्ति के लिए अनुसूचित जातियों के वोट को ध्यान में रखकर बनाई गई थीं और उनमें पिछड़े वर्ग के कल्याण को अनदेखा किया गया था। जबकि पिछड़े वर्गों में तुलनात्मक रूप से ज्यादा गरीबी थी। इसके अलावा कम्मा सहित राजू, कापू और वेलमा जैसी अमीर कृषक जातियां कांग्रेस में रेड्डियों के वर्चस्व से नाखुश थीं, लिहाजा उन्होंने तेदेपा का समर्थन किया।

जाति आधारित, जाति-वर्ग आधारित और राष्ट्रीयता आधारित व्याख्याओं को तब तक पूरी तरह स्वीकार नहीं किया जा सकता जब तक उन्हें तथ्यात्मक प्रमाण न मिल जाएं। वैसे, सभी व्याख्याएं आंशिक रूप से सही हो सकती हैं। इसके अलावा, यह भी कहा जा सकता है कि लोगों में कांग्रेस की कार्यशैली को लेकर उभरा असंतोष और कांग्रेस का विकल्प दे पाने में विपक्षियों की अक्षमता ने तेदेपा की जीत के लिए एक ठोस आधार तैयार किया। मतदाताओं का एक बहुत बड़ा तबका एक ऐसी वैकल्पिक पार्टी और नेता की तलाश में था जो दशकों से कांग्रेसी नेताओं द्वारा तैयार किए गए राजनीतिक दलदल से राज्य को बाहर निकाल पाता। सत्ता में आने के तत्काल बाद एनटीआर ने राज्य के लिए वित्तीय स्वायत्तता की मांग उठाई। साथ ही उन्होंने केन्द्र द्वारा योजनाबद्ध तरीके से राज्य की शक्ति हड़पने और राज्य को कंगाली की हालत में पहुंचाने के लिए केन्द्र की आलोचना भी की। उन्होंने कहा कि लोगों ने तेदेपा को जनमत इसलिए दिया है ताकि केन्द्र-राज्य संबंधों को नया रूप दिया जा सके, एक वास्तविक संघीय ढांचे के अंग के तौर पर राज्य में एक

ही पार्टी के शासन पक्ष में दी जाने वाली दलील गलत है। उन्होंने तो यहां तक कहा कि केन्द्र की अवधारणा ही अपने-आप में एक मिथक है। 1984 में जब कांग्रेस के गुप-चुप समर्थन से उनकी सरकार गिराई थी तब उन्होंने उसके विरोध में सड़कों पर सशक्त प्रदर्शन किया। लिहाजा केन्द्र को फिर से चुनाव की घोषणा करनी पड़ी थी। उसके बाद एनटीआर ने न केवल एक खास अंदाज में चुनाव जीता, बल्कि तेदेपा की सीटों की संख्या भी बढ़ गई।

सत्ता में आने के बाद तेदेपा ने बहुत सी कल्याणकारी परियोजनाओं की शुरुआत की। मसलन, दो रुपए किलो चावल तथा गरीबों के लिए कम कीमत पर कपड़े, मकान इत्यादि। उन्होंने ग्रामीण क्षेत्रों में ब्राह्मणों तथा अन्य वर्चस्वशाली अभिजात जातियों के प्रभाव को कमजोर करने वाले कई कदम उठाए। ऐसी ग्राम्य संस्थाओं की समाप्ति की जिनमें ज्यादातर अधिकारी ब्राह्मण और अन्य वर्चस्वशाली जातियों के थे। मंदिरों के पुजारियों को मिले विशेषाधिकारों की समाप्ति और स्थानीय निकायों में पिछड़ी जातियों के लिए आरक्षण, इत्यादि जैसे उनके प्रयासों से पारंपरिक प्रभुत्व पर करारी चोट पड़ी।

हालांकि यह भी सच है कि पार्टी और सरकार में एनटीआर की कार्यशैली के कारण बहुत से लोग और सामाजिक समूह तेदेपा से दूर हो गए। वे अपने आप को सर्वेसर्वा मानते थे। किसी को अपने से ऊपर या बराबर या फिर अपने बाद कुछ नहीं समझते थे। वे खुद को लोकतांत्रिक क्रांति का मूर्त रूप मानते थे लेकिन लोकतांत्रिक कायदे-कानून को कोई खास तवज्जो नहीं देते थे। उन्होंने अचानक सरकारी कर्मचारियों की सेवानिवृत्ति की उम्र को कम करने का निर्णय लिया, जिससे लोगों में भारी नाराजगी पैदा हुई। 1988 में उन्होंने अपने सभी मंत्रियों को बर्खास्त कर दिया और नए चेहरों को लेकर एक नया मंत्रिमंडल गठित किया। उन्होंने पार्टी के अंदर लोकतंत्र को कभी भी प्रोत्साहित नहीं किया। ये सारे विषय तेदेपा विरोधियों के पसंदीदा मुद्दे बन गए।

कांग्रेस ने विपक्ष की भूमिका में इस अवधारणा को अपनाया कि संकटकालीन अवस्था में केवल आक्रामक विपक्ष ही काम कर सकता है। उसने तेदेपा के लिए कठिनाइयां पैदा करने के लिए हर तरीके का इस्तेमाल किया और टकराव के दौर का आगाज किया। सत्ता में पुनर्वापसी और तेदेपा विरोधी गठबंधन तैयार करने में कांग्रेस की रणनीति के केन्द्र में जाति की महत्त्वपूर्ण भूमिका थी। जातीय अस्मिताओं का इस्तेमाल करने में यह पूरी तरह कामयाब रही। 1989 के चुनावों में इसकी सफलता का बहुत बड़ा कारण यही थी। इस चुनाव में मतदाताओं ने उल्टी झाड़ मारी। कांग्रेस को तेदेपा के मुकाबले 10 प्रतिशत ज्यादा वोट मिले। विधानसभा में वह दो तिहाई बहुमत पाने में कामयाब रही। लेकिन, सत्ता के साथ-साथ पार्टी के अन्दर गुटबाजी की वापसी भी हो गई। 1989-1994 के बीच मुख्यमंत्री रहे चेन्नारेड्डी ने हैदराबाद

में हुए हिंदू-मुस्लिम दंगे के लिए पार्टी के ही विरोधी गुट को जिम्मेदार ठहराया था। इस दंगे में 100 से जयादा लोगों की जानें गई थीं। दूसरे मुख्यमंत्री जनार्दन रेड्डी के शासनकाल में तो आम धारणा बन गई थी कि कांग्रेस शासन के दौरान कुछ भी संभव है बशर्ते कोई रिश्वत देने के लिए तैयार हो। तीसरे मुख्यमंत्री विजय भास्कर रेड्डी की तो उनके सामंती व्यवहार के लिए उनकी पार्टी के लोगों ने ही आलोचना की और कहा कि वे रायलसीमा गुट के नेता की तरह से काम कर रहे हैं।

1980 के दशक के आखिर और 90 की शुरुआत में कुछ आंदोलन भी हुए, जिनकी चर्चा करना यहां जरूरी है। इस दौरान दलितों की दावेदारी में बढ़ोतरी हुई। तेदेपा के सत्तारूढ़ होने के बाद वर्चस्वशाली जातियों और दलितों के बीच तनाव बढ़ा। जुलाई 1985 में प्रकाशम जिले के करमचेडु गांव में कम्मा समुदाय के लोगों द्वारा दलितों पर किए गए हमले (जिसमें छः लोगों की हत्या हुई थी और कई अन्य घायल हुए थे) को लेकर राज्य में काफी हंगामा हुआ था। इसके बाद अपने ही समुदायों के नेताओं के आह्वान पर संगठित होकर दलितों ने न्याय के लिए एक लम्बा संघर्ष चलाया। दलित महासभा के बैनर तले कुछ नेताओं का उदय बहुत महत्त्वपूर्ण था। हालांकि शहरी और ग्रामीण क्षेत्रों में पिछड़ी जातियों के अभिजनों को अपनी ओर आकर्षित करने में तो तेदेपा ज्यादा कामयाब रही, लेकिन दलितों का समर्थन हासिल करने के मामले में वह नाकामयाब रही। 1980 के दशक में तेदेपा के खिलाफ दलितों की नाराजगी को अपने पक्ष में भुनाकर कांग्रेस ने अपने चुनावी आधार को सुदृढ़ किया। हालांकि जब 1989 में कांग्रेस सत्ता में आई थी तब 1991 में रेड्डी जमींदारों और उनके रिश्तेदारों ने गुंटूर जिले के चुन्दूरू गांव में आठ दलितों की हत्या कर दी थी। जान बचाकर भागते हुए दलितों का नरसंहार करके बोरों में लाश भरकर नालियों में फेंकी गई थी। जवाबी कार्रवाई के तौर पर दलितों ने एक रेड्डी किसान की हत्या करके कुछ घरों में आग लगा दी। दलितों पर होने वाले हमलों की चौतरफा भर्त्सना हुई। दलित नेताओं ने यह कहकर कि कांग्रेस और तेदेपा, दोनों ही के शासन काल में दलितों पर अत्याचार हुए हैं। आंध्र प्रदेश की राजनीति में कांशीराम के आने से दलित राजनीति में एक नया मोड़ आया। अपने राष्ट्रीय अभियान के एक हिस्से के तौर पर उन्होंने दलित-बहुजनों से अपील की कि चुनावों के जरिए वे राजनीतिक सत्ता पर कब्जा करें और पीढ़ियों से चलती आ रही ब्राह्मणों की गुलामी और उस पर अपनी निर्भरता को समाप्त करें। हिंदू समाज के श्रेणीक्रम के अनुसार तीन द्विज जातियों के अलावा उन्होंने आंध्र प्रदेश के संदर्भ में कम्मा, रेड्डी, कापू, वेलमा, इत्यादि जातियों को भी द्विज बताया। इस नई विचारधारा से प्रभावित होकर कुछ पूर्व नक्सलवादी, दलित महासभा के बहुत से नेता तथा कुछ अन्य बहुजन समाज पार्टी (बसपा) में शामिल हुए। बसपा राज्य में एक महत्त्वपूर्ण राजनीतिक शक्ति के तौर पर उभरेगी कि नहीं, इसे लेकर 1990 की शुरुआत में

तरह-तरह के कयास लगाए गए और शंकाएं जाहिर की गईं। लेकिन उल्टा हुआ और चुनाव में बसपा को केवल 1.3 प्रतिशत वोट ही मिले। दो सीटों को छोड़कर बाकी सभी जगहों पर उसकी जमानत जब्त हो गई।

1980 के दशक में पिछड़ी जातियों की दावेदारी उभार पर थी। तेदेपा के सत्ता में आने के बाद इन समुदायों के नेताओं ने राजनीति में अहम भूमिका निभानी शुरू कर दी। तेदेपा शासन (1985-1989) के दौरान कांग्रेसी नेताओं ने पिछड़ी जातियों के वोट अपनी ओर आकर्षित करने की काफी कोशिशें कीं और इसके लिए उन्होंने पिछड़ी जातियों के संगठनों की बैठकें भी आयोजित कीं। कांग्रेस ने कापू, तेल्गा, बलिजा, ओंटारी तथा मुन्नुरू कापू समुदायों के लिए एक नए मंच का गठन किया। कांग्रेस के इन प्रयासों के जवाब में तेदेपा सरकार ने 1986 में पिछड़ी जातियों को शिक्षा और रोजगार के क्षेत्र में मिलने वाले 24 प्रतिशत आरक्षण को बढ़ाकर 44 प्रतिशत कर दिया। इस नए प्रावधान के खिलाफ विरोधियों ने आरक्षण विरोधी आंदोलन किया। लिहाजा सरकार को आरक्षण संबंधी नया आदेश वापस लेना पड़ा। नब्बे की शुरुआत से विभिन्न पिछड़ी जातियों ने अपनी आर्थिक और राजनीतिक मांगों को उठाने के लिए राज्य स्तरीय बैठकें आयोजित करनी शुरू कर दीं। लिहाजा पिछड़ी जातियों की ओर से पड़ रहे दबावों के कारण आंध्र प्रदेश की सभी राजनीतिक पार्टियों ने सचेत रूप से इन समुदायों के नेताओं को बड़ी संख्या में पार्टी और सरकार में जगह देने की कोशिशें शुरू कर दीं।

नब्बे के दशक का दूसरा महत्त्वपूर्ण सामाजिक आंदोलन था शराब (अरक) पर प्रतिबंध के लिए किया गया आंदोलन। अस्सी के दशक में शराब के ठेकेदारों ने संघ बनाकर एक शक्तिशाली राजनीतिक लॉबी बना ली थी। चुनावों में यह लॉबी पार्टियों और उम्मीदवारों को पैसे भी देती थी। बड़ी पार्टियों के कुछ नेताओं ने प्रत्यक्ष या परोक्ष रूप से खुद को संगठित किया। वामपंथी पार्टियों के शामिल हो जाने के कारण शराबबंदी के खिलाफ महिलाओं के आंदोलन को गति मिली। ताड़ी विरोधी संघर्षों के दौरान नेताओं, अपराधियों, आबकारी अधिकारियों, शराब के ठेकेदारों तथा पुलिस के बीच के गठजोड़ का पर्दाफाश हुआ। 1994 के विधानसभा चुनावों में शराबबंदी एक महत्त्वपूर्ण मुद्दा और यह एनटीआर की शानदार जीत का एक महत्त्वपूर्ण कारण थी।

तमाम भविष्यवाणियों और पूर्वानुमानों से आगे निकल कर तेदेपा ने 1994 के चुनावों में भारी जीत दर्ज की। पार्टी को अपने दम पर तीन-चौथाई बहुमत मिला और यदि वामपंथी सहयोगियों को मिली सीटों को जोड़ दिया जाए तो तेदेपा को मिला बहुमत 'चार बटा पांच' के बराबर हो जाता था। तीनों ही क्षेत्रों में तेदेपा और इसके सहयोगियों को जबरदस्त कामयाबी मिली। तटीय आंध्र प्रदेश में 133 में से 120, रायलसीमा में 52 में से 42 तथा तेलंगाना में 107 में से 99 सीटें तेदेपा और

उसके सहयोगियों के खाते में गईं। संयुक्त रूप से उन्हें कुल वैध वोटों का 51.32 प्रतिशत मिला जिसमें तेदेपा का वोट 44.8 प्रतिशत था, जबकि कांग्रेस को मिले वोटों का प्रतिशत 33.6 रहा (**तालिका 1.3**)। कांग्रेस के लिए वह सिर्फ एक साधारण हार ही नहीं थी बल्कि तत्कालीन प्रधानमंत्री और कांग्रेस के राष्ट्रीय अध्यक्ष नरसिंह राव के लिए इस हार के बहुत मायने थे। उन्होंने अपने ही राज्य में अपनी प्रतिष्ठा और पार्टी का भविष्य दांव पर लगाया था। चुनाव नतीजों से साबित हो गया कि आंध्र प्रदेश के मतदाताओं ने देश के शीर्ष पर एक तेलुगू कांग्रेसी की निरंतरता को बनाए रखने की भावुकता से प्रेरित होकर मतदान नहीं किया। यह भी पता चला कि मतदाताओं ने मतदान के समय राष्ट्रीय मुद्दों के बजाय स्थानीय और राज्य से जुड़े मुद्दों को ज्यादा तरजीह दी। यह भी स्पष्ट हो गया कि देश और राज्य में एक ही पार्टी को चुनने की अपील मतदाताओं ने खारिज कर दी। कांग्रेस ने तो मतदाताओं को यहां तक चेताया था कि यदि गैर-कांग्रेसी क्षेत्रीय पार्टी को वोट दिया गया तो राज्य की जनता के लिए परेशानियां बढ़ जाएंगी और केन्द्र और राज्य के बीच विवाद पैदा होंगे।

चुनाव में 'विकास' बनाम 'जन-कल्याण' का मुद्दा छाया रहा। नई आर्थिक नीति की वकालत और बचाव करते हुए नरसिंह राव ने जन-कल्याण को विकास के लिए अवरोध करार देकर कहा था कि एनटीआर ने जिन कल्याणकारी परियोजनाओं का वायदा किया है, उन्हें लागू करने पर विकास की राह में रुकावटें खड़ी होंगी। कांग्रेस की दलीलों का खंडन करते हुए एनटीआर ने कहा कि यह राज्य की जिम्मेदारी बनती है कि वह जनता को रोटी, कपड़ा और मकान जैसी मूलभूत सुविधाएं मुहैया कराए। जन-कल्याण और गरीब विकास की अवधारणा पर उन्होंने सवाल खड़े किए। उन्होंने कहा कि उनके लिए विकास का मतलब गरीबों का कल्याण है, जबकि कांग्रेस के लिए यह अमीरपरस्त नीतियों और पार्टी नेताओं की समृद्धि है। हालांकि एनटीआर स्वयं राज्य के गिने-चुने अमीरों में से एक थे परंतु उन्होंने स्वयं को गरीबों के हितैषी के रूप में पेश किया। तेदेपा और उसके सहयोगी कांग्रेस सरकार की नई आर्थिक नीति और उदारीकरण की प्रक्रिया को अमीरपरस्त ठहराने में कामयाब रहे।

दरअसल, कांग्रेस और एनटीआर के लोक-लुभावनवाद के सामने नहीं टिक सकती थी। साठ के दशक के आखिरी वर्षों में इंदिरा गांधी ने 'गरीबी हटाओ' के नारे और क्रांतिकारी परिवर्तनवादी मुहावरे के बल पर अपने विरोधियों को परास्त कर दिया, उसी तरह एनटीआर ने यह दावा करके मैदान जीता कि तेदेपा गरीबों के दुःख और भूख की पैदाइश है और इसका एकमात्र उद्देश्य उन्हें मूलभूत सुविधाएं मुहैया करना है। यदि कांग्रेस ने हमेशा अमीर-गरीब के भेद का लाभ उठाया और अमीरों के हितों के साथ छेड़छाड़ किए बिना गरीबों की बात की, तो एनटीआर भी इसमें

पीछे नहीं रहे और उन्होंने कांग्रेस को उसी के मैदान में मात दी। एक सधे हुए भाषणबाज के तौर पर उन्होंने बार-बार कहा कि मेरे लिए समाज एक मंदिर है और जनता भगवान। उन्होंने गरजदार आवाज में कहा, 'मैं आम जनता के कल्याण की लड़ाई लड़ रहा हूं।'

4. परिणामवाद और नीतिगत परिवर्तन

तेदेपा के सर्वेसर्वा एनटीआर को 1994 में विधानसभा चुनावों में जबरदस्त जीत मिली। लेकिन इसके कुछ महीने बाद ही विधायकों और मंत्रियों के एक गुट ने उनके खिलाफ बगावत करके उन्हें सत्ता से बेदखल कर दिया। 1984 के तख्ता पलट के दौरान एनटीआर के छोटे दामाद चंद्रबाबू नायडू ने विधायकों को पार्टी से अलग होने से रोका था, जिसके लिए एनटीआर ने सार्वजनिक रूप से उनका एहसान माना था। यह एक विडम्बना ही है उसी चंद्रबाबू नायडू ने 1995 में एनटीआर के खिलाफ बगावत का नेतृत्व किया। एनटीआर की सत्ता से बेदखली और एक साथ मुख्यमंत्री तथा पार्टी अध्यक्ष पद पर चंद्रबाबू नायडू के काबिज हो जाने के साथ ही आंध्र प्रदेश के करिश्माई लोक-लुभावनवादी और एकतंत्रीय राजनीति का खात्मा हो गया। इसी के साथ राज्य में प्रबंधकीय और आर्थिक सुधारों की प्रधानता वाली राजनीति का नया दौर शुरू हुआ।

आंध्र प्रदेश की राजनीति के इन विरोधाभासों से उसके अंतर्विरोध साफ हो जाते हैं। साथ ही उनका आधारभूत तर्क भी समझ में आने लगता है। सत्ता से एनटीआर की बेदखली एक तरह से उनकी राजनीति का ही एक त्रासद नतीजा थी। एक पार्टी के रूप में तेदेपा का उदय दर्शाता है कि लोकतंत्र के नाम पर एकतंत्रीय शासन की स्थापना के लिए किस प्रकार जनता के उभार का इस्तेमाल किया जा सकता है। हालांकि एनटीआर ने देश में वंश शासन बनाए रखने के लिए कांग्रेस की हमेशा खिंचाई की, परंतु उन्होंने स्वयं आंध्र प्रदेश में जमकर इसी का अनुसरण किया। राजसत्ता को निजी संपत्ति मानकर अपने घरवालों को बांटने के कारण सत्ता के उत्तराधिकार का सवाल एनटीआर के जीवनकाल में ही उठना शुरू हो गया था। एक बार तो उन्होंने अपने अभिनेता बेटे बालाकृष्ण को अपना उत्तराधिकारी भी घोषित कर दिया था, परंतु पार्टी के महत्त्वपूर्ण पदों पर काबिज उनके दो दामादों को वह पसंद नहीं आया। 1994 के चुनावों के बाद पार्टी पर एनटीआर की पत्नी (जो उनके लिए बहुत प्रिय थीं) के बढ़ते प्रभाव से परिवार के अन्य सदस्यों और पार्टी के कुछ वरिष्ठ नेताओं को परेशानी होने लगी थी। साथ ही मंत्री और विधायक भी इस बात से परेशान थे कि उन्हें एनटीआर बिल्कुल महत्त्वहीन मानते थे। अपने व अपने समर्थकों का काम करने/करवाने के लिए उन्हें सत्ता के इस्तेमाल की आजादी भी नहीं थी। देश के बदलते राजनीतिक माहौल में लोक-लुभावनवादी योजनाओं को

लेकर अभिजन तबके में भी नाराजगी बढ़ने लगी थी। शायद उन्हें ऐसा लगने लगा था कि बदलते राजनीतिक माहौल में लोक-लुभावनवादी योजनाओं से कोई फायदा नहीं होने वाला है और इससे विकास की प्रक्रिया ही अवरुद्ध होगी। उन्हें शायद ऐसा लगा कि आर्थिक विकास के नए तौर-तरीकों का सामना करने के लिए जैसी दृष्टि और प्रबंधकीय क्षमता की जरूरत है, वह एनटीआर की कैबिनेट के सदस्य राजस्व और वित्त मंत्री चंद्रबाबू नायडू के पास है।

एनटीआर की 1984 की बेदखली को लोकतंत्र की हत्या के रूप में पेश किया गया था। 1995 में भी उनके पक्ष में सहानुभूति थी, लेकिन जनता में किसी प्रकार की एकजुटता नहीं दिखी। जनता ने समूचे मामले को एक सामयिक घटनाक्रम या फिर पारिवारिक उलट-फेर के रूप में नजरअंदाज कर दिया। एनटीआर ने पीठ में छुरा घोंपने वालों और धोखेबाजों को सत्ता से निकाल बाहर करने और अपनी पुनर्वापसी की कसम खाई थी, लेकिन सरकार से बाहर किए जाने के चार महीने बाद ही उनकी मृत्यु हो गई। उनकी इस आकस्मिक मृत्यु के कारण चंद्रबाबू को तेदेपा के सर्वोच्च नेता के तौर पर अपनी दावेदारी और विधानसभा में अपनी स्थिति मजबूत करने का मौका मिल गया। तेदेपा के एनटीआर धड़े में जो थोड़े बहुत लोग बचे थे, उनका नेतृत्व उनकी विधवा लक्ष्मी पार्वती ने संभाला। अपने आप को वे एनटीआर का सच्चा उत्तराधिकारी समझने लगीं। उन्हें लगा कि जनता उनके साथ है। 1999 के लोकसभा चुनावों में तेदेपा के नायडू और पार्वती, दोनों धड़ों के सामने खुद को एनटीआर का असली उत्तराधिकारी साबित करने का समय आया। इस आंतरिक घटनाक्रम के कारण कांग्रेस राहत महसूस कर रही थी। उसे ऐसा लग रहा था कि तेदेपा में हुए अंत:कलह और टूट-फूट के कारण चुनाव में उनकी स्थिति काफी अच्छी रहेगी। जनता दल और बसपा के नेताओं ने लक्ष्मी पार्वती धड़े को समर्थन दिया, जबकि वामपंथी पार्टियों ने नायडू धड़े को। आखिरकार मतदाताओं ने नायडू धड़े का साथ दिया और उसके सीटों का अनुपात बढ़कर 13 से 16 हो गया। लक्ष्मी पार्वती के मजबूत समझे जाने वाले धड़े के मुकाबले यह एक जबरदस्त जीत थी इसलिए इसका श्रेय चंद्रबाबू को मिला। इससे नायडू को पार्टी से एनटीआर का भूत उतारने और अपने दम पर चलने वाले नेता के रूप में उभरने में सहायता मिली। पार्वती धड़े को 10.6 फीसदी वोट मिले पर वह कोई सीट नहीं जीत पाया। पार्वती धड़े की बची-खुची पराजय 1998 के लोकसभा के चुनाव में पूरी हो गई। एनटीआर की सत्ता के बेदखली के समय जो थोड़े-बहुत नेता उनके साथ रह गए थे, उन्होंने या तो अपनी प्रतिबद्धता नायडू धड़े के साथ दिखाई या फिर वे किसी और पार्टी में शामिल हो गए।

नेतृत्व परिवर्तन और सांगठनिक फेरबदल से तेदेपा के सामाजिक आधार में कोई बदलाव नहीं हुआ। 1999 के लोकसभा चुनावों में आंध्र प्रदेश के मतदाताओं

की सामाजिक संरचना के विश्लेषण से पता चलता है कि तेदेपा ने उन सभी लोक-लुभावन हथकंडों को अपनाया जो एनटीआर के जमाने में पार्टी अपनाया करती थी। उसे युवाओं, कम पढ़े-लिखे तबकों और महिलाओं का भारी समर्थन मिला। तेदेपा और कांग्रेस के मतदाताओं के अध्ययन से परस्पर विरोधी नतीजे उभरकर सामने आते हैं। यदि आर्थिक और शैक्षणिक सामाजिक समूहों के हिसाब से देखा जाए तो तेदेपा के मतों में भारी बढ़ोतरी हुई, जबकि कांग्रेस के मत घटे। यदि जातीय और सामुदायिक नजरिए से देखा जाए तो कांग्रेस की स्थिति ऊंची जातियों, दलितों और मुसलमानों में तुलनात्मक रूप से बेहतर रही, जबकि संख्या के हिसाब से बड़े पिछड़े वर्गों और अनुसूचित जनजातियों में तेदेपा का प्रदर्शन अच्छा रहा।

1994 के विधानसभा चुनावों में बुरी तरह मात खा चुकी कांग्रेस की स्थिति में 1999 के लोकसभा चुनावों में सुधार हुआ। हालांकि 1999 और 1998 के लोकसभा चुनावों में कांग्रेस और तेदेपा की स्थितियों में मामूली अंतर था। कांग्रेस और तेदेपा व उसकी सहयोगी पार्टियों को 1999 के चुनावों में मिले मतों का प्रतिशत 39.7 और 39.5 हो गया **(तालिका 1.4)**।

1998 के लोकसभा चुनावों की सबसे खास विशेषता थी भाजपा का उदय। केन्द्र में सत्तासीन होने के कारण इसकी उपस्थिति और कद में बढ़ोतरी होने के साथ-साथ राज्य में एक नई राजनीतिक शक्ति के तौर पर इसकी पहचान बनी। पार्वती धड़े के साथ इसका चुनावी तालमेल था और इस तालमेल के कारण भाजपा को ज्यादा फायदा हुआ। चुनाव में भाजपा को चार सीटें मिलीं, जिनमें से दो पहले तेदेपा के कब्जे में थीं और दो कांग्रेस के। 1998 के लोकसभा चुनावों में 1.5 प्रतिशत मतों से शुरू हुई भाजपा 1998 के चुनावों में 18.3 प्रतिशत मत पाकर एक सम्मानजनक स्थिति में आ गई।

एक प्रमुख राजनीतिक शक्ति के तौर पर भाजपा के हस्तक्षेप के कारण मतदान की सामाजिक संरचना में भी कुछ बदलाव हुआ। आंध्र में सामाजिक और आर्थिक रूप से सम्पन्न मतदाताओं का झुकाव भाजपा की तरफ दिखा। गौरतलब है कि भाजपा के पारंपरिक समर्थकों की संरचना भी यही है। उसे पुरुषों, अधिक पढ़े-लिखे उच्चवर्गीय तथा उच्च जाति के मतदाताओं के वोट अपने औसत से अधिक मिले। लिहाजा 1998 के चुनावों में कांग्रेस और भाजपा, दोनों के समर्थक मतदाताओं की संरचना प्रभावित हुई। दोनों ही पार्टियां वंचितों और उपेक्षितों की पार्टियों के तौर पर उभकर सामने आईं। लेकिन यदि गौर करें तो पता चलता है कि गरीब, कम पढ़े-लिखों और महिलाओं ने भी तेदेपा को ही ज्यादा पसंद किया। 1998 की तुलना में अनुसूचित जनजाति वर्ग के मतदाताओं में तेदेपा का आधार घटा लेकिन मुसलमानों में उसके समर्थन में बढ़ोतरी हुई।

1996 और 1998 के लोकसभा चुनावों से सबसे महत्त्वपूर्ण नतीजा उभरकर

यह सामने आता है कि राज्य में एनटीआर के शासनकाल में तेदेपा के प्रमुख नेता रह चुके चंद्रबाबू नायडू ने सरकारी नीतियों के स्तर पर इस व्यापक बदलाव को कैसे अंजाम दिया। मुख्यमंत्री बनने से पहले तक उनके बारे में यही जाना जाता था कि वह पर्दे के पीछे से काम करने वाले एक बेहतर संगठनकर्ता हैं। नब्बे की शुरुआत में नायडू ने विकास की परस्पर विपरीत अवधारणाओं के बीच किसी तरह के विवाद पर अपनी राय व्यक्त नहीं की थी। उस समय कांग्रेस पार्टी ने नई आर्थिक नीति की शुरुआत की थी जबकि तेदेपा एनटीआर की लोक-लुभावनवादी नीतियों से चिपकी हुई थी। 1994 के चुनावों के बाद वे एनटीआर के मंत्रिमंडल में शामिल हुए और राजस्व और वित्त मंत्रालय संभाला। एनटीआर के लोक-लुभावनवादी कार्यक्रमों के साथ चलने वाले नायडू ने 1996 के लोकसभा चुनावों के बाद विकास के नए प्रतिमानों का साथ देना आरंभ किया। उन्होंने चुनाव परिणामों से खुश होकर ऐसा किया हो। शायद वित्तमंत्री के तौर पर अपने अनुभवों से उन्हें ऐसा लगा होगा कि व्यापक वित्तीय सुधारों की और सरकारी नीतियों की रूपरेखा में बदलाव की जरूरत है। उन्होंने यह भी महसूस किया होगा कि नए सोच को अपनाना ही हितकर होगा क्योंकि उन्हें भारत में आर्थिक सुधारों के बढ़ते प्रभाव और उसके सुदृढ़ीकरण का एहसास हो चुका था। अंतर्राष्ट्रीय वित्तीय संस्थाओं द्वारा ऋण देने के लिए लगाई जा रही शर्तों ने भी इस बदलाव में अहम भूमिका अदा की।

चंद्रबाबू नायडू को अब ऐसा लगने लगा कि राज्य में वित्तीय संकट पैदा होने की वजह एनटीआर द्वारा 'विकास' और 'कल्याण' के बीच संतुलन बना पाने की अक्षमता रही है तेदेपा सरकार ने श्वेत पत्रों की एक श्रृंखला जारी की, जिनका मकसद कल्याणकारी-परियोजनाओं के बोझ और वित्तीय हालत को खस्ता करती शराबबंदी पर बहस की शुरुआत करना था। इन श्वेत पत्रों के कारण राज्य की समस्याओं और भविष्य की योजनाओं पर होने वाले खर्चे में कटौती, सरकारी नियंत्रण पर रोक, सार्वजनिक क्षेत्रों का सफाया तथा विदेशी निजी पूंजी के स्वागत की सिफारिश तेदेपा की प्रमुख भावी योजनाओं में शामिल थी। लिहाजा सार्वजनिक वितरण द्वारा वितरित चावल के दामों में बढ़ोतरी की गई। कृषि क्षेत्र को दी जाने वाली बिजली की दरें बढ़ाई गईं। शराब पर लगी पाबंदी की समाप्ति हुई। यानी सरकार ने वे तीनों मुद्दे छोड़ दिए जिनके आधार पर वह सत्ता में आई थी।

अपनी नई समझदारी के मुताबिक तेदेपा सरकार ने जनवरी 1997 में जन्मभूमि कार्यक्रम (जनता केन्द्रित एक सहभागी विकास कार्यक्रम) की शुरुआत की। आत्मनिर्भरता गांव और व्यापक ग्रामीण विकास इसका घोषित लक्ष्य था। इस कार्यक्रम के तहत सहभागी विकास पर जोर दिया गया था। इसका उद्देश्य सरकार पर जनता की निर्भरता की प्रवृत्ति को बदलना था ताकि वह अपनी सहायता स्वयं कर सके। कार्यक्रम का उद्देश्य यह भी था कि जनता केवल निष्क्रिय लाभभोगी ही

न बनी रहे, बल्कि विकास कार्यक्रमों में भी उसकी सहभागिता हो तथा सरकार प्रदानकर्ता और नियंत्रण के बजाय सुलभ कराने वाले और सरलीकरण करने वाले की भूमिका अदा करे। 'विजन 2002' नामक दस्तावेज के माध्यम से मुख्यमंत्री ने जनता से अपील की कि वह विकास और संवृद्धि के नए मानदंडों को समझे और अपना नजरिया बदले। वे सरकार की भूमिका में बदलाव लाना चाहते थे। उनका विचार था कि सरकार की भूमिका प्राथमिक रूप से अर्थव्यवस्था पर नियंत्रण करना और कल्याणकारी योजनाओं में फंसना न होकर निजी क्षेत्र गतिविधियों, व्यापार और निवेश के अनुरूप माहौल तैयार करने की होनी चाहिए। (आंध्र प्रदेश सरकार, 1999) नायडू इसी हिसाब से सरकार की भूमिका में बदलाव भी लाना चाहते थे।

चंद्रबाबू अपने प्रयासों के प्रति गंभीर थे। उनके प्रयासों का कोई विकल्प भी उभर कर सामने नहीं आया। 1999 के लोकसभा और विधानसभा चुनाव आने तक तो क्षेत्रीय और राष्ट्रीय मीडिया ने उन्हें 'गतिशील सुधारक', 'आदर्श मुख्यमंत्री', 'हाई-टेक मुख्यमंत्री' और पता नहीं क्या-क्या नाम दे डाला। चंद्रबाबू ने मतदाताओं से अपील की कि वे विकास, स्थायित्व तथा अच्छी सरकार देने वाली तेदेपा को चुनें या फिर उस कांग्रेस को जो निष्क्रियता, अव्यवस्था और अतीतोन्मुख विचारों के लिए जानी जाती है। उन्होंने चुनाव में अच्छी सरकार देने का वादा तो किया ही, साथ ही राजनीति में 'प्रोफेशनलिज्म' लाने तथा सार्वजनिक जीवन से भ्रष्टाचार और आपराधिक तत्त्वों के सफाए की बात भी की। उन्होंने बुद्धिजीवियों, व्यापारियों तथा कलाकारों से अपील की कि वे राजनीति में सक्रिय रुचि लें और ऐसे लोगों को तेदेपा में शामिल करने के लिए उन्होंने खुली बैठकों का आयोजन भी किया।

चूंकि आर्थिक सुधारों को संस्थाबद्ध आधार देने से संबंधित कांग्रेस और तेदेपा की समझदारी कमोबेश एक जैसी ही थी, इसलिए कांग्रेस कोई वैकल्पिक रूपरेखा पेश कर पाने में नाकाम रही। नायडू ने यह भी कहा कि वे तो पूर्व वित्तमंत्री मनमोहन सिंह की नीतियों का ही अनुसरण कर रहे हैं जिन्होंने 1991 में नई आर्थिक नीति की शुरुआत की थी। उन्होंने कहा कि अन्य राज्यों में कांग्रेसी सरकारें भी इसी रास्ते पर चल रही हैं। वामपंथी पार्टियां, खासकर माकपा ने तेदेपा सरकार की नई नीतियों पर जमकर प्रहार करना शुरू किया। उसका मुख्य आरोप यह था कि नायडू विश्व बैंक के निर्देशों के समक्ष घुटने टेक कर राज्य के विकास और जन-कल्याण को भारी नुकसान पहुंचा रहे हैं। उलटकर वार करते हुए चंद्रबाबू ने कहा कि यूरोपीय देशों में समाजवाद के पतन के बाद अब 'वाद' शब्द के लिए कोई स्थान नहीं रह गया है और जहां तक साम्यवाद की बात है, वह तो अब मर चुका है।

चंद्रबाबू एक चतुर राजनेता साबित हुए। उन्होंने महसूस किया कि उच्च वर्ग में उनकी लोकप्रियता बढ़ने से अगला चुनाव जीतने के लिए उन्हें पर्याप्त वोट नहीं मिल पाएंगे। उन्हें अच्छी तरह मालूम था कि आर्थिक सुधारों के लिए नरसिंह राव

और मनमोहन सिंह की सराहना होने के बावजूद पिछली बार राज्य में मतदाताओं ने कांग्रेस का साथ नहीं दिया। उनको तुरंत यह एहसास हुआ कि लोकतांत्रिक राजनीति में अपना अस्तित्व बचाए रखने के लिए परिणामवाद के साथ-साथ कल्याणकारी नीतियों का होना भी जरूरी है। 1999 के चुनावों से कुछ महीने पहले उन्होंने योजनाओं की ऐसी झड़ी लगाई कि एनटीआर काल की लोक-लुभावनवादी योजनाएं भी पीछे रह गईं। उन्होंने दलितों, जनजातियों, काश्तकारों, गरीबों, विकलांगों, अल्पसंख्यकों, बुजुर्गों सहित समाज के सभी तबकों के लिए योजनाओं की घोषणाएं कीं। इस प्रकार चंद्रबाबू को भी लोक-लुभावनवादी कहा जा सकता है, एक सतर्क लोक-लुभावनवादी। उन्होंने महिलाओं का समर्थन जुटाने पर विशेष ध्यान दिया क्योंकि उन्हें इस बात का डर था कि शराबबंदी हटाने के कारण महिलाओं में पैदा होने वाली किसी भी तरह की नाराजगी उनके चुनावी भविष्य के लिए खतरा बन सकती है।

यह कह पाना तो बहुत मुश्किल है कि इन योजनाओं से कितने लोगों को सचमुच फायदा हुआ होगा, लेकिन यह तो तय है कि उनका प्रचार अच्छी तरह हुआ। अब तक कल्याणकारी योजनाओं को खारिज करने के लिए तेदेपा की आलोचना करने वाली कांग्रेस और वामपंथी पार्टियां तो इन परियोजनाओं की बाढ़ में बह गईं। दूसरी तरफ अभिजनों के लिए यह समझना मुश्किल नहीं था कि चुनावी मजबूरियों के कारण चंद्रबाबू ने यह तिकड़म खेली है, अन्यथा लोक-लुभावनवाद तथा जन-कल्याण का दावा करके उन्हें दोतरफा वोट मिल जाएंगे। नायडू द्वारा बिछाए गए इस जाल से बचने के लिए कांग्रेस ने आनन-फानन में सत्ता में आने के बाद कृषि क्षेत्र को मुफ्त बिजली आपूर्ति करने की घोषणा कर डाली। तेलंगाना में इस घोषणा का कुछ प्रभाव पड़ सकता था, जहां बड़ी संख्या में किसान सिंचाई के लिए बिजली पर निर्भर हैं, परंतु तब तक काफी देर हो चुकी थी।

1999 का चुनाव तेदेपा के लिए कई कारणों से महत्त्वपूर्ण था : (1) वह पहली बार अपने संस्थापक नेता एनटीआर की गैरमौजूदगी में जनमत मांग रही थी, (2) चंद्रबाबू पहली बार अपने दम पर सरकार बनाने के लिए मतदाताओं से वोट मांगने निकले थे और यह तेदेपा नेतृत्व के लिए बड़ा महत्त्वपूर्ण था, (3) चंद्रबाबू की नई राजनीतिक शैली और आर्थिक नीतियों की स्वीकार्यता और अस्वीकार्यता की जांच के लिए भी यह चुनाव महत्त्वपूर्ण माना जा रहा था तथा (4) राजनीतिक पार्टियों के बीच नए गठजोड़ बने थे और उससे चुनाव परिणाम प्रभावित हो सकते थे। तेदेपा और वामपंथी पार्टियां एक दूसरे से अलग हो गई थीं, जबकि भाजपा तेदेपा के साथ आ गई थी।

तेदेपा और भाजपा गठबंधन ने सीटों के लिहाज से अच्छी जीत दर्ज की। 42 लोकसभा सीटों में 34 सीटों पर चुनाव लड़कर तेदेपा 29 सीटें जीतने में कामयाब

रही, जबकि 8 सीटों पर लड़कर भाजपा 7 सीटें जीतने में कामयाब रही। भारत में चुनावी इतिहास में ऐसा दुर्भाग्यपूर्ण परिणाम पहली बार देखने को मिला जब लोकसभा चुनावों में तेदेपा (39.9 प्रतिशत) से ज्यादा वोट प्राप्त करने के बावजूद कांग्रेस (42.8 प्रतिशत) को केवल पांच सीटें ही मिलीं। राज्य के गठन के बाद यह कांग्रेस का अब तक का सबसे खराब प्रदर्शन था **(तालिका 1.5)**। विधानसभा की जिन 293 सीटों के लिए चुनाव हुए थे, तेदेपा ने उनमें से 269 सीटें लड़कर 179 सीटों पर जीत दर्ज की। क्षेत्रवार भी उसका चुनावी प्रदर्शन अच्छा रहा। तीनों ही क्षेत्रों में उसे ज्यादातर सीटों पर कामयाबी मिली। तटीय आंध्र प्रदेश में 134 में से 102, रायलसीमा में 53 में से 32 तथा तेलंगाना में 106 में से 58 सीटें तेदेपा के खाते में गईं। भाजपा, जिसके भंग विधानसभा में केवल दो सदस्य थे उसे भी 12 सीटें मिलीं जबकि तेदेपा-भाजपा गठबंधन के अन्तर्गत उसे केवल 24 सीटें आबंटित की गई थीं। कांग्रेस, जिसे 1998 के लोकसभा चुनावों में 157 विधानसभा सीटों पर बढ़त मिली थी, उसे केवल 91 सीटों से ही संतोष करना पड़ा। 1994 की तुलना में 1999 में कांग्रेस का प्रदर्शन बेहतर रहा। 1994 में जहां इसको 33.6 प्रतिशत वोट मिले थे, वहीं 1999 में 7 प्रतिशत बढ़कर वह 40.6 प्रतिशत हो गया। कांग्रेस और तेदेपा को मिले वोटों का अंतर केवल 10.56 लाख वोटों का था। लेकिन सीधे मुकाबले की स्थिति में कांग्रेस के लिए विधानसभा की ज्यादातर सीटें जीतने के लिए यह पर्याप्त नहीं था। इसलिए कांग्रेस और तेदेपा को मिले वोटों के आधार पर यह कहा जा सकता है कि तेदेपा की जीत उतनी नहीं थी जितनी कि बताई जाती है और न ही कांग्रेस की हार उतनी बुरी थी जितना कि पहली नजर में देखने पर लगता है। हालांकि हाल के चुनाव परिणामों को देखकर कहा जा सकता है कि तेदेपा की सत्ता में फिर वापसी सचमुच काबिल-ए-तारीफ है, क्योंकि आमतौर पर व्यवस्था-विरोधी मतों के आगे सत्ताधारी पार्टियों को घुटने टेकने पड़ते हैं। तेदेपा की जीत के लिए पहलू की गहराई से पड़ताल करने की जरूरत है।

इस चुनाव में तेदेपा-भाजपा की जीत का सबसे पहला महत्त्वपूर्ण कारण उनके बीच का गठबंधन रहा। 1998 के लोकसभा चुनावों में तेदेपा को 32 प्रतिशत वोट मिले थे और भाजपा को 18 प्रतिशत, जबकि दोनों ने अलग-अलग चुनाव लड़ा था। ऐसा माना जा रहा था कि भाजपा राज्य में तीसरी राजनीतिक शक्ति के तौर पर उभर रही है। उस चुनाव में भाजपा को चार सीटें मिली थीं, जबकि लोकसभा की 10 अन्य सीटों पर 15 प्रतिशत वोट लेकर वह दूसरे या तीसरे स्थान पर रही थी। भाजपा को तेलंगाना में 26 प्रतिशत वोट मिले थे, जबकि तेदेपा को मिले मतों का प्रतिशत केवल 23.6 था। शहरी क्षेत्रों में भाजपा को मिले मत ज्यादा आश्चर्यजनक नहीं हैं लेकिन पूर्वी गोदावरी जिले में उसको मिली दो सीटों की जीत तथा पश्चिमी गोदावरी, कृष्णा, गुंटूर, प्रकाशम् तथा

नेलौर जैसे तटीय जिलों में मिले अच्छे-खासे वोटों की उम्मीद तो कांग्रेस और तेदेपा को भी नहीं थी। तेदेपा नेता इस बात को लेकर दु:खी थे कि ग्रामीण क्षेत्रों में किसान और युवा, खासकर कापू तथा अन्य पिछड़ी जातियां बड़े अजीबोगरीब तरीके से पाला बदलकर भाजपा की तरफ जा रही हैं।

1998 के चुनावों तक 'तीसरे मोर्चे' के गठन में निर्णायक भूमिका निभाने वाली तेदेपा ने चुनावों के तत्काल बाद बड़ी तेजी के साथ पाला बदला और केन्द्र में वाजपेयी सरकार का समर्थन करने लगी। निश्चित रूप से इस बदलाव के दो कारण थे : पहला, तेदेपा नहीं चाहती थी कि केन्द्र में कांग्रेस की सरकार बने, क्योंकि राज्य में तेदेपा का अस्तित्व ही कांग्रेस के विरोध पर टिका हुआ है। यदि केन्द्र में कांग्रेस की सरकार बनती तो वह तेदेपा सरकार के लिए खतरा पैदा हो सकता था और राज्य में कांग्रेस की स्थिति में मजबूती आती। दूसरा, वाजपेयी सरकार को समर्थन देना राज्य में भाजपा का विकास रोकने की एक चतुर राजनीतिक चाल थी, क्योंकि केन्द्र से तेदेपा समर्थन के कारण भाजपा ज्यादा कुछ इधर-उधर करती भी नहीं और अपने अस्तित्व को ध्यान में रखकर तेदेपा के साथ वह एक दोस्ताना रिश्ता भी बनाए रखती। वामपंथी पार्टियों से नाता तोड़ना तेदेपा के लिए इसलिए भी जरूरी हो गया था क्योंकि आर्थिक सुधारों के प्रति वामपंथियों का रुख आलोचनात्मक था। 1999 के चुनावों में सफलता के लिहाज से भाजपा के साथ रिश्ता बनाने में उसे फायदा था। वैसे भी भाजपा राष्ट्रीय स्तर पर एक राजनीतिक शक्ति के रूप में उभर रही थी। वामपंथी पार्टियों के आपसी विभाजन (1998 के चुनावों में वामपंथी पार्टियों को संयुक्त रूप से 5.5 प्रतिशत वोट मिले थे) और तेदेपा में हुई टूट (जब हरिकृष्ण ने एन.टी.आर. को सत्ता से बेदखल करने में महत्त्वपूर्ण भूमिका निभाई थी और शायद खुद मुख्यमंत्री बनने की चाह में 'अन्ना तेदेपा' नामक अपनी अलग पार्टी का गठन भी किया था) के कारण तेदेपा को जितना नुकसान हुआ था उससे कहीं ज्यादा की भरपाई उसे भाजपा के साथ मिलकर चुनाव लड़ने से हुई।

जाहिर है भाजपा की अपनी अलग रणनीति थी। केन्द्र में सरकार बनाना उसकी प्राथमिकता थी क्योंकि उसे पता था कि राज्य में अपने दम पर सरकार बनाने की अभी कोई गुंजाइश नहीं है। लोकसभा की पार्टी के लिए एक-एक सीट की जीत तथा सहयोगियों से जुटाई गई एक-एक सीट बहुत महत्त्वपूर्ण है। लिहाजा भाजपा ने विधानसभा में ज्यादा सीटें जीतने के बजाय लोकसभा में ज्यादा-से-ज्यादा सीटें लाने पर अपना ध्यान केन्द्रित किया। दूसरी तरफ नायडू की प्राथमिकता थी चुनाव जीतना और उन्हें यह मालूम था कि यह काम वह अपने दम पर नहीं कर सकते। उन्होंने भाजपा के केन्द्रीय नेतृत्व से कुछ मांगें मनवाईं क्योंकि उन्हें पता था कि लोकसभा का चुनाव जीतने के लिए भाजपा को तेदेपा का समर्थन जरूरी है। इस प्रकार से बने गठजोड़ के कारण भाजपा और तेदेपा, दोनों के लिए जीत के अनुकूल

माहौल तैयार हुआ। दूसरे शब्दों में यह कहा जा सकता है कि एक-दूसरे की पूरक प्राथमिकताओं तथा परिणामवादी खयालों के कारण वह गठबंधन संभव हो सका। मतदान के रुझानों पर ध्यान देने से कई दिलचस्प पहलू नजर आते हैं। ब्राह्मण और वैश्य मतदाता लम्बे समय से कांग्रेस के समर्थक रहे हैं। लेकिन जिस तरह से देश भर में ऊंची जातियों का झुकाव भाजपा की तरफ हुआ, उसी तरह राज्य में भी ऐसे सामाजिक समूहों में भाजपा का समर्थन बढ़ा। भाजपा के साथ तालमेल करने से तेदेपा के वोटों के सामाजिक आधार में भी बदलाव हुआ। 1999 के चुनावों में तेदेपा-भाजपा गठबंधन को राज्य की 64 प्रतिशत ऊंची जातियों का वोट मिला। कापू जाति और पिछड़ी जातियों के अगड़े समुदायों के वोट भी इस गठबंधन को ज्यादा मिले। तेदेपा को मुस्लिम वोट कम मिले। 1998 में जहां 46 प्रतिशत मुसलमानों के शैक्षणिक एवं वर्गीय स्वरूप में खासा बदलाव दखा गया। रेड्डी और दलितों के बीच कांग्रेस को अच्छा-खासा समर्थन मिला, जबकि अन्य पिछड़ी जातियों के निचले तबकों में इसे सामान्य समर्थन मिला। विकासशील समाज अध्ययन पीठ के आंकड़ों के मुताबिक 1999 के चुनावों में तेदेपा की तुलना में कांग्रेस को मध्यम वर्ग के ज्यादा वोट मिले **(तालिका 1.6)**। आर्थिक सुधारों के आलोचक कहते रहे कि नई-आर्थिक नीतियां मध्यम वर्ग के समर्थन पर टिकी हैं। इस वर्ग को लग रहा है कि इन नीतियों से उसके लिए रोजगार के नए अवसर पैदा होंगे और उन्हें उपभोक्ता वस्तुओं की प्राप्ति होगी। इसी सोच के आधार पर तो मध्यम वर्ग द्वारा कांग्रेस की तुलना में तेदेपा को अच्छी-खासी संख्या में वोट मिलने चाहिए थे, परंतु मतदान के रुझान को देखकर ऐसा नहीं लगता। यह भी दिलचस्प है कि अत्यंत गरीब तबके में भी कांग्रेस की तुलना में तेदेपा को अच्छा-खासा समर्थन मिला। 1996 तथा 1998 के लोकसभा चुनावों में भी ऐसी ही स्थिति देखने को मिली थी।

1998 के लोकसभा चुनावों से तुलना करने पर पता चलता है कि 1999 में भी तेदेपा-भाजपा गठबंधन को लगभग उतने ही वोट मिले। 1998 में तेदेपा और भाजपा को संयुक्त रूप से 50.3 प्रतिशत वोट मिले थे, जबकि 1998 में यह प्रतिशत 49.8 रहा। इसका मतलब यह हुआ कि यदि भाजपा अकेले चुनाव में लड़ती और 1998 के चुनावों में उसे जितने वोट मिले थे उसके आधे वोट भी मिल जाते तो तेदेपा की स्थिति बहुत खराब हो जाती। शुरुआत में जब लोकसभा और विधानसभा चुनाव एक साथ कराने की घोषणा हुई तो तेदेपा नेतृत्व दुःखी हो गया था। जब 1998 में ऐसा हुआ था तो उसे दोनों स्तरों पर बुरी तरह हारना पड़ा था। कांग्रेस खेमे के अन्दर उत्साह और सोनिया गांधी के प्रचार से पैदा हुए जोश को देखकर तेदेपा सहम गई थी कि कहीं फिर से इस बार भी 1989 वाली स्थिति का दोहराव न हो जाए। बहरहाल, वैसी स्थिति नहीं आई और दोनों ही स्तरों पर तेदेपा का प्रदर्शन अच्छा रहा। ऊंची जातियों में सोनिया विरोध, भाजपा सरकार को गिराने के बाद

कांग्रेस द्वारा सरकार गठन न कर पाने तथा वाजपेयी के महिमामंडित व्यक्तित्व जैसे भाजपा समर्थित कारकों से तेदेपा को भी फायदा हुआ।

भाजपा के साथ बना संगठन तेदेपा के लिए भी उतना ही महत्त्वपूर्ण रहा जितना कि भाजपा के लिए। गठबंधन के कारण तेदेपा सरकार की खामियों को छुपाने तथा कुछ भाजपा समर्थित समूहों में तेदेपा के प्रति व्याप्त नाराजगी कम करने में सहायता मिली। अफसरी, शैक्षणिक जगत, इलेक्ट्रॉनिक तथा प्रिंट मीडिया एवं विभिन्न पेशे में काफी बड़ी तादाद में मौजूद ऊंची जाति के अभिजनों ने गठबंधन के प्रति जनमत तैयार करने में महत्त्वपूर्ण भूमिका अदा की। 1989 के चुनावों में इन तबकों के एक हिस्से ने तेदेपा विरोधी माहौल तैयार करने में खासी भूमिका निभाई थी। लेकिन इस बार भाजपा के साथ गठजोड़, चंद्रबाबू के प्रबंधकीय दृष्टिकोण और उनकी नीतियों ने मिलकर चुनावी स्थिति ही बदल डाली। तेदेपा-भाजपा गठबंधन के पक्ष में मीडिया द्वारा किए गए प्रचार से भी चंद्रबाबू की एक सकारात्मक छवि बनी तथा उनकी नीतियों को समर्थन मिला। लिहाजा तेदेपा विरोधी माहौल टूटा और एक सकारात्मक माहौल तैयार हुआ।

नायडू के शासनकाल में ही आंध्र प्रदेश में महिलाओं का एक स्वायत्त संगठन बना। निश्चित रूप से यह एक महत्त्वपूर्ण राजनीतिक परिघटना थी। इसके कारण दलितों के बीच तेदेपा का आधार बढ़ा। कृष्णा नामक एक नौजवान के नेतृत्व में मादिगा रिजर्वेशन पोराटा समिति (एमआरपीएस) के बैनर तले अनुसूचित जातियों को मिलने वाले आरक्षण के वर्गीकरण के लिए आंदोलन चला। समिति की राय थी कि ऐसा हो जाने से शिक्षा, रोजगार और अन्य सरकारी सुविधाओं में मादिगाओं को उनका समुचित हिस्सा मिल पाएगा। 1998 के लोकसभा चुनावों में एमआरपीएस के नेतृत्व ने तेलुगूदेशम का समर्थन किया जबकि महिलाओं का प्रतिनिधित्व करने वाले संगठन ने कांग्रेस का। अध्ययन पीठ के आंकड़ों के मुताबिक अनुसूचित जाति के एक तिहाई मतदाताओं ने तेदेपा-भाजपा गठबंधन के पक्ष में मतदान किया जबकि 63 प्रतिशत ने कांग्रेस के पक्ष में **(तालिका 1.7)**।

चुनाव परिणामों पर प्रतिक्रिया व्यक्त करते हुए चंद्रबाबू ने कहा था कि तेदेपा इसलिए सफल हुई क्योंकि महिलाओं ने बड़ी संख्या में पार्टी के लिए मतदान किया। अध्ययन पीठ के आंकड़ों के मुताबिक 47.1 प्रतिशत महिला मतदाताओं ने तेदेपा-भाजप्रा गठजोड़ के पक्ष में मतदान किया, जबकि 41.7 ने कांग्रेस के पक्ष में। महिलाओं के वोट हमेशा से कांग्रेस की तुलना में तेदेपा को ज्यादा मिले हैं। 1998 में कांग्रेस को महिलाओं के 42.9 प्रतिशत वोट मिले थे और तेदेपा को 50.3 प्रतिशत, जबकि 1999 में कांग्रेस और तेदेपा को मिले मतों का प्रतिशत क्रमशः 42.5 और 45.7 प्रतिशत था। गौरतलब है कि शराबबंदी हटाने से महिलाओं में एक हद तक तेदेपा के प्रति जो अलगाव पैदा हुआ उसको नायडू ने महिला-कल्याण की

परियोजनाएं चला कर दूर कर लिया था। लिहाजा तेदेपा के प्रति महिलाओं का समर्थन बढ़ा जो 1996 के चुनावों में पार्टी को मिले महिलाओं के समर्थन स्तर के लगभग बराबर था।

चुनाव के पूर्व तेदेपा सरकार द्वारा शुरू की गई कल्याणकारी योजनाओं का असर मतदाताओं के कुछ तबकों पर जरूर पड़ा। चुनाव सर्वेक्षणों से पता चलता है कि दीर्घकालीन मुद्दों तथा बड़े-बड़े राष्ट्रीय मसलों के बजाय स्थानीय समस्याओं की रुचि ज्यादा होती है।

चंद्रबाबू नायडू के व्यक्तित्व और उनकी नेतृत्व शैली की कुछ खूबियां भी पार्टी के लिए फायदेमंद साबित हुईं। पुरानी पीढ़ी के राजनेताओं से अलग नायडू नए तरह के राजनेताओं का प्रतिनिधित्व करते हैं। वे एक शिक्षित, बुद्धिमान, युवा और मेहनती हैं। हालांकि न तो उनमें एनटीआर जैसा करिश्मा है और न ही वे प्रभावशाली वक्ता हैं। फिर भी अपनी तेज-तर्रार नियोजन क्षमता, विलक्षण स्मरण शक्ति, प्रबंधन शैली तथा कठिन परिश्रम के बल पर वे इन कमियों की भरपाई कर लेते हैं। हमेशा उन्हें एक ऐसे नेता के रूप में पेश किया जाता है जो घोर मेहनती है, जिलों का दौरा करता है तथा लोगों से मिलता-जुलता है। वे सरकार की वित्तीय स्थिति और कल्याण योजनाओं की समस्याओं पर सार्वजनिक चर्चा करते थे, जन्मभूमि कार्यक्रमों में भागीदारी करते थे, सरकारी दफ्तरों का औचक निरीक्षण करते थे। वे 'मुख्यमंत्री के साथ आमना-सामना' कार्यक्रम के तहत हरेक सप्ताह दूरदर्शन पर आते थे। उन्होंने सभी जगहों पर अपनी उपस्थिति बनाए रखी। स्थानीय बैठकों में उन्होंने सवालों और आलोचनाओं का जवाब देते समय पूरी दृढ़ता और विश्वास का परिचय दिया। वे सीधे-सीधे जनता के साथ संवाद स्थापित करना चाहते थे ताकि यह पता चले कि सत्ता में बने रहने के लिए वे सरकार या पार्टी की संरचनाओं के बजाय जनता पर ज्यादा भरोसा करते हैं। इसके लिए वे इलेक्ट्रॉनिक उपकरणों और सूचना प्रौद्योगिकी का इस्तेमाल करते थे।

कुछ लोगों का यह भी मानना था कि कांग्रेस द्वारा चंद्रबाबू को निशाना बनाकर उन पर किए गए निजी हमलों और नकारात्मक प्रचार स्वयं कांग्रेस के लिए ही नुकसानदायक साबित हुआ। चंद्रबाबू द्वारा अच्छा शासन देने की बात को ढोंग कहकर कांग्रेस ने उनका मजाक उड़ाया। लेकिन उन्हें निशाना बनाकर विपक्ष द्वारा की गई उनकी मौखिक आलोचना ने दरअसल उन्हें राज्य में एक महत्त्वपूर्ण राजनीतिक हस्ती बना दिया।

एनटीआर के विपरीत चंद्रबाबू ने पार्टी मशीनरी के विकास के महत्त्व को समझा और भीतरी स्तरों पर पार्टी के ढांचों की देखभाल पर ध्यान दिया। अपने सांगठनिक कौशल के लिए विख्यात चंद्रबाबू ने निचले स्तरों पर पार्टी के कार्यों का निरीक्षण किया। पार्टी संगठन को चलाने में उन्हें कुछ खास महारत हासिल है। यह

कला कांग्रेस के पास नहीं है। तेदेपा में उनकी हैसियत सर्वेसर्वा की है, जबकि राज्य कांग्रेस कई खेमों में बंटी हुई है। विभिन्न खेमों के बीच उठापटक होती रहती है।

लेकिन चुनाव के बाद एक महत्त्वपूर्ण मुद्दा अलग तेलंगाना राज्य की मांगउ भर कर सामने आया। भाजपा के नेतृत्व वाली केन्द्र सरकार द्वारा तीन राज्यों के गठन के बाद विभिन्न पार्टियों ने राजनीतिक फायदे के लिए अलग राज्य की मांग में एक बार फिर जान फूंक दी। 1997 में पहली बार भाजपा द्वारा तेलंगाना क्षेत्र के लिए अलग राज्य की मांग के साथ इसकी शुरुआत हुई थी। 1998 के लोकसभा चुनाव में अपने प्रचार अभियान के दौरान भाजपा ने नारा दिया था, 'एक वोट दो, दो राज्य लो'। उस चुनाव में भाजपा के जबरदस्त प्रदर्शन, खासकर तेलंगाना क्षेत्र से मिले समर्थन से तेदेपा और कांग्रेस, दोनों के कान खड़े हो गए। लेकिन केन्द्र में स्थित भाजपा सरकार को तेदेपा द्वारा समर्थन ने राज्य के बंटवारे के उस प्रचार को एक तरह से ढंक दिया।

इस बीच तेलंगाना क्षेत्र के एक तेदेपा नेता तथा विधानसभा के उपाध्यक्ष सी. चंद्रशेखर राव ने अप्रैल 2001 में पार्टी छोड़ दी और तेलंगाना राज्य समिति (टीआरएस) नामक अपनी अलग पार्टी का गठन किया। इससे पहले वे तेदेपा मंत्रिमंडल में एक महत्त्वपूर्ण मंत्री थे, लेकिन 1999 के चुनावों के बाद वेलमा समुदाय (सी. चंद्रशेखर राव भी वेलमा समुदाय से आते हैं) के ही एक नए नेता विजय रामाराव को मंत्री बनाने के लिए उन्हें मंत्रिमंडल में शामिल नहीं किया गया। हालांकि इससे पहले वे अलग तेलंगाना राज्य की वकालत के लिए नहीं जाने जाते थे, लेकिन असल में टीआरएस का गठन होने के बाद ही इस मांग ने जोर पकड़ा।

कुछ कांग्रेसी नेता 1969-70 में अलग तेलंगाना राज्य के लिए आंदोलन करने का श्रेय लेते हैं। उन्हें लगा कि भाजपा उनके मुद्दे को हड़प रही है। वे इस बात से भी आशंकित थे कि अचानक तेलंगाना का मसला उछालकर टीआरएस हीरो बन सकती है और चुनावी फायदे भी बटोर सकती है। लिहाजा वे भी अलग राज्य की मांग की दौड़ में शामिल हो गए। कांग्रेसी नेताओं ने कहा कि केवल वे लोग ही अलग तेलंगाना राज्य दिलवा सकते हैं और उन्होंने भरोसा दिलाया कि वे ही अलग तेलंगाना राज्य के असली वारिस हैं। तेलंगाना क्षेत्र से आने वाले पार्टी के विधायकों ने अभियान के संचालन के लिए 'तेलंगाना कांग्रेस लेजिस्लेचर्स फोरम' (टीसीएलएफ) का गठन किया। 1999 के विधानसभा चुनावों में भाजपा के साथ मिलकर लड़ने के कारण तेदेपा को जो कामयाबी मिली, उससे कांग्रेसी नेताओं को यह एहसास हो गया कि चुनावों में तेदेपा को हराने के लिए कुछ भावनात्मक मुद्दों का होना बेहद जरूरी है।

चूंकि भाजपा के केन्द्रीय और राज्य नेतृत्व ने अलग तेलंगाना राज्य के गठन की मांग के प्रति अपनी असमर्थता जाहिर कर दी थी इसलिए पार्टी के कुछ नेताओं में असंतोष पैदा हुआ। खासकर मेडक के सांसद नरेन्द्र तो इतने असंतुष्ट हुए कि

उन्होंने 'तेलंगाना साधना समिति' (टीएसएस) नामक एक अलग संगठन का निर्माण कर लिया। इसका मकसद अलग राज्य के गठन के लिए संघर्ष करना था। लेकिन बाद में टीआरएस में टीएसएस का विलय हो गया। हालांकि टीआरएस और कांग्रेस के नेताओं का कहना है कि एक के बाद एक सभी सरकारों ने तेलंगाना को नजरअंदाज किया है, इसलिए इसके विकास के लिए अलग राज्य का गठन जरूरी है। लेकिन इन दोनों की दलीलों में अंतर है। टीआरएस के नेताओं का कहना है कि अलग तेलंगाना राज्य के गठन का मतलब यह नहीं है कि ऊंची जातियों के नेताओं का वर्चस्व बना रहे। उनका मानना है कि अलग राज्य में पिछड़े वर्गों को बेहतर अवसर मिलना चाहिए, खासकर राजनीतिक शक्ति और प्रशासनिक मशीनरी के मामलों में।

2001 के पंचायत चुनावों में टीएसआर और टीसीएलएफ ने तेलंगाना के मुद्दे पर अपना प्रचार किया। टीसीएलएफ ने तो बाकायदा तेलंगाना के मानचित्र के साथ कांग्रेस पार्टी का प्रचार किया। टीआरएस नेतृत्व ने भी अपने प्रचार अभियान के दौरान यह कहा कि किसी भी कीमत पर वह तेलंगाना राज्य लेकर रहेंगे। निजामाबाद और करीमनगर में तो टीआरएस तेदेपा पर छा गई और मेडक तथा वारंगल में अच्छी-खासी संख्या में उसके प्रतिनिधि जिला परिषद के लिए चुने गए। यही कारण है कि तेलंगाना क्षेत्र के ज्यादातर जिलों में किसी भी पार्टी को बहुमत नहीं मिला। हालांकि पंचायत चुनावों से यह स्पष्ट हो गया कि टीआरएस को उतना समर्थन प्राप्त नहीं है जितना कि वह दावा करती थी। अलग राज्य के गठन की मांग के अभियान के दौरान टीआरएस द्वारा इस क्षेत्र के पिछड़ेपन का सवाल उठाने के बावजूद आदिलाबाद और महबूबनगर जिले में उसका कोई खास असर नहीं पड़ा।

तेलंगाना मुद्दे पर तेदेपा का नजरिया बहुत स्पष्ट था और चंद्रबाबू को लगता था कि इसका स्पष्ट विरोध करके वे राज्य के बाकी हिस्सों में समर्थन बढ़ा लेंगे। पर उन्हें इससे भी ज्यादा भरोसा अपनी नई छवि और मीडिया तथा देश-विदेश के एक खास जमात से मिलने वाली वाहवाही पर था। मीडिया और भूमंडलीकरण-उदारीकरण के समर्थक जमात के लिए चंद्रबाबू न सिर्फ दुलारे बन गए थे बल्कि वे उनका प्रतीक पुरुष हो गए थे या वे खुद को ऐसा समझने लगे थे। उन्हें खुद को मुख्यमंत्री की जगह मुख्य कार्य अधिकारी (सीईओ) कहलाना ज्यादा पसंद आने लगा था। वे सरकार की भूमिका को भी बदलना चाहते थे। वे बाजारोन्मुख नीतियों और फैसलों को हर मर्ज की दवा मानने लगे थे और यह कहना शुरू कर दिया था कि अब सारे 'वादों' का दौर समाप्त हो गया है। उन्हें राज्य का उद्धारक ही नहीं मुल्क में नई आर्थिक नीतियों के लिए उदाहरण के तौर पर भी पेश किया जाने लगा था। उन्होंने तेदेपा को वामपंथी रुझान देने वाली कम्युनिस्ट पार्टियों का साथ छोड़ा ही नहीं था, उनका मजाक उड़ाना भी शुरू कर दिया था।

दूसरी ओर राज्य कांग्रेस ने उनकी आर्थिक नीतियों पर जम कर हमले करने और उससे पैदा नाराजगी को गोलबंद करने का अभियान छेड़ दिया। यह सच्चाई थी कि कल्याणकारी और लोकलुभावन कार्यक्रम छोड़ने से गरीब परेशान होने लगे थे तथा उदार आर्थिक नीतियों की मार किसानों पर बहुत बुरी पड़ने लगी। कई जिलों के हजारों किसानों ने आत्महत्या की थी। विपक्ष के नेता वाई. एस. राजशेखर रेड्डी ने न सिर्फ विधानसभा में बल्कि सड़कों पर उतर कर इन नीतियों के खिलाफ लोगों को एकजुट करना शुरू किया। उन्होंने मई 2003 में राज्य में 1500 किलोमीटर लंबी पदयात्रा की और चंद्रबाबू को विश्व बैंक एजेंट घोषित किया। उन्होंने अंतर्राष्ट्रीय एजेंसियों से लिए गए विशाल कर्जों का जिक्र किया और कहा कि इनको अनुत्पादक कामों और तेदेपा नेताओं के लाभ के लिए इस्तेमाल किया गया है और यह पदयात्रा जबरदस्त सफल रही। सीएसडीएस चुनाव-बाद सर्वेक्षण में यह बात स्पष्ट रूप से सामने आई कि रेड्डी को विपक्ष का नेता होने के बावजूद ज्यादा लोगों ने बेहतर मुख्यमंत्री माना। उन्हें चंद्रबाबू के 40 फीसदी की तुलना में 42 फीसदी लोगों ने बेहतर मुख्यमंत्री माना।

चंद्रबाबू अपनी धुन में लगे रहे और उन्हें अपनी नीतियों और नई छवि के बल पर चुनाव जीतने का भरोसा बना रहा। इसी बीच तिरुपति के पास नक्सलियों ने बारूदी सुरंगों के जरिए उनके काफिले पर जबरदस्त हमला किया जिसमें वे बाल-बाल बचे। उन्हें लगा कि इस घटना के बाद उनके पक्ष में सहानुभूति की लहर उठेगी। सो उन्होंने विधानसभा में स्पष्ट बहुमत और अपने सर्वस्वीकार्य नेतृत्व की स्थिति को जानने के बावजूद विधानसभा को समय से पूर्व भंग कराने का फैसला किया। उन्हें भरोसा था कि कुछ लोकलुभावन कार्यक्रमों की छौंक देकर वे मजे से तिबारा मुख्यमंत्री बन जाएंगे। पर चुनाव आयोग फरवरी 2004 में चुनाव कराने को तैयार नहीं हुआ। उधर केन्द्र में भाजपा की अगुवाई वाली सरकार भी समय से पूर्व चुनाव कराने को बेताब थी। उसने जब चुनाव का फैसला कर लिया तो आंध्र विधानसभा के चुनाव भी उसके साथ ही करा दिए गए। पर नायडू की नई छवि, नक्सली हमले की सहानुभूति और तेलंगाना का विरोध, कोई भी मसला चंद्रबाबू के हक में नहीं गया। किसानों की नाराजगी तो थी ही उद्योग और विकास के अन्य मानकों पर भी राज्य का प्रदर्शन अच्छा न था। यहां तक कि सूचना तकनीक, जिसमें नायडू आंध्र को कर्नाटक से आगे और हैदराबाद को साइबराबाद बनाना चाहते थे, में भी प्रगति नहीं हुई थी। राज्य में गरीबी का स्तर भी बढ़ा था। हारकर उन्होंने तेलुगु स्वाभिमान के पुराने मुद्दे को उठाना चाहा और कहा कि राज्य के कांग्रेसी नेताओं ने हाईकमान के आगे आत्मसमर्पण करके तेलुगु आत्मसम्मान को चौपट किया है। पर ये बातें काम न आईं।

चंद्रबाबू ने सोचा था कि जल्दबाजी में चुनाव घोषित कराने से कांग्रेस को घेर

लेंगे, पर हुआ उल्टा। कांग्रेस और उसके साथ आ गई कम्युनिस्ट पार्टियां पहले से ही ताल ठोंक रही थीं। उनका कहना था कि नायडू के मुख्यमंत्री बनने के बाद से राज्य में कोई बड़ा उद्योग नहीं आया है। उल्टे सार्वजनिक क्षेत्र की कई महत्त्वपूर्ण इकाइयों ने दम तोड़ दिया है। हजारों करोड़ का कर्ज लिया गया पर सिंचाई की एक भी योजना नहीं चली। इन सबका परिणाम यह हुआ कि तेदेपा और उसकी सहयोगी भाजपा का, (जिसके साथी होने से तेदेपा से मुसलमान कट गए) का सफाया हो गया। तेदेपा की सीटें 180 से घटकर 47 हो गईं और कांग्रेस 91 से बढ़कर 185 पर पहुंच गई। भाजपा 12 से घटकर 2 पर आ गई तथा कम्युनिस्ट पार्टियां दो सीट से बढ़कर 15 पर पहुंच गईं। तेदेपा को करीब साढ़े छह फीसदी कम वोट मिले।

सीएसडीएस के चुनाव बाद सर्वेक्षण से मालूम होता है कि कांग्रेस और उसके सहयोगी दलों ने महिला वोटों के मामले में तेदेपा का पुराना हिसाब उल्टा दिया और ज्यादा वोट पाए। गरीबों के वोट के मामले में उनकी बढ़त और ज्यादा रही। भाजपा अगड़ों के एक छोटे समूह में सिमट गई जबकि कांग्रेस और तेदेपा रेड्डी और कम्मपा मतदाताओं में अपना आधार बचाए रहे। कामू वोट बराबर बंटे जबकि अन्य मुख्य समुदायों का हिसाब स्पष्ट नहीं दिखता। पर अनुसूचित जातियों को उप-समूहों में बांटने का जो लाभ तेदेपा को पहले मिलता रहा था वह इस बार गायब हो गया। माडिगा और माला दोनों समुदायों में कांग्रेस की बढ़त काफी दिख रही थी। अधिकांश आदिवासियों ने कांग्रेस गठबंधन को वोट दिया। मुसलमानों के वोट में तेदेपा को एक तिहाई ही हिस्सा मिला जबकि पिछले चुनाव में (सीएसडीएस के तत्कालीन सर्वेक्षण के अनुसार) उसे करीब 40 फीसदी वोट मिले थे।

सड़क, बिजली-पानी, कानून-व्यवस्था जैसे मसलों पर लोगों ने तेदेपा सरकार के प्रदर्शन को बुरा नहीं आंका पर अन्य महत्त्वपूर्ण मसलों, जैसे सिंचाई, पर उसका प्रदर्शन काफी खराब माना गया। रोजगार के सवाल पर भी सरकार से लोग निराश थे। पर चंद्रबाबू ने इससे ज्यादा बड़ी गलती खुद को चुनावी मुद्दा बनाकर की। वे सदा 'मैं' वाली भाषा में ही बात करते रहे। दरअसल उन्होंने चुनाव को अपने ऊपर जनमत संग्रह का रूप दे दिया था। भ्रष्टाचार, अपराध और राजनैतिक मौकापरस्ती खत्म करने का उनका दावा मजाक का विषय बन गए थे। अपने पुराने सहयोगियों को अपने से दूर करने का नुकसान भी उन्हें हुआ जिसमें उनके साढ़ू वेंकटेश्वर राव और साला हरिकृष्ण प्रमुख हैं। उनके साला और भाई ने तो कांग्रेस की सदस्यता लेकर उनके लिए मुश्किलें और बढ़ा दीं। संगठन पर उनकी पकड़ बढ़ी थी पर इससे मतदाताओं पर पकड़ बने यह जरूरी नहीं है। फिर सरकार किसी कंपनी की तरह नहीं चलती और ना ही सरकार का मुखिया सीईओ जैसा काम कर सकता है।

आंध्र का 2004 का चुनाव भारी खर्च के लिए भी जाना जाएगा। शासकीय

सुधार के लिए काम करने वाली स्वयंसेवी संस्था लोकसत्ता का अनुमान है कि 1999 के चुनाव में करीब 500 करोड़ रुपए खर्च हुए थे तो 2004 के चुनाव में प्रमुख पार्टियों ने 1000 करोड़ रुपए खर्च किए। एक-एक विधानसभा क्षेत्र के प्रमुख उम्मीदवारों ने एक से दो करोड़ रुपए तक खर्च किए। उम्मीदवारों ने टिकट पाने से लेकर वोट पाने तक, हर मोर्चे पर पैसा पानी की तरह बहाया। हर चुनाव क्षेत्र में 30 से 40 हजार मतदाताओं के बीच पैसा बंटा। शराब विरोधी मुहिम की अगुवा जन विज्ञान वेदिका का अनुमान है कि चुनाव के दौरान कार्यकर्ताओं, नौजवानों और वोटरों के बीच करीब 300 करोड़ रुपए की शराब बंटी।

निष्कर्ष

सरकार बदलने और राजनैतिक हवा में स्पष्ट अंतर आने के बाद भी यह सवाल बना हुआ है कि क्या नीतियों और कार्यक्रमों तथा राज्य की राजनीति में कोई बदलाव होगा। कुछ ऊपरी बदलाव स्पष्ट हैं पर बड़े बदलाव नहीं दिखते।

तेदेपा आंध्र प्रदेश की एक स्थायी परिघटना बन चुकी है। एनटीआर ने कहा था कि तेदेपा का उदय उनके साथ हुआ है और इसका अस्त भी उन्हीं के साथ होगा। लेकिन उनकी भविष्यवाणी गलत साबित हुई। तेदेपा के विरोधियों को भी यही उम्मीद थी कि एनटीआर की मृत्यु के साथ ही इसका भी अन्त हो जाएगा। इसने न केवल एनटीआर के अस्तित्व को बनाए रखा, बल्कि स्वयं को भी मजबूत किया। इस दौरान तेदेपा में कम से कम तीन बड़े विभाजन हुए और एनटीआर के उत्तराधिकार की दावेदारी को लेकर भी विवाद खड़े हुए। तमिलनाडु की तर्ज पर दो क्षेत्रीय पार्टियों को संस्थागत बनाने की कोशिशें आंध्र प्रदेश में नाकाम रहीं। जहां तक राज्य की राजनीति का सवाल है, तो आज भी तेदेपा का रुतबा गालिब है। राष्ट्रीय पार्टियों की मजबूरी है कि वह क्षेत्रीय पार्टी के साथ तालमेल करके चलें। उसका जोर इस बात पर है कि केन्द्र और राज्य में एक ही पार्टी का होना जरूरी है ताकि एक मजबूत और एकजुट भारत का निर्माण किया जा सके।

परंतु इस दो ध्रुवीय राजनीति को भाजपा और हाल में टीआरएस की तरफ से गंभीर चुनौती मिलने लगी है। राष्ट्रीय स्तर पर अपने बढ़ते प्रभुत्व तथा तेदेपा में हुए कलह के साथ-साथ कुछ सामाजिक तबकों के बदले दृष्टिकोण के कारण भाजपा की गिनती एक राजनीतिक शक्ति के रूप में होने लगी है। भाजपा अपने राज्य स्तरीय नेताओं की आकांक्षाओं और अपने अनुकूल परिस्थितियों के कारण कांग्रेस तथा तेदेपा के चुनावी आधार को अपने पक्ष में खिसकाने में कामयाब रही है। खासकर ऊंची तथा रंग-रुतबे वाली जातियों तथा अन्य पिछड़ी जातियों के खेतिहर तबकों में कांग्रेसी और तेदेपाई समर्थन को भाजपा अपने पक्ष में लाने में कामयाब रही है। लेकिन आंध्र प्रदेश में भाजपा धार्मिक पहचानों का इस्तेमाल उतने बड़े पैमाने पर नहीं

कर सकती है, जितने बड़े पैमाने पर वह उत्तर भारत में करती रही है। इसका कारण यह है कि राज्य में धार्मिक विभाजन वैसा मजबूत नहीं है। यह द्विजों पर भी ज्यादा भरोसा नहीं कर सकती है क्योंकि राज्य में द्विज मत न के बराबर हैं। अपने स्वतंत्र विकास और सुदृढ़ीकरण के लिए भाजपा की सबसे बड़ी बाधा तेदेपा के साथ तालमेल है। राज्य की राजनीति में भाजपा तेदेपा को पीछे छोड़ पाती है या नहीं यह कई बातों पर निर्भर करता है।

आंध्र प्रदेश में वैसा सामाजिक मंथन नहीं दिखता है जैसा कि उत्तर प्रदेश और बिहार जैसे राज्यों में दिखता है। संख्या की दृष्टि से बड़ी मंझोली जातियों के नेताओं के राजनीतिक कद के लिए यहां खतरा नहीं है। इस संदर्भ में राज्य की तुलना महाराष्ट्र और कर्नाटक से की जा सकती है। जहां महाराष्ट्र में आजादी के बाद में मराठी समुदाय के सदस्यों ने राजनीतिक सत्ता पर अपना नियंत्रण बनाए रखा है वहीं कर्नाटक में राज्य के गठन के समय से ही वोक्कालिगा और लिंगायत आपस में मिलकर या फिर बांटकर राज्य की सत्ता पर अपना कब्जा बनाए रखे हुए हैं। उपेक्षित समूहों का सबसे पिछड़ा तबका भी ज्यादा-से-ज्यादा दावेदारी करने लगा है। लिहाजा सरकारी लाभ और सत्ता के बंटवारे का सवाल और ज्यादा पेचीदा हो गया है। अनुसूचित जातियों को मिलने वाले आरक्षण के उपजातियों के आधार पर वर्गीकरण के लिए मादिगाओं के संघर्षों के कारण पिछड़े सामाजिक समूहों में इंसाफ और बराबरी के सवाल उभर आए।

बीसवीं सदी का अंतिम दशक और नई सदी का शुरुआती काल आंध्र प्रदेश की राजनीति में काफी हद तक आई गिरावट का गवाह है। राजनीतिक और प्रशासनिक भ्रष्टाचार, चुनावों में पैसे और गुंडागर्दी का बढ़ता बोलबाला, षड्यंत्र और जोड़-तोड़, पुलिसिया बर्बरता, अपराध और खेमेबंदी की बढ़ती प्रवृत्ति पिछले दशक की महत्त्वपूर्ण परिघटनाएं हैं। इतने बड़े पैमाने पर भ्रष्टाचार फैला हुआ है कि आर्थिक सुधारों या बहुचर्चित 'स्मार्ट' अभिशासन के बाद भी यह घटने का नाम नहीं ले रहा है। हकीकत यह है कि अन्य राज्यों की तरह ही आंध्र प्रदेश में भी सत्ता का कोई भी प्रमुख दावेदार वैसी नीतियों या तौर-तरीकों के प्रति संवेदनशील नहीं है जिससे सार्वजनिक हितों को बढ़ावा मिले। और तो और सुशासन, सार्वजनिक जीवन में नैतिकता के महत्त्व इत्यादि के बारे में भी किसी किस्म की प्रतिबद्धता उनमें नहीं दिखती है।

इसी अवधि में हमें यह भी देखने को मिलता है कि राजनीति और नीतियों के बीच में कोई मेल नहीं है। ऐसा दिखता है कि राजनीतिक निरंतरता (तेदेपा के शासन के रूप में) आर्थिक नीतियों में 'रेडिकल' बदलाव ला सकती है। यह भी दिखता है कि राजनीतिक निर्णय और प्रतिस्पर्द्धा आर्थिक नीतियों पर बनी बुनियादी सहमति को किस प्रकार धूमिल/ओझल/अनदेखा कर सकती है। ऐसा लगता है कि

आर्थिक नीतियों को लेकर तेदेपा, भाजपा और कांग्रेस के बीच सहमति है। इसका तात्पर्य यह हुआ कि आर्थिक नीतियों के मामले में मतदाताओं के पास कोई विकल्प नहीं है। लेकिन किसानों, काश्तकारों तथा गरीब तबकों पर एलपीजी गैस और उदारीकरण, निजीकरण तथा वैश्वीकरण की नीतियों, इत्यादि से प्रभावित तबकों का विरोध 2001-2002 में सरकार पहले ही झेल चुकी है। कांग्रेस बड़ी दुविधा की स्थिति में है। एक तरफ तो वह मोटे तौर पर उदारीकरण की प्रतिक्रिया का समर्थन करती है और दूसरी तरफ विपक्षी पार्टी होने के कारण सत्ता में आने के लिए वह सत्ताधारी पार्टी की नीतियों का विरोध कर रही थी पर शासन में आकर वह लगभग उन्हीं नीतियों को चला रही है।

कांग्रेस की विडम्बना यह है कि उसे 1994 में एनटीआर के लोक-लुभावनवाद से और 1999 में नायडू के लोक-लुभावनवाद-विरोध से बुरी तरह मुंह की खानी पड़ी है। 1994 में एनटीआर ने उस पर उदारीकरण के पैरोकार होने का चस्पा लगाया था और कहा था कि कांग्रेस अमीरों की हितैषी है, गरीब विरोधी है और लोकतंत्र विरोधी है।

सरकारी नीतियों या कल्याणकारी परियोजनाओं के फायदे या नुकसान का प्रचार करके या केवल भावनात्मक और जातीय अस्मिताओं पर पूरी तरह निर्भर रहने से नेताओं को चुनाव जीतने में कोई सहायता नहीं मिलने वाली है। सरकार तथा सत्ताधारी पार्टी के काम-काज के तरीके तथा नेतृत्व शैली भी चुनावी मुद्दे हो सकते हैं। सत्ताधारी पार्टी की नाकामी तथा उनके गलत कामों के खिलाफ लोगों की भावनाओं को उद्वेलित करना चुनाव में सफलता प्राप्त करने का एक महत्त्वपूर्ण हथियार हो सकता है। अलग-अलग समय पर अलग-अलग मुद्दे के समूह चुनावी नतीजों को तय करने में निर्णायक साबित होते हैं।

इस दौर में राज्य की राजनीति एनटीआर के लोक-लुभावनवाद से खिसक कर चंद्रबाबू नायडू और राजशेखर रेड्डी के परिणामवाद की ओर सरकती दिखती है। यह दौर खासतौर से लोक-लुभावनवादी कल्याणकारिता को बीते जमाने की बात मानकर दरकिनार कर उन उभरते प्रतिमानों का प्रतिनिधित्व करती है जो बाजार की केन्द्रीयता, धीरे-धीरे जिम्मेदारियों से सरकार के हाथ खींचने और नई तरह की प्रतिबद्धताओं पर आधारित है। इसका मतलब यह भी है कि यह बीते जमाने की अवधारणा करार दिए गए सिद्धांतों और गतिविधियों पर ध्यान देने के बजाय सत्ता पर ज्यादा ध्यान देने का दौर है। विकास और कल्याणकारिता के बीच संतुलन बनाने की कोशिश उस तनाव का प्रतिनिधित्व करती है जो न्याय, विकास और अच्छी जिंदगी, सामाजिक वर्गों तथा आर्थिक और चुनावी बाजारों के बीच परस्पर विरोधी नजरियों के कारण पैदा होती है। निश्चित तौर पर इसका समाधान सवालों से घिरा हुआ है।

तालिका-1.1

आंध्र प्रदेश में 1952-78 तक विधानसभा चुनावों में मुख्य पार्टियों को मिली सीटें और उनके मतों का प्रतिशत

पार्टियां	साल							
	1952	1952	1955	1957	1962	1967	1972	1978
कांग्रेस	40	44	119	68	177	165	219	175
	30.7	38.8	39.3	46.6	47.3	45.4	52.3	39.3
स्वतंत्र	–	–	–	–	19	39	2	–
	–	–	–	–	10.4	9.8	2.2	–
जनता	–	–	–	–	–	–	–	60
	–	–	–	–	–	–	–	28.8
भारतीय	–	–	–	–	0	3	0	–
जनसंघ	–	–	–	–	1.0	2.2	1.9	–
भाकपा	41	37	15	23	51	11	7	6
	16.4	30.8	31.3	26.3	19.5	7.8	6.0	2.5
माकपा	–	–	–	–	–	9	1	8
	–	–	–	–	–	7.6	3.2	2.7
अन्य	41	11	40	8	2	3	1	30
	29.4	13.6	18.8	12.4	1.3	0.7	2.4	17.5
निर्दलीय	11	5	22	8	51	68	57	15
	23.3	16.8	11.6	14.5	20.5	26.5	32.2	9.2

नोट : आंध्र प्रदेश के गठन के बाद समूचे राज्य में विधानसभा का पहला चुनाव 1962 में हुआ था।

1. संयुक्त मद्रास राज्य के साथ आंध्र प्रदेश में चुनाव हुआ
2. हैदराबाद राज्य के साथ तेलंगाना में चुनाव हुआ
3. आंध्र राज्य में चुनाव
4. आंध्र प्रदेश के तेलंगाना क्षेत्र में चुनाव

(अ) 6.1 प्रतिशत वोटों के साथ सोशलिस्टों ने 6 सीटें जीतीं, केएमपीपी 14.7 प्रतिशत वोट के साथ 20 सीटें : केएलपी 8.6 प्रतिशत के साथ 15 सीटें

(ब) सोशलिस्ट पार्टी

(स) 8.6 प्रतिशत वोट के साथ सीएलपी 22 सीटें जीती : प्रजा पार्टी 5 सीटें 3.5 प्रतिशत वोटों के साथ : पीएसपी 6.6 प्रतिशत वोटों के साथ 13 सीटें

(द) पीएसपी-5.6 प्रतिशत वोटों के साथ 1 सीट : सोशलिस्ट 4.1 प्रतिशत वोट के

साथ 5 सीटें

(ध) 0.9 प्रतिशत वोटों के साथ सोशलिस्ट पार्टी को 2 सीटों की जीत : रिपब्लिकन को 0.4 प्रतिशत वोट

(न) सोशलिस्ट 0.4 प्रतिशत : रिपब्लिकन 0.3 प्रतिशत

(प) सोशलिस्ट 0.1 प्रतिशत : संपूर्ण तेलंगाना प्रजा समिति की 2.0 प्रतिशत वोटों के साथ 1 सीट की जीत

(फ) वेंगला राव के नेतृत्व में कांग्रेस (आर) को 17 प्रतिशत वोटों के साथ 30 सीटों की जीत

स्रोत : (1) लोकसभा और आंध्र प्रदेश विधानसभा के लिए विभिन्न सालों में हुए चुनावों पर आंध्र प्रदेश सरकार के जनरल एडमिनिस्ट्रेशन (इलेक्शन) विभाग द्वारा तैयार रिपोर्ट (2) डेविड बटलर, एट, ऑल 1991 (3) सिंह एंड बोस, 1998

तालिका–1.2

लोकसभा चुनावों के परिणाम : 1957 से 1980 तक लोकसभा चुनावों में मुख्य पार्टियों को मिली जीत तथा उनको मिले वोटों के प्रतिशत

पार्टियां	साल					
	1957	1962	1967	1971	1977	1980
कांग्रेस	35	34	35	28	41	41
	51.2	47.9	46.8	55.7	55.4	56.2
स्वतंत्र	–	1	3	0	–	–
	–	14.9	13.8	4.6	–	–
जनता पार्टी	–	–	–	–	1	0
	–	–	–	–	32.3	15.2
भारतीय जनसंघ	0	0	0	0	–	0
	0.1	1.2	1.4	1.6	–	6.4
सोशलिस्ट	0	0	0	0	–	–
	3.6	0.1	0.6	0.3	–	–
भाकपा	2	7	1	1	0	0
	12.0	21.0	11.4	5.9	2.7	3.7
माकपा	–	–	0	1	0	0
	–	–	7.4	2.8	4.7	3.6
अन्य	–	0	0	10ए	0	1बी
	–	1.0	0.5	20.9	0.1	7.3
निर्दलीय	4	1	2	1	0	0
	32.8	13.9	18.1	8.2	2.8	7.6

नोट : आंध्र प्रदेश में समूचे राज्य में लोकसभा का चुनाव पहली बार 1957 में हुआ।

(अ) तेलंगाना प्रजा समिति को 14.3 प्रतिशत वोटों के साथ 10 सीटों की जीत मिली : कांग्रेस को 5 प्रतिशत वोट मिले परंतु उसे एक भी सीट पर कामयाबी नहीं मिली।

(ब) आईएनसी (यू) को एक सीट मिली जबकि उसके वोटों का प्रतिशत 7.2 था।

स्रोत : (1) लोकसभा और आंध्र प्रदेश विधानसभा के लिए विभिन्न सालों में हुए चुनावों पर आंध्र प्रदेश सरकार के जनरल एडमिनिस्ट्रेशन (इलेक्शन) विभाग द्वारा तैयार रिपोर्ट (2) डेविड बट्लर, एट. ऑल 1991 (3) सिंह एंड बोस, 1998

तालिका-1.3

विधानसभा चुनावों के परिणाम 1983-1999 विधानसभा चुनावों में मुख्य पार्टियों को मिली सीट और उनके वोटों का प्रतिशत

पार्टियां	साल				
	1983	1985	1989	1994	1999
कांग्रेस	60	50	182	26	91
	33.6	37.5	47.2	33.6	40.6
तेदेपा	198	202	73	219	179
	46.3	46.2	36.6	44.1	43.8
भाजपा	3	8	5	3	12
	4.8	5.0	5.2	6.5	3.7
वामपंथी पार्टियां	9	22	13	34	2
	4.8	5.0	5.2	6.5	3.3
अन्य	2	3	6	3	4
	2.6	0.9	3.1	3.2	3.8
निर्दलीय	2	9	14	12	5
	9.9	8.8	6.1	8.7	4.8

स्रोत : (1) लोकसभा और आंध्र प्रदेश विधानसभा के लिए विभिन्न सालों में हुए चुनावों पर आंध्र प्रदेश सरकार के जनरल एडमिनिस्ट्रेशन (इलेक्शन) विभाग द्वारा तैयार रिपोर्ट (2) डेविड बट्लर, एट. ऑल 1991 (3) सिंह एंड बोस, 1988

तालिका–1.4

लोकसभा चुनावों के परिणाम : आंध्र प्रदेश में मुख्य पार्टियों द्वारा 1984 से 1994 के लोकसभा चुनावों में हासिल जीत और उनके वोटों का प्रतिशत

पार्टियां	साल					
	1984	1989	1991	1996	1998	1999
कांग्रेस	6	39	25	22	22	5
	41.9	51.0	45.6	39.7	38.5	42.8
तेदेपा	30	2	13	16	12	29
	44.7	34.5	32.8	32.6	32.0	39.9
भाजपा	1	0	1	0	4	7
	2.2	1.5	9.9	5.7	18.3	9.9
वामपंथी पार्टियां	2	0	2	3	2	0
	3.6	4.3	4.4	5.3	5.5	2.7
अन्य	2	1	1	1	2	1
	2.3	2.3	3.1	13.0	4.0	3.3
निर्दलीय	1	0	0	0	0	0
	5.4	6.5	4.2	3.8	1.7	1.4

स्रोत : *(1) लोकसभा और आंध्र प्रदेश विधानसभा के लिए विभिन्न सालों में हुए चुनावों पर आंध्र प्रदेश सरकार के जनरल एडमिनिस्ट्रेशन (इलेक्शन) विभाग द्वारा तैयार रिपोर्ट (2) डेविड बट्लर, एट. ऑल 1991 (3) सिंह एंड बोस, 1988*

तालिका 1.5

1996 तथा 1998 के लोकसभा चुनावों में आंध्र प्रदेश में किसने किसको वोट दिया

निर्दलीय	4	1	2	1	0	0
	1986			1998		
सामाजिक पृष्ठभूमि	कांग्रेस	तेदेपा	भाजपा	कांग्रेस	तेदेपा	भाजपा
उम्र						
25 वर्ष या उससे कम	46.7	42.9	4.7	42.1	43.0	14.0
26–35 वर्ष	44.7	42.9	4.7	44.5	41.6	13.2
36–45 वर्ष	42.2	46.9	7.0	37.2	38.9	23.9
46–55 वर्ष	47.3	50.0	2.0	47.9	39.7	11.0
56 वर्ष और उससे ऊपर	50.6	42.2	2.2	44.1	40.7	13.0
लिंग						
पुरुष	49.0	40.6	5.7	43.1	36.7	19.4
महिला	42.9	50.3	2.6	42.1	45.7	1.7
शिक्षा						
शिक्षित	38.4	55.4	3.6	43.9	46.7	8.2
प्राथमिक तथा माध्यमिक	48.7	42.7	5.3	44.8	42.5	12.6
इण्टरमीडिएट	60.9	30.9	3.6	42.0	38.4	18.8
स्नातक तथा उससे ऊपर	48.7	23.1	5.1	36.8	22.1	39.7
इलाका						
बहुत गरीब	34.4	59.7	3.8	42.8	50.3	5.8
मध्यम	50.0	41.3	2.5	42.2	3.3	24.5
उच्च	53.1	37.0	0.0	45.2	32.2	22.6
जाति–समुदाय						
उच्च जाति	48.5	40.2	10.6	36.8	38.4	24.0
पिछड़ी जाति	43.6	47.9	6.4	40.3	42.7	16.6
अनुसूचित जाति	48.5	40.2	10.6	36.8	38.4	24.0
अनुसूचित जनजाति	32.6	56.8	10.5	47.4	41.0	10.3
मुस्लिम	55.9	37.3	5.1	46.4	46.4	5.4
अन्य	50.0	50.0	0.0	70.0	30.0	–
कुल	45.8	45.6	7.4	42.8	40.9	15.3

नोट : 1998 में तेदेपा का वामपंथी पार्टियों के साथ तालमेल था जबकि तेदेपा (लक्ष्मी पार्वती) का भाजपा के साथ।

यहां वोटों का प्रतिशत 100 नहीं बन पाया है क्योंकि अन्य पार्टियों के वोटों को मिटा दिया गया है।

स्रोत : तालिकाएं सेण्टर फॉर स्टडी ऑफ डेवलपिंग सोसाइटीज द्वारा 1996 तथा 1998 में लोकसभा चुनावों के बाद किए गए सर्वेक्षणों पर आधारित हैं।

तालिका 1.6

1998 के लोकसभा चुनाव में आंध्र प्रदेश में किसने किसको वोट डाला

सामाजिक पृष्ठभूमि	कांग्रेस	तेदेपा-भाजपा
उम्र		
25 वर्ष या उससे कम	47.6	46.2
26-35 वर्ष	41.9	47.9
36-45 वर्ष	38.1	50.8
46-55 वर्ष	50.4	37.0
56 वर्ष और उससे ऊपर	41.9	51.6
लिंग		
पुरुष	45.0	47.5
महिला	41.7	47.1
शिक्षा		
शिक्षित	41.3	47.0
प्राथमिक तथा माध्यमिक	41.4	49.4
इंटरमीडिएट	54.2	43.3
स्नातक तथा उससे अधिक	44.0	48.8
इलाका		
बहुत गरीब	37.7	49.1
गरीब	41.3	50.5
मध्यम	53.1	41.1
उच्च	44.9	46.6
जाति व समुदाय		
उच्च जाति	32.8	63.9
रेड्डी	69.8	27.9
कम्मा	6.5	87.1
कापू	45.2	53.4
कृषक पिछड़ा वर्ग	35.0	62.1
निम्न पिछड़ा वर्ग	40.3	45.5
अनुसूचित जाति	63.5	33.3
अनुसूचित जनजाति	31.9	42.2
मुस्लिम	60.9	28.2
अन्य	51.4	45.9
कुल	43.3	47.3

नोट : यहां प्रतिशत 100 नहीं बन पाया है क्योंकि अन्य पार्टियों के वोटों को मिटा दिया गया है।

स्रोत : तालिकाएं सेण्टर फॉर स्टडी ऑफ डेवलपिंग सोसाइटीज द्वारा 1996 तथा 1998 में लोकसभा चुनावों के बाद किए गए सर्वेक्षण पर आधारित हैं।

तालिका 1.7

आंध्र प्रदेश में विधानसभा चुनाव 1999 और 2004

पार्टी	विधानसभा चुनाव				
	1999		2004		
	वोट प्रतिशत	सीटें	वोट प्रतिशत	सीटें	नफा/ नुकसान
कांग्रेस	40.6	91	38.5	185	−2.1
टीआरएस	–		6.7	26	+6.8
वामपंथी दल	3.3	2	3.4	15	+0.1
कांग्रेस और सहयोगी			48.6	226	+4.7
टीडीपी	43.9	180	37.5	47	−6.4
भाजपा	3.7	12	2.7	2	−1.0
भाजपा+टीडीपी	47.6	192	40.2	49	−7.4
अन्य पार्टियां और निर्दलीय	8.5	9	11.2	19	+2.7

स्रोत : सीएसडीएस डाटा यूनिट।

1999 के विधानसभा चुनाव के क्षेत्रवार परिणाम

पार्टी	तेलंगाना		तटीय आंध्र		रायलसीमा		एपी	
	वोट %	सीटें	वोट %	सीटें	वोट %	सीटें	वोट %	सीटें
कांग्रेस	38.9	42	41.0	28	43.6	21	40.6	91
वामपंथी दल	5.8	2	1.8	0	1.2	0	3.3	2
टीआरएस	–	–	–	–	–	–	–	–
कांग्रेस व सहयोगी								
टीडीपी	38.5	50	47.2	99	48.1	31	43.9	180
भाजपा	6.1	8	2.2	3	1.7	1	3.7	12
टीडीपी+भाजपा	44.6	58	49.4	102	49.8	32	47.6	192
अन्य व निर्दलीय	10.7	5	7.8	4	5.4	0	8.5	9
कुल		107		134		53		294

स्रोत : सीएसडीएस डाटा यूनिट।

2004 के विधानसभा चुनाव के क्षेत्रवार परिणाम

पार्टी	तेलंगाना		तटीय आंध्र		रायलसीमा		एपी	
	वोट %	सीटें	वोट %	सीटें	वोट %	सीटें	वोट %	सीटें
कांग्रेस	25.5	48	48.0	99	45.1	38	38.5	185
वामपंथी दल	5.7	10	1.7	4	2.2	1	3.4	15
टीआरएस	16.9	26	–	–	–	–	6.7	26
कांग्रेस व सहयोगी	48.1	84	49.7	103	47.3	39	48.6	226
टीडीपी	32.8	11	40.5	22	41.1	14	37.5	47
भाजपा	4.1	1	1.9	1	1.1	0	2.7	2
टीडीपी+भाजपा	36.9	12	42.4	23	42.2	14	40.2	49
अन्य व निर्दलीय	15.0	11	7.9	8	10.5	0	11.2	19
कुल		107		134		53		294

स्रोत : सीएसडीएस डाटा यूनिट।

संदर्भ

1. के. आर. आचार्य, द क्रिटिकल इलेक्शन : ए स्टडी ऑफ आंध्र प्रदेश एसेम्बली इलेक्शंस, 1978, हैदराबाद : रमेश पब्लिशर्स, 1979
2. वी. अंजी रेड्डी, रिजनलिज्म इन इंडियन पॉलिटिक्स : द इमरजेंस ऑफ द तेलुगूदेशम इन आंध्र प्रदेश, एम. फिल. डिजर्टेशन, सी. पी. एस./जे. एन. यू., नई दिल्ली
3. के. बालगोपाल, 'ए तेलंगाना वेव : सबडिविजन ऑफ एस सी रिजर्वेशन इन एपी', ई पी डब्ल्यू, 35 (3) 1075–89, 2000
4. के. बालगोपाल, 'द मैन एंड द टाइम्स', ई पी डब्ल्यू, 30 (40) पेज 1654–58, 1999
5. के. बालगोपाल, 'पॉलिटिक्स एज़ प्रोपर्टीज', ई पी डब्ल्यू, 30 (40) पेज 2482–84, 1995
6. संजय बारू, 'इकनॉमिक्स पॉलिसी एंड द डिवेलपमेंट ऑफ कैपिटलिज्म इन इंडिया : द रोल ऑफ रिजनल कैपिटलिस्ट एंड पोलिटिकल पार्टीज', इन फ्रेंसिल फ्रैंकेल. एट. ऑल (एडिशंस) ट्रांसफार्मिंग इंडिया : सोशल एंड पॉलिटिकल डायनामिक्स ऑफ डेमोक्रेसी, नई दिल्ली : आक्सफोर्ड यूनिवर्सिटी प्रेस, पेज 207–30, 2000
7. टी. भक्तवत्सलम, पॉलिटिक्स ऑफ अपोजिशन इन आंध्र प्रदेश, 1983–88, एम. फिल. डिजर्टेशन, नागार्जुना यूनिवर्सिटी, गुंटूर, 1999
8. डी. बटलर, अशोक़ लाहिड़ी एंड प्रणव रॉय, इंडिया डिसाइड्स : इलेक्शंस, 1952–91, नई दिल्ली, एल एम बुक्स, 1991

9. एन. चंद्रबाबू नायडू और सेवंती नैनन, प्लेन स्पीकिंग, नई दिल्ली, वाइकिंग, पेंगुइन, 2000
10. केरोलिन एम. इलियट, 'कास्ट फेक्शन एमंग द डोमिनेंट कास्ट : द रेड्डीज एंड कम्माज ऑफ आंध्रा', वाइकिंग कास्ट इन इंडियन पॉलिटिक्स, (से. : रजनी कोठारी), नई दिल्ली : ओरिएंट लांगमैन, 1970
11. गवर्नमेंट ऑफ आंध्र प्रदेश विजन 2020, हैदराबाद : गवर्नमेंट ऑफ आंध्र प्रदेश, 1999
12. गवर्नमेंट ऑफ आंध्र प्रदेश, पैटर्न ऑफ एक्सपेंडिचर्स ऑन वेलफेयर सेक्टर, हैदराबाद : गवर्नमेंट ऑफ आंध्र प्रदेश, 1996 ए
13. गवर्नमेंट ऑफ आंध्र प्रदेश, स्टेट फिनान्सेज : द फैक्चुअल पोजिशन, हैदराबाद : गवर्नमेंट ऑफ आंध्र प्रदेश, 1996 बी
14. गवर्नमेंट ऑफ इंडिया, डायरेक्टर ऑफ सेंसर ऑपरेशंस, 2001, सेंसस ऑफ इंडिया सीरीज 29, आंध्र प्रदेश, प्रोवीजनल पोपुलेशन टेबल, 2002 का प्रपत्र 2, हैदराबाद, गवर्नमेंट ऑफ इंडिया पब्लिकेशन
15. ह्यू ग्रे, 'द फेल्योर ऑफ द डिमांड फॉर सेपरेट आंध्रा स्टेट', एशियन सर्वे, 14 (4) : 338-49, 1974
16. ह्यू ग्रे, 'द डिमांड फॉर ए सेपरेट तेलंगाना स्टेट इन इंडिया', एशियन सर्वे, 11 (4) : 463-74, 1971
17. ह्यू ग्रे, 'आंध्र प्रदेश', स्टेट पॉलिटिक्स इन इंडिया, (सं. : माइरन बीवर), प्रिंसटन, प्रिंसटन यूनिवर्सिटी प्रेस, 1968
18. ह्यू ग्रे, 'द 1962 इंडियन जेनरल इलेक्शंस इन कम्युनिस्ट स्ट्रांग होल्ड ऑफ आंध्रा', जनरल ऑफ कॉमनवेल्थ स्टडीज, 1 (10) : 297-311, 1963
19. शिबल गुप्ता, 'इमजिंग पैराडाइम ऑफ रीजनल बुर्जुआ इन इंडिया', मेनस्ट्रीम, दिसं. 48-51, 1995
20. वी. हनुमंतराव, पार्टी-पॉलिटिक्स इन आंध्र प्रदेश, 1956-83, हैदराबाद : उस्मानिया यूनिवर्सिटी (मिमो), 1983
21. जी हरगोपाल, 'ए सोसियो-इकॉनामिक स्टडी ऑफ मॉडर्न आंध्रा', सोशल साइंस प्रोबिंग्स, 2 (1), मार्च, 1985
22. सेलिग ए. हैरिसन, 'कास्ट एंड द आंध्र प्रदेश', अमेरिकन पॉलिटिकल रिव्यू, 50 (2) : 378-404, 1956
23. सेलिग ए. हैरिसन, इंडिया : मोस्ट डैञ्जरल डिकेड्स, प्रिंसटन, प्रिंसटन यूनिवर्सिटी प्रेस, 1960
24. राजेन हर्ष और सी. श्रीनिवास, 'डिलेमाल ऑफ डेवलपमेंट', ई. पी. डब्ल्यू., 35 (3),1886-89, 2000

25. के. इलैया, 'आंध्र प्रदेश : एन्टी लिकर मूवमेंट', ई. पी. डब्ल्यू., 27 (45) 2406, 1992
26. रशीदुद्दीन खान, पॉलिटिकल पार्टिसिपेशन एंड पॉलिटिकल चेंज इन आंध्र प्रदेश, हैदराबाद : उस्मानिया यूनिवर्सिटी (मिमो), 1969
27. अतुल कोहली, डेमोक्रेसी एंड डिसकन्टेन्ट : इंडियाज, ग्रोइंग क्राइसिस ऑफ गवर्नेबिलिटी, कैम्ब्रिज : कैम्ब्रिज यूनिवर्सिटी प्रेस, 1991
28. अतुल कोहली, 'द एन. टी. आर. फेनोमेनन इन आंध्र प्रदेश : पॉलिटिकल चेंज इन ए साउथ इंडियन स्टेट' एशियन सर्वे, 28 (10) : 991-1070, 1988
29. जी. कृष्णा रेड्डी, 'न्यू पोपुलिज्म एंड लिबरलाइजेशन : रिजिम शिफ्ट अन्डर चंद्रबाबू नायडू एन. ए. पी.', ई. पी. डब्ल्यू. 32 (9) : 871-83, 2002
30. वी. लिंगमूर्ति, 'जनरल इलेक्शंस', आंध्र प्रदेश गवर्नमेंट एंड पॉलिटिक्स (सं. : ए. प्रसन्न कुमार), नई दिल्ली : स्टर्लिंग, 1994
31. मेनर जेम्स, 'डेमोक्रेटिक डिसेन्ट्रलाइजेशन इन टू इंडियन स्टेट्स : पास्ट एंड प्रेजेंट' इंडियन जरनल ऑफ पॉलिटिकल साइंस, 63 (1) : 57-71, 2002
32. जॉज मैथ्यू (सं.) शिफ्ट इन इंडियन पॉलिटिक्स : 1983 इलेक्शंस इन आंध्र प्रदेश एंड कर्नाटका, नई दिल्ली : कॉन्सेप्ट, 1984
33. मोहन राम, 'द कम्युनिस्ट मूवमेंट इन आंध्र प्रदेश', रेडिकल पॉलिटिक्स इन साउथ एशिया, (पॉल आर. ब्रास एंड फ्रैंडा. एड.), कैम्ब्रिज : एम आर टी प्रेस, 1973
34. डी. नरसिम्हा रेड्डी, 'कर्मचेडू : ए डायलेक्ट विदाउट डेवलपमेंट' ई. पी. डब्ल्यू., 20 (37) 1546-49, 1985
35. डी. नरसिम्हा रेड्डी और अरुण पाठक, 'एंटी अरक एजिटेशन ऑफ वूमेन इन आंध्र प्रदेश', ई. पी. डब्ल्यू. 28 (21), 1059, 1983
36. के. वी. नारायण राव, द इमर्जेंस ऑफ आंध्र प्रदेश, बॉम्बे : पोपुलर प्रकाशन, 1973
37. पिप्पा. नोरिस, (सं.) क्रिटिकल सिटीजंस : ग्लोबल फॉर डेमोक्रेटिक गवर्नमेंट, ऑक्सफोर्ड यूनिवर्सिटी प्रेस, 1999
38. जी. के. प्रसाद, 'पॉलिटिक्स इन ए नॉन कांग्रेस (आई) स्टेट—द केस ऑफ आंध्र प्रदेश', इंडियन जनरल ऑफ पॉलिटिकल साइंस, 48 (4) : 607-17, 1987
39. ए. प्रसन्न कुमार, 'कास्ट एंड पॉलिटिकल लीडरशिप' इन आंध्र प्रदेश : गवर्नमेंट एंड पॉलिटिक्स, (सं. ए. प्रसन्न कुमार), नई दिल्ली स्टर्लिंग, 1994
40. सी. वी. राधवुलु, 'कास्ट पॉलिटिक्स एंड सोशल टेंशन : द कास्ट ऑफ चुंद्रु' (मिमो) इन द प्रोसिडिंग्स ऑफ द राउंड टेबल ऑन 'डेमोक्रेसी एंड सोशल टेंशन इन थर्ड वर्ल्ड कन्ट्रीज', मद्रास : यूनिवर्सिटी ऑफ मद्रास, 1992
41. जी. राम रेड्डी, 'द पॉलिटिक्स ऑफ एकोमोडेशन : कास्ट, क्लास एंड डोमिनेंस इन

आंध्र प्रदेश', डोमिनेंस एंड स्टेट पॉवर इन इंडिया : डिक्लाइन ऑफ ए सोशल ऑर्डर, (फ्रांसिन आर. फ्रैंकेल और एम. एस. ए. राव) वोल्यूम 1, दिल्ली : ऑक्सफोर्ड यूनिवर्सिटी प्रेस, 1989

42. जी. राम रेड्डी, 'द सिटेडल ऑफ कांग्रेस', स्टेट पॉलिटिक्स इन इंडिया (सं. इकबाल नारायण) दिल्ली : मीनाक्षी प्रकाशन, 1976
43. जी. राम रेड्डी और के. शेषाद्री, द वोटर एंड द पंचायती राज, हैदराबाद : नेशनल इंस्टीट्यूट ऑफ कम्युनिटी डेवलपमेंट, 1972
44. के. शेषाद्री, 'द कम्युनिस्ट पार्टी इन आंध्र प्रदेश' स्टेट पॉलिटिक्स इन इंडिया, (सं. इकबाल नारायण), मेरठ : मीनाक्षी, 1967
45. के. शेषाद्री, 'द तेलंगाना एजीटेशन एंड द पॉलिटिक्स ऑफ आंध्र प्रदेश', इंडियन जनरल ऑफ पॉलिटिक्स साइंस, 31 (1) : 60-81, 1970
46. वी. बी. सिंह और शंकर बोस, स्टेट इलेक्शंस ऑफ इंडिया : डाटा हैंडबुक ऑन विधानसभा इलेक्शंस : 1952-85, नई दिल्ली, सेज, 1988
47. एम. एन. श्रीनिवास, सोशल चेंज इन मॉडर्न इंडिया, नई दिल्ली, ओरिएंट लांगमैन, 1972
48. के. श्रीनिवास, 'आंध्र प्रदेश : बी. एस. पी. एंड कास्ट पॉलिटिक्स', ई. पी. डब्ल्यू., 29 (40) : 2583, 1994
49. के. श्रीनिवास, 'रिजीम चेंज एंड शिफ्टिंग सोशल बेसेस : द तेलुगू देशम पार्टी इन द ट्वेल्थ जेनेरल इलेक्शंस', इंडियन पॉलिटिक्स एंड द 1998 इलेक्शंस : रिजीनलिज्म, हिंदुत्व एंड स्टेट पॉलिटिक्स, (सं. : रामाश्रय रॉय और पॉल वालेस), नई दिल्ली : सेज, 1999
50. के. श्रीनिवासुलू और प्रकाश सारंगी, 'पॉलिटिकल रिएलायन्मेंट्स इन पोस्ट एन. टी. आर. आंध्र प्रदेश', ई. पी. डब्ल्यू., 34 (34-35) : 2449-58, 1999
51. के. सुभाष चंद्र रेड्डी, 'कम्युनिस्ट पार्टीज', स्टेट गवर्नमेंट एंड पॉलिटिक्स : आंध्र प्रदेश, (सं. : जी. रामा रेड्डी और बी. ए. वी. शर्मा), नई दिल्ली, स्टर्लिंग पब्लिशर्स, 1979
52. के. सी. सूरी, 'आंध्र प्रदेश : सेटबैक फॉर द टी डी पी इन पंचायत इलेक्शंस', ई. पी. डब्ल्यू., 36 (41) : 3892-94, 2001 ए
53. के. सी. सूरी, 'डायलेक्टिक ऑफ सोशल जस्टिस : द स्ट्रगल ऑफ मादिगाज फॉर कैटोगराइजेशन ऑफ शिड्यूल्ड कास्ट रिजर्वेशन्स इन आंध्र प्रदेश', आर. बालसुब्रमनियम (सं.), सोशल एंड इकॉनॉमिक डायमेंशंस ऑफ ऑर्गेनाइजेशंस इन साउथ इंडियन स्टेट्स, चेन्नई, यूनिवर्सिटी ऑफ मद्रास
54. एस. के. सूरी, 'कास्ट पॉलिटिक्स एंड पॉवर स्ट्रक्चर इन इंडिया : द केस ऑफ आंध्र प्रदेश'—पॉलिटिकल साइंस एन्वल, (सम्पादक : सुब्रत मुखर्जी एंड सुशीला

रामास्वामी), दीप एंड संस, नई दिल्ली, 1996

55. एस. के. सूरी, 'द मैसिव मैंडेट : आंध्र प्रदेश असेम्बली इलेक्शंस, 1994', द एंग्री वोटर : असेम्बली इलेक्शंस इन आंध्र प्रदेश एंड कर्नाटका, 1995 (जी. के. प्रसाद, डी. जीवन कुमार और के. सी. सूरी), शांति पब्लिकेशंस, मद्रास
56. एस. के. सूरी, 'आंध्र प्रदेश : पॉलिटिक्स ऑफ कंफ्रंटेशन', इंडियन जरनल ऑफ पॉलिटिक्स साइंस, 55 (1) : पृष्ठ 195-210, 1994
57. उपाध्याय, केरोल ब्यॉक, 'द फॉरमर कैलिटलिस्ट्स ऑफ कोस्टल आंध्र प्रदेश', ई. पी. डब्ल्यू., 22 (27) :1376-82 और 22 (28) : 1433-42
58. एफ. डी. वकील, 'पैटर्न ऑफ इलेक्टोरल पॉलिटिक्स इन आंध्र प्रदेश एंड कर्नाटका', डायवर्सिटी एंड डॉमिनेंस इन इंडियन पॉलिटिक्स, (रिचर्ड सिसन और रामाश्रय रॉय), नई दिल्ली : सेज 1990

टिप्पणियां

(1) राज्य का अभिप्राय भारतीय संघ के एक हिस्से से है। इसका इस्तेमाल न्यायिक क्षेत्र अर्थ में किया गया है।

(2) उदाहरण के लिए, तेलुगू में तेलुगू जाति का अभिप्राय तेलुगू राष्ट्रीयता से है तथा देशम का देश यानी भारत से। लिहाजा आंध्र प्रदेश की सत्ताधारी पार्टी तेलुगू देशभ का एक मिला जुला मतलब होता है। यहां तेलुगू देशम का अर्थ तेलुगू भाषियों की जमीन और तेलुगू राष्ट्रीयता दोनों से है।

(3) भारतीय चुनाव आयोग इन पार्टियों को क्षेत्रीय पार्टी की मान्यता देता है। यूरोप में कुछ बड़े राज्यों (या क्षेत्रों) में राष्ट्र के आयाम देखे जाते हैं, इसलिए वहां कुछ पार्टियां खुद को राष्ट्रीयता का प्रतिनिधित्व करने वाली पार्टियां कहती हैं।

(4) जो नेता खुद को जनता के लिए भ्रष्ट राजनीतिज्ञों के कुशासन से मुक्तिदाता के तौर पर पेश करते हैं, एक बार चुनाव जीतने के बाद वे पहले वालों से भी ज्यादा गंदे साबित होते हैं। इस विकट स्थिति के लिए इस जुमले का इस्तेमाल किया जाता है : 'मेमना खाने वाला तो चला गया, अब भैंसा खाने वाला आया है।'

(5) इस एतराज के पीछे दलील दी जा सकती है कि लोक-लुभावनवाद अपने-आप में बदलती राजनीतिक हकीकतों और समय की जरूरतों का एक परिणामवादी जवाब है। उदाहरण के लिए एनटीआर द्वारा उठाए गए जनपक्षधर कदम सत्ता की अहमियत से प्रेरित थे न कि किसी परोपकारी सिद्धांत के प्रति उनके लगाव से। इसके अलावा, किसी भी जनतांत्रिक राज्य-व्यवस्था में, खासकर भारतीय लोकतंत्र में जिन नेताओं को परिणामवादी कहा जाता है, उन्हें भी कुछ हद तक लोक-लुभावनवादी होना पड़ता है। इसकी वजह यह है कि उन्हें बहुसंख्यक

आम जनता का वोट लेना होता है। उदाहरण के लिए अपने राजनीतिक शिल्प, नव-उदारवादी आर्थिक सुधारों की जरूरतों की व्याख्या के मामले में माहिर चंद्रबाबू नायडू को भी 1999 के चुनावों के ऐन मौके पर अनेकों लोक-लुभावनवादी योजनाओं का सहारा लेना पड़ा था।

(6) एनटीआर ने अंतिम दम तक लोक-लुभावनवाद का इस्तेमाल किया और इस का दावा किया कि चाहे जैसे भी हो, जनता के हित उनके लिए सर्वोपरि हैं। चंद्रबाबू ने सत्ता में आने के बाद बातचीत की दिशा बदलकर विकास पर जोर देना शुरू किया—उनके लिए विकास का मतलब ढांचागत सुविधाओं का निर्माण, बाजार को खुली छूट मुहैया कराना तथा निर्माण एवं सेवा संबंधी गतिविधियों से राज्य का हाथ खींचना था। उन्होंने लोक-लुभावनवाद की तीखी भर्त्सना की और एक ऐसी विकास विरोधी अवधारणा के रूप में उसे पेश किया जिसका क्रियान्वयन हो ही नहीं सकता। उन्होंने वामपंथी पार्टियों के साथ तेलुगू देशम पार्टी के लम्बे समय से चलते आ रहे तालमेल को भी समाप्त कर दिया क्योंकि बदलते हालात के हिसाब से यह तर्कसंगत नहीं रह गया था। हालांकि एनटीआर और चंद्रबाबू नायडू दोनों ही खुली बाजार वाली अर्थव्यवस्था के पैरोकार माने जाते हैं लेकिन चंद्रबाबू नायडू ने दुनिया भर में बड़े पैमाने पर हो रहे आर्थिक बदलावों तथा विकास के नए प्रतिमानों को पहचाना। अपने पूर्ववर्ती नेताओं की लोक-लुभावनवादी कल्याणकारी नीतियों को खारिज करते हुए उन्होंने उदारीकरण की नीतियों की व्याख्या की और उसके क्रियान्वयन के जरिए अपने शासन के प्रति अधिक से अधिक वैधता हासिल करने पर जोर दिया। राष्ट्रीयता की भावना के साथ खिलवाड़ से लेकर सत्ता के गणित तक, बयानबाजी से लेकर राजनीतिक दांव-पेंच तक, मूलभूत सुविधा मुहैया करवाने में राज्य की बढ़ती भूमिका का राग अलापने से लेकर बाजारोन्मुख आदान-प्रदान तक आए बदलावों के संदर्भ में ही एनटीआर और चंद्रबाबू नायडू की राजनीति में आए बदलावों को समझने के लिए ही इन दोनों शब्दों का इस्तेमाल किया गया है।

(7) तटीय आंध्र प्रदेश क्षेत्र या सिरसार्स (सरकारी जिले) में श्रीकाकुलम, विशाखापत्तनम, पूर्वी गोदावरी, पश्चिमी गोदावरी, कृष्णा, गुंटूर, प्रकाशम और नेलौर—कुल 8 जिले हैं। राज्य की कुल आबादी का 41.7 प्रतिशत हिस्सा इस क्षेत्र में रहता है। राजाओं का क्षेत्र कहे जाने वाले 'रायलसीमा' में चितुर, कुडुप्पा, अनन्तपुर तथा करनूल—कुल चार मिले हैं और इसकी आबादी 17.8 प्रतिशत है। तेलुगू बहुल 'तेलंगाना' में कुल दस जिले हैं, महबूबनगर, रंगारेड्डी, हैदराबाद, मेडक, निजामाबाद, आदिलाबाद, करीमनगर, वारंगल, खम्मम और नालगोंडा। इसकी आबादी 40.50 प्रतिशत है।

(8) ग्राम पंचायत का तात्पर्य ग्राम समिति या ग्राम समिति में पड़ने वाले इलाके से है। ग्राम और जिला स्तरों पर 70,000 की आबादी वाले अन्तवर्ती प्रादेशिक तथा प्रशासनिक इकाई को मंडल कहा जाता है जबकि जिला परिषद का तात्पर्य जिला समितियों से है।

(9) आंध्र प्रदेश में एक समान जाति संरचना की बात करने में थोड़ी दिक्कत है, क्योंकि यहां अंतर क्षेत्रीय और क्षेत्रीय स्तर पर बहुत सारी भिन्नताएं हैं। उदाहरण के लिए, तीन उत्तरी तटीय ज़िले मध्य और दक्षिण तटीय क्षेत्रों से काफी भिन्न हैं। राज्य के तीन क्षेत्रों के बीच भी काफी अंतर है। इसलिए राज्य में जाति संरचना का केवल एक मोटा खाका ही खींचा जा सकता है। कई अन्य राज्यों की भी यही स्थिति हो सकती है। दूसरी समस्या यह है कि विभिन्न जातियों के आनुपातिक आबादी का विश्वसनीय आंकड़ा भी उपलब्ध नहीं है, इसलिए हम केवल मोटा अंदाजा ही लगा सकते हैं। विभिन्न जातियों के नेता अक्सर अपनी जाति की आबादी बढ़ा-चढ़ाकर बताते हैं।

(10) दरअसल, 1972 के चुनावों को छोड़कर आंध्र प्रदेश में हमेशा से ही गैर कांग्रेसी वोटों की संख्या अच्छी-खासी रही है, और वोटों की यह संख्या एक आम बहुमत से भी ज्यादा रही है। तेदेपा के गठन के तुरंत बाद लोकदल, स्वतंत्र और जनता पार्टी जैसी विघटित समाजवादी पार्टियों के कई प्रमुख नेता इसके साथ जुड़ गए। वामपंथी पार्टियों के परंपरागत मतदाताओं का एक तबका भी तेदेपा के साथ आ जुड़ा। इस प्रकार तेदेपा के उदय को राज्य में पारंपरिक गैर कांग्रेसी ताकतों के बीच मेल और तेदेपा के रूप में उसके रूपांतरण के तौर पर भी देखा जा सकता है। एनटीआर ने इस प्रक्रिया में एक निर्णायक भूमिका अदा की। उन्होंने तेलुगू राष्ट्रीयता के उद्धारक के तौर पर नई राजनीतिक शक्ति को स्थापित करने के लिए अपनी फिल्मी छवि का इस्तेमाल भी असरदार तरीके से किया और जनता तक प्रभावपूर्वक अपनी बात पहुंचाने के लिए अपनी सिनेमाई लोकप्रियता का भी फायदा उठाया।

(11) यह एक विडंबना ही है कि जिस समय एनटीआर को नेतृत्व से हटाने के लिए हैदराबाद में मंच तैयार किया जा रहा था उस समय 'सरकार जनता के द्वार (प्रजा मुंगिता पालना)' कार्यक्रम चल रहा था और उस कार्यक्रम के तहत वे सरकारी अधिकारियों, मंत्रियों और पार्टी कार्यकर्ताओं के साथ उत्तरी तटीय जिले में बुरी तरह व्यस्त थे। जब तक उनके खिलाफ विद्रोह पूरा नहीं हो गया, तब तक उन्हें उस बात की भनक भी नहीं लग पाई थी। किसी भी निरंकुश शासक के लिए खतरा यही होता है कि तब तक उसे सब कुछ ठीक़-ठाक ही लगता है जब तक कि उसका आखिरी हश्र न पूरा हो जाए। अपने आस-पास मंडराते चाटुकारों के

कारण उसे ऐसा लगता है कि सचमुच उसके पास कोई अलौकिक शक्ति है। इस प्रक्रिया में वह सभी लोकतांत्रिक तौर-तरीकों को फूंक मारकर उड़ाता चलता है, सत्ता पर कब्जा कर लेता है, लोकतांत्रिक संस्थानों को महत्त्वहीन बना देता है और हर तरह के असंतोष तथा आलोचना को अनसुना कर देता है भले ही उनमें से कुछ सरकार और पार्टी के सुचारु काम-काज के लिए उपयोगी ही क्यों न हो। ऐसा वह इसलिए करता है कि उसे लगता है कि ये सारी चीजें उसकी राह में अनावश्यक रोड़े अटका रही हैं। लिहाजा धीरे-धीरे जनता से उसका अलगाव होने लगता है और पार्टी में असंतोष उभरने लगता है, जो एक मुकाम पर आकर भयानक विस्फोट की तरह फूट पड़ता है। ऐसे भी लोग हैं जो वाजिब मौके के इंतजार में चुप बैठे रहते हैं और मौका मिलते ही बदले की भावना से वे किसी भी सर्वेसर्वा को उखाड़ फेंकने में अपनी पूरी ताकत लगा देते हैं। इसी के साथ उस अलौकिक व्यक्ति की समूची आभाएं, उसके प्रति जनता का आकर्षण और उसका गढ़ा हुआ व्यक्तित्व—सब समाप्त हो जाता है। लोगों के लिए वह अचानक एक साधारण व्यक्ति से भी साधारण बन जाता है। जब उसे विपदा घेरती है तो वह खुद को इस्तेमाल हो चुके सामान की तरह अनुपयोगी, महत्त्वहीन और अकेला महसूस करता है। एनटीआर पार्टी और सरकार में खुद के बनाए हुए ऐसी ही परिस्थितियों का शिकार हुए। उनका राजनीतिक जीवन देश के राजनीतिज्ञों के लिए हमेशा एक सबक बना रहेगा।

(12) सामान्य, नैतिक, जवाबदेह, जिम्मेदार और पारदर्शी सरकार—इसे 'विजन 2020' दस्तावेज के बाद बहुत महत्त्व मिला (आंध्र प्रदेश सरकार 1999)।

(13) डीडब्ल्यूआरए (डिवेलपमेंट ऑफ वूमेन एंड चिल्ड्रेन इन रूरल एरियाज) समूहों को बहुत प्रोत्साहन दिया गया। डीडब्ल्यूएसी-आरए बाजारों का आयोजन किया गया, जहां महिलाएं अपनी शिल्प-वस्तुएं बेच सकती थीं, महिलाओं को प्रसव से पहले सरकारी सहयोग प्रदान करने के लिए 'सुखीभवा', गरीब लड़कियों के लिए 'संरक्षण' तथा विधवाओं को वित्तीय सहायता प्रदान करने के लिए 'तत्काल' जैसी परियोजनाओं के अलावा महिला बैंकों और औद्योगिक संस्थानों की शुरुआत की गई। जो योजना सबसे ज्यादा विवादास्पद रही वह थी 'दीपम'। चुनाव आयोग द्वारा चुनाव कार्यक्रमों की घोषणा के ऐन एक दिन पहले घोषित की गई इस परियोजना के अन्तर्गत 'सब्सिडाइज्ड' कीमत पर 10 लाख गैस कनेक्शनों की आपूर्ति की जानी थी।

(14) सीएसडीएस के नमूने से पता चलता है कि जिन मतदाताओं ने भाजपा के पक्ष में मतदान किया था उनमें से ज्यादातर ने तेदेपा के लिए भी मतदान किया था। यानि 'वैलट-स्प्लीटिंग' न के बराबर ही हुई। तेदेपा-भाजपा गठबंधन को लोकसभा

में 49.8 प्रतिशत और विधानसभा में 47.5 प्रतिशत वोट मिले। यह कहना मुश्किल है कि भाजपा के लिए आवश्यक रूप से मतदान करने वाले मतदाता लोकसभा और विधानसभा के चुनाव अलग-अलग होने की स्थिति में तेदेपा के लिए मतदान करते या नहीं।

अनुवाद : राकेश कुमार सिंह

केरल

KASARAGOD
KANNUR
WAYANAD
KOZHIKODE
MALAPPURAM
PALAKKAD
THRISSUR
IDUKKI
ERANAKULAM
KOTTAYAM
ALAPPUZHA
PATHANAMTHITTA
KOLLAM
THIRUVANANTHAPURAM

केरल : दो गठजोड़ों की स्थिर चुनावी होड़

— जी. गोप कुमार

अस्सी के दशक में उभरे दो शक्तिशाली गठजोड़ों (यूडीएफ और एलडीएफ) से पहले केरल की राजनीति भी उत्तर भारत के कुछ राज्यों की तरह अस्थिरता की शिकार थी। लेकिन, इन गठबंधनों ने केरल को सारे देश के लिए एक उदाहरण के रूप में प्रस्तुत किया। केरल के विकसित मतदाता वैचारिक आधार पर गठित इन गठबंधनों के बीच हुए चुनाव में सत्ता बदल कर देते हैं। 2004 चुनाव के अपवाद को छोड़ दें तो लोकसभा के चुनाव में आमतौर पर कांग्रेस के नेतृत्व वाले गठजोड़ का पलड़ा भारी रहता है। भारतीय जनता पार्टी ने एक तीसरी ताकत के रूप में उभरने की कोशिश की है, पर उसकी संभावनाएं बहुत मुखर नहीं हैं। यूडीएफ और एलडीएफ मलयाली समाज के सभी हितों, जातियों, समुदायों और धर्मों की राजनीति में प्रतिनिधित्व देने में सफल साबित हुए हैं। लगता है कि अगले अनेक वर्षों तक केरल की चुनावी राजनीति इन्हीं दोनों की होड़ के आसपास जारी रहेगी।

केरल : स्थिर द्वि-ध्रुवीय गठबंधन

पिछले दस-पंद्रह साल ज्यादातर भारतीय राज्यों के लिए राजनीतिक अस्तव्यस्तता से भरे थे। लेकिन, इस दौरान केरल की राजनीति अपनी असाधारण स्थिरता के कारण जानी जाएगी। नब्बे के दशक में केरल के लोकसभा और विधानसभा चुनावों की श्रृंखला में सब कुछ सामान्य-सा रहा। 1980 में ही इस राज्य की राजनीति में सावधानी से तैयार किए गए दो गठबंधन उभर आए थे। इनके बीच होने वाली द्विध्रुवीय प्रतियोगिता तब से कमोबेश कायम है। नब्बे के दशक में इस राज्य की दलीय व्यवस्था में न सिर्फ कोई परिवर्तन नहीं हुआ, बल्कि दलों के अलग-अलग प्रभाव क्षेत्र में भी कोई बदलाव नहीं आया। कांग्रेस के नेतृत्व वाली संयुक्त लोकतांत्रिक मोर्चे यानी यूनाइटेड डेमोक्रेटिक फ्रंट (यूडीएफ) और मार्क्सवादी कम्युनिस्ट पार्टी (माकपा) के नेतृत्व वाली वाम लोकतांत्रिक मोर्चे यानी लेफ्ट डेमोक्रेटिक फ्रंट (एलडीएफ) के बीच हर विधानसभा चुनावों में सत्ता इधर-उधर होती रही। अपवादों को छोड़कर यूडीएफ को

लोकसभा चुनावों में हर बार बढ़त मिलती रही। 1967 से ही केरल के मतदाता लोकसभा एवं विधानसभा चुनावों के बीच फर्क करके फैसला देते रहे हैं, जिससे उनकी निगाह राष्ट्र और क्षेत्र के मध्य उभरते एजेंडे में अंतर करने में कामयाब रही है। मतदाताओं का यह रवैया 1990 के दशक में भी कायम रहा। 1996 के चुनावों में इस सिलसिले में मामूली परिवर्तन जरूर देखा गया। दोनों गठबंधनों की संरचना में भी कुछ परिवर्तन हुआ है, लेकिन शेष भारत में हुए गठबंधनों में परिवर्तनों की तुलना में केरल में हुए ये बदलाव सामान्य ही कहे जाएंगे।

नब्बे के दशक में हुए तीन विधानसभा चुनावों और चार लोकसभा चुनावों के दौरान केरल की राजनीति के इस स्थापित प्रतिमान को उलटने के कई प्रयास हुए। द्विध्रुवीय गठबंधनों की राजनीति से मिलने वाली चुनौतियां धार्मिक वोट बैंकों के निर्माण और पुनर्निर्माण के प्रयत्नों के रूप में सामने आईं। भारतीय जनता पार्टी (भाजपा) ने अपने लिए मजबूत आधार बनाने की कोशिश की। बाबरी मस्जिद के विध्वंस के बाद इंडियन यूनियन मुस्लिम लीग में हुए विभाजन और पीपुल्स डेमोक्रेटिक पार्टी (पीडीएफ) के निर्माण ने मुसलमान वोटों के पुनर्एकीकरण की कोशिशों को आगे बढ़ाया। लेकिन, ये दोनों ही प्रयास इतने मतदाताओं को गोलबंद करने में विफल रहे, जिससे 'पहले मारे सो मीर' वाली चुनाव प्रणाली पर छाई हुई द्विध्रुवीय प्रतियोगिता पर कोई असर पड़ सकता। भाजपा को अच्छे मत मिले, पर वह एक भी सीट नहीं जीत पाई। उसे केरल की दलीय प्रणाली के हाशिए पर ही रहना पड़ा।

केरल की राजनीतिक स्थिरता पश्चिम बंगाल से भी मजबूत मानी जाएगी। बंगाल में पिछले दो दशकों में हुए सभी चुनावों में एक ही प्रकार के गठबंधन को जीत हासिल हुई, पर वहां दलीय प्रणाली एक समान नहीं रही। अस्सी के दशक का द्विध्रुवीय संघर्ष बंगाल में त्रिकोणीय और कभी-कभी चौकोणीय हो गया, जिससे जमीनी स्तर पर राजनीतिक समीकरणों में परिवर्तन हुआ। इसकी तुलना में केरल की राजनीतिक प्रतियोगिता की संरचना में बहुत कम परिवर्तन हुआ, हालांकि हर चुनाव के साथ सरकारें बदलती रहीं। कुछ प्रेक्षकों को लग सकता है कि उत्तर भारत के कुछ द्वि-दलीय प्रणाली वाले राज्य (राजस्थान, मध्य प्रदेश, दिल्ली और हिमाचल प्रदेश) भी अस्सी के दशक के अपने रुझानों पर टिके रहे यानी वहां द्वि-दलीय प्रणाली कायम रही। लेकिन इन सभी मामलों पर एक नजदीकी नजर डालने पर राज्य या स्थानीय स्तर पर राजनीतिक या सामाजिक पुनर्विन्यास की कहानी उभरकर सामने आती है। केरल की तुलना में इन सभी राज्यों में दलों या गठजोड़ों की अपनी सीटों और मतों पर पकड़ बहुत ही कमजोर है।

आखिर केरल अपवाद क्यों है ?

यह प्रश्न महत्त्वपूर्ण है। केरल के अपवाद होने को अपने-आप में एक तर्क के रूप में

स्वीकार किया जाने लगा है। आलेख का मकसद इस प्रश्न का उत्तर देने के बजाय उस मुकाम की ओर संकेत कर सकता है जहां से हम उत्तर खोजने की शुरुआत कर सकते हैं। इस अपवाद का कारण समझने के लिए केरल की उच्च साक्षरता, संतुलित लैंगिक अनुपात या ग्रामीण-शहरी विभाजन की अनुपस्थिति ही काफी नहीं है। इसके लिए केरल के अनोखे राजनीतिक इतिहास पर नजर डालनी पड़ेगी। इस राज्य में राजनीतिक सत्ता में पिछड़े समुदायों का उभार, राजनीतिक दलों के जाति-समुदाय का स्थाई जुड़ाव, स्थाई बहुदलीय गठबंधनों का निर्माण और राज्य की संस्था के आस-पास राजनीतिक चयन की प्रवृत्ति देश के अन्य राज्यों से पहले ही दिखाई देने लगी थी। इन प्रतिमानों के स्थिर होने से पूर्व दो दशकों तक केरल उसी प्रकार के सामाजिक उथल-पुथल एवं राजनीति से गुजरा, जिसका सामना आज उत्तर प्रदेश और बिहार कर रहे हैं। एक बार इनके स्थिर हो जाने के बाद, सत्ता का एक स्थिर विन्यास और राजनीतिक प्रतियोगिता की मौजूदा सुस्थापित संरचना सामने आई।

सामाजिक संरचना और राजनीतिक प्रतियोगिता

शिक्षित मतदाताओं के राजनीतिक व्यवहार के बारे में काफी प्रचलित मान्यता के विपरीत केरल के वोटर जाति और समुदाय पर आधारित मतदान करते हैं। संभवतः यह भारत का एकमात्र राज्य है, जहां राजनीतिक प्रतियोगिता की संरचना इस प्रकार की है जिसकी तुलना पश्चिम के चुनाव आधारित लोकतंत्रों से की जा सकती है। दलों के साथ मतदाताओं के जुड़ाव की भावना इस राज्य में स्थाई एवं टिकाऊ है। दलीय निष्ठा समुदाय आधारित है और पिछले दशकों से लगातार कायम है। दलीय-प्रदर्शन को क्षेत्रीय और चुनाव-क्षेत्र आधारित प्रतिमान भी पूर्वानुमान लगाने लायक हैं। अन्य राज्यों के विपरीत, यहां पहले से कहा जा सकता है कि दलों के लिए कौन सी सीटें 'सुरक्षित' हैं और कौन सी कमजोर। संक्षेप में, केरल के मतदाताओं का संयोजन किसी अन्य राज्य जैसा नहीं है। अन्य सभी मामलों की तरह, इस बारे में भी केरल अलग है।

मतदान के राजनीतिक समाजशास्त्र की जानकारी के लिए जरूरी है कि केरल के सांप्रदायिक और जाति-विभाजन पर नजर डाली जाए। राज्य की जनसंख्या में 57 प्रतिशत हिंदू, 23 प्रतिशत मुसलमान एवं 19 प्रतिशत ईसाई हैं। मालाबार क्षेत्र में मुसलमानों की ताकतवर उपस्थिति है, विशेष रूप से मालापुरम, कालीकट, कन्नानूर और कासरगोड जिलों में। इसी प्रकार, मध्य ट्रावनोर पट्टी और मालाबार के पहाड़ी क्षेत्रों (जहां आदिवासी काफी रहते हैं) में ईसाइयों का भी सीमित संकेन्द्रण है। हिंदू जातियों में, एझवा 22 प्रतिशत, नायर 15 प्रतिशत, ब्राह्मण 2 प्रतिशत, अनुसूचित जातियां और अनुसूचित जनजातियां 9 प्रतिशत के आसपास हैं।

तालिका 2.1
केरल की धर्म एवं जाति रूपरेखा

नाम	प्रत्येक समूह में उपजाति विभाजन की कुल संख्या	पिछड़ा वर्ग आयोग, 1970 के अनुसार जनसंख्या (प्रतिशत)	1991 की जनगणना के अनुसार जनसंख्या (प्रतिशत)
हिन्दू	674	60.0	57.3
ब्राह्मण	58	1.8	–
नायर	36	14.8	–
एझुथाचन	70	173	–
वेल्लास (आदि)	42	0.8	–
वेल्लक्कीथला	81	2.2	–
विश्वाकर्मन	22	3.8	–
एझवा	8	22.2	–
आर्य, वेलन	239	4.2	–
अनुसूचित जाति	70	7.9	9.9
अनुसूचित जनजाति	48	1.3	1.1
ईसाई	13	21.1	19.6
सीरियन ईसाई	13	16.0	–
लैटिन कैथोलिक	–	3.6	–
अनु. जाति से धर्मांतरित	–	1.6	–
मुसलमान	–	19.1	23.3
कुल	–	100.0	99.9

***स्रोत :** यह तालिका केरल सरकार द्वारा 1970 में नियुक्त किए गए पिछड़ा वर्ग आरक्षण आयोग, 1970 की रपट के आधार पर तैयार की गई है। यह नेटुर कमीशन रपट के रूप में प्रसिद्ध है—*

स्रोत : आर. रामकृष्ण नायर, सोशल स्ट्रक्चर एंड पॉलिटिकल डिवेलपमेंट इन केरला, द केरला एकेडमी ऑफ पॉलिटिकल साइंस, तिरुवनंतपुरम, 1976, पेज 3, 33, आखिरी कॉलम में दिए गए धर्म संबंधी आंकड़े, भारत की जनसंख्या-1991 से लिए हैं, शृंखला 12, केरल, भाग द्वङ्क बी (द्वद्व) रिलीजन।

***नोट :** जाति पर आधारित आंकड़े 1931 के बाद से उपलब्ध नहीं हैं। उपरोक्त आंकड़ा काफी हद तक 1931 पर आधारित है। बहुत से छोटे-छोटे जाति विभाजनों को इससे बाहर रखा गया है। तालिका की सीमा राज्य की जाति-रूपरेखा में कुछ विसंगति ला सकती है।*

ये जातिगत या सामुदायिक समूह ज्यादातर मतदाताओं का राजनीतिक रवैया तय करते हैं। ऐतिहासिक रूप से, दो धार्मिक अल्पसंख्यकों की प्रवृत्ति अपने धार्मिक दलों के समर्थन की रही है। मुस्लिम लीग मुसलमानों के लिए और केरल कांग्रेस के विभिन्न धड़े ईसाइयों के राजनीतिक दलों की भूमिका निभाते हैं चूंकि ये दल यूडीएफ से जुड़े रहते हैं और एलडीएफ ने आमतौर पर इनसे किसी प्रकार का संबंध रखना अस्वीकार किया है, इसलिए वामपंथियों को अल्पसंख्यकों के बीच लगातार नुकसान उठाना पड़ा है जिसकी पूर्ति वे जनसंख्या के शेष हिस्से से करते हैं। समाज सुधार और सामाजिक सम्मान आंदोलनों में हिस्सेदारी की बदौलत वामपंथियों की हिंदुओं की पिछड़ी और दलित जातियों विशेषतः संख्यात्मक रूप से मजबूत एझवाओं के बीच गहरा आधार बन गया है। दरअसल, दोनों गठबंधनों का आकार में तकरीबन समान, परंतु एकदम अलग संरचना वाला अपना-अपना सामाजिक आधार है।

स्वतंत्रता प्राप्ति के पहले से एक मजबूत कम्युनिस्ट संगठन की उपस्थिति ने राज्य में जातिगत-रूढ़ियों को लगातार चुनौती दी है। भूमि सुधारों के क्रियान्वयन एवं सामंतवाद के उन्मूलन में महत्त्वपूर्ण भूमिका भी निभाई है। फिर भी राजनीतिक स्तर पर जाति व्यवस्था कायम रही। जाति अभी तक विशेष रूप से लाभांशों के वितरण, नीति-निकायों, विभिन्न चुनावों में पार्टी-टिकट संबंधी निर्णयों में महत्त्वपूर्ण भूमिका निभाती है। जाति के कारण बहुत से मंत्रिमंडलों और राजनीतिक दलों के भाग्य को प्रभावित किया है। राजनीतिक अस्थिरता और दलीय गुटबंदी इन्हीं घटनाक्रमों की देन है।

लेकिन, केरल की राजनीति में वर्ग की भूमिका को कम करके नहीं आंका जा सकता। आधुनिकता एवं परंपरा के बीच एक प्रतियोगी किस्म की अन्योन्य क्रिया हुई है जिसने राजनीतिक व्यवस्था पर व्यापक प्रभाव डाला है। वामपंथी आंदोलनों की उपस्थिति ने भूमि सुधारों को ही दिशा नहीं दी, वरन खेतों एवं कारखानों में मजदूरों को ऊंचा वेतन दिलवाने में भी सहायता की। वाम आंदोलन ने विद्यार्थियों, युवाओं और सेवा क्षेत्र में अपना प्रभाव बढ़ाने के अतिरिक्त महिलाओं और मध्य वर्ग को संगठित करने में भी सफलता हासिल की। कुल मिलाकर यह कहा जा सकता है कि केरल में ऊंची जातियों के पारंपरिक प्रभुत्व का विध्वंस हो गया है। तकरीबन तीन करोड़ दस लाख की आबादी में केरल का मध्य वर्ग सभी जातियों और समूहों के लोगों से मिल कर बना है। तटीय इलाके में मछुआरों एवं 'पहाड़ी क्षेत्रों' में जनजातियों को छोड़कर पारंपरिक रूप से हाशिए पर पड़े वर्गों की किस्मत में महत्त्वपूर्ण बदलाव आया है। सामाजिक परिवर्तनों ने कांग्रेस जैसी मध्यवर्ती पार्टी को भी रेडिकल बना दिया है, 1969 से यह पार्टी मजदूर वर्ग, अल्पसंख्यकों और युवाओं की ओर अधिकाधिक मुड़ी है।

चुनावी राजनीति में पहले से चली आ रही जातिगत और वर्गीय होड़ अधिक तीखी हुई है। हिंदू और मुसलमान समुदायों के भीतर धार्मिक कट्टरता भी बढ़ी है।

हालांकि यह पहलू अभी सीमित ही है, पर चुनावी-खेल के स्थापित मानकों पर इसने चिंताजनक प्रभाव डाला है। 1984 के लोकसभा चुनावों से एक चुनावी शक्ति के रूप में भाजपा के उभार और उसके द्वारा कांग्रेस व माकपा के वोट बैंक में सेंध ने द्विध्रुवीय राजनीति के पारंपरिक प्रतिमानों को बदल दिया है। यद्यपि 1991 के लोकसभा चुनावों में भाजपा का प्रदर्शन बहुत खराब रहा, पर 1996 के चुनावों में वह एक शक्तिशाली ताकत के रूप में उभरी। दूसरी ओर, मदनी की पीडीपी और विद्रोही मुस्लिम लीग (इब्राहिम सुलेमान सेत के नेतृत्व वाली, जिसे इंडियन नेशनल लीग कहा जाता है) की उग्रवादी भंगिमाओं ने भी यूडीएफ की किस्मत को प्रभावित किया है।

अल्पसंख्यक राजनीति की प्रतिक्रिया में 'हिंदुत्व की राजनीति' का उभार एक नई प्रवृत्ति है। लेकिन, इसमें एक अन्तर्निहित कमजोरी भी है। तिरुवनंतपुरम और कासरगोड जिलों के कुछ भागों को छोड़कर कहीं भी भाजपा एक ऐसी शक्ति के रूप में नहीं है, जो दोनों शक्तिशाली गठजोड़ों को चुनौती दे सके। पर, भाजपा द्वारा इस्तेमाल की जाने वाली राजनीतिक शब्दावली और राष्ट्रीय स्वयंसेवक संघ की औचक चालबाजियों ने चुनावी राजनीति में दोनों मोर्चों को नई दिशा और रणनीतियां अपनाने के लिए मजबूर कर दिया है। खास बात यह है कि चुनावी ताकत रखने वाली मुस्लिम लीग एक अनोखी स्थिति में कांग्रेस के नेतृत्व वाले यूडीएफ की कमजोरियों और दूसरी ओर इंडियन नेशनल लीग और पीडीपी के मुसलमान युवाओं और रूढ़िवादी तबकों में संभावित समर्थन का एहसास हो गया है।

केरल : एक अनोखा राजनीतिक इतिहास

केरल देश का पहला राज्य था जिसने शुरू से ही कांग्रेस को ठुकरा दिया था। 1952 में केरल जब ट्रावनकोर-कोचीन राज्य के रूप में था तब भी वहां कांग्रेस हार गई थी। केरल के रूप में राज्य के 1 नवम्बर, 1956 को गठन होने से पहले 1948, 1952 एवं 1954 में तीन चुनाव हो चुके थे। चुनी हुई सरकारों के निराशाजनक प्रदर्शनों के कारण ट्रावनकोर-कोचीन को लगातार राजनीतिक अस्थिरता का सामना करना पड़ा। रोचक तथ्य है कि जब 1 नवम्बर, 1956 को आधुनिक केरल का निर्माण हुआ तो वह राष्ट्रपति शासन के अंतर्गत था। पिछले 46 वर्षों में राज्य में आठ बार राष्ट्रपति शासन लागू किया गया। उस दौरान राज्य में 18 सरकारें बनीं (**देखें परिशिष्ट**)। प्रत्येक सरकार के कार्यकाल में यह अंतर एक माह से 78 माह तक का रहा। तीन गठबंधन सरकारों ने अपना कार्यकाल पूरा किया। उनका नेतृत्व करने वाले थ—सी. अच्युत मेनन (1970-77 पांच साल से अधिक का समय आंतरिक आपात्काल के कारण मिला), के. करुणाकरन (1982-87) और ई. के. नयनार (1996-2001)।

तालिका 2.2

केरल के मुख्यमंत्रियों और राष्ट्रपति शासन की सूची

नाम	कार्यकाल	हटने का कारण
1. पट्टम ए. थानु पिल्लै	12 फरवरी 1948 से 17 अक्टूबर 1948	ट्रावनकोर राज्य की कांग्रेस पार्टी के भीतर गुटबंदी
2. टी. के. नारायण पिल्लै	22 अक्टूबर 1948 से 1 जुलाई 1949	ट्रावनकोर-कोचीन राज्य में पहली निर्वाचित मंत्रिपरिषद के लिए मार्ग प्रशस्त करते हुए इस्तीफा
3. टी. के. नारायण पिल्लै	1 जुलाई 1949 से 20 फरवरी 1951	जातिगत-सांप्रदायिक हितों पर आधारित गुटबंदी
4. सी. के. केशवन	24 फरवरी 1951 से 11 मार्च 1952	गुटबंदी के कारण टी. के. नारायण पिल्लै मंत्रिपरिषद के इस्तीफे के बाद
5. ए. के. जॉन	12 मार्च 1952 से सितम्बर 1953	पार्टीवाद में दल-बदल के कारण, लेकिन मध्यावधि चुनावों तक काम चलाऊ सरकार के रूप में कार्यरत
6 पट्टम ए. थानु पिल्लै	17 मार्च 1954 से फरवरी 1955	गुटीय राजनीति के कारण इस्तीफा
7. पनमपिल्ली गोविंद मेनन	फरवरी 1955 से 31 जुलाई 1959	गुटीय राजनीति के कारण इस्तीफा जिसके बाद राष्ट्रपति शासन
8. ई.एम.एस. नम्बूदरीपाद	5 अप्रैल 1957 से 31 अप्रैल 1959	आधुनिक केरल के प्रथम मुख्यमंत्री 31 जुलाई 1959 को इस्तीफा, फिर राष्ट्रपति शासन
9. पट्टम ए. थानु पिल्लै	22 फरवरी 1960 से सितम्बर 1962	इस्तीफा, फिर पट्टम को ही राज्यपाल बना दिया गया
10. आर. शंकर	सितम्बर 1962 से 10 सितम्बर 1964	गुटबंदी के कारण इस्तीफा, जिसके बाद राष्ट्रपति शासन। 1965 में त्रिशंकु विधानसभा के कारण राष्ट्पति शासन का एक और चरण
11. ई.एम.एस. नम्बूदरीपाद	6 मार्च 1969 से अक्टूबर 1969	यूनाइटेड फ्रंट गठबंधन में विभिन्न दलों में मतभेद के कारण इस्तीफा
12. सी. अच्युत मेनन	1 नवंबर 1969 से 1 अगस्त 1970	आई.एस.पी. में विभाजन एवं सत्तारूढ़ गठबंधन में बहुमत खो देने के खतरे के कारण इस्तीफा, इसके बाद राष्ट्रपति शासन

13. सी. अच्युत मेनन	4 अक्टूबर 1970 से 23 मार्च 1977	कार्यकाल पूरा किया, फिर आपात्काल लागू
14. के. करुणाकरन	23 मार्च 1977 से 24 मार्च 1977	राजन मामले के कारण एक माह बाद इस्तीफा
15. ए. के. एंटनी	25 अप्रैल 1977 से 27 अक्टूबर 1978	दल के केंद्रीय नेतृत्व से मतभेद के कारण इस्तीफा
16. पी. के. वासुदेवन नायर	29 अक्टूबर 1978 से 12 अक्टूबर 1979	एलडीएफ के गठन के लिए मार्ग प्रशस्त करने हेतु इस्तीफा
17. सी. एच. मोहम्मद कोया	12 अक्टूबर 1979 से 5 दिसम्बर 1979	बहुमत खो देने के कारण इस्तीफा जिसके बाद राष्ट्रपति शासन लागू
18. ई.के. नयनार	25 जनवरी 1980 से 17 मार्च 1982	पहली एलडीएफ में बहुमत खोने पर इस्तीफा, फिर राष्ट्रपति शासन लागू
19. के. करुणाकरन	25 दिसम्बर 1981 से 17 मार्च 1982	यूडीएफ में बहुमत खोने पर इस्तीफा, इसके बाद राष्ट्रपति शासन लागू
20. के. करुणाकरन	24 मई 1982 से 25 मार्च 1987	कार्यकाल पूरा किया, नई विधानसभा में नकारात्मक जनादेश के कारण इस्तीफा
21. ई.के. नयनार	25 मार्च 1987 से 17 जून 1991	कार्यकाल पूरा किया, नई विधानसभा में नकारात्मक जनादेश के कारण इस्तीफा
22. के. करुणाकरन	24 जून 1991 से 16 मार्च 1975	इसरो जासूसी कांड के कारण कांग्रेस में आंतरिक असंतोष के कारण इस्तीफा
23. ए.के. एंटनी	22 मार्च 1995 से 9 मई 1996	नई विधानसभा में नकारात्मक चुनावी जनादेश के कारण इस्तीफा
24. ई.के. नयनार	29 मई 1996 से 22 मई 2001	कार्यकाल पूरा किया, नई विधानसभा में चुनावी जनादेश के कारण इस्तीफा
25. ए.के. एंटनी	23 मई 2001 से 2004 तक	यूडीएफ के मुख्यमंत्री के रूप में कार्यभार संभाला, 2004 लोकसभा चुनाव में पार्टी की पराजय के बाद नेतृत्व परिवर्तन
26. ओमान चांडी	2004 से 2 अप्रैल 2006	
27. वी.एस. अच्युतनंदन	अप्रैल 2006 से अब तक	

1956 से अब तक केरल विधानसभा के लिए 13 बार चुनाव हुए। चुनावी गठबंधनों के प्रतिमानों एवं चुनावों के उपरान्त बने सरकारों की प्रकृति को नीचे प्रदर्शित किया गया हैं (**तालिका-2.3**)। महत्त्वपूर्ण बात यह है कि केरल में

केवल दो एक दलीय सरकारें बनीं, एक, पहले आम चुनावों के उपरान्त अविभाजित भारतीय कम्युनिस्ट पार्टी की सरकार 1957-59 की कालावधि, और दूसरी कांग्रेस पार्टी की सरकार 1962-64 के कालखंड में (पीएसपी के नेता पट्टम थानु पिल्लै की केरल के मुख्यमंत्रित्व, पंजाब के राज्यपाल पद पर नियुक्ति और गठबंधन से प्रसोपा के बाहर निकल जाने के उपरान्त)। अलग-अलग कारणों से इनमें से कोई भी सरकार अपना कार्यकाल पूरा न कर सकी। कुल 18 गठबंधन सरकारों में से 13 की किस्त भी इसी प्रकार की रही, और इस प्रकार केरल अपनी राजनीतिक अस्थिरता के लिए जाना जाने लगा। जब तक राज्य को द्विध्रुवीय राजनीति नहीं मिली, तब तक उसे राजनीतिक स्थिरता नसीब नहीं हो सकी। गठजोड़ों की कामयाबी के कारण 'केरल का अनुभव' देश के अन्य भागों के लिए एक 'मॉडल' के रूप में उद्धृत किया जाने लगा है। समझा जाता है कि राष्ट्रीय स्तर पर गठजोड़ राजनीति के ऐसे ही प्रतिमान के विकास की संभावना है। केरल की एक खास बात यह भी है कि दोनों गठबंधनों में, उनके घटक दलों को एक तरह का अलिखित 'आनुपातिक प्रतिनिधित्व' भी मिलता रहता है। यह प्रावधान अनौपचारिक से कुछ ज्यादा, लेकिन औपचारिक से कुछ कम है। इसके जरिए घटक दलों को मौका मिलता है कि वे आपस में सीटें बांट लें और अपने-अपने प्रभाव क्षेत्रों को चुन लें। केरल की बहुदलीय होड़ का नतीजा राजनीतिक अस्थिरता में निकला है। 46 वर्षों में 18 सरकारें गठित हुई हैं। राजनीति में सांप्रदायिक और जातिगत पहलू मजबूत हुए हैं। इसमें एक गठजोड़ से दूसरे में स्वार्थ के लिए पाला बदल भी शामिल है।

तालिका 2.3

विधानसभा चुनाव और गठजोड़ राजनीति : 1948-2001

चुनौती गठबंधन का स्वास्थ्य	वर्ष	परिणाम
कांग्रेस के खिलाफ कोई रुझान नहीं	1948	कांग्रेस की पूर्ण विजय
भाकपा-प्रसोपा गठबंधन बनाम कांग्रेस	1952	कांग्रेस को अल्पमत
कांग्रेस के खिलाफ भाकपा-प्रसोपा -केएमपी में चुनावी तालमेल	1954	कांग्रेस पराजित, लेकिन कम्युनिस्ट पार्टी को सरकार बनाने से रोकने के लिए प्रसोपा के नेतृत्व वाली अल्पसंख्यक सरकार को समर्थन
भाकपा और कुछ गैर-कानूनी दलों के मध्य अप्रत्यक्ष चुनावी तालमेल	1957	भारतीय कम्युनिस्ट पार्टी के पक्ष में केरल के मतदाताओं का ऐतिहासिक जनादेश

माकपा के विरुद्ध कांग्रेस-प्रसोपा -लीग का चुनावी तालमेल	1960	गैर-कम्युनिस्ट गठबंधन को सत्ता
कांग्रेस के खिलाफ माकपा-संसोपा -लीग का चुनावी तालमेल	1965	त्रिशंकु विधानसभा, माकपा सबसे बड़े दल के रूप में उभरी
माकपा, भाकपा, क्रांसोपा, संसोपा लीग, केएसपी और केटीपी का यूनाइटेड फ्रंट कांग्रेस के खिलाफ उभार	1967	यूनाइटेड फ्रंट की धमाकेदार जीत, 133 सदस्यीय विधानसभा में कांग्रेस 9 सीटों पर सिमटी
तीन मोर्चे उभरे (1) माकपा के नेतृत्व में मिनी फ्रंट, कांग्रेस, प्रसोपा लीग और क्रांसोपा का (2) माकपा, संसोपा, आईएसपी, केएचपी, और केटीपी का फ्रंट (3) स्वतंत्र, जनसंघ और संगठन कांग्रेस का फ्रंट	1970	'मिनी फ्रंट' को चुनावों में विजय मिली और माकपा के नेता अच्युत मेनन मुख्यमंत्री बने
दो मुख्य गठबंधन (1) भाकपा, कांग्रेस, लीग, क्रांसोपा, एनडीपी, प्रसोपा, केसी. (2) माकपा, केसी (पी), जनता पार्टी, लीग (ओ), केएसपी, एनआरएसपी कांग्रेस (पी)	1977	कांग्रेस-भाकपा गठबंधन को शानदार विजय, 140 सदस्यीय विधानसभा में केवल 14 सीटों के साथ माकपा हाशिए पर
एलडीएफ और यूडीएफ के रूप में द्विध्रुवीकरण। भाकपा ने एलडीएफ बनाया जिसमें भाकपा कांग्रेस (यू), क्रांसोपा, ए.आई. एम.एल., केकां (एम) केकां (पी) शामिल। कांग्रेस (आई) के नेतृत्व वाले यूडीएफ में आईयूएमएल, एनडीपी, केकां (जे), एसआरपी, प्रसोपा एवं जपा शामिल।	1980	एलडीएफ को स्पष्ट बहुमत के साथ सत्ता प्राप्त हुई एवं राज्य की राजनीति में कांग्रेस अलग-थलग पड़ गई। फिर भी कांग्रेस प्रमुख विपक्षी दल के रूप में उभरी
एलडीएफ और यूडीएफ का द्विध्रुवीय गठबंधन कायम, पर केकां (एम) व कांग्रेस (ए), यूडीएफ में शामिल, इसके अतिरिक्त जनता (जी), क्रांसोपा (एस), डीएलपी, एसआरपी, प्रसोपा, एवं एनआरएसपी ने भी यूडीएफ में प्रवेश किया। केकां	1982	स्पष्ट बहुमत के साथ यूडीएफ को सत्ता प्राप्त हुई।

(जे), डीएसपी एवं लोकदल एलडीएफ में शामिल।		
एलडीएफ और यूडीएफ की द्विध्रुवीय होड़ जारी। एलडीएफ ने एक वामपंथी व मध्यमार्गी दलों की उपेक्षा की। यूडीएफ का एक बड़े गठबंधन के रूप में विस्तार हुआ। भाजपा-हिंदू फ्रंट ने तीसरे गठबंधन के लिए कोशिश की।	1987	एलडीएफ ने सांप्रदायिक ध्रुवीकरण पर आधारित 'गठबंधन सिद्धांत' को चुनौती देते हुए ऐतिहासिक विजय हासिल की।
गठबंधनों की होड़ जारी रही।	1991	यूडीएफ ने स्पष्ट बहुमत के साथ सत्ता प्राप्त की, जिसके लिए कुछ हद तक राजीव गांधी की हत्या से उपजी सहानुभूति लहर भी उत्तरदायी थी।
दोनों गठबंधन कायम रहे, पर केकां (जे) एलडीएफ में वापस लौटी, जबकि एनडीपी ने यूडीएफ का विरोध किया। दो अन्य छोटे गठबंधन अखाड़े में उतरे, एक भाजपा के नेतृत्व में एवं दूसरी पीडीपी के नेतृत्व में।	1996	एलडीएफ ने स्पष्ट बहुमत के साथ सत्ता प्राप्त की।
एलडीपी चुनाव से बाहर रही। यूडीएफ और एलडीएफ का औपचारिक गठबंधन पूर्ववत कायम रहा। भाजपा ने अपने गठबंधन को विस्तारित करने का प्रयास किया।	2001	विधानसभा की 140 सीटों में से 100 सीटों पर विजय प्राप्त कर यूडीएफ ने सत्ता में वापसी की।

केरल में विधानसभा एवं लोकसभा के चुनावों में शुरुआती रुझान कांग्रेस के खिलाफ ही दिखता है। यह मन:स्थिति ट्रावनकोर और ट्रावनकोर-कोचीन राज्य में कांग्रेस सरकारों के खराब प्रदर्शन के कारण बनी थी। व्यक्तित्वों के टकराव की पृष्ठभूमि में चलने वाली गुटबाजी और कांग्रेस पार्टी के भीतर सांप्रदायिक समीकरण इसके अन्य कारण थे। 1952, 1954 एवं 1957 के विधानसभा चुनावों और 1952 और 1957 के लोकसभा चुनावों में कांग्रेस पार्टी हाशिए पर रही। 1960 के मध्यावधि चुनावों के समय प्रसोपा एवं मुस्लिम लीग के साथ औपचारिक 'तितरफा गठबंधन' बना कर कांग्रेस इस प्रवृत्ति को अस्थायी रूप से रोकने में सफल हो सकी। यह गठजोड़ जल्दी ही टूट गया और 1960 के संपूर्ण दशक में गैर-

कांग्रेसवाद का उभार हुआ, जिसने कांग्रेस पार्टी की पराजय का रास्ता खोल दिया।

इस तरह कांग्रेस पार्टी ने केरल में अकेले चुनाव लड़ने की गलती को महसूस किया। 1965 एवं 1967 के चुनावी अनुभवों ने कांग्रेस नेतृत्व की आंखें खोलने का काम किया। इसके साथ ही, सशक्त विरोधी के रूप में माकपा का उभार एक अन्य निर्धारक कारक था। गैर-कांग्रेसी गठजोड़ कायम करने की माकपा की क्षमता का जवाब सत्तर के दशक में कांग्रेस ने दिया। माकपा विरोधी ताकतें संगठित हो गईं, जिसका परिणाम 1970, 1977 (विधानसभा) एवं 1971 एवं 1977 (लोकसभा) चुनावों में कांग्रेस के नेतृत्व वाले गठबंधन की शानदार विजय के रूप में सामने आया।

1980 के दशक में द्विध्रुवीय मॉडल विचारधारात्मक आधार के आधार पर संगठित हुआ। इसने यूडीएफ (कांग्रेस के नेतृत्व में) एवं एलडीएफ को (माकपा के नेतृत्व में) जन्म दिया। एलडीएफ कांग्रेस पार्टी के एक भाग—जो प्रारंभ से कांग्रेस-यू एवं बाद में कांग्रेस—एस के नाम से जानी गई- को अपने पक्ष में करने में सफल रहा। ए. के. एंटनी के नेतृत्व में कांग्रेस-एस का प्रमुख भाग पुनः कांग्रेस में शामिल हो गया। 1980 में एलडीएफ द्वारा हासिल की गई जीत का बदला 1982 के चुनावों में जीत हासिल कर यूडीएफ ने चुका दिया **(तालिका-2.2)**। 1987 के चुनावों में, एलडीएफ ने कठोर विचारधारात्मक आधार अपनाने की हिम्मत दिखाई और इसकी जीत ने कई पारंपरिक सिद्धांतकारों को हैरत में डाल दिया जो 'सांप्रदायिक समीकरणों पर होने के गठबंधनों' का राग अलापने के अभ्यस्त हो गए थे। 1980 के दशक में हुए लोकसभा चुनावों **(तालिका-2.5)** ने बिल्कुल ही अलग की प्रवृत्ति दिखाई। इस दौरान मजबूत केन्द्र सरकार द्वारा दिए गए स्थिरता के तर्क ने केरल के मतदाताओं को भी स्पर्श किया। इससे कांग्रेस को चुनावी लाभ उठाने में मदद मिली। शुरू में, 1971 और 1977 में 'मिनी फ्रंट' के बैनर तले।

इस रुझान के विरुद्ध अपवाद 1980 और 2004 के लोकसभा चुनाव थे, जब चुनावी रूप से मजबूत एलडीएफ ने यूडीएफ को पराजित किया। 1980 में अपने सीमित संगठन से कांग्रेस पांच सीटें प्राप्त करने में सफल रही और कुल 20 सीटों में से यूडीएफ को 15 सीटें प्राप्त हुईं। पर 2004 में यूडीएफ का लगभग सफाया हो गया और उसे मात्र एक सीट पर संतोष करना पड़ा। कांग्रेस को एक भी सीट नहीं मिली।

1991 में केरल में लोकसभा एवं विधानसभा के चुनाव एक साथ हुए। 'अच्छा शासन' और 'विकेन्द्रीकरण' की उपलब्धियों को अपने पक्ष में भुनाने के एलडीएफ के मंसूबों पर उसकी पराजय ने पानी फेर दिया। वास्तव में, एलडीएफ ने केरल की राजनीति को पश्चिम बंगाल की तर्ज पर लम्बे समय तक नियंत्रित करने की योजना बना ली थी। फिर भी, कांग्रेस के नेतृत्व वाले यूडीएफ ने जिस प्रकार धमाकेदार

जीत हासिल की, उसने बहुत से पर्यवेक्षकों को हैरत में डाल दिया। 140 विधानसभा सीटों में यूडीएफ ने 90 सीटों पर जीत हासिल की (इसमें वे सीटें भी सम्मिलित हैं, जहां चुनाव स्थगित किए गए थे) और लोकसभा की 20 सीटों में से 16 सीटों पर विजय की प्राप्ति हुई। वस्तुतः इस जनादेश ने एलडीएफ के घटकों को अस्थायी रूप से निराश कर दिया, क्योंकि निश्चित समय से एक वर्ष पूर्व चुनाव करके उन्होंने अति आत्मविश्वास का प्रदर्शन किया था। एलडीएफ, जिसने 1990 के जिला परिषद चुनावों में 14 जिलों में 13 पर अपना कब्जा जमाया था, इस जनादेश से पस्त हो गया। एलडीएफ ने दावा किया उसकी सत्ता वापसी को रोकने के लिए भाजपा ने गुप्त रूप से यूडीएफ का समर्थन किया है और इस चुनाव में भाजपा के मत प्रतिशत में गिरावट के तथ्य ने इस दावे को विश्वसनीयता भी प्रदान की। बाद में भाजपा कार्यकर्ताओं ने मुस्लिम लीग, केरल कांग्रेस, एवं कांग्रेस (आई) जैसे दलों की 'अल्पसंख्यक राजनीति' का विरोध करने के लिए फिर से कमर कसी।

तालिका 2.4

केरल में लोकसभा चुनाव और गठबंधन राजनीति के रुझान

गठबंधन का प्रतिमान	वर्ष	परिणाम
कांग्रेस के विरुद्ध माकपा एवं प्रसोपा में सीमित तालमेल	1952	ट्रावनकोर-कोचीन की 11 सीटों में कांग्रेस को केवल छः सीटों पर विजय मिली।
माकपा एवं कुछ गैर कांग्रेस दलों के मध्य अप्रत्यक्ष चुनावी तालमेल	1957	कुल 18 सीटों में कांग्रेस ने केवल छः सीटों पर जीत हासिल की, जबकि माकपा ने केरल में 8 सीटों पर कब्जा जमाया।
माकपा और लीग के मध्य चुनावी तालमेल	1962	कांग्रेस को माकपा के बाद दूसरा स्थान प्राप्त हुआ, यद्यपि इसने 18 सीटों में 6 पर जीत बरकरार रखी।
माकपा, भाकपा, क्रा सोपा, केएसपी, केटीपी, लीग एवं संसोपा का कांग्रेस के विरुद्ध संयुक्त मोर्चा (यूनाइटेड फ्रंट)	1967	कांग्रेस पार्टी को सिर्फ एक सीट पर पर सफलता मिली, जबकि यूएफ (यूनाइटेड फ्रंट) ने 17 सीटों पर कब्जा जमाया।
द्विध्रुवीय गठबंधन : कांग्रेस (आर) लीग, माकपा, केकां, क्रांसोपा, पीसीपी बनाम माकपा संसोपा आईएसपी, केसीपी, एवं केटीपी	1971	कांग्रेस के नेतृत्व वाले गठबंधन ने 19 में 16 पर जीत हासिल की।

द्विध्रुवीय गठबंधन : कांग्रेस, लीग, माकपा, क्रासोपा, प्रसोपा, एनडीपी बनाम माकपा, केकां (ओ), और जपा।	1977	कांग्रेस के नेतृत्व वाले गठबंधन ने सभी 20 सीटों पर कब्जा किया, आपात्काल के पक्ष में मत।
द्विध्रुवीय गठबंधन : कांग्रेस (आई) लीग, एनडीपी, केकां (जे), एसआरपी, प्रसोपा और जपा बनाम माकपा, भाकपा, क्रासोपा, कांग्रेस (यू), केकां (एम), एआईएमएल, केकां सी (पी)।	1980	सीपीआई (एम) के नेतृत्व वाली एलडीएफ ने कुल 20 सीटों में 12 पर कब्जा जमाया। कांग्रेस को 5, एमएल को 2 एवं केसी को 1 सीट पर जीत मिली।
कुछ परिवर्तनों के साथ एलडीएफ, यूडीएफ, गठबंधन कायम रहा : कांग्रेस (ए) का कांग्रेस (आई) में विलय, केसी (एम) ने एलडीएफ को छोड़कर यूडीएफ की सदस्यता ग्रहण की। भाजपा एचएफ गठबंधन ने तीसरा मोर्चा गठित किया।	1984	कांग्रेस के नेतृत्व वाली यूडीएफ को कुल 20 सीटों में 17 पर जीत मिली, 3 सीटों पर एलडीएफ ने कब्जा किया।
कुछ परिवर्तनों के साथ एलडीएफ और यूडीएफ गठबंधन कायम रहे : एआईएमएल में हो गया, केकां (पी) एवं केकां (एम) दोनों एक साथ यूडीएफ में मिल गए। किन्तु केसी (जे) ने एलडीएफ से गठजोड़ किया।	1989	कांग्रेस के नेतृत्व वाली यूडीएफ ने कुल 20 में 17 सीटों पर अपना कब्जा बरकरार रखा। एलडीएफ को तीन सीटों पर विजय मिली।
बिना किसी उल्लेखनीय परिवर्तन के एलडीएफ और यूडीएफ की होड़ जमी रही। भाजपा स्वतंत्र रूप से चुनावी अखाड़े में उतरी।	1991	कांग्रेस के नेतृत्व वाली यूडीएफ ने कुल 20 सीटों में 16 पर कब्जा जमा कर अपनी पुरानी जीत को तकरीबन दुहराया। एलडीएफ ने अपनी चार सीटों की हिस्सेदारी कायम रखी।
एलडीएफ-यूडीएफ गठबंधन यूडीएफ में कुछ परिवर्तनों के साथ कायम रखा। भाजपा भी एक छोटे गठबंधन के साथ चुनावी मैदान	1996	एलडीएफ एवं यूडीएफ दोनों ही को 10-10 सीटों पर जीत हासिल हुई।

में उतरी।		
छोटे परिवर्तनों के साथ गठबंधन व्यवस्था पूर्ववत कायम रही। आईएनएल एवं पीडीपी ने यूडीएफ को समर्थन देने का फैसला किया, जबकि एनडीपी तटस्थ रही।	1998	यूडीएफ ने 11 सीटें प्राप्त की, जबकि एलडीएफ को 9 सीटों पर जीत मिली।
गठबंधनों का स्वरूप 1998 के चुनावों के समान ही कायम रहा।	1999	यूडीएफ ने पुन: 11 सीटों पर जीत हासिल की, जबकि एलडीएफ को 9 सीटें प्राप्त हुईं।

1991 के लोकसभा चुनावों में यूडीएफ का प्रभुत्व प्राप्त सीटों एवं प्राप्त मतों (16 सीटों एवं 48.7 प्रतिशत मत) के संदर्भ में स्पष्ट दिखता है। एलडीएफ को प्राप्त मतों का वास्तविक प्रतिशत इससे कुछ अधिक है, यदि हम इसके 'स्वतंत्र' उम्मीदवारों के मतों को भी इसे प्राप्त मतों में जोड़ दें, फिर भी 6 से 7 प्रतिशत मतों की बढ़त का श्रेय हम यूडीएफ को दे सकते हैं, जो राज्य की 'द्विध्रुवीय चुनावी होड़' के लिहाज से बहुत ही ऊंची है। कहा जा सकता है कि लोकसभा चुनावों में यूडीएफ की जीत 1984 एवं 1989 के चुनावी रुझान की कमोबेश निरंतरता को प्रदर्शित करती है। इसके अतिरिक्त, जब विधानसभा एवं लोकसभा के चुनाव साथ-साथ होते हैं, तो केरल के मतदाता 'स्थायित्व' के पक्ष में प्रतीत होते हैं, अतः कांग्रेस के नेतृत्ववाली यूडीएफ को एकमुश्त समर्थन मिलता है। पुनः, यदि हम 1991 में क्रमशः विधानसभा एवं लोकसभा चुनावों में यूडीएफ एवं एलडीएफ की प्राप्त चुनावी समर्थन का विश्लेषण करें, तो मतदाताओं के बीच लोकसभा और विधानसभा उम्मीदवारों के बीच दलीय फर्क करने की प्रवृत्ति सामने आती है।

1996 के द्विध्रुवीयता को असफल चुनौती

1996 में एक साथ सम्पन्न हुए लोकसभा एवं विधानसभा चुनावों के कुछ विस्तार से विश्लेषण की आवश्यकता है। यह एक ऐसा चुनाव था, जिसमें 1991 से यूडीएफ सत्ता में था, पर इस दौरान तीन गुटों—के. करुणाकरन के नेतृत्व गुट, एंटनी गुट एवं जी. कार्तिकेयन के नेतृत्व में सुधारवादियों—के बीच गुटबंदी के कारण कांग्रेस की राज्य इकाई को गहरे संकट का सामना करना पड़ा। विपक्ष ने सरकार की अकर्मण्यता के कारण उसे निशाना बनाया, वहीं यूडीएफ की आंतरिक समस्याओं ने तनाव को और अधिक बढ़ा दिया। फिर भी करुणाकरन सरकार 1994 तक कायम रही। इसी वर्ष उसे 'इसरो जासूसी कांड' और सरकार द्वारा इस मुद्दे को लचर तरीके से संभालने के विवाद का सामना करना पड़ा। एंटनी गुट ने हाईकमान पर नेतृत्व

परिवर्तन के लिए दबाव डाला और सफलता प्राप्त की। इससे प्रधानमंत्री पी. वी. नरसिंह राव और के. करुणाकरन के बीच तनावपूर्ण संबंधों की शुरुआत हुई। यूडीएफ के नए मुख्यमंत्री के रूप में ए. के. एंटनी के आने से पार्टी कार्यकर्ताओं को कुछ आशा बंधी। लेकिन एक ओर जहां गुटीय प्रतिद्वंद्विता गहरी हुई, वहीं यूडीएफ के दो विवादास्पद नीति संबंधी निर्णयों ने नए मुद्दों को उभारा। पहला, सरकारी नौकरियों में सम्पन्न होने के कारण कुछ लोगों से आरक्षण सुविधाओं से वंचित करने के खिलाफ फैसले से संबंधित था। यूडीएफ के एक घटक एनडीपी ने इस कदम का विरोध किया और बाद में, यूडीएफ से बाहर हो गया। विपक्ष में, सिर्फ माकपा ने ही अकेले सरकार के इस कदम का विरोध किया। यह विधेयक गैर-माकपा विपक्षी दलों के समर्थन से पारित हो गया, पर इसने यूडीएफ की छवि विवादास्पद बना दी जिसका असर कुछ हद तक 1995 के स्थानीय निकाय चुनावों में दिखाई पड़ा। दूसरा मुद्दा अरक (शराब) पर प्रतिबंध से संबंधित था, जिसकी घोषणा चुनावों के ठीक पूर्व की गई थी। उम्मीद थी कि यह कदम चुनावों के दौरान महिलाओं के बीच यूडीएफ के समर्थन को बढ़ाएगा। किंतु, विपक्षी दलों ने इस तर्क पर जोर दिया कि यह कदम कामचलाऊ किस्म का है और इससे अरक-निर्माण पर निर्भर मजदूरों के मध्य बेरोजगारी फैलेगी। मजदूरों के पुनर्वास की कोई नीति घोषित नहीं की गई। इससे असंतोष पनपा।

इस बीच, दो घटनाओं ने दोनों गठबंधनों के मध्य कायम बारीक संतुलन को चुनौती दी। 1991-96 के काल में एलडीएफ के लिए सबसे बड़ा झटका माकपा की वरिष्ठ नेता गौरी अम्मा का गठबंधन से बाहर निकालना था। उन्हें 1992 में 'दल विरोधी गतिविधियों' के कारण पार्टी से निष्कासित कर दिया गया। वस्तुतः नेतृत्व संबंधी झगड़ों और व्यक्तिगत समीकरणों के कारण ही पार्टी को इस दौर से गुजरना पड़ा। गौरी अम्मा ने जनाधिपन्य संरक्षण समिति (जेएसएस) के रूप में एक नई पार्टी संगठित की, जिससे कुछ मार्क्सवादी वोटों को काटने का अंदेशा जताया जाने लगा। अब्दुल नासिर मदनी के नेतृत्व में उग्रवादी जमात पीपुल्स डेमोक्रेटिक पार्टी (पीडीपी) के उभार ने राजनीतिक हलकों को चौंका दिया। मदनी ने 'जेएसएस' को अपनी सोशल जस्टिस फ्रंट गठबंधन में शामिल करने का प्रयास किया। मदनी का प्रयास सफल नहीं हुआ, पर वे कुछ दलित संगठनों एवं पिछड़े समुदायों को अपनी ओर आकर्षित करने में सफल रहे। यूडीएफ एवं एलडीएफ के विरुद्ध मदनी की उग्रवादी भंगिमा ने दोनों ही मोर्चों में बेचैनी पैदा कर दी। यद्यपि पीडीपी ने पिछड़े वर्गों की पार्टी होने का दावा किया, फिर भी उसके कारण मुस्लिम लीग में अपने पारंपरिक वोटों का कुछ हिस्सा खोने को लेकर चिंता व्याप्त थी।

1980 के बाद पहली बार द्विध्रुवीयता को चुनौती का सामना करना पड़ा। 1996 के चुनावों तक कम-से-कम चार मोर्चे उभरकर आ चुके थे—यूडीएफ,

एलडीएफ, डेमाक्रेटिक एलायंस एवं सोशल जस्टिस फ्रंट। यूडीएफ में कांग्रेस-आई, इंडियन यूनियन, मुस्लिम लीग, केरल कांग्रेस (मणि), एसआरपी, केरल कांग्रेस (पिल्लै), कम्युनिस्ट मार्क्सवादी पार्टी (सीएमपी) शामिल थे। डेमोक्रेटिक एलायंस में भाजपा, एनडीपी, किडानगूर गुहा, बीएलपी और एससी-एसटी प्रोटेक्शन फ्रंट शामिल थे। सोशल जस्टिस फ्रंट में मदनी के नेतृत्व वाली पीडीपी और कुछ अन्य छोटे दल शामिल थे। एनडीपी ने एलडीएफ को खुला रणनीतिक समर्थन दिया, किंतु इसने चुनावों में सीधे हिस्सा नहीं लिया।

चूंकि विधानसभा चुनाव लोकसभा चुनावों के साथ ही हो रहे थे, अतः प्रमुख राष्ट्रीय दल कांग्रेस (आई) ने अपने राष्ट्रीय एवं क्षेत्रीय हितों में सन्तुलन साधने के लिए दोहरी रणनीति अपनाई। कांग्रेस (आई) ने मोल-तोल करके अधिकतम लाभ उठाया और लोकसभा के लिए 20 में 17 सीटों पर अपने उम्मीदवार खड़े किए जबकि विधानसभा के 140 में मात्र 94 सीटों पर इसने अपने उम्मीदवार खड़े किए (67 प्रतिशत)। माकपा मोल-तोल करके अधिकतम लाभ उठाने में सफल नहीं रही, इसने लोकसभा की 20 सीटों में 11 सीटों पर (स्वतंत्र उम्मीदवारों को सम्मिलित कर) अपने उम्मीदवार खड़े किए, जबकि विधानसभा चुनावों में इसने 76 सीटों पर अपने उम्मीदवार खड़े किए।

1996 के चुनावों के प्रचार में राष्ट्रीय मुद्दों के ऊपर राज्य स्तर के मुद्दे ज्यादा प्रभावी रहे। यह अभूतपूर्व था क्योंकि 1971 से जब भी लोकसभा और विधानसभा के चुनाव साथ-साथ हुए, परिदृश्य पर राष्ट्रीय मुद्दे हावी रहे, जिसका लाभ कांग्रेस पार्टी को मिलता रहा। पर, इस बार के प्रमुख राष्ट्रीय मुद्दे अर्थात भ्रष्टाचार एवं इसके परिणामस्वरूप नरसिंह राव सरकार की अविश्वसनीयता कांग्रेस के विरुद्ध गए।

स्थायित्व का पारंपरिक राग भी इसके लिए सहायक सिद्ध नहीं हुआ। माकपा के नेतृत्ववाली एलडीएफ ने 1991 से 1996 के मध्य राष्ट्रीय एवं राज्य—दोनों ही स्तर पर खराब प्रशासन के लिए कांग्रेस और इसके सहयोगियों को निशाना बनाया। भाजपा ने अल्पसंख्यक समुदायों को प्राथमिकता देने के लिए कांग्रेस और एलडीएफ की तीखी आलोचना की। इस समय अल्पसंख्यक समुदायों का कांग्रेस के प्रति रवैया भी महत्त्वपूर्ण था, क्योंकि ईसाइयों के अलावा मुसलमानों ने कांग्रेस विरोधी रुख अपना लिया था। कांग्रेस के विरुद्ध मदनी की उग्र मुद्रा, इंडियन मुस्लिम लीग से इंडियन नेशनल लीग की टूट एवं इंडियन नेशनल लीग द्वारा मालाबार की कुछ सीटों के लिए एलडीएफ से चुनावी तालमेल ने कांग्रेस एवं मुस्लिम लीग—दोनों ही को बेहद चिंतित कर दिया। कुछ स्थानीय मुद्दों का भी चुनाव प्रचार में प्रभुत्व रहा। इनमें कांग्रेस पार्टी के करुणाकरन गुट की गतिविधियां (इस गुट पर यह आरोप था कि इसी के कारण एनडीपी, यूडीएफ छोड़ने को बाध्य हुई), शिवगिरी एक्शन कौंसिल जिसमें एझवा समुदाय शामिल था और यूडीएफ

विरोधी रुख और तटीय मछुआरों का मुद्दा सम्मिलित था।

अरक पर प्रतिबंध के रूप में यूडीएफ के पास चुनाव प्रचार में प्रस्तुत करने के लिए एक मात्र मुद्दा बचा था। इसके अतिरिक्त, सम्पन्न लोगों द्वारा आरक्षण का लाभ उठाने का मुद्दा भी, जिसे यूडीएफ ने पिछड़े एवं अल्पसंख्यक समुदायों के मध्य 'असरदार प्रभाव' उत्पन्न करने वाला माना था—एक संवेदनशील कारक में परिवर्तित हो गया।

चुनाव के परिणाम ने एक बार फिर द्विध्रुवीयता को स्थापित किया। 1.2 प्रतिशत मतों की बारीक बढ़त के आधार पर एलडीएफ ने विधानसभा में स्पष्ट बहुमत प्राप्त किया। लेकिन, 20 लोकसभा सीटों में एलडीएफ और यूडीएफ दोनों को 10-10 सीटें प्राप्त हुईं, जबकि यूडीएफ को दो प्रतिशत मत अधिक प्राप्त हुए। 1996 के चुनाव का एक महत्त्वपूर्ण पहलू था मतदाताओं द्वारा लोकसभा और विधानसभा उम्मीदवारों के बीच हुई दलीय फर्क करने की सीमित परिघटना। एक अन्य महत्त्वपूर्ण पहलू लोकसभा चुनावों में यूडीएफ (46 प्रतिशत) को एलडीएफ (43 प्रतिशत) से अधिक मत प्राप्त होना रहा। हालांकि विधानसभा चुनावों में दोनों गठबंधनों को प्राप्त मतों का अंतर नाममात्र का रहा, फिर भी उसने एलडीएफ के लिए आसान जीत का मार्ग प्रशस्त किया। तालिका-2.5 प्रदर्शित करती है कि 1991 में अपने प्रदर्शन की तुलना में यूडीएफ ने तकरीबन तीन प्रतिशत मत खोए। 1996 के चुनावों की सर्वाधिक महत्त्वपूर्ण विशेषता 'स्थायित्व' के नारे को अपने पक्ष में भुना पाने में कांग्रेस की असफलता थी जिसका उपयोग वह पिछले चुनावों में सफलतापूर्वक अपने पक्ष में करती रही थी। मतदान केन्द्रों से निकलने वाले मतदाताओं से पूछताछ पर आधारित सर्वेक्षण (विकासशील समाज अध्ययन पीठ) प्रदर्शित करता है कि 1971 के बाद पहली बार 'स्थायित्व का नारा' लोगों को आकर्षित नहीं कर पाया। **(तालिका 2.5)**। चुनाव मुद्दों के संदर्भ में पहली तीन श्रेणियों—('अच्छे प्रशासन', 'मूल्यवृद्धि' एवं 'भ्रष्टाचार') को 72 प्रतिशत मत मिले। यह सभी सामाजिक रूप से केन्द्र की नरसिंह राव सरकार और राज्य स्तरीय यूडीएफ सरकार के विरुद्ध गई।

तालिका 2.5

विधानसभा एवं लोकसभा चुनाव (1991-1996) : तुलनात्मक आंकड़े

मोर्चा	वर्ष	विधानसभा चुनाव		लोकसभा चुनाव	
		मत प्रतिशत	सीटें	मत प्रतिशत	सीटें
एलडीएफ	1996	44.7	80	43.1	10
यूडीएफ	1996	43.5	59	45.8	10
एलडीएफ	1991	44.9	50	38.5	16
यूडीएफ	1991	46.9	90	48.7	4

राजनीतिक क्षेत्रों के संदर्भ में केरल को तीन भागों में बांटा जा सकता है— मालाबार, कोच्चि और त्रावणकोर। एलडीएफ मालाबार क्षेत्र में कुल आठ सीटों में पांच पर (कासरगोड, वादकारा, कोझीकोड, ओट्टापोलम और पालघाट) जीत हासिल कर अपनी बढ़त कायम रखी, जबकि यूडीएफ को इस क्षेत्र में केवल तीन सीटें प्राप्त हुईं। यूडीएफ को प्राप्त इन तीन साटों में से कांग्रेस को केवल कन्नूर सीट मिली, जबकि शेष दो अर्थात मंजेरी एवं नोन्नानी मुस्लिमग लीग की जीती सीटें थीं। कोच्चि क्षेत्र में यूडीएफ और एलडीएफ दोनों को दो-दो सीटें प्राप्त हुईं। त्रावणकोर क्षेत्र की आठ सीटों में पांच सीटों पर यूडीएफ को सफलता प्राप्त हुई। (इडुक्की, माविलीकार, अदूर, अलापुझा एवं कोट्टायम)। अतः लोकसभा चुनाव परिणामों की यह व्यापक तस्वीर प्रदर्शित करती है कि मालाबार क्षेत्र में एलडीएफ को सफलता प्राप्त हुई, जबकि त्रावणकोर क्षेत्र में यूडीएफ को लाभ हुआ। किंतु 1991 के चुनाव परिणामों की तुलना में यूडीएफ को हर क्षेत्र में नुकसान का सामना करना पड़ा। इसे मालाबार क्षेत्र में तीन सीटों अर्थात कोझीकोड, पालघाट एवं ओट्टापोलम का नुकसान हुआ। कोच्चि क्षेत्र में इसने दो सीटें अर्थात त्रिचूर और एरनाकुलम खोईं। इसी प्रकार से त्रावणकोर क्षेत्र में इसने कोल्लम एवं तिरुवनंतपुरम सीटें खोईं, वहीं इसे एक सीट अर्थात प्रतिष्ठित अलापुझा का लाभ हुआ, जिसे इसने माकपा से छीना।

1991 में चार सीटों की तुलना में एलडीएफ को 1996 में 10 सीटें प्राप्त हुईं, जो इसकी स्थिति में कुल मिलाकर सुधार प्रदर्शित करती है। मालाबार में इसे तीन सीटों का लाभ हुआ (कोझीकोड, पालघाट एवं ओट्टापोलम), कोच्चि में दो (त्रिचूर एवं कोल्लम) का लाभ हुआ। वहीं त्रावणकोर क्षेत्र के आलापुझा सीट पर एलडीएफ की पराजय आश्चर्यजनक थी।

जहां तक केरल से चुने गए लोकसभा (1996) सदस्यों की संरचना का संबंध है-50 प्रतिशत पिछड़े और 15 प्रतिशत अनुसूचित जाति। अनुसूचित जनजाति से जुड़े सदस्य चुने गए, जबकि ऊंची जाति की हिस्सेदारी 35 प्रतिशत रही। अन्य पिछड़े वर्गों में एझवाओं की 35 प्रतिशत, मुसलमानों की 17 प्रतिशत एवं लैटिन कैथोलिक की 5 प्रतिशत की हिस्सेदारी रही। ऊंची जातियों में सीरियन (रोमन कैथोलिक सहित सभी गुट) ईसाइयों की 20 प्रतिशत, नायरों की 10 प्रतिशत, एवं जैनों की 5 प्रतिशत की हिस्सेदारी रही। 1991 के चुनावों के तुलनात्मक आंकड़े अग्रलिखित हैं : अन्य पिछड़े वर्ग 35 प्रतिशत, अनुसूचित जाति व अनुसूचित जनजाति 10 प्रतिशत एवं ऊंची जाति 55 प्रतिशत। अन्य पिछड़े वर्गों में 10 प्रतिशत मुसलमान, 15 प्रतिशत एझवाओं, 5 प्रतिशत सीएसआई (ईसाई नाडार), एवं 5 प्रतिशत लैटिन कैथोलिकों की हिस्सेदारी रही। ऊंची जातियों के 55 प्रतिशत में सीरियन ईसाइयों एवं नायरों में से प्रत्येक की हिस्सेदारी 25 की रही एवं 5 प्रतिशत

हिस्सेदारी तुल्ली ब्राह्मणों की रही।

1991 के चुनाव परिणामों में चुने गए सांसदों की सामाजिक पृष्ठभूमि का धर्म के आधार पर विश्लेशण प्रदर्शित करता है कि 60 प्रतिशत हिंदू, 25 प्रतिशत ईसाई, 10 प्रतिशत मुसलमान और 5 प्रतिशत जैन सांसद चुने गए। 1991 के चुनावों के लिए तुलनात्मक आंकड़े इस प्रकार हैं : 60 प्रतिशत हिंदू, 30 प्रतिशत ईसाई एवं 10 प्रतिशत मुसलमान।

विधानसभा में अन्य पिछड़े वर्गों की 48 प्रतिशत एवं अनुसूचित जाति व अनुसूचित जनजाति की हिस्सेदारी 12 प्रतिशत रही, जबकि ऊंची जातियों की हिस्सेदारी 40 प्रतिशत रही। अन्य पिछड़े वर्गों में 40 प्रतिशत एझवा एवं 21 प्रतिशत मुसलमानों की भागीदारी रही। दूसरी अन्य पिछड़ी जातियों में दक्षिणी केरल की सीएसआई (ईसाई नाडार) की 10 प्रतिशत, एवं लैटिन कैथोलिकों की 9 प्रतिशत की हिस्सेदारी रही। ऊंची जातियों में सीरियन ईसाइयों (रोमन कैथोलिकों के सभी गुट सम्मिलित) ने 30 प्रतिशत भाग का निर्माण किया और नायरों की हिस्सेदारी 60 प्रतिशत की रही। धर्म पर आधारित विश्लेषण प्रदर्शित करता है कि 60 प्रतिशत हिंदू, 25 प्रतिशत ईसाई एवं 15 प्रतिशत मुसलमान विधायक चुने गए।

1996 के चुनावों ने जहां दो मोर्चों के मध्य सत्ता परिवर्तन के रुझान को कायम रखा, वहीं ध्यान देने वाली बात यह है कि इन चुनावों ने राज्य में द्विध्रुवीय राजनीति की शक्ति को प्रदर्शित किया। द्विध्रुवीय राजनीति ने भाजपा के नेतृत्व वाले मोर्चे या पीडीपी के नेतृत्व वाले मोर्चे के फलने-फूलने के लिए बहुत ही कम गुंजाइश छोड़ी। और इसलिए मतदाताओं का विकल्प अधिकांशतः एलडीएफ एवं यूडीएफ तक सीमित रहा। जिन क्षेत्रों में भाजपा के जीतने की कुछ संभावना थी, वहां भी एलडीएफ एवं यूडीएफ ने तत्काल आपसी समायोजन कायम किया ताकि भाजपा की सफलता को रोका जा सके। इसी प्रकार, कुछ छोटे संगठनों को छोड़कर पीडीपी को कोई सशक्त सहयोगी नहीं मिला। द्विध्रुवीय रुझान राजनीतिक अभिजनों एवं जनसामान्य—दोनों ही में अच्छी तरह से संस्थाकृत हो गया। इसका निहितार्थ यह है कि किसी भी नई शक्ति को निश्चित रूप से एक या दूसरे गठबंधन से समायोजन करना होगा।

केरल के दो गठबंधनों ने गठबंधन-व्यवस्था के बाहर के खिलाड़ियों के लिए बहुत ही कम स्थान छोड़ा है, हालांकि उनके बीच उनके मतों की सामाजिक विशेषताओं के संदर्भ में बहुत ही महत्त्वपूर्ण अंतर है। तालिका-2.6 सामाजिक-विभाजनों के संदर्भ में मत व्यवहार में काफी विविधता प्रदर्शित करती है। यूडीएफ अधिक उम्र के लोगों में अधिक लोकप्रिय है, महिलाओं के मध्य इसे महत्त्वपूर्ण रूप से बेहतर समर्थन मिला और एलडीएफ की तुलना में इसे मुसलमानों एवं ईसाइयों के मध्य तकरीबन दुगना समर्थन प्राप्त हुआ। मुसलमानों और ईसाइयों के मध्य

यूडीएफ के समर्थन को संभवतः मुस्लिम लीग एवं केरल कांग्रेस (एम) के यूडीएफ के घटक होने के तथ्य से जोड़ा जा सकता है। एलडीएफ ने अपने इस घटे की पूर्ति हिंदुओं विशेषतः अन्य पिछड़े वर्गों और दलितों के मध्य भारी समर्थन प्राप्त कर की। वर्ग आधारित मत-प्रतिमान अनुमानित लाइन के अनुसार ही बढ़ता है अर्थात वर्ग जितना होगा, निम्न उतना ही अधिक एलडीएफ को मत मिलेंगे। ध्यान देने की बात यह है कि केरल में वर्ग-विभेद पश्चिम बंगाल जितना तीव्र (या तीखा) नहीं है। अन्य राज्यों के विपरीत केरल में वर्ग-विभाजन शैक्षिक संदर्भ में प्रदर्शित नहीं होता। एलडीएफ के मतदाता यूडीएफ की तुलना में अधिक गरीब हो सकते हैं, लेकिन वे अधिक मिश्रित हैं। यह कहा जा सकता है कि अनुसूचित जाति, अन्य पिछड़े वर्ग के मतदाता एवं बेहद गरीब मतदाता एलडीएफ के मुख्य समर्थन आधार का निर्माण करते हैं।

तालिका 2.6
1996 के चुनावों में किसने किसको मत दिया
(मतदान के बाद का सर्वेक्षण)

	दल गठबंधन जिसे मत मिला		
	यूडीएफ	एलडीएफ	अन्य
उम्र			
25 वर्ष एवं उससे नीचे	29.2	56.3	14.6
26-35 वर्ष	44.0	45.0	11.0
36-45 वर्ष	41.2	52.9	5.9
46-55 वर्ष	43.6	41.0	15.4
56 वर्ष एवं उसके ऊपर	52.8	41.0	5.7
लिंग			
पुरुष	32.3	54.6	13.1
महिला	50.0	42.1	7.9
शिक्षा			
निरक्षर	41.2	41.2	17.6
प्राथमिक एवं आठवीं तक	48.5	43.4	8.1
माध्यमिक	36.6	51.9	11.5
स्नातक एवं उससे ऊपर	41.7	50.0	8.3
धर्म			
हिंदू	31.4	56.2	12.4
मुसलमान	61.5	32.3	6.2

ईसाई	61.2	32.7	6.1
जाति			
अनुसूचित जाति	20.5	69.2	10.3
अनुसूचित जनजाति	100.0	0.0	0.0
पिछड़े	42.3	46.7	11.0
अन्य	52.4	39.5	8.1
स्थानीयता			
ग्रामीण	43.8	46.2	10.0
शहरी	38.8	50.6	10.6
वर्ग			
बहुत गरीब	33.8	50.6	15.6
गरीब	43.3	50.0	6.7
मध्य	44.0	45.3	10.7
उच्च	45.0	45.5	9.0

नोट : *विकासशील समाज अध्ययन पीठ द्वारा संचालित चुनाव-बाद रुझान के राष्ट्रीय चुनाव अध्ययन, 1996 के केरल के नमूने पर आधारित। असम में यह सर्वेक्षण बेतरतीब रूप से चुने गए 3 लोकसभा क्षेत्रों, 6 विधानसभा क्षेत्रों एवं 12 मतदान केन्द्रों के नमूनों में संचालित किया गया। राष्ट्रीय प्रतिनिधात्मक नमूने का केरल का हिस्सा, जिसका यहां विश्लेषण किया गया, निश्चित रूप से केरल राज्य के नमूने का प्रतिनिधित्व नहीं करता।*

दोनों गठबंधनों की शक्ति 1998 एवं 1999 में हुए लोकसभा के लगातार चुनावों से भी प्रमाणित हुई। इन दोनों ही चुनावों में हम 1996 के मतदान-प्रतिशत का दुहराव पाते हैं। 1998 में यूडीएफ ने मतों में अपनी हिस्सेदारी कायम रखी (तकरीबन 46 प्रतिशत)। और एलडीएफ के मतों में थोड़ी बढ़ोतरी (44 प्रतिशत)। 1999 में यूडीसफ ने अपनी मत-हिस्सेदारी में एक प्रतिशत की वृद्धि की, लेकिन एलडीएफ को अपने मतों में किसी कटौती का सामना नहीं करना पड़ा। इन दोनों ही चुनावों में कांग्रेस ने 11 सीटों पर कब्जा किया, जबकि एलडीएफ को 9 सीटों पर जीत मिली। यद्यपि इन दोनों चुनावों में भाजपा (बीजेपी) को 8 प्रतिशत मत मिले, फिर भी मतों एवं सीटों की अत्यंत कठोर रूप से बंद सहभागिता से राज्य में गठबंधन राजनीति की संस्थाकृत प्रतिमान को तोड़ने के लिए भाजपा को कोई मौका नहीं मिला। यह देश के अन्य भागों के रुझानों से अलग रहा। 1990 के दशक ने देश के कई भागों में कांग्रेस के प्रभाव में गिरावट और भाजपा के उभार के रूप में चुनावी भाग्य की चंचलता का सामना किया। केरल की राजनीति इन घटनाक्रमों से प्रभावित नहीं हुई। यहां दोनों गठबंधनों के मध्य सत्ता का आदान-प्रदान होता रहा।

इन गठबंधनों में से एक में कांग्रेस की महत्त्वपूर्ण भूमिका रही एवं राज्य की राजनीति में महत्त्वपूर्ण रूप से प्रभाव जमाने में भाजपा को असफलता हाथ लगी।

2001 : विधानसभा चुनावों में यूडीएफ की वापसी

2001 में केरल विधानसभा चुनाव तेज और विविध राजनीतिक घटनाक्रम के बीच हुए। 1996 के विधानसभा चुनावों में सत्ता में आई एलडीएफ ने पहली बार अपना कार्यकाल पूरा किया। 73वें एवं 74वें संविधान संशोधन अधिनियमों के पारित होने के बाद विकेन्द्रीकरण में सुधार की प्रक्रिया तीव्र करने में सरकार ने सहायक भूमिका निभाई। 1996 में प्रारंभ जन-नियोजन कार्यक्रम जमीनी स्तर पर लोगों एवं संस्थाओं को सामाजिक-राजनीतिक सशक्तीकरण उपलब्ध कराने के भारतीय प्रयासों के इतिहास में एक नए युग की शुरुआत की। आलोचनाओं के बावजूद यह कहा जा सकता है कि त्रिस्तरीय निकायों में नियमित चुनाव कराना, जन प्रतिनिधि संस्थाओं को बजट के 40 प्रतिशत का आवंटन, ग्राम सभा की बैठकों का नियमित रूप से होना, जन प्रतिनिधि संस्थाओं में महिलाओं एवं अनुसूचित जाति व अनुसूचित जनजाति सदस्यों के अध्यक्ष चुने जाने के प्रावधान का क्रियान्वयन, ग्रामीण आधार-संरचना को बढ़ाने के लिए कई विकासात्मक कार्यक्रम, स्थानीय उत्पादन क्षेत्र में उत्पादकता एवं जीवंतता बढ़ाना आदि वस्तुतः विकेन्द्रीकरण प्रक्रिया के इतिहास में मील के पत्थर थे। सरकार ने गरीबी उन्मूलन और रोजगार उपलब्ध कराने के लिए कई सुधार और कल्याणकारी नीतियों को भी क्रियान्वित किया।

फिर भी, चार महत्त्वपूर्ण क्षेत्रों में नयनार सरकार विवादित भी रही : (1) 1999-2001 की कालावधि में कम से कम तीन बार दिवालिया होने के कारण राज्य कोष का बंद होना एवं अर्थव्यवस्था का ढह जाना, (2) पूर्व-डिग्री पाठ्यक्रमों का विभाजन, उच्चतर माध्यमिक विद्यालयों में 12वीं कक्षा के पाठ्यक्रमों को स्वीकृत करने और परिणामस्वरूप 12वीं के पाठ्यक्रमों के आबंटन में सांप्रदायिक विचारों को सम्मिलित करने के आरोपों के अतिरिक्त भ्रष्टाचार के आरोपों की एक पूरी श्रृंखला का उभर कर आना (शिक्षा विभाग, एक छोटे क्षेत्रीय दल केरल कांग्रेस (जे) के नेता पी. जे. जोसेफ के हाथों में था), (3) राजनीतिक हिंसा का सिलसिला विशेषतः उत्तरी मालाबार में माकपा कार्यकर्ताओं के एवं संघ के कार्यकर्ताओं के बीच संघर्ष के कारण हुई हिंसा, लोगों की जीवन रक्षा और कानून व्यवस्था कायम रखने में पुलिस की असफलता, (4) मीडिया एवं विपक्षी दलों के द्वारा जन नियोजन कार्यक्रम के विरुद्ध भ्रष्टाचार के आरोप।

1987-1991 और 1996-2001 के दौरान कार्यरत एलडीएफ सरकारों में दो प्रमुख अंतर थे। 1987-1991 की कालावधि में बनी सरकार का गठन मुख्यतः वामोन्मुख प्रगतिशील शक्तियों द्वारा हुआ था, जो सांप्रदायिक एवं क्षेत्रीय प्रभावों से

अलग थी। इसके विपरीत, 1996-2001 में बनी सरकार वामदलों एवं क्षेत्रीय (सांप्रदायिक) दलों के मध्य गठबंधन पर आधारित थी। यद्यपि पहली सरकार पर अकुशलता के आरोप लगे लेकिन वह सरकार भ्रष्टाचार के आरोपों से मुक्त थी। इसके विपरीत, दूसरी सरकार विकास की योजनाओं में संलग्न रही जिसकी परिणति, विशेष रूप से शिक्षा-क्षेत्र में राजनीतिक दलालों, भ्रष्ट अधिकारियों एवं राजनीतिक अभिजनों के मध्य तथाकथित अपवित्र गठबंधन के रूप में सामने आई। दोनों सरकार के मध्य समानता यह थी कि ये विकेन्द्रीकरण के लिए सुधारों के प्रति समर्पित थी : 1989-91 के जिला परिषद और 1996-2001 का जन-नियोजन मुहिम इसके उदाहरण हैं।

2001 में यूडीएफ के लिए भी स्थितियां बहुत अनुकूल नहीं थीं। वह गुटबंदी और खासकर कांग्रेस पार्टी के करुणाकरन और एंटनी गुटों के मध्य घातक संघर्षों से ग्रस्त थी। एलडीएफ द्वारा जन नियोजन मुहिम में लगे वाममोर्चे के कार्यकर्ताओं द्वारा की गई प्रभावकारी जनसंपर्क गतिविधियों का प्रतिरोध करने में यूडीएफ असफल रहा। फिर भी, विधानसभा चुनावों के एक वर्ष पूर्व जन प्रतिनिधित्व संस्थाओं के चुनाव एलडीएफ के लिए आंख खोलने वाले थे, जिसमें उसे केवल मामूली बहुमत ही मिला था। विधानसभा चुनाव जैसे-जैसे नजदीक आते गए, कई रोचक घटनाएं हुईं : (1) माकपा के अधिकांश वरिष्ठ नेताओं ने शांतिपूर्वक चुनावी प्रतियोगिता से बाहर रहने का फैसला किया, (2) कांग्रेस के भीतर जारी गुटबंदी के बहुत अधिक गहरा होने से एलडीएफ की उम्मीदें बढ़ गईं क्योंकि वह अधिक संगठित थी, (3) उत्तरी केरल में संघ एवं माकपा के कार्यकर्ताओं के मध्य राजनीतिक हिंसा का नया अध्याय प्रारंभ हुआ, (4) एलडीएफ और यूडीएफ को पराजित करने के भाजपा के राजनीतिक प्रयत्नों ने दो गठबंधन प्रणाली के सामने चुनौती पेश की, (5) अर्थव्यवस्था का ध्वस्त होना प्रमुख मुद्दा बन गया और (6) विशेष रूप से, शिक्षा मंत्री पी. जे. जोसेफ एवं केरल कांग्रेस (जे) के विधायक एंटनी राजू के खिलाफ लगे भ्रष्टाचार के नए आरोप एलडीएफ के लिए परेशानी का कारण बने।

एलडीएफ ने माकपा के राज्य सचिव वी. एस. अच्युतानंदन को भावी मुख्यमंत्री के रूप में प्रस्तुत किया। उन्होंने अपने गृह क्षेत्र मारारीकुलम, जहां दलीय गुटबंदी के कारण 1996 के चुनावों में वे पराजित हो गए थे, से चुनाव लड़ने की जगह माकपा के लिए सुरक्षित सीट मालमपुझा से चुनाव लड़ने का फैसला किया। युवा मंत्री राधाकृष्णन के अतिरिक्त माकपा के अन्य मंत्रियों ने चुनाव लड़ने का फैसला किया, जबकि मारारीकुलम की सीट जन-नियोजन कार्यक्रम के प्रमुख सूत्रधार डॉ. थॉमस इसाक को देने का प्रस्ताव किया गया। यूडीएफ में इस प्रश्न पर विरोधाभास था कि मुख्यमंत्री पद के लिए उनका उम्मीदवार कौन होगा क्योंकि एंटनी और करुणाकरन खेमों ने अपना 'बयान युद्ध' बंद नहीं किया था। किसी भी हालत में करुणाकरन जो लोकसभा के सदस्य थे,

विधानसभा चुनाव नहीं लड़ते। यूडीएफ ने आईएनएल एवं पीडीपी को संतुष्ट रखने का प्रयास किया, ताकि एलडीएफ को पराजित करने संबंधी प्रस्ताव था।

यूडीएफ ने कुल 140 में 100 सीटों पर जीत हासिल कर एलडीएफ को करारी मात दी, जिसमें काझाकोट्टम निर्वाचन क्षेत्र से यूडीएफ कांग्रेस के विद्रोही उम्मीदवार का चुनाव भी शामिल था। अधिकांश एलडीएफ नेता एवं मंत्री पराजित हुए। वी. एस. अच्युतानंदन कड़े मुकाबले के बाद कम अंतर से चुनाव जीतने में सफल रहे। यूडीएफ की जबर्दस्त जीत हर मायने में प्रभावी थी। परिणामों का विश्लेषण बताता है कि संघ कार्यकर्ताओं ने यूडीएफ उम्मीदवारों के पक्ष में मतदान किया, जिसका परिणाम भाजपा के बुरी तरह से पराजित होने के रूप में सामने आया। 1999 के जनप्रतिनिधित्व संस्था चुनावों में 9.1 प्रतिशत और 1998 एवं 1999 के लोकसभा चुनावों में प्राप्त क्रमश: 8.10 प्रतिशत एवं 7.96 प्रतिशत की तुलना में इन विधानसभा चुनावों में भाजपा एवं उसके सहयोगियों को केवल 5 प्रतिशत मत प्राप्त हुए। संभवत: उत्तरी मालाबार की राजनीतिक हिंसा के प्रभाव ने संघ कार्यकर्ताओं को यूडीएफ के पक्ष में मतदान करने हेतु बाध्य किया।

तालिका 2. 7

विधानसभा चुनाव 2001 में दल/मोर्चा प्रदर्शन

दल/मोर्चा	विजयी सीट	प्राप्त मत प्रतिशत
यूडीएफ	99	49.5
कांग्रेस	62	31.40
एमयूएल	17	7.59
केकां (जैकब)	2	0.97
के.सी. (मजि)	9	3.54
जेएसएस	4	1.78
केकां (बी)	2	0.72
क्रासोपा (बी)	2	1.37
सीएमपी	1	1.24
यूडीएफ बागी	1	1.09
अन्य	0	1.4
एलडीएफ	40	43.70
माकपा	23	21.36
भाकपा	7	7.25
जद	3	2.44
एनसीपी	2	1.71

एलडीएफ (स्वतंत्र)	1	4.64
भाजपा	0	5.04
आईएनएल	0	0.29
अन्य	0	1.47
कुल	**140**	**100.00**

विधानसभा चुनाव के तुरंत बाद कराए गए सर्वेक्षण से पता लगता है कि महिला मतदाताओं में यूडीएफ को 6 प्रतिशत का लाभ हुआ, जबकि एलडीएफ को इतने ही स्तर के नुकसान का सामना करना पड़ा। यहां महत्त्वपूर्ण है कि केरल के विपरीत पश्चिम बंगाल में वाम मोर्चा को हमेशा महिला मतदाताओं के बीच फायदा होता रहा है। मतदाताओं की वर्गीय और शैक्षिक रूपरेखा भी एक सी है। एलडीएफ को आर्थिक रूप से कमजोर एवं शैक्षिक रूप से कम विशेषाधिकार प्राप्त मतदाताओं के मध्य अधिक मजबूत समर्थन प्राप्त हुआ। यूडीएफ के मत अलग रूपरेखा प्रदर्शित करते हैं। यह चिह्नित करना महत्त्वपूर्ण है कि पिछले चुनावों में शिक्षितों की छवि ने मतदाताओं के इस हिस्से में एलडीएफ के समर्थन को प्रभावित किया। शहरी मतदाताओं में दोनों गठबंधनों को लगभग समान समर्थन प्राप्त हुआ और यूडीएफ ने ग्रामीण मतदाताओं के मध्य अपने समर्थन के बलबूते कुल बढ़त प्राप्त की।

जाति और समुदाय का मतदान प्रतिमान कुछ छोटे अंतरों के साथ अतीत के प्रतिमान के अनुरूप ही जारी रहा। पूर्व के अनुरूप ही यूडीएफ को मुसलमानों एवं ईसाइयों के बीच अत्यधिक समर्थन प्राप्त होता रहा। पिछले चुनावों में तकरीबन 60 प्रतिशत की तुलना में इस बार इन दोनों समुदायों का 70 प्रतिशत से अधिक मत यूडीएफ को प्राप्त हुआ। एलडीएफ ने अपने परंपरागत समर्थकों–दलितों एवं एझवाओं– के बीच पहले की भांति अपनी बढ़त कायम रखी, लेकिन दलितों के मध्य इसकी बढ़त में कटौती हुई। यूडीएफ ने उच्च जाति एवं नायर हिंदुओं के मध्य अपनी बढ़त कायम रखी, जबकि भाजपा का अपने अल्प समर्थन का अधिकांश इन्हीं दो समुदायों से प्राप्त किया। इस चुनाव में हम सभी समुदायों में एलडीएफ से यूडीएफ की ओर झुकाव देख सकते हैं, भले ही वे एक या दूसरे समुदाय के पारंपरिक समर्थक हों। अत: भले ही समर्थन के प्रारंभिक स्तर में जाति–समुदाय का बहुत अधिक महत्त्व हो, चुनाव परिणामों में मात्र जाति–समुदाय के अंकगणित के बहुत अधिक निहितार्थ हैं।

तालिका 2.8

केरल विधानसभा चुनाव, 2001, किसने किसको वोट दिया

	एलडीएफ	यूडीएफ	भाजपा
लिंग			
पुरुष	43	50	4
स्त्री	37	56	4
शिक्षा			
गैर-साक्षर	49	46	2
प्राथमिक तक	37	56	3
दसवीं तक	42	50	5
कॉलेज एवं उससे ऊपर	35	55	5
स्थानीयता			
ग्रामीण	39	54	4
शहरी	47	47	6
जाति/समुदाय			
नायर	33	50	13
अन्य उच्च जाति	27	59	11
पिछड़े	51	39	6
एझवा	61	30	6
अनुसूचित जाति	57	39	1
पिछड़े मुसलमान	33	64	1
अन्य मुसलमान	27	72	2
सीरियन/रोमन ईसाई	13	76	0
अन्य ईसाई	48	50	0
अन्य	58	42	0
आर्थिक स्तर			
बहुत निम्न	47	45	3
निम्न	42	50	4
मध्यम	36	56	4
उच्च	32	61	5

स्रोत : *चुनाव बाद सर्वेक्षण, केरल विधानसभा चुनाव अध्ययन, 2001*

नोट : सभी आंकड़े प्रासंगिक श्रेणी में उत्तरदाताओं का प्रतिशत है। कुल 1146 प्रतिक्रिया देने वालों का साक्षात्कार लिया गया, जबकि वे मतदान कर चुके थे किंतु चुनाव परिणाम नहीं आए थे। नमूना मतदाता तालिका से बेतरतीब रूप से लिया गया।

तालिका 2.9

लोकसभा चुनाव 2004 में तीनों मोर्चों का प्रदर्शन

पार्टी	सीटें 2004	1999 से अंतर	वोट की हिस्सेदारी 2004 (प्रतिशत)	1999 से अंतर (प्रतिशत)
यूडीएफ	1	−10	38.4	−8.6
एलडीएफ	18	+9	46.1	4.7
एनडीए	1	+1	12.1	5.5

स्रोत : सीएसडीएस डाटा यूनिट।

तालिका 2.10

ए. के. एंटनी सरकार का कामकाज (प्रतिशत में)

	बदतर	वैसा ही	बेहतर
कानून-व्यवस्था	31	30	32
पेयजल	49	32	16
राशन व्यवस्था	38	42	14
स्वास्थ्य	27	43	24
शिक्षा	23	31	38
बिजली	31	43	19
विकास	26	39	25
उद्योग	50	32	13
कृषि	39	34	15

तालिका 2.11

एंटनी सरकार के तीन साल का लेखा-जोखा (प्रतिशत में)

		कोई नहीं
पूरा संतुष्ट	13	142
कुछ संतुष्ट	43	476
कुछ नाराज	12	136
पूरा नाराज	29	317
कोई राय नहीं	3	37

तालिका 2.12

जाति/क्षेत्रवार मतदान (प्रतिशत में)

जाति/क्षेत्र	एलडीएफ	यूडीएफ	भाजपा	अन्य	कोई नहीं
हिंदू ऊंची जाति	40	43	12	5	93
नायर	42	29	26	4	84

एझवा	58	22	18	2	238
अन्य पिछड़े वर्ग	52	17	27	4	75
दलित	72	17	8	2	87
मुसलमान	41	57	1	1	140
ईसाई	31	62	2	5	214

तालिका 2.13
वर्ग आधार पर मतदान (प्रतिशत में)

वर्ग	एलडीएफ	यूडीएफ	भाजपा+	अन्य	कोई नहीं
बहुत गरीब	52	32	13	3	299
गरीब	50	38	9	4	289
निम्न मध्यम	43	41	12	4	217
मध्यम	35	46	15	4	188

तालिका 2.14
विधानसभा चुनाव 2006 में दलों की स्थिति

पार्टियां	सीटें लड़ीं	सीटें जीतीं	वोट (प्रतिशत)
एलडीएफ	**140**	**98**	**48.63**
माकपा	85	61	30.45
भाकपा	24	17	8.09
केईसी	6	4	1.75
आरएसपी	4	3	1.44
एनसीपी	2	1	0.64
आईएनएल	3	1	0.90
केसीएस	1	1	0.31
कांग्रेस (एस)	1	1	0.47
जेडी (एस)	8	5	2.44
निर्दलीय (एलडीएफ)	6	4	2.14
यूडीएफ	**140**	**42**	**42.63**
कांग्रेस	77	24	24.09
डीआईसी (के)	17	1	4.27
केएसएमयूएल	21	7	7.30
केसीएम	11	7	3.26
जेपीएसएस	5	1	1.51
सीएमपी (के)	3	0	0.81

केईसी (बी)	2	1	0.62
आरएसपीके (बी)	1	0	0.01
निर्दलीय (यूडीएफ)	3	1	0.76
अन्य दल			
भाजपा	136	0	4.75
बीएसपी	107	0	0.69
अन्नाद्रमुक	29	0	0.12
निर्दलीय	368	0	3.12
छोटी पार्टियां	11	0	0.06
कुल	**931**	**140**	**100.00**

तालिका 2.15
मतदान की प्रवृत्ति : बदलाव खास नहीं

मतदाता समूह	**एलडीएफ 2006**	**यूडीएफ 2006**	**भाजपा 2006**	**अन्य 2006**
उम्र : चुनाव में एलडीएफ आगे				
25 वर्ष एवं उससे नीचे	50	38	7	6
26–35 वर्ष	51	40	5	4
36–45 वर्ष	49	44	4	3
46–55 वर्ष	48	43	5	5
55 वर्ष एवं उसके ऊपर	45	48	4	4
लिंग : बंगाल की तरह पुरुष प्रमुखता नहीं है				
पुरुष	49	40	6	5
महिला	48	45	3	3
शिक्षा : पढ़े-लिखों में भी एलडीएफ आगे				
निरक्षर	54	41	1	3
प्राथमिक तक	47	45	4	4
दसवीं तक	49	41	6	4
कॉलेज एवं उससे ऊपर	48	41	5	6

तालिका 2.16

मतदान की प्रवृत्ति : बदलाव खास नहीं

मतदाता समूह	एलडीएफ 2006	यूडीएफ 2006	भाजपा 2006	अन्य 2006
जाति/समुदाय : एलडीएफ की जीत में दलित व पिछड़ों का भी योगदान				
उच्च जाति	45	38	12	6
एझवा	64	27	6	3
अन्य पिछड़े वर्ग	60	27	8	6
अनुसूचित जाति	62	27	7	4
मुसलमान	39	57	1	3
ईसाई	26	69	1	4
अन्य	54	42	1	3
इकोनॉमिक क्लासेस : गरीबों में अभी भी ज्यादा लोकप्रिय				
गरीब	54	38	4	5
निम्न	53	42	4	2
मध्य	45	44	6	5
अमीर	38	52	4	6

2004 लोकसभा चुनाव

2004 में केरल के मतदाताओं का मूड नतीजों से पहले कोई भी नहीं भांप सका। जब पूरा मुल्क कांग्रेस की अगुवाई वाले गठबंधन और भाजपा की अगुवाई वाले राजग के बीच चुनाव कर रहा था तब केरल के लोगों ने इन दोनों को नकारते हुए एलडीएफ को एकतरफा जीत दिलाई और 20 में से 18 सीटें उसके हवाले कर दीं। कांग्रेस खाली हाथ रही। एनडीए ने केरल में अपना खाता खोला पर भाजपा को जीत नसीब नहीं हुई और मुस्लिम लीग को अपने गढ़ मंजेरी में भी मुंह की खानी पड़ी। माकपा को 13, भाकपा को 3, केरल कांग्रेस (जे) और जनता दल (से.) को एक-एक स्थान मिले।

कांग्रेस की हार के कई कारण माने जाते हैं—एंटनी सरकार के तीन साल का काम उस पर भारी पड़ा और पार्टी में जबरदस्त गुटबाजी का होना चुनाव में हार का तात्कालिक कारण रहा। गुटबाजी ने कांग्रेसी अभियान को अपने रंग में आने ही नहीं दिया। वह एलडीएफ पर हमले करती रही जबकि एलडीएफ ने राज्य सरकार की असफलताओं को मुद्दा बनाने के साथ भाजपा-राजग सांप्रदायिक गठबंधन को भी निशाने पर रखा। वाम गठबंधन ने अपने बेहतर तालमेल के चलते चुनाव अभियान

भी काफी पहले शुरू कर दिया जबकि कांग्रेस आखिर तक गुटबंदी से जूझने और नाराज नेताओं को मनाने में फंसी रही। राजग भी नए उत्साह में था और उसका मुख्य निशाना भी कांग्रेस ही रही।

और जब नतीजे आए तो एलडीएफ की जीत तो चौंकाऊ थी ही, राजग को एक सीट पर जीत मिली। उसे जो 12.1 फीसदी वोट मिले वह केरल की राजनीति में एक नई चीज थी। एलडीएफ को 46.1 फीसदी और यूडीएफ को 38.4 फीसदी वोट मिले थे। यूडीएफ को पिछले चुनाव में 8.6 फीसदी कम वोट मिले। एलडीएफ का वोट 4.7 फीसदी बढ़ा जबकि राजग के वोटों में 5.5 फीसदी की वृद्धि हुई। माकपा ने कांग्रेस से तीन सीटें कम लड़कर भी उससे 32.1 फीसदी की तुलना में 33.7 फीसदी वोट पाकर अपने उच्चतम स्तर को छुआ। मुवातुझा सीट पर राजग सरकार के मंत्री पी. सी. थामस ने जीत हासिल करके राजग का खाता खुलवा दिया। विधानसभा की सीटों के हिसाब से देखें तो एलडीएफ को राज्य की 140 विधानसभा सीटों में से 100 पर बढ़त मिली।

तत्कालीन मुख्यमंत्री ए. के. एंटनी की ईमानदार नेता वाली छवि को छोड़ दें तो तब कांग्रेस पार्टी के पास मतदाताओं को लुभाने लायक कुछ भी न था। और प्रशासन के रूप में एंटनी की असफलताएं इतनी थीं कि वे ज्यादा नुकसानदेह थीं। गठबंधन के समन्वय में भी दिक्कत थी। सरकार में उद्योग, सूचना प्रौद्योगिकी और शिक्षा जैसे विभागों पर काबिज मुस्लिम लीग ने गठबंधन में मनमानी करनी शुरू कर दी थी। कांग्रेस के अपने अंदरूनी झगड़े इतने बढ़े हुए थे कि लीग को पंच बनने का अवसर भी मिलने लगा। मराद में हुए सांप्रदायिक दंगों ने गठबंधन को बैक फुट पर ला दिया था। लोकसभा के दो उप-चुनावों की पराजय से भी यूडीएफ का मनोबल नीचा हुआ था। रही-सही कसर करुणाकरन परिवार की बगावत और मान मनौव्वल ने पूरी कर दी। मुस्लिम लीग की पंचायत पर उनके गुट को सात सीटें दे दी गईं—साथ ही स्वयं करुणाकरन को राज्य सभा में भेजा गया। पर इनसे भी खटपट नहीं रुकी। यूडीएफ के छोटे घटकों ने अपने लिए सीटें मांगीं पर उन्हें नहीं मिलीं। चुनाव के दौरान उनकी नाराजगी भी खुलकर सामने आई।

पर एलडीएफ को मिली जीत का श्रेय उसकी नीतियों से ज्यादा एंटनी सरकार की नाकामी और कांग्रेस की अंदरूनी लड़ाई को जाता है। जैसा कि राष्ट्रीय चुनाव अध्ययन 2004 के आंकड़े बताते हैं, 70 फीसदी लोगों की राय थी कि गुटबंदी ने कांग्रेस का नुकसान किया है। एंटनी सरकार के कामकाज से संतुष्ट रहने वालों का प्रतिशत मात्र 13 था। विपक्ष ने इन बातों के साथ महंगाई, सांप्रदायिक दंगे, बिजली की दर बढ़ाने, बहुराष्ट्रीय कंपनियों को पानी बेच देने जैसे मसलों को उठाया। पर इस बार एलडीएफ पिछले चुनावों की तुलना में ज्यादा मुसलमान और ईसाई वोट पाने में सफल रहा जो एक बड़ा बदलाव है। उसने मुस्लिम लीग के

सुन्नी धड़े, इंडियन नेशनल लीग को अपनी ओर किया। इसी के चलते उसे मंजेरी में मुस्लिम लीग को हराने में सफलता मिली जबकि पोन्नानी सीट पर भी लीग के उम्मीदवार की बढ़त काफी कम हो गई। सीरियन कैथोलिक समुदाय के एक समूह और मलनकारा चर्च के आर्थोडाक्स धड़े ने यूडीएफ के खिलाफ वोट दिया जो बड़ा बदलाव है। माना जाता है कि शिक्षा नीति पर मुस्लिम लीग के बढ़ते प्रभाव ने ईसाइयों को नाराज किया था।

2006 विधानसभा चुनाव

लोकसभा चुनाव के नतीजों ने कांग्रेस को सचमुच हिला कर रख दिया और उसने सबसे पहला काम अलोकप्रिय हो चुकी सरकार के मुखिया ए. के. एंटनी को हटाने का ही किया। और जब विधानसभा चुनाव के ठीक पहले सीएसडीएस ने अपना सर्वेक्षण किया था तो उसमें नए मुख्यमंत्री ओमान चांडी की लोकप्रियता ठीक ठाक मिली। उनके कामकाज को मतदाताओं ने एंटनी सरकार से बेहतर माना था। इस बीच कांग्रेस ने अपने बागी नेता के. करुणाकरन को भी मना लिया था। लोकसभा के बाद कांग्रेस को पंचायत चुनाव और त्रिवेंद्रम लोकसभा सीट के उप चुनाव में भी बुरी तरह मात मिली थी और यह माना जाता था कि इस हार में करुणाकरन खेमे का भी बड़ा हाथ है।

पर उनके लौटने से भी कांग्रेस के भविष्य को लेकर ज्यादा उम्मीदें नहीं बंधी थीं। बातें घूम फिर कर उदारीकरण पर ज्यादा सख्त लाइन लेने वाले माकपा नेता वी. एस. अच्युतानंदन और नरम रुख अपनाने वाले पी. विजयन के बीच चुनाव पर ही ज्यादा बातें होती रहीं। माकपा का केन्द्रीय नेतृत्व विजयन के पक्ष में था, पर स्थानीय जनमत और पार्टी काडर की स्पष्ट पसंद अच्युतानंदन थे। शुरू में लगा कि पार्टी उन्हें चुनाव मैदान में भी नहीं लाएगी पर नीचे से आए दबाव पर केन्द्रीय नेतृत्व झुका और न सिर्फ अच्युतानंदन उम्मीदवार बने बल्कि पूरी पार्टी और एलडीएफ एकजुट होकर उनके पीछे लग गया। दूसरी ओर कांग्रेस द्वारा करुणाकरन से मेल मिलाप करने के बावजूद उसके अंदर खटर पटर चलती रही।

लेकिन 2004 लोकसभा चुनाव से दिखी बदलाव की लहर ने कांग्रेस और यूडीएफ का विधानसभा चुनाव 2006 में भी सफाया कर दिया। दोनों खेमों के पारंपरिक वोटरों की स्थिति में ज्यादा बदलाव नहीं भी आया तो मतदान के समय फैसला करने वाले जमात ने लगभग एकतरफा ढंग से वाम मोर्चे के पक्ष में मतदान किया। इसके बावजूद एलडीएफ को लोकसभा चुनाव के 8 फीसदी की बढ़त की जगह 6 फीसदी की बढ़त ही मिली।

माना जाता है कि करुणाकरन से दोस्ती कांग्रेस को महंगी पड़ी जबकि एलडीएफ ने इंडियन नेशनल लीग नामक जिस नए दल से गठबंधन किया वह लाभकर रहा। करुणाकरन खेमे को 17 सीटें दी गईं जबकि वह मात्र एक स्थान पर

जीत सका। उसके उम्मीदवारों को औसतन 35.9 फीसदी वोट मिले जबकि कांग्रेस के अपने उम्मीदवारों को 43.8 फीसदी। आंकड़ों का बारीक विश्लेषण करने वालों का निष्कर्ष है कि अगर कांग्रेस अकेले लड़ती तो उसे औसतन एक फीसदी ज्यादा वोट मिलता। एलडीएफ को लीग की दोस्ती से इतना ही लाभ मिला क्योंकि उसके चलते उसे पहली बार मुसलमानों के नए इलाकों में पहुंचने का अवसर मिला।

इस अकेले बदलाव ने एलडीएफ को बहुत लाभ दिया क्योंकि राज्य के 40 फीसदी अल्पसंख्यक मतदाताओं में वह सदा से कमजोर रहा था। हर चुनाव में यूडीएफ को ईसाई और मुसलमानों का दो तिहाई वोट मिलता रहा है। इस बार एक संप्रदाय विशेष की पार्टी से गठजोड़ करके एलडीएफ को असल में कितना और टिकाऊ लाभ हुआ है या नहीं इसका पता बाद में चलेगा। इस बार मुसलमान बहुल क्षेत्रों में एलडीएफ के वोट प्रतिशत में सात अंकों की बढ़त आई और उसने ऐसी 21 में से 12 सीटें जीतीं जबकि पिछली बार उसे मात्र 4 सीटों पर संतोष करना पड़ा था। कोझिकोड जिले में तो उसने पूरा मैदान साफ कर दिया जबकि मालपुरम जिले में भी उसे काफी लाभ हुआ। एलडीएफ को ईसाई बहुल 34 सीटों में से 22 सीटें मिलीं।

पर मतदान में बाकी समूहों का हिसाब-किताब लगभग पुराना ही रहा। एलडीएफ को ज्यादातर दलितों और पिछड़ों, खासकर इझवा समुदाय का वोट मिला। पिछले कुछ चुनाव से भाजपा को वोट दे रहे अगड़े इस बार काफी हद तक एलडीएफ की तरफ मुड़ गए दिखे। वर्ग के हिसाब से भी एलडीएफ के मतदाता पिरामिड जैसा ग्राफ बनाते हैं—नीचे काफी सारे गरीब और ऊपर थोड़े से अमीर। गरीबों के वोट में एलडीएफ अपने प्रतिद्वंद्वी यूडीएफ से 16 फीसदी आगे रहा। खाते-पीते समूहों और मध्यम वर्ग में यूडीएफ को अच्छे वोट मिले। इस मामले में केरल की कम्युनिस्ट पार्टियां पश्चिम बंगाल से अलग रहीं जहां मध्य और उच्च वर्ग में माकपा का आधार बढ़ा है। अब यह स्पष्ट नहीं है कि एलडीएफ अभी के लाभ की स्थिति को स्थायी बना पाता है या नहीं। अगर वह ऐसा करता है और अप्लसंख्यकों के बीच की अपनी कमजोरियां दूर करता है तो वह आगे भी चुनावी राजनीति का मजबूत पहलवान बना रहेगा।

भविष्य की संभावनाएं

क्या केरल में द्विध्रुवीय प्रतियोगिता जारी रहेगी? इस संदर्भ में विश्वस्त भविष्यवाणी करना कठिन है, लेकिन मौजूदा रुझान बदलाव की तरफ संकेत नहीं करते। केरल के मतदाताओं ने दो प्रमुख मोर्चों के बीच सत्ता परिवर्तन के साथ-साथ भाजपा जैसे दलों की संतुलनकारी भूमिका को बढ़ाने की क्षमता का प्रदर्शन किया है। इस प्रकार की राजनीतिक एवं चुनावी गतिशीलता 1987 के विधानसभा चुनावों के बाद अधिक स्पष्ट हुई है। यद्यपि द्विध्रुवीय राजनीति 1980 से ही चल रही है। तकनीकी

रूप से कांग्रेस पार्टी अन्य दलों से आगे है। लेकिन इस बढ़त की सीमाएं काफी हैं। कांग्रेस से आंतरिक गुटबंदी, एवं मुख्य रूप से करुणाकरन एवं एंटनी खेमों के मध्य प्रतिद्वंद्विता भविष्य में कांग्रेस पार्टी की संभावनाओं को कमजोर कर सकती हैं। 2001 में यूडीएफ के सत्ता में आने के बाद से कांग्रेस पार्टी के भीतर विभिन्न गुट कलह में लगे हुए हैं। भविष्य के चुनावों में एक और सत्ता परिवर्तन हो सकता है। अतः कम से कम अगले दस साल तक द्विध्रुवीय मॉडल पर आधारित गठबंधन राजनीति के कायम रहने की संभावना है।

भाजपा की तरफ से राजनीतिक चुनौती आ सकती है। लेकिन, केरल की आबादी की सामाजिक संरचना और विभिन्न तबकों के विचारधारात्मक रुझानों में भाजपा के लिए बहुत ही सीमित संभावनाएं हैं। प्रतिद्वंद्वी गठबंधनों द्वारा एक विधानसभा क्षेत्र में भी भाजपा की पैठ रोकने के लिए ही आगे गई। सांठगांठ भाजपा की संभावनाओं को और सीमित करेगी। इसके बावजूद भाजपा के पास दोनों मोर्चों में किसी को भी नुकसान पहुंचाने की क्षमता है। माना जाता है कि 2001 के विधानसभा चुनावों में भाजपा ने एक रूप से खुद को एलडीएफ की पराजय सुनिश्चित करने में लगा दिया था। इसने खासतौर से कांग्रेस एवं आमतौर से यूडीएफ को लाभ पहुंचाया। हालांकि केरल की राजनीति में भाजपा की उपस्थिति राज्य की राजनीति के स्थापित प्रतिमान के लिए भी खतरा उत्पन्न कर सकती है। देश के अन्य भागों की तरह केरल में भी हिंदू वोट एकजुट हो सकते हैं। ऐसा होने पर कांग्रेस संकट में फंस सकती है। दो गठजोड़ों की होड़ से सांप्रदायिक दलों से कोई गंभीर चुनौती नहीं प्रतीत होती है। पीपुल्स डेमोक्रेटिक पार्टी और इंडियन नेशनल लीग बहुत कम लोकप्रिय हैं। कुछ विधानसभा क्षेत्रों में ये मुस्लिम लीग की संभावनाओं को चोट जरूर पहुंचा सकते हैं। केरल की राजनीति में नाना प्रकार की केरल कांग्रेस 'पार्टियों' का आपसी संघर्ष भी फिलहाल चलता रहेगा। दो गठजोड़ों की राजनीति को चुनौती एक अन्य राज्य में सामाजिक संबंधों की बदलती प्रकृति हो सकती है। बहुत कुछ केरल के दो प्रमुख समुदायों, मुसलमानों एवं ईसाइयों द्वारा अपनाए गए रवैए पर निर्भर रहेगा। इसके अतिरिक्त, अर्थव्यवस्था से जुड़े मुद्दों में भी दलीय राजनीतिक प्रतियोगिता के स्वरूप को प्रभावित करने की संभावना है। केरल में सर्वाधिक असंगठित, संख्यात्मक रूप से कमजोर एवं अधिकारहीन भाग तटीय पट्टी के मछुआरे एवं पहाड़ी जनजातियां हैं। केरल की राजनीति के सरोकार इन दोनों से जुड़े मुद्दों से प्रभावित और निर्धारित नहीं होते। उच्च शिक्षा क्षेत्र में गंभीर समस्याएं हैं। बेरोजगार युवाओं की रिकॉर्ड उपस्थिति एवं राज्य में औद्योगिक विकास की कमी भी राजनीति के भविष्य का निर्धारण कर सकती है।

साक्षरता की बहुत ऊंची दर और राजनीतिक जागरूकता की तीव्र भावना के कारण केरल के मतदाताओं में स्वयं को प्रभावकारी रूप से प्रकट करने की क्षमता

है। अब तक, मतदाताओं की अभिव्यक्ति दो गठबंधनों के मध्य सत्ता परिवर्तन और ताकतवर उम्मीदवारों को भी पराजित करने तक रही है। यदि केरल के दोनों गठबंधन सत्ता में बारी-बारी से होने वाले इन परिवर्तनों के पीछे छिपे संदेश को समझने में असफल रहे, तो अन्य विकल्पों की खोज द्विध्रुवीय गठबंधन राजनीति के स्थापित प्रतिमान को कमजोर कर सकती है।

संदर्भ :

1. डाइरेक्टर ऑफ ऑपरेशन : केरल, सोशल ऑफ इंडिया—1991 सीरीज-12, केरल पार्ट IV P (ii) रिलीज्स (देखें तालिका 9)
2. आर. रामकृष्णन नायर, 'सोशल स्ट्रक्चर एंड पॉलिटिकल डेवेलपमेंट इन केरला' केरला एकेडमी ऑफ पोलिटिकल साइंस, त्रिवेन्द्रम, 1976, पृष्ठ 3
3. उदाहरण के लिए देखें, ए. बालकृष्णन नायर, गवर्नमेंट एण्ड पॉलिटिक्स इन केरला, (इंदिरा पब्लिकेशन, त्रिवेन्द्रम, 1992), पृष्ठ 188-189
4. अधिक विस्तार के लिए देखें, जी. गोप कुमार, कांग्रेस पार्टी एंड स्टेट पॉलिटिक्स, दीप एंड दीप पब्लिकेशंस, नई दिल्ली, 1984, पृष्ठ 102-103, पृष्ठ 287-291
5. जी. गोप कुमार, 'रीजनल पॉलिटिक्स एंड स्टेट पॉलिटिक्स', दीप एंड दीप पब्लिकेशंस, नई दिल्ली, 1986, पृष्ठ- 131
6. जी. गोप कुमार, 'विदर पार्टिज इन केरला', इन इण्डिज रिव्यू, खण्ड 1, त्रिवेन्द्रम, 1988
7. केरल पुलिस ने इसरो के कुछ वैज्ञानिकों और एक वरिष्ठ पुलिस अधिकारी के कुछ मालदीव निवासियों के विदेशी लोगों के साथ कथित संबंध का पता लगाने का दावा किया था। उसका दावा था कि तिरुवनंतपुरम भारतीय अंतरिक्ष अनुसंधान संगठन से कुछ गुप्त जानकारी 'लीक' करने के लिए एक 'गुप्तचर नेटवर्क' सक्रिय था। कहा जाता है कि करुणाकरन सरकार ने एक आईपीएस अधिकारी श्रीवास्तव की गिरफ्तारी में देर की। न्यायालय में अभियोग पत्र पेश करने के बाद उस वैज्ञानिक, पुलिस अधिकारी और अन्य के विरुद्ध कार्यवाही की गई। लेकिन, कांग्रेस का एंटनी धड़ा संतुष्ट नहीं हुआ। उसने मुख्यमंत्री के. करुणाकरन के इस्तीफे की मांग जारी रखी। आलाकमान को यह मांग माननी पड़ी। इसने कांग्रेस के भीतर गुटीय संबंधों को भी अस्त-व्यस्त कर दिया। यूडीएफ भी कमजोर हुआ।
8. यदि एक ही दिन हुए दो चुनावों के परिणामों में बहुत अंतर होने से यह परिघटना प्रकाश में आती है। केरल की राजनीति में यह परिघटना बहुत ही महत्वपूर्ण है।
9. जी. गोप कुमार, 'डिफेंसिव लेफ्ट एण्ड डिसयूनाइटेड कांग्रेस', इकॉनोमिक पॉलिटिक्स वीकली, खंड XXXXI नं. स, नई दिल्ली, म ई 19, 2001, पृष्ठ 1581-1584

अनुवाद : कमल नारायण चौबे

असम

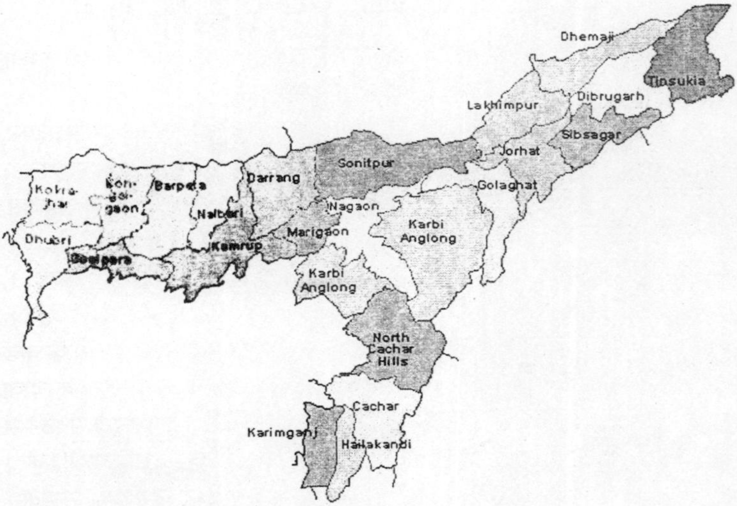
Dhemaji
Tinsukia
Lakhimpur
Dibrugarh
Sibsagar
Jorhat
Sonitpur
Darrang
Golaghat
Barpeta
Nalbari
Nagaon
Marigaon
Karbi
Anglong
Dhubri
Kamrup
Karbi
Anglong
North
Cachar
Hills
Cachar
Karimganj
Hailakandi

जातीयता का उभार और दलीय प्रणाली का विखंडन

— संध्या गोस्वामी

बहिरागतों के खिलाफ चले असम आंदोलन ने उत्तर-पूर्व के सबसे बड़े राज्य में कांग्रेस प्रणाली का अंत कर दिया। वहां सभी तरह के हितों को साथ लेकर चलने वाली एक राजनीतिक ताकत की जगह दलीय प्रणाली का विखंडन हो गया। असमिया मध्यवर्ग का कांग्रेस से मोहभंग होने के बाद जातीय पहचानों की दावेदारियां बढ़ती चली गईं और चुनावी राजनीति पेचीदा होती चली गई। असमी, बोड़ो, कर्बी और न जाने कितनी जातीय पहचानें एक-दूसरे से होड़ करने लगीं। सांप्रदायिक पहचानों ने भी अपना रंग दिखाया। इन दबदबों ने राष्ट्रीय नजरिया रखने वाली कांग्रेस, भाजपा और वामपंथी पार्टियों को भी अपना रवैया बदलने पर मजबूर कर दिया। आज का असम जातीय पहचानों की राजनीतिक प्रयोगशाला बन चुका है।

पिछले बीस साल में असम की चुनावी राजनीति को सामाजिक विभाजनों और होड़ की राजनीति के संबंधों की जटिलता के मिसाल के तौर पर लिया जा सकता है। इन दो दशकों में असम की राजनीति में दो बुनियादी बदलाव हुए हैं। इनका वास्ता राजनीतिक दलों के लिए गुंजाइशों में हुए 'बिखराव' और राजनीति में जातीयता के विस्फोट से है। इस दौरान राज्य में कांग्रेस के एकदलीय प्रभुत्व के स्थान पर बहुदलीय प्रणाली मजबूत हुई है। इससे साबित होता है कि दलों में विखंडन हुआ है। जातीयताओं के राजनीतिकरण का धीमा सिलसिला अचानक रफ्तार पकड़ गया है। इन दो प्रक्रियाओं के बीच का संबंध बहुत साफ तौर से देखा जा सकता है कि राजनीतिक दलों की संख्या में होने वाली बढ़ोतरी मूलत: विभिन्न जातीयताओं के राजनीतिकरण से ताल्लुक रखती है। आज असम की राजनीति उस दौर से आगे निकल आई है जब राजनीतिक दल सभी का प्रतिनिधित्व करने का दावा किया करते थे। अब वहां की राजनीति भी 'विभाजनों पर आधारित' हो गई है।

इस आलेख में हमने 1985 के बाद उभरी चुनावी राजनीति पर नजर डाली है। 1985 के चुनाव असम में राजनीतिक होड़ की दृष्टि से बहुत 'महत्त्वपूर्ण' माने जाते हैं। इस चुनाव को असम की राजनीति के ढर्रे को बदलने वाला चुनाव माना जाता है। विदेशी नागरिकों को बाहर निकालने के मुद्दे से जुड़े असम आंदोलन (1979-85) ने इस चुनावी फेरबदल की जमीन तैयार की थी। इस आंदोलन के कारण असम की पार्टियों के जनाधार और मुद्दे सिरे से बदल गए थे। आंदोलन से जहां असमी राष्ट्रवाद को अभिव्यक्ति मिली, वहीं इससे उप-राष्ट्रीय तथा जातीय आकांक्षाओं को भी बल मिला। असमी जनता की क्षेत्रीय भावनाएं असम गण परिषद (अगप) नाम की पार्टी (1985) के रूप में सामने आई। अगप को अपनी स्थापना के वर्ष में ही सत्ता में आने का मौका मिल गया। इसके चलते उसे असम की राजनीति में अपनी स्थिति मजबूत करने में मदद मिली। इस चुनाव के साथ ही असम में कांग्रेस के वर्चस्व वाली प्रणाली का पराभव हो गया और उसके स्थान पर बहुदलीय प्रणाली आ गई। नई दलीय प्रणाली में विभिन्न समूहों या छोटे सांस्कृतिक समुदायों से जुड़ी राजनीतिक पार्टियों की बन आई। इसी के साथ वहां ऑटोनामस स्टेट डिमांड कमेटी (एएसडीसी), यूनाइटेड माइनारिटी फ्रंट (यूएमएफ), पीपुल्स डेमोक्रेटिक फ्रंट (पीडीएफ), और आल बोडो स्टूडेंट यूनियन (एबीएसयू) जैसे छोटे-छोटे क्षेत्रीय दलों ने भी अपनी मौजूदगी दर्ज कर ली है। किसी जमाने में क्षेत्रीय राजनीति—विशेषकर असमिया क्षेत्रीय राजनीति, का कड़ा विरोध करने वाले वामपंथी दल आज अस्तित्व के संकट से जूझ रहे हैं। उन्हें भी क्षेत्रीय राजनीति के यथार्थ को स्वीकार करना पड़ रहा है। कांग्रेस एक बड़ी ताकत है, लेकिन अब उसके पास वैसा दबदबा नहीं रह गया है जो 1985 से पहले के दौर में हुआ करता था। उसके पंचमेल गठबंधन के दिन अब बीत चुके हैं। पिछले दशक के दौरान यहां भाजपा एक महत्त्वपूर्ण चुनावी ताकत के रूप में उभरी है, परंतु यहां वह राष्ट्रवादी पार्टी न होकर क्षेत्रीय हितों की पार्टी के तौर पर काम करती है।

असम की राजनीति पर इन घटनाओं और प्रवृत्तियों का गहरा असर पड़ा है। राजनीति में नए सामाजिक समूहों और दलों के प्रवेश से लोकतांत्रिक होड़ के दायरे को व्यापक करने की संभावना बढ़ी है। आज कोई भी राष्ट्रीय दल असम के इन क्षेत्रीय और जातीयता-आधारित दलों की चुनौती दरकिनार नहीं कर सकता। लेकिन, दलों की संख्या में वृद्धि होने से न बेहतर विकल्प खुले हैं, और न ही बेहतर नीतियों का विकास हुआ है। निर्वाचित सरकारें जनता में मिले समर्थन को प्रभावशाली नीतियों का रूप देने में लगातार नाकाम रही हैं। राज्य सरकार की सांठ-गांठ के चलते असम की राजनीतिक प्रक्रिया में बंदूक की संस्कृति ने भी चुनाव प्रक्रिया में घुसपैठ कर ली है।

चुनावी राजनीति का सामाजिक और ऐतिहासिक संदर्भ

असम भारत के उत्तर–पूर्व में स्थित मिली–जुली जनसंख्या वाला राज्य है। आंतरिक अशांति से जूझने वाले इस राज्य का क्षेत्रफल भारत के कुल क्षेत्रफल का 2.1 प्रतिशत है। भारत के राजनीतिक नक्शे में असम की स्थिति सामरिक दृष्टि से महत्त्वपूर्ण है। आजादी के बाद असम का नक्शा कई बार बदला है। वर्तमान असम में अब केवल ब्रह्मपुत्र घाटी, बराक घाटी तथा दो पहाड़ी जिले कर्बी आंगलोंगे और उत्तरी कछार की पहाड़ियां ही शामिल हैं। सन 2001 की जनसंख्या गणना के अनुसार राज्य की आबादी 2 करोड़ 60 लाख है और जनसंख्या का घनत्व 340 व्यक्ति प्रति किलोमीटर है। असम के सामाजिक ताने–बाने को दो ऐतिहासिक तथ्यों ने बहुत गहराई से प्रभावित किया है। एक, राज्य की जनसंख्या में बहिरागतों की विशेष भूमिका। दूसरे, इन बहिरागतों की जातीय और सांस्कृतिक विविधता। इनके अलावा भी असम की मूल जनसंख्या सांस्कृतिक, भाषिक और धार्मिक अर्थों में काफी विविधता लिए हुए है। हिंदू 67 प्रतिशत और मुसलमान 28.3 प्रतिशत हैं। यहां की जनसंख्या में अनुसूचित जाति और अनुसूचित जनजातियों का प्रतिशत क्रमशः 7.4 और 12.1 प्रतिशत है। असम की जनसंख्या का विभाजन बहिरागत मुसलमान, हिंदू, नेपाली और चाय बागानों में काम करने वाले मजदूरों की विभिन्न श्रेणियों के रूप में भी किया गया है। आबादी की इस बनावट का राज्य की राजनीति पर गहरा प्रभाव पड़ा है। इसी कारण किसी भी राजनीतिक दल के लिए एक निर्वाचन क्षेत्र के प्रमुख समूहों के बीच आधार बनाए बिना चुनाव जीतना बेहद मुश्किल होता है। यही नहीं, यह भाषिक, धार्मिक और जातीय विविधता राजनीतिक ध्रुवीकरण के लिए भी दरवाजे खोलती है। असम के चुनावों में अक्सर अल्पसंख्यकों के वोट निर्णायक साबित होते हैं।

असम के इतिहास में 1826 से शुरू होने वाले दौर में न केवल अहोम जैसे स्वतंत्र और ताकतवर राजवंश की सत्ता का अंत हुआ, बल्कि विदेशी शासन का नया युग शुरू हुआ। इसके दुष्प्रभावों का असर आज भी देखा जा सकता है। उपनिवेशकारी असम की सामाजिक संरचना में परिवर्तन और मौद्रिक व्यवस्था की स्थापना करना चाहते थे, ताकि साम्राज्यवादी हितों को सिद्ध किया जा सके। औपनिवेशिक शोषण के लिए प्रशासन, भू–राजस्व और लगान के क्षेत्र में कई तरह के बदलाव किए गए। इसके चलते असम के बंद समाज को नए बहिरागत मजदूरों, कामकाज के नए तौर–तरीकों और नए विचारों से रू–ब–रू होना पड़ा। आप्रवासन की इस प्रक्रिया से जहां असम में कम आबादी वाले जिलों और उपजाऊ जमीन पर लोगों का बसना शुरू हुआ, वहीं इससे अन्य राज्यों को अपनी देशी आबादी कम करने में मदद मिली।

असम चाय कंपनी की स्थापना के पीछे उपनिवेशवादियों की योजना थी कि

परती जमीन पर कब्जा जमाकर उसमें विदेशी पूंजी का निवेश किया जाए। चाय उद्योग में मजदूरों की जरूरत लगातार पड़ती थी। इसके कारण बिहार, छोटा नागपुर, उत्तर प्रदेश और मद्रास प्रेसीडेंसी से भारी संख्या में मजदूरों का आगमन हुआ। हर वर्ष हजारों की संख्या में दूसरे राज्यों से भर्ती किए जाने वाले ज्यादातर मजदूर अंत में यही बस गए। असम की आप्रवासी जनसंख्या में इन चाय मजदूरों का समूह सबसे बड़ा है। असम में आप्रवासियों की नई लहर पूर्वी बंगाल के जिलों से आई। इन आप्रवासी किसानों में 85-90 प्रतिशत लोग मुसलमान थे। ग्रामीण क्षेत्रों में होने वाले इस आप्रवासन का सिलसिला 1901 से 1947 के बीच बदस्तूर जारी रहा। यह सिलसिला इतना व्यापक था कि इसके कारण बीसवीं शताब्दी के मध्य तक असम की घाटी में मूल जनसंख्या का प्रतिशत काफी गिर चुका था। यह जरूर है कि आप्रवासियों ने बेकार पड़ी जमीन को खेती योग्य बनाकर असम की अर्थव्यवस्था में योगदान किया, लेकिन इसके साथ ही उनके आने से असम के सामाजिक और सांस्कृतिक जीवन पर प्रतिकूल प्रभाव पड़ा।

साम्राज्यवादी नीति की एक दूसरी मंशा स्थानीय भाषाओं का दमन करना तथा कम खर्चे में चल सकने वाले प्रशासन की सहूलियत के लिए नकली सीमाएं खड़ी करना था। इस नीति का स्थानीय मध्य वर्ग पर बुरा प्रभाव पड़ा। ब्रिटिश शासन ने मध्य वर्ग और आप्रवासियों के बीच मतभेद पैदा करके बांटो और राज करो की नीति चलाने का प्रयास किया। इसी क्रम में अंग्रेज शासकों ने अप्रैल 1836 में असम के स्कूलों और अदालतों में बांग्ला भाषा को लागू किया। इसके पीछे उन्होंने दलील दी कि अदालतों में काम करने वाले फारसी के कातिबों की जगह नए लोगों को भर्ती करना महंगा साबित होगा। इस पूरे दौर (1836-1891) में असमी भाषा दमन का शिकार बनी रही। परिणाम यह हुआ कि लगभग सभी सरकारी स्कूलों (अंग्रेजी और देशी भाषाओं वाले ही नहीं सिर्फ देशी भाषाओं वाले स्कूलों में भी) में बंगाली लोगों को भर्ती करना जरूरी हो गया क्योंकि ऐसे स्थानीय अध्यापक पर्याप्त संख्या में नहीं मिलते थे जो छात्रों को बांग्ला माध्यम से पढ़ा सकें।

भाषा से जुड़ा यह फैसला न केवल असमी राष्ट्रवाद के लिए एक धक्का साबित हुआ, बल्कि इससे असमिया राष्ट्रीयता के अस्तित्व को भी क्षति पहुंची। कांग्रेस ने ऐसी स्थिति में असली उप-राष्ट्रवाद का समर्थन किया। उसने अपने एक चुनावी पर्चे में दावा किया कि असमिया भाषा और संस्कृति को आधार बनाए बिना असमी राष्ट्रीयता को बचाना मुश्किल हो जाएगा। कांग्रेस के लिए उस दौर में असमी राष्ट्रवाद का समर्थन करना इसलिए भी आसान था, क्योंकि बंगालियों के प्रभुत्व वाली सुरमा घाटी असम कांग्रेस का हिस्सा न होकर बंगाल कांग्रेस के तहत आती थी। इसी के चलते कांग्रेस असमी समुदाय के बीच एक मजबूत आधार बनाने में सफल रही। असमी राष्ट्रवाद का समर्थन करने के कारण ही कांग्रेस को 1946 के विधानसभा

चुनावों के दौरान सामान्य निर्वाचन क्षेत्रों में 78.3 प्रतिशत वोट प्राप्त हुए। लेकिन, आजादी के बाद कांग्रेस को अपना जनाधार नए सिरे से तैयार करना पड़ा।

विभाजन के फलस्वरूप सिलहट का मुसलमान बहुल जिला पूर्वी पाकिस्तान (बांग्लादेश) को सौंप दिया गया लेकिन कछार का बांग्ला भाषी जिला असम में ही रहा। ऐतिहासिक दृष्टि से देखा जाए तो ऐसे कदमों से भारत में हमेशा राजनीतिक दांव-पेंच को प्रश्रय मिलता रहा है। इस बार भी वैसा ही हुआ। घनी आबादी वाले बांग्ला भाषी कछार को असम प्रदेश कांग्रेस कमेटी में शामिल करने से राज्य की राजनीति में महत्त्वपूर्ण बदलाव आया। चुनाव के नजरिए से बंगाली हिंदू और मुसलमान शरणार्थियों के लगातार आते रहने के साथ-साथ खासी, गारो, बोडो जैसे आदिवासी समूहों द्वारा अपनी पहचान स्थापित करने की कोशिशों से हालात और पेचीदा हो गए। सरकारी भाषा, शिक्षा के माध्यम और तेलशोधक कारखानों की स्थापना के संबंध में कांग्रेस ने मध्य मार्ग का अनुसरण किया। गिरि-जनों तथा बोडो आदिवासियों जैसे विभिन्न समूहों की मांगों के प्रति भी कांग्रेस का रवैया साफ नहीं था। उदाहरण के लिए 1968 में गोआलपाड़ा जिले में बोडो भाषा को माध्यमिक शिक्षा का माध्यम बनाने की मांग उठाई गई। इसे तत्कालीन मुख्यमंत्री ने यह कहकर अस्वीकार कर दिया कि ऐसा कोई भी कदम उठाना राज्य की शिक्षा नीति के खिलाफ होगा। इसी प्रकार शुरू में कांग्रेस पहाड़ी आदिवासियों—खासी, जयन्तिया और गारो समूहों के संगठन—आल पार्टी हिल लीडर्स कान्फ्रेंस (एपीएचएलसी) द्वारा उठाई गई पृथक राज्य की मांग पर भी सहानुभूतिपूर्वक विचार नहीं किया था। इसकी प्रतिक्रिया में एपीएचएलसी के विधायकों ने 1967 के विधानसभा चुनावों के तुरंत बाद पृथक पहाड़ी राज्य बनाने की मांग करते हुए केन्द्र पर दबाव डालने के लिए एक साथ इस्तीफा दे दिया था।

आजादी के बाद तत्कालीन पूर्वी पाकिस्तान से शरणार्थियों का आना लगातार जारी रहा। इसी के साथ खासी, गारो और बोडो जैसे आदिवासी समूहों में पहचान की चेतना भी मजबूत होने लगी। इसके चलते हालात जटिल से जटिलतर हो गए। इसी दौरान असमिया मध्यवर्ग के तेवर भी उग्र हो गए। सरकारी भाषा, शिक्षा के माध्यम और तेलशोधक कारखानों की स्थापना के मुद्दे पर निपटना तलवार की धार पर चलने के समान था, परन्तु कांग्रेस का केन्द्रीय नेतृत्व राज्य की समस्याओं को लेकर असंवेदनशील बना रहा। धीरे-धीरे यह असंवेदनशीलता और मुखर होती चली गई।

चुनाव के समय अपने पक्ष में माहौल गर्माने के लिए कांग्रेस हमेशा लोकलुभावन कदम उठा कर अपनी नीतियों से होने वाले नुकसान की भरपाई करने का प्रयास करती थी। उदाहरण के लिए कांग्रेस ने राज्य में दूसरे तेलशोधक कारखाने की स्थापना करने तथा एक पृथक पहाड़ी राज्य बनाने के मुद्दे पर ऐसे कदम उठाए कि

उससे बहुत से लोग नाराज हो गए। लेकिन चुनाव आने पर उसने अपनी स्थिति सुधारने के लिए इन मांगों के संबंध में कुछ घोषणाएं कर डालीं। छठे दशक के अंत से लेकर सातवें दशक की शुरुआत तक कांग्रेस के जरिए असम का मध्यवर्ग ही राज्य को नियंत्रित कर रहा था। अतः कांग्रेस के इस रवैए को एक प्रकार से असमिया मध्यवर्ग का दृष्टिकोण भी कहा जा सकता है। पार्टी के अंदर नेतृत्व को लेकर खींचातानी जरूर चलती रहती थी, जिसके चलते कांग्रेस के संगठन को टिकाए रखने वाली व्यवस्थाएं कमजोर पड़ने लगी थीं।

'सभी की नुमाइंदगी' के दावे से विखंडन तक

स्वतंत्रता से पहले कांग्रेस असमी भाषा और संस्कृति की पैरोकारी के बीच चुनावी होड़ करते हुए और 'असम की राष्ट्रीय पहचान' का समर्थन करती थी। शायद यही कारण है कि असम के चुनावी इतिहास में कांग्रेस 1952 से 1978 तक लगातार सत्ता में बनी रही। लोकसभा के पहले छह आम चुनावों में कांग्रेस को राज्य की 12 या 14 लोकसभा सीटों में से कभी भी तीन या चार से ज्यादा सीटें नहीं गंवानी पड़ीं। यहां तक कि 1977 में भी जब इंदिरा गांधी की कांग्रेस को आपात्काल की ज्यादतियों के कारण देश के ज्यादातर हिस्सों में हार का मुंह देखना पड़ा था, तब भी असम के मतदाताओं ने उसे 14 में से 10 सीटों पर जीत दिलाई थी। इस चुनाव में कांग्रेस को कुल वोटों का 50.6 प्रतिशत हिस्सा प्राप्त हुआ था। इस समय तक संसदीय चुनावों में कांग्रेस का वोट प्रतिशत 45 प्रतिशत से ऊपर बना रहा। विधानसभा चुनावों में भी कांग्रेस का निम्नतम वोट प्रतिशत 43.5 था।

इसी दौरान दूसरी तरफ कांग्रेस का अपना व्यापक जनाधार धीरे-धीरे बिखरता जा रहा था। लेकिन उसके राजनीतिक विकल्प के रूप में कुछ दिखाई नहीं दे रहा था। कुछ क्षेत्रीय राजनीतिक समूह और दल जरूर उभर कर सामने आए और आल पार्टी हिल लीडर्स कांफ्रेंस जैसे कुछ समूहों ने गैरअसमी भाषा बोलने वाले जातीय समूहों के साथ मिल कर राजनीति में जगह बनानी शुरू कर दी। परंतु, उनका प्रभाव असम के कुछ क्षेत्रों तक ही सीमित रहा। बाद में ये क्षेत्र असम से अलग कर दिए गए। पीपुल्स डेमोक्रेटिक पार्टी तथा उजानी असम राज्य परिषद द्वारा कांग्रेस को असमिया समुदाय के अंदर चुनौती देने की कोशिश राज्य की चुनावी राजनीति में कोई लहर पैदा न कर सकी। लेकिन, छः साल तक चलने वाला असम आंदोलन एक नया मोड़ साबित हुआ। असम के चुनावी अखाड़े में क्षेत्रीय ताकतें इस आंदोलन के बाद ही अपनी जगह बना सकीं।

कांग्रेस को पहला बड़ा धक्का तब लगा जब केन्द्र में जनता पार्टी सत्ता पर काबिज हो गई। उस समय असम उन थोड़े से राज्यों में एक था, जहां देवराज अर्स के नेतृत्व वाली कांग्रेस ने न केवल अपना अस्तित्व बनाए रखा, बल्कि उसने इंदिरा

कांग्रेस को मुंहतोड़ जवाब भी दिया। दोनों कांग्रेसों के बीच पहला शक्ति परीक्षण 1978 के विधानसभा चुनावों में हुआ। इन चुनावों में इंदिरा कांग्रेस की सीटें और वोट प्रतिशत दहाई भी नहीं छू सके। इसके मुकाबले कांग्रेस (अर्स) को 26 सीटों सहित 24 प्रतिशत वोट हासिल हुए। दोनों पार्टियों के बीच वोट बंटने से गैर-कांग्रेसी दलों को लाभ पहुंचा। जनता पार्टी, जो मुख्यत: सोशलिस्टों से मिलकर बनी थी, को चुनाव में 53 सीटें प्राप्त हुईं और 27 प्रतिशत वोट हासिल हुए। केन्द्र में हुए सत्ता परिवर्तन से राज्य की राजनीतिक स्थिति में भी बदलाव आया। चुनावों के परिणामों पर इस बदलाव का असर देखा जा सकता है। गौरतलब है कि 1977 के संसदीय चुनाव और 1978 के विधानसभा चुनाव, दोनों में ही आपात्काल की ज्यादतियों का मुद्दा केन्द्रीय था, लेकिन दोनों चुनावों के परिणाम एक दूसरे से बेहद अलग निकले।

इन चुनावों के बाद राज्य में राजनीतिक अस्थिरता और अशांति का बोलबाला हो गया। जनता पार्टी का असम में 1980 के लोकसभा चुनाव में पहले ही पतन हो गया था। इसके बाद थोड़े समय के लिए राज्य की बागडोर कांग्रेस ने संभाली। यही समय था जब असम आंदोलन अपने चरम पर पहुंच चुका था। इसके बाद असम में राष्ट्रपति शासन लगा दिया गया और इस 'अशांत' राज्य में सिर्फ दो लोकसभा सीटों के लिए ही चुनाव कराए जा सके। केन्द्र की सत्ता में वापस आने के बाद इंदिरा गांधी ने यहां कांग्रेस की सरकार स्थापित करने की कई नाकाम कोशिशें कीं। विधानसभा का कार्यकाल पूरा होने से पहले ही जनता के तीव्र विरोध के बावजूद इंदिरा गांधी ने चुनाव कराने का फैसला ले लिया। 1983 के विधानसभा चुनाव राजनीतिक दृष्टि से पूरी तरह विफल साबित हुए। हालांकि, सरकारी आंकड़ों के मुताबिक इस चुनाव में 32.7 प्रतिशत लोगों ने मतदान किया था, लेकिन मीडिया की रिपोर्ट के अनुसार असमिया इलाकों में मतदान का प्रतिशत बहुत कम था। हितेश्वर सैकिया के नेतृत्व में कांग्रेस की सरकार तो बन गई, परंतु इस सरकार के पास स्पष्ट जनादेश नहीं था। इस राजनीतिक गतिरोध को इंदिरा गांधी की मृत्यु के बाद राजीव गांधी ने तोड़ा। उन्होंने असम आंदोलन का नेतृत्व वाले छात्रों से समझौते की बातचीत की। इस समझौते (1985) के तहत विधानसभा भंग करने और नए चुनाव कराए जाने का मार्ग प्रशस्त हुआ। दिसम्बर 1985 में होने वाले विधानसभा चुनावों के साथ ही लोकसभा के लिए भी चुनाव कराए गए जो कि प्रतिकूल माहौल के चलते 1984 से लटके हुए थे।

असम की राजनीति में 1985 के चुनाव बेहद महत्त्वपूर्ण थे। दलीय प्रणाली में होने वाले भारी फेरबदल और राजनीतिक दलों के साथ विभिन्न सामाजिक समूहों के टिकाऊ गठजोड़ के लिहाज से असम की राजनीति में इन चुनावों की अहमियत काफी थी। चुनावों में लोगों ने भारी पैमाने पर शिरकत की। इस चुनाव में मतदान का

प्रतिशत 1978 के चुनाव के रिकार्ड मतदान से 12 प्रतिशत बढ़कर 79 प्रतिशत तक पहुंच गया। असम आंदोलन के प्रमुख नेताओं ने मिलकर एक राजनीतिक दल असम गण परिषद (अगप) का गठन किया। अगप की मुख्य ताकत बहिरागतों के चलते असमिया पहचान पर मंडराते खतरे की भावना थी। 1985 के विधानसभा चुनावों में अगप बहिरागतों के मुद्दे के दम पर सत्ता पर कब्जा जमाने में सफल हो गई। लेकिन इस तथ्य को नहीं भुलाया जाना चाहिए कि अपनी लोकप्रियता की पराकाष्ठा पर पहुंचने के बाद भी अगप को 35 प्रतिशत से कम ही वोट प्राप्त हुए थे। सच तो यह है कि उसे आवश्यक बहुमत से सिर्फ एक ही सीट ज्यादा मिली।

जनता के बीच अगप गैर-कांग्रेसी लामबंदी का केन्द्र बन कर उभरी जिससे राष्ट्रीय विपक्षी दल किनारे हो गए। साथ ही अगप की इस सफलता से उसके जनाधार की सीमाएं भी उजागर हो गईं। कांग्रेस को इस चुनाव में 25 सीटें हासिल हुईं और 23 प्रतिशत वोट मिले। अगप की चुनावी सफलता के पीछे एक कारण यह भी था कि जहां उसे असमिया राष्ट्रवाद के समर्थकों के वोट मिले, वहीं असम आंदोलन की विरोधी ताकतों के वोट आपस में बंट गए। उदाहरण के लिए इस चुनाव में यूएमएफ को 17 सीटों पर कामयाबी मिली और 12 प्रतिशत वोट प्राप्त हुए। गौरतलब है कि 1978 के चुनावों में वामपंथी दलों को जबर्दस्त सफलता मिली थी। इस चुनाव में मार्क्सवादी कम्युनिस्ट पार्टी (माकपा) को 11 और भारतीय कम्युनिस्ट पार्टी (भाकपा) को पांच सीटें हासिल हुई थीं। इस चुनाव में क्रांतिकारी कम्युनिस्ट पार्टी (क्रांकपा) को भी चार सीटें मिली थीं। लेकिन 1985 के चुनावों में इन दलों के आंदोलन का विरोधी रवैए के कारण पूरी तरह सफाया हो गया। भाकपा को एक भी सीट नहीं मिली। माकपा भी महज दो सीटें हासिल कर पाई। अन्य आदिवासी पार्टी—यूनाइटेड ट्राइबल नेशनल लिबरेशन फ्रंट (यूटीएनएलएफ) को एक सीट प्राप्त हुई। कांग्रेस (अर्स) की उत्तराधिकारी कांग्रेस (शरद) को इन चुनावों में चार सीटें प्राप्त हुईं।

इस ऐतिहासिक चुनाव के संबंध में सर्वेक्षण आदि के आंकड़े उपलब्ध नहीं हैं। लेकिन, विभिन्न निर्वाचन-क्षेत्रों की सामाजिक पृष्ठभूमि के आधार पर परिणामों का विश्लेषण करके कुछ मोटे निष्कर्ष जरूर निकाले जा सकते हैं। इसके लिए हमने विधानसभा निर्वाचन क्षेत्रों को चार श्रेणियों में बांटा है : एक, जहां बंगालियों का प्रभुत्व है, दो, जहां अनुसूचित जनजातियों की संख्या अन्य समुदायों से ज्यादा है, तीन, ऊपरी असम—जहां चाय बागानों के मजदूरों का प्रभुत्व है, और चार, जहां असमिया समुदाय के प्रभुत्वशाली लोगों का बाहुल्य है। इस चुनाव के परिणामों का श्रेणीगत विश्लेषण करने पर हम यह पाते हैं कि सबसे ज्यादा मतदान आप्रवासियों के क्षेत्र में, और सबसे कम मतदान कांग्रेस के दबदबे वाले चाय बागानों के इलाके में हुआ था। अगप को सबसे ज्यादा सफलता असमिया समुदाय के प्रभुत्व वाले

तालिका 3.1

असम के विधानसभा चुनाव के श्रेणीवार विश्लेषण, 1985

	सीटें	मतदान प्रतिशत	अगप जीती/लड़ी	वोट प्रतिशत	कांग्रेस जीती/लड़ी	वोट प्रतिशत	यूएमएफए जीती/लड़ी	वोट प्रतिशत	आईसीएस जीती/लड़ी	वोट प्रतिशत	वामपंथी जीती/लड़ी	वोट प्रतिशत
श्रेणी												
आप्रवासी	15	87.6	4/14	21.7	1/15	12.8	6/13	33.1	1/10	6.3	1/8	8.0
चाय उत्पादक क्षेत्र	29	73.8	19/29	41.0	9/29	33.9	0/6	1.5	0/18	0.8	0/12	4.4
जनजाति बहुल	19	77.8	9/12	25.9	2/19	21.4	1/5	3.1	1/11	3.8	0/8	4.0
अन्य	63	80.0	33/56	38.4	13/62	22.2	11/36	13.3	2/33	3.2	1/32	6.2
कुल	**126**	**79.2**	**65/111**	**35.0**	**25/125**	**23.2**	**18/60**	**12.1**	**4/72**	**3.2**	**2/60**	**5.7**

स्रोत : विकासशील समाज अध्ययन पीठ का आंकड़ा एकांश।

नोट : विधानसभा निर्वाचन क्षेत्रों का यह और अन्य तालिकाओं में दिया गया श्रेणीगत विभाजन लेखक ने स्थानीय सूचनाओं और उपलब्ध अनुमानों के आधार पर स्वयं तैयार किया है। यहां हमने जिन निर्वाचन क्षेत्रों को अनुसूचित जनजातियों के प्रभुत्व वाला निर्वाचन क्षेत्र कहा है, वहां हमने समूची आबादी में अनुसूचित जनजाति का प्रतिशत देखा है। हमने इस बात को कोई महत्त्व नहीं दिया कि ये निर्वाचन क्षेत्र अनुसूचित जनजाति के लिए आरक्षित थे या नहीं। 'अन्य' श्रेणी में मुख्यत: असमिया हिंदू के प्रभाव वाले क्षेत्रों को लिया गया है।

इलाके तथा चाय उत्पादक क्षेत्र में मिली थी। पार्टी को आप्रवासी और आदिवासी इलाकों में भी अच्छी सफलता मिली थी। इसकी वजह शायद यह थी कि इन इलाकों में असमिया जनता अल्पसंख्यक हो गई थी। यूएमएफए के ज्यादातर वोट आप्रवासी निर्वाचन क्षेत्रों में केन्द्रित थे, जबकि पीटीपीए को सारे वोट लगभग आदिवासी इलाकों से ही हासिल हुए थे। दोनों तरफ से चुनौती मिलने के कारण कांग्रेस का प्रदर्शन हर जगह, विशेषकर आप्रवासी इलाकों में काफी खराब रहा। कांग्रेस केवल चाय उत्पादक क्षेत्रों में ही अपनी इज्जत बचा सकी, जहां उसे 9 सीटें प्राप्त हुईं और 34 प्रतिशत मत मिले।

1985 के चुनाव में कांग्रेस का एकदलीय वर्चस्व खत्म हो गया। शुरू में, एक बार ऐसा लगता था कि राज्य में कांग्रेस प्रणाली की जगह दो दलीय प्रणाली विकसित हो सकती है। परंतु, चुनाव के फैसले पर एक नजर डालते ही यह बात जाहिर हो जाती है कि दो दलीय प्रणाली की बात करना दूर की कौड़ी थी। इन दोनों ही दलों को आपस में मिलकर भी 60 प्रतिशत वोट हासिल नहीं हुए थे। सच यह है कि कांग्रेस का पंचमेल गठजोड़ बिखरने लगा था और उसका हर धड़ा अलग-अलग दिशा में जा रहा था। 1985 के इस चुनाव से अगर कोई चीज स्थापित हुई थी तो वह थी विभिन्न सामाजिक समूहों के बीच तीव्र राजनीतिक सक्रियता और होड़ की भावना। इस होड़ से राजनीतिक दलों के विखंडन की प्रक्रिया का शुरू होना लाजिमी था। बाद के चुनावों में यह बात कई बार सिद्ध भी हुई।

अगला चुनाव शक्ति परीक्षण 1989 में न होकर 1991 में हुआ। असम में अशांति के चलते लोकसभा चुनाव नहीं कराए जा सके। विधानसभा चुनावों को भी इसी आधार पर टाल दिया गया था। परंतु, जब चुनाव सम्पन्न कराए गए तो उसके परिणाम काफी चौंकाने वाले थे। असम आंदोलन के बाद कांग्रेस को बीते वक्त की बात मानने वाले लोगों को 1991 के चुनाव परिणामों ने गलत साबित कर दिया था। इन चुनावों में कांग्रेस ने 65 सीटों पर विजय प्राप्त करते हुए स्पष्ट बहुमत हासिल कर लिया। कांग्रेस की सत्ता में वापसी इसलिए महत्त्वपूर्ण नहीं थी कि उसे स्पष्ट बहुमत मिल गया था, बल्कि इसलिए महत्त्वपूर्ण थी कि यह सब असम आंदोलन के बाद हो रहा था। जहां तक कांग्रेस को मिलने वाले लोकप्रिय मतों का सवाल है उसे सिर्फ 29 प्रतिशत मत ही प्राप्त हुए। इसलिए यह कतई नहीं कहा जा सकता कि जनता कांग्रेस को चाहती थी। चुनाव परिणामों पर नजर डालने से कांग्रेस की जीत के कारण स्पष्ट हो जाते हैं। वोटों का प्रतिशत कम होने के बावजूद कांग्रेस को इसलिए सफलता मिली, क्योंकि असमिया राष्ट्रवाद के समर्थक मत अगप और उससे अलग हुए गुट—नूतन असम गण परिषद (नूअगप) में बंट गए थे। इसी के साथ भाजपा का अभूतपूर्व प्रदर्शन भी कांग्रेस की जीत के लिए जिम्मेदार था।

इस चुनाव में अगप का वोट प्रतिशत 19.1 था, जो 1985 की लहर के

हिसाब से आधा बैठता था। लेकिन, विधानसभा में अबकी बार इसकी सीटें पहले के मुकाबले सिर्फ एक तिहाई ही थीं। नूअगप को पांच सीटें मिलीं। उसका वोट प्रतिशत 5.5 था। इस चुनाव का उल्लेखनीय पहलू भाजपा का प्रदर्शन था। इससे पहले भाजपा कोई महत्त्वपूर्ण पार्टी नहीं थी, लेकिन इस चुनाव में उसे 10 सीटों सहित 6.4 प्रतिशत वोट प्राप्त हुए। चुनावों में अगप की दुर्गति की वजह यह थी कि नूअगप और भाजपा दोनों ही उसके पारंपरिक सामाजिक आधार में सेंध लगा रही थी। सिर्फ आंकड़ों की खातिर यह बात जरूर कही जा सकती है कि इन तीनों दलों को संयुक्त रूप से कांग्रेस से ज्यादा वोट प्राप्त हुए थे।

इस चुनाव से यह भी साबित हुआ कि वामपंथ का पतन कोई स्थायी घटना नहीं थी। माकपा और भाकपा को इस चुनाव में क्रमशः 2 और 4 सीटें प्राप्त हुईं। जातीय अल्पसंख्यक समूहों का प्रतिनिधित्व करने वाले दलों में कर्बी आंगलोंग जिले की नवगठित एएसडीसी को चार सीटें मिलीं, और उसका वोट प्रतिशत 1.6 रहा। बाकी ऐसे दलों को एक भी सीट प्राप्त नहीं हुई। विधानसभा चुनावों के साथ ही लोकसभा के चुनाव भी कराए गए थे। लोकसभा चुनावों का परिदृश्य विधानसभा चुनावों से ज्यादा अलग नहीं था। कांग्रेस को लोकसभा की 14 सीटों में से 8 पर कामयाबी मिली। उसका वोट प्रतिशत 28.5 रहा। इसके मुकाबले 1985 के चुनावों में उसे सिर्फ 4 सीटें प्राप्त हुई थीं। अगप को 19.6 प्रतिशत वोट के साथ लोकसभा की सिर्फ एक सीट ही प्राप्त हो सकी। हालांकि नूअगप कोई सीट हासिल नहीं कर सकी, परंतु उसका वोट प्रतिशत (5.9) खासा ऊंचा था। विधानसभा चुनावों की तरह, भाजपा को संसदीय चुनाव में भी अच्छी-खासी कामयाबी मिली। उसने 9.6 प्रतिशत वोट के साथ 2 सीटों पर कब्जा जमाया।

तालिका 3.2 से यह साफ पता चलता है कि अनुसूचित जनजाति की सीटों को छोड़कर अगप को सभी श्रेणियों में वोटों का भारी नुकसान हुआ। अगप के लिए नूअगप असमिया वर्चस्व वाले और चाय उत्पादक इलाकों में खेल बिगाड़ने वाली साबित हुई। भाजपा ने आप्रवासी-प्रभाव के इलाकों में आप्रवासी-विरोधी वोट झटककर अगप के लिए परेशानियां खड़ी कीं। इन चुनावों में भाजपा पहली बार असमिया और आप्रवासी प्रभाव वाले क्षेत्रों में एक ताकत के रूप में उभरी। तालिका में कांग्रेस के वोटों का गड्डमड्ड चरित्र भी जाहिर होता है। चुनावों में कांग्रेस के प्रदर्शन का निर्वाचन क्षेत्रों के हिसाब से विश्लेषण करने पर स्पष्ट हो जाता है कि कांग्रेस ने गैर-असमीभाषी बहुल इलाकों में बेहतर प्रदर्शन किया था। कांग्रेस द्वारा जीती गई 65 सीटों में से 40 सीटें उन निर्वाचन क्षेत्रों से आती थीं जहां 'गैर-असमिया', 'ना-असमिया' या चाय उत्पादक मजदूरों की आबादी चुनाव के लिहाज से काफी महत्त्वपूर्ण थी। कांग्रेस को बड़ी सफलता चाय उत्पादक इलाकों में ही मिली थी। उसे आप्रवासी इलाकों में भी भारी सफलता

तालिका 3.2

असम (1991) का श्रेणीवार विश्लेषण

श्रेणी	सीटें	मतदान प्रतिशत	अगप जीती/लड़ी	वोट प्रतिशत	कांग्रेस जीती/लड़ी	वोट प्रतिशत	एनएजीपी जीती/लड़ी	वोट प्रतिशत	भाजपा जीती/लड़ी	वोट प्रतिशत	वामपंथी जीती/लड़ी	वोट प्रतिशत
आप्रवासी	15	83.1	0/14	9.2	9/15	30.4	0/7	1.9	1/5	6.7	2/5	8.4
चाय उत्पादक क्षेत्र	29	70.3	0/29	18.8	27/29	44.4	0/25	6.8	0/11	1.0	2/15	6.1
जनजाति बहुल	19	73.0	4/16	16.9	4/18	22.0	1/8	3.4	0/2	0.2	0/7	3.8
अन्य	63	75.1	15/61	20.1	26/62	25.2	4/45	6.4	9/31	10.8	2/39	6.6
कुल	**126**	**74.7**	**19/120**	**17.9**	**66/124**	**29.2**	**5/85**	**5.5**	**10/49**	**6.7**	**6/66**	**6.3**

स्रोत : *विकासशील समाज अध्ययन पीठ, आंकड़ा एकांश*

प्राप्त हुई थी। इससे जाहिर होता है कि उसने मुसलमानों का समर्थन फिर से हासिल कर लिया था। यह ठीक है कि असमिया प्रभाव के क्षेत्रों में कांग्रेस को लाभ हुआ था और उसकी सीटें दोगुनी हो गई थीं, परंतु इसके पीछे नूअगप द्वारा बांटी गई वोटों का बड़ा हाथ था। कांग्रेस ने अपने पारंपरिक गढ़—चाय उत्पादक क्षेत्रों में सबका सफाया कर दिया था।

कांग्रेस 1991 में और उसके बाद 2001 में पुन: सत्ता में लौट आई, परंतु इस बार उसकी भूमिका बदली हुई थी। अब वह असम के सभी समुदायों का प्रतिनिधित्व करने वाले सतरंगी सामाजिक गठजोड़ की भूमिका में नहीं थी। इस दफा वह असम के प्रभुत्वशाली समुदाय का समर्थन हासिल नहीं कर पाई थी। इस दबाव के चलते कांग्रेस को राज्य के विभिन्न 'अल्पसंख्यक' समूहों के साथ गठजोड़ बनाना पड़ा। ये अल्पसंख्यक समूह आपस में मिलकर बहुमत का निर्माण करते थे। कांग्रेस की स्थिति डांवाडोल थी, क्योंकि चुनावों में सफलता प्राप्त करने के बावजूद उसे पहले जैसा बहुमत मिलने की संभावना कतई नहीं थी। इस अर्थ में यह कहा जा सकता है कि राज्य में पुन: सरकार बनाने में सफल होने के बावजूद कांग्रेस का 1977 से शुरू होने वाला पतन जारी रहा। संसदीय चुनावों में भी कांग्रेस का प्रदर्शन चाय उत्पादक क्षेत्रों और 'ना-असमिया' क्षेत्रों में काफी बेहतर रहा था। धुर असमिया इलाकों में उसे अगप और नूअगप के बीच फूट होने पर ही सफलता मिली। संसदीय चुनावों में भी यह स्पष्ट होने लगा था कि कांग्रेस अपना आधार खोती जा रही है और उसकी जगह क्षेत्रीय ताकतें लेती जा रही थीं। इस तरह हम देखते हैं कि असम की राजनीति में 'असमिया' राष्ट्रवादी ताकतें और छोटे जातीय समूहों का प्रतिनिधित्व करने वाली क्षेत्रीय ताकतें देश की प्रमुख राष्ट्रीय पार्टी-कांग्रेस को चुनौती देने लगी थीं।

1996 : अगप की सबको साथ लेकर चलने की रणनीति की सफलता

असम में 1996 के संसदीय और विधानसभा चुनावों के समय कांग्रेस खुद को एक मुश्किल स्थिति में पा रही थी। एक तरफ असमिया समुदाय के बड़े धड़े उससे अलग होते जा रहे थे, तो दूसरी तरफ अगप और नूअगप मतभेद भुलाकर फिर एक हो गए थे। अगप को अपने जनाधार की अन्तर्निहित सीमाओं का पता चल चुका था और वह समझ गई थी कि अल्पसंख्यक समुदायों को साथ लेकर चलना कितना जरूरी होता है। हितेश्वर सैकिया सरकार के भ्रष्टाचार और सरकारी मशीनरी के दुरुपयोग के सवाल पर वामपंथी दल और धार्मिक तथा भाषिक अल्पसंख्यकों के प्रतिनिधि होने का दावा करने वाले यूएमएफ जैसे दल ने भी अगप के साथ हाथ मिला लिया था। उल्फा और बीडीएसएफ जैसे संगठनों की उग्रवादी राजनीति से भी स्थिति उलझ गई थी। राजनीति पर पैनी नज़र रखने वाले अधिकांश लोग 1995

के शुरू में ही यह कहने लगे थे कि अगले चुनाव भ्रष्टाचार और लोकतांत्रिक अधिकारों के उल्लंघन के मुद्दे पर लड़े जाएंगे।

कांग्रेस इस बात को समझती थी। इसलिए उसने राजनीति को जातीयता के मुद्दे पर केन्द्रित करने का प्रयास किया, क्योंकि यही एक चीज ऐसी थी जो उसे अन्य दलों के मुकाबले बेहतर स्थिति में ला सकती थी। सैकिया ने चतुराई दिखाते हुए इस बहु-जातीय राज्य में जातीय पहचानों के मुद्दे को चुनावी राजनीति का रंग देने की भरसक कोशिशें कीं। बोडो समुदायों के मुख्य समूहों, कर्बी और मिशिंग जैसे समुदाय पहले से ही 'अपने' लोगों को जातीयता के आधार पर संगठित करने का प्रयास कर रहे थे। राजनीतिक स्वायत्तता की मांग करने वाले बोडो और कर्बी तथा अन्य ऐसे ही समुदाय सरकार-विरोधी मुद्रा में आ गए थे। ऐसी स्थिति में सैकिया सरकार ने घोषणा की कि सभी आदिवासी समुदायों को स्वायत्तता दी जाएगी। इस कदम का मकसद आदिवासी समूहों का पूरा समर्थन हासिल करना था। परंतु कांग्रेस की यह व्यूह रचना सफल नहीं हो सकी। उसकी असफलता का एक मोटा कारण यह था कि लोगों के बीच पार्टी और उसके नेतृत्व की विश्वसनीयता खत्म हो चुकी थी। इसके अलावा विपक्ष ने भी एकजुटता दिखाते हुए भ्रष्टाचार और लोकतांत्रिक अधिकारों के उल्लंघन के मुद्दे पर फोकस बनाए रखा। इस मामले में मीडिया के प्रभावशाली लोगों, बुद्धिजीवियों तथा गैर कांग्रेसी दलों द्वारा कमेटी फॉर द प्रोटेक्शन ऑफ फ्रीडम ऑफ एक्सप्रेशन (सीपीईई), गणतांत्रिक अधिकार सुरक्षा समिति जैसे संगठनों ने भी महत्त्वपूर्ण भूमिका निभाई। उग्रवादियों के कांग्रेस विरोधी और विपक्ष-समर्थक रवैए ने भी कांग्रेस के लिए मुश्किलें खड़ी कीं।

लगभग सभी प्रमुख गैर-कांग्रेसी दलों ने घोषणापत्रों में सरकारी दमन, भ्रष्टाचार और जातीय पहचान को प्रमुख मुद्दा बनाया गया था। इस तरह यह तो तय हो ही चुका था कि यह चुनाव इन्हीं मुद्दों के इर्द-गिर्द लड़ा जाएगा। अगप के घोषणापत्र में कु-प्रशासन और भ्रष्टाचार को खत्म करने का वादा किया गया था। पार्टी ने यह भी वादा किया था कि सत्ता में आने पर स्वायत्तता और असम की आदिवासी जनता की समस्याओं का समाधान करने की कोशिश करेगी। अगप ने अपने घोषणापत्र में यह मांग भी रखी थी कि राज्यों को स्वायत्तता के बहाने सैकिया सरकार राभा, तिवा और मिशिंग समुदायों में फूट के बीज बो रही है। उसने सरकार पर खुद ही भ्रष्टाचार में लिप्त होने का आरोप लगाया। इसी तरह भाकपा ने भी भ्रष्टाचार, दमन और राष्ट्रीयताओं की समस्याओं को प्रमुख मुद्दे माना। भाजपा ने अपने घोषणापत्र में 'प्रशासन' के नाम से एक अलग खंड रखा था जिसमें सरकारी भ्रष्टाचार तथा लोकतांत्रिक अधिकारों के उल्लंघन को विशेष रूप से रेखांकित किया गया था। यही नहीं, बोडो समुदाय की जातीय पहचान का मुद्दा उठाने वाले पीपुल्स डेमोक्रेटिक फ्रंट जैसे छोटे दलों ने भी सैकिया सरकार को भ्रष्टाचार, दमन और जातीय समस्याओं

को उलझाने का दोषी करार दिया। सामान्य तौर पर बांग्लादेश से आने वाले बहिरागतों पर रोक लगाने के अलावा इन चुनावों में भाजपा को छोड़कर, किसी भी दल ने, यहां तक कि अगप ने भी 'विदेशियों' की पहचान करने और उनको बाहर निकालने के मुद्दे पर बहुत जोर नहीं दिया।

इन चुनावों में भाजपा ही एकमात्र ऐसी पार्टी थी जो अगप की 1985 से पहले की लाइन की वकालत कर रही थी। लेकिन बहिरागतों का यह मुद्दा अगप के ठंडे रवैए के कारण ज्यादा हलचल पैदा नहीं कर सका। गैर-कांग्रेसी वोटों को अपने पक्ष में करने के लिए अगप को गठजोड़ बनाने जरूरी थे, इसलिए उसने इस मुद्दे पर नरम रुख बनाए रखा। सैकिया सरकार द्वारा इन मुद्दों को ध्यान से हटाने के लिए जातीय राजनीति को शह देने का उल्टा असर पड़ा। इसके चलते राभा, लालुंग और मिशिंग समुदायों के अंदर फूट पड़ गई और उनका कांग्रेस से अलगाव हो गया। यहां तक कि बोडो इलाके में कांग्रेस की सहयोगी पार्टी बीपीपी (प्रेम सिंग) भी सैकिया का साथ नहीं दे पाई। सच यह है कि बोडो और कर्बी इलाकों में जातीय मुद्दे सरगर्म बने रहे लेकिन उन पर यूडीएफ और एएसडीसी ने कब्जा जमा लिया।

अगप इस बात को पूरी तरह समझ गई थी कि कांग्रेस को हटाने के लिए गठजोड़ बनाना जरूरी है। अखबारी रपटों, खासकर क्षेत्रीय अखबारों में 1994 के बाद इस बात के संकेत उभर रहे थे कि राज्य के दमन के खिलाफ गैर-कांग्रेसी ताकतों की शुरुआती एकता स्थाई रूप ले रही थी। इसी क्रम में अगप और सभी प्रमुख विपक्षी दलों के बीच एक समझदारी कायम हुई जिसके तहत पांच प्रमुख दलों- अगप, भाकपा, माकपा, एएसडीसी और बोडो पीपुल्स पार्टी (संगसुमा) ने एक गठजोड़ तैयार किया। जनता दल और यूएमएफ को भी इस गठजोड़ में शामिल करने के प्रयास किए गए। इसी बीच नेशनल डेमोक्रेटिक फ्रंट नामक एक प्रतिबंधित संगठन ने भी बोडो राजनीतिक दलों के वोटों को बंटने से रोकने के लिए उन्हें कांग्रेस के खिलाफ एकजुट हो जाने को कहा। इसके परिणामस्वरूप बीपीपी (एस), एफआईटीसीए और यूडीएफ ने हाथ मिला लिया। बीपीपी (प्रेम सिंग) ने कांग्रेस का साथ दिया। परंतु अल्पसंख्यक हितों का प्रतिनिधित्व करने वाली यूनाइटेड पीपुल्स पार्टी ऑफ असम ने अगप का साथ देने का निर्णय लिया। चुनाव पूर्व खड़े किए गए इस गैर-कांग्रेसी गठजोड़ से भाजपा को अलग रखा गया। चुनाव के पूरे परिदृश्य में जनता दल कोई खास सक्रियता नहीं दिखा रहा था। इस प्रकार कांग्रेस के साथ कोई महत्त्वपूर्ण सहयोगी नहीं था। उसने बीपीपी (प्रेम सिंग) के साथ जरूर एक समझौता किया था परंतु इससे उसकी हालत में कोई खास सुधार नहीं हुआ। वामपंथी दलों, क्षेत्रीय ताकतों तथा जातीय और धार्मिक अल्पसंख्यकों के बड़े समूहों ने अगप को पूरा-पूरा सहयोग दिया। इस गठजोड़ का सबसे खास पहलू अगप, माकपा और भाकपा का एक साथ आना था। सातवें दशक के उत्तरार्द्ध यानी असम आंदोलन की शुरुआत से ही वामपंथी पार्टियों और अगप नेतृत्व के बीच छत्तीस का आंकड़ा था। बांग्लादेश से आने वाले

बंगाली आप्रवासियों को मुद्दा बनाने के कारण असम आंदोलनों को बंगाली विरोधी आंदोलन की तरह देखा जाता था। वामपंथी पार्टियां वैचारिक आधार पर भी असम आंदोलन का विरोध करती थीं। लेकिन पांच साल सत्ता के भीतर और पांच ही साल विपक्ष में रहने के अनुभव से अगप ने कुछ सबक सीखे थे। उसे यह बात पूरी तरह साफ हो गई कि राज्य में बस चुकी 'गैर असमिया' आबादी का समर्थन हासिल किए बिना वह असम पर राज नहीं कर सकती थी। चुनाव प्रचार के दौरान बहिरागतों की पहचान और उनके निष्कासन पर अगप की चुप्पी से यह बात साफ जाहिर होती थी। अगप की सबको साथ लेकर चलने की इस नीति के तीन प्रमुख घटक थे : महंत के नेतृत्व में अगप से विद्रोह करने वाले भृगु फूकन गुट को पुनः शामिल करना, वामपंथ के साथ एक राजनीतिक गठजोड़ बनाना और राज्य की गैर-असमी जनता के साथ सामाजिक संपर्क बनाने की जरूरत पर ध्यान देना।

इस नीति को अपनाने से अगप को विधानसभा और लोकसभा—दोनों के चुनावों में जबर्दस्त लाभ हुआ। हालांकि अगप को इन चुनावों में 61 सीटें मिली थीं जबकि बहुमत के लिए उसे 64 सीटें चाहिए थीं। परंतु वामपंथी सहयोगियों (एएसडीसी-मार्क्सवादी लेनिनवादी ग्रुप सहित) की 10 सीटों से स्पष्ट बहुमत मिल गया। चुनावों में पार्टी के वोट प्रतिशत में भी खासी बढ़ोतरी हुई। नूअगप की वापसी से उसे न केवल 6 प्रतिशत वोटों का लाभ हुआ, बल्कि उसने और भी कई अंकों की वृद्धि दर्ज की। कुल मिलाकर उसे 30 प्रतिशत वोट प्राप्त हुए। पिछले चुनाव की तुलना में उसे 12 प्रतिशत अंक ज्यादा प्राप्त हुए। अगप का यह प्रदर्शन 1985 की ऐतिहासिक जीत की तुलना में फीका दिखाई दे सकता है। परंतु दोनों के बीच तुलना करने से पहले हमें यह बात ध्यान में रखनी चाहिए कि इस बार उसने महज 99 सीटों पर ही चुनाव लड़ा था। अगप के सहयोगियों माकपा, भाकपा और एएसडीसी ने अलग से 6 प्रतिशत वोट हासिल किए। जहां तक कांग्रेस के प्रदर्शन का सवाल है, वोट प्रतिशत में बढ़ोतरी के बावजूद उसकी कुल सीटें पहले के मुकाबले आधी रह गईं। स्पष्ट है कि यह सब 'विपक्ष की एकता' का नतीजा था।

लोकसभा के चुनाव में भी लगभग यही ढर्रा देखने में आया। कांग्रेस और अगप- दोनों को पांच-पांच सीटें मिलीं, जबकि एक सीट पर स्वतंत्र उम्मीदवार कामयाब रहा। 1991 के चुनावों की तुलना में कांग्रेस को तीन और भाजपा को एक सीट का नुकसान हुआ। अगप को चार सीटों का लाभ हुआ। माकपा, एएसडीसी तथा स्वतंत्र उम्मीदवारों में से प्रत्येक की एक-एक सीट सुरक्षित रही। 1991 के चुनावों की तुलना में कांग्रेस ने अगप को चार सीटें गंवाईं, जबकि उसने भाजपा से एक सीट झटक ली। इससे जाहिर होता है कि कांग्रेस का नुकसान अगप के लिए फायदेमंद रहा।

तालिका-3 में दिए गए श्रेणीवार विश्लेषण से इस चुनाव की संरचना स्पष्ट हो जाती है। अगप को आप्रवासी क्षेत्रों के मुसलमान मतदाताओं के वोट दोबारा

हासिल करने में सफलता मिली। असमिया प्रभाव वाले और चाय उत्पादक क्षेत्रों में वह विशेष रूप से सफल रही। अनुसूचित जनजाति की सीटों पर उसे खास कामयाबी नहीं मिली। आदिवासी प्रभावशाली सीटों को छोड़कर अगप को हर जगह से लगभग एक ही तरह का समर्थन मिला। जातीय सीमाओं से परे जाकर गठजोड़ बनाने के कारण अगप को राज्य के सभी क्षेत्रों में पहुंच बनाने में सहायता मिली।

कांग्रेस को वोटों और सीटों का सबसे ज्यादा नुकसान चाय उत्पादक क्षेत्रों में हुआ। लेकिन यह नहीं भूलना चाहिए कि अन्य सभी इलाकों में पिछड़ने के बावजूद वोटों की संख्या के हिसाब से कांग्रेस इस इलाके में अगप गठजोड़ पर भारी पड़ी थी। आदिवासी वोट एकजुट न रहकर कई समूहों में बंट गए थे। स्वतंत्र उम्मीदवारों ने भी इस चुनाव में अच्छा प्रदर्शन किया। आप्रवासियों के बीच कांग्रेस की साख बनी रही। यह बात अलग है कि इन क्षेत्रों में उसे 15 सीटों में से चार ही मिल सकीं।

राज्य के आदिवासी प्रभाव वाले क्षेत्रों में क्षेत्रीय, वामपंथी और जातीय रुझान वाले प्रमुख गैर-कांग्रेसी दलों की एकता ने निर्णायक भूमिका निभाई। इन क्षेत्रों को 1985 तक कांग्रेस का गढ़ समझा जाता था, लेकिन, इस चुनाव में गैर-कांग्रेसी गठजोड़ ने कांग्रेस से बैथालांगसू, हालफ्लोंगे, दीफू, गोसाइगांव, सिउली और उदलगुडी जैसे निर्वाचन क्षेत्रों में भी बाजी मार ली। एएसडीसी ने कर्बी इलाके की सभी पांच सीटों पर कब्जा जमा लिया। बोडो क्षेत्रों में स्वतंत्र उम्मीदवारों को सात सीटें, जबकि अगप ने बाकी दो सीटें प्राप्त कीं। उल्लेखनीय है कि ये स्वतंत्र उम्मीदवार गैर-कांग्रेसी गठजोड़ की ओर से लड़ रहे थे। कर्बी इलाकों में एएसडीसी की जीत का फर्क इतना भारी था कि वहां कांग्रेस की चुनावी प्रासंगिकता ही खत्म हो गई थी। बोडो इलाकों में जीत का फर्क ऊंचा न रहने का कारण यह था कि वहां आदिवासियों की कोई मजबूत पार्टी नहीं उभर पाई थी और उनके वोट बंट गए थे। लेकिन मजेदार बात यह है कि वोटों का यह बंटवारा कांग्रेस के खिलाफ गया। इस चुनाव से यह मिथक पूरी तरह टूट गया कि असम के आदिवासियों पर कांग्रेस का प्रभाव पक्का है।

आप्रवासी इलाकों में भी गठजोड़ असरदार साबित हुआ। इन इलाकों की 15 सीटों में से कांग्रेस को चार, माकपा को दो, यूएमएफ को दो, भाकपा को एक तथा कांग्रेस (तिवारी) और पीडीएफ को एक-एक सीट हासिल हुई। इससे स्पष्ट होता है कि अगप और कांग्रेस दोनों का प्रदर्शन अच्छा रहा। यही नहीं, उनकी वोटों में हिस्सेदारी भी लगभग एक जैसी ही रही। गौरतलब है कि अल्पसंख्यकों, आप्रवासी अल्पसंख्यकों के हितों के प्रतिनिधि होने का दावा करने वाले यूएमएफ को इस क्षेत्र में केवल दो सीटें ही मिल सकीं। अगप के पांच वर्षों के शासन के दौरान न दंगे हुए थे, न ही 'चार्स' में बसे बहिरागतों को बाहर निकालने के कोई प्रयास किए गए थे। इलाके की जनता द्वारा अगप गठजोड़ को वोट देने का एक कारण यह भी हो सकता

तालिका 3.3

असम (1996) का श्रेणीवार विश्लेषण

	सीटें	मतदान प्रतिशत	अगप जीती/लड़ी	वोट प्रतिशत	कांग्रेस जीती/लड़ी	वोट प्रतिशत	भाजपा जीती/लड़ी	वोट प्रतिशत	वामपंथी जीती/लड़ी	वोट प्रतिशत	एएसडीसी जीती/लड़ी	वोट प्रतिशत
श्रेणी												
आप्रवासी	15	84.7	4/10	21.3	4/15	29.6	0/13	10.4	2/6	8.6	0/0	0.0
चाय उत्पादक क्षेत्र	29	74.6	11/24	30.2	16/29	40.0	0/29	6.7	1/6	5.3	0/0	0.0
जनजाति बहुल	19	80.4	5/12	18.4	1/19	22.1	0/16	6.0	0/0	0.0	5/5	12.5
अन्य	63	77.9	41/53	35.5	15/63	29.9	4/63	12.9	2/10	3.7	0/0	0.0
कुल	**126**	**78.3**	**61/99**	**30.1**	**36/126**	**50.7**	**4/121**	**10.3**	**5/22**	**4.0**	**5/5**	**1.9**

***स्रोत** : विकासशील समाज अध्ययन पीठ का आंकड़ा एकांश*

है। यूएमएफ की विफलता के पीछे असम के मतदाताओं की यह भावना थी कि राजनीतिक दल किसी समुदाय विशेष का भला कभी नहीं करते।

राजनीतिक दायरों में आमतौर पर यह माना जाता रहा है कि चाय पट्टी में कांग्रेस को कोई चुनौती नहीं दे सकता। यह सच भी है कि पिछले दशक के दौरान कांग्रेस का असर इस क्षेत्र के चाय मजदूरों के समुदाय के बीच बरकरार रहा है। 1985 के चुनावों में अगप की लहर के दौरान भी यहां के वोटरों ने कांग्रेस को डिब्रूगढ़ की सीट पर आसानी से जिता दिया। दरअसल इंटक से जुड़ा यहां का चाय मजदूर संघ 1947 से ही मजदूरों को संगठित करने का काम करता आ रहा है। इसी प्रकार ब्रह्मपुत्र घाटी की चाय-पट्टी में इंटक की गहरी पैठ के चलते कांग्रेस को इस क्षेत्र में जड़ें जमाने का मौका मिला है। लेकिन ऐसा लगता है कि स्थिति बुनियादी रूप से बदल चुकी है। भाजपा, सीपीआई और अगप तीनों ही दल इस क्षेत्र में पैर रखने के लिए जमीन तलाश रहे हैं। अगप ने इस दिशा में काम भी करना शुरू कर दिया है। इसने इंटक को चुनौती देने के लिए असम चाय श्रमिक परिषद नामक संगठन की स्थापना की है। एक रिपोर्ट के मुताबिक चाबुआ इलाके में 15,000 चाय मजदूर इंटक को छोड़कर परिषद में चले गए हैं। एएसयू भी एक लंबे समय से चाय क्षेत्र के आदिवासी छात्रों के संगठन को अपने प्रभाव में लेने का प्रयास करता रहा है। 1996 के चुनाव में चाय मजदूरों के प्रभाव वाले 29 निर्वाचन क्षेत्रों में कांग्रेस ने 16, अगप ने 11 तथा माकपा ने एक सीट पर विजय प्राप्त की थी। इससे पता चलता है कि अगप कांग्रेस के किले में घुसपैठ करने में कामयाब रही है।

विकासशील समाज अध्ययन पीठ द्वारा चुनाव के बाद कराए गए सर्वेक्षण से इस महत्त्वपूर्ण चुनाव में मतदान के रुझान से जुड़े कुछ पहलू उजागर होते हैं। भारत के अन्य राज्यों के विपरीत असम में मतदान के रुझान में आयु महत्त्वपूर्ण भूमिका निभाती है। सर्वेक्षण से पता चलता है कि कांग्रेस की तुलना में अगप युवा मतदाताओं में ज्यादा लोकप्रिय रही है। कांग्रेस को अगप से 35-36 वर्ष के आयु वर्ग में ही सबसे करारी मात मिली है। दरअसल इस आयु वर्ग के सदस्यों का जन्म छठे दशक में हुआ था और जिन दिनों असम आंदोलन अपने चरम पर था उस समय इन युवाओं का सार्वजनिक जीवन शुरू ही हुआ था। यहां के चुनावों का लैंगिक रुझान भी अखिल भारतीय रुझान से अलग है। यहां स्त्री मतदाताओं के बीच कांग्रेस 6 प्रतिशत अंकों से पीछे रही, जबकि भाजपा और अगप ने स्त्रियों के बीच बेहतर प्रदर्शन किया। जहां तक मतदाताओं के वर्ग का संबंध है इन चुनावों में वोट डालने का रुझान अखिल भारतीय रुझान से काफी मेल खाता है। उदाहरण के लिए जहां-जहां शिक्षा का स्तर नीचा था, वहां-वहां कांग्रेस को ज्यादा वोट मिले। अगप को माध्यमिक स्तर पर की शिक्षा वाले वर्ग में ज्यादा सफलता मिली, जबकि भाजपा पहले ही उच्च शिक्षित मध्यवर्ग की चहेती पार्टी बन चुकी थी। सर्वेक्षण के आंकड़ों

से यह बात सिद्ध होती है कि अगप की सभी को साथ लेकर चलने की नीति मुसलमानों, दलित और आदिवासी वोटों के बड़े हिस्से को तोड़ने में सफल रही थी।

तालिका 3.4

लोकसभा चुनाव 1996 किसने किसको वोट दिया

	कांग्रेस	भाजपा	अगप व सहयोगी	अन्य
आयु				
25 वर्ष से कम	26.2	19.0	54.8	0.0
26–35 वर्ष	25.8	25.8	47.0	1.5
36–45 वर्ष	46.9	10.2	38.8	4.1
46–55 वर्ष	36.0	16.0	48.0	0.0
56 वर्ष से अधिक	38.5	19.2	42.3	0.0
लिंग				
पुरुष	36.1	17.2	44.3	2.5
स्त्री	29.9	21.8	48.3	0.0
शिक्षा				
अशिक्षित	41.6	20.2	36.0	2.2
प्राथमिक और मिडिल	33.0	13.7	51.0	2.0
माध्यमिक	24.1	16.7	59.3	0.0
स्नातक या स्नातकोत्तर	20.0	40.0	40.0	0.0
जाति				
अनुसूचित जाति	22.1	11.1	66.7	0.0
अनुसूचित जनजाति	38.1	19.0	33.3	9.5
अन्य पिछड़ा वर्ग	27.1	27.1	44.7	1.2
अन्य	39.4	12.8	47.9	0.0
धर्म				
हिंदू	23.4	28.9	46.1	1.6
मुसलमान	50.0	2.7	47.3	0.0

नोट : *विकासशील समाज अध्ययन पीठ द्वारा राष्ट्रीय चुनाव अध्ययन 1996 के बाद कराए गए सर्वेक्षण पर आधारित संख्या। असम में यह सर्वेक्षण लोकसभा के तीन और विधानसभा के छः क्षेत्रों के 12 मतदान केन्द्रों पर कराया गया था। यहां राष्ट्रीय प्रतिनिधि नमूने के विश्लेषण में असम से संबंधित खंड के विश्लेषण का राज्य के प्रतिनिधि नमूने से मेल खाना आवश्यक नहीं है।*

1998 के लोकसभा चुनाव में अगप को झटका

सत्तारूढ़ अगप को लोकसभा के मध्यावधि चुनाव (1998) में अपनी लोकप्रियता को जांचने का मौका जल्दी ही मिल गया। इस चुनाव के मुद्दे भी 1996 के चुनावों जैसे ही थे। यदि कोई फर्क था तो सिर्फ यह कि हारने वाली पार्टी बदल गई थी। पिछले चुनाव में जो दुर्गति कांग्रेस की हुई थी, वही दुर्गति इस चुनाव में अगप की हुई। दरअसल 1998 के चुनाव से पहले की स्थिति अगप की चुनावी राजनीति के अनुकूल नहीं थी। सत्तासीन अगप ने इस समय कांग्रेस की ही तर्ज पर कुछ दमनपूर्ण कदम उठा रखे थे। यह बात जनता को रास नहीं आ रही थी। वह खुद राज्य के आतंकवाद से जूझ चुकी और अपने घोषणा पत्र में दमनकारी कार्रवाइयों की निंदा करने वाली पार्टी से ऐसे कदमों की उम्मीद नहीं करती थी।

अगप के दमनकारी शासन से असम का मध्यवर्ग उससे कट गया। इस वक्त सरकार अपने कामकाज के कारण बुरी तरह अलोकप्रिय हो रही थी। वह आमतौर पर जरूरी समझे जाने वाले दायित्वों, जैसे कर्मचारियों तथा स्कूलों के अध्यापकों को वेतन तक नहीं दे पा रही थी। इसी तरह वह विश्वविद्यालय जैसे उच्च शिक्षा संस्थानों को भी फंड उपलब्ध नहीं करा पा रही थी। उग्रवादियों को प्रश्रय देने के आरोप लगाकर सरकार द्वारा टाटा जैसे बड़े चाय उत्पादक घरानों द्वारा उग्रवादियों को भाव देने का सवाल है, तो यह बात समझ में आती है क्योंकि पिछले कई वर्षों से उग्रवादियों का प्रभाव बढ़ता जा रहा था और सरकार राज्य की अर्थव्यवस्था के महत्त्वपूर्ण स्तंभ—चाय उद्योग को सुरक्षा प्रदान करने में असफल रही थी। इन सभी कारणों से सरकार अपनी विश्वसनीयता खोती जा रही थी। चाय लॉबी के साथ टकराव मोल लेकर सरकार अपनी ताकत और वक्त को जाया कर रही थी, जबकि उग्रवादी हिंसा, जातीय झड़पें और घुसपैठ जैसी ज्यादा गंभीर समस्याएं उसके सामने मुंह बाए खड़ी थीं। इसके अलावा सरकारी खजाने से कई सौ करोड़ रुपए अवैध ढंग से निकालने का प्रकरण भी अगप के लिए गले की हड्डी बना हुआ था। गौरतलब है कि यह प्रकरण पशु धन विभाग के लिए चारा खरीदने से जुड़ा था। इसमें पिछली सरकार के कुछ मंत्रियों और मौजूदा सरकार के मुख्यमंत्री सहित अनेक सरकारी कर्मचारियों के नाम उछले थे। इस प्रकरण के रूप में विपक्ष को अगप के खिलाफ प्रचार का एक जबर्दस्त मुद्दा मिल गया था।

राज्य में उग्रवादियों द्वारा जनता को चुनाव से दूर रहने की धमकी देने से स्थिति और बदतर हो गई थी। उल्फा द्वारा अगप के अध्यक्ष के सहयोगी की हत्या करने से राजनीतिक दलों के कार्यकर्ताओं में डर व्याप्त हो गया था। उल्फा द्वारा इस चुनाव के बहिष्कार की अपील से भी लोग पसोपेश में पड़ गए थे, क्योंकि इससे पहले के चुनाव में इस उग्रवादी संगठन ने जनता से ऐसी अपील नहीं की थी।

वास्तव में 1991 और 1996 के चुनावों में लोगों के बुनियादी अधिकारों के साथ कोई छेड़छाड़ नहीं की गई थी। 1996 के चुनावों के विपरीत इस चुनाव में अगप की मुश्किलें इस बात से भी बढ़ गई थीं कि छोटे स्तर के जातीय और धार्मिक दल जैसे एएसडीसी, पीडीएफ और यूएमएफ अब उसके साथ नहीं थे। विभिन्न आदिवासी समूहों तथा ऑटोनॉमस स्टेट डिमांड कमेटी, मिशिंग मिमांग केबांग ऑटोनॉमस डिमांड स्ट्रलिंग फ्रंट तथा माकपा (माले) की कर्बी आंगलोंग इकाई के असम पीपुल्स फ्रंट के रूप में एक साथ आने से असम की चुनावी फिजा बदल गई थी। आदिवासी मतदाता अगप से दूर खड़े थे। पार्टी की अंदरूनी कलह के चलते आसू के पूर्व महासचिव और असम आंदोलन के प्रमुख नेता भृगु फूकन के पार्टी छोड़कर, असम जातीय परिषद का गठन करने से भी अगप की दिक्कतें बढ़ गई थीं।

1998 के लोकसभा चुनाव में उग्रवाद, भ्रष्टाचार, जातीय पहचान, आईएमडीटी अधिनियम की वापसी तथा स्थायित्व आदि प्रमुख मुद्दे थे। ज्यादातर पार्टियों ने अपने घोषणापत्रों में इन्हीं मुद्दों पर जोर दिया था। भाजपा ने अपने घोषणापत्र में 'उत्तर-पूर्व' नाम से एक अलग खंड रखा था। इसमें भाजपा ने कांग्रेस सरकार पर इस बात का आरोप लगाया था कि उसने अपने संकीर्ण स्वार्थों को पूरा करने के लिए आप्रवासियों के अवैध प्रवेश पर जानबूझ कर रोक नहीं लगाई। इसके अलावा भाजपा ने आप्रवासियों की पहचान करने के लिए बनाए गए आईएमडीटी (गैरकानूनी बहिरागतों की ट्रिब्यूनल द्वारा शिनाख्त) कानून को वापस लेने, आप्रवासन के मौजूदा कानूनों को मजबूत करने, घुसपैठ को मुश्किल बनाने तथा अवैध आप्रवासियों को नागरिकता के लाभ से वंचित करने जैसे वायदे भी किए। 'असम आंदोलन' के दौरान विदेशियों के मुद्दे को लेकर पैदा हुई जनभावनाओं का लाभ उठाने के लिए उसने नागरिकों का एक राष्ट्रीय रजिस्टर तैयार करने का भी वादा किया। कांग्रेस ने अपना चुनाव प्रचार स्थायित्व के मुद्दे पर केन्द्रित किया। उसने असम पर अलग से जारी किए गए घोषणापत्र में इस बात पर बल दिया कि उग्रवाद की समस्या का शांतिपूर्ण हल निकाला जाना चाहिए। पार्टी ने ऑयल इंडिया तथा चाय बागानों के मुख्यालयों को भी राज्य में स्थानांतरित करने की मांग की। एएसडीसी, एडीएसएफ तथा माकपा (माले) द्वारा मिलकर बनाए गए असम पीपुल्स फ्रंट ने अगप की भ्रष्ट सरकार, कांग्रेस और भाजपा से लड़ने के लिए एक मजबूत क्षेत्रीय ताकत विकसित करने की बात कही। असम जातियो सन्मिलन ने अपने घोषणापत्र में सन 2000 तक की वोट लिस्ट को दुरुस्त करने, आईएमडीटी अधिनियम को वापस लेने, बेरोजगारी की समस्या और भ्रष्टाचार मुक्त राज्य जैसे मुद्दों पर जोर दिया। इस तरह चुनाव प्रचार में भ्रष्टाचार, छोटे समुदायों की राजनीतिक स्वायत्तता और सांस्कृतिक पहचान, राज्य द्वारा किए गए दमन, आप्रवासन और विकास आदि प्रमुख मुद्दे बनकर सामने आए। लेकिन कुल मिलाकर देखा जाए तो भ्रष्टाचार और जातीय पहचान के मुद्दों का ज्यादा

बोलबाला रहा। इन लोकसभा चुनावों में उल्फा और बोडो उग्रवादियों के चुनाव बहिष्कार की घोषणा से असमिया मतदाताओं का मनोबल टूटा हुआ था। गौरतलब है कि यही मतदाता अगप का प्रमुख जनाधार थे। अध्ययन पीठ द्वारा चुनाव के बाद कराए गए सर्वेक्षण में भी यह बात झलकती है कि इस बार के चुनावी माहौल में पहले जैसी सरगर्मी नहीं थी। इस अध्ययन से पता चलता है कि चुनाव प्रचार में मतदाताओं ने कोई खास रुचि नहीं ली।

चुनाव के बहिष्कार की अपील कांग्रेस के लिए फायदेमंद रही। पार्टी ने इस बात का अल्पसंख्यकों और चाय मजदूरों के क्षेत्रों में जबर्दस्त लाभ उठाया। विचित्र बात थी कि जहां भारत के अनेक राज्यों में कांग्रेस का जनाधार सिकुड़ता जा रहा था, वहीं असम में उसका असर बरकरार था। उसने चुनावों में 38.9 प्रतिशत वोट तथा 10 सीटें हासिल कीं, जबकि उसके सहयोगी दल यूएमएफ को एक सीट मिली। अगप और उसकी सहयोगी पार्टियों माकपा तथा भाकपा ने 12 सीटों पर चुनाव लड़ा, परंतु वे पिछले चुनावों की पांच सीटों में से एक पर भी कब्जा नहीं जमा सके। इस चुनाव में न केवल भाजपा के वोट प्रतिशत में ही वृद्धि हुई, बल्कि वह एक कद्दावर चुनावी ताकत के रूप में भी सामने आई। जातीय और धार्मिक पहचान के आधार पर संगठित छोटे दलों जैसे एएसडीसी और यूएमएफ आदि को कांग्रेस का समर्थन प्राप्त था। इन दलों तथा एबीएसयू द्वारा समर्थित एक स्वतंत्र उम्मीदवार ने एक-एक सीट पर सफलता पाई। कुल मिलाकर जनता का फैसला अगप गठजोड़ के खिलाफ गया। यह इस बात का सूचक भी था कि अनुसूचित जाति और अनुसूचित जनजाति के बीच अगप का आधार खिसक गया था।

तालिका 3.5
लोकसभा चुनाव 1998, किसने किसको वोट दिया

	कांग्रेस	भाजपा	अगप व सहयोगी	अन्य
आयु				
25 वर्ष से कम	41.2	35.3	20.6	2.9
26-35 वर्ष	49.3	29.3	12.7	8.5
36-45 वर्ष	64.4	26.7	4.4	4.4
46-55 वर्ष	66.7	19.0	14.3	–
56 वर्ष से अधिक	63.0	14.8	7.4	14.8
लिंग				
पुरुष	57.4	24.3	12.2	6.1

स्त्री	51.4	30.1	10.8	7.2
शिक्षा				
अशिक्षित	62.5	26.1	4.5	6.8
प्राइमरी स्कूल	59.0	25.6	10.3	5.1
मिडिल स्कूल	45.5	27.3	18.2	9.1
हाई स्कूल	46.7	20.0	20.0	13.3
कॉलेज पर डिग्री नहीं	39.1	26.1	30.4	4.3
स्नातक या स्नातकोत्तर	25.0	50.0	25.0	–
जाति				
अनुसूचित जाति	50.0	50.0	0.0	0.0
अनुसूचित जनजाति	25.0	37.5	25.0	12.5
अन्य पिछड़ा वर्ग	45.2	38.7	14.0	2.2
अन्य	68.1	12.1	8.8	11.0
धर्म				
हिंदू	41.2	42.9	13.4	2.5
मुसलमान	75.6	2.6	9.0	12.8

नोट : *विकासशील समाज अध्ययन पीठ द्वारा राष्ट्रीय चुनाव अध्ययन 1996 के बाद कराए गए सर्वेक्षण पर आधारित संख्या। असम में यह सर्वेक्षण लोकसभा के तीन और विधानसभा के छः क्षेत्रों के 12 मतदान केन्द्रों पर कराया गया था। यहां राष्ट्रीय प्रतिनिधि नमूने के विश्लेषण में असम से संबंधित खंड के विश्लेषण का राज्य के प्रतिनिधि नमूने से मेल खाना आवश्यक नहीं है।*

तालिका–3.4 और 3.5 द्वारा 1996 और 1998 में कराए गए लोकसभा चुनाव के सर्वेक्षणों का तुलनात्म क विश्लेषण किया गया है। इससे विभिन्न दलों के जनाधार में आए बदलाव का पता चलता है। सर्वेक्षणों से जाहिर होता है कि इस चुनाव में अगप और उसके सहयोगियों का मुसलमानों के बीच प्रभाव घट रहा था। 1996 के चुनाव में अगप को मुसलमानों का जबर्दस्त समर्थन मिला था। इस बार स्थितियां उलट गई थीं। कांग्रेस को 1996 में मुसलमानों के पचास प्रतिशत वोट मिले थे। इस बार पार्टी को उनके बीच तीन–चौथाई से ज्यादा वोट मिले। भाजपा को अनुसूचित जातियों के अच्छे–खासे वोट मिलने से पता लगता है कि राज्य में उनकी स्वीकार्यता बढ़ रही थी। भाजपा ने अनुसूचित जातियों और अनुसूचित जनजातियों के बीच यह सफलता अगप की कीमत पर दर्ज की थी। सर्वेक्षण से यह भी पता चलता है कि मतदान के रुझान में आयु, लिंग और वर्ग का महत्त्व इस बार भी 1996 के चुनाव जैसा नहीं था, हां, यह जरूर है कि हर पार्टी के लिए इन चीजों

का महत्त्व अलग-अलग था। कांग्रेस को जहां सभी वर्गों का समर्थन मिला, अगप को हर जगह हार का सामना करना पड़ा। अधिक आयु के मतदाताओं के बजाय युवा वर्ग से ज्यादा वोट मिले, जबकि कांग्रेस का प्रदर्शन इसके ठीक उलटा था। कांग्रेस का प्रदर्शन पुरुषों के बीच ज्यादा बेहतर रहा, जबकि अगप के स्त्री मतदाताओं ने भाजपा का पक्ष लिया। इस तरह अगप से मोहभंग का असर पुरुषों के बजाय स्त्रियों में ज्यादा साफ दिखता था। वर्ग की शब्दावली में बात की जाए तो हम पाते हैं कि कांग्रेस ने इस बार भी अपने धुर निम्नवर्गीय चरित्र को बनाए रखा। इस प्रकार कम शिक्षित वर्गों में उसे ज्यादा वोट मिले। इसकी अपेक्षा अगप और भाजपा ने अपेक्षाकृत ज्यादा शिक्षित वर्ग में बेहतर प्रदर्शन किया। लेकिन इस चीज को शिक्षा के प्रभाव के तौर पर नहीं देखा जाना चाहिए। बात शायद यह है कि अगप और भाजपा को उन समुदायों से समर्थन मिला जिनकी शिक्षा पर पहले से ही ज्यादा पकड़ रही है। इस लोकसभा चुनाव में अगप की दुर्गति इस कारण भी हुई कि एक ओर तो चाय बागान के मजदूरों और आप्रवासी मुसलमानों के वोट कांग्रेस की ओर मुड़ गए, दूसरी तरफ ऊंची जातियों के वोट भी भाजपा की झोली में जा गिरे। कांग्रेस ने डिब्रूगढ़ और जोरहाट के चाय बागान क्षेत्रों की लोकसभा सीटों पर 64 से 65 फीसदी वोट हासिल करते हुए जीत दर्ज की। इस बार भाजपा को भी इस इलाके में पैर जमाने की जगह मिली। उसने अगप के प्रभाव क्षेत्र में सेंध लगाते हुए चाय समुदाय के भीतर अपना आधार बढ़ाया। चाय क्षेत्र में भाजपा की सेंधमारी के पीछे अगप और प्रमुख चाय उत्पादक घरानों के बीच का कटु विवाद भी एक कारण था। चुनाव से पहले की घटनाओं ने इन घरानों को अगप के बजाय कांग्रेस के ज्यादा नजदीक ला दिया। इस बार आप्रवासी बहुल निर्वाचन क्षेत्रों के परिणाम भी कांग्रेस के पक्ष में गए। गौरतलब है कि मुसलमान अल्पसंख्यकों के एक बड़े हिस्से ने पिछले चुनाव में अगप का साथ दिया था, लेकिन अबकी बार वह पाला बदलकर कांग्रेस के साथ हो गया था। कांग्रेस अगर इन इलाकों की सारी सीटों पर सरकार बना लेती है तो वह निश्चय ही आईएमडीटी कानून को वापस ले लेगी। समुदायों की नजर में कानून की वापसी आप्रवासी धार्मिक समुदाय के हित में नहीं थी। इसके अलावा अल्पसंख्यकों का अगप के प्रति विश्वास टूटने का एक कारण और भी था। अगप ने एएसयू की इस मांग पर अपना रुख स्पष्ट करने के बजाय अजीब चुप्पी साध ली थी कि 1997 में प्रकाशित चुनाव-सूची में संदिग्ध मतदाताओं के नाम हटा दिए जाने चाहिए तथा आईएमडीटी कानून को वापस ले लेना चाहिए। चुनाव परिणामों से यह साफ दिखता था कि धार्मिक अल्पसंख्यकों ने कांग्रेस का और आप्रवासी हिंदुओं तथा मूल निवासियों के एक छोटे हिस्से ने भाजपा का साथ दिया था। लेकिन अल्पसंख्यकों के इस रुझान को यूएमएफ के संदर्भ में देखना जरूरी था। कांग्रेस को बरपेटा निर्वाचन क्षेत्र में यूएमएफ के साथ गठजोड़ बनाने का लाभ हुआ था।

यूएमएफ को 1996 के चुनावों में सिर्फ 26.7 प्रतिशत वोट ही मिल पाए थे, जबकि इस बार उसे 58.6 प्रतिशत वोट मिले। प्रेक्षकों की राय यह थी कि असम में हिंदुओं के ध्रुवीकरण से मुसलमान वोट भी एक तरफ झुक गए थे। भाजपा की मुसलमान बहुल क्षेत्रों—धुबरी, नौगांव और बरपेटा में बढ़ती पैठ का लाभ कांग्रेस और यूएमएफ को मिला। दूसरे शब्दों में कहा जाए तो अगप के पारंपरिक वोट उससे टूटकर कांग्रेस और यूएमएफ में बंट गए। जहां तक आदिवासी प्रभाव वाले निर्वाचन क्षेत्रों का सवाल है, वहां कांग्रेस का प्रदर्शन 1998 में भी कमजोर रहा था। इन क्षेत्रों में चुनाव के बहिष्कार की अपील के बावजूद आदिवासियों ने भारी संख्या में मतदान किया। इससे अंदाजा लगाया जा सकता है कि आदिवासी मतदाता अपनी जातीय पहचान को लेकर कितने मुखर हो चुके थे। 1991 के चुनाव से ही आदिवासी आंदोलनों में उदयाचल, बोडोलैंड और एक स्वायत्त पहाड़ी राज्य की मांग उठनी शुरू हो गई थी। यह इसी बात का संकेत था कि कर्बी वर्चस्व वाले स्वायत्त संसदीय निर्वाचन क्षेत्र में एएसडीसी के प्रत्याशी जयंत रोंगपी ने लगातार चौथी बार जीत दर्ज की और कांग्रेस उम्मीदवार को भारी अंतर से हराया। बोडो इलाकों में किसी ताकतवर स्थानीय नेता के न उभरने से विभिन्न उम्मीदवारों की जीत का अंतर बहुत बड़ा नहीं था। इन इलाकों के चुनाव परिणाम साफ तौर पर जातीय ध्रुवीकरण और जातीय आकांक्षाओं को संतुष्ट करने की कहानी कहते हैं।

1999 के लोकसभा चुनाव में अगप की फिर से दुर्गति

अगला लोकसभा चुनाव भी वक्त से पहले ही आ पहुंचा। दरअसल भाजपा की अल्पकालीन केन्द्रीय सरकार का स्थानीय राजनीति के एजेंडे पर भी असर पड़ना शुरू हो गया था। स्थानीय अखबार ऐसी खबरों से पटने लगे थे कि असम में पाकिस्तानी खुफिया एजेंसी भारी षड्यंत्र रच रही है। ऐसे माहौल में असम जातीयतावादी युवा परिषद नामक एक प्रभावशाली संगठन ने, जिसे जानकार लोग उल्फा का करीबी मानते थे, एक नए क्षेत्रीय दल—असम गण संग्राम परिषद बनाने की घोषणा की। इस प्रस्तावित पार्टी ने खुद को राज्य में क्षेत्रवाद के उन्नायक और असम गण परिषद के राजनीतिक विकल्प के तौर पर पेश किया। जाहिर है कि यह असम गण परिषद को सीधी चुनौती थी। परंतु अगप के लिए राहत की बात यह थी कि असमिया क्षेत्रीय भावनाओं के प्रमुख प्रवक्ता—ऑल असम स्टूडेंट यूनियन ने इस बार चुनाव का बहिष्कार न करने का फैसला किया था। गौरतलब है कि 1998 के चुनावों में इस संगठन ने चुनाव सूची से विदेशियों के नाम न हटाने पर चुनाव का बहिष्कार करते हुए 23 घंटे के बंद का आयोजन किया था। इस दफा खुद संगठन के अध्यक्ष सर्बनंदा सोनेवाल अपने पद से इस्तीफा देकर लखीमपुर से अगप के उम्मीदवार बन गए थे। इसी समय यूएमएफ में फूट पड़ने से कांग्रेस का समीकरण

गड़बड़ा गया। चुनाव से पहले यूएमएफ का हफीज गुट भारतीय राष्ट्रीय कांग्रेस (आईएनसी) में शामिल हो गया। जमायत-उलेमा-ए-हिंद द्वारा भारतीय राष्ट्रीय कांग्रेस को पूरे देश में समर्थन देने के फैसले पर कांग्रेस को अल्पसंख्यकों का अच्छा-खासा वोट मिल गया।

असम में लोकतांत्रिक प्रक्रिया पहले से ही उग्रवादी गुटों के कब्जे में रही है। इस संदर्भ में 1998 के चुनावों में उल्फा ने लोगों का ध्यान अपनी तरफ खींचा था। उस समय इस संगठन ने जोर-जबर्दस्ती, धमकी और पार्टी के सक्रिय कार्यकर्ताओं, जिला स्तरीय नेताओं की हत्या करके अगप में खौफ पैदा कर दिया था। संगठन की इन हरकतों के चलते जनता के एक बड़े हिस्से ने 1998 के चुनावों में भाग ही नहीं लिया था। ब्रह्मपुत्र घाटी के कुछ हिस्सों में संगठन की चेतावनी ने कुछ असर जरूर दिखाया था लेकिन स्थिति पहले जैसी नहीं थी। उल्फा ने अपने मुखपत्र 'स्वाधीनता' में इस चुनाव में खून-खराबा करने की धमकी तो दी थी, किन्तु उसमें चुनाव के बहिष्कार की बात स्पष्ट रूप से नहीं कही गई थी। इस तनावपूर्ण माहौल के बावजूद जनता के एक बड़े हिस्से में अपने लोकतांत्रिक अधिकार को लेकर एक अकुलाहट की भावना भी उभर रही थी। इसलिए बंद की अपीलों, भाजपा के धुबरी से लड़ने वाले उम्मीदवार, अगप के तीन समर्थकों और पुलिस वालों को मारने की हिंसक घटनाओं के बावजूद लोगों ने इस चुनाव में बड़े स्तर पर भाग लिया। उदाहरण के लिए उग्रवादी गतिविधियों का केन्द्र समझे जाने वाले नलबाड़ी जिले में मतदान पूरी तरह शांतिपूर्ण रहा। यहां 48 प्रतिशत लोगों ने मताधिकार का प्रयोग किया। इस चुनाव में मतदाताओं ने हिंसक गतिविधियों का शांतिपूर्ण ढंग से प्रतिकार किया। ऐसे मतदाताओं में उल्फा के सदस्य भी शामिल थे।

मध्यावधि चुनाव के प्रति लोगों में उत्साह नहीं था। कांग्रेस, अगप और भाजपा के यहां-वहां लगाए गए पोस्टरों और दीवारों पर लिखे नारों के अलावा राज्य में चुनाव के कोई संकेत दिखाई नहीं देते थे। सही मायनों में राज्य में इस बार चुनावी बुखार जैसी कोई चीज थी ही नहीं। बड़ी रैलियों, जुलूसों आदि का कोई नामोनिशान नहीं था। लोग उग्रवादी हिंसा से त्रस्त थे, किन्तु इसके बावजूद कोई चुनावी मुद्दा आकार नहीं ले पा रहा था। विभिन्न राजनीतिक दल एक दूसरे पर उल्फा के साथ संबंध रखने के आरोप लगाकर लोगों को रिझाने का प्रयास कर रहे थे।

इस स्थिति में असम के कुछ हिस्सों में कारगिल के मुद्दे ने माहौल गरमाने का काम किया। अध्ययन पीठ के सर्वेक्षण से पता चलता है कि सर्वे के दौरान जिन लोगों ने सरकार के काम को संतोषजनक बताया था और इसी के साथ यह भी स्वीकार किया था कि वोट डालते समय कारगिल का मुद्दा भी उनके जेहन में था, उनमें भाजपा के प्रति रुझान देखा गया। यह स्पष्ट था कि कारगिल के मुद्दे पर सरकार के रवैए को ठीक मानने वाले लोगों की संख्या असंतुष्ट लोगों से ज्यादा थी। भाजपा

को इस चीज का स्पष्ट लाभ मिला। अब बांग्ला देश से आने वाले अवैध आप्रवासियों का मामला राज्य के किसी भी राजनीतिक दल के लिए मुख्य मुद्दा नहीं रह गया था। यहां तक कि विदेशियों की पहचान करने और उन्हें बाहर खदेड़ने के मुद्दे को लेकर उभरे असम आंदोलन की उत्तराधिकारी असम गण परिषद ने भी इस पर नरम रुख अपना लिया था। इसके पीछे साफ कारण यह था कि वह आप्रवासियों के वोट नहीं खोना चाहती थी। दल ने इस मुद्दे के संबंध में अपने घोषणापत्र में सिर्फ यह कहा था कि राज्य में रह रहे विदेशियों का असम समझौते के तहत प्रत्यार्पण किया जाना चाहिए तथा अंतर्राष्ट्रीय सीमा पर बाड़ लगाने का काम जल्दी निपटाया जाना चाहिए। उल्लेखनीय है कि कांग्रेस ने अवैध घुसपैठ को प्रभावी ढंग से रोकने के साथ-साथ अंतर्राष्ट्रीय सीमा के खास-खास बिंदुओं पर ही व्यापार मार्ग स्थापित करने की बात की थी। अगप और कांग्रेस के विरुद्ध भाजपा की प्रदेश इकाई ने अवैध आप्रवासन को चुनाव का मुख्य मुद्दा बनाने की पुरजोर कोशिश की। लेकिन राजग ने इस मामले में चुप्पी साधे रखी। उसने अपने घोषणापत्र में कहा कि गठबंधन उत्तर-पूर्व क्षेत्र की भौगोलिक अखंडता को बनाए रखने के लिए कृतसंकल्प है तथा वह क्षेत्र की सुरक्षा संबंधी समस्याओं पर पूरा ध्यान देगा। इस चुनाव में राष्ट्रवादी कांग्रेस पार्टी ने एक अलग ही रणनीति अपनाई। पार्टी ने क्षेत्र के लिए एक अलग घोषणापत्र तैयार किया जिसमें समूचे उत्तर-पूर्व को विकास विशेष जोन के रूप में विकसित करने की वकालत की गई थी। इस योजना का मूल उद्देश्य भाजपा को मजबूत और कांग्रेस को कमजोर करना था। इन चुनावों में वामपंथी दलों ने विशेष उत्साह से भाग नहीं लिया। दूसरी तरफ बोडो इलाके के जातीय आधार पर गठित दलों जैसे आल बोडो स्टूडेंट यूनियन तथा बोडो पीपुल्स एक्शन कमेटी के उम्मीदवारों ने इस चुनाव में एक पृथक बोडो राज्य की मांग को प्रमुख मुद्दा बनाया।

1999 के लोकसभा चुनाव को एक ढंग से 1998 के लोकसभा चुनाव की प्रतिकृति कहा जा सकता है। इस चुनाव का सत्ता संतुलन पर महत्त्वपूर्ण प्रभाव पड़ा। इस चुनाव में जनता के फैसले से यह जाहिर होता है कि उसका असम गण परिषद अर्थात क्षेत्रीय राजनीति के ध्वजवाहक पार्टी से मोहभंग हो चुका था। अगप और उसके सहयोगियों ने आठ सीटों पर चुनाव लड़ा, परंतु वे एक भी सीट निकालने में सफल नहीं हो सके। पार्टी को चुनाव से पूर्व हुई फूट का भारी खमियाजा उठाना पड़ा। और उसे केवल 13 प्रतिशत मत ही प्राप्त हो सके। हालांकि कांग्रेस को अगप के वोट बंटने से थोड़ा लाभ जरूर हुआ परंतु उसके अपने जनाधार में कोई बड़ा इजाफा नहीं हुआ। कांग्रेस और भाजपा की ताकत या कमजोरी जातीय, सांस्कृतिक और क्षेत्रीय मुद्दों पर आधारित दलों के बनने-बिखरने का ही परिणाम थी। इस चुनाव में कांग्रेस ने खुद को पिछली बार से ज्यादा मजबूत पाया। उसने न केवल 38 प्रतिशत वोट हासिल किए बल्कि 11 सीटों पर भी विजय प्राप्त की। उसके सिर्फ

आदिवासी बहुल क्षेत्र के एक उम्मीदवार की जमानत जब्त हुई। इस चुनाव का एक खास पहलू राज्य में भाजपा का एक महत्त्वपूर्ण ताकत के रूप में उभरना था। पार्टी को न केवल 30 प्रतिशत वोट ही हासिल हुए बल्कि इसके साथ उसे समूचे असम में अपना आधार बढ़ाने में कामयाबी मिली। एएसडीसी के प्रत्याशी तथा एबीएसयू समर्थित स्वतंत्र उम्मीदवारों ने अपनी एक-एक सीट को बनाए रखा। कुल मिलाकर जनता का यह फैसला अगप-गठजोड़ के खिलाफ गया। यह फैसला इस बात का सूचक भी था कि अगप का मुसलमानों, अनुसूचित जातियों और आदिवासी समुदायों के बीच आधार खिसकता जा रहा था।

विधानसभा चुनाव, 2001 : कांग्रेस की वापसी

इस तरह लोकसभा चुनाव के एकतरफा फैसले ने 10 मई, 2001 को होने वाले ग्यारहवें विधानसभा चुनावों की पृष्ठभूमि पहले ही तय कर दी थी। अगप के लिए कुछ भी अच्छा नहीं घट रहा था। सरकार के खराब प्रदर्शन से जनता के बीच उसकी लोकप्रियता घट गई थी। उस पर हत्या और भ्रष्टाचार में लिप्त होने के आरोप लगाए जा रहे थे। यह भी सच है कि जनता की परेशानियों से उसका वास्ता कम ही रह गया था। चुनाव की घोषणा के अवसर पर अगप ने कई सारी योजनाओं जैसे मुख्यमंत्री रोजगार योजना लागू करने, आपरेशन ब्लैक बोर्ड के तहत अध्यापकों की नियुक्ति करने और असम बिजली बोर्ड के रिक्त स्थानों को भरने की घोषणाएं कीं। इन योजनाओं का मकसद बेरोजगार युवाओं और उनके अभिभावकों को रिझाना था। परंतु इन कदमों का जनता पर अपेक्षित प्रभाव नहीं पड़ा। अब यह बात किसी से छिपी नहीं रह गई थी कि अगप संकट में है। राज्य के एक प्रमुख अखबार ने अगप के बारे में यह टिप्पणी की 'जनकल्याण की योजनाओं का निश्चय ही स्वागत किया जाना चाहिए परंतु सिर्फ घोषणा करने मात्र से कुछ हल नहीं होता। इस संबंध में ज्यादा जरूरी यह होता है कि घोषणाओं पर अमल किया जाए। दिक्कत यही है कि इस बिंदु पर अगप खरी नहीं उतर पाई। उसने अध्यापन के क्षेत्र में अयोग्य लोगों को भर्ती किया। लोगों का मानना है कि सरकार की जन कल्याण योजनाओं के साथ भी कमोबेश यही हुआ है इसके अलावा अगप सरकार के हर स्तर पर छाए भ्रष्टाचार से जनता का पार्टी से अलगाव हुआ है। लोगबाग उससे यह उम्मीद कर रहे थे कि वह सरकारी विभागों में व्याप्त भ्रष्टाचार को दूर करने का प्रयास करेगी। लेकिन खेद के साथ कहना पड़ता है कि सरकार ने इस दिशा में कोई कदम नहीं उठाया। इस रवैए के चलते जनता की नजर में अगप की छवि धूमिल हुई है। यही नहीं सरकार ने उल्फा-सुल्फा विवाद को निपटाने की दिशा में भी कोई ठोस काम नहीं किया है। कई बार तो ऐसा लगता है कि जैसे अगप अपने राजनीतिक हितों को पूरा करने के लिए इस विवाद को जिंदा रखना चाहती है।'

चुनाव की तैयारी के दौरान उल्फा ने भारी पैमाने पर हिंसक वारदातें कीं। राज्य में राजनीतिक हिंसा और प्रतिशोध के इस माहौल में 1997 और 2000 के बीच अनेक लोगों की जानें गईं। उदाहरण के लिए इस दौरान असम में विद्रोहियों ने 333 सुरक्षा कर्मचारियों सहित 1,548 लोगों की हत्या की। इसी तरह सशस्त्र विद्रोहियों ने अक्टूबर और दिसम्बर के बीच असम के विभिन्न क्षेत्रों में 101 हिंदीभाषी लोगों को मौत के घाट उतार दिया।

लेकिन लोग जल्द ही इस हिंसा के विरोध में सड़कों पर उतर आए। इस विरोध प्रदर्शन से भी पता चलता था कि जनता सरकार के कामकाज से खुश नहीं थी।

इस चुनाव में अगप और भाजपा नेतृत्व के हाथ मिलाने से समूचा परिदृश्य बदल सा गया था। गौरतलब है कि दोनों ही पार्टियों की राज्य इकाइयों ने इस गठजोड़ की आलोचना की थी। दरअसल गठजोड़ करने के पीछे अगप का यह भय था कि वह अपने दम पर चुनाव नहीं जीत सकती थी। इसी भय के कारण उसने सिद्धांतों को एक तरफ पटक कर आसान रास्ता चुन लिया। अगप-भाजपा की इस साझेदारी से राज्य की चुनावी राजनीति में एक नया समीकरण उभरा। इस चुनावी गठजोड़ से भाजपा का आम कार्यकर्ता काफी खफा था। भाजपा के युवा नेता गठजोड़ के फैसले के विरुद्ध पार्टी के गुवाहाटी स्थित कार्यालय पर कई दिनों तक जबर्दस्त धरने और प्रदर्शन करते रहे। जहां तक अगप का सवाल है, उसके कार्यकर्ताओं में गठजोड़ को लेकर उतना आक्रोश नहीं था। भाजपा की राज्य इकाई का नेतृत्व गुटबंदी का शिकार जरूर था, परंतु वह जमीनी सच्चाई के संपर्क में भी था। पार्टी के राष्ट्रीय नेतृत्व ने गठजोड़ बनाने का फैसला राज्य इकाई की पीठ पीछे किया था। पार्टी के अंदर लोकतांत्रिक प्रक्रिया और उसकी एकजुटता को बनाए रखने के लिहाज से ये संकेत शुभ नहीं थे। गठजोड़ के विरोध में पार्टी के एक वरिष्ठ नेता हीरेन भट्टाचार्य ने इस्तीफा दे दिया और एक नई पार्टी असम भाजपा का गठन कर लिया। यही नहीं श्री भट्टाचार्य ने चुनाव में अपने 60 उम्मीदवार उतारने का भी फैसला कर लिया था। लेकिन भाजपा-अगप के गठजोड़ का विवाद यहीं खत्म नहीं हो गया। दोनों दलों पर बाद में ये आरोप भी लगाए गए कि दस निर्वाचन क्षेत्रों में उनकी चुनावी जंग एक 'दोस्ताना' मामला थी।

चुनाव में भाजपा के साथ गठजोड़ करने से अगप के तीनों पूर्व सहयोगी—सीपीआई, सीपीआई (एम) और यूपीपी ने इस चुनाव में समाजवादी पार्टी के साथ हाथ मिलाया था। दूसरी तरफ अगप-भाजपा के गठजोड़ ने आल बोडो स्टूडेंट यूनियन तथा ऑटोनॉमस स्टेट डिमांड कमेटी के हलिराम तेरंग गुट के साथ चुनावी तालमेल किया था। लोगों के मन में इस बात को लेकर शक था कि विभिन्न समूह अपने बुरी तरह बंटे हुए समुदायों पर कोई प्रभाव डाल पाएंगे भी या नहीं। हालांकि बोडो राजनीति के मामले में, एबीएसयू का सिक्का अभी तक चलता है, लेकिन

जानकार लोगों का मानना है कि यदि अगप उसके बजाय यूएमएफ के साथ मोर्चा बनाती तो वह ज्यादा फायदे में रहती। यूएमएफ को साथ लेने से उसे मुसलमानों के एक अच्छे-खासे वर्ग के वोट मिल सकते थे। कांग्रेस ने इस राजनीतिक बिखराव को पढ़ने में समझदारी दिखाई और यूएमएफ के साथ समझौता कर लिया। इससे पहले के चुनावों में कांग्रेस ने कभी भी किसी के साथ गठजोड़ बनाने की नहीं सोची थी। इसके पीछे का सच यह है कि इससे पहले कांग्रेस को विपक्ष की ओर से वास्तविक खतरा पैदा भी नहीं हुआ था।

इस चुनाव में तीसरा मोर्चा भी उभर कर सामने आया, जिसमें नेशनल कांग्रेस पार्टी सहित असम गण संग्राम परिषद, पूर्वांचलीय लोक परिषद, असम जातीय सम्मिलन, जनता दल (सेकुलर), क्रांतिकारी कम्युनिस्ट पार्टी और असम लेबर पार्टी शामिल थी। इन दलों द्वारा बनाया गया क्षेत्रीय लोकतांत्रिक गठजोड़ एक तरह से कांग्रेस और अगप-भाजपा के गठजोड़ का जवाब था। खैर, कुल मिलाकर इस चुनाव में राष्ट्रीय दलों सहित 40 दलों ने हिस्सा लिया और 914 उम्मीदवारों ने नामांकन पत्र दाखिल किए। इस चुनाव में कांग्रेस और अगप-भाजपा का गठजोड़ सत्ता के मुख्य दावेदार थे। इस चुनाव में भाग ले रहे दलों के सामने मुद्दों के बजाय सीटों के तालमेल, गुटों के जोड़-तोड़ और टिकट लेने के लिए पार्टी में होने वाली सिर फुटौव्वल के मामले ज्यादा महत्त्वपूर्ण थे। चुनाव में मतदाता खास दिलचस्पी नहीं दिखा रहे थे। एक तरह से सारा चुनाव प्रचार सार्वजनिक सभाओं, पोस्टरबाजी, बैनरों और दीवारों पर लिखे गए आकर्षक नारों और रैलियों तक सीमित होकर रह गया था।

सच यह है कि लोग चुनाव प्रचार से ज्यादा अगप-भाजपा गठजोड़ और उसके प्रभावों की चर्चा कर रहे थे। चुनावों के प्रति लोगों के उत्साह का अंदाजा इस बात से लगाया जा सकता है कि प्रधानमंत्री की सभाओं में भी लोगों ने बहुत कम संख्या में भाग लिया।

उल्फा ने चुनाव से पहले अपनी हिंसक गतिविधियों के जरिए अगप-भाजपा गठजोड़ के सर्मथकों को भयभीत करने और चुनाव का माहौल बिगाड़ने की कोशिश की थी। मोटे तौर पर इस चुनाव में भ्रष्टाचार, राजनेताओं और उग्रवादियों के बीच सांठ-गांठ होने, घुसपैठ को रोकने, आईएमडीटी कानून को खत्म करने आदि के मुद्दों की ज्यादा चर्चा रही। पिछले चुनावों की तरह ही इस बार के चुनाव में भी ज्यादातर पार्टियों ने विद्रोही गतिविधियों को रोकने, राज्य में अवैध रूप से रह रहे विदेशियों को बाहर निकालने, आर्थिक वृद्धि करने, बेरोजगारी को कम करने तथा राज्य में कानून और व्यवस्था को दुरुस्त करने के वादे किए। कांग्रेस ने अपने घोषणापत्र में यह कहा कि वह विद्रोहियों के साथ बातचीत करके गुप्त हत्याओं और राज्य विरोधी गतिविधियों पर काबू पाने का प्रयास करेगी। आईएमडीटी के संबंध में

उसका यह कहना था कि 'कांग्रेस आईएमडीटी कानून खत्म करने की किसी भी कोशिश का पुरजोर विरोध करेगी।' अगप के शासनकाल में पंचायत के चुनाव न हो पाने से कांग्रेस ने इस मुद्दे को तूल देना शुरू कर दिया और कहा कि सत्ता में आते ही वह एक साल के भीतर पंचायत चुनाव सम्पन्न करा देगी।

इस समय अगप की चुनावी मजबूरियां साफ दिखाई दे रही थीं। 1998 और 1999 के लोकसभा चुनावों से यह स्पष्ट पता चल जाता है कि पार्टी के मूल आधार पर कांग्रेस और भाजपा का कब्जा होता जा रहा था। इस बीच, कांग्रेस ने मुसलमानों और चाय बागानों के वोटों को मजबूत किया। अगप को न केवल कांग्रेस से अपना आधार वापस छीनना था, बल्कि साथ ही भाजपा का सहयोगी रहते हुए अपने आधार को एकजुट भी बनाए रखना था। इसीलिए दोनों सहयोगियों ने आईएमडीटी कानून और विदेशियों के मुद्दे को प्रमुख राजनीतिक प्रश्न के तौर पर पेश किया। अगप के घोषणापत्र में कहा गया था कि 'विदेशियों का मुद्दा राज्य के विकास की प्रक्रिया और उसकी सुरक्षा से गहरे जुड़ा है। जब तक यह मामला हमेशा के लिए नहीं निपटा दिया जाता तब तक राज्य की सामाजिक बनावट और एकता के लिए खतरा बना ही रहेगा। ...अगप भारत सरकार के साथ मिलकर इस समस्या का हल ढूंढ़ने के लिए हर संभव प्रयास करेगी।'

1998 और 1999 के लोकसभा चुनाव परिणामों को देखते हुए विधानसभा का चुनाव परिणाम लगभग पहले ही तय हो चुका था। गठजोड़ का फैसला अगप और भाजपा दोनों के लिए एक भारी रणनीतिक भूल साबित हुई। अंततः अगर चुनाव का कोई आश्चर्यजनक परिणाम था तो यह कि कांग्रेस को उतनी बड़ी सफलता नहीं मिली। उसने 70 सीटें हासिल कीं और उसका वोट प्रतिशत 40 से थोड़ा कम रहा। इसके मुकाबले अगप गठजोड़ को सिर्फ 40 सीटें और 36 फीसदी वोट ही प्राप्त हुए। कांग्रेस की सीटों का यह अंतर बाहर से देखने पर भ्रम पैदा करता है, जबकि सच्चाई यह है कि कांग्रेस की सीटों की बढ़त सिर्फ उसके 5 प्रतिशत ज्यादा अंकों का ही नतीजा थी। वास्तविकता यह भी कि अगप गठजोड़ के सभी उम्मीदवारों का कुल वोटों में 36 प्रतिशत हिस्सा ही बैठता था। यह आंकड़ा भी उन सीटों को शामिल करने के लिए बनता था जिन पर सहयोगियों ने एक-दूसरे के खिलाफ चुनाव लड़ा था। कुल मिलाकर अगप और भाजपा ने 29 प्रतिशत वोट हासिल किए। इस तरह अगर एक औसत निकाला जाए तो हम देखते हैं कि जहां कहीं भी कांग्रेस और अगप-भाजपा गठजोड़ की भिड़ंत हुई, वहां कांग्रेस उस पर 10 प्रतिशत अंकों से भारी रही।

दरअसल इन चुनाव परिणामों को समग्रता में देखने की बजाय अलग-अलग टुकड़ों में देखा जाना चाहिए। अगप और भाजपा को क्रमशः 20 और 8 सीटें मिलीं। जहां तक वोटों का प्रतिशत है, अगप को 20.1 प्रतिशत और भाजपा को 9.3 प्रतिशत

वोट प्राप्त हुए। कुछ समय पहले तक एक महत्त्वपूर्ण चुनावी ताकत समझी जाने वाली वामपंथी पार्टियों का चुनाव में पूरी तरह सफाया हो गया। असल में वैचारिक राजनीति के कमजोर पड़ते ही वामपंथी दल हाशिए की चीज बन गए थे। छोटे दलों जैसे एएसडीसी (यू), एबीएसयू-बीपीएसी, शरत सिन्हा के नेतृत्व वाली नेशनलिस्ट कांग्रेस पार्टी, समाजवादी पार्टी और समता पार्टी को कुल मिलाकर 27 सीटें प्राप्त हुई थीं। उन्हें लगभग 30 प्रतिशत वोट प्राप्त हुए थे। गौरतलब है कि भृगु कुमार फूकन के असम जातीय सम्मिलन ने नेशनलिस्ट कांग्रेस पार्टी के चुनाव चिह्न पर चुनाव लड़ा था। अगप-भाजपा गठजोड़ से एबीएसयू-बीपीएसी जैसे छोटे दलों की राजनीति को जबर्दस्त फायदा पहुंचा। उन्होंने कुल 12 सीटों पर चुनाव लड़ा और 10 सीटों पर कामयाबी पाई। यह कहने की जरूरत नहीं कि यह कुल मिलाकर कांग्रेस का ही चुनाव था। परंतु इससे छोटे क्षेत्रीय दलों की राजनीति में भी चमक आई। एक स्तर पर ये बदलाव असम की राजनीतिक स्पेस में आए बिखराब की ओर सकंत करते थे। दरअसल बहिरागतों को बाहर करने के आंदोलन से न केवल असमिया राष्ट्रवाद ही विकसित हुआ बल्कि उससे उपक्षेत्रीय और जातीय आकांक्षाएं भी पैदा हुईं। ये छोटे दल इन्हीं आकांक्षाओं को अभिव्यक्त करते थे।

इस चुनाव में कांग्रेस ने अगप और उसके सहयोगियों से 40 सीटें छीनीं और साथ ही पिछले चुनाव में प्राप्त 25 सीटों पर भी अपना कब्जा बनाए रखा। कांग्रेस को ज्यादातर सीटें अगप के गढ़ समझे जाने वाले निचले असम में मिलीं। उसे यहां कुल 37 सीटें प्राप्त हुईं। पिछले विधानसभा चुनाव की अपेक्षा कांग्रेस को 14 सीटें ज्यादा मिलीं। इस संबंध में यह उल्लेखनीय है कि 1991 के चुनावों में कांग्रेस को ऊपरी असम में ज्यादा सीटें प्राप्त हुई थीं परंतु इस बार उनका प्रदर्शन दोनों क्षेत्रों में ही संतुलित रहा। अगप-भाजपा गठजोड़ के खराब प्रदर्शन का एक बड़ा कारण महंत सरकार की अलोकप्रियता थी। उससे और तो और खुद अगप के समर्थक बुरी तरह खफा थे। सच यह है कि उसने हार से बचने के लिए ही भाजपा का हाथ पकड़ा था। इस प्रकार इस गठजोड़ का आधार और कुछ नहीं सिर्फ चुनाव गणित था। लेकिन दोनों ही दलों के समर्थक गठजोड़ के धुर विरोधी थे। यह कहा जाता है कि अगप की हार के दो कारण प्रमुख थे। एक, उसकी खुद की अलोकप्रियता और दूसरे उसका भाजपा के साथ हाथ मिलाना। लेकिन इसका अर्थ यह नहीं कि यह गठजोड़ न बनाने से वह जीत ही जाती। सीएसडीएस द्वारा कराए गए एक सर्वेक्षण से ज्ञात होता है कि अगर अगप और भाजपा अलग-अलग चुनाव लड़ते तो उनके वोटों में क्रमशः 20 से 22 और 9 से 15 प्रतिशत की वृद्धि हो सकती थी। परंतु सर्वाधिक मत से जीत की चुनाव प्रणाली के चलते दोनों दलों को अपेक्षाकृत कम सीटें ही मिल पातीं। सच यह है कि अगप चाहे गठजोड़ बनाती या न बनाती, उसे हार से कोई नहीं बचा सकता था।

कांग्रेस पिछले चुनावों के मुकाबले इस चुनाव में 10 प्रतिशत ज्यादा अंक झटकने में सफल रही। उसे अपने पारंपरिक गढ़ अर्थात चाय उत्पादक इलाकों में राज्य के औसत अंकों से 10 प्रतिशत अंक ज्यादा मिले लेकिन जहां तक सीटों का सवाल है उसे 29 में से 20 सीटें प्राप्त हुईं। इसके उलट, अगप-भाजपा के वोट कुछ खास निर्वाचन क्षेत्रों में केन्द्रित होने के कारण गठजोड़ को 8 सीटें ही प्राप्त हो सकीं। उसका वोट प्रतिशत 35.8 था। चुनाव परिणामों से यह जाहिर होता था कि भाजपा का चाय उत्पादन समुदाय में जनाधार बढ़ा था। उसने अगप-भाजपा गठजोड़ से असमिया बहुल क्षेत्रों में स्पष्ट बढ़त बनाई। यहां उसको 35 जबकि अगप-भाजपा गठजोड़ को महज 15 सीटें प्राप्त हुईं। सर्वे के परिणाम से यह प्रकट होता है कि हिंदुओं की उच्च जातियों में कांग्रेस के मुकाबले अगप-भाजपा गठजोड़ को ज्यादा पसंद किया जा रहा था। लेकिन गठजोड़ की दस प्रतिशत अंकों की यह बढ़त कांग्रेस को पिछड़े वर्ग, अनुसूचित जातियों, गैर बोडो अनुसूचित जनजातियों तथा अन्य जातीय अल्पसंख्यकों को छोटे समूहों से मिलने वाले समर्थन के आगे बेमानी हो गई। भाजपा ने उच्च जातियों के बीच आशानुरूप अच्छा प्रदर्शन किया, परंतु अगप को इस दिशा में कोई खास सफलता नहीं मिल सकी। जहां तक जातिगत समर्थन का प्रश्न है, अगप को लगभग सभी समुदायों के वोट मिले। बोडो संगठनों का साथ लेने से उसे आदिवासियों के वोट भी ठीक-ठीक संख्या में मिल गए।

कांग्रेस की इस बढ़त में मुसलमान वोटरों की बड़ी भूमिका थी। वे मतदाताओं की कुल संख्या का एक चौथाई हिस्सा थे और उन्होंने भारी संख्या में मतदान किया था। इस बात के साफ संकेत मिलते हैं कि इस चुनाव में कांग्रेस मुसलमानों का समर्थन पुनः प्राप्त करने में सफल हो गई थी। अगप-भाजपा गठजोड़ भाजपा की राजनीतिक विचारधारा और एजेंडे के संबंध में अल्पसंख्यकों की शंकाओं को दूर नहीं कर पाया। अगप को भाजपा से गठबंधन करने के लिए मुसलमानों के अच्छे-खासे वोट गंवाने पड़े। कांग्रेस को आप्रवासी प्रभाव वाली 15 सीटों में से 8 सीटें हासिल करने में सफलता मिली। लेकिन इसके अलावा भी कांग्रेस का पूरे राज्य में ही अच्छा प्रभाव था। सीएसडीएस द्वारा चुनाव के बाद पूरे राज्य में एक बड़ा सर्वे कराया गया था, जिसमें 1,246 लोगों से सवाल पूछे गए थे। इस सर्वे से भी कांग्रेस के राज्यव्यापी प्रभाव की बात सिद्ध होती है। सर्वेक्षण के आंकड़ों के अनुसार मुसलमान उत्तरदाताओं में से 59 प्रतिशत लोगों ने कांग्रेस को वोट दिया। इसके मुकाबले उन्होंने अगप को 14 प्रतिशत तथा भाजपा को लगभग न के बराबर वोट दिए (**सारिणी-3.7**) एक अन्य विस्तृत विश्लेषण से यह प्रकट होता है कि अगप-भाजपा द्वारा जनता को लामबंद करने के प्रति कार्यक्रम का होजाई, गौरीपुर, और धुबरी (**सारणी-3.8**) जैसे क्षेत्रों में अच्छा प्रभाव था। चुनाव परिणामों से यह भी जाहिर होता है कि जहां धार्मिक अल्पसंख्यकों ने कांग्रेस को समर्थन दिया, वहीं

तालिका 3.6

असम विधानसभा चुनाव, 2001 का श्रेणीवार विश्लेषण

श्रेणी	सीटें	मतदान प्रतिशत	अगप जीती/लड़ी	वोट प्रतिशत	कांग्रेस जीती/लड़ी	वोट प्रतिशत	भाजपा जीती/लड़ी	वोट प्रतिशत	एनसीपी जीती/लड़ी	वोट प्रतिशत	एएसडीसी जीती/लड़ी	वोट प्रतिशत
आप्रवासी	15	80.5	4/12	22.6	8/15	36.2	0/3	7.5	1/10	4.6	0/0	0.0
चाय उत्पादक क्षेत्र	29	71.6	6/17	23.9	20/29	49.6	2/13	11.6	0/15	1.9	0/0	0.0
जनजाति बहुल	19	79.0	1/5	6.8	8/19	30.3	0/4	3.7	0/5	0.6	2/5	6.9
अन्य	63	74.1	9/43	22.0	35/63	39.7	6/26	10.7	2/32	2.9	0/0	0.0
कुल	**126**	**75.1**	**20/77**	**20.0**	**71/126**	**39.8**	**8/46**	**9.3**	**3/62**	**2.5**	**2/5**	**1.1**

स्रोत : *विकासशील समाज अध्ययन पीठ, आंकड़ा एकांश*

आप्रवासी हिंदू अल्पसंख्यकों व मूल निवासियों ने भाजपा को वोट दिया। असम में हिंदुओं का ध्रुवीकरण हमेशा से ही मुसलमानों के बीच 40 प्रतिशत अंकों की बढ़त ने ही अगप की जीत और हार का फर्क तय कर दिया था। चुनाव परिणामों से यह भी स्पष्ट हो गया कि समाज के विभिन्न वर्गों को साथ लेकर चलने की नीति से किसी भी तरह का भटकाव अगप को हर बार महंगा पड़ा है।

आप्रवासी क्षेत्रों की तरह आदिवासी पट्टी के निर्वाचन क्षेत्रों में भी लगभग 80 प्रतिशत मतदान हुआ। इससे पता चलता है कि आदिवासियों में अपनी जातीय पहचान को लेकर ललक बढ़ती जा रही थी। हालांकि कांग्रेस को इन निर्वाचन क्षेत्रों में ज्यादा वोट नहीं मिले, परंतु गैर बोडो इलाकों में उसका प्रदर्शन अच्छा रहा। उसे 30.3 प्रतिशत मतों समेत 8 सीटें प्राप्त करने में सफलता मिली। 1991 और 1996 के विधानसभा चुनावों के मुकाबले यह एक बड़ी सफलता थी क्योंकि उस समय पार्टी को इन क्षेत्रों में सिर्फ एक ही सीट हासिल हो पाई थी। इस चुनाव में आदिवासी सीटों के 40 प्रतिशत वोट स्वतंत्र उम्मीदवारों के पक्ष में गए। इन उम्मीदवारों में बोडो इलाके से चुनाव लड़ रहे एबीएसयू-बीपीएसी के कुछ ऐसे उम्मीदवार भी शामिल थे जो औपचारिक तौर पर तो अगप के साथ थे, परंतु चुनाव स्वतंत्र उम्मीदवारों के रूप में लड़ रहे थे। आदिवासी सहयोगियों के कारण अगप का इन सीटों पर अच्छा प्रदर्शन रहा। सर्वे के नतीजे इस बात की पुष्टि करते हैं। कांग्रेस को मीरी और अन्य आदिवासी समूहों से सिर्फ छिटपुट समर्थन ही मिल सका। बोडो इलाके में तो उसे एक भी सीट नहीं मिल सकी। इससे स्पष्ट है कि अगर अगप को आदिवासी समूहों का समर्थन न मिला होता तो चुनावों में उसकी हालत और भी खस्ता हो सकती थी।

इस चुनाव में वोट डालने के रुझान का विश्लेषण करने से पता चलता है कि, आयु के घटक को छोड़कर बाकी का रुझान पहले चुनावों जैसा ही रहा। ऐसा प्रतीत होता है कि दो प्रमुख प्रतिद्वंद्वियों के मतदाताओं की आयु में दिखाई देने वाला अंतर खत्म हो गया है। अगप अब अपने प्रौढ़तर मतदाताओं की तुलना में युवकर मतदाताओं के बीच बस थोड़ी ही ज्यादा लोकप्रिय है। इस संदर्भ में यह एक उल्लेखनीय तथ्य है कि कांग्रेस का प्रदर्शन भी नब्बे के दशक में वयस्क हुए मतदाताओं के बीच ही ज्यादा अच्छा रहा था। कांग्रेस के प्रदर्शन से यह भी प्रकट होता है कि युवाओं के बीच अगप का असर काफी घट गया है। पिछले चुनावों की तर्ज पर अगप ने स्त्री मतदाताओं के बीच एक बार फिर अच्छा प्रदर्शन किया, लेकिन इस बार उसे पहले के मुकाबले कम वोट मिले और उसके वोटों का अंतर 2 प्रतिशत अंकों तक सिमट गया। यह एक रोचक तथ्य है कि असम आंदोलन के बाद यह पहला ऐसा चुनाव था जिसमें कांग्रेस को स्त्री और पुरुषों के पहलुओं पर ध्यान देने से पता चलता है कि कांग्रेस को समाज के गरीब और अधिकारविहीन लोगों ने ज्यादा

समर्थन दिया है। इन दोनों के मामलों में सम्पन्न वर्गों की तुलना में गरीब वर्ग ने दोगुना वोट दिए। जहां तक भाजपा का सवाल है, उसके मतदाताओं का वर्ग स्वरूप यहां भी ऐसा ही था जैसा देश के शेष हिस्सों में होता है। अर्थात जो जितना ज्यादा सम्पन्न और शिक्षित होता है वह भाजपा के उतना ही निकट होता है। अगप का चरित्र इससे अलग है। उसका प्रदर्शन मामूली रूप से शिक्षित और हल्की आर्थिक हैसियत वाले लोगों के बीच ज्यादा अच्छा रहता है। चुनाव के परिणामों से यह तथ्य स्पष्ट हो जाता है कि निर्वाचक विभिन्न दलों को इस आधार पर पसंद या नापसंद करते हैं कि उनमें शासन करने की योग्यता कितनी है। अगप-भाजपा गठजोड़ के खराब प्रदर्शन के कारण महंत सरकार को बदनाम होना था। अगप के समर्थकों ने यह बात खुले तौर पर स्वीकार भी की। अध्ययन पीठ द्वारा 2001 के चुनाव के बाद कराए गए सर्वे में जब लोगों से पूछा गया कि पांच वर्षों के दौरान अगप सरकार का प्रदर्शन कैसा रहा तो अगप के 22 प्रतिशत समर्थकों ने उसके प्रदर्शन को पूरी तरह असंतोषजनक बताया, 31 प्रतिशत लोगों की नजर में सरकार ने उग्रवादी गतिविधियों का हल ढूंढ़ने के लिए कुछ नहीं किया। कुल मिलाकर अगप के 72 प्रतिशत समर्थक सरकार को भ्रष्ट मानते थे।

तालिका 3.7
असम विधानसभा चुनाव, 2001 : किसने किसको वोट दिया

	आईएनसी	भाजपा	अगप	अन्य
आयु				
25 वर्ष तक	42.7	5.7	22.5	29.1
26-35 वर्ष	38.8	9.4	21.1	30.7
36-45 वर्ष	39.1	10.5	20.2	30.3
46-55 वर्ष	37.8	8.1	15.5	38.5
55 वर्ष से अधिक	40.6	13.5	18.1	27.7
लिंग				
पुरुष	39.9	9.6	18.3	32.2
स्त्री	39.4	9.1	22.3	29.3
शिक्षा				
निरक्षर	46.2	5.6	17.9	30.3
प्राइमरी तक	42.0	10.2	22.4	25.4
मैट्रिक तक	36.8	9.5	20.9	31.0
कॉलेज या उच्चतर	27.5	14.5	18.0	40.0

वर्ग				
गरीब	43.3	5.5	20.1	31.1
निम्न	42.4	7.5	21.3	28.8
मध्य वित्त	33.9	17.0	18.8	30.4
अमीर	25.5	14.3	15.3	44.9
समुदाय				
कायस्थ	21.4	14.3	18.6	45.7
अन्य ऊंची जातियां	32.2	16.8	21.7	29.4
उच्च पिछड़ा वर्ग	34.8	13.6	20.5	31.1
निम्न पिछड़ा वर्ग	48.6	24.3	10.0	17.1
राजबंसी	17.9	3.6	50.0	28.6
अन्य अनु. जनजाति	50.5	10.3	17.5	21.6
बोरो	4.4	4.4	29.4	61.8
मीरी	36.1	–	16.7	47.2
अन्य अनु. जनजाति	30.8	10.3	22.4	36.4
मुसलमान	58.8	1.6	13.9	25.7
अन्य	62.8	7.0	8.9	22.1

नोट : *विकासशील समाज अध्ययन पीठ द्वारा असम विधानसभा चुनाव 2001 के बाद एक सर्वेक्षण कराया गया जिसमें स्वयं लेखिका ने राज्य समन्वयक के तौर पर काम किया था। इस सर्वे में 24 विधानसभा क्षेत्रों में फैले 1,236 मतदाताओं से बातचीत की गई। इन उत्तरदाताओं से मतदान के एक दिन बाद (या कुछ दिनों के अंदर, लेकिन मतों की गणना से पहले) इन उत्तरदाताओं को उनके निर्वाचन क्षेत्रों के डमी मतपत्र दिए गए थे जिसमें उनसे यह पूछा गया था कि उन्होंने किस उम्मीदवार को वोट दिया है। यहां दिए गए मतदान के रुझान की तुलना राज्य की प्रमुख पार्टियों द्वारा वास्तव में हासिल किए गए मतों से की गई है।*

बिखरा समाज : लेकिन सबके बीच रहकर कांग्रेस आगे

पार्टी	कांग्रेस	अगप	भाजपा	एयूडीएफ	बीपीपीएफ (एच)	अन्य
असमी हिन्दू	26	30	10	1	0	34
बंगाली हिंदू	33	16	30	3	1	18
असमी मुसलमान	36	13	3	19	1	29
बंगाली मुसलमान	38	9	1	30	0	23
बोडो	14	12	15	1	25	34
मिशिंग	37	25	5	0	0	34
अन्य जनजातियां	21	38	13	1	1	26
भाषायी अल्पसंख्यक	38	18	19	4	2	19
अन्य	32	16	24	9	0	19

दलों का प्रदर्शन

	सीटें लड़ीं	सीटें जीतीं	वोट प्रतिशत
कांग्रेस	120	53	31.08
अगप	100	24	20.39
बीपीपीएफ (एच)	17	11	3.72
भाजपा	125	10	11.98
एयूडीएफ	69	10	9.03
माकपा	16	2	1.43
अगप (प्र)	93	1	2.50
एनसीपी	45	1	2.13
भाकपा	9	1	1.02
एएसडीसी	5	1	0.89
लोको सन्मिलन	5	1	0.25
निर्दलीय	299	11	12.89
अन्य दल	94	0	2.69
कुल	997	126	100.00

पार्टी	सीटें जीतीं	वोट प्रतिशत
कांग्रेस	53	31.08
अगप	24	20.39
बीपीपीएफ (एच)	11	3.72
भाजपा	10	11.98
एयूडीएफ	10	9.03

तालिका 3.8

क्षेत्रवार लड़ाई : कांग्रेस

	कुल सीटें	टर्न ओवर	चेंज ओवर 2001	सीटें जीतीं	खोया/पाया	वोट प्रतिशत	स्विंग
बराक घाटी	20	68.4	−2.4	10	+2	32.2	−2.2
निचला असम	50	77.2	−1.1	13	−12	25.1	−9.9
ऊपरी असम	56	77.0	+3.4	30	−8	36.4	−10.1
कुल	126	75.7	+0.7	53	−18	31.1	−8.7

क्षेत्रवार लड़ाई : अगप							
	कुल सीटें	टर्न ओवर	चेंज ओवर 2001	सीटें जीतीं	खोया/ पाया	वोट प्रतिशत	स्विंग
बराक घाटी	20	68.4	−2.4	0	−1	4.0	−2.2
निचला असम	50	77.2	−1.1	13	+6	21.3	+0.5
ऊपरी असम	56	77.0	+3.4	11	−1	24.8	+0.6
कुल	126	75.7	+0.7	24	+4	20.4	+0.4

क्षेत्रवार लड़ाई : भाजपा							
	कुल सीटें	टर्न ओवर	चेंज ओवर 2001	सीटें जीतीं	खोया/ पाया	वोट प्रतिशत	स्विंग
बराक घाटी	20	68.4	−2.4	5	+1	22.8	+3.4
निचला असम	50	77.2	−1.1	0	−1	7.8	+4.1
ऊपरी असम	56	77.0	+3.4	5	+2	12.4	+1.0
कुल	126	75.7	+0.7	10	+2	12.0	+2.6

मतदान समूह : कांग्रेस							
	कुल सीटें	टर्न ओवर	चेंज ओवर 2001	सीटें जीतीं	खोया/ पाया	वोट प्रतिशत	स्विंग
अनुसूचित जाति	16	76.6	−2.1	8	–	25.6	−4.6
बहिरागत बहुल	15	81.2	+0.7	2	−6	24.1	−12.2
बागान क्षेत्र	29	75.9	+4.2	17	−3	38.5	−11.1
मुसलमान बहुल	43	78.2	−0.3	13	−8	29.1	−7.6

मतदान समूह : अगप							
	कुल सीटें	टर्न ओवर	चेंज ओवर 2001	सीटें जीतीं	खोया/ पाया	वोट प्रतिशत	स्विंग
अनुसूचित जाति	16	76.6	−2.1	0	−1	9.6	+1.6
बहिरागत बहुल	15	81.2	+0.7	4	–	21.3	−1.2
बागान क्षेत्र	29	75.9	+4.2	6	–	27.1	+3.2
मुसलमान बहुल	43	78.2	−0.3	10	+1	19.2	−3.1

मतदान समूह : भाजपा							
	कुल सीटें	टर्न ओवर	चेंज ओवर 2001	सीटें जीतीं	खोया/ पाया	वोट प्रतिशत	स्विंग
अनुसूचित जाति	16	76.6	−2.1	0	–	8.0	+3.7
बहिरागत बहुल	15	81.2	+0.7	0	–	6.4	−1.1
बागान क्षेत्र	29	75.9	+4.2	4	+2	13.8	+2.2
मुसलमान बहुल	43	78.2	−0.3	3	–	9.3	−0.1

2004 लोकसभा चुनाव

लोकसभा के लिए 2004 में हुए चुनावों में असमिया लोगों ने आम धारा के संग न जाकर अपने खास स्वभाव के अनुकूल ही मतदान किया। यहां शासक दल के खिलाफ कोई लहर न दिखी। बल्कि यहां त्रिकोणीय मुकाबला हुआ जिसमें एक तरफ कांग्रेस थी तो दूसरी ओर भाजपा और तीसरी तरफ अगप। भाजपा को बांग्लाभाषी हिंदुओं का भरपूर समर्थन मिला तो अगप को मूल वासियों का। अल्पसंख्यकों में कांग्रेस का आधार मजबूत रहा और उसे बाकी समूहों का भी कुछ-कुछ वोट मिला। पर उसे इस तितरफा मुकाबले से काफी लाभ हुआ। उसके वोटों में 3.3 फीसदी की कमी हुई पर उसे मात्र एक सीट का ही नुकसान हुआ। पर डिब्रूगढ़ की जो सीट उसने इस बार गंवाई उस पर कांग्रेस का कब्जा 1952 से ही था, और यहां से प्रदेश कांग्रेस अध्यक्ष पवन सिंह घाटोवार ही थे जो चाय बागान मजदूरों के पारंपरिक समर्थन आधार वाले क्षेत्र से भी हार गए। ऐसी ही चर्चित हार प्रसिद्ध गायक भूपेन हजारिका की रही जिन्होंने चुनाव से पहले भाजपा की सदस्यता ले ली थी। वे भाजपा के टिकट पर चुनाव लड़े और कांग्रेसी उम्मीदवार के हाथों हारे।

अगप का प्रदर्शन वैसे तो बहुत अच्छा न था पर 1998 और 1999 में उसके प्रदर्शन से तो यह ठीक रहा। उसे इस बार दो सीटें मिलीं और उसके वोट भी 1999 के 11.9 फीसदी से बढ़कर 20 फीसदी हो गए। उसकी सफलता के पीछे क्षेत्रीयता की राजनीति के फिर से उभरने के लक्षण भी हैं। वैसे तो भाजपा को भी दो सीटें मिलीं पर उसके वोट 1999 की तुलना में 6.9 फीसदी कम हो गए। उसका संगठन बहुत मजबूत नहीं लगता। वाम-लोकतांत्रिक मोर्चे को कोई सीट तो नहीं मिली पर उसके वोटों का प्रतिशत काफी बढ़ा। जोरहाट में भाकपा का उम्मीदवार 25.8 फीसदी वोट लेकर दूसरे स्थान पर आया। बोडो स्टूडेंट्स यूनियन के उम्मीदवार को कोकराझार में सभी विपक्षी दलों ने समर्थन दिया और वह सबसे बड़े अंतर में जीता।

इस बार अगप ने किसी से गठजोड़ नहीं किया था। 1998 और 1999 के चुनावों से स्पष्ट हो गया था कि गठबंधन के चलते उसका आधार कांग्रेस और भाजपा की तरफ खिसकता जा रहा है। 2001 के विधानसभा चुनाव में भाजपा से गठजोड़ करना उसे काफी महंगा पड़ा था। इस चलते भाकपा, माकपा और यूनाइटेड पीपुल्स पार्टी से उसकी पुरानी दोस्ती टूट गई थी। इस गठबंधन को लेकर अल्पसंख्यकों के मन में जो डर बैठा पार्टी उसे भी दूर नहीं कर पाई। इस गठजोड़ से क्षेत्रीय दल बनाने के ऊपर भी सवाल उठने लगे थे। सो उसने एक सीट पर बोडो स्टूडेंट्स यूनियन को समर्थन देने के अलावा बाकी सभी सीटों पर उम्मीदवार खड़े किए।

कांग्रेस ने भी अकेले चुनाव लड़ा। भाजपा ने जनतादल (यू) से गठजोड़ किया जबकि भाकपा, माकपा, माकपा-माले, आरएसपी और जनता दल (से.) ने वाम-लोकतांत्रिक गठबंधन बनाया। अनेक छोटे और जातीय आधार वाले समूहों ने भी उम्मीदवार उतारे थे। पर उन्हें सफलता नहीं मिली।

विधानसभा चुनाव 2006

2006 के विधानसभा चुनावों में असम की दो दशक की राजनीति के एक अध्याय का अंत दिखाई दिया और साथ ही नई राजनीति की शुरुआत भी। 1985 से यहां जो भी सरकार बनी वह बहुत मामूली बढ़त के आधार पर काम करती थी। शासन में चाहे अगप रही हो या कांग्रेस यही स्थिति थी। पर अभी तक असम गठबंधन की राजनीति से दूर था। पर 2006 के नतीजों में कांग्रेस बहुमत से 10 सीटें कम पा सकी और उसे सरकार बनाने के लिए गठजोड़ करना पड़ा।

और इस बार के नतीजों को शासक दल के खिलाफ जनादेश कहने में कोई हर्ज नहीं होना चाहिए। पिछले विधानसभा चुनाव की तुलना में इस बार कांग्रेस को नौ फीसदी कम वोट मिले। अगर अन्य किसी प्रदेश में शासक दल के मत इतने ज्यादा गिरते और उसे मात्र 31 फीसदी वोट मिलते तो उसका सफाया हो गया होता। चुनाव पूर्व और पश्चात के सीएसडीएस सर्वेक्षणों में भी यह बात सामने आई थी कि 55 फीसदी लोग सरकार के खिलाफ हैं। सरकार के कामकाज से संतुष्ट रहने वाले लोगों का प्रतिशत काफी कम था। भ्रष्टाचार और बहिरागतों के सवाल पर चिंतित होने वालों का अनुपात काफी ज्यादा था। पर कांग्रेस का दोबारा सत्ता की दहलीज तक भी आना सिर्फ इसी चलते संभव हुआ कि उससे पहले की प्रफुल्ल कुमार महंत के नेतृत्व वाली अगप सरकार के कामकाज को लोगों ने उससे भी खराब माना था।

पर कांग्रेस को इससे भी ज्यादा लाभ विपक्ष के बिखराव और असम के राजनैतिक भूगोल से हुआ। सबसे छोटे इलाके, बराक घाटी में उसके खिलाफ रुझान सबसे कम बिगड़ा और अंततः कम वोट पाकर भी उसने यहां से दो ज्यादा सीटें हासिल कर लीं। सबसे बड़ा क्षेत्र, ऊपरी असम, पारंपरिक रूप से कांग्रेस का गढ़ रहा है। यहां पार्टी को दस फीसदी वोटों का नुकसान सहना पड़ा। पर पिछले चुनाव में वह इस इलाके में काफी बड़े-बड़े अंतर से जीती थी। सो उसने यहां 30 सीटें जीतीं और 10 फीसदी वोट गंवाने के बावजूद उसे सिर्फ आठ सीटों का नुकसान हुआ। ऊपरी असम में विपक्ष के बिखराव से कांग्रेस को काफी लाभ हुआ। भाजपा की अपने मतदाताओं पर पकड़ बनी रही और इसका असर अगप के प्रदर्शन पर बहुत ज्यादा हुआ।

बागान वाले इलाके में कांग्रेसी सरकार से नाराजगी काफी थी, फिर भी वह वहां की 29 में से 17 सीटें जीतने में सफल रही। ऊपरी और निचले असम, दोनों ही जगह कांग्रेस के वोटों में लगभग समान गिरावट आई पर निचले असम ही में अगप इसका ज्यादा लाभ उठा पाई। यहां की 50 सीटों में से कांग्रेस को सिर्फ 13 सीटें मिलीं और उसे 12 सीटों का नुकसान उठाना पड़ा। बोडो पीपुल्स प्रोग्रेसिव फ्रंट (बीपीपीएफ-हाग्रासा), जो बोडो लोगों का नया मोर्चा था, और मुसलमानों के चर्चित राजनैतिक मंच, असम यूनाइटेड डेमोक्रेटिक फ्रंट (एयूडीएफ) ने भी इस

इलाके में बड़ी भूमिका निभाई।

पर राज्य में विपक्षी एकता का सूचकांक इस बार 50.4 पर ही रुक गया था जबकि पिछली बार यह 64.8 फीसदी पर था। इसका व्यावहारिक मतलब यह हुआ कि लगभग आधे गैर कांग्रेसी वोट उसके खिलाफ मुख्य मुकाबला करने वाले उम्मीदवार की जगह बाकी लोगों की जेब में गए और एक तरह से बेकार हो गए। अगप भी बंटा रहा। महंत ने अगप (प्रगतिशील) बना ली थी। पर उनके दल को मात्र 2.5 फीसदी वोट ही मिले जो मुख्य अगप के लिए राहत की बात रहे। महंत अगप का खेल बिगाड़ भी नहीं सके। अगर अगप के दोनों खेमों के वोट मिल भी जाते तो उसे मात्र 30 सीटों पर संतोष करना होता।

भाजपा से गठबंधन न करने के अगप के फैसले का चुनावी नतीजों पर काफी बड़ा असर हुआ। अगर अगप और भाजपा के वोट जोड़ दिए जाएं तो उन्हें 59 सीटें मिल सकती थीं। अगर इस सरल जोड़ पर किसी को आपत्ति हो तो इतना कहने में हर्ज नहीं है कि इस गठबंधन के चलते कांग्रेस की सीटें काफी घट जातीं और सरकार के गठन का स्वरूप और तरीका कुछ और हो जाता। पर चुनाव नतीजे सिर्फ संख्याओं का जोड़ नहीं होते। चुनाव पश्चात वाले सर्वेक्षणों से स्पष्ट है कि अगप के मतदाताओं में भाजपा को लेकर काफी आपत्तियां थीं। 2001 में दोनों के नेताओं ने गठजोड़ किया था पर उनके कार्यकर्ताओं में इसे लेकर काफी नाराजगी थी। सो इस बार अगप के नए नेताओं ने तात्कालिक नुकसान सहना बेहतर माना। वे अप्रिय गठजोड़ के दीर्घकालिक नुकसान को ज्यादा मानते थे। उन्हें लगता था कि भाजपा के साथ जाने से मुसलमान मतदाता उनसे दूर हो जाएंगे और उनका क्षेत्रीय चरित्र अक्षुण्ण नहीं रहेगा।

दो अन्य दलों के उदय ने भी कांग्रेस के चुनावी नतीजों को प्रभावित किया। बद्रुद्दीन अजमल के नेतृत्व में बने एयूडीएफ ने मुसलमानों, खासकर बंगाली बहिरागतों की चिंताओं और बेचैनी का राजनैतिक रूप दिया। उसे 10 सीटें और नौ फीसदी वोट मिले। अगर यह मोर्चा टिका रहेगा तो आगे की राजनीति में महत्त्वपूर्ण हो सकता है। चुनाव पश्चात सर्वेक्षण में जाहिर होता है कि उसे वोट देने वाले 80 फीसदी मतदाताओं ने लोकसभा चुनाव में कांग्रेस को वोट दिया था—अर्थात उसने कांग्रेस को ही सबसे ज्यादा नुकसान पहुंचाया। बीपीपीएफ पर भी यही बात लागू होती है। बोडो समुदाय पर असर रखने वाले इस मोर्चे ने अपने इलाके में अच्छा प्रदर्शन किया और इससे कांग्रेस को ही सर्वाधिक नुकसान हुआ।

पर चुनाव की असली चीज इस राजनैतिक बिखराव से ज्यादा बड़ी है। इस बार चुनाव में राज्य की आबादी का उसके जातीय आधार पर बंटवारा बहुत साफ दिखा। सीएसडीएस के मतदान पश्चात और चुनाव पश्चात सर्वेक्षणों से स्पष्ट हुआ कि अगप को अहोम लोगों का भरपूर समर्थन मिला। असमी भाषी यह हिंदू समुदाय अपनी जमीन पर अल्पसंख्यक होने के अंदेशे से परेशान है। बांग्लाभाषी हिन्दुओं में कांग्रेस

और भाजपा, दोनों को लगभग बराबर वोट मिले। 36 फीसदी असमी भाषी मुसलमानों और 38 फीसदी बांग्लाभाषी मुसलमानों ने कांग्रेस को वोट दिया। 2004 में इन समूहों में कांग्रेस को क्रमश: 52 और 72 फीसदी लोगों का समर्थन मिला था।

संक्षेप में कहें तो हर पार्टी एक जातीय दल का स्वरूप लेने लगी। अगप और भाजपा को अपने मुख्य समर्थक समुदायों का करीब 60 फीसदी वोट मिला। अहोम अगर अगप के आधार हैं तो बांग्लाभाषी हिन्दू भाजपा के। एयूडीएफ को बांग्लाभाषी मुसलमानों के दो तिहाई वोट मिले। बीपीपीएफ को बोडो लोगों का दो तिहाई मत मिला। एकमात्र अपवाद कांग्रेस थी जिसे लगभग हर समूह ने वोट दिया और यही उसकी सफलता का मूल मंत्र लगता है।

निष्कर्ष

पिछले विधानसभा चुनावों में कांग्रेस की एक और वापसी को देखकर कुछ लोग इस तरह का निष्कर्ष निकालते हैं कि जैसे असम में पुन: आंदोलन से पहले का राजनीतिक ढांचा स्थापित हो गया है। लेकिन ऐसा कहना सच्चाई को दरकिनार करना होगा। आज की कांग्रेस, कांग्रेस प्रणाली वाली कांग्रेस से बुनियादी तौर पर भिन्न हो चुकी है। उसका वह बृहत्तर सांगठनिक रूप खत्म हो गया है जिसमें राज्य की विभिन्न जातीयताओं और समुदायों को साथ लेकर चलने का जज्बा रहता था। अब वह राज्य की मुसलमान आबादी और जातीय अल्पसंख्यकों के बीच आधार ढूंढ़ने की मशक्कत करती फिरती है। यह ठीक है कि लोगों का अगप से मोहभंग हो गया है, परंतु कांग्रेस को अभी भी असमिया समुदाय का विश्वास जीतना बाकी है। गौरतलब है कि एक समय में यह समुदाय असम में कांग्रेस का प्रमुख आधार हुआ करता था। अन्य राज्यों की तरह असम में कांग्रेस अनुसूचित जनजातियों की प्रिय पार्टी नहीं है। अत: आज राज्य में कांग्रेस का वर्चस्व वैसा नहीं है जैसा 1978 से पहले के दौर में हुआ करता था। इस अर्थ में कांग्रेस की वापसी से इस बात का जायजा मिलता है कि राज्य में कांग्रेस प्रणाली के खात्मे के बाद राजनीति किस ढंग से बदली है। गौरतलब है कि इस संदर्भ में 1978 अर्थात कांग्रेस की हार के वर्ष को विभाजन बिन्दु नहीं बनाया जा सकता, क्योंकि पार्टी पूरे देश में इस हार से बहुत जल्दी ही उबर गई थी। सही मायनों में राज्य की राजनीति में निर्णायक मोड़ 'विदेशियों' के विरुद्ध चलने वाले आंदोलन से पैदा हुआ। यह आंदोलन 1979 से लेकर 1985 तक चला था।

सन 1979 से 1985 तक चलने वाले उस आंदोलन ने राज्य में राजनीतिक व्यवस्था के स्वरूप को पूरी तरह बदलकर रख दिया। आंदोलन का फौरी परिणाम यह था कि कांग्रेस का पतन हो गया और अगप असमिया राष्ट्रवाद के वाहक के रूप में उभर कर सामने आई। हालांकि अगप तेलुगुदेशम की तरह न तो अपनी राजनीतिक स्थिति को मजबूत ही कर पाई और न ही वह कांग्रेस के स्थाई विकल्प

के तौर पर उभर सकी। इसके बावजूद असम की दलीय प्रणाली में दीर्घकालिक बदलाव पैदा हुए। असम आंदोलन से राज्य में राजनीति के जातीयकरण और राजनीतिक विखंडन का सूत्रपात हुआ। उसके बाद से असम की राजनीति में क्षेत्रीय और उप-क्षेत्रीय दलों का महत्त्व बढ़ गया है। यहां तक राष्ट्रीय दल भी जातीयता की बयार से अछूते नहीं रह सके हैं। कांग्रेस के वर्चस्व की जगह अब दो प्रकार के राजनीतिक उभारों ने ले ली है। इनमें एक है क्षेत्रीयता और जातीयता पर आधारित दलों का बढ़ता महत्त्व तथा अगप का नया उत्थान। असम के चुनावों में पहचान का मुद्दा प्रमुख हो जाने से कांग्रेस, अगप और भाजपा ने भी विभिन्न वर्गों को लामबंद करना शुरू कर दिया है। 2006 चुनावों में इसका स्वरूप काफी कुछ साफ होकर उभरता लगा।

लेकिन असम की राजनीति में आए इस बदलाव को एक 'सर्वव्यापक' दलीय प्रणाली से राजनीतिक और जातीय विखंडन के सफर में समेट देना अनुचित होगा। ऐसा करना पहचान की राजनीति की जटिलताओं के साथ भी अन्याय करना होगा। असम की राजनीति के इस रूपांतरण को अनेक प्रकार के गठजोड़ों के पुनर्गठन के रूप में देखना सबसे ठीक होगा। इसके तहत मौजूदा सामाजिक समूह अपनी राजनीतिक निष्ठाओं में रद्दोबदल करते रहते हैं। असमिया मध्यवर्ग का कांग्रेस से मोहभंग होने तथा अपनी आकांक्षाओं के लिए एक राजनीतिक दल की तलाश करने को इस प्रक्रिया का उदाहरण माना जा सकता है। इसी प्रकार मुसलमानों के हर चुनाव में अलग दल या व्यक्ति को वोट देने के रुझान को भी इस चुनावी तालमेल का उदाहरण कहा जा सकता है।

राजनीतिक निष्ठाओं के बदलाव और गुटों के पुनर्गठन की इस जानी-पहचानी कहानी में अक्सर गुटों पर आधारित राजनीति के एक दूसरे रूप को नजरअंदाज कर दिया जाता है। जबकि यह चीज उसके साथ-साथ ही विकसित हुई है। असम में भी सामाजिक समुदायों की सीमाएं या तो खुद बदलती रही हैं या सामाजिक विभाजनों को राजनीतिक रंग देने के प्रयास चलते रहे हैं। दरअसल, होड़ की राजनीति काल्पनिक समुदायों की रचना और पुनर्रचना के काम में लगी ही रहती है। मुसलमानों के बहुत सारे आंतरिक विभाजनों का अचानक राजनीतिक रूप से महत्त्वपूर्ण हो जाना या अब तक अज्ञात रहे अनेक आदिवासी समूहों का रातों-रात चर्चा में आ जाना इसी प्रक्रिया के उदाहरण हैं। इस चुनावी होड़ ने बहुत से अलग-थलग रहने वाले सामाजिक, आर्थिक समूहों को भी राजनीतिक रूप से सक्रिय बना दिया है। असम की राजनीति में यह काल समाज में पहले से मौजूद विभाजनों के बीच आपसी तालमेल बनने का भी काल है। मिसाल के लिए इस दौर में धर्म और आप्रवासन, भाजपा और जातीय, या आदिवासी समूह और क्षेत्र विशेष के बीच ढंग से संबंध पनपे हैं। एक साथ कई तरह के तालमेल उभरने की इस प्रक्रिया के चलते असम जातीय पहचानों की राजनीतिक प्रयोगशाला बन गया है।

तालिका 3.9

विस चुनाव, 2001 में मुसलमान बहुल निर्वाचन क्षेत्रों में मतदान का रुझान

	मतदान	कांग्रेस	अगप	भाजपा	माकपा	भाकपा	कांग्रेस (ति)	आईएनडी	एनसीपी
बरपेटा	87.0	45.9	46.76	–	–	–	–	4.26	0.34
सरभोग	76.3	3.72	–	28.7	25.6	–	32.8	–	–
जानिया	77.3	33.76	3.26	–	11.4	–	29.5	–	–
बागबर	82.6	57.68	25.70	–	–	–	–	0.31	–
सरूखेनी	78.3	13.93	11.6	–	21.7	–	37.77	–	–
छेंगा	79.0	39.80	11.67	–	2.88	–	38.24	2.96	–
मंगलदोई– (अ.जा.)	76.1	44.1	33.7	–	–	–	–	–	–
होजाई	72.5	47.54	–	41.80	–	–	6.11	–	–
जमुनामुख	76.6	44.0	55.5	–	–	–	–	–	–
मनकछार	87.1	7.84	21.8	–	–	7.8	32.6	36.45	–
दक्षिण सलमारा	84.3	59.9	2.42	33.4	–	–	–	–	–
बिलासपारा–पूर्व	82.21	28.67	38.18	20.7	11.45	–	–	–	–
बिलासपारा–पश्चिम	84.7	27.13	29.93	–	13.3	–	–	19.42	2.40
धुबरी	82.1	51.21	–	31.54	2.21	–	9.99	–	–
गौरीपुर	85.9	47.82	51.12	–	–	–	0.38	–	–
दलगांव	83.0	28.82	45.38	–	–	–	0.89	–	–
लहरीघाट	79.5	5.93	42.65	–	–	–	1.2	–	–
धींग–	79.3	53.05	4.76	–	4.3	–	–	1.5	–
अभयपुरी–उत्तर	84.7	5.9	43.38	–	17.4	–	–	–	–
गोआलपारा–पूर्व	78.7	11.8	25.5	–	5.0	–	–	23.12	38.85
गोआलपारा–पश्चिम	81.6	18.42	6.28	–	–	–	12.56	35.75	–
जलेश्वर	81.3	53.0	11.90	–	–	–	1.54	3.9	–
रूपाहिहात	81.0	42.67	42.87	–	–	–	12.78	–	–
समगुडी	80.7	48.98	44.56	–	–	–	4.26	–	–
नौगांव	69.19	33.40	43.48	–	–	–	–	–	–

स्रोत : चुनाव रिपोर्ट, असम सरकार।

संदर्भ :

ए. के. बरुआ 'मिडिल क्लास हैजेमेनी एंड दि नेशनल क्वेशचन इन असम' मिल्टन संगमा की एससेज ऑन नॉर्थ ईस्ट इंडिया में उद्धृत, इंडस पब्लिशिंग कंपनी, नई दिल्ली, पृष्ठ 242-272, 1994।

ए. के. बरुआ सोशल टेंशन इन असम : मिडिल क्लास पॉलिटिक्स, पूर्वांचल प्रकाश, गोहाटी, गोस्वामी, संध्या (1997) : लैंग्वेज पॉलिटिक्स इन असम, अजंता पब्लिकेशंस, नई दिल्ली, 1997, पृष्ठ 14-17, 1990।

संजीव बरुआ : इंडिया अगेंस्ट ईसेल्फ, असम एंड पॉलिटिक्स ऑफ नेशनलिटी, ऑक्सफोर्ड, नई दिल्ली, 1999।

हीरेन गोहेन : ऑन द प्रजेंट मूवमेंट इन असम, श्रीभूमि पब्लिशिंग, कलकत्ता, पृष्ठ 18-19, 1980।

अमलेंदु गुहा : प्लांटर राज टू स्वराज : फ्रीडम स्ट्रगल एंड इलेक्टोरल पॉलिटिक्स इन असम 1826-1947, इंडियन काउंसिल ऑफ हिस्टोरिकल रिसर्च नई दिल्ली, अपैंडिक्स 6, पृष्ठ 343-345, 1977।

अपूर्व बरुआ और संध्या गोस्वामी, फ्रेक्चर्ड आइडेंटिटीज एंड पॉलिटिक्स इन ए मल्टी-एथनिक स्टेट, वाल्यूम 34, सितम्बर 1999।

टिप्पणियाँ

1. यहां विदेशी नागरिक बांग्लादेश से आए उन आप्रवासियों के लिए इस्तेमाल किया गया है जिनके विरुद्ध 1979 में ऑल असम स्टूडेंट यूनियन ने असम आंदोलन चलाया था।
2. देखें, ए. के. बरुआ, 'असम इलेक्शन 1996 : दि कांग्रेस डिबेकल', गिरी फूकन आदि-उल-यासीन द्वारा संपादित वर्किंग पार्लियामेंट्री डेमोक्रेसी एंड इलेक्टोरल पॉलिसी इन नॉर्थ ईस्ट इंडिया में उद्धृत (साउथ एशियन पब्लिशर्स नई दिल्ली, 1998) पृष्ठ 19-30।
3. ए. गुहा, 'कोलोनाइजेशन ऑफ असम : ईयर्स ऑफ ट्रांजिसनल क्राइसिस 1825-1840', इंडियन इकॉनामिक एंड सोशल हिस्ट्री रिव्यू, नं. 2 जून 1968।
4. एस. गोस्वामी, 'पर्सपेक्टिव ऑन असम्स लैंग्वेज क्वेशचन', गोहाटी यूनिवर्सिटी जरनल ऑफ आर्ट्स, वाल्यूम 37, 1995।
5. ए. गुहा, प्लांटर राज स्वराज : फ्रीडम स्ट्रगल एंड इलेक्टोरल पॉलिटिक्स इन असम 1826-1947, पीपुल्स पब्लिशिंग हाउस, 1977।
6. वही, पृष्ठ 355-56।
7. असम प्रदेश कांग्रेस ने पहाड़ी क्षेत्रों को राज्य से अलग करने के विरुद्ध कई प्रस्ताव

पारित किए थे। देखें असम प्रदेश कांग्रेस कमेटी कार्यकारिणी का प्रस्ताव, जून 1966।

8. आई. नारायण (संपा.), स्टेट्स पॉलिटिक्स इन इंडिया, नई दिल्ली, 1976, पृष्ठ 43।
9. वही, पृष्ठ 42-43।
10. 'अन असमिया' सभी गैर असमी लोगों की ओर संकेत करता है, जबकि 'अन असमिया' से तात्पर्य पूर्वी पाकिस्तान से आने वाले उन आप्रवासी मुस्लिम नागरिकों से है जो असमिया संस्कृति में रच-बस गए थे।
11. ए. के. बरुआ, 'असम प्लेइंग विद एथेनिक पॉलिटिक्स', फ्रंटलाइन, मई 17, 1996।
12. अपूर्व बरुआ और संध्या गोस्वामी, 'फ्रेक्कर्ड आइडेंटिटीज एंड पॉलिटिक्स इन ए मल्टी एथेनिक स्टेट', इकॉनोमिक एंड पॉलिटिकल वीकली, खंड 34, सितम्बर 3, 1999।
13. देखें, राज्य सम्मेलन का प्रस्ताव सितम्बर 6-7, 1994।
14. संध्या गोस्वामी, 'इथेनिक कांफ्लिक्ट इन असम', द इंडिया जरनल ऑफ पॉलिटिक्स साइंस, खंड 6, मार्च 2001।
15. आप्रवासी क्षेत्रों की पहचान के लिए देखें, ए. भुयान का अप्रकाशित शोध प्रबंध, 'पॉपुलेशन ऑफ असम : एन एनालेटिकल स्टडी विद स्पेशन ट्रीटमेंट ऑफ दरांग डिस्ट्रिक्ट गोहाटी यूनिवर्सिटी (1971)', 1991 की जनसंख्या गणना के अनुसार मुसलमानों की आबादी धुबरी में 70.45, बारपेटा में 56.07 और नौगांव में 47.19 प्रतिशत है।
16. चाय-पट्टी के क्षेत्र में डिब्रूगढ़, जोरहाट, लखीमपुर और तेजपुर निर्वाचन क्षेत्र शामिल हैं। यहां के अधिकांश मतदाता चाय बागानों के समुदायों से वास्ता रखते हैं।
17. संध्या गोस्वामी और अर्चना शर्मा, 'वोटिंग पैटर्न इन 1991 इन असम असेम्बली इलेक्शन, इन एनेलिसिस', टीचिंग पॉलिटिक्स, खंड 19, संख्या 3 और 4, पृष्ठ 75-84, संध्या गोस्वामी, 'सम आब्जर्वेशन ऑन द असम लोकसभा इलेक्शन 1991', गुवाहाटी यूनिवर्सिटी जरनल ऑफ आर्ट्स, खंड 36, 1994।
18. उदाहरण के लिए असमियों के प्रभाव वाले स्वालकुची क्षेत्र के 22 मतदान केन्द्रों पर कुल मतदान 5 प्रतिशत था, द असम ट्रिब्यून, 17 फरवरी 1998। इसी प्रकार जालुकबारी विधानसभा खंड में भी कुल मतदान 28 प्रतिशत था, दि रिपोर्ट ऑन जनरल इलेक्शन 1998, गवर्नमेंट ऑफ असम।
19. अनुभव दत्ता, 'रिलीजस इनफ्लयूएस इन असम पॉलिटिक्स', दि असम ट्रिब्यून, 4 मार्च 1998।
20. द नॉर्थ ईस्ट टाइम्स अगस्त 1, गोहाटी : असम ट्रिब्यून, 23 अगस्त 1999, गुवाहाटी : अग्रदूत अगस्त 12, 1999, गुवाहाटी 1999।
21. इस संस्था के परिचय और उसके द्वारा उठाए गए मुद्दों को जानने के लिए देखें, अपूर्व

बरुआ की स्टूडेंट एंड यूथ आर्गेनाइजेशन इन नॉर्थ इंडिया, रिपोर्ट ऑफ एन आईसीएसएसआर, एनईआरसी, आईसीएसएसआर को प्रस्तुत प्रोजेक्ट रिपोर्ट।

22. नॉर्थ ईस्ट टाइम्स, 27 अगस्त 1999।
23. दि असम ट्रिब्यून, 26 अगस्त, 1999।
24. दि असम ट्रिब्यून, 27 अगस्त, 1999, असम बाणी, 27 अगस्त, 1999।
25. दि असम ट्रिब्यून, 28 अगस्त, 1999, गुवाहाटी : दि दैनिक असम, 1999, 27 अगस्त, गुवाहाटी।
26. नॉर्थ ईस्ट टाइम्स, 29 अगस्त, 1999, गुवाहाटी।
27. दि असम ट्रिब्यून, 28 अगस्त, 1999, गुवाहाटी।
28. डब्ल्यू. हुसैन, 'इलेक्शन अंडर दि शेडो ऑफ गन', इकॉनोमिक पॉलिटिकल वीकली, 3–10 फरवरी, 2001, दि नॉर्थ ईस्ट टाइम्स, जनवरी 10, 2001।
29. के. चौधरी, इन एलायंस ऑफ कनवीनिएंट, फ्रंटलाइन, 27 अप्रैल, 2001, दि नॉर्थ ईस्ट टाइम्स, 7 मई, 2000।
30. एस. गोस्वामी, 'असम : चेंजिंग इलेक्टोरल ट्रेंड्स', इकॉनोमिक एंड पॉलिटिकल वीकली, 5–11 अप्रैल, 2001।
31. योगेन्द्र यादव, ऑन प्रिडिकटेबल लाइंस फ्रंट लाइन, जून 8, 2001।
32. एस. गोस्वामी, असम इन इंडियाज 1999, इलेक्शंस एंड ट्वेंटीथ सेंचुरी पॉलिटिक्स, पी. वालेस और आर. रॉय द्वारा संपादित, सेज, 2003।
33. योगेन्द्र यादव, 'ऑन प्रिडिकटेबल लाइंस', फ्रंट लाइन, 8 जून, 2001।

अनुवाद : नरेश गोस्वामी

उत्तर प्रदेश

HARYANA
Saharanpur
SAHARANPUR
UTTRAKHAND
Muzaffarnagar
BIJNOR
MUZAFFARNAGAR
Bijnor
BAGHPAT
MEERUT
Baghpat
Meerut
JYOTIBA RAO PHULE NAGAR
Amroha
RAMPUR
Rampur
Moradabad
GHAZIABAD
Ghaziabad
MORADABAD
Noida
GAUTAM BUDDHA NAGAR
Bulandshahar
BULANDSHAHR
DELHI
BAREILLY
PILIBHIT
Bareilly
LAKHIMPUR KHERI
BUDAUN
ALIGARH
Aligarh
Budaun
SHAHJAHANPUR
Kheri
MATHURA
ETAH
Shahjahanpur
SRAVASTI
Hathras
Mathura
Etah
Sitapur
Bahraich
BALRAMPUR
MAHAMAYA NAGAR
FARRUKHABAD
Hardoi
SITAPUR
Balrampur
Mainpuri
HARDOI
Gonda
Sidharth Nagar
Agra
Kannauj
Mahrajganj
RAJASTHAN
AGRA
FIROZABAD
KANNAUJ
LUCKNOW
GONDA
ETAWAH
Bara Banki
Faizabad
BASTI
Khalilabad
KUSHINAGAR
Etawah
AURAIYA
UNNAO
Lucknow
FAIZABAD
Basti
ST. KABIR NAGAR
Gorakhpur
Auraiya
KANPUR (RURAL)
Unnao
AMBEDKAR NAGAR
GORAKHPUR
Deoria
Kanpur
Akbarpur
DEORIA
Abrarpur
KANPUR (URBAN)
Rai Bareli
Sultanpur
AZAMGARH
JALAUN
RAEBARELI
SULTANPUR
Azamgarh
MAUNATH BHANJAN
Orai
Fatehpur
Pratapgarh
Maunath Bhanjan
BALLIA
MADHYA PRADESH
Hamirpur
FATEHPUR
PRATAPGARH
Jaunpur
Ballia
JHANSI
HAMIRPUR
BANDA
KAUSHAMBI
Allahabad
JAUNPUR
GHAZIPUR
Jhansi
Bhadohi
VARANASI
Ghazipur
MAHOBA
Banda
Kaushambi
ST. RAVIDAS NAGAR
Chitrakut
Varanasi
Chandauli
BIHAR
Mahoba
CHITRAKUT
ALLAHABAD
Mirzapur
CHANDAULI
MIRZAPUR
Lalitpur
LALITPUR
Robertsganj
MADHYA PRADESH
SONBHADRA
JHARKHAND

तितरफा होड़ और समावेशी राजनीति

—ए. के. वर्मा

उत्तर प्रदेश में अपना राजनीतिक दबदबा कायम रखने के लिए कांग्रेस ने एक सतरंगा गठजोड़ बनाया था, जिसे जनसंघ और सोशलिस्ट चुनौती देते थे। अस्सी के दशक में कांग्रेस का यह वर्चस्व टूट गया। धीरे-धीरे भारतीय जनता पार्टी, बहुजन समाज पार्टी और समाजवादी पार्टी के रूप में तीन दलीय होड़ चुनावी राजनीति पर छा गयी। बार-बार चुनाव हुए, गठजोड़ बने और टूटे। अपने-अपने जनाधारों को विस्तृत करने की प्रक्रिया में पार्टियों ने संकीर्णताएं छोड़ीं। इस समय देश के इस सबसे बड़े राज्य में कांग्रेस चौथे नंबर पर है। सपा और बसपा ने भाजपा को तीसरे नंबर पर ला दिया है और राज्य की जनता सेकुलर बनाम सांप्रदायिक की नारेबाजी से आजिज आकर एक कार्यकुशल सरकार बनाने की फिराक में है।

भारतीय राजनीति देश के सबसे बड़ी आबादी वाले राज्य उत्तर प्रदेश की राजनीति का ही एक विस्तृत स्वरूप लगती है। आजादी के बाद से ही उत्तर प्रदेश ने न केवल राष्ट्रीय राजनीति में पैदा होने वाले रुझानों को दिशा दी, वरन वह उनका आईना भी रहा है। कांग्रेस के दबदबे का युग, साठ के दशक के अंत में विपक्ष की तरफ से उसे पहली चुनौती, नयी कांग्रेस का गठन और जनता पार्टी के हाथों उसका सफाया, 1980 में कांग्रेस की वापसी और बाद में जनता दल की चुनौती : यह भारतीय राजनीति का संक्षिप्त इतिहास होने के साथ-साथ उत्तर प्रदेश के राजनीतिक घटनाक्रम का निचोड़ भी है।

नब्बे के दशक से पहले उत्तर प्रदेश की चुनावी राजनीति हमेशा राष्ट्रीय राजनीति के लिए निर्णायक रही है। उत्तर प्रदेश की राजनीति ने एक बिल्कुल अलग रास्ता अख्तियार कर लिया। एक-दलीय वर्चस्व के खत्म होने के बाद उत्तर-पश्चिमी भारत के बहुत सारे राज्यों के विपरीत उत्तर प्रदेश में दो ध्रुवीय होड़ शुरू नहीं हुई। यहां कांग्रेस चौधराहट की हैसियत से गिरकर अप्रासंगिकता के गर्त में चली गई। अपने पड़ोसी राज्य बिहार की तरह 1990 के दशक में उत्तर प्रदेश में भी भारी सामाजिक ध्रुवीकरण तो हुआ, परंतु प्रक्रिया से कोई ऐसा वैकल्पिक सामाजिक

गठजोड़ पैदा नहीं हो पाया जो सत्ता पर निर्णायक रूप से कब्जा कर सके। उत्तर प्रदेश में अपनी एक अलग किस्म की दलीय प्रणाली विकसित हुई, जिसमें कुछ छोटे-छोटे खिलाड़ियों के अलावा मुख्य रूप से चार पार्टियां मैदान में थीं। पिछले दो दशकों के दौरान इन दलों की किस्मत बनती-बिगड़ती रही, मगर न तो उनमें से कोई एक स्वाभाविक शासक पार्टी की छवि बना पायी और न कोई अपने विरोधी को मैदान से बाहर धकेल पायी।

उत्तर प्रदेश में 1989 के बाद से ही कांग्रेस की अगुआई में बने सतरंगे गठजोड़ के विखंडन की राजनीति चल रही है। लेकिन, कांग्रेस के बाद कोई अकेली राजनीतिक शक्ति इस गठजोड़ की वारिस नहीं बन पायी। ऐसा लगता है मानो इस सतरंग गठजोड़ के अलग-अलग रंग छिटक कर दूर जा गिरे हों और पहले से मौजूद विभिन्न राजनीतिक शक्तियों ने उन्हें उठा लिया हो। इस घटनाक्रम ने राज्य में जाति-समुदाय के आधार पर सामाजिक ध्रुवीकरण की राजनीति का सूत्रपात कर दिया। हर नया चुनाव इस ध्रुवीकरण को और आगे बढ़ाने का मौका बनता गया। लेकिन, जैसे ही तीन प्रमुख राजनीतिक शक्तियों ने अपने-अपने गढ़ों में स्थिति मजबूत की, तो जहां अब तक एक ही दावेदार होता था वहीं चौधराहट के लिए कई प्रतिद्वंद्वियों में होड़ चलने लगी। तमाम शक्तियों को इस बात का अहसास हो गया कि वे एक ऐसे मुकाम पर पहुंच चुकी हैं, जिसके बाद और तीखे ध्रुवीकरण से भी उन्हें बहुमत नहीं मिल पायेगा। इसके बाद ये पार्टियां अपने पृथक प्रभाव क्षेत्र की स्वयं द्वारा तय की गई सीमाओं को लांघने की जद्दोजहद में जुट गयीं। आज राज्य की सभी प्रमुख राजनीतिक शक्तियां अपने सामाजिक आधार को फैलाने के लिए नयी-नयी रणनीतियां आजमा रही हैं। इनमें से किसी की भी रणनीति चुनावी नतीजों पर भारी असर नहीं डाल पायी। पर 2007 के विधानसभा चुनावों में बहुजन समाज पार्टी ने 'प्रतिलोम सामाजिक परासरण' (रिवर्स सोशल ऑस्मासिस) द्वारा समावेशी राजनीति का सूत्रपात कर पूर्ण बहुमत प्राप्त करके सबको चौंका दिया।

सबसे बड़ा प्रदेश

भारतीय राजनीति के केन्द्र में उत्तर प्रदेश के महत्त्व का सबसे बड़ा कारण उसकी जनसंख्या है। उत्तर प्रदेश की जनसंख्या 17 करोड़ और क्षेत्रफल 2,43,286 वर्ग किलोमीटर है। इस सीमावर्ती राज्य के धुर उत्तरी हिस्से, उत्तराखंड को अलग करके नवम्बर 2000 में उत्तरांचल के नाम से एक नया राज्य बनाया गया। हालांकि उत्तर प्रदेश एक काफी बड़ा राज्य है, लेकिन दूसरे राज्यों की तरह यहां के लोगों की तमिलों या बंगालियों जैसी कोई विशिष्ट क्षेत्रीय सांस्कृतिक पहचान नहीं है। राज्य को कई हिस्सों में बाँटकर भी देखा जाता है, मगर इन हिस्सों का क्षेत्रीय वर्गीकरण अस्पष्ट है। इस वर्गीकरण का हमारे पास कोई ठोस सैद्धांतिक आधार भी नहीं है।

पाल ब्रास का कहना है, 'इस राज्य में क्षेत्रीय पहचानें नहीं हैं और यह विविधता पूरे उत्तर प्रदेश में समरूप ढंग से फैली हुई है। उत्तर प्रदेश की राजनीति का यह सबसे अहम पहलू है।' इसके बावजूद एक तरह का क्षेत्रीय वर्गीकरण करने के कई बार प्रयास किए गए हैं। उत्तरांचल राज्य के गठन तक उत्तर प्रदेश में 83 जिले थे। इन्हें 85 संसदीय और 425 विधानसभा क्षेत्रों में विभाजित किया गया था (1962 में हुए तीसरे आम चुनावों तक उत्तर प्रदेश में 86 लोकसभा सीटें और 430 विधानसभा सीटें थीं)। अब राज्य के 13 उत्तरी जिले उत्तरांचल का हिस्सा बन चुके हैं। इस प्रकार, फिलहाल उत्तर प्रदेश में 80 लोकसभा सीटें और 403 विधानसभा सीटें हैं। क्योंकि उत्तरांचल भी उत्तर प्रदेश की चुनावी राजनीति का ही हिस्सा रहा है (1952–2000) इसलिए हम विश्लेषण हेतु इस क्षेत्र को भी उत्तर प्रदेश का ही हिस्सा मानते हुए उस पर भी नज़र डालेंगे।

उत्तर प्रदेश को आमतौर पर सात या आठ चुनावी खंडों में बाँट कर देखा जाता है। यह इलाके हैं पश्चिमी उत्तर प्रदेश, दोआब, रुहेलखंड, अवध, उत्तर-पूर्वी उत्तर प्रदेश, पूर्वी उत्तर प्रदेश और बुंदेलखंड (उत्तरांचल अब उत्तराखंड, को भी एक अलग इलाके के रूप में वर्गीकृत किया जाता रहा है)। जाट पट्टी के नाम से संबोधित किए जाने वाले पश्चिमी उत्तर प्रदेश को पहले ऊपरी दोआब के नाम से भी जाना जाता था। यहां 42 विधानसभा क्षेत्र पड़ते हैं। रुहेलखंड में बरेली, बिजनौर, बदायूँ, ज्योतिबाफुले नगर, मुरादाबाद, पीलीभीत, रामपुर और शाहजहांपुर आते हैं और इसमें 50 विधानसभा सीटें पड़ती हैं। दोआब का इलाका यमुना और गंगा के बीच स्थित है। यह आगरा और अलीगढ़ से कानपुर तक फैला हुआ है। इस क्षेत्र में 76 विधानसभा सीटें हैं। अवध में लखनऊ के आसपास का इलाका आता है। फैजाबाद और रायबरेली जिले इसी क्षेत्र में पड़ते हैं। यहां 73 विधानसभा सीटें हैं। बुंदेलखंड क्षेत्र झाँसी के इर्द-गिर्द है, जिसमें 21 विधानसभा सीटें हैं। पूर्वी उत्तर प्रदेश का इलाका इलाहाबाद और वाराणसी के आसपास पड़ता है। कई बार विशालकाय पूर्वी क्षेत्र को उत्तर-पूर्वी तथा पूर्वांचल के बीच बाँट कर भी देखा जाता है। इनमें से गंगा के ऊपर स्थित उत्तर-पूर्वी इलाके में बहराइच, बलिया और गोरखपुर जिले आते हैं। इस इलाके में 61 विधानसभा सीटें आती हैं, जबकि पूर्वांचल में 79 सीटें हैं।

पश्चिमी उत्तर प्रदेश में एक लम्बे अरसे से अलग राज्य की मांग उठती रही है। यह मांग राजनीति से प्रेरित है। पश्चिमी उत्तर प्रदेश के जाट आर्थिक रूप से सम्पन्न हैं और उन्हें ऐसा लगता है कि अपनी कम संख्या तथा पश्चिमी उत्तर प्रदेश में ही सीमित होने के कारण यादवों जैसी दूसरी प्रमुख खेतिहर जातियों का मुकाबला नहीं कर सकते। नतीजतन, राज्य स्तर पर एक सशक्त राजनीतिक दावेदारी की उन्हें कोई संभावना दिखाई नहीं देती। ऐसे में अलग राज्य का गठन ही उनके लिए

उम्मीद की एकमात्र किरण दिखाई देती है। इसी तरह की आवाजें कभी-कभी बुंदेलखंड में भी सुनाई पड़ती हैं। यहां भी अलग राज्य के गठन को लेकर आंदोलन चलता रहता है। परंतु कुछ स्थानीय स्वयंभू संगठनों के अलावा किसी राजनीतिक पार्टी ने इस मांग पर अब तक खास तरजीह नहीं दी है। बीच-बीच में अलग पूर्वांचल राज्य की मांग भी उठती रहती है। बहरहाल, लोगों को इस तरह की मांगें वास्तविकता की बजाय राजनीति से ज्यादा प्रेरित दिखाई देती हैं।

राज्य में कम से कम छः प्रमुख धार्मिक समुदाय हैं—हिंदू (81.74 प्रतिशत), मुसलमान (17.33 प्रतिशत), सिख (0.45 प्रतिशत), ईसाई (0.14 प्रतिशत), पारसी और बौद्ध (0.16 प्रतिशत)। राज्य की लगभग 60 प्रतिशत जनता गाँवों में रहती है और उसका मुख्य व्यवसाय खेती है। राज्य में जातियों और उपजातियों की कोई कमी नहीं है, और इनमें से अनुसूचित जातियां (21.4 प्रतिशत) एक महत्त्वपूर्ण ताकत है। अनुसूचित जनजातियों की संख्या मात्र 0.21 प्रतिशत है। जाति और धर्म उत्तर प्रदेश में दो बुनियादी सामाजिक विभाजक हैं। अनुसूचित जातियों में चमार, पासी, धोबी, वाल्मीकि, आरिख तथा अन्य जातियां आती हैं। चमार (जाटव), कुर्मी, लोध, कोइरी, गूजर, कहार, गड़रिया, तेजी, बढ़ई, काछी, केवट, नाई आदि आते हैं। अहीरों और कुर्मियों को आर्थिक रूप से सम्पन्न तथा राजनीतिक रूप से काफी असरदार माना जाता है। राज्य में अहीरों की मौजूदगी काफी व्यापक है, जबकि कुर्मी मुख्य रूप से पूर्वी तथा उत्तर-मध्य जिलों में ही सिमटे हुए हैं। लोध (जो स्वयं को लोधी राजपूत कहलाना ज्यादा पसंद करते हैं) दक्षिण-मध्य भाग का एक प्रभावशाली भूस्वामी तबका है जबकि गूजर मुख्य रूप से पश्चिमी उत्तर प्रदेश में केन्द्रित हैं। सबसे ऊपर ब्राह्मण, ठाकुर, बनिया और कायस्थ—ये ऊंची जातियों में आते हैं। हालांकि वैसे तो राज्य के ज्यादातर हिस्सों में ब्राह्मण, ठाकुर और यादव ही प्रमुख भूस्वामी जातियां हैं, परंतु पश्चिमी उत्तर प्रदेश में जाट और पूर्वी उत्तर प्रदेश में भूमिहार इसका अपवाद हैं। बनिया समुदाय के लोग व्यवसाय, व्यापार, महाजनी आदि का काम करते हैं, जबकि कायस्थ आधुनिक पेशेवर व्यवसायों में ज्यादा दिखाई देते हैं। मुसलमान भी कई जातियों में बंटे हुए हैं, जिनमें से सैयद, शेख, पठान, अंसारी व जुलाहा जातियां राजनीति रूप से काफी प्रभाव रखती हैं। जैसा कि पॉल ब्रास कहते हैं, इस किस्म की विविधता का राजनीतिक महत्त्व इस बात में दिखाई देता है कि राज्य के भीतर कोई क्षेत्रीय पहचान सिर नहीं उठा पाती। यह विविधता पूरे उत्तर भारत में समरूप ढंग से मौजूद है। यह सबसे महत्त्वपूर्ण कारण है जिसके चलते उत्तरप्रदेश में सामाजिक आधार पर राजनीतिक गोलबंदी की राजनीति पर अंकुश लग जाता है।

राज्य की अर्थव्यवस्था खेती पर निर्भर है। यह निर्भरता पूरे भारत के मुकाबले उत्तर प्रदेश में ज्यादा साफ दिखायी देती है, क्योंकि यहां खनिज एवं ऊर्जा संसाधनों

के भंडार बहुत नहीं हैं जिनके सहारे राज्य औद्योगीकरण की राह पर बढ़ सके। जमीन के लिए खींचतान का आलम यह है कि राज्य के लाखों परिवार भूमिहीन हो चुके हैं। कुल जोतों में से लगभग 60 प्रतिशत 2.5 एकड़ से भी कम क्षेत्रफल तक सीमित हो गई है। कृषि व्यवस्था के स्वरूप ने कृषि सुधारों के रास्ते में भारी रुकावटें पैदा की हैं। उत्तर प्रदेश की खेती में काफी विविधता भी दिखाई देती है। सबसे अधिक खेतिहर गतिविधियां उत्तर-पश्चिम से पूर्व तक फैली हुई हैं, जो हिमालय और विंध्य पहाड़ियों के नीचे गंगा और यमुना नदियों के मैदानों तक विस्तृत हैं। जलोढ़ मैदानों के उत्तर की तरफ पहाड़ी इलाके हैं जिनके नीचे तराई के सपाट मैदान हैं और दक्षिण में बुंदेलखंड की सूखी-बंजर जमीन है जो मिर्जापुर तक फैली हुई है। हालांकि लगभग पूरे राज्य में जमीन का स्वामित्व सम्पन्न वर्गों के पास है मगर कानूनी लिहाज से जमीन और खेतिहर वर्गों, दोनों पर उनका नियंत्रण काफी कमजोर हो चुका है। फिर भी अपने गाँव के मामलों पर चौधरी का काफी नियंत्रण रहता है, क्योंकि ग्रामीण सामाजिक संरचना में उसकी भूमिका काफी महत्त्वपूर्ण होती है। उत्तर प्रदेश की मौजूदा दलगत राजनीति में ग्रामीण क्षेत्रों के स्तर पर इन तत्त्वों का प्रभाव महत्त्वपूर्ण होता है। हरित क्रांति के फलस्वरूप राज्य में एक सम्पन्न कृषक वर्ग सामने आया है, जिसके पास एक जबर्दस्त राजनीतिक शक्ति है। इस उभरते सम्पन्न कृषक वर्ग के राजनीतिक प्रभाव को नजरअंदाज करने की हिम्मत कोई पार्टी नहीं कर सकती। बल्कि सच तो यह है कि सारी पार्टियां इस वर्ग का समर्थन हासिल करने के लिए हर मुमकिन प्रयास करती हैं। (पई : 1993 पी. 36)।

कांग्रेस में दबदबे का दौर (1952-1989)

उत्तर प्रदेश की राजनीति को मोटे तौर पर तीन प्रमुख कालखंडों में बाँट कर देखा जा सकता है : स्वतंत्रता प्राप्ति से 1967 तक, 1967 से 1989 तक, और 1989 से अब तक। कई लोगों का कहना है कि इन तीन चरणों को राजनीतिक फलक पर नए आर्थिक वर्गों के उदय तथा प्रभुत्वशाली वर्गों की बदलती रणनीतियों के आधार पर बाँट कर देखा जाना चाहिए। संक्षेप में, इन तीनों चरणों को कांग्रेस के नेतृत्व में हरित क्रांति की ओर संक्रमण, मध्यम एवं सम्पन्न कृषकों की शक्तिशाली दावेदारी, राजनीतिक फलक पर अन्य पिछड़ी जातियों व अनुसूचित जातियों की मौजूदगी और हिंदुत्व के उभार की परिघटनाओं के रूप में देखा जा सकता है (लिटेन व श्रीवास्तव,1999)।

देश के बहुत सारे दूसरे राज्यों की तरह उत्तर प्रदेश की राजनीति भी स्वतंत्रता के बाद हमेशा जाति के साथ गहराई से जुड़ी रही है। पचास के दशक के दौरान और साठ के दशक के अंत तक उत्तर प्रदेश में मतदाताओं का चुनावी व्यवहार एक किस्म के जाति-वर्ग गठजोड़ को प्रतिबिंबित करता था और तमाम जातियों व वर्गों के लोग

भारतीय राष्ट्रीय कांग्रेस के गाँधीवादी एवं नेहरूवादी जादू से अभिभूत थे। कांग्रेस की विचारधारा जाति-वर्ग के दायरों से कहीं ज्यादा व्यापक असर रखती थी और उसने मतदाताओं को कांग्रेस के झंडे तले इकट्ठा किए रखा। यह दौर मोटे तौर पर कांग्रेस के एकतरफा वर्चस्व का दौर था, जिसमें यदा-कदा गैरकांग्रेसी गठबंधनों के छिट-पुट प्रयोग भी किए गये। 1967 में कांग्रेस की चौधराहट को चुनौती मिलने लगी और 1977 तक आते-आते यह चुनौती एक निर्णायक परिघटना बन चुकी थी। इस चुनौती के फलस्वरूप, आपात्काल की ज्यादतियों के बाद कांग्रेस को सत्ता से बाहर होना पड़ा। बहरहाल, कांग्रेस ने जल्दी ही हालात पर दोबारा अपनी पकड़ कायम कर ली और 1980 से 1989 के चुनावों तक उसका दबदबा बना रहा। इस प्रकार, इस दौर को दो भागों में बाँटा जा सकता है—(क) 1967 तक एक-दलीय वर्चस्व, और (ख) 1967-89 के बीच कांग्रेस की प्रासंगिकता का कायम रहना।

पहले चार आम चुनावों (1952, '57, '62, '67) में लोकसभा और विधानसभा, दोनों ही चुनावों में सीटों और मतदान के प्रतिशत के लिहाज से कांग्रेस की स्थिति लगातार कमजोर हाती गयी। पहले आम चुनावों में देश ने पहली बार लोकतंत्र का व्यावहारिक स्वाद चखा। गैरविचारधारात्मक तथा जाति-धर्म के पहलुओं के बावजूद कांग्रेस को उत्तर प्रदेश की 86 में से 81 सीटें और 53 प्रतिशत वोट मिले। लेकिन 1957 में उसे 11 सीटों का नुकसान हुआ, 1962 में 8 और 1967 में 15 सीटों का नुकसान हुआ। उसे मिले वोटों का प्रतिशत भी क्रमशः 46.29 प्रतिशत, 38.2 प्रतिशत और 33.04 प्रतिशत रह गया। विधानसभा चुनावों में भी कांग्रेस ने 1952 में 47.93 प्रतिशत मतों के साथ 399 सीटें हासिल की थीं, पर इसके बाद उसे लगातार नुकसान उठाना पड़ा। उसे 1957 में 113, 1962 में 37 और 1967 में 50 सीटें गँवानी पड़ीं। इन तीनों चुनावों में उसे मिले मतों का प्रतिशत भी क्रमशः 42.42, 36.33, 32.2 रहा। कांग्रेस के प्रति लोगों में शुरुआती राष्ट्रवादी आकर्षण था, लेकिन बाद में ज्यादा उग्र राष्ट्रवाद की अवधारणा के साथ एक नई राजनीतिक पार्टी भारतीय जनसंघ उभर आयी। हालांकि 1952 के लोकसभा चुनावों में उत्तर प्रदेश में जनसंघ का खाता भी नहीं खुल पाया, फिर भी उसे 7.3 प्रतिशत वोट मिले। अगले चुनावों में उसे मिले मतों का प्रतिशत बढ़ता गया। 1957 में उसे 14.8 प्रतिशत, 1962 में 17.6 प्रतिशत और 1967 में 22.6 प्रतिशत वोट मिले। इन तीनों चुनावों में उसे लोकसभा की क्रमशः 2, 7 और 12 सीटें मिलीं। 1952 के विधानसभा चुनावों में तो जनसंघ का प्रदर्शन खराब रहा (6.37 प्रतिशत मत और 2 सीटें), मगर इसके बाद हुए हर विधानसभा चुनाव के साथ उसकी स्थिति तेजी से सुधरती गई (1957 : 17 सीट; 9.8 प्रतिशत वोट, 1962 : 49 सीट; 16.46 प्रतिशत वोट, 1967 : 98 सीट; 21.67 प्रतिशत वोट)। जनसंघ का गठन उन लोगों ने किया था जो कांग्रेस की नीतियों को हिंदू संस्कृति तथा धार्मिक मूल्यों के

लिए नुकसानदेह मानते थे। इस पार्टी का राष्ट्रीय स्वयंसेवक संघ के साथ संबंध था और अपने सांप्रदायिक झुकाव के कारण उसे कई बार आलोचना और निंदा का सामना भी करना पड़ा।

1952–67 के बीच समाजवादियों ने अपनी बढ़ती ताकत का परिचय तो दिया, परंतु छोटे-छोटे मुद्दों पर खींचतान और टूट-फूट के कारण खासतौर से उत्तर प्रदेश, और सामान्य रूप से पूरे भारत में समाजवादी आंदोलन को काफी नुकसान उठाना पड़ा। 1952 में सोशलिस्ट पार्टी और आचार्य कृपलानी की किसान मजदूर प्रजा पार्टी (केएमपीपी) ने अलग-अलग चुनाव लड़ा। चुनावों के बाद दोनों दलों ने मिलकर प्रजा सोशलिस्ट पार्टी (प्रसोपा) का गठन कर लिया। उन्हें लोकसभा की 2 सीटें और 13 प्रतिशत वोट मिले, जबकि विधानसभा चुनावों में उन्हें 20 सीटें और 17.7 प्रतिशत मत मिले। अगले चुनावों से पहले ही 1955 में पार्टी टूट गयी और सोशलिस्ट पार्टी (लोहिया) के नाम से एक नयी पार्टी का गठन किया गया। उत्तर प्रदेश के ज्यादातर समाजवादी लोहिया के साथ आ गए। 1957 के विधानसभा चुनावों में उनका प्रदर्शन भी अच्छा रहा। उन्हें 24 सीटें मिलीं। चुनाव आयोग ने इन उम्मीदवारों को निर्दलीय के रूप में मान्यता दी थी, इसलिए उन्हें मिले वोटों के सटीक आँकड़े उपलब्ध नहीं हैं। 1957 में प्रसोपा को 4 लोकसभा सीटें और (15.3 प्रतिशत वोट), तथा 44 विधानसभा सीटें (14.5 प्रतिशत वोट) मिले। उत्तर प्रदेश के दो प्रमुख समाजवादी धड़े—सोशलिस्ट पार्टी (लोहिया) और प्रसोपा ने आपस में मिलकर 1962 में उत्तर प्रदेश विधानसभा में संयुक्त समाजवादी पार्टी (संसोपा) बनायी। इस घटनाक्रम ने 1964 में राष्ट्रीय स्तर पर संयुक्त समाजवादी पार्टी के गठन का रास्ता साफ कर दिया। 1965 में प्रसोपा ने दोबारा अपनी पहचान का दावा पेश किया और राज्य में समाजवादी आंदोलन को एक बार फिर झटका लगा। समाजवादियों के बीच बिखराव का फौरी कारण भाषा नीति, आरक्षण और जनसंघ के साथ गठजोड़ जैसे मुद्दे थे। प्रसोपा ने 'सिदारों' को भू-स्वामित्व के भूमिधारी अधिकार देने, 20 एकड़ पर भू-हदबंदी, चीनी एवं बिजली उद्योगों के राष्ट्रीयकरण तथा उर्दू के संरक्षण एवं प्रोत्साहन की मांगों पर लड़ाई लड़ी, जबकि समाजवादियों की मांग थी कि गैर-लाभकारी जोतों को लगान से मुक्त किया जाये, आधिकारिक, न्यायिक एवं प्रशासकीय कार्यों में अंग्रेजी का इस्तेमाल खत्म किया जाए और प्रशासकीय सेवाओं और विधायिका में पिछड़ी जातियों को 60 प्रतिशत आरक्षण दिया जाये। प्रसोपा को 1962 और 1967 के संसदीय चुनावों में 2-2 लोकसभा सीटें मिलीं। उसे मिले मतों में लगभग 28 प्रतिशत की गिरावट आयी। संसोपा को 1967 में लोकसभा की 8 सीटें और 10.3 प्रतिशत वोट मिले। विधानसभा में भी प्रसोपा को 1962 और 1967 के चुनावों में सीटों और वोटों के लिहाज से नुकसान उठाना पड़ा। उसे 1962 में विधानसभा की 38 सीटें और 11.5 प्रतिशत वोट तथा 1967 में 11

सीटें एवं 4.09 प्रतिशत वोट मिले, जबकि संसोपा को 1962 में 24 सीटें व 8.2 प्रतिशत वोट और 1967 में 44 सीटें व 9.97 प्रतिशत वोट मिले।

भारतीय कम्युनिस्ट पार्टी (भाकपा) ने शुरू-शुरू में उत्तर प्रदेश में कुछ जोर लगाया, मगर 1967 के चुनावों के बाद वह तेजी से अप्रासंगिक होती चली गई। 1967 में हुए चौथे आम चुनाव के बाद चरण सिंह के नेतृत्व में वर्गीय आधार पर उत्तर प्रदेश के मतदाताओं के बीच विभाजक रेखाएं खिंचने लगीं। चरण सिंह ने कांग्रेस से बड़े पैमाने पर दलबदल करके भारतीय क्रांति दल (भाक्रांद) के नाम से एक नयी राजनीतिक पार्टी बना ली। भाक्रांद सम्पन्न भूस्वामी किसानों की नुमाइंदगी करती थी। 1967 से 1989 के बीच लगभग दो दशक तक उत्तर प्रदेश के मतदाताओं के बीच वर्गीय विभाजन कुछ हद तक साफ होने लगा था। ऐसा दिखायी देता था कि अब मंझोले और निचले किसान भी सम्पन्न किसानों के साथ गोलबंद होते जा रहे हैं। 1967-1989 के बीच भाक्रांद-भालोद-लोकदल-जनता दल के उभार ने इस परिकल्पना को सही साबित भी कर दिया। 1989 में यह रुझान और परिपक्व रूप से सामने आया जब जनता दल ने उत्तर प्रदेश विधानसभा चुनाव में लगभग आधी (208/425) सीटें जीत लीं। परंतु जातिगत पहचान भी मजबूत होती जा रही थी, और उसने जल्दी ही अपना दावा पेश किया। बहरहाल, किसानों के नाम पर की जाने वाली राजनीति जल्दी ही ठंडी हो गयी और अगले विधानसभा चुनावों में जनता दल को भारी मार झेली पड़ी।

फरवरी 1969 में उत्तर प्रदेश में मध्यावधि चुनाव हुए। इन चुनावों में कांग्रेस की स्थिति थोड़ी बेहतर हुई। उसे 33.69 प्रतिशत मतों के साथ विधानसभा की 211 सीटें मिलीं। परंतु राष्ट्रीय कद वाली तमाम दूसरी पार्टियों—जनसंघ, संसोपा, प्रसोपा, भाकपा, स्वतंत्र पार्टी, रिपब्लिकन पार्टी—को भारी नुकसान उठाना पड़ा। भारतीय क्रांति दल, जो चरण सिंह के नेतृत्व में दल-बदल करके बनाया गया एक क्षेत्रीय दल था, ने 21.29 प्रतिशत मतों के साथ 98 सीटें जीतीं। वह विधानसभा में मुख्य विपक्षी पार्टी के रूप में सामने आया। भाक्रांद ने चुनाव में 402 उम्मीदवार उतारे थे। हालांकि उसके 173 उम्मीदवार अपनी जमानत भी नहीं बचा पाये, फिर भी उत्तर प्रदेश में पार्टी ने जबर्दस्त छाप छोड़ी। भाक्रांद का गठन नवम्बर 1967 में जन कांग्रेस (चरण सिंह-उत्तर प्रदेश), जन क्रांति दल (कामाख्या नारायण सिंह-बिहार), बंगला कांग्रेस (अतुल्य घोष-पश्चिम बंगाल), जन कांग्रेस (उड़ीसा व मध्य प्रदेश) आदि पार्टियों को मिलाकर किया गया था। भाक्रांद गाँधीवादी समाजवाद, ग्रामीण गरीबों के कल्याण, स्वच्छ एवं कुशल प्रशासन, कमजोर व दबे-कुचले तबकों के बीच असुरक्षा की भावना को समाप्त करने, गरीबी और बेरोजगारी के उन्मूलन, खेती की दशा में सुधार, जमींदारी उन्मूलन व भूमि सुधार कानूनों आदि के प्रति प्रतिबद्ध था।

1971 के लोकसभा चुनावों में ऐसा लगा कि कांग्रेस अपने पुराने गौरवशाली

अतीत की तरफ लौट रही है। उसे 1952 के बाद सबसे अधिक 73 सीटें और 48.5 प्रतिशत वोट मिले। इन नतीजों के फलस्वरूप उत्तर प्रदेश में टी. एन. सिंह सरकार को समर्थन देने वाले घटक दलों में भारी दल-बदल होने लगा। सरकार को समर्थन देने वाली संसोपा, संगठन कांग्रेस, स्वतंत्र पार्टी, भाक्रांद और जनसंघ के विधायक पाला बदलने लगे, जिससे अंतत: सरकार गिर गयी। 4 अप्रैल 1971 को कमलापति त्रिपाठी के नेतृत्व में कांग्रेस की सरकार बनी। इसके बाद कांग्रेस ने 30 अप्रैल, 1977 तक तीन मुख्यमंत्रियों, कमलापति त्रिपाठी (4 मार्च, 1971 से 12 जून, 1973), हेमवती नंदन बहुगुणा (6 नवम्बर, 1973 से 29 नवम्बर, 1975) और नारायण दत्त तिवारी (21 जनवरी, 1976 से 20 अप्रैल, 1977) के नेतृत्व में आराम से सरकार चलायी। इस बीच 1974 में हुए विधानसभा चुनावों में कांग्रेस, भाक्रांद और जनसंघ की स्थिति में आंशिक सुधार ही हुआ।

परन्तु 1977 में आपात्काल (1975-77)और कांग्रेस सरकारों द्वारा की गयी ज्यादतियों की पृष्ठभूमि में हुए लोकसभा चुनावों में कांग्रेस का पूरी तरह सफाया हो गया। उसे उत्तर प्रदेश में एक भी सीट नहीं मिल पायी। भारतीय प्रतिरक्षा नियम, आन्तरिक सुरक्षा अधिनियम (मीसा) तथा विदेशी मुद्रा संरक्षण व स्मगलिंग निरोधक अधिनियम आदि भयानक कानूनों के बेतहाशा दुरुपयोग, जबरन नसबंदी, सौंदर्यीकरण के नाम पर भारी पैमाने पर तोड़-फोड़ आदि कदमों से राज्य में इतनी तीखी इंदिरा-विरोधी लहर खड़ी हुई कि लोगों को कांग्रेस सबसे बड़ा राक्षस दिखायी देने लगी। भारतीय लोकदल, संगठन कांग्रेस, जनसंघ, सोशलिस्ट पार्टी और कांग्रेस फॉर डेमोक्रेसी- आदि विपक्षी पार्टियों को मिलाकर बनायी गई जनता पार्टी ने राज्य में सभी 85 सीटें जीत लीं। यही कहानी 1977 के विधानसभा चुनावों में दोहरायी गयी। इन चुनावों में जनता पार्टी ने 425 में से 352 सीटें जीतीं और कांग्रेस को सिर्फ 41 सीटों पर संतोष करना पड़ा। अपने दयनीय प्रदर्शन के बावजूद कांग्रेस को लोकसभा चुनावों में 25 प्रतिशत और विधानसभा चुनावों में 31.94 प्रतिशत वोट मिले। कांग्रेस को मिले संतोषजनक मतों के बावजूद उसका प्रदर्शन इतना दयनीय क्यों रहा, इसे सिर्फ विपक्षी एकता के पैमाने से नहीं समझा जा सकता है। 1977 में कांग्रेस को सबसे ज्यादा नुकसान और जनता पार्टी को सबसे ज्यादा फायदा पहुंचाने वाला सबसे बड़ा पहलू यह था कि कांग्रेस के खिलाफ मतदाताओं का गुस्सा विपक्षी एकता के साथ जुड़ गया था। दो-तीन साल बाद, 1980 में जब ये दोनों कारक कांग्रेस के पक्ष में चले गये, तो पार्टी दोबारा पहले वाली स्थिति में पहुंच गयी। 1980 के चुनावों में उसे लोकसभा की 59 सीटें (35.86 प्रतिशत वोट) और विधानसभा की 309 सीटें (37.7 प्रतिशत वोट) मिलीं। 1977 के चुनावों की नायक—जनता पार्टी—पूरी तरह बिखर चुकी थी। अगले चुनावों में उसकी कोई पहचान बाकी नहीं बची। इस पार्टी का पूरे राज्य में एकमात्र नामलेवा घटक चरण

सिंह के नेतृत्व में बनी जनता (सेकुलर) पार्टी थी। जनता (एस) को 29 लोकसभा सीटें और 59 विधानसभा सीटें मिलीं। दोनों में उसे क्रमशः 28.9 प्रतिशत व 21.5 प्रतिशत वोट भी मिले। बाकी सारी पार्टियां हाशिये पर चली गयीं।

उत्तर प्रदेश में 1984 के लोकसभा चुनावों में कांग्रेस उच्चतम बिंदु तक जा पहुँची। दो को छोड़कर उसे राज्य की सारी सीटें मिलीं। जिन 2 सीटों पर कांग्रेस के उम्मीदवार हारे, वह दोनों लोकदल (जिनमें से एक बागपत से खुद चरण सिंह की सीट थी) के खाते में गयीं। कांग्रेस को पिछले चुनावों के मुकाबले 15.1 प्रतिशत ज्यादा वोट मिले और से कुल 51.0 प्रतिशत वोट मिले। 1952 के चुनावों के बाद उसे सबसे अधिक वोट 1984 में ही मिले। विपक्षी एकता का सूचकांक इस चुनाव में काफी कम, यानी 0.56 ही रहा। इस वजह से और कांग्रेस की तरफ भारी झुकाव से पार्टी को उत्तर प्रदेश में यह भारी सफलता मिली। 1985 में हुए विधानसभा चुनावों में कांग्रेस को 269 सीटें (39.25 प्रतिशत वोट) जबकि लोकदल को सिर्फ 84 सीटें (21.3 प्रतिशत वोट) मिलीं। हालांकि यह चुनाव इंदिरा गाँधी की हत्या की पृष्ठभूमि में लड़े गये थे, मगर फिर भी कांग्रेस इस सहानुभूति लहर का खास फायदा नहीं उठा पायी। और तो और, कांग्रेस 1980 के 309 सीटों के आँकड़े को भी नहीं छू पायी। भाजपा और जनता दल जैसी अन्य पार्टियां हाशिये पर सिमट गयीं।

इसी दौर में उत्तर प्रदेश के राजनीतिक फलक पर बहुजन समाज पार्टी (बसपा) के उभार ने इस बात की तरफ इशारा कर दिया कि अब अनुसूचित जातियों की जोरदार गोलबंदी शुरू हो चुकी है। अब तक दलित मोटे तौर पर कांग्रेस का वोट बैंक रहे थे। इसी बीच उत्तर प्रदेश के ब्राह्मण भी बेचैन होने लगे। नारायण दत्त तिवारी के बाद (4 दिसम्बर, 1989) से अब तक उत्तर प्रदेश में कोई ब्राह्मण मुख्यमंत्री नहीं बना है। फलस्वरूप ब्राह्मण भी कांग्रेस से छिटकने लगे। वह मोटे तौर पर भाजपा के साथ जा खड़े हुए (भाजपा भूतपूर्व भारतीय जनसंघ का ही नया संस्करण है)। अयोध्या की परिघटना ने ब्राह्मणों को भाजपा के पक्ष में और मजबूती से गोलबंद कर दिया। अन्य पिछड़ी जातियों (ओबीसी) यानी मंझोली जातियों में मुख्य रूप से यादव, कुर्मी, कोइरी आदि जातियां आती हैं। ये जातियां पुराने समाजवादी नेता मुलायम सिंह यादव के इर्द-गिर्द इकट्ठा होने लगीं। उत्तर प्रदेश के मुसलमानों को अचानक मुलायम सिंह यादव (सपा) में एक नया मसीहा दिखायी देने लगा। उन्होंने मुलायम सिंह को खुलकर समर्थन दिया। इस तरह उत्तर प्रदेश में मतदाता पहले वर्गीय आधार पर, उसके बाद जातीय आधार पर और अंत में सांप्रदायिक आधार पर बंटते रहे हैं। इस पूरे बदलाव में सबसे भारी नुकसान कांग्रेस को हुआ है। वह तेजी से पतन के गर्त में चली गयी और उसकी जगह तीन शक्तिशाली राजनीतिक पार्टियों- बसपा,

भाजपा और सपा—ने ले ली। इस प्रकार, उत्तर प्रदेश की कुल स्थिति यह है कि वहां मतदाता वर्ग, जाति एवं धर्म के आधार पर बंटे हुए हैं। इससे कांग्रेस प्रणाली का दौर खत्म हुआ और उसकी जगह विशुद्धतः जातीय-सांप्रदायिक रुझान वाले राजनीतिक दलों की बहुलता स्थापित हुई।

उत्तर प्रदेश में मुख्य रूप से जातिगत आधार पर मतदाताओं के बिखराव और तीन अलग-अलग विचारधारात्मक खेमों—बसपा, भाजपा और सपा—में उनकी गोलबंदी से जिस प्रकार कांग्रेस तेजी से अप्रासंगिक हुई है उसका गंभीरतापूर्वक अध्ययन किया जाना चाहिए। पॉल ब्रास ने कांग्रेस के पतन की व्याख्या करने के लिए गुटबाजी की राजनीति के तर्क का सहारा लिया। उनका सुझाव है कि कांग्रेस 1952 से 67 के बीच बुनियादी तौर पर जिला स्तर के नेताओं का एक विशाल गबंधन था। जब कांग्रेस अपने शिखर पर थी तो उस समय भी वह कोई समरूप या एकताबद्ध संगठन नहीं थी। उसमें बहुत सारे अलग-अलग बल्कि कई बार परस्पर विरोधी भी होते थें। इस बात को लेकर भी संगठन में भारी मतभेद थे कि कांग्रेस को ठहराव का उपक्रम बनाया जाये या बदलाव का वाहक। इस बहस में रूढ़िवादी खेमे को सफलता मिली। कुल मिलाकर आजादी के बाद कांग्रेस की पहले दशक की राजनीति पर गोविंद वल्लभ पंत, संपूर्णानंद और चंद्रभानु गुप्ता का दबदबा था। राजनीति और शासन के प्रति इन नेताओं का रवैया यथास्थितिवादी था। 1948 में समाजवादियों ने कांग्रेस छोड़ दी जिससे इन रुझानों को और बल मिला। उत्तर प्रदेश का प्रभुत्वशाली तबका रफी अहमद किदवई और केशव देव मालवीय जैसे वामपंथी रुझान वाले कांग्रेसियों को अलग-थलग और दरकिनार करने में कामयाब हो गया (हसन : 1998)।

साठ के दशक में चंद्रभानु गप्ता और चरण सिंह क्रमशः यथास्थितिवादी और सुधारवादी खेमे के नेताओं के रूप में सामने आये। कांग्रेस के निरंतर पतन ने सुधारवादियों की हार पर मोहर लगा दी और आगे चलकर वह कांग्रेस से अलग भी हो गये (ब्रास : 1965)। इसके बावजूद, केवल गुटबाजी के आधार पर उत्तर प्रदेश की राजनीति का पूरा विश्लेषण नहीं किया जा सकता। जोया हसन का कहना है कि कांग्रेस इस वजह से कमजोर पड़ती जा रही थी क्योंकि पार्टी को मिलने वाले जन समर्थन तथा पार्टी की नेतृत्व संरचना के बीच तालमेल नहीं था। अपने प्रमुख सामाजिक आधार के लिए कांग्रेस ने ब्राह्मणों, अनुसूचित जातियों और मुसलमानों के गठजोड़ को आधार बनाया जिनका राज्य की आबादी में कुल हिस्सा 44 प्रतिशत के आसपास बैठता था। दूसरी तरफ पार्टी का नेतृत्व उसके चुनावी आधार के मुकाबले काफी संकीर्ण था। उसमें मुख्य रूप से ग्रामीण समाज के स्थानीय रूप से प्रभुत्वशाली वर्गों और शहरों के पेशेवर तथा व्यवसायियों के प्रतिनिधियों की भरमार थी (हसन : 1989)। जातियों के लिहाज से भी कांग्रेस

में नेतृत्वकारी पदों पर मुख्य रूप से ऊंची जाति के नेताओं, खासतौर से ब्राह्मणों, बनियों और ठाकुरों का कब्जा रहा। मंझोली और पिछड़ी जातियों को नेतृत्व में पूरा प्रतिनिधित्व मिल ही नहीं पाया। कांग्रेस के नेतृत्व में अनुसूचित जातियों तथा मंझोली और पिछड़ी जातियों के कम प्रतिनिधित्व के कारण ही ये समुदाय धीरे-धीरे कांग्रेस से दूर होते चले गये।

कांग्रेस के मतदाताओं में पहली दरार 1967 में चरण सिंह ने डाली थी। उसी साल चरण सिंह ने कांग्रेस से निकल कर भाक्रांद का गठन कर लिया था। हालांकि चरण सिंह का कार्यक्रम कांग्रेस के मुकाबले उल्लेखनीय रूप से भिन्न तो नहीं था परंतु जनता के बीच उन्हें एक खास पहचान मिली, क्योंकि उन्होंने शहरी हितों के मुकाबले सम्पन्न किसानों और काश्तकारों के हक में आवाज उठायी (डंकन : 1997)। किसानों के प्रति उनकी चिंताओं को उनकी अपनी जाति यानी जाट मतदाताओं में ज्यादा समर्थन मिला। जोया हसन की दलील है कि इस पार्टी ने पश्चिमी उत्तर प्रदेश में सम्पन्न मंझोली जातियों का एक गठजोड़ विकसित करने की कोशिश की, जबकि पूर्वी इलाके में अल्पविकसित पिछड़ी जातियों को लुभाने पर जोर लगाया। परंतु जातिगत और सामुदायिक निष्ठाओं ने निचले वर्गों को जाति एवं धार्मिक दायरों से ऊपर उठकर चरण सिंह के साथ खड़े होने से रोक दिया। लोकदल ने मंझोली और पिछड़ी जातियों को सामाजिक-राजनीतिक मुद्दों पर एकजुट करने का नारा देकर भूल-सुधार की कोशिश तो की, मगर उसे कामयाबी नहीं मिली। उत्तर प्रदेश में 1969 के मध्यावधि विधानसभा चुनाव (जिसमें भाक्रांद को 98 सीटें मिली थीं) के बाद चरण सिंह ने संयुक्त सोशलिस्ट पार्टी (संसोपा) के साथ विलय के जरिये पार्टी का आधार और फैलाने की कोशिश की। पूर्वी उत्तर प्रदेश के कुछ जिलों की पिछड़ी जातियों, खासतौर से यादवों के बीच संसोपा की अच्छी साख थी।

इस विलय के बाद भारतीय लोकदल अस्तित्व में आया। हालांकि 1974 में हुए अगले विधानसभा चुनावों के दौरान इसे मतदाताओं का अच्छा-खासा समर्थन मिला मगर चुनावी कामयाबी के लिहाज से उसका प्रदर्शन 1969 के मुकाबले खास बेहतर नहीं रहा (1969 में 98 सीटें, 21.29 प्रतिशत वोट, 1974 में 106 सीटें, 21.2 प्रतिशत वोट) फिर भी इस दल को एक ऐसी चुनावी पहचान तो मिल गयी जिसने न केवल जातिगत विविधताओं को अपने भीतर समेट लिया और पूर्वी भाग के किसानों की आर्थिक स्थिति में निहित गैरबराबरी को भी छिपा दिया। मई 1987 में चरण सिंह की मौत के बाद पार्टी की बागडोर के लिए चरण सिंह के बेटे अजित सिंह और उत्तर प्रदेश विधानसभा में पार्टी के नेता मुलायम सिंह यादव के बीच खींचतान होने लगी। इससे न केवल पार्टी की साख को नुकसान पहुंचा बल्कि अंत में पार्टी ही बंट गयी। मुलायम सिंह गुट जनता दल गठबंधन में शामिल हो गया जिसने 1989 के विधानसभा चुनावों में

अपने शानदार प्रदर्शन से हर किसी को सकते में डाल दिया (208 सीटें, 29.7 प्रतिशत वोट)। एक अध्ययन के अनुसार, उत्तर प्रदेश के राजनीतिक क्षितिज पर जनता दल का तेज उभार इस बात का संकेत था कि यहां हरित क्रांति के कारण आयी प्रगति के चलते सम्पन्न किसान और मंझोली व अर्द्धमंझोली काश्त वाला कृषक वर्ग एक दूसरे के साथ आने लगा है (पई : 1993)। आज इस निष्कर्ष के साथ सहमति होना कठिन है, क्योंकि 1989 के बाद 1991 के विधानसभा चुनावों में जनता दल पूरी तरह बिखर गया और उसकी हालत काफी खराब हो गयी (उसे 116 सीटों और 10.9 प्रतिशत वोटों का नुकसान हुआ)। ऐसा कैसे हो सकता था कि सम्पन्न और मंझोली किसानी के बीच हुआ ऐसा सामाजिक-आर्थिक गठजोड़ रातों-रात इस कदम बिखर जाए?

पहले कांग्रेस और बाद में लोद-जद के पतन से जो शून्य पैदा हुआ उसको भरने के लिए भाजपा, सपा और बसपा अलग-अलग राजनीतिक शक्तियों के रूप में सामने आये। कुछ विश्लेषकों का कहना है कि हिंदुत्व के उभार ने ग्रामीण हितों को असरदार चुनावी गुट के रूप में एकजुट होने से रोक दिया। डंकन का तर्क है कि 'पिछले कुछ समय में हिंदू राष्ट्रवाद और हिंदुत्ववादी आंदोलन के उदय को ऐसी ताकतवर शक्तियों के रूप में देखा जा रहा है जो किसानों की एकजुटता और राजनीतिक सक्रियता को नुकसान पहुंचा रही है। पिछले कुछ सालों के दौरान हिंदू और मुस्लिम अस्मिताएँ साफ तौर पर सामने आयी हैं और इन पहचानों का राजनीतिक परिप्रेक्ष्य में ध्रुवीकरण एवं वर्चस्व कायम हुआ है...। ये 'पहचानें' ग्रामीण हितों की क्षेत्रीय/स्थानीय या लोकप्रिय निर्मिति को भी अवरुद्ध कर सकती हैं।' हिंदुत्व एवम् भाजपा के उभार को बुनियादी तौर पर दो महत्त्वपूर्ण घटनाक्रमों की देन माना जा सकता है। एक, विश्वनाथ प्रताप सिंह द्वारा 8 अगस्त 1990 को आनन-फानन में लिया गया मंडल कमीशन रिपोर्ट को लागू करने का फैसला, और दो, अयोध्या मसले पर उत्तर प्रदेश के मुख्यमंत्री मुलायम सिंह यादव की कठोर और दमनकारी नीति। पहली घटना ने जनता दल को विभाजित कर दिया, और ऊंची जातियां तथा राजपूत पार्टी से दूर चले गए। पार्टी का वह मतदाता मंडल आयोग की रिपोर्ट के पूरी तरह खिलाफ था। यादवों और कुछ अन्य पिछड़ी जातियों से भी पार्टी को हाथ धोना पड़ा क्योंकि मुलायम सिंह यादव ने भी मंडल आयोग का विरोध किया। जनता दल को जाट किसानों से जो समर्थन मिलता था उसका भी एक बड़ा हिस्सा दूर चला गया क्योंकि उसके नेता महेन्द्र सिंह टिकैत ने भाजपा को समर्थन दे दिया। इन सारी घटनाओं ने जनता दल के ग्रामीण वोट बैंक को छिन्न-भिन्न कर दिया (पई : 1993)।

दूसरा बदलाव यह आया कि हिन्दुओं में ऊंची जातियां भाजपा की ओर खिसकने लगीं। मंडल आयोग की रिपोर्ट के लागू होने के बाद भाजपा बाबरी

मस्जिद मुद्दे का सहारा लेकर हिन्दुओं को जातिगत विभाजनों से ऊपर उठकर एकजुट करने की नीति पर चलने लगी। अपनी इस नीति के जरिए भाजपा को एक ऐसा रास्ता मिल गया जिसके सहारे वह हिन्दुओं को एक साझा उद्देश्य के लिए और एक साझा 'शत्रु'—मुसलमानों—के खिलाफ एकजुट करने का राजनीतिक नारा पेश करने में कामयाब हो गयी। अन्य पिछड़ी जातियों और दलितों का आह्वान किया गया कि वह अपनी संकीर्ण पहचानों को छोड़कर व्यापक हिन्दू समाज या राष्ट्र, में शामिल हो जायें। इस कोशिश में भाजपा को आंशिक सफलता भी मिली। इसके पीछे भाजपा के विधायकों की बदलती सामाजिक पृष्ठिभूमि को भी एक कारण माना जा सकता है।

तालिका 4.1
भाजपा विधायकों की जातिगत पृष्ठभूमि

जाति	1985	1989	1991	1993	1996
ऊंची जातियाँ	56.25	56.9	51.12	46.6	50.54
मँझोली जातियाँ (जाट)	–	–	3.16	3.93	4.59
अन्य पिछड़ी जातियाँ	31.25	18.96	18.01	19.06	21.66
अनुसूचित जातियाँ	12.50	22.41	25.80	19.07	21.82
सिख	–	1.72	0.45	0.56	1.15
अज्ञात	–	–	1.35	10.67	1.15
कुल	100	100	100	100	100
संख्या (N)	16	58	221	178	174

***स्रोत :** क्रिस्टोफ जैफ्रेले व अन्य, 2003*

बहरहाल, हालांकि कई राजनीतिक टिप्पणीकारों का मानना है कि भाजपा की मुख्य ताकत हिंदुत्व ही है, फिर भी नब्बे के दशक में उत्तर प्रदेश के स्तर पर भाजपा की स्थिति लगातार कमजोर हुई। और यह रुझान अभी भी जारी है (1961 में 221 सीटें, 1993 में 177 सीटें, 1996 में 175 सीटें, 2002 में 88 सीटें, 2007 में 50 सीटें)। यह स्थिति भाजपा के हिंदुत्व केन्द्रित समर्थन की विश्वसनीयता पर सवालिया निशान खड़ा कर देती है। भाजपा को केवल धर्मनिरपेक्षता बनाम सांप्रदायिकता के चश्मे से देखने की बजाय पार्टी के विचारधारात्मक आयामों, उसके ठोस कार्यकर्ता आधार, भाजपा शासित क्षेत्रों शासन की गुणवत्ता और उसके जनाधार, खासतौर से ग्रामीणा क्षेत्र में उसके जनाधार का भी समुचित विश्लेषण किया जाना चाहिए। लोकप्रिय मान्यता के विपरीत विकासशील समाज अध्ययन पीठ (सीएसडीएस), दिल्ली द्वारा कराए गये राष्ट्रीय चुनाव अध्ययनों से ऐसा लगता है कि पिछले कई लोकसभा चुनावों (1996,

1998, 1999) में भाजपा ग्रामीण मतदाताओं में लोकप्रिय हुई।

1989 और 1999 में उत्तर प्रदेश विधानसभा और लोकसभा के लिए एक साथ चुनाव कराए गये। जिन दो मुद्दों ने राज्य को इस पूरे दौरान परेशान किया, उनमें से एक अयोध्या विवाद से संबंधित था, जबकि दूसरा अन्य पिछड़ी जातियों के लिए आरक्षण का मुद्दा था। 1989 के चुनावों में भी अध्योध्या का मुद्दा मौजूद तो जरूर था, पर एक राष्ट्रीय पहचान उसे 1991 के आम चुनावों में ही मिली। उत्तर प्रदेश के मुख्यमंत्री के रूप में मुलायम सिंह सरकार द्वारा की गई सख्ती ने न केवल राममंदिर मुद्दे को सबकी नजर में ला दिया, बल्कि वह राजनीतिक रूप से भाजपा के लिए लाभदायक भी साबित हुआ। इस मुद्दे के सहारे भाजपा पहली बार उत्तर प्रदेश की सत्ता में पहुंची और लोकसभा में उत्तर प्रदेश से उसकी सीटों की संख्या 8 से बढ़कर 52 हो गयी। उसे 1989 के 7.5 प्रतिशत के मुकाबले 1991 में 32.8 प्रतिशत वोट भी मिले। समझा गया कि कारसेवकों के खिलाफ सरकार की हिंसक कार्रवाई के कारण जातिगत आधार पर बंटे हुए हिंदुओं के बीच एकजुटता हुई। भाजपा को 1990 में सोमनाथ से अयोध्या तक आडवाणी की रथयात्रा से भारी समर्थन मिला। अयोध्या विवाद के फलस्वरूप आखिरकार विहिप, बजरंग दल, शिवसेना आदि कट्टरपंथी संगठनों की भीड़ ने 4 दिसम्बर 1992 को अयोध्या स्थित बाबरी मस्जिद को गिरा दिया। उस समय कल्याण सिंह उत्तर प्रदेश में भाजपा सरकार के मुख्यमंत्री थे। तब से अब तक अध्योध्या का मुद्दा लगभग सभी चुनावों में किसी न किसी स्तर पर मौजूद रहा है और उसने न केवल उत्तर प्रदेश बल्कि देश के अन्य हिस्सों में भी असर डाला है।

उत्तर प्रदेश की चुनावी राजनीति को प्रभावित करने वाला एक और महत्त्वपूर्ण मुद्दा 'मंडल आयोग की रपट' के क्रियान्वयन का था। जब वी. पी. सिंह प्रधानमंत्री थे, तो उन्होंने वर्षों से धूल खा रही मंडल आयोग की रिपोर्ट को निकाला और 8 अगस्त 1990 को उस पर अपनी स्वीकृति की मोहर लगा दी। आयोग ने अपनी रिपोर्ट में सिफारिश की थी कि सरकारी नौकरियों में अन्य पिछड़ी जातियों को भी आरक्षण दिया जाये। इस फैसले के बाद तो पूरे राज्य में आरक्षण विरोधी रैलियों की बाढ़ सी आ गयी। कई जगह छिट-पुट दंगे भी फूट पड़े। राज्य भर में आरक्षण के समर्थकों और विरोधियों के बीच जमकर टकराव हुए। वी. पी. सिंह ने इस फैसले के जरिये मुलायम सिंह द्वारा अनजाने में किये गये नुकसान की भरपाई करने की कोशिश की। मुलायम के कदमों ने बंटे हुए हिंदुओं को एकजुट कर दिया था, वी. पी. सिंह के कदम ने उन्हें फिर दो खेमों—अगड़ों और पिछड़ों—में बाँट दिया। हिंदुओं में किसी भी तरह का मतभेद भाजपा के एजेंडे को नुकसान पहुँचाता है, इसलिए भाजपा और सभी दूसरी राजनीतिक पार्टियों को भी मजबूरन मंडल विरोधी आंदोलनकारियों के प्रति अपना समर्थन वापस लेना पड़ा। बसपा और सपा (उस समय जनता दल) ने आरक्षण के मुद्दे का फायदा उठाने की कोशिश की, लेकिन वे

राजनीतिक रूप से भाजपा को कमजोर नहीं कर पाये। भाजपा ने भी दलितों और पिछड़ों के लिए आरक्षण का समर्थन किया। भाजपा के राजनीतिक प्रबंधकों ने माहौल को मंडल बनाम कमंडल और पिछड़ों-अगड़ों का टकराव नहीं बनने देने की कोशिश की। इस टकराव के लिए जनता दल के वी. पी. सिंह, चंद्रशेखर और मुलायम सिंह ने काफी जोर लगाया था। आरक्षण के होने या न होने से जिन लोगों को सचमुच नफा-नुकसान पहुँचता है, उनकी संख्या महत्त्वपूर्ण नहीं रह गई। मुद्दा आरक्षण नहीं सामाजिक-राजनैतिक सत्ता में बदलाव और हिस्सेदारी का हो गया। इस मुद्दे पर लोग इतने भावुक थे कि आरक्षण के खिलाफ कोई भी आवाज एक तरफ दलित-पिछड़ों तथा दूसरी तरफ उसका विरोध करने वाली पार्टी के बीच भारी खाई पैदा कर देती थी। इसके बावजूद बसपा दलित चेतना की और सपा पिछड़ी जातियों की नुमाइंदा पार्टी बनकर सामने आयी। तभी से उत्तर प्रदेश की राजनीति के मंडलीकरण ने राज्य की चुनावी स्पर्धाओं को प्रभावित किया है।

नवम्बर 1990 में जनता दल टूट गया। मुलायम सिंह यादव ने पहले समाजवादी जनता पार्टी (सजपा) और बाद में समाजवादी पार्टी (सपा) बनायी। मुलायम सिंह का संबंध संसोपा के लोहियावादी समाजवादी खेमे से रहा है और उन्होंने लोकदल के तौर-तरीकों से चुनावी गोलबंदी के लिए एक बिल्कुल अलग सामूहिक पहचान गढ़ने की कोशिश की है। उनकी रणनीति दलित समुदायों और संगठनों के साथ गठजोड़ तथा साथ ही मुसलमानों से नजदीकी की लोहियावादी परंपरा पर चलते हुए पिछड़ी जातियों की सामूहिक पहचान को पुख्ता करने पर केन्द्रित थी। इन पिछड़े वर्गों में जाट शामिल नहीं थे, जबकि लोकदल उन्हें हमेशा इन वर्गों में शामिल करके देखता था। मंडल आयोग की रिपोर्ट को लागू करने की घोषणा से सपा के पिछड़े मतदाता एकजुट हुए, जबकि अयोध्या मुद्दे के कारण मुसलमान भी उसी के खेमे में ध्रुवीकृत होने लगे।

चुनावी बिखराव से सामने आने वाले समूहों में सबसे महत्त्वपूर्ण दलित या अनुसूचित जातियां रही हैं। दलितों ने न केवल खुद को मायावती के नेतृत्व में एकजुट किया है, बल्कि उन्होंने बहुजन समाज पार्टी के झंडे तले चुनावी होड़ में अपनी मजबूत दावेदारी भी पेश की है। बसपा का संबंध अंबेडकरवादी परंपरा से रहा है। उसकी जड़ें 1970 के दशक के अंतिम में बैकवर्ड एंड माइनॉरिटी कम्युनिटीज इम्प्लाइज फेडरेशन (बामसेफ) के गठन में ढूँढी जा सकती हैं। कांशीराम बामसेफ के मुख्य नेता थे और उन्होंने 1971 में पुणे स्थित सरकारी वैज्ञानिक अनुसंधान संस्थान में दलितों की एक समन्वय समिति बनायी थी। कांशीराम ने दलितों की राजनीतिक महत्त्वाकांक्षाओं को सम्मान देते हुए डीएस-4 (दलित शोषित समाज संघर्ष समिति) का गठन किया और 1982 के हरियाणा विधानसभा चुनाव में अपने उम्मीदवार खड़े किये। आधिकारिक रूप से बसपा का

गठन 1984 में हुआ। 1985 में बसपा ने उत्तर प्रदेश विधानसभा चुनावों में आधे से भी अधिक सीटों पर चुनाव लड़ा, लेकिन उसे एक भी सीट पर कामयाबी नहीं मिल पायी। इसके बाद बसपा लगातार मजबूत होती गयी और अब वह एक महत्त्वपूर्ण राजनीतिक शक्ति और चुनावी दावेदार के रूप में सामने आयी है। इस दौरान उत्तर प्रदेश के विधानसभा चुनावों में उसका प्रदर्शन काफी बढ़िया रहा है (1989 में 13 सीटें, 1991 में 12 सीटें, 1993 में 67 सीटें, 2002 में 98 सीटें तथा 2007 में 206 सीटें)। अलग-अलग राजनीतिक दलों के साथ गठजोड़ के जरिये मायावती को तीन बार मुख्यमंत्री की गद्दी पर पहुंचने का मौका मिला और, 2007 में तो बसपा ने अपने बलबूते बहुमत सरकार बना ली।

1991 के बाद उत्तर प्रदेश में थोड़े-थोड़े समय पर दो विधानसभा चुनाव हुए—एक दिसम्बर 1993 में और दूसरा अक्टूबर 1996 में। 1993 का चुनाव बाबरी मस्जिद के ध्वंस, कल्याण सिंह सरकार की बर्खास्तगी और राष्ट्रपति शासन की पृष्ठभूमि में लड़ा गया। 1996 का चुनाव लखनऊ के सर्किट हाउस कांड, मुलायम सिंह सरकार के पतन, मुख्यमंत्री की कुर्सी पर मायावती की ताजपोशी और फिर राष्ट्रपति शासन की घोषणा की पृष्ठभूमि में सम्पन्न हुआ। 1996 के मई माह में लोकसभा के लिए भी चुनाव हुए थे। संसद और विधानसभा के लिए हुए इन दोनों चुनावों में भाजपा, सपा, बसपा और कांग्रेस की स्थिति में कोई खास फर्क नहीं आया और भाजपा औरों से आगे बनी रही। 1996 के विधानसभा चुनावों के बाद राज्य में दोबारा राष्ट्रपति शासन लगा दिया गया, क्योंकि किसी भी दल को स्पष्ट बहुमत नहीं मिल पाया। राज्यपाल रोमेश भंडारी ने सबसे बड़ी पार्टी के रूप में भाजपा को सरकार बनाने का न्यौता नहीं दिया। भंडारी ने उत्तर प्रदेश में राष्ट्रपति शासन की सिफारिश करके एक संवैधानिक संकट की स्थिति पैदा कर दी। बहरहाल, 17 मार्च, 1997 को भाजपा और बसपा के बीच समझौता हो जाने के बाद राष्ट्रपति शासन समाप्त कर दिया गया। भाजपा और बसपा के बीच इस बात पर सहमति बनी कि दोनों पार्टियां 6-6 माह सरकार की बागडोर संभालेंगी। समझौते के मुताबिक अक्टूबर 2001 में विधानसभा का कार्यकाल समाप्त होने तक यही व्यवस्था चलनी थी। 1996 के बाद लोकसभा को भी दो बार भंग किया गया। नतीजतन, 1998 में बारहवीं और 1999 में तेरहवीं लोकसभा के लिए मध्यावधि चुनाव कराये गये। 1999 में हुए लोकसभा चुनाव कांग्रेस के लिए काफी महत्त्वपूर्ण साबित हुए। इन चुनावों में उत्तर प्रदेश से उसे 10 सीटें और 14.75 प्रतिशत वोट मिले। 1998 में कांग्रेस का खाता भी नहीं खुल पाया था और उसे वोट भी मात्र 6.02 प्रतिशत ही मिले थे। इस लिहाज से 1999 का चुनाव उसके लिए काफी फायदेमंद रहा। 1999 में भाजपा को भारी नुकसान उठाना पड़ा। 1998 में उसे 57 सीटें और 36.49 प्रतिशत वोट मिले थे जबकि 1999 में उसकी सीटों की संख्या केवल 29 और वोट

केवल 27.62 प्रतिशत रह गये। भाजपा को उत्तर प्रदेश के तत्कालीन भाजपा मुख्यमंत्री कल्याण सिंह की भूमिका के कारण भारी शर्मिंदगी उठानी पड़ी। कल्याण सिंह इस बात को लेकर पार्टी से खफा थे कि पार्टी ने उनके लोध दोस्त साक्षी महाराज को टिकट नहीं दिया। बाद में कल्याण सिंह को मुख्यमंत्री पद से हटा दिया गया और उन्होंने भाजपा छोड़कर राष्ट्रीय क्रांति पार्टी (राक्रांपा) के नाम से एक नयी राजनीतिक पार्टी बना ली। 1999 के लोकसभा चुनाव बसपा के लिए भी काफी उत्साहजनक रहे। पिछले चुनावों की 4 सीटों के मुकाबले इस बार उसे 14 सीटों पर कामयाबी मिली। यह सफलता इस वजह से और भी रोचक दिखायी देती है कि 1998 के मुकाबले 1999 में उसे केवल 1.16 प्रतिशत वोट ही अधिक मिले थे। बीसवीं सदी के अंतिम दशक के दौरान उत्तर प्रदेश की राजनीति में कांग्रेस के तेज पतन, राजनीतिक ध्रुवीकरण, दलितों-पिछड़ों की राजनीतिक दावेदारी, खंडित जनादेश, राजनीतिक गतिरोध तथा गठबंधन सरकारों की अपरिहार्यता के लिए याद रखी जायेगी।

कांग्रेस का पतन निश्चय ही राज्य में उसके परंपरागत वोट बैंक के क्षीण हो जाने का परिणाम है। परन्तु महत्त्वपूर्ण प्रश्न यह है कि आखिर कांग्रेस के परंपरागत वफादार भी उसके साथ क्यों नहीं रह पाये? हालांकि इसमें कोई शक नहीं कि ब्रास द्वारा दिये गये गुटबाजी के तर्क और जोया हसन के मुताबिक 'मतदाताओं की पृष्ठभूमि तथा नेतृत्वकारी संरचना की असंगति के तर्क भी विभिन्न जातियों के कांग्रेस से दूर होते जाने के लिए जिम्मेदार हो सकते हैं। लेकिन, इससे कांग्रेस के हाशिए पर सिमट जाने की परिघटना को पूरी तरह नहीं समझा जा सकता है। दरअसल गरीबों और निचले तबके के लोगों की जिंदगी में सुधार ला पाने में विफलता, उसके शासनकाल में समाज और राजनीति में फैले चौतरफा भ्रष्टाचार और अपराधीकरण और चालीस साल के लंबे शासन के कारण लोग कांग्रेस से बुरी तरह उकता चुके थे और इसलिए वह दूसरे विकल्पों की तलाश करने लगे। इससे पता चलता है कि मतदाता लोकतांत्रिक राजनीति के सारतत्व को आत्मसात कर रहे थे और फलस्वरूप उन्होंने दूसरे लोकतांत्रिक विकल्पों की तलाश शुरू कर दी थी। उन्हें यह दिखायी देने लगा कि गैरकांग्रेसी पार्टियों को राष्ट्र विरोधी मानना उचित नहीं होगा। लेकिन क्या फिर यह मान लिया जाये कि कांग्रेस का पतन उसके कुशासन की ही देन है? और, यदि वाकई ऐसा है तो फिर दूसरी पार्टियों के कुशासन को क्या कहा जायेगा? या फिर, क्या इसका कांग्रेस की अलोकतांत्रिक कार्यशैली से भी कुछ संबंध रहा है?'

लेकिन, लोकसभा में कांग्रेस के काफी सांसद उत्तर प्रदेश से जीत कर जाते थे। 1984 के चुनावों में 85 में से 83 लोकसभा सीटें कांग्रेस को मिली थीं। इन आँकड़ों के लिहाज से देखा जाये तो 1989 के लोकसभा चुनावों के बाद कांग्रेस का

तेज पतन सचमुच हैरत में डालने वाला है। 1998 के लोकसभा चुनावों में उत्तर प्रदेश से पार्टी के सांसदों की संख्या शून्य पर पहुंच गयी। यूँ तो 1977 में भी कांग्रेस को उत्तर प्रदेश से लोकसभा की कोई सीट नहीं मिल पायी थी, पर 1998 की महत्त्वपूर्ण बात यह थी कि इस बार उसे मिले वोट भी केवल 6.02 प्रतिशत ही रह गये थे। जबकि 1977 में पार्टी को फिर भी 25 प्रतिशत वोट मिल गये थे। यह रुझान राज्य स्तरीय राजनीति में भी दिखायी देता है। 1989 से कांग्रेस पहले नंबर की पार्टी से गिरते-गिरते राज्य में चौथे नंबर की पार्टी बनकर रह गयी है। यह सवाल अकसर पूछा जाता है कि क्या उत्तर प्रदेश में कांग्रेस स्थायी रूप से हाशिए पर जा चुकी है ? असल में कांग्रेस और भाजपा का जनाधार कुल मिलाकर एक ही है। फर्क है तो सिर्फ मुसलमान मतदाताओं का। ऐसे में, अगर भाजपा अपने मतदाताओं को अपने साथ जोड़े रखने में कामयाब नहीं हो पा रही है, तो एक संभावना यह हो सकती है कि उसके मतदाता कांग्रेस की तरफ जाने लगें। कहने का अर्थ यह है कि राज्य की राजनीति में कांग्रेस को आज भी स्थायी रूप से खारिज नहीं किया जा सकता है, हालांकि आज की स्थिति में उसकी हालत काफी खस्ता दिखायी देती है।

उत्तर प्रदेश में जातिगत और सांप्रदायिक आधार पर भी मतदाताओं का ध्रुवीकरण हुआ है। ज्यादातर पार्टियों ने किसी न किसी बड़े जाति-समूह पर ध्यान केन्द्रित किया है। विकासशील समाज अध्ययन पीठ के 'राष्ट्रीय चुनाव अध्ययन' के तहत 1996, 98, 99 व 2004 के लोकसभा चुनावों और 2002 तथा 2007 के विधानसभा चुनावों के आँकड़ों से उत्तर प्रदेश के विभिन्न राजनीतिक दलों की बदलती सामाजिक स्थिति को समझने के लिए सामग्री मिलती है। मतदाताओं का विभाजन और जाति आधारित पार्टियों के आधार पर ध्रुवीकरण से एक महत्त्वपूर्ण सवाल यह उठता है कि क्या अब यह राज्य कभी दो-दलीय प्रणाली की तरफ लौट पायेगा ? सवाल यह भी है कि क्या यह अपेक्षा उचित है ? ऐसी संभावना दिखायी नहीं देती थी कि विभिन्न जातियां नये राजनीतिक गठजोड़ कायम कर पाएंगी। इसलिए, निकट भविष्य में यहां दो-दलीय प्रणाली की वापसी की संभावना भी बेमानी दिखायी देती है। हालांकि सारी पार्टियां सामाजिक जोड़-तोड़ में लगी हुई हैं, लेकिन ऐसा नहीं लगता कि उन्हें अपेक्षित सफलता मिल पायेगी। भाजपा ने 2001 में अति पिछड़ों और सर्वाधिक पिछड़ों, और सर्वाधिक दलितों के लिए सीटों के आरक्षण का प्रस्ताव रखकर पिछड़ों व दलितों को लुभाने की कोशिश में एक शुरुआती सफलता हासिल की थी। राजनाथ सिंह के नेतृत्व में भाजपा की तत्कालीन राज्य सरकार ने अति पिछड़ों और सर्वाधिक पिछड़ों, और सर्वाधिक दलितों के लिए सीटों के आरक्षण का प्रस्ताव रखकर पिछड़ों व दलितों को लुभाने की कोशिश में एक शुरुआती सफलता हासिल की थी। राजनाथ सिंह के नेतृत्व में भाजपा की

तत्कालीन राज्य सरकार ने अति पिछड़ों और सर्वाधिक पिछड़ों और सर्वाधिक दलितों (जिनमें दलितों की 65 गैर जाटव जातियां शामिल हैं) को कानून के जरिए आरक्षण देने का प्रस्ताव रखा था। बसपा ने बहुजन समाज की अवधारणा को छोड़कर सर्वजन समाज की अवधारणा को अपनाकर अपने भीतर एक विचारधारात्मक बदलाव लाने की कोशिश की है। इस नयी अवधारणा के सहारे बसपा ऊंची जातियों और मुसलमानों को बड़े पैमाने पर पार्टी में शामिल होने का आह्वान कर सकती है और पिछली बार इसी के बल पर उसने सत्ता भी पाई है। सपा और कांग्रेस भी अपने-अपने स्तर पर कुछ ऐसा ही करती दिखायी पड़ती हैं। अपनी सोशल इंजीनियरिंग के फलस्वरूप अब राजनीतिक दल समावेशी राजनीति के रास्ते पर बढ़ते दिखायी देते हैं। उन्हें अपनी संकीर्ण राजनीति को छोड़ना पड़ रहा है। मतदाताओं के भावी राजनीतिक व्यवहार के बारे में अंदाजा लगाना एक जोखिम भरा काम है, फिर भी राज्य के मतदाताओं के पिछले रिकार्ड को देखते हुए हम इतना तो कह ही सकते हैं कि उत्तर प्रदेश के मतदाताओं ने हिंदुत्व के नारे पर भाजपा को कोई समर्थन नहीं दिया है और 6 दिसम्बर 1992 को अयोध्या में विवादित ढाँचे के टूटने के बाद से राज्य में पार्टी की स्थिति लगातार खराब होती जा रही है (1991 में 221 सीटें, 1993 में 177 सीटें, 1996 में 157 सीटें, 2002 में 66 सीटें)।

1990 के दशक को दलित चेतना के उभार का दशक भी माना जा सकता है। हालांकि बसपा अस्सी के दशक में ही गठित हो चुकी थी और उससे पहले भी डीएस-4 तथा अन्य संगठनों के बैनर तले दलितों को संगठित करने की कोशिशें की जा रही थीं, परंतु दलितों का निर्णायक उभार मायावती और कांशीराम के प्रयासों से ही संभव हुआ। बसपा नेतृत्व दलित समाज को इस आशय का संकेत देने में कोई कसर नहीं छोड़ रहा है कि आने वाला समय उन्हीं का है। उसका लक्ष्य है—किसी भी तरह सत्ता में पहुंचना। बसपा ने उत्तर प्रदेश में कई बड़ी रैलियां आयोजित की हैं। अब उन्होंने दिल्ली पर भी ध्यान केन्द्रित करना शुरू कर दिया है। वैसे, बसपा नेतृत्व में भी हालात में कोई उल्लेखनीय बदलाव दिखायी नहीं देता। इतना अवश्य है कि मायावती के डर से नौकरशाही दलितों के प्रति काफी उदार हो गयी है जिससे तातकवर दलितों की गैरकानूनी गतिविधियों जैसे जमीन हथियाना, गैरकानूनी हथियार रखना, विकास संबंधी अनुदानों के बंटवारे में बेवजह की दखलंदाजी, दलितों को कानूनी संरक्षण की आड़ में दाब-धौंस जैसी गतिविधियों को छूट मिल गयी है।

कई प्रेक्षकों को समावेशी और लोकलुभावन राजनीति के दो विपरीत ध्रुवों को परस्पर जोड़ने के लिए बसपा द्वारा किये जा रहे प्रयासों को समझने में खासी दिक्कत पेश आ रही है। इस रणनीति के मामले में बसपा का कोई जवाब नहीं है। भले ही बसपा और उसके नेता राजनीति और राजनेताओं के सफेदपोश खेमे से ताल्लुक न रखते हों, फिर भी उसे इस बात के लिए तो श्रेय देना ही होगा कि उसने अपनी

लोकलुभावन राजनीति को समावेशी राजनीति के साथ कितनी सफलता और चालाकी के साथ जोड़ लिया है। उत्तर प्रदेश के पड़ोसी राज्यों—बिहार, मध्य प्रदेश, राजस्थान, हरियाणा, हिमाचल प्रदेश, दिल्ली और उत्तराखंड—को देखने पर यह बात समझ में नहीं आती कि इन राज्यों में बसपा का कोई खास जनाधार क्यों नहीं है।

उत्तर प्रदेश में दलित चेतना के साथ-साथ पिछड़ी जातियों की राजनीतिक चेतना में भी इजाफा हुआ है। राज्य में पिछड़ी जातियों (ओबीसी) ने खासतौर से मुलायम सिंह यादव के कार्यकाल में अपनी मजबूत दावेदारी पेश की है। हालांकि उत्तर प्रदेश में सपा लगभग आठ साल (जून 1995) तक सत्ता में नहीं रही, फिर भी मुलायम सिंह का करिश्मा इतना है कि पिछड़े, खासतौर से यादव अभी भी उनकी पार्टी के प्रति निष्ठावान हैं। उत्तर प्रदेश के यादव एक सम्पन्न खेतिहर समुदाय है और पूरे राज्य में उनकी व्यापक मौजूदगी है। अन्य पिछड़ी जातियां सपा के प्रति निरंतर निष्ठावान रही हैं। (1996 में 38 प्रतिशत, 1998 में 33.1 प्रतिशत, 1999 में 18.2 प्रतिशत, 2002 में 47.2 प्रतिशत)। लेकिन, भाजपा ने भी इस क्षेत्र में उन्हें कड़ी चुनौती दी है उसे भी अन्य पिछड़ी जातियों में अच्छा समर्थन मिला (1996 में 39.9 प्रतिशत, 1998 में 44.9 प्रतिशत, 1999 में 24.7 प्रतिशत, 2002 में 40.5 प्रतिशत)। भाजपा और बसपा दोनों ने ही राज्य स्तर पर पार्टी की बागडोर अन्य पिछड़ी जातियों के लोगों को सौंपी है।

उत्तर प्रदेश तथा शेष उत्तरी भारत में अन्य पिछड़ी जातियों का राजनीतिक उभार 1960 के दशक से ही दिखायी देने लगा था। गौरतलब है कि हिंदी-भाषी राज्यों में अन्य पिछड़ी जातियों का उभार काफी उतार-चढ़ाव वाला रहा है। एक तरफ बिहार है, जहां इन जातियों की गोलबंदी काफी तेज और ठोस रही है वहां सत्ता की राजनीति में इन जातियों की दावेदारी इतनी मजबूत हो चुकी है कि कुछ विश्लेषकों को तो ऐसा लगने लगा है कि अब बिहार में इन जातियों के वर्चस्व को चुनौती नहीं दी जा सकती है। दूसरी तरफ उत्तर प्रदेश है जहां इन जातियों की गोलबंदी धीरे-धीरे हुई है और यह पूरा समूह भाजपा और सपा के बीच लगभग बराबर-बराबर बंटा हुआ है। मध्य प्रदेश में अन्य पिछड़ी जातियों का अभी तक अपना कोई अलग नेतृत्व ही नहीं है। मध्य प्रदेश में इसकी एक सीधी वजह यह है कि यहां कांग्रेस और भाजपा, दोनों ने ही अपने पार्टी संगठनों में इन जातियों को महत्त्वपूर्ण पद दिए हुए हैं।

उत्तर प्रदेश में नब्बे के दशक की चुनावी राजनीति का एक और पहलू यह है कि इस दौरान यहां गठबंधन की राजनीति शुरू हुई। इस दशक को गठबंधन राजनीति का युग भी कहा जा सकता है। 24 जून 1991 से 6 दिसम्बर 1992 के बीच कल्याण सिंह के नेतृत्व में बनी भाजपा सरकार को छोड़कर 1989 के दिसम्बर से 2007 के चुनावों तक यहां गठबंधन सरकारें रही हैं। उत्तर प्रदेश की विशालकाय विधानसभा में गठबंधन सरकारों का गठन इस बात की ओर संकेत करता है कि यहां

आमतौर पर खंडित जनादेश सामने आ रहा है जो मतदाताओं के बीच जाति व संप्रदाय के आधार पर विभाजन को इंगित करता है। जाति एवं धर्म के आधार पर होने वाले इस सामाजिक विखंडन ने राज्य को बार-बार चुनाव होने की स्थिति में धकेल दिया है।

उत्तर प्रदेश और अन्यत्र गठबंधन राजनीति के स्वरूप को लेकर विद्वानों के बीच मतभेद हैं। कुछ लोगों का मत है कि गठबंधन का रुझान राजनीति में एक गतिरोध का काम कर रहा है, क्योंकि कोई भी पार्टी लोगों के बीच पूर्ण बहुमत प्राप्त नहीं कर पा रही है और इसीलिए यहां किसी एक पार्टी की सरकार नहीं बन पायेगी। कुछ का मानना है कि गैर-गठबंधन राजनीति ज्यादा ठहराव वाली होती है। असल में गठबंधन सिर्फ सत्ता में हिस्सेदारी का ही मामला नहीं है, बल्कि इससे सांस्कृतिक एवं सामाजिक स्तर पर होड़ की राजनीति का पता भी चलता है। हमारा मानना है कि राज्य में गठबंधन का रुझान किसी गतिरोध की ओर संकेत नहीं करता, बल्कि असल में यह लोगों के खंडित जनादेश से पैदा हुए गतिरोध को तोड़ने की एक कोशिश है। 2002 में हुए विधानसभा चुनाव इसका एक अच्छा उदाहरण हैं। जिस समय परिणामों की घोषणा की गयी थी तो जनादेश पूरी तरह बंटा हुआ था। उसमें सरकार बनने की कोई उम्मीद नहीं दिखायी देती थी। राज्यपाल इस स्थिति में किसी भी पार्टी को सरकार बनाने के लिए आमंत्रित नहीं कर सकते थे। यह स्पष्ट गतिरोध था। आखिरकार भाजपा और बसपा के बीच समझौता हुआ और उन्होंने गठबंधन सरकार बनाने का फैसला किया जिससे यह गतिरोध टूट गया।

विधानसभा चुनाव 2002

उत्तर प्रदेश में फरवरी 2002 में विधासभा के लिए चुनाव हुए। यह चुनाव कानूनी व संवैधानिक विवादों की पृष्ठभूमि में लड़े गये थे। इनमें एक मुद्दा मतदाताओं के फोटो पहचान पत्र की अनिवार्यता से जुड़ा हुआ था, जबकि दूसरा इस बात से कि 13वीं विधानसभा का कार्यकाल सही मायने में कब समाप्त माना जाये। कुछ लोगों का मानना था कि अक्टूबर 1996 में गठित की गयी विधानसभा का कार्यकाल 5 वर्ष पूरे होने पर अक्टूबर 2001 में खत्म हो जाना चाहिए। परंतु निर्वाचन आयोग ने व्यवस्था दी कि यह कार्यकाल मार्च 2002 में समाप्त होता है क्योंकि विधानसभा की पहली बैठक मार्च 1997 में बुलायी गयी थी।

1991, 1993 और 1996 के विधानसभा चुनावों में भाजपा सबसे बड़ी पार्टी रही थी। 1990 के दशक के दौरान भाजपा कुल मिलाकर साढ़े छः साल सत्ता में रही है। भाजपा के इस शासन से उसका यह दावा पूरी तरह झूठा साबित हो चुका है कि वह औरों से अलग पार्टी है। लोगों ने स्पष्ट देख लिया कि भाजपा की गठबंधन सरकार और उसके मंत्री भी पिछली सरकारों और पुराने मंत्रियों से किसी

मायने में अलग नहीं थे।

इस दौरान भाजपा और उसके सहयोगी संगठन विश्व हिंदू परिषद (विहिप), के बीच मंदिर के मुद्दे पर खींचतान भी चलती रही। विहिप 15 मार्च 2002 से अयोध्या में मंदिर निर्माण के अपने कार्यक्रम पर आगे बढ़ना चाहती थी, जबकि भाजपा का कहना था कि यह मुद्दा उसके एजेंडे का हिस्सा नहीं है। भाजपा अध्यक्ष ज. न. कृष्णमूर्ति ने मंदिर मुद्दे को 2004 के लोकसभा चुनावों तक के लिए पार्टी के एजेंडे से बाहर कर दिया था। भाजपा नेतृत्व ने उत्तर प्रदेश के विधानसभा चुनावों को देश के लिए एक निर्णायक चुनाव बताया। भाजपा ने चुनाव अभियान के दौरान जो मुद्दे उठाए उन्हें बुनियादी तौर पर तीन हिस्सों में रखा जा सकता है : (क) सांप्रदायिक लिहाज से संवेदनशील मुद्दे, (ख) सामान्य मुद्दे और (ग) स्थानीय महत्त्व के मुद्दे। पूरे राज्य में तीनों प्रकार के मुद्दों को एक जैसी ताकत से नहीं उठाया गया। रणनीतिक आधार पर अलग-अलग क्षेत्रों में अलग-अलग मुद्दों पर ज्यादा जोर दिया गया। नजदीक से देखने पर ऐसा लगता है कि भाजपा ने निर्वाचन क्षेत्रों को भी तीन श्रेणियों में बाँटा हुआ था : (क) ऐसी सीटें जहां मुसलमानों की ठीक-ठाक आबादी है और जो उसके खिलाफ सामूहिक रूप से मतदान कर सकते हैं, (ख) ऐसी सीटें जहां का मौजूदा विधायक भाजपा या उसकी सहयोगी पार्टी का है, और (ग) ऐसी सीटें जहां का वर्तमान विधायक किसी विरोधी पार्टी का है। माना जाता है कि (क) किस्म की सीटों पर मुसलमानों के बारे में विभिन्न प्रकार के दुष्प्रचार और सीमापार आतंकवाद, सिम्मी, पोटा, बंगलादेश से अवैध घुसपैठ और पाकिस्तान के खतरे (जिससे सीमा पर सुरक्षा बलों का भारी जमावड़ा हुआ) जैसे मुद्दों को ज्यादा हवा दी गयी। (ख) किस्म की सीटों पर कानून-व्यवस्था, राजनीति के अपराधीकरण, स्थिर सरकार, सामाजिक न्याय के लिए पिछड़ी जातियों और महिलाओं के आरक्षण, फसल एवं पशु बीमा, अगले तीन साल के दौरान डेढ़ लाख युवाओं को रोजगार जैसे मुद्दों पर ध्यान केन्द्रित किया गया। (ग) किस्म की सीटों पर नागरिक सुविधाओं, विकास, गरीबों के लिए मेडिक्लेम पॉलिसी, आठवीं कक्षा तक लड़कियों के लिए निःशुल्क पुस्तकें और प्रशासनिक उत्तरदायित्व जैसे स्थानीय महत्त्व के मुद्दे उठाये गये।

संघ और विहिप के कुछ लोगों का मानना है कि इन चुनावों में भाजपा इसलिए हारी क्योंकि उसने मंदिर कार्ड का सहारा नहीं लिया था। लेकिन, चुनावी आँकड़ों की जाँच करने पर पता चलता है कि असल में भाजपा मंदिर मुद्दे को कभी भुना ही नहीं पायी। उत्तर प्रदेश के मतदाता अब इस मुद्दे में बहुत दिलचस्पी लेते दिखायी नहीं देते। अयोध्या का मुद्दा अयोध्या और उत्तर प्रदेश के मुकाबले दूसरे राज्यों में लोगों को ज्यादा आंदोलित करता दिखायी देता है।

2002 के चुनावों में इलेक्ट्रॉनिक वोटिंग मशीनों की मदद से नतीजे की

घोषणा में काफी मदद मिली। इन मशीनों से कागज और छपाई की लागत में बचत हुई, बूथ कैप्चरिंग पर अंकुश लगा, मतगणना में आसानी हुई और बूथवार परिणामों की घोषणा से ग्रामीण स्तर पर जातियों के रुझानों को समझने में मदद मिली। इस नयी तकनीक का एक दूसरा पहलू भी है। इसके कारण एक जाति समुदाय द्वारा अपने मतदान को गोपनीय रखने की संभावना काफी सीमित हो गयी। ग्रामीण इलाकों में इसके नकारात्मक परिणाम दिखायी देने लगे हैं। बेहतर होगा कि आयोग विभिन्न केन्द्रों के मतपत्रों को आपस में मिला देने के पुराने तरीके का ही अनुसरण करे, जिससे मतदाताओं के सामूहिक मतदान रुझानों की गोपनीयता बनी रहे और चुनाव परिणामों के बाद उनके साथ किसी किस्म की मारपीट या प्रताड़ना न हो सके।

जैसा कि 2002 के चुनाव के नतीजों से स्पष्ट था, सपा को विधानसभा में 143 सीटें मिली और वह सबसे बड़ी पार्टी के रूप में सामने आयी । बसपा और भाजपा को क्रमश: 98 और 88 सीटें मिली। कांग्रेस चौथे नम्बर पर रही। उसे केवल 25 सीटें मिलीं। भाजपा के सहयोगियों में से केवल राष्ट्रीय लोकदल (रालोद) का ही प्रदर्शन उल्लेखनीय रहा। रालोद ने 38 सीटों पर चुनाव लड़ा और उसे 14 सीटों पर सफलता मिलीं। पर उसका प्रभाव केवल पश्चिमी उत्तर प्रदेश तक ही सीमित था। भाजपा के चार सहयोगियों—समता, शक्ति दल, लोक परिवर्तन पार्टी और किसान मजदूर बहुजन पार्टी—को एक भी सीट नहीं मिली।

अगर 2002 और 1996 के चुनावों में विभिन्न पार्टियों के प्रदर्शन की तुलना की जाये तो पता चलता है कि सीट और वोट, दोनों लिहाज से सबसे ज्यादा नुकसान भाजपा को हुआ है। 2002 में उसे मात्र 12.36 प्रतिशत वोट मिले। इसके अलावा कांग्रेस को भी काफी नुकसान हुआ। चुनावों से पहले यह अटकलें लगायी जा रही थीं कि 2002 में कांग्रेस एक बार फिर बड़ी सफलता प्राप्त करेगी। कांग्रेस ने पंजाब और उत्तरांचल (जहां उत्तर प्रदेश के साथ ही चुनाव हुए थे) में तो सरकार बना ली मगर उत्तर प्रदेश में उसे करारा झटका लगा। जहां तक नुकसान का सवाल है, तो पार्टी के प्रदर्शन पर कोई खास असर नहीं पड़ा क्योंकि राज्य में उसकी हालत पहले ही काफी खराब थी। गौरतलब है कि 2002 में कांग्रेस ने पिछले विधानसभा चुनावों के मुकाबले 298 अधिक उम्मीदवार खड़े किए थे, फिर भी उसके वोटों का प्रतिशत लगभग स्थिर रहा (उसे इस बार केवल 0.65 प्रतिशत वोटों का फायदा हुआ)। बसपा और सपा को सीटों और वोटों, दोनों के लिहाज से लगभग एक जैसा फायदा मिला। 1996 के विधानसभा चुनावों के मुकाबले बसपा को 32 सीटें और 3.53 प्रतिशत वोट ज्यादा मिले जबकि सपा के प्रदर्शन में 36 सीटों और 3.53 प्रतिशत वोटों का इजाफा हुआ।

उत्तर प्रदेश के विभिन्न क्षेत्रों में राजनीतिक दलों का प्रदर्शन काफी अलग-अलग रहा। पश्चिमी उत्तर प्रदेश में सपा का प्रदर्शन बेहद खराब रहा। उसे सिर्फ 7

सीटें (यानी 16 प्रतिशत सीट और 20.8 प्रतिशत वोट) मिले। सपा का सबसे अच्छा प्रदर्शन रुहेलखंड में रहा जहां उसने 22 सीटों पर कब्जा जमाया (क्षेत्र की 44 प्रतिशत सीट और 25.6 प्रतिशत वोट) हालांकि उसका प्रदर्शन बुंदेलखंड में भी खराब रहा, मगर बाकी इलाकों में सामान्य तौर पर उसकी हालत ठीक रही। भाजपा गठबंधन ने पश्चिमी उत्तर प्रदेश में सबसे अच्छा प्रदर्शन किया (जहां भाजपा-रालोद के बीच तालमेल था)। यहां उसने 38 में से 16 सीटें और 30.7 प्रतिशत वोट हासिल किये। पूर्वी उत्तर प्रदेश में उसका प्रदर्शन सबसे खराब रहा, जहां वह केवल 14 सीट जीत पायी (17.7 प्रतिशत सीट और 20.1 प्रतिशत वोट)। भाजपा गठजोड़ को रुहेलखंड में भी मुंह की खानी पड़ी। बुंदेलखंड में बसपा का दबदबा कायम रहा और उसको यहां की 10 सीटें मिली (47.6 प्रतिशत सीट और 28 प्रतिशत वोट)। परंतु उसे सबसे ज्यादा सीटें पूर्वी उत्तर प्रदेश के अवध और दोआब के इलाके में मिलीं। कांग्रेस का प्रदर्शन सभी क्षेत्रों में दयनीय रहा।

राज्य स्तर पर मतदाताओं की चुनावी पसंद-नापसंद पर उनके जातिगत पूर्वाग्रहों का भारी असर दिखायी देता है। ऊंची जाति के मतदाताओं ने भाजपा को खुलकर समर्थन दिया। यादवों ने सपा के प्रति निष्ठा दिखायी, जबकि दलितों ने बसपा को पसंद किया। मुसलमानों ने मोटे तौर पर सपा को वोट दिए। गैर-यादव पिछड़ी जातियों ने भाजपा को समर्थन दिया। 1999 के लोकसभा चुनावों के बाद राजनीतिक दलों के बारे में विभिन्न जातियों की पसंद-नापसंद बदल चुकी है। सपा और बसपा को सभी जातियों और मुसलमानों के बीच समर्थन मिलने लगा है। बसपा को मिलने वाले ऊंची जाति के वोटों में भी इजाफा हुआ है। संभवतः इसका एक कारण यह है कि बसपा ने 'बहुजन समाज' की जगह 'सर्वजन समाज' की विचारधारा के जरिये अब अपने दरवाजे गैर-दलितों के लिए भी खोल दिए हैं।

कांग्रेस को खालिस नुकसान हुआ। चुनावों से पहले ऐसा लगता था कि मुसलमान दोबारा कांग्रेस के साथ चलने को तैयार हैं, परंतु ऐन वक्त पर उन्होंने सपा का ही साथ दिया। भाजपा का भाव मिला-जुला रहा। ऊंची जातियों के बीच उसका समर्थन कुछ कम हुआ। दलितों के बीच तो उसे नाममात्र का ही फायदा हुआ, परंतु अन्य पिछड़ी जातियों के वोटों में उसने काफी सेंध लगायी (8.8 प्रतिशत)। भाजपा को मिले पिछड़े वोटों में इजाफे का मुख्य कारण यह था कि उसने राज्य में अति पिछड़े और सर्वाधिक पिछड़ों (न कि यादवों) को आरक्षण देने का वादा किया था, जिससे इन तबकों ने पार्टी को काफी समर्थन दिया। इस पूरी तस्वीर का एक उजला पहलू भी है। सारी पार्टियां तमाम जातियों के लिए अपने दरवाजे खोलती जा रही हैं। यदि यह रुझान कायम रहा तो हो सकता है कि जातिगत आधार पर सभी पार्टियों की स्थिति एक जैसी हो जाए और अंततः उन्हें अपनी-अपनी विचारधाराओं पर ही वापस लौटना पड़े।

चुनाव के बाद राज्य का राजनीतिक माहौल लगभग दो महीने तक ऊहापोह की स्थिति में रहा। सपा ने सरकार बनाने के लिए पूरा जोर लगा दिया, लेकिन वह पर्याप्त संख्या बल नहीं जुटा पायी। तत्कालीन राज्यपाल विष्णुकांत शास्त्री ने भी मुलायम सिंह यादव को सरकार बनाने का न्यौता नहीं दिया। अप्रैल 2002 के अंत तक भाजपा और बसपा के बीच गठबंधन सरकार बनाने पर समझौता हुआ और मई के पहले हफ्ते में दोनों पार्टियों की मिली-जुली सरकार बन गयी। मायावती फिर मुख्यमंत्री बनीं। यह गठबंधन सरकार राज्य भाजपा नेतृत्व द्वारा बीच-बीच में इस समझौते के प्रति असंतोष व्यक्त करते रहने के बावजूद चलती रही। लेकिन, जब सब कुछ ठीक लग रहा था कि अचानक ताज कॉरीडोर घोटाला फूट पड़ा। सर्वोच्च न्यायालय के आदेश पर केन्द्रीय जाँच ब्यूरो ने मुख्यमंत्री और उनके कुछ चहेते मंत्रियों के आचरण की और सम्पत्ति की जाँच शुरू कर दी। मायावती को इस्तीफा देना पड़ा। मुलायम सिंह यादव को मौका मिला और वे कांग्रेस के साथ-साथ अजित सिंह के लोकदल और कल्याण सिंह की राक्रांपा की मदद से तीसरी बार सितम्बर 2003 में उत्तर प्रदेश के मुख्यमंत्री बन गये।

दिक्कतें और रुझान

1989-99 के दशक को आमतौर पर मंडल और कमंडल, तथा धर्मनिरपेक्ष एवं सांप्रदायिक के बीच राजनीतिक होड़ का दशक माना जाता है। होड़ की यह राजनीति जातीय और सांप्रदायिक आधार पर आकार लेती है। इस प्रकार, बीसवीं शताब्दी के अंतिम दशक में उत्तर प्रदेश की राजनीति की सामान्य दशा-दिशा जाति एवं धर्म के आधार पर होने वाली चुनावी होड़ पर आधारित रही है। फिर भी ऐसा लगता है कि ज्यादातर अध्ययनों में इस महत्त्वपूर्ण मुद्दे को अनदेखा कर दिया गया है कि मतदाताओं ने कांग्रेस का दामन छोड़कर तीन दूसरे राजनीतिक दलों—भाजपा, सपा और बसपा- का हाथ क्यों थामा।

उत्तर प्रदेश से प्रधानमंत्री के पद पर पहुंचने वाले नेताओं की एक लंबी फेहरिस्त रही है—जवाहरलाल नेहरू, लाल बहादुर शास्त्री, इंदिरा गांधी, राजीव गांधी, चरण सिंह, विश्वनाथ प्रताप सिंह और चंद्रशेखर। ये सभी कांग्रेसी थे (हालांकि चरण सिंह, वी. पी. सिंह और चंद्रशेखर जब प्रधानमंत्री बने थे तो वह कांग्रेस में नहीं थे)। परंतु फिर भी कांग्रेसी सरकारों की कार्यशैली ने लोगों, खासतौर से दलितों और अन्य पिछड़ी जातियों (जिनके कल्याण की कांग्रेस दुहाई देती थी), को खासा परेशान कर दिया था। कांग्रेस की भूमि सुधार, कृषि मूल्य निर्धारण और ग्रामीण विकास की अनदेखी जैसी दोषपूर्ण नीतियों के कारण किसानों का भी पार्टी से मोहभंग होने लगा। सारा ग्रामीण विकास कागजों पर हो रहा था और भ्रष्टाचार के कारण विकास का सारा पैसा अधिकारियों की जेब में जाता रहा। शहरी उद्यमी

परमिट-कोटा राज या 'इंस्पेक्टरशाही सरकार' से तंग आ चुके थे। ऐसी व्यवस्था न केवल नये उद्यमियों की हिम्मत तोड़ती है, बल्कि उन्हें परेशान भी करती है। कांग्रेस के परंपरागत समर्थक रहे मुसलमानों ने भी अचानक पाला बदलकर सपा का दामन थाम लिया। यह पूरा घटनाक्रम उत्तर प्रदेश में कांग्रेस के लिए प्राणघातक साबित हुआ। कांग्रेस ने मुसलमानों में भाजपा विरोधी भावनाओं को इतनी हवा दे दी थी कि अयोध्या में बाबरी मस्जिद के ध्वंस पर कांग्रेस की कथित प्रच्छन्न भूमिका और साथ ही हिंदू-कार्ड का सहारा लेने (राजीव गांधी ने 1990 में अपने चुनाव अभियान की शुरुआत अयोध्या से ही की थी) की जरा सी भी आशंका से मुसलमान समुदाय मुलायम सिंह के प्रति निष्ठा व्यक्त करने लगा। एक जमाने में अपनी मुसलमान समर्थक और भाजपा विरोधी कट्टर नीति के कारण मुलायम सिंह को मौलाना मुलायम की ख्याति मिल चुकी थी। इससे सपा को काफी मदद मिली और पूरे दशक के दौरान वह मुसलमानों की सबसे चहेती पार्टी बनी रही।

उत्तर प्रदेश में मतदाताओं ने मोटे तौर पर अयोध्या स्थित बाबरी मस्जिद को तोड़ने का समर्थन नहीं किया। इस बात का एक सबूत यह है कि उसके लिए जिम्मेदार भाजपा के लोगों को दोबारा जिता कर सत्ता में नहीं भेजा। सितम्बर 1997 से सितम्बर 2003 तक भाजपा राज्य में सत्ता के मंच पर काबिज तो रही मगर इसके पीछे व्यापक जनाधार का नहीं बल्कि चुनावी खेल के गणित और गठबंधन राजनीति की जोड़-तोड़ का ही हाथ रहा है।

नब्बे के दशक के अंतिम चरण में उत्तर प्रदेश की राजनीति के फलक पर एक बेहद रोचक और अनपेक्षित घटनाक्रम आकार लेने लगा। अब ज्यादातर पार्टियां इस बात को समझ चुकी हैं कि अब किसी राजनीतिक ताकत के लिए केवल जाति या धर्म के आधार पर खड़े रहना संभव नहीं है। नतीजतन अब वह अपने सामाजिक आधार को फैलाकर एक 'समावेशी राजनीति' की ओर बढ़ने लगी। अब वह समाज के सभी तबकों, जातियों, धर्मों को अपनी ओर आकर्षित कर रही थी। पिछले संसदीय चुनावों में रुझान साफ दिखायी दिया। पहले बसपा को मोटे तौर पर दलितों की पार्टी माना जाता था, पर अब वह गैर-दलितों के लिए अपने दरवाजे खोल रही है। 1999 में बसपा को समाज के सभी तबकों—वृद्ध, पुरुष, शिक्षित, ग्रामीण, अत्यंत गरीब, मध्यम वर्ग, उच्च वग—में मिलने वाले समर्थन में इजाफा हुआ। सपा मोटे तौर पर अन्य पिछड़ी जातियों की पार्टी मानी जाती है, पर अब वह भी 'अगड़ों' को अपनी तरफ आकर्षित कर रही है : दिलचस्प बात यह है कि आंकड़ों के मुताबिक 1999 से उच्च जातियों के बीच उसका समर्थन कम नहीं हुआ है। 1998-99 के बीच ऊंची जातियों के बीच उसके समर्थन में एक मामूली वृद्धि ही हुई है। ठाकुर और बनिये सपा की ओर आकर्षित होने लगे हैं। भाजपा को हिंदुओं की पार्टी माना जाता है। अब वह भी मुसलमानों को रिझाने की कोशिश कर रही है। 1996-

98 के बीच भाजपा को 3:5 प्रतिशत मुसलमान वोट मिले जिसमें 1998-99 के दौरान 3 प्रतिशत का इजाफा हुआ। उत्तर प्रदेश के सामान्य रूप से जातिवादी एवं सांप्रदायिक क्षितिज पर एक अच्छी बात यह दिखायी देने लगी कि विभिन्न पार्टियां 'समावेशी राजनीति' को प्राथमिकता देने लगीं।

न केवल जातिवादी एवं सांप्रदायिक पार्टियां ही दूसरों के लिए अपने दरवाजे खोल रही हैं, बल्कि आश्चर्यजनक बात यह है कि ये पार्टियां अपने जातिगत आधार को भी कमजोर कर रही हैं। जातिगत नेतृत्व इतना बंद और एकाश्म है कि बसपा में कांशीराम और मायावती के अलावा तथा सपा में मुलायम सिंह यादव के अलावा किसी का कोई कद नहीं है। पार्टियों में एक व्यक्ति की चौधराहट से पार्टी के कार्यकर्ता और नेता नाखुश होते जा रहे हैं, क्योंकि नेतृत्व की जरा सी भी आलोचना करने वाले व्यक्ति को उठाकर फेंक दिया जाता है। बसपा ने पिछले कुछ वर्षों में उत्तर प्रदेश में अपने दो राज्य अध्यक्षों को हटाया। भगवत पाल और धर्म पाल को इस तरह हटाये जाने पर बसपा नेतृत्व की खूब आलोचना हुई। मुलायम सिंह यादव ने बसपा नेतृत्व के मुकाबले ज्यादा राजनीतिक विवेक का परिचय दिया और उन्होंने पार्टी में अमर सिंह को वजन देकर ठाकुरों का दिल जीतने की कोशिश की।

उत्तर प्रदेश में अपने भविष्य को लेकर सभी राजनीतिक पार्टियां परेशान हैं। यहां के लोग धर्मनिरपेक्ष बनाम सांप्रदायिक राजनीति की अति से तंग आ चुके हैं। अब न तो वह भाजपा को सांप्रदायिक पार्टी मानते हैं, और न ही सपा को धर्मनिरपेक्ष। उनकी नजर में तमाम राजनीतिक पार्टियां एक जैसी हैं। लोगों को लगता है कि यह मुद्दा सिर्फ छलावा है और यदि वह इसमें फंसे तो उन्हें अच्छी और कामकाजी सरकार नहीं मिल पायेगी। इसलिए अब उन्हें किसी राजनीतिक पार्टी नहीं, बल्कि अलग-अलग राजनेताओं में ज्यादा दिलचस्पी है जो उनके क्षेत्र की समस्याओं को हल कर सकते हैं। क्षेत्रीय आधार पर रोज-ब-रोज की बढ़ती समस्याओं के बावजूद विचारधारा और बड़ी समस्याओं जैसे मुद्दे हाशिए पर नहीं जा पाये हैं। मुद्दे न केवल स्थानीय चुनावों में बल्कि राज्य की विधानसभा और संसदीय चुनावों में भी प्रासंगिक हो उठे हैं।

समावेशी राजनीति की पराकाष्ठा : 2007 के विधान सभा चुनाव

उत्तर प्रदेश में जातीयता आधारित राजनीति के चलते 1980 व 1990 के दशकों में बहिर्वेशी-राजनीति का बोलबाला रहा। परिणामस्वरूप, जातीय आधार पर गठित राजनीतिक दलों—मूलतः बसपा व सपा—में क्रमशः दलितों और पिछड़ों का बंटवारा सा हो गया। इससे प्रदेश में मतदाता बुरी तरह से बंट गया और चुनावों में खण्डित जनादेश आने लगे। परिणामस्वरूप, गठबन्धन सरकारों का एक लम्बा दौर

रहा जिससे उत्तर प्रदेश को राजनीतिक अस्थिरता से गुजरना पड़ा।

पर 2007 के विधानसभा चुनावों में बसपा ने मतदाताओं के जातीय आधार पर बंटे होने का मिथक तोड़ दिया और उन दो जातियों को एक मंच पर ला खड़ा किया जो सामाजिक संरचना के दो विपरीत छोरों पर थी। बसपा ने ब्राह्मण-दलित गठजोड़ से प्रमाणित कर दिया कि समुचित दार्शनिक, विचारधारामूलक एवम् रणनीतिक प्रयास से असंभव को भी संभव बनाया जा सकता है। परिणामस्वरूप, बसपा की एकदलीय बहुमत सरकार का गठन हुआ। ऐसा करने के लिए मायावती ने 'बहुजन' की अवधारणा का परित्याग कर 'सर्वजन' की अवधारणा को स्वीकार किया। इतना ही नहीं, उन्होंने संभवतः अम्बेडकरवादी विचारधारा से भी कुछ दूरी अवश्य बनाई। अम्बेडकर बहिर्वेशी राजनीति के प्रणेता थे, वे दलितों को हिन्दू समाज से अलग कर उन्हें बौद्ध धर्म स्वीकार करा एक अलग पहचान देने का प्रयास करते रहे। पर गांधी इसका विरोध करते हुए उन्हें हिन्दू समाज के अभिन्न अंग के रूप में बनाये रखने के लिए दृढ़प्रतिज्ञ थे, गांधी समावेशी राजनीति के मसीहा कहे जा सकते हैं।

समावेशी राजनीति तथा प्रतिलोम सामाजिक परासरण का सिद्धांत

मायावती ने 1984 में बसपा के गठन के बाद पहले अम्बेडकरवादी बहिर्वेशी राजनीति (1984-1999) तथा बाद में गांधीवादी समावेशी राजनीति (1999-से आगे) का प्रयोग किया। बहिर्वेशी राजनीति को अंजाम देने के लिए बसपा ने 'सामाजिक परासरण' (सोशल ऑस्मासिस) के सिद्धांत का प्रयोग किया। 'परासरण' एक वैज्ञानिक प्रक्रिया है : जब दो असमान तरलता वाले द्रव्यों को एक अर्द्धपारगम्य झिल्ली से अलग-अलग किया जाता है तो 'परासरण दबाव' के कारण द्रव्य का प्रवाह तरल से सघन की ओर होता है जिससे झिल्ली के दोनों ओर द्रव्य का स्तर समान हो जाता है **(चित्र : 1-2)**। सामाजिक परासरण इसी सिद्धांत का समाज में प्रयोग है। **(चित्र : 3-4)** में हमें सामाजिक-परासरण दिखाई देता है : बसपा एक 'दलित आधारित पार्टी' के रूप में बनाई गई जो सघन दलित क्षेत्र को व्यक्त करती है। अतः 'चुनावी प्रक्रिया की अर्द्धपारगम्य झिल्ली' को भेद कर तरल समाज से दलितों का पलायन सघन क्षेत्र बसपा की ओर हुआ जिससे बसपा का ग्राफ तेजी से बढ़ा। इसी सिद्धान्त का प्रयोग करके सपा का भी पिछड़ों को गोलबंद करने का प्रयास सफल रहा। लेकिन बसपा और सपा दोनों ही बहुमत से काफी दूर रहीं। यह आश्चर्यजनक है कि 1993 व 1996 दोनों ही विधानसभा चुनावों में बसपा को 67-67 सीटें व 11 प्रतिशत वोट मिले। यही हाल सपा का रहा, इन दोनों ही चुनावों में उसे 109-109 सीटें तथा 18-19 प्रतिशत वोट मिले। अतः इन दोनों ही दलों को स्पष्ट हो गया कि सामाजिक-परासरण आधारित बहिर्वेशी राजनीति की अपनी सीमाएं हैं, और उससे ज्यादा दूरी तक नहीं जाया जा सकता। अतः बसपा व सपा-

दोनों ही दलों ने बहिर्वेशी राजनीति का परित्याग कर समावेशी राजनीति की ओर कदम बढ़ा दिया।

21वीं शताब्दी के प्रारम्भ से ही उत्तर प्रदेश में समावेशी राजनीति के एक नये युग का सूत्रपात हुआ। इस प्रयास में बसपा ने अनेक नूतन प्रयोग किये और समावेशी राजनीति को अमली जामा पहनाने का प्रयास किया। इसके लिए उसने 'प्रतिलोम सामाजिक परासरण' (रिवर्स सोशल ऑस्मासिस) के सिद्धांत का प्रयोग किया। 'प्रतिलोम परासरण' वह वैज्ञानिक प्रक्रिया है जिसमें सघन द्रव्य अर्द्धपारगम्य झिल्ली से लेकर तरल द्रव्य की ओर जाता है। पर चूंकि यह परासरण के सिद्धांत के प्रतिकूल है अतः इसमें हमें सघन क्षेत्र के द्रव्य पर 'दबाव' का प्रयोग करना पड़ता है **(चित्र : 5-6)** बसपा ने ऐसा ही किया। बसपा में ब्राह्मण (उच्च जातियां) काफी कम थी अतः वे उच्च जातियों के लिए तरल क्षेत्र था, वहीं समाज में उनकी संख्या ज्यादा थी और वे 'सघन क्षेत्र' के रूप में थे। अतः मायावती व बसपा ने समाज के ब्राह्मणों (सघन क्षेत्र) पर 'ब्राह्मण जोड़ो सम्मेलन' व 'ब्राह्मण-दलित भाईचारा बनाओ समितियों' के माध्यम से दबाव बनाकर उन्हें बसपा (तरल क्षेत्र) की ओर भेजा। परिणामस्वरूप, उत्तर प्रदेश में 2002-2007 के विधानसभा चुनावों के बीच कुल 40 प्रतिशत अधिक उच्च जातियां बसपा की ओर चली गईं। इसमें ब्राह्मण, वैश्य व अन्य उच्च जातियों में प्रत्येक का समर्थन 11 प्रतिशत और बढ़ गया तथा 7 प्रतिशत ठाकुरों ने भी उसे वोट दिया **(चित्र : 7-8)**। इसके परिणाम स्वरूप बसपा ने 403 में से 206 सीटें जीत कर प्रदेश में अपनी बहुमत सरकार बनाई।

लेकिन एक बात चौंकाने वाली रही। बसपा को पूर्ण बहुमत अवश्य मिला, पर उसको वोट बहुत ज्यादा नहीं मिले। उसे मात्र 30.4 प्रतिशत वोट मिले और 206 सीटें मिलीं। इससे ज्यादा वोट तो भारतीय जनता पार्टी (भाजपा) को 1993 व 1996 में मिले थे (33 प्रतिशत से ज्यादा) पर सीटें उसे क्रमशः 177 व 175 ही मिल पायी थीं। इसी के विपरीत सपा को 2007 के चुनावों में वोटों का कोई नुकसान नहीं हुआ, पर 46 सीटों से हाथ धोना पड़ा। क्यों बसपा को कम मतों पर पूर्ण बहुमत मिल सका, और क्यों सपा को मतों का नुकसान न होने पर भी सीटों का भारी नुकसान हुआ—इसे समझने के लिए हमें बसपा द्वारा प्रयोग किए गए 'सैण्डविच गठबंधन' के सिद्धांत को भी समझना पड़ेगा।

सैण्डविच गठबन्धन का सिद्धांत

'सैण्डविच गठबन्धन' वह सामाजिक गठबन्धन है जिसमें सामाजिक पदसोपानीय संरचना के शीर्ष पर स्थापित ब्राह्मण एवम् सबसे निचले स्तर पर रहने वाले दलितों का गठजोड़ हो जाता है, तथा उसमें अन्य सामाजिक घटकों का भी समावेश हो जाता है। 'सैण्डविच गठबन्धन' में एक तरफ से देखने पर ब्राह्मण व दूसरी तरफ से

देखने पर दलित शीर्ष पर दिखाई देगा। पर काँग्रेस के शुरुआती 'इन्द्रधनुषीय गठबन्धन' के प्रतिकूल इस गठबन्धन की प्रकृति कोमल व अस्थायित्व के भाव से परिपूर्ण है। इन्द्रधनुषीय गठबन्धन में समाज के सभी वर्गों का दल से आन्तरिक जुड़ाव रहता है, पर 'सैण्डविच गठबन्धन' एक कृत्रिम रचना है जिसमें घटकों का पारस्परिक जुड़ाव अस्थायी है। अतः बसपा का प्रदेश में समावेशी प्रयोग कोई स्थायी घटना नहीं कही जा सकती। पर सामाजिक प्रौद्योगिकी (सोशल इंजीनियरिंग) की दृष्टि से 'सैण्डविच गठबन्धन' एक विलक्षण प्रयोग है। इस सामाजिक प्रौद्योगिकी के दो पक्ष हैं : बाह्य व आन्तरिक।

'बाह्य सामाजिक प्रौद्योगिकी' के दो घटक हैं : प्रथम, शीर्ष सामाजिक प्रौद्योगिकी जिसमें ब्राह्मण जोड़ो सम्मेलनों के द्वारा ब्राह्मणों को दलित नेता मायावती से जोड़ने का प्रयास किया गया (**चित्र : 9-10**), तथा, द्वितीय, आधार सामाजिक प्रौद्योगिकी जिसमें ब्रह्मण-दलित भाईचारा समिंतियों के माध्यम से समितियों के माध्यम से ब्राह्मणों को दलितों से जोड़ने का प्रयास किया गया (**चित्र : 11**)। इस प्रकार, बाह्य सामाजिक प्रौद्योगिकी से बसपा ने मायावती-ब्राह्मण-दलित समाज को एकाकार कर दिया (**चित्र : 12**)।

'आन्तरिक सामाजिक प्रौद्योगिकी' के भी दो आयाम हैं : प्रथम 'ऊर्ध्व सामाजिक गठबन्धन', द्वितीय, क्षैतिजीय सामाजिक गठबन्धन। **चित्र 13** में उत्तर प्रदेश में मतदाताओं का पदसोपानीय स्वरूप व प्रतिशत दिखाया गया है। जब कोई दल प्रयास करके इन पदसोपानीय मतदाताओं को एक कतार में अपने पक्ष में खड़ा कर देता है तो वह एक 'उर्ध्व सामाजिक गठबन्धन' बना लेता है। यही गठबन्धन उस दल को विजय के लिए वांछित ताकत देता है। 'सामाजिक परासरण' से प्रत्येक जाति समूह का आकार बढ़ता है और वे पारस्परिक आकर्षण से एक ऊर्ध्व लम्ब की रचना करती है जो विजय के लिए अत्यावश्यक है (**चित्र : 14-16**)। यही प्रवृत्ति क्षैतिजीय स्तर पर भी होती है और सामाजिक-परासरण से न केवल जाति समूहों के आकार बढ़ते हैं, वरन अपने से जुड़े क्षेत्रों में वे पारस्परिक जुड़ाव की ओर अग्रसर होते हैं। 'क्षैतिजीय सामाजिक गठबन्धन' से किसी दल का मत प्रतिशत तो बढ़ता है पर उसे विजय के लिए वांछित वजन 'ऊर्ध्व सामाजिक गठबन्धन' से ही मिला है। बसपा की आश्चर्यजनक विजय के लिए ऊर्ध्व एवम क्षैतिजीय सामाजिक गठबन्धनों की जटिल संरचना जिम्मेदार थी (**चित्र : 17-18**)। यह इस बात से प्रमाणित होता है कि 2007 के चुनावों में समाज की सभी जातियों में बसपा का जनाधार बढ़ा (ब्राह्मण+11, ठाकुर+7, वैश्य+11, अन्य उच्च जातियां+11, जाट+13, यादव+2, कुर्मी+6, लोध+7, अन्य किसान+15, जाटव+6, मुस्लिम+7)। इसी के साथ-साथ 70 में से 66 जिलों में बसपा का जनाधार बढ़ा। यही कारण है कि कम मतों के बावजूद बसपा को पूर्ण बहुमत मिला। वहीं सपा का जनाधार केवल ब्राह्मणों (+7), ठाकुर (+12), अन्य उच्च जातियां (+3), जाट (+6),

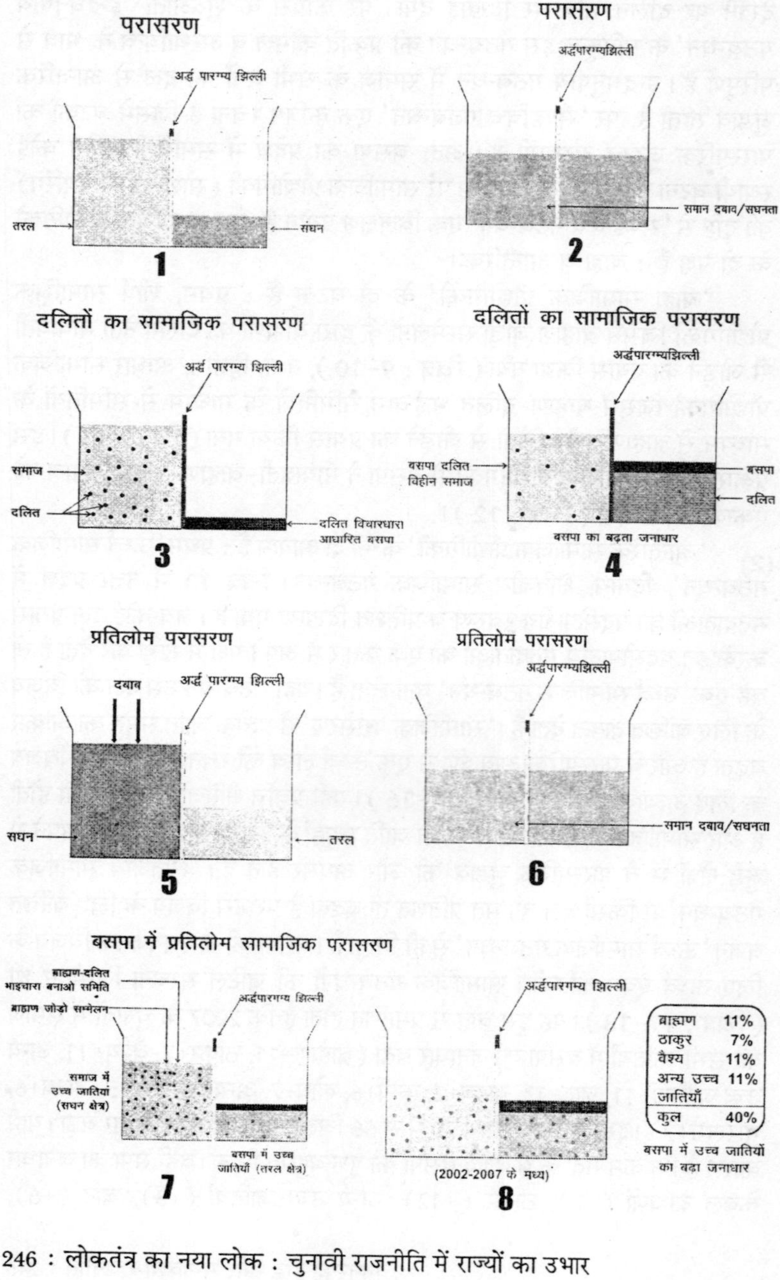
परासरण
अर्द्ध पारग्म्य झिल्ली
तरल
संघन
1
परासरण
अर्द्धपारग्म्यझिल्ली
समान दबाव/सघनता
2
दलितों का सामाजिक परासरण
अर्द्ध पारग्म्य झिल्ली
समाज
दलित
दलित विचारधारा आधारित बसपा
3
दलितों का सामाजिक परासरण
अर्द्धपारग्म्यझिल्ली
बसपा दलित विहीन समाज
बसपा
दलित
बसपा का बढ़ता जनाधार
4
प्रतिलोम परासरण
दबाव
अर्द्ध पारग्म्य झिल्ली
सघन
तरल
5
प्रतिलोम परासरण
अर्द्धपारग्म्यझिल्ली
समान दबाव/सघनता
6
बसपा में प्रतिलोम सामाजिक परासरण
ब्राह्मण-दलित भाइचारा बनाओ समिति
ब्राह्मण जोड़ो सम्मेलन
अर्द्धपारगम्य झिल्ली
समाज में उच्च जातियां (सघन क्षेत्र)
बसपा में उच्च जातियाँ (तरल क्षेत्र)
7
अर्द्धपारगम्य झिल्ली
(2002-2007 के मध्य)
8
ब्राह्मण 11%
ठाकुर 7%
वैश्य 11%
अन्य उच्च जातियाँ 11%
कुल 40%
बसपा में उच्च जातियों का बढ़ा जनाधार

"सैण्डविच गन्ठबन्धन"

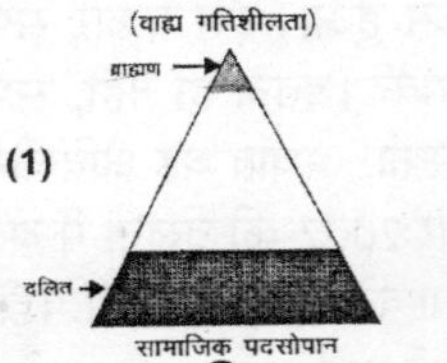

9

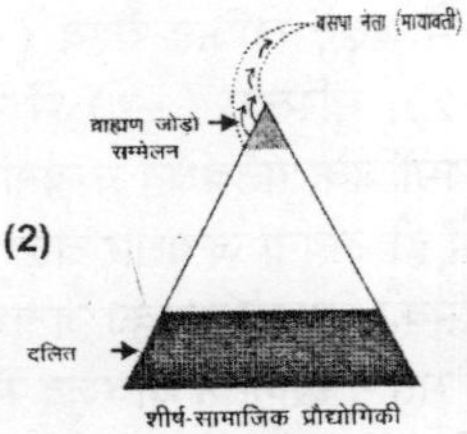

10

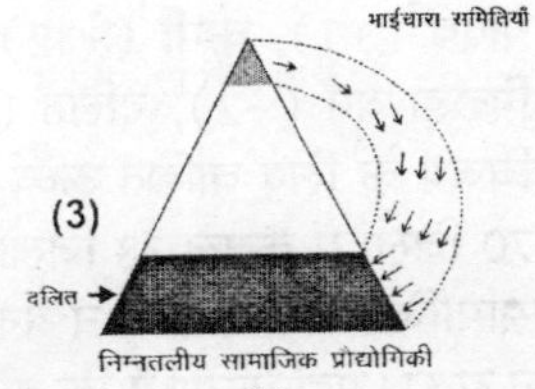

11

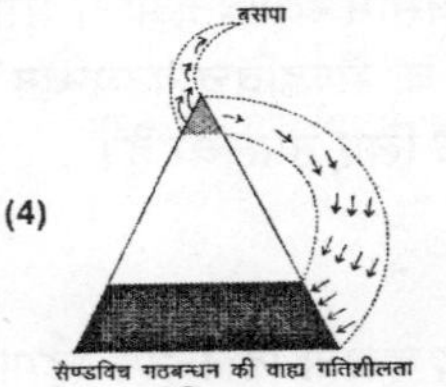

12

सैण्डविच गठबन्धन

अन्तः गतिशीलता

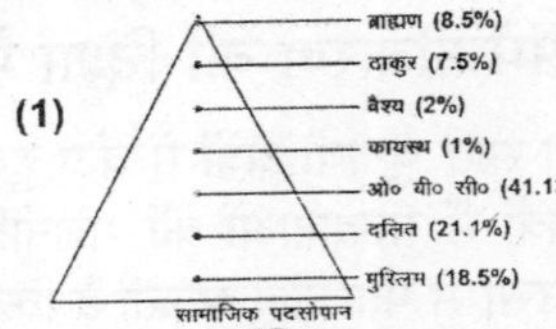

13

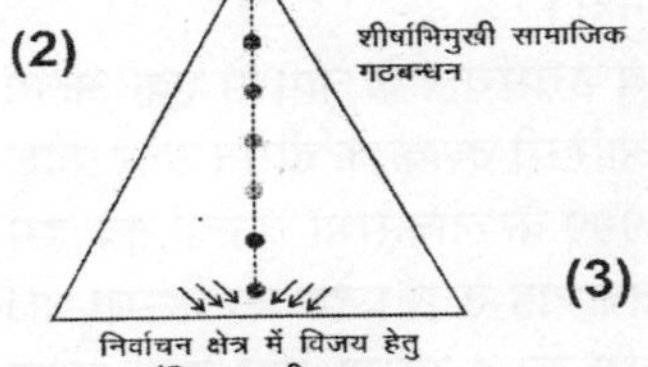

निर्वाचन क्षेत्र में विजय हेतु वांछित चुनावी वज़न

14

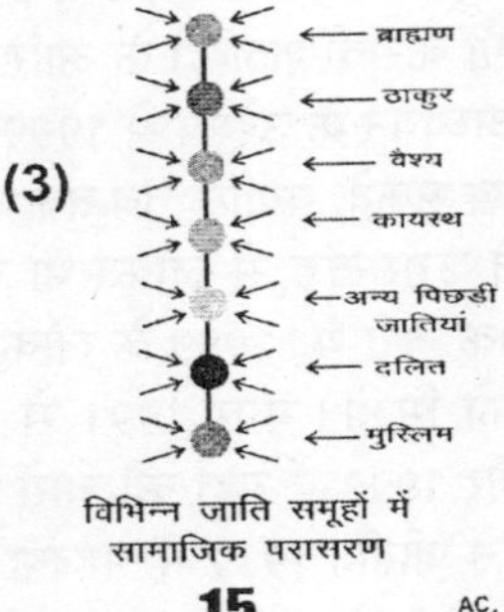

विभिन्न जाति समूहों में सामाजिक परासरण

15

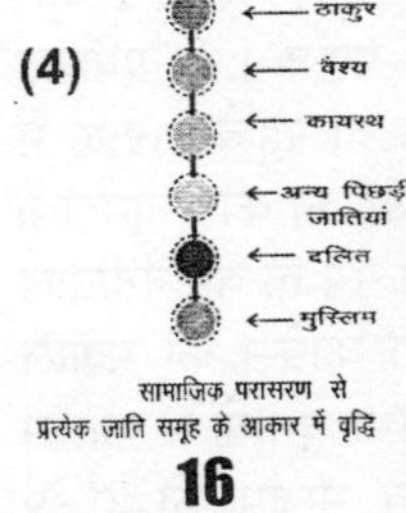

सामाजिक परासरण से प्रत्येक जाति समूह के आकार में वृद्धि

16

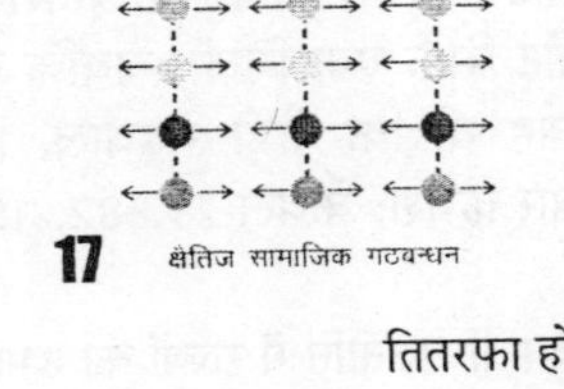

17 क्षैतिज सामाजिक गठबन्धन

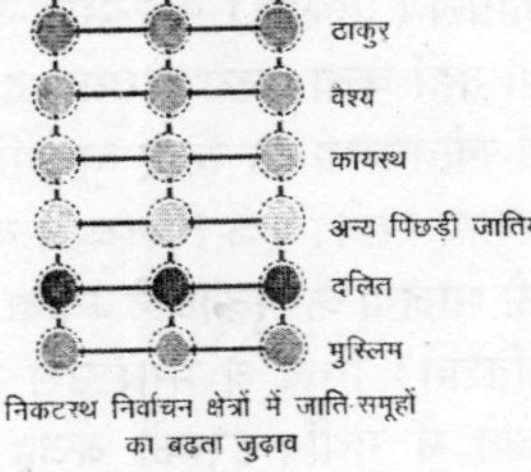

निकटस्थ निर्वाचन क्षेत्रों में जाति-समूहों का बढ़ता जुड़ाव

18

यादव (+1), कुर्मी (+12), में बढ़ा, लेकिन वैश्य (-5), लोध (-11), निम्न पिछड़ा वर्ग (-2), दलित (-2), मुस्लिम (-7) में कम हुआ। इस प्रकार सपा विजय के लिए वांछित ऊर्ध्व सामाजिक गठबंधन न बना सकी। इतना ही नहीं, सपा 70 जिलों में केवल 38 जिलों में ही अपना जनाधार बढ़ा सकी, अर्थात वह क्षैतिजीय सामाजिक गठबंधन भी न बना सकी जिससे उसका जनाधार 2002 की तुलना में बढ़ न सका। यही कारण है कि कोई मत न खोने के बावजूद सपा को 46 सीटें खोनी पड़ीं, वह न तो ऊर्ध्व, न ही क्षैतिजीय सामाजिक गठबंधन बना सकी। इस प्रकार, उत्तर प्रदेश में समावेशी राजनीति का मॉडल लोकतांत्रिक सफलता की असीम संभावनाओं से भरा है और यह महत्त्वपूर्ण है कि 'प्रतिलोम सामाजिक परासरण' व 'सैण्डविच गठबन्धन' के सिद्धांतों पर आधारित वह मॉडल सभी दलों के प्रयोग के लिए उपलब्ध है।

क्षेत्रीय समेकीकरण की दिशा में

उत्तर प्रदेश सात चुनावी क्षेत्रों में बंटा हुआ है इसलिए यह देखना दिलचस्प रहेगा कि इन क्षेत्रों में मतदाताओं की राजनीतिक पसंद-नापसंद की दशा-दिशा कैसी रहती है। उसी से पता चल सकता है कि पिछले दशक के दौरान इन अलग-अलग क्षेत्रों में मतदान का रुझान एक जैसा रहा है या नहीं।

उत्तर प्रदेश का भूतपूर्व उत्तराखंड क्षेत्र अब उत्तरांचल के नाम से एक अलग राज्य बन चुका है। फिर भी बीसवीं शताब्दी के आखिरी दशक के दौरान उत्तर प्रदेश की चुनावी राजनीति के अध्ययन के उद्देश्य से 1999 के लोकसभा चुनावों तक हम उसे अलग करके नहीं देख सकते, क्योंकि तब तक यह उत्तर प्रदेश का हिस्सा था। उत्तरांचल बनने से पहले उत्तराखंड से लोकसभा के 4 सांसद और उत्तर प्रदेश विधानसभा में 14 विधायक जाते थे। 1989 के लोकसभा चुनावों में 2 सीटें कांग्रेस को और 2 जनता दल को मिलीं। मगर 1991 से यह क्षेत्र भाजपा के जादू की गिरफ्त में रहा। 1991 और 1998 में यहां की चारों सीटें जबकि 1996 में 2 और 1999 में 3 सीटें भाजपा ने जीतीं। 1989 में भाजपा को यहां महज 4.95 प्रतिशत वोट मिले थे जो 1998 तक बढ़ते-बढ़ते 48.18 प्रतिशत तक जा पहुंचे। 1996 में कांग्रेस (तिवारी) ने 2 सीटें जीती थीं, परंतु अगले चुनाव में उसका कोई नामलेवा भी नहीं बचा। जब नारायण दत्त तिवारी दोबारा कांग्रेस में चले गये तो वह नैनीताल से लोकसभा के लिए चुन लिए गये। इस तरह उन्होंने यहां कांग्रेस की मशाल जलाए रखी। एक दिलचस्प बात यह है कि 1999 के लोकसभा चुनावों में कांग्रेस को भाजपा के मुकाबले ज्यादा वोट (कांग्रेस को 43.48 प्रतिशत, भाजपा को 40.89 प्रतिशत) मिले थे मगर उसे सीट सिर्फ एक मिली, जबकि तीन सीटें भाजपा के खाते में गयीं। इसकी वजह यह थी कि पौड़ी-गढ़वाल, टिहरी-गढ़वाल और अल्मोड़ा से भाजपा के उम्मीदवार क्रमशः केवल 29,682, 15,771 और 11,459

मतों से जीते थे, जबकि नैनीताल से नारायण दत्त तिवारी 1,12,407 वोट के रिकार्ड अंतर से जीत कर आये थे। हालांकि सपा और बसपा की यहां कोई खास हैसियत नहीं थी, फिर भी कहने के लिए उन्होंने भी अपनी मौजूदगी दर्ज कराई। विधानसभा चुनावों में भी यही रुझान दिखायी दिया। 1996 में हुए विधानसभा चुनावों में भाजपा ने 14 में से 13 सीटें और 44.42 प्रतिशत वोट हासिल किए। कांग्रेस का खाता भी नहीं खुल सका। भाजपा ने एक अलग पर्वतीय राज के गठन का जो वादा किया था, उससे इस क्षेत्र के लोग एकजुट होकर भाजपा के पीछे खड़े हो गये। इसके बाद भाजपा ने अपना यह आश्वासन पूरा भी कर दिखाया। फलस्वरूप बाकी पार्टियां पूरी तरह हाशिए पर चली गयीं।

रुहेलखंड में मतदान के प्रतिशत से समझा जा सकता है कि यह इलाका राजनीतिक रूप से ज्यादा एकजुट और गोलबंद है। पिछले पाँच लोकसभा चुनावों के दौरान धीरे-धीरे इस क्षेत्र पर कांग्रेस की पकड़ ढीली हुई है। 1998 के चुनावों में तो उसे मात्र 7.61 प्रतिशत ही वोट मिले। 1999 के चुनावों में पार्टी की हालत थोड़ी बेहतर रही और उसने 13.84 प्रतिशत मतों के साथ 2 सीटें जीत लीं। दूसरी तरफ 1991 के अलावा इस इलाके में भाजपा का प्रदर्शन भी खास नहीं रहा। 1991 में उसने रुहेलखंड से लोकसभा की 7 और विधानसभा की 34 सीटों तथा क्रमशः 37.48 प्रतिशत और 35.94 प्रतिशत वोट हासिल किये। इसके बाद से इस क्षेत्र में भाजपा को मिलने वाले मतों का प्रतिशत लगातार नीचे गिरता गया। 1989 के लोकसभा चुनावों में जनता दल यहां एक महत्त्वपूर्ण राजनीतिक ताकत बनकर सामने आया। इस चुनाव में जनता दल ने यहां की 10 में से 6 सीटें और 35.19 प्रतिशत मत हासिल किए। इसके बाद यहां जनता दल की पकड़ भी ढीली होती गयी। जनता दल के जनाधार को बाद में सपा ने अपनी तरफ खींच लिया जिसके फलस्वरूप 1996 और 1998 में उसे लोकसभा की चार सीटें और क्रमशः 24.46 प्रतिशत तथा 32.62 प्रतिशत वोट मिले। बसपा ने यहां के दलित मतदाताओं को काफी आकर्षित किया है। 1991 में उसे इस इलाके के महज 5.06 प्रतिशत मत मिले थे परंतु 1999 के लोकसभा चुनावों में उसे 22.58 प्रतिशत वोट मिले। इस पूरे दशक के दौरान हुए विधानसभा चुनावों के दौरान रुहेलखंड में भाजपा का दबदबा रहा। परंतु दूसरी तरफ से भाजपा का प्रदर्शन भी कमजोर हुआ है। 1991 में भाजपा ने विधानसभा की 34 सीटें जीती थीं जो 1993 में 24 और 1996 में 21 रह गयीं। इन तीनों चुनावों में उसे क्रमशः 35.94, 33.97 और 32.48 प्रतिशत वोट मिले। यदि 1998-99 के लोकसभा चुनावों पर नजर डाली जाये (जो कि विधानसभा चुनावों के बाद कराए गये थे) तो पता चलता है कि यहां भाजपा की लोकप्रियता में और भी गिरावट आ रही है। 1998 के लोकसभा चुनाव में उसे 32.16 प्रतिशत वोट मिले थे जबकि 1999 में सिर्फ

24.13 प्रतिशत वोट ही मिल पाये। सपा इस क्षेत्र में एक मजबूत ताकत के रूप में सामने आई है। यहां से 1993 में उसने 16 और 1996 में 15 विधानसभा सीटें जीतीं। 1996 के विधानसभा चुनावों में बसपा का प्रदर्शन भी अच्छा रहा। हालांकि बसपा और कांग्रेस दोनों को ही 5-5 सीटें मिलीं मगर कांग्रेस के मुकाबले बसपा को ज्यादा वोट मिले (कांग्रेस 8.17 प्रतिशत, बसपा 18.69 प्रतिशत)। इस फर्क का एक कारण यह भी है कि इस चुनाव में कांग्रेस ने सिर्फ 13 उम्मीदवार खड़े किए थे जबकि बसपा ने 37 उम्मीदवार मैदान में उतारे थे।

ऊपरी दोआब क्षेत्र (पश्चिमी उत्तर प्रदेश) में 1989 के लोकसभा चुनावों के दौरान जनता दल ने सारे प्रतिद्वंद्वियों को धूल चटा दी। यहां उसे 54.05 प्रतिशत के साथ 12 सीटों पर कामयाबी मिली। हालांकि कांग्रेस को यहां 35.18 प्रतिशत, यानी ठीक-ठाक वोट मिले मगर सीट वह सिर्फ एक ही जीत पायी। भाजपा को मिले 0.36 प्रतिशत मतों से जाहिर हो जाता है कि 1989 के लोकसभा चुनावों तक यहां उसकी कोई पहचान नहीं थी। परंतु 1991 की राम लहर के सहारे भाजपा ने यहां मजबूती से पैर जमा लिए। 1991 के लोकसभा चुनावों में उसे न केवल 37.74 प्रतिशत वोट मिले बल्कि उसने जनता दल से 9 सीटें भी छीन लीं। तब से अब तक इस इलाके में भाजपा का दबदबा बरकरार है। 1996 में 11 और 1998 के लोकसभा चुनावों में 13 सीटों पर भाजपा को सफलता मिली। यहां उसे मिलने वाले मतों का प्रतिशत भी लगातार बढ़ता रहा (1996 में 38.22 प्रतिशत, 1998 में 42.37 प्रतिशत)। परंतु 1999 के लोकसभा चुनावों में भाजपा को नुकसान उठाना पड़ा। न केवल लोकसभा की 6 सीटें उसके हाथ से निकल गयीं बल्कि उसे मिलने वाले मतों में भी 10.9 प्रतिशत की गिरावट आयी। यहां से कांग्रेस और लोकदल (अजित) को 2-2 और बसपा और सपा को 1-1 सीट मिली। विधानसभा चुनावों में भी भाजपा का प्रदर्शन ऊपरी दोआब में ठीक-ठीक रहा हालांकि 1991 के विधानसभा चुनावों में जनता दल ने उसे कड़ी टक्कर दी। इस चुनाव में इलाके की 61 में से 28 सीटें और 30.18 प्रतिशत वोट जनता दल के खाते में गये। अगले चुनावों में भाजपा ने जनता दल का सफाया कर दिया। 1991 में भाजपा ने 34.52 प्रतिशत वोटों के सहारे 34 और 1993 में 37.70 प्रतिशत मतों के साथ 48 सीटें जीतीं। 1996 के पिछले विधानसभा चुनावों में भाजपा को मिले मतों में तो कोई गिरावट नहीं आयी फिर भी उसे अपनी 10 सीटें गंवानी पड़ीं। सपा ने 10 सीटें जीतीं और उसकी ताकत लगभग दोगुनी हो गयी। बसपा ने तो भाजपा को सात सीटों पर शिकस्त देकर सबको हैरत में डाल दिया। 1996 के विधानसभा चुनावों में यहां से बीकेकेपी नामक पार्टी का प्रदर्शन भी अच्छा रहा। उसने किठौर, सिवाल खास, बागपत, बरनावा, छपरौली, खतौली, जानसठ और कांधला—ये आठ सीटें

जीतीं। कांग्रेस की मौजूदगी नाममात्र की रही।

उत्तर प्रदेश में अवध सबसे बड़ा चुनावी खंड है। पूर्वांचल को साथ मिलाने पर विधानसभा में 47 प्रतिशत हिस्सा इसी इलाके के खाते में जाता है। 1989 के लोकसभा चुनावों में जनता दल और कांग्रेस का इस पूरे इलाके में दबदबा रहा। परंतु 1991 के लोकसभा चुनावों के बाद भाजपा ने इन दोनों की हालत पतली कर दी। 1991 और 1996 के लोकसभा चुनावों में भाजपा ने 14-14 सीटें जीतीं और उसे क्रमश: 33.33 और 34.93 प्रतिशत मत मिले। 1998 में उसको मिले मतों में हल्का सा इजाफा (36.48 प्रतिशत) हुआ मगर फिर भी उसे 3 सीटों पर हार का सामना करना पड़ा। 1999 में हुए पिछले लोकसभा चुनावों में भाजपा को यहां सबसे ज्यादा नुकसान हुआ। सपा ने 1998 में 7 और 1999 के लोकसभा चुनावों में 8 सीटें जीतकर अपनी ठोस दावेदारी पेश की। इसके साथ-साथ बसपा ने भी यहां अपनी अच्छी-खासी मौजूदगी दर्ज करायी। दिलचस्प बात यह है कि 1999 के लोकसभा चुनावों में भाजपा, सपा और बसपा, तीनों को लगभग बराबर वोट मिले थे। हालांकि 1998 में कांग्रेस का यहां खाता नहीं खुल सका मगर 1993 में 3 सीटें जीतकर उसने उल्लेखनीय वापसी का संकेत दिया। विधानसभा चुनावों के मामले में 1991 में भाजपा का प्रदर्शन काफी अच्छा रहा और उसने 55 सीटें जीतीं। मगर 1993 और 1996 के चुनावों में सपा ने यहां उसे काफी कमजोर कर दिया। इन दोनों चुनावों में सपा भाजपा से आगे रही। दोनों चुनावों में सपा ने सारी सीटों पर अपने उम्मीदवार खड़े नहीं किए थे (केवल 77 सीटों पर) इसलिए भाजपा के मुकाबले उसे कम वोट मिले क्योंकि भाजपा ने सारी सीटों पर चुनाव लड़ा था। भाजपा के लिए महत्त्वपूर्ण बात यह है कि पिछले चुनावों के मुकाबले 1996 में उसे 22 सीटों का नुकसान तो हुआ मगर उसको मिलने वाले मतों के प्रतिशत में गिरावट नहीं आयी। उल्लेखनीय बात यह है कि 1993 और 1996 के विधानसभा चुनावों में क्रमश: 11 और 16 सीटें जीत कर बसपा ने भी यहां मजबूत दावेदारी पेश की। हालांकि कांग्रेस लगातार हाशिये पर रही फिर भी उसका इस क्षेत्र से पूरा सफाया नहीं हो पाया।

निचले दोआब का क्षेत्र राजनीतिक रूप से काफी महत्त्वपूर्ण और संवेदनशील माना जाता है। फैजाबाद की लोकसभा सीट और अयोध्या की विधानसभा सीट इसी क्षेत्र में आती हैं। इनके अलावा अमेठी, अकबरपुर (अ.जा.) और इलाहाबाद संसदीय निर्वाचन क्षेत्र भी इसी इलाके में पड़ते हैं। 1989 के लोकसभा चुनावों में जनता दल ने 43.77 प्रतिशत मतों के साथ यहां सबका सफाया कर दिया जबकि कांग्रेस और भाजपा सिर्फ अपना खाता ही खोल पाए। बहरहाल, 1991 में हालात बदल गए और भाजपा ने जनता दल के साथ मुकाबला करना शुरू कर दिया। हालांकि दोनों को 5-5 सीटें मिलीं मगर जनता दल के मुकाबले भाजपा को वोट ज्यादा मिले। अगले दोनों लोकसभा चुनावों (1996, 1998) में भाजपा को

जबर्दस्त कामयाबी मिली। इन चुनावों में उसने क्रमशः 10 और 7 सीटें तथा 37.35 और 38.78 प्रतिशत वोट हासिल किए। इस दौरान सपा और बसपा भी अपनी मौजूदगी दर्ज कराने लगे। 1996 में सपा को 3 लोकसभा सीटें (20.89 प्रतिशत वोट) और बसपा को 1 सीट (22.89 प्रतिशत वोट) मिली। 1998 के लोकसभा चुनावों में सपा ने 33.69 प्रतिशत मतों के साथ 5 सीटें जीतीं परंतु बसपा न केवल अपना खाता नहीं खोल पायी बल्कि उसकी वोटों में भी गिरावट आयी। दूसरे क्षेत्रों की तरह निचले दोआब में भी कांग्रेस मतदाताओं का दिल नहीं जीत सकी। 1999 के लोकसभा चुनावों में भाजपा और सपा का भाग्य उलट गया : सपा ने 3.25 प्रतिशत कम वोट के बावजूद 6 सीटें जीतीं और वह भाजपा से आगे निकल गयी। 1999 के चुनावों में कांग्रेस और बसपा की हालत में आंशिक सुधार हुआ। उन्होंने क्रमशः 1 और 2 सीटें जीतीं। निचले दोआब में हुए विधानसभा चुनावों में भाजपा और सपा प्रमुख दावेदारों के रूप में सामने आए हैं। पिछले दो विधानसभा चुनावों (1993, 1996) के दौरान दोनों ने कुल 48 सीटें जीती थीं और उनमें दोनों का हिस्सा लगभग बराबर था। परंतु यहां सपा को मिले मतों का प्रतिशत भाजपा के मुकाबले थोड़ा कम रहा जिसका एक कारण यह हो सकता है कि सपा विधानसभा चुनावों में कम उम्मीदवार उतारती है। यहां बसपा की मौजूदगी भी काफी महत्त्वपूर्ण रही है और 1993 तथा 1996 में उसने क्रमशः 13 सीट (10.23 प्रतिशत वोट) और 15 सीटें (22.43 प्रतिशत वोट) जीतीं। इस इलाके में चुनावों के लिहाज़ से कांग्रेस पूरी तरह हाशिये पर चली गयी।

बुंदेलखंड उत्तर प्रदेश का धुर दक्षिणी इलाका है। 1991 से यहां की बांदा, हमीरपुर, झाँसी और जालौन, ये चारों लोकसभा सीटें भाजपा का परंपरागत गढ़ रही थीं जबकि कांग्रेस का पूरी तरह सफाया हो चुका है। सपा को भी यहां पर थोड़े-बहुत वोट तो मिलते हैं मगर उसकी कोई खास मौजूदगी यहां नहीं है। फिर भी, 1999 के लोकसभा चुनावों में यहां कुछ सकते में डाल देने वाले परिणाम सामने आए। 27.46 प्रतिशत वोट पाने के बावजूद बुंदेलखंड से भाजपा का पूरी तरह सफाया हो गया। मगर भाजपा को यह झटका बसपा ने दिया था जिसने झांसी के अलावा यहां की सारी लोकसभा सीटें जीत लीं। हालांकि दोनों पार्टियों के मतों में फर्क बहुत मामूली (बसपा : 28.89 प्रतिशत, भाजपा : 27.46 पतिशत) था मगर भाजपा को लोकसभा की एक भी सीट नहीं मिल पायी। बसपा केवल झाँसी की सीट पर ही हारी और यह सीट कांग्रेस (सुजान सिंह बुंदेला) के खाते में गयी। इस सीट पर भाजपा और सपा ने भी कड़ी चुनौती दी और बसपा का उम्मीदवार चौथे स्थान पर चला गया। बुंदेलखंड में दोबारा खाता खोलने के लिए कांग्रेस को लंबा इंतजार करना पड़ा। इस इलाके में जातिगत आधार पर सामाजिक विभाजन काफी साफ है। आने वाले चुनावों में भी इन तीनों में से किसी पार्टी के पक्ष में थोड़ी सी

बढ़त अनपेक्षित नतीजे दे सकती है। **(टेबल : 19)**। विधानसभा चुनावों के नतीजों में भी कमोबेश यही स्थिति दिखायी देती है जिसमें भाजपा और बसपा प्रमुख प्रतिद्वंद्वियों के रूप में आमने-सामने रहती हैं।

लोकसभा और विधानसभा में पूर्वांचल से काफी सदस्य जाते हैं। हालांकि 1989 के लोकसभा चुनावों में इस क्षेत्र पर जनता दल का दबदबा रहा मगर 1991 के बाद से इस इलाके पर भाजपा की मजबूत पकड़ रही है। गौरतलब बात यह है कि 1999 के लोकसभा चुनावों में भाजपा को लगभग सारे इलाकों में नुकसान उठाना पड़ा मगर पूर्वांचल से उसे 9 कीमती सीटें मिल गयीं। सपा और बसपा भी पूर्वांचल में अपनी जगह बनाने के लिए पूरी कोशिश करते रहे हैं और ऐसा लगता है कि अब उनकी कोशिश फल देने लगी है। पिछले लोकसभा चुनावों में उन्हें मिले मतों से इस बात की तस्दीक होती है (भाजपा 26.69 प्रतिशत, बसपा 23.57 प्रतिशत और सपा 28.59 प्रतिशत)। पूर्वांचल में जाति के आधार पर ध्रुवीकरण साफ दिखायी देता है इसलिए यहां भी बुंदेलखंड जैसी ही स्थिति देखी जा सकती है। पिछले तीनों लोकसभा चुनावों में कांग्रेस को यहां एक भी सीट नहीं मिली। विधानसभा चुनावों में सीट और वोट, दोनों के लिहाज से भाजपा सबसे आगे तो रही है फिर भी बसपा और सपा ने भी मजबूत दावेदारी पेश की है। 1993 के विधानसभा चुनावों में तो बसपा 36 सीट जीतकर सपा से काफी आगे निकल गयी थी जबकि सपा को सिर्फ 20 सीट मिली थी। परंतु दिलचस्प बात यह है कि 1993 और 1996 के विधानसभा चुनावों में बसपा को मिले मतों का प्रतिशत 21 के आसपास ही बना रहा जबकि सपा का ग्राफ लगातार ऊपर उठता गया। 1993 में उसे 12.89 प्रतिशत वोट मिले थे जबकि 1996 में उसे 22.03 प्रतिशत वोट मिले। कांग्रेस की लोकप्रियता लगातार गिरती जा रही है।

2007 के विधानसभा चुनावों में क्षेत्रवार दलीय स्थिति

2007 के विधानसभा चुनावों में बसपा ने सभी क्षेत्रों में अपना जनाधार बढ़ाया, रुहेलखण्ड 27 (+7), अवध 31.5 (+9.3), पूर्वी उत्तर प्रदेश 33 (+7.4), पश्चिमी उत्तर प्रदेश 29.5 (+6.7), दोआब 31.4 (+6.4), बुन्देलखण्ड 33.2 (+5.2), और उत्तरी पूर्व उत्तर प्रदेश 27.4 (+5.6)। उसे सबसे ज्यादा सीटें (53) पूर्वी उत्तर प्रदेश से मिलीं, यदि उसमें उत्तरी पूर्व उत्तर प्रदेश से मिली 24 सीटें जोड़ दी जाएं तो बसपा को पूर्वांचल से कुल 77 सीटें मिलीं अर्थात कुल प्राप्त 2006 सीटों की लगभग 37 प्रतिशत सीटें मिलीं। बसपा को सर्वाधिक समर्थन बुन्देलखण्ड व पूर्वी उत्तर प्रदेश में मिला, पर अवध में उसके जनाधार में सर्वाधिक वृद्धि हुई। कुल मिलाकर प्रदेश में ऐसे 21 जिले रहे जहां बसपा का जनाधार 10

प्रतिशत से भी अधिक अंकों से बढ़ गया (वर्मा : 2007 जून)। सपा को सभी क्षेत्रों में सीटों का नुकसान हुआ : रुहेलखण्ड (–8), अवध (–5), पूर्वी उत्तर प्रदेश (–13), पश्चिमी उत्तर प्रदेश (–5), दोआब (–10), बुन्देलखण्ड (0), व उत्तर पूर्व उत्तर प्रदेश (–5), लेकिन मतों का नुकसान सिर्फ पश्चिमी उत्तर प्रदेश (–4.1 प्रतिशत) व उत्तरी पूर्व उत्तर प्रदेश (–2.4 प्रतिशत) में ही हुआ।

कांग्रेस व भाजपा का भी क्षेत्रवार प्रदर्शन दयनीय रहा। भाजपा की सीटें सभी क्षेत्रों में घटीं : रुहेलखण्ड (–2), अवध (–13), पूर्वी उत्तर प्रदेश (–8), पश्चिमी उत्तर प्रदेश (–1), दोआब (–3), बुन्देलखण्ड (–6), व उत्तरी पूर्व उत्तर प्रदेश (–5)– कुल 38 सीटों का नुकसान हुआ। लेकिन इसके बावजूद पार्टी का रुहेलखण्ड (+2.5), पश्चिमी उत्तर प्रदेश (+2.5) और दोआब (+0.3) में जनाधार बढ़ा। कांग्रेस की खस्ता हालत होने के बावजूद पार्टी ने अवध व बुन्देलखण्ड में अच्छा प्रदर्शन किया और क्रमश: 8 और 3 सीटें जीतीं, शेष सभी क्षेत्रों में इसकी सीटें कम हुईं। इन्हीं दोनों क्षेत्रों में उसका मतप्रतिशत भी थोड़ा बढ़ा।

इस दृष्टि से रालोद का प्रदर्शन भी ठीक कहा जा सकता है। वैसे तो उसकी कुल सीटों में 4 सीटों की गिरावट दर्ज हुई, लेकिन दो प्रवृत्तियां सकारात्मक रहीं। प्रथम, उसे प्रदेश के सभी क्षेत्रों में कुछ न कुछ मत मिले और उसने केवल पश्चिमी उत्तर प्रदेश में सक्रिय होने का आरोप तोड़ा। उसका जनाधार उत्तर प्रदेश के सातों क्षेत्रों में बढ़ा : रुहेलखण्ड (+0.7), अवध (+1.5), पूर्वी उत्तर प्रदेश (+0.6), पश्चिमी उत्तर प्रदेश (+0.9), दोआब (+1.6), बुन्देलखण्ड (+1.5), उत्तरी पूर्व उत्तर प्रदेश (+0.8)। यह रालोद के लिए एक शुभ संकेत हो सकता है (वर्मा : जून 2007)।

नब्बे के दशक के दौरान उत्तर प्रदेश के मतदाताओं की पसंद–नापसंद में क्षेत्रीय विविधताओं की बदलती प्रवृत्तियों को नीचे दी गयी तालिकाओं के जरिये समझा जा सकता है।

प्रमुख राजनीतिक दलों को प्रत्येक क्षेत्र में मिले वोटों का अनुपात विधान सभा चुनाव, उत्तर प्रदेश , 1989–2007

तालिका के बारे में : 2002 के विधानसभा चुनावों के लिए एक नया क्षेत्रवार वर्गीकरण अपनाया गया था। इस वर्गीकरण को बाद में 1989 से आगे के सभी विधानसभा चुनावों पर लागू किया गया। सर्वेक्षण के प्रकार और उनके लिए 'उत्तरदाताओं के आकार' के बारे में सूचना इस प्रकार है : लोकसभा 1996, चुनाव बाद सर्वेक्षण–1280, विधानसभा 1996–एग्जिट पोल–60019, लोकसभा 1998–चुनाव बाद–985, लोकसभा 1999–चुनाव बाद–1149, विधानसभा 2002–चुनाव बाद–2,318। इन आँकड़ों की वास्तविक परिणामों से भी तुलना की गयी है।

विधानसभा 1989

क्षेत्र	उत्तर प्रदेश के मतदाताओं में हिस्सा	कांग्रेस	भाजपा	जद	बसपा
रुहेलखंड	11.3	10.4	14.0	11.2	13.1
अवध	17.3	20.1	16.9	13.8	16.1
पूर्व	19.6	15.3	12.7	17.4	31.1
पश्चिम	10.0	11.5	5.6	18.1	6.0
दोआब	17.6	18.7	19.4	21.1	8.6
बुंदेलखंड	4.8	5.2	10.4	2.2	8.2
उत्तर–पूर्व	14.4	12.3	18.7	11.8	14.2
उत्तराखंड	4.9	6.5	2.5	3.4	2.6
कुल	99.9	100	100.2	100	99.9

विधान सभा 1991

क्षेत्र	उत्तर प्रदेश के मतदाताओं में हिस्सा	कांग्रेस	भाजपा	जद	बसपा
रुहेलखंड	11.5	12.8	14.8	13.4	8.2
अवध	17.5	20.3	15.5	11.0	15.7
पूर्व	20.0	13.9	14.3	20.8	32.4
पश्चिम	8.7	8.7	10.2	17.1	2.9
दोआब	17.9	16.0	17.8	18.5	14.7
बुंदेलखंड	4.9	5.4	4.4	2.4	9.9
उत्तर–पूर्व	14.6	15.1	17.1	12.9	14.2
उत्तराखंड	5.0	7.8	5.9	3.9	2.1
कुल	100.1	100	100.1	100	100.1

विधान सभा 1993

क्षेत्र	उत्तर प्रदेश के मतदाताओं में हिस्सा	कांग्रेस	भाजपा	जद	बसपा
रुहेलखंड	11.4	9.8	12.6	2.8	15.7
अवध	17.2	18.9	16.5	8.2	27.5

पूर्व	20.0	11.4	16.1	48.9	10.4
पश्चिम	9.9	12.2	12.4	5.2	4.4
दोआब	17.4	18.3	18.5	9.9	24.1
बुंदेलखंड	4.8	6.4	4.3	10.6	1.0
उत्तर–पूर्व	14.6	14.0	14.7	12.3	15.4
उत्तराखंड	4.7	8.9	4.9	2.2	1.3
कुल	100	99.9	100	100.1	100

विधानसभा 1996

क्षेत्र	उत्तर प्रदेश के मतदाताओं में हिस्सा	कांग्रेस	भाजपा	जद	बसपा
रुहेलखंड	11.3	12.8	13.1	12.5	14.4
अवध	17.1	24.6	17.0	16.6	19.8
पूर्व	20.1	11.7	17.5	22.4	21.7
पश्चिम	10.1	10.7	11.7	7.8	7.3
दोआब	17.6	16.8	17.2	18.6	17.4
बुंदेलखंड	4.7	7.0	4.4	5.2	3.5
उत्तर–पूर्व	14.3	9.1	13.3	14.5	14.1
उत्तराखंड	4.8	7.3	5.8	2.4	1.9
कुल	100	100	100	100	100.1

विधानसभा 2002

क्षेत्र	उत्तर प्रदेश के मतदाताओं में हिस्सा	कांग्रेस	भाजपा	जद	बसपा
रुहेलखंड	11.8	15.1	11.2	11.5	12.8
अवध	17.6	20.7	19.5	17.5	19.7
पूर्व	21.2	14.8	18.7	22.7	21.1
पश्चिम	10.8	11.4	9.0	10.1	8.3
दोआब	18.3	17.0	17.5	17.5	15.9
बुंदेलखंड	5.2	6.1	6.3	6.3	4.8
उत्तर–पूर्व	15.2	14.9	17.7	14.4	16.9
कुल	100.1	100	99.9	100	100.1

1989 के विधानसभा चुनाव लोकसभा चुनावों के साथ ही आयोजित कराए गये थे। इस विधानसभा चुनाव में उत्तराखंड और पश्चिमी उत्तर प्रदेश के अलावा पूरे राज्य में भाजपा को हर इलाके में समर्थन मिला। उत्तराखंड और पश्चिमी उत्तर प्रदेश में उसे अपने कुल मतों का क्रमशः 2.5 और 5.6 प्रतिशत ही वोट मिले। जनता दल को भी पूरे राज्य में समर्थन मिला मगर उसका सबसे अच्छा प्रदर्शन दोआब के इलाके में रहा जहां से उसे 22.1 प्रतिशत वोट मिले। बसपा की पैठ पूर्वी उत्तर प्रदेश में सबसे अच्छी थी और वहां उसे 31.1 प्रतिशत वोट मिले। इसके अलावा शेष पूरे राज्य में उसकी हालत उतनी अच्छी नहीं रही। संपूर्ण उत्तर भारत की तरह उत्तर प्रदेश में भी कांग्रेस का प्रदर्शन खराब रहा। परंतु पूरे उत्तर प्रदेश में उसे एक जैसा समर्थन मिला।

1991 के विधानसभा चुनाव भाजपा के हक में गये। कांग्रेस और भाजपा को कमोबेश पूरे राज्य में वोट मिले। परंतु भाजपा बुंदेलखंड में काफी कमजोर रही जहां से उसके मतों का मात्र 4.4 प्रतिशत ही उसे मिल पाया। समाजवादी जनता पार्टी (जिसका गठन मुख्य रूप से उत्तर प्रदेश जनता दल को लेकर ही किया गया था) का सबसे अच्छा प्रदर्शन पूर्वी उत्तर प्रदेश में रहा यहां से उसे अपने कुल मतों में से 20.8 प्रतिशत मत मिले। पश्चिमी उत्तर प्रदेश और दोआब दो अन्य ऐसे इलाके थे जहां से सजपा को अच्छे वोट मिले। बसपा को इस बार भी सबसे अच्छा समर्थन पूर्वी उत्तर प्रदेश से ही मिला जहां से उसके मतों में 32.4 प्रतिशत वोट मिले जबकि उत्तराखंड और पश्चिमी उत्तर प्रदेश में उसका प्रदर्शन सबसे खराब रहा।

1993 के विधानसभा चुनावों तक सजपा को समाजवादी पार्टी (सपा) का नया नाम दिया जा चुका था। इस चुनाव में सपा और बसपा के बीच चुनावी तालमेल रहा जिससे दोनों पार्टियों को काफी फायदा हुआ। इस बार कांग्रेस की स्थिति अच्छी नहीं रही परंतु तालिका से पता चलता है कि इस बार भी उसे पूरे राज्य में एक जैसा समर्थन मिला। भाजपा को भी पूरे उत्तर प्रदेश में हर क्षेत्र से वोट मिले। बसपा इस बार भी पूर्वी उत्तर प्रदेश की सबसे ताकवतर पार्टी रही और पार्टी को पूरे राज्य में मिले मतों का 48.9 प्रतिशत हिस्सा इसी इलाके से मिला। समाजवादी पार्टी का प्रदर्शन इस बार पूर्वी उत्तर प्रदेश की बजाय अवध में ज्यादा अच्छा रहा। सपा को पूर्वी उत्तर प्रदेश से 10.4 प्रतिशत जबकि अवध से 27.5 प्रतिशत वोट मिले। पूर्वी उत्तर प्रदेश के अपने पुराने गढ़ में सपा का प्रदर्शन अच्छा नहीं रहा। बुंदेलखंड और उत्तराखंड में पार्टी की हालत सबसे खराब रही।

1996 के विधानसभा चुनाव में अवध से कांग्रेस को अपने 24.6 प्रतिशत वोट मिले परंतु कुल मिलाकर उसका प्रदर्शन दयनीय रहा। बुंदलेखंड में भाजपा कमजोर रही फिर भी पूरे राज्य में उसे एक जैसा समर्थन मिला। बसपा पूर्वी उत्तर प्रदेश में इस बार भी मजबूत निकली और यहां से पार्टी को 22.4 प्रतिशत वोट मिले परंतु

रुहेलखंड, दोआब और अवध में इस बार उसके मतों में इजाफा रहा जबकि अवध से उसे 19.6 प्रतिशत वोट मिले। उत्तराखंड से बसपा और सपा दोनों ही कमजोर रहे। 2002 के विधानसभा चुनावों तक उत्तराखंड को उत्तर प्रदेश से अलग करके उत्तरांचल के नाम से नये राज्य का रूप दिया जा चुका था। परंतु इस बार के चुनाव में भाजपा और कांग्रेस को पूरे उत्तर प्रदेश से समर्थन मिला। कांग्रेस और भाजपा को सबसे ज्यादा वोट अवध में मिले। बसपा और सपा को इस बार सबसे ज्यादा समर्थन पूर्वी उत्तर प्रदेश से ही मिला।

इन तालिकाओं से जो रुझान सामने आता है उससे पता चलता है कि पूरे राज्य में मतदान का स्वरूप तुलनात्मक रूप से एक जैसा रहा। बसपा और सपा दोनों पूर्वी उत्तर प्रदेश के अपने पुराने गढ़ से बाहर निकलने लगे हैं। बसपा के मामले में यह बदलाव खासतौर पर उल्लेखनीय है जबकि सपा के मामले में भी इस घटनाक्रम को स्पष्ट देखा जा सकता है। इन दोनों पार्टियों ने राज्य के अन्य हिस्सों में भी अपनी मौजूदगी दर्ज करायी है। नब्बे के दशक के मध्य से ही ऐसा लगता है कि प्रमुख पार्टियों की असली ताकत अब किसी एक अकेले क्षेत्र पर आश्रित नहीं है परंतु फिर भी प्रत्येक पार्टी को किसी एक या अधिक क्षेत्रों से तुलनात्मक रूप से ज्यादा समर्थन मिलता है। बहरहाल, आज की स्थिति यह है कि उत्तर प्रदेश की सभी राजनीतिक पार्टियों ने वोटों के लिहाज से राज्य के सभी क्षेत्रों में एक उल्लेखनीय पहचान बना ली है।

ध्रुवीकरण की सीमा

नीचे ली गयी तालिकाओं से पता चलता है कि 1996 से अब तक लिंग, इलाके, आयु वर्ग, समुदाय, शिक्षा और वर्गीय पृष्ठभूमि के नजरिये से अलग-अलग पार्टियों को कैसा समर्थन मिला।

लिंग

पार्टी	लिंग	चुनाव					
		लोस 1996	विस 1996	लोस 1998	लोस 1999	विस 2002	विस 2007
भाजपा	पुरुष	34.2	32.8	39.0	29.1	21.1	19
	महिला	32.4	31.7	32.2	32.4	17.9	18
सपा	पुरुष	21.0	21.5	29.2	19.3	24.9	25
	महिला	20.5	22.5	28.2	16.8	24.5	26
बसपा	पुरुष	20.6	18.2	19.4	20.5	21.3	30
	महिला	20.7	22.9	22.7	17.4	24.8	32
कांग्रेस	पुरुष	8.3	8.9	5.5	18.1	9.7	10
	महिला	8.7	7.0	6.9	21.4	7.6	8

सर्वेक्षणों पर टिप्पणी। नमूने का आकार। किस्म। वास्तविक परिणामों से तुलना ताकि सर्वेक्षण में अति या अल्प-रिपोर्टिंग के प्रभावों से बचा जा सके।

तालिका से पला चलता है कि हालांकि थोड़ा बहुत उतार-चढ़ाव है परंतु फिर भी स्त्री-पुरुष मतदाताओं के बीच विभिन्न पार्टियों को कमोबेश एक जैसे अनुपात में वोट मिले। इससे पता चलता है कि उत्तर प्रदेश में मतदान के रुझान में विभेद लिंग के आधार पर नहीं है। सपा और भाजपा दोनों को महिलाओं के मुकाबले पुरुषों के वोट ज्यादा मिले हैं। दूसरी तरफ कांग्रेस और बसपा के बीच-बीच में पुरुषों के मुकाबले महिलाओं के वोट ज्यादा मिले हैं।

इलाका

पार्टी	इलाका	चुनाव					
		लोस 1996	विस 1996	लोस 1998	लोस 1999	विस 2002	विस 2007
भाजपा	शहरी	40.0	36.3	41.3	38.2	24.9	21
	ग्रामीण	30.9	31.8	35.0	27.6	18.6	16
सपा	शहरी	23.1	20.7	35.8	19.3	25.7	23
	ग्रामीण	20.0	27.7	26.4	17.9	24.6	26
बसपा	शहरी	10.3	14.3	12.5	7.2	24.6	21
	ग्रामीण	24.6	20.5	23.6	23.6	14.7	32
कांग्रेस	शहरी	6.6	8.0	7.5	29.7	21.4	16
	ग्रामीण	8.6	8.4	5.5	15.8	6.0	7

जहां तक शहरी-ग्रामीण विभेद का प्रश्न है, शहरी मतदाताओं में सबसे ज्यादा समर्थन भाजपा को मिला है। 1996 के लोकसभा चुनावों में उसे शहरी मतदाताओं के बीच 40 प्रतिशत समर्थन मिला हालांकि पिछले विधानसभा चुनावों तक यह अनुपात काफी गिर चुका था। शहरी वोटों में सपा ने अपने हिस्से में सुधार किया है। सबसे बड़ा बदलाव बसपा के मामले में आया है। जिस पार्टी को अब तक कुल 10 प्रतिशत शहरी वोट मिले थे उसे 2002 के विधानसभा चुनावों में एक चौथाई शहरी वोट मिल गये। दयनीय प्रदर्शन के बाद कांग्रेस ने भी शहरी इलाकों में अपनी स्थिति कुछ सुधारी है।

आयु वर्ग

पार्टी	आयु वर्ग	चुनाव					
		लोस 1996	विस 1996	लोस 1998	लोस 1999	विस 2002	विस 2007
भाजपा	25 वर्ष तक	34.0	34.1	37.3	29.7	18.5	–
	26–35 साल	31.1	31.3	34.4	28.3	16.3	–
	36–45 साल	37.1	32.3	32.7	31.2	20.6	–
	46–55 साल	32.9	32.4	40.7	32.9	20.1	–
	56 वर्ष से अधिक	32.8	32.5	41.5	32.3	21.1	–
सपा	25 वर्ष तक	19.9	23.5	27.7	21.6	25.5	–
	26–35 साल	23.2	21.1	24.8	17.5	25.7	–
	36–45 साल	21.1	21.5	31.7	20.9	26.7	–
	46–55 साल	21.7	21.9	23.6	17.1	21.6	–
	56 वर्ष से अधिक	16.9	20.5	18.5	13.5	22.4	–
बसपा	25 वर्ष तक	22.7	17.7	23.3	28.3	23.2	–
	26–35 साल	20.4	21.2	18.7	19.0	22.0	–
	36–45 साल	19.9	19.6	22.1	18.8	21.2	–
	46–55 साल	23.1	20.4	18.7	17.1	22.8	–
	56 वर्ष से अधिक	15.8	18.3	20.8	20.8	26.5	–
कांग्रेस	25 वर्ष तक	5.5	8.3	4.0	17.1	6.6	–
	26–35 साल	8.2	8.1	6.2	21.3	7.9	–
	36–45 साल	7.4	9.1	3.8	15.8	7.6	–
	46–55 साल	7.0	7.4	8.9	19.0	10.8	–
	56 वर्ष से अधिक	14.2	8.4	10.0	24.0	12.9	–

उम्र के लिहाज से देखने पर पता चलता है कि 1996 के लोकसभा चुनावों में भाजपा को युवाओं के 34 प्रतिशत मत मिले थे परंतु पिछले विधानसभा चुनावों में कांग्रेस ने हल्की सी वापसी की कोशिश की परंतु बाद में वह सभी आयु वर्ग के मतदाताओं के बीच दोबारा गिरावट की तरफ जाने लगी। युवाओं और वृद्धों के बीच

सपा की हैसियत मजबूत हुई है। अधिक उम्र के लोगों में बसपा के समर्थन में भी इजाफा हुआ है।

समुदाय

पार्टी	समुदाय	चुनाव					
		लोस 1996	विस 1996	लोस 1998	लोस 1999	विस 2002	विस 2007
भाजपा	ऊंची जाति	70.7	70.9	77.6	66.6	43.3	45
	यादव	8.8	5.5	9.4	9.5	5.2	–
	अन्य पिछड़ी जाति	38.3	46.4	46.4	35.1	27.5	22
	अनुसूचित जाति	9.6	7.0	15.5	5.7	6.1	–
	मुसलमान	4.0	1.9	6.3	7.2	2.4	–
सपा	ऊंची जाति	2.7	4.0	3.7	3.3	8.3	11
	यादव	73.5	59.6	76.0	77.4	70.8	73
	अन्य पिछड़ी जाति	28.8	19.0	18.1	19.9	17.4	20
	अनुसूचित जाति	5.3	8.4	9.3	4.9	6.8	6
	मुसलमान	43.3	47.0	71.7	34.5	41.2	47
बसपा	ऊंची जाति	0.9	3.6	2.8	2.9	4.6	27
	यादव	8.8	3.3	7.3	3.4	5.2	5
	अन्य पिछड़ी जाति	12.9	13.4	16.0	13.5	18.8	30
	अनुसूचित जाति	67.3	61.3	65.8	62.3	68.8	86
	मुसलमान	6.0	12.0	7.3	7.2	11.0	18
कांग्रेस	ऊंची जाति	9.2	4.2	6.1	16.3	14.8	–
	यादव	5.9	7.0	4.2	2.4	4.7	–
	अन्य पिछड़ी जाति	6.1	5.9	5.9	10.6	7.3	–
	अनुसूचित जाति	10.0	13.6	5.7	21.5	6.1	–
	मुसलमान	9.0	12.5	7.9	43.8	9.4	–

अलग-अलग समुदायों से विभिन्न पार्टियों को कितने वोट मिले हैं इससे सामाजिक स्तर पर तीखे विभाजन सामने आते हैं। ऊंची जातियों के मतदाता अभी भी भाजपा को बड़ी तादाद में पसंद करते हैं हालांकि जहां एक तरफ 1996 के लोकसभा चुनावों में उसे इस समूह से 70.7 प्रतिशत वोट मिले थे वहीं 2002 के विधानसभा चुनावों में उसे सिर्फ 43.3 प्रतिशत वोट मिले। इसके पीछे एक कारण यह भी हो सकता है कि ऊंची जाति के कुछ मतदाता भाजपा के पाले से निकल कर कांग्रेस की तरफ जाने लगे हैं। उसे अन्य पिछड़ी श्रेणी की जातियों में भी काफी समर्थन मिला है।

'वोट बैंक' की परिघटना को यादवों और मुसलमानों के मामले में साफ देखा जा सकता है। यह दोनों समुदाय लगभग एकतरफा तौर पर सपा को समर्थन देते दिखाई पड़ते हैं। कांग्रेस को 1999 के लोकसभा चुनावों में मुसलमानों के काफी वोट मिले जिससे सपा खिसककर दूसरे स्थान पर चली गयी। परंतु इसके बाद मुसलमानों के बीच उसने अपनी स्थिति काफी सुधार ली। जहां तक बसपा का प्रश्न है, उसने ऊंची जातियों और मुस्लिम मतदाताओं के बीच अपनी स्थिति में कुछ सुधार किया। परंतु अभी भी उसकी ताकत का असली आधार अनुसूचित जातियां ही हैं जो बड़े पैमाने पर बसपा के हक में मतदान करती हैं।

शिक्षा

पार्टी	शिक्षा	चुनाव					
		लोस 1996	विस 1996	लोस 1998	लोस 1999	विस 2002	विस 2007
भाजपा	निरक्षर	24.3	21.6	28.3	22.7	12.8	–
	प्राथमिक तक	33.2	31.0	39.1	28.9	24.0	–
	मैट्रिक तक	39.4	36.6	40.9	33.7	27.8	–
	कॉलेज या अधिक	54.7	50.1	52.4	46.2	29.1	–
सपा	निरक्षर	21.5	21.5	28.5	19.1	26.0	–
	प्राथमिक तक	23.5	25.0	27.3	23.9	27.7	–
	मैट्रिक	21.3	21.9	31.8	16.8	21.0	–
बसपा	निरक्षर	28.8	28.3	28.0	25.8	31.2	–
	प्राथमिक तक	19.8	17.8	19.9	20.6	18.4	–
	मैट्रिक तक	12.5	16.3	12.1	13.9	12.9	–
	कॉलेज या अधिक	8.2	9.0	8.2	9.6	7.9	–

कांग्रेस	निरक्षर	9.8	11.5	5.7	21.5	6.2	–
	प्राथमिक तक	7.3	7.4	6.3	16.7	7.3	–
	मैट्रिक तक	7.3	6.3	6.1	20.1	11.7	–
	कॉलेज या अधिक	4.7	5.5	7.5	16.8	23.6	–

यदि शैक्षणिक स्तर की दृष्टि से देखा जाये तो शिक्षित तबके ने भाजपा के प्रति ज्यादा झुकाव दिखाया है। पिछले दशक के शुरुआती दौर में तो शिक्षित लोगों के बीच पार्टी को आधे से ज्यादा वोट मिलते थे। परंतु पिछले विधानसभा चुनावों में शिक्षितों के बीच भाजपा की लोकप्रियता में भारी गिरावट आयी। ऐसा लगता है कि इस गिरावट का सबसे ज्यादा फायदा कांग्रेस ने उठाया है क्योंकि पढ़े-लिखे तबकों के बीच उसके समर्थन में उल्लेखनीय वृद्धि हुई।

वर्ग

पार्टी	वर्ग	चुनाव					
		लोस 1996	**विस 1996**	**लोस 1998**	**लोस 1999**	**विस 2002**	**विस 2007**
भाजपा	अत्यंत गरीब	18.1	16.8	–	17.9	10.0	–
	गरीब	31.0	30.2	–	29.2	14.5	–
	मध्यम वर्ग	38.4	41.7	–	32.1	23.7	–
	सम्पन्न	38.8	55.2	–	45.6	33.2	–
सपा	अत्यंत गरीब	19.8	20.6	–	17.3	19.4	–
	गरीब	18.2	23.8	–	21.5	30.0	–
	मध्यम वर्ग	23.8	20.1	–	21.2	22.5	–
	सम्पन्न	22.3	15.7	–	13.5	15.6	–
बसपा	अत्यंत गरीब	32.8	35.1	–	34.3	47.5	–
	गरीब	29.1	17.2	–	21.2	26.5	–
	मध्यम वर्ग	13.3	10.8	–	9.9	17.7	–
	सम्पन्न	4.9	6.3	–	5.7	7.3	–
कांग्रेस	अत्यंत गरीब	12.1	10.9	–	21.0	1.9	–
	गरीब	6.7	9.1	–	14.8	4.9	–
	मध्यम वर्ग	9.0	6.8	–	22.2	13.7	–
	सम्पन्न	7.8	6.6	–	21.4	11.7	–

वर्गीय आधार पर देखा जाये तो पता चलता है कि मध्यम और सम्पन्न वर्ग के मतदाता दूसरी पार्टियों के मुकाबले भाजपा को ज्यादा पसंद करते हैं। गरीबों में भाजपा को उतना समर्थन नहीं मिला और इसमें भी पिछले सालों के दौरान और गिरावट आयी है। सम्पन्न मतदाताओं के बीच सपा को मिलने वाले समर्थन में भी आंशिक गिरावट दिखायी देती है। बसपा को अभी सबसे ज्यादा समर्थन अत्यंत गरीब और गरीब वर्ग के मतदाताओं से मिल रहा है। पिछले विधानसभा चुनावों में गरीबों के 47.5 प्रतिशत वोट बसपा की ही झोली में गये थे। एक और रोचक बात यह है कि गरीबों के बीच कांग्रेस के समर्थन में कमी आयी है परंतु मध्यम और सम्पन्न वर्ग के मतदाताओं में उसकी स्थिति थोड़ी बेहतर हो रही है।

टिप्पणियां

1. विकासशील समाज अध्ययन पीठ, दिल्ली ने पिछले एक दशक के दौरान उत्तर प्रदेश के क्षेत्रीय वर्गीकरण को कई बार बदला है। सबसे पहले उसने पॉल ब्रास के सुझाए अनुसार राज्य को 7 इलाकों में बाँटा। यह इलाके थे—उत्तराखंड, रुहेलखंड, ऊपरी दोआब, अवध, निचला दोआब, बुंदेलखंड और पूर्वांचल। बाद में पूरे राज्य को 6 हिस्सों में बाँट दिया गया- उत्तराखंड, रुहेलखंड, पश्चिमी उत्तर प्रदेश, बुंदेलखंड, मध्य उत्तर प्रदेश और पूर्वांचल। 2002 के विधानसभा चुनावों तक उत्तराखंड क्षेत्र उत्तर प्रदेश से अलग हो चुका था। इसके बाद शेष बचे राज्य को एक बार फिर 7 क्षेत्रों में विभाजित किया गया—पश्चिमी उत्तर प्रदेश, रुहेलखंड, दोआब, बुंदेलखंड, अवध, उत्तर पूर्वी उत्तर प्रदेश और पूर्वांचल। एडिनबरा विश्वविद्यालय के सहयोग से यह लेखक भी उत्तर प्रदेश के क्षेत्रीय राजनीतिक वर्गीकरण के लिए एक ठोस सैद्धांतिक आधार ढूँढ़ने के प्रयासों में लगा है।
2. एक अलग राज्य की मांग सबसे पहले 1931 में उठायी गयी थी परंतु इस पर ज्यादा जोर 1990 के दशक के अंतिम सालों में ही दिया जाने लगा। (देखें जगपाल सिंह का लेख, 'पॉलिटिक्स ऑफ हरित प्रदेश', ईपीडब्ल्यू, 4 अगस्त 2001, पृष्ठ 2961-67)।
3. बुंदेलखंड क्षेत्र उत्तर प्रदेश और मध्य प्रदेश, इन दो राज्यों में बंटा हुआ है। उत्तर प्रदेश के सात जिले—झाँसी, बाँदा, हमीरपुर, जालौन, ललितपुर, महोबा और साहूजी नगर—तथा मध्य प्रदेश के कुछ जिले-सागर, दमोह, दतिया, भिंड, मुरैना, नरसिंहगढ़, पन्ना, छतरपुर आदि—बुंदेलखंड में ही आते हैं।
4. उत्तर प्रदेश विधानसभा के 18 सितम्बर 1989 को बुलाए गए उद्घाटन सत्र में भाजपा के कुछ मंत्रियों ने पूर्वांचल के नाम से एक अलग राज्य के गठन की मांग उठायी। मुख्यमंत्री कल्याण सिंह के निर्देश पर इस मांग को छोड़ दिया गया।
5. लोकदल, भारतीय लोकदल, जनता दल।
6. डिफेंस ऑफ इंडिया रूल्स (डीआईआर), आंतरिक सुरक्षा कानून (मीसा), कंजर्वेशन

ऑफ फॉरेन एक्सचेंज एंड प्रिजर्वेशन ऑफ स्मगलिंग एक्टीविटीज (कोफेपोसा)।

7. मायावती 3 जून 1995 से 27 अक्टूबर 1995 तक, 20 मार्च 1997 से 20 सितम्बर 1997 तक और मई 2002 से सितम्बर 2003 तक उत्तर प्रदेश की मुख्यमंत्री रही हैं।
8. बसपा ने मुंबई और दिल्ली में रैलियां आयोजित कीं। 14 अप्रैल 2003 को पार्टी ने लखनऊ में एक विशाल रैली का आयोजन किया। इन रैलियों में सरकारी कोष का काफी पैसा व्यय होता है। परिवहन के स्तर पर भारी समस्या खड़ी हो जाती है और चारों तरफ अराजकता फैलती है। इस रैली का कोई स्पष्ट परिणाम दिखायी नहीं दिया सिवाय इसके कि रैली आयोजित करने वाली पार्टी को ऐसा लगता है कि उसने राजनीतिक बढ़त हासिल कर ली है।
9. मुलायम सिंह यादव ने लगभग तीन साल तक राज्य पर शासन किया (5 दिसम्बर 1989 से 23 जून 1999 और 4 दिसम्बर 1993 से 2 जून 1995)।
10. उत्तर प्रदेश में अपने पार्टी संगठन की अध्यक्षता भाजपा ने विनय कटियार को, जबकि बसपा ने के. के. सचान को सौंपी है।
11. 1989 से अब तक उत्तर प्रदेश में बनी गठबंधन सरकारें :
12. उत्तर प्रदेश में चुनाव प्रक्रिया विधानसभा चुनावों के लिए अधिसूचना के साथ 16 जनवरी 2002 से शुरू हुई। 23 जनवरी तक नामांकन पत्र भरे गये, 24 तारीख को नामांकन पत्रों की जाँच शुरू हुई और 28 तारीख नामांकन वापस लेने की अंतिम तारीख निर्धारित की गयी। पूरे राज्य में तीन चरणों में चुनाव हुए—14 फरवरी (पश्चिमी उत्तर प्रदेश), 18 फरवरी (मध्य एवं दक्षिण उत्तर प्रदेश), 21 फरवरी (पूर्वी उत्तर प्रदेश)। वोटों की गिनती 24 फरवरी को हुई और उसी दिन नतीजों की घोषणा कर दी गयी। बिहार (अनुसूचित जाति) और कुंडा, इन दोनों सीटों के नतीजे चुनाव आयोग ने घोषित नहीं किये। बाद में कुछ मतदान केन्द्रों पर दोबारा मतदान के बाद बिहार का नतीजा घोषित कर दिया गया। परंतु कुंडा का नतीजा अभी भी घोषित नहीं किया गया। कुख्यात रघुराज प्रताप सिंह उर्फ राजा भैया कुंडा से जीत तो गया परंतु पोटा के तहत उसे गिरफ्तार कर लिया गया।

उत्तराचंल राज्य बनने के बाद उत्तर प्रदेश में अब 403 विधानसभा सीटें हैं। इनमें से 89 सीटें अनुसूचित जातियों के लिए आरक्षित हैं। राज्य में कुल मतदाता 9,97,17,589 हैं जिनमें से 5,49,93 पुरुष और 4,47,25- महिलाएँ हैं। 6 राष्ट्रीय पार्टियों—कांग्रेस, राष्ट्रवादी कांग्रेस पार्टी, भाजपा, बसपा, भाकपा और माकपा—के अलावा राज्य में एक मान्यता प्राप्त क्षेत्रीय पार्टी (समाजवादी पार्टी) है। इन 7 पार्टियों के अलावा चुनावों में 82 अन्य पार्टियों (अन्य राज्यों में मान्यता प्राप्त और पंजीकृत क्षेत्रीय पार्टियां) ने भी चुनावी मैदान में अपना भाग्य आजमाया। इनके अलावा 2,352 निर्दलीय उम्मीदवार भी मैदान में थे।

13. उत्तर प्रदेश के चुनाव कई विवादों के साये में आयोजित किए गए थे। चुनाव आयोग

ने मतदाताओं के लिए अनिवार्य कर दिया था कि वह मतदाता पहचान पत्र के सहारे ही मतदान कर सकते हैं। बाद में चुनाव आयोग ने इस पहचान पत्र की जगह 18 अन्य विकल्पों को भी स्वीकृति प्रदान कर दी। यह विकल्प थे : पासपोर्ट, आयकर पैन कार्ड, ड्राइविंग लाइसेंस, सेवा पहचान पत्र, बैंक/किसान/डाकखाना पासबुक, राशन कार्ड, अ.जा./अ.ज.जा./ओबीसी पहचान पत्र, विद्यार्थी प्रमाण पत्र, संपत्ति दस्तावेज, हथियार का लाइसेंस, कंडक्टर का लाइसेंस, पेंशन दस्तावेज, भूतपूर्व सैनिक की विधवा/आश्रित प्रमाण पत्र, रेलवे/बस पास, अपंगता प्रमाणपत्र, स्वतंत्रता सेनानी कार्ड, वकीलों को जारी होने वाले पहचान पत्र, ग्राम प्रशासनिक अधिकारियों द्वारा जारी किए गये आवासीय प्रमाण पत्र। चुनाव आयोग के निर्देश के खिलाफ इलाहाबाद उच्च न्यायालय में एक याचिका भी दायर की गयी थी। उच्च न्यायालय ने चुनाव आयोग के आदेश को खारिज कर दिया परंतु सर्वोच्च न्यायालय के समक्ष अपील के बाद उच्च न्यायालय का आदेश रद्द करके उसकी जगह चुनाव आयोग के आदेश को स्वीकृति प्रदान कर दी गयी।

संदर्भ :

1. गौस अंसारी, 'मुस्लिम कास्ट इन उत्तर प्रदेश, ए स्टडी ऑफ कल्चरल कान्ट्रैक्ट' ईस्टर्न एंथ्रोपोलॉजिस्ट, (13), 1960।
2. पॉल आर. ब्रास, फैक्षनल पॉलिटिक्स इन एन इंडियन स्टेट : दि कांग्रेस पार्टी इन उत्तर प्रदेश, कैलिफोर्निया विश्वविद्यालय, बर्कले, 1965।
3. पॉ आर. ब्रास, फैक्षन एंड पार्टी इन इंडियन पॉलिटिक्स, खंड 1, चाणक्य पब्लिशर्स, दिल्ली, 1984।
4. एन्जेजा सदरलैंड बर्गर, अपोजिशन इन ए डॉमिनेंट पार्टी सिस्टम—ए स्टडी ऑफ दि जनसंघ, दि पीएसपी, दि सोशलिस्ट पार्टी इन यूपी (इंडिया), ऑक्सफोर्ड यूनिवर्सिटी प्रेस, बंबई, 1969।
5. इयान डंकन, 'न्यू पॉलिटिकल इचेशंस, इन नॉर्थ इंडिया, मायावती, मुलायम एंड गवर्नमेंटल इन्स्टेबिलिटी इन उत्तर प्रदेश', एशियन सर्वे, खंड XXXVII, संख्या 10, अक्टूबर 1997 ए।
6. इयान डंकन, 'एग्रीकल्चरल इनोवेशन एंड पॉलिटिकल चेंज इन नॉर्थ इंडिया : दि लोकदल इन उत्तर प्रदेश', दि जनरल ऑफ पीजेंट स्टडीज, खंड 24, संख्या 4, जुलाई 1997, पृष्ठ 146-168, 1997 बी।
7. फ्रेंकेल आर. फ्रांसिन व एम. एस. ए. राव (सं.), 'डोमिनेंस एंड स्टेट पॉवर इन मॉडर्न इंडिया, डेक्लाइन ऑफ ए सोशल ऑर्डर', आक्सफोर्ड यूनिवर्सिटी प्रेस, दिल्ली, जोया हसन (सं.), पॉवर एंड मोबिलाइजेशन : पैटर्न्स ऑफ रेजिलियेंस एंड चेंज इन उत्तर प्रदेश, 1989।

8. जोया हसन, 'शिफ्टिंग ग्राउंड्स, हिंदुत्व पॉलिटिक्स एंड दि फार्मर्स मूवमेंट इन उत्तर प्रदेश', जनरल ऑफ पीजेंट स्टडीज, खंड 21, 1994 ए।
9. जोया हसन, 'पार्टी पॉलिटिक्स एंड कम्युनल मोबिलाइजेशन इन उत्तर प्रदेश', साउथ एशिया बुलेटिन, खंड 14, संख्या 1, 1994 बी।
10. जोया हसन, क्वेस्ट फॉर पावर, ऑपोजिशनल मूवमेंट्स एंड पोस्ट कांग्रेस पॉलिटिक्स इन उत्तर प्रदेश, ऑक्सफोर्ड यूनिवर्सिटी प्रेस, नयी दिल्ली, 1998।
11. रंजीत गुहा (सं.), सबआल्टर्न स्टडीज, खंड 1, ऑक्सफोर्ड यूनिवर्सिटी प्रेस, दिल्ली, में डी. हार्डिमान, 'दि इंडियन फैक्शन : पॉलिटिकल थ्योरी एग्जामिंड, 1982'।
12. क्रिस्टोफ जैफरलॉट व थॉमस ब्लॉम हानसेन, : दि बीजेपी एंड दि कम्पल्शंस ऑफ पॉलिटिक्स इन इंडिया, ऑक्सफोर्ड यूनिवर्सिटी प्रेस, दिल्ली, 1990।
13. जागरण वार्षिकी, 2001, जागरण प्रकाशन, कानपुर।
14. जगपाल सिंह, 'पॉलिटिक्स ऑफ हरित प्रदेश : दि केस ऑफ वेस्टर्न यूपी एज ए सेपरेट स्टेट', ईपीडब्ल्यू, 4 अगस्त 2001, पृष्ठ 2961-67।
15. रोजर जेफ्री व जेंस लरचे, सोशल एंड पॉलिटिकल चेंज इन उत्तर प्रदेश, यूरोपियन पर्सपेक्टिव्ज, मनोहर पब्लिशर्स, नयी दिल्ली, पृष्ठ 157, में क्रिस्टोफ जैफरलॉट, जेस्मीन जेरिनीनी-ब्रोटेल व जयंती चतुर्वेदी का लेख, 'दि बीजेपी एंड दि राइज ऑफ दलित्स इन उत्तर प्रदेश', 2003।
16. जी. के. लीटेन और रवि श्रीवास्तव : अनईच्चल रिलेशंस, पॉवर रिलेशंस, डिवोल्यूशन एंड डिवेलपमेंट इन उत्तर प्रदेश, सेज पब्लिकेशंस, नयी दिल्ली, 1999।
17. लोकसभा निर्वाचन 1999, उत्तर प्रदेश संदर्भ पुस्तिका, सूचना एवं जनसंपर्क विभाग, उत्तर प्रदेश, लखनऊ, 1999।
18. सुधा पै, उत्तर प्रदेश : एग्रेरियन चेंज एंड इलेक्टोरल पॉलिटिक्स, क्षिप्रा, दिल्ली, 1993।
19. सुधा पै, 'चेंजिंग सोसियो-इकोनॉमिक एंड पॉलिटिकल प्रोफाईल ऑफ शेड्यूल्ड कास्ट्स इन उत्तर प्रदेश', जनरल ऑफ इंडियन स्कूल ऑफ पॉलिटिकल इकोनॉमी, खंड 12, संख्या 3-4, पुणे, 2000।
20. रामशरण श्रीवास्तव, एक दृष्टिकोण—रामजन्म भूमि बाबरी मस्जिद विवाद, कानपुर, 1997।
21. ए. के. वर्मा, ए स्टडी ऑफ पॉलिटिकल डिफेशंस इन उत्तर प्रदेश, अप्रकाशित पी.एच.डी. शोध ग्रंथ, कानपुर विश्वविद्यालय, कानपुर, 1991।
22. ए. के. वर्मा, यूपी : बीजेपीज कास्ट कार्ड, ईपीडब्ल्यू, 1 दिसम्बर 2002, पृष्ठ 4452-4455, 2001।
23. ए. के. वर्मा, पॉलिटिकल प्रोसपेक्ट्स इन यूपी : प्वाइंटर्स फ्राम ए प्री-पोल सर्वे, ईपीडब्ल्यू, 9 फरवरी 2002, पृष्ठ 525-527।

24. ए. के. वर्मा, यूपी असेम्बली इलेक्शंस : कास्ट डोमिनेट्स आइडियोलॉजी, ईपीडब्ल्यू, 25 मई 2002, पृष्ठ 1975-1980।
25. बी. एन. वर्मा, और ए. के. वर्मा, दि बुलेट्स एण्ड द बैलेट्स : दि पार्लियामेंट्री इलेक्शन्स इन इंडिया 1984, समुचित, बरेली, 1986।
26. धीरेन्द्र कुमार वाजपेयी, दि रोल ऑफ पॉलिटिकल पार्टिसिपेशन, मास मीडिया एंड एम्पेथी इन मॉडर्नाइजेशन : ए केस स्टडी ऑफ उत्तर प्रदेश (इंडिया), मिशिगन विश्वविद्यालय पी-एच.डी., शोधपत्र, 1971।
27. भारतीय चुनाव आयोग की वेबसाइट- 222.eci.gov.in- अनुवाद : योगेन्द्र दत्त।
28. ए. के. वर्मा, रिवर्स सोशल ऑस्माशिस इन उत्तर प्रदेश, इकोनॉमिक एण्ड पॉलिटिकल वीकली, 10 मार्च 2007, पृष्ठ 817-820।
29. ए. के. वर्मा, मायावतीज सैण्डविच कोलिशन, इकोनॉमिक एण्ड पॉलिटिकल वीकली, 2 जून, 2007, पृष्ठ 2039-2043।
30. ए. के. वर्मा, राइज ऑफ मायावती एण्ड चेन्जिंग पॉलिटिक्स ऑफ उत्तर प्रदेश, साउथ एशिया इनिशियेटिव, हार्वर्ड विश्वविद्यालय, केम्ब्रिज, अमेरिका में 25 अप्रैल 2008 को दिया व्याख्यान।

महाराष्ट्र

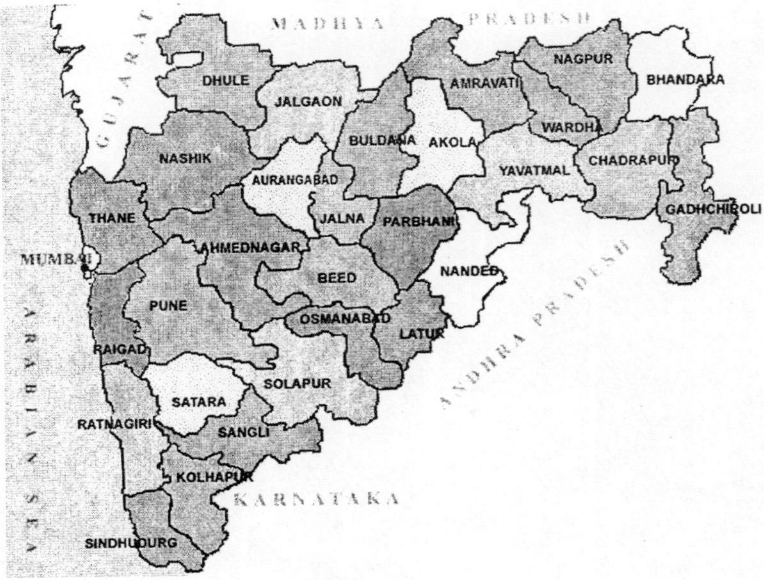
MADHYA PRADESH
GUJARAT
DHULE
JALGAON
AMRAVATI
NAGPUR
BHANDARA
BULDANA
AKOLA
WARDHA
NASHIK
AURANGABAD
YAVATMAL
CHADRAPUR
THANE
JALNA
PARBHANI
GADHCHIROLI
MUMBAI
AHMEDNAGAR
BEED
NANDED
PUNE
OSMANABAD
LATUR
RAIGAD
ANDHRA PRADESH
SOLAPUR
SATARA
RATNAGIRI
SANGLI
KOLHAPUR
KARNATAKA
SINDHUDURG
ARABIAN SEA

सामाजिक शक्तियों का पुनःसंयोजन या राजनैतिक बिखराव

—सुहास पल्शीकर

साथ में राजेश्वरी देशपांडे और नितिन बीरमल

महाराष्ट्र में कांग्रेस का नेतृत्व ग्रामीण हितों के गर्भ में जन्मा था लेकिन धीरे-धीरे उसने इनकी अनदेखी करके शहरी हितों को प्राथमिकता देनी शुरू कर दी। इंदिरा गांधी ने मराठा दबदबे को झकझोरा अवश्य, लेकिन वे कोई वैकल्पिक ताकत खड़ी नहीं कर पाईं। शहरी हितों का महत्त्व बढ़ने से दो परिणाम हुए-कांग्रेस का मुकाबला करने के लिए शहर आधारित शिव सेना और भाजपा का गठजोड़ उभरा और पिछड़ी जातियों को इन राजनीतिक लाभों से वंचित कर दिया गया जो उन्हें अन्यथा मिल सकते थे। जो ऊंची जातियां पहले मराठाओं के तहत सत्ता में दूसरे नंबर की भागीदारी से ही संतुष्ट होती रहती थीं, सेना-भाजपा गठजोड़ ने उन्हें प्रमुखता प्राप्त करने का मौका दिया।

जब समाज का कोई एक समूह बहुत अलग और स्पष्ट पहचान विकसित करके अन्य सामाजिक समूहों से एकदम अलग और स्पष्ट मांगें रखता है तो राजनैतिक दलों को उन मांगों को पूरा करना मुश्किल लगता है। इसकी जगह राजनैतिक दल स्पष्ट दिखने वाले सामाजिक हित समूहों का प्रतिनिधित्व करना ज्यादा पसंद करते हैं—भले ही उन्हें उतना आधार सत्ता दिलाने में सक्षम न हो। भारत में यह चीज पिछले कुछ समय से स्पष्ट दिखने लगी है। 'आधी छोड़ पूरी को धावे, आधी मिले न पूरी पावे' की कहावत को उन्होंने मन में उतार लिया है। जो निश्चित लगता है उसी पर वे चौकस रहते हैं। भारत के अनेक हिस्सों में जो गठबंधन की राजनीति उभरी है, वह इसी सोच वाली राजनीति का नतीजा है। पर मुल्क के कई प्रदेश ऐसे भी हैं जिन्होंने पहले कभी गठबंधन की राजनीति का स्वाद नहीं चखा था। महाराष्ट्र ऐसा ही एक राज्य है। यहां (1978 में) जो पहली गठबंधन सरकार बनी वह भी कांग्रेस के ही दो धड़ों को मिलाकर बनी भी। फिर 1980 में ही

कांग्रेस वापस सत्ता में आ गई। इस प्रकार नब्बे के दशक के मध्य तक महाराष्ट्र की राजनीति कमोबेश कांग्रेसी प्रभुत्व की रही। अस्सी के दशक के आखिरी दिनों में शिव सेना और भारतीय जनता पार्टी ने एक गठबंधन बनाया और उसके बाद से ही महाराष्ट्र की राजनीति में गठबंधनों के प्रभावी होते जाने का दौर चला है। भाजपा-शिव सेवा गठबंधन 1989 से ही बना हुआ है और केरल तथा पश्चिम बंगाल को छोड़ दें तो संभवत: यह देश के सबसे पुराने गठबंधनों में एक होगा।

महाराष्ट्र में गठबंधन की राजनीति के उभार ने नए राजनैतिक समीकरणों को जन्म दिया और यह राज्य में कांग्रेस प्रणाली के पराभव की भी निशानी थी। यह प्रक्रिया वैसे तो सत्तर के दशक में ही शुरू हो गई थी लेकिन नब्बे के दशक में यह अपने पूरे रंग में आई। उससे पहले गठबंधन बनाने या चुनावी गठजोड़ की जो भी कोशिशें हुई थीं वे मात्र चुनाव के वक्त दिखती थीं और कांग्रेस के खिलाफ सफलता न मिलने से बिखर जाती थीं। उधर कांग्रेस मजबूत और सुरक्षित थी, फिर भी उसने अपना आधार बढ़ाने और अपनी वैधता के दावे को मजबूत करने के लिए छोटे गठबंधन किए थे। इसने 1967 चुनाव में रिपब्लिकन पार्टी से गठबंधन किया और उसके नेता आर. एस. गवई को राज्य विधानपरिषद का उपाध्यक्ष और बैरिस्टर खोब्रागढ़े को राज्यसभा का उपाध्यक्ष पद भी दिया। पर इस गठजोड़ के चक्कर में रिपब्लिकन पार्टी बिखर गई। उसका एक धड़ा कांग्रेस के साथ रहता था तो दूसरा खिलाफ। पर इससे कांग्रेस को दलितों में आधार बनाने और अपने ऊपर लगी मराठा पार्टी वाली छवि को मद्धिम करने का लाभ मिला। पर वह मुख्य रूप से गैर-ब्राह्मण और सामान्यत: गैर-दलित जातियों की नुमाइंदगी ही करती थी। कांग्रेस ने मंझोली जातियों को नेतृत्व देकर ही इतने समय तक एकछत्र राज किया।

समाज पर हावी हित

कांग्रेस पार्टी किसी एक हित-समूह को नहीं, बल्कि समाज पर हावी परस्पर आधारित हित-समूहों को नेतृत्व दे रही थी। महाराष्ट्र में राज्य के औद्योगिक विस्तार के मामले में राज्य सरकार ने अपनी नियंत्रक भूमिका लगभग पूरी तरह छोड़ दी थी। बेकले रिक्लेमेशन की योजना को आगे बढ़ाया गया और नई मुंबई के दो जुड़वां शहरों की योजना तैयार हो गई। पूंजीवादी हितों की मार के सामने राजनीतिक नेतृत्व दो बिंदुओं पर विफल रहा। पहला, मंबई-थाणे-पुणे की पट्टी में वह अनियोजित और भीड़-भाड़ पर अंकुश नहीं लगा पाया। उसने पूंजीवादी हितों की मांगों के सामने घुटने टेक दिए। दूसरे, राज्य स्तर का राजनीतिक नेतृत्व कृषि के हितों की हिफाजत नहीं कर पाया, जबकि विकास कृषि-क्षेत्र से ही निकला था।

राजनीतिक अर्थव्यवस्था : 1975-90

महाराष्ट्र के आर्थिक विकास को कई समस्याओं और असंतुलनों का सामना करना

पड़ा है। 1960 से 1975-76 के बीच कृषि क्षेत्र की वृद्धि दर सीमित रही। 1960-61 से 1975-76 के बीच राज्य की आय में खेती का हिस्सा 41.9 प्रतिशत से गिर कर केवल 31.6 प्रतिशत रह गया। 1976-77 और 1986-87 के बीच राज्य की अर्थव्यवस्था में धीमी वृद्धि हुई। इससे यह भी पता चलता है कि अब राजनेताओं में किसानों के हितों की हिफाजत करने की क्षमता नहीं बची थी। नतीजतन, कृषि क्षेत्र का हिस्सा घटता रहा। दूसरी तरफ विनिर्माण और सेवा क्षेत्रों के हिस्से से वृद्धि होती रही। परंतु यह वृद्धि भी इतनी नहीं थी कि उसके आधार पर राज्य संतोषजनक आर्थिक विकास का दावा कर सकता। 1976-77 की राष्ट्रीय आय में महाराष्ट्र के सकल घरेलू उत्पाद का हिस्सा 12.6 प्रतिशत था। 1986-87 में यह हिस्सा घटकर 11.7 प्रतिशत रह गया। स्थिर मूल्यों (1980-81) पर राज्य की आय और राष्ट्रीय आय के रुझानों को देखने से पता चलता है कि 1980-81 से 1984-85 के बीच राज्य की आय 14.4 प्रतिशत की वृद्धि हुई थी, जबकि राष्ट्रीय आय में इसी दौरान 20.9 प्रतिशत की वृद्धि दर्ज की गई थी।

विनिर्माण और सेवा क्षेत्रों के इस धीमे विकास की भी अपनी समस्याएं थीं। सबसे पहली समस्या तो यह थी कि यह प्रक्रिया शिक्षा और अपेक्षाओं के बढ़ते स्तर के अनुरूप पर्याप्त तेजी से नहीं चल पाई। परिणाम यह हुआ कि 1975-76 और 1985-86 के बीच रोजगार कार्यालयों के रजिस्टरों में दर्ज लोगों की संख्या तीन गुना बढ़ गई। दिसम्बर 1976 तक राज्य के कारखानों की संख्या 11,923 थी जो दिसम्बर 1986 तक 19,966 हो गई। फिर भी अगर रोजगारों के लिहाज से देखें तो पता चलता है कि सिर्फ एक लाख नए रोजगार ही पैदा हुए और उनमें भी 1981 से 1986 के बीच तो कुल मिलाकर गिरावट का ही रुझान रहा। यानी, विकास की प्रक्रिया में ठहराव के संकेत दिखाई देने लगे थे, फिर भी राज्य सरकार पूंजीवादी विकास की दिशा में अधिकाधिक संसाधन झोंकती रही। वित्तीय संस्थानों ने 1980-81 में 372 करोड़ रुपए की आर्थिक सहायता उपलब्ध कराई थी जो 1995-96 तक 7,871 करोड़ तक जा पहुंची। कुल मिला कर, राज्य सरकार ने जिस पूंजीवादी विकास की प्रक्रिया शुरू की थी, वह समाज के विभिन्न तबकों तक नहीं पहुंच पाई। राज्य के ज्यादातर हिस्सों में औद्योगिक विकास की दर भी दयनीय ही रही। सबसे ज्यादा तरक्की मुंबई-थाणे और पुणे की पट्टी में ही दिखाई दी। 1986-87 में पूरे राज्य के फैक्ट्री कामगारों में से 60 प्रतिशत इन्हीं तीन जिलों में काम करते थे। इससे पता चलता है कि दूसरे जिलों में औद्योगिक वृद्धि दर भले ही कम रही हो, मगर मुख्य रूप से छोटे-मोटे व्यवसायों के माध्यम से ही सही, परंतु वहां के सेवा क्षेत्र में तरक्की हो रही थी। इससे न केवल आर्थिक असंतुलन पैदा हुआ, बल्कि सामाजिक विकृतियां भी सामने आईं।

हालांकि राज्य का राजनीतिक नेतृत्व राजनीतिक समर्थन के लिए अभी भी ग्रामीण/कृषक समुदायों पर ही आश्रित था। वह शहरी/औद्योगिक और सेवा क्षेत्र के

हितों की साधना में लीन था। इसकी निगाह में शहर-केन्द्रीय पूंजीवादी हितों के मुकाबले कृषि क्षेत्र के हित अब पहले जितने महत्त्वपूर्ण नहीं रह गए थे। इस दौर की एक और अहम बात यह थी कि इस बीच सेवा क्षेत्र की भूमिका में इजाफा हुआ। इस क्षेत्र ने राज्य का रूप-रंग ही बदल डाला। यद्यपि औद्योगिक क्षेत्र स्थिर गति से आगे बढ़ रहा था, परंतु सेवा क्षेत्र की वृद्धि दर उससे लगातार तेज थी। कहने का अर्थ यह है कि राज्य की अर्थव्यवस्था में छोटे-छोटे ठेकेदारों, होटल व्यवसायियों, सट्टेबाजों और व्यापारियों की अहमियत लगातार बढ़ती जा रही थी।

मराठा नेतृत्व का बिखराव

एक लिहाज से देखा जाए तो 1877-78 का दौर महाराष्ट्र की राजनीति में एक नए चरण की शुरुआत थी। यह चरण अंततः राज्य में कांग्रेस की चुनावी हार के साथ पूरा हुआ। 1978 से 1995 के बीच सिर्फ 20 सीटें मिलीं। कांग्रेस के इस खराब प्रदर्शन के पीछे आंशिक रूप से आपात्काल के अनुभव और आंशिक रूप से आपात्काल के बाद गैर-कांग्रेसी पार्टियों के बीच बनी एकता का हाथ था। 1977 में महाराष्ट्र कांग्रेस बड़े पैमाने पर गुटबाजी की भी शिकार थी। गौरतलब है कि राज्य कांग्रेस में 1972 से ही तीन बड़े गुट बने हुए थे। एक गुट यशवंत राव चह्वाण का कट्टर समर्थक था, जबकि दूसरा गुट चीनी सहकारी संघों की ताकत ग्रहण करता था। यह गुट चह्वाण से दूरी बनाकर चलने की कोशिश करता था। अनौपचारिक रूप से इस गुट की अगुवाई मराठा नेता दादा पाटिल कर रहे थे। इन दोनों गुटों का सामाजिक आधार मराठा-कुनबी समुदाय के भीतर ही था। तीसरा गुट मुख्य रूप से चीनी लॉबी के खिलाफ था। इसकी अगुवाई मराठवाड़ा के शंकर राव चह्वाण कर रहे थे। हालांकि शंकर राव चह्वाण खुद भी मराठा थे, परंतु मराठा-कुनबी समुदाय से उन्हें खास समर्थन नहीं मिलता था। 1972 के बाद इंदिरा गांधी ने शंकर राव चह्वाण की मदद से मराठा नेतृत्व को झटका देने की कोशिश की। 1975 में उन्होंने वी. पी. नाईक को मुख्यमंत्री के पद से हटा दिया। परिणामतः 1977 के लोकसभा चुनावों में गुटबाजी का रास्ता साफ हो गया। इस चुनाव में यशवंत राव चह्वाण और वसंत दादा ने ऐन मौके पर एक-दूसरे से हाथ मिला लिया। साफ है कि 1977 के चुनाव परिणाम काफी हद तक कांग्रेस की भीतरी गुटबाजी का नतीजा थे। 1978 में राष्ट्रीय स्तर पर कांग्रेस में हुए विभाजन के बाद दोनों धड़ों- इंदिरा समर्थकों और मराठा नेताओं—ने 1978 का चुनाव तो अलग-अलग लड़ा, मगर गठबंधन सरकार बनाने के लिए बाद में दोनों साथ हो गए। कुछ समय बाद मराठा नेताओं के ढीले-ढाले गठबंधन से अलग होकर शरद पवार ने अपना एक अलग गुट बना लिया। पवार की समानांतर कांग्रेस ने जनता पार्टी और पीपुल्स वर्कर्स पार्टी (पीडब्ल्यूपी) के साथ मिलकर एक गठबंधन बनाया। इससे मराठा नेताओं के बीच पहले से ही नाजुक एकता को करारा झटका लगा। इसके बाद मराठा नेतृत्व कभी पहले जितनी ताकत नहीं

जुटा पाया। 1980 में इंदिरा गांधी सत्ता में आईं, तो उन्होंने पवार सरकार को बड़ी चालाकी से बर्खास्त कर दिया। 1980 से 1984 तक मराठा नेतृत्व इंदिरा गांधी के हाथों बार-बार अपमानित होता रहा। हालांकि वसंत दादा पाटिल और कुछ दूसरे नेता इंदिरा गांधी में वापस चले गए, परंतु राज्य के मुख्यमंत्री की गद्दी पर कई ऐसे चेहरे आए जो मराठा नेतृत्व का हिस्सा नहीं थे। इसके बावजूद मराठा नेतृत्व इस पूरे घटनाक्रम पर चुप्पी साधे रहा। यह स्थिति इंदिरा गांधी की हत्या के बाद भी बनी रही। 1978-1988 तक मराठा नेतृत्व पूरी तरह दिशाहीन रहा। उसके हाथ से राजनीतिक पहलकदमी तो गई ही, पारस्परिक एकता भी कायम नहीं रह पाई।

इन घटनाओं ने शेतकारी संघटना और नव हिंदुत्ववादी शक्तियों के उभार का रास्ता साफ कर दिया। शरद जोशी के नेतृत्व में किसान आंदोलन 1978 के बाद बड़े पैमाने पर सामने आया। जोशी ने आंदोलनकारी तेवर अख्तियार करते हुए ग्रामीण जनता को संगठित किया। शेतकारी संघटन द्वारा चलाया गया आंदोलन महाराष्ट्र राज्य के गठन के बाद अब तक का पहला राज्यव्यापी जनांदोलन था। लेकिन, शुरुआती कामयाबी के बाद शेतकारी संघटन के हाथ से भी पहलकदमी जाती रही। संघटन ने लगभग छः साल तक मराठा-कुनबी और पिछड़ी जातियों (विशेष रूप से माली और बंजारी) को पश्चिमी महाराष्ट्र (नासिक, अहमदनगर) के विभिन्न हिस्सों में संगठित किया। उसका सबसे ज्यादा असर मराठवाड़ा और विदर्भ के क्षेत्रों में था।

जनता पार्टी के उदय के बाद महाराष्ट्र के कई हिस्सों में कार्यकर्ताओं के छोटे-छोटे समूह उभरने लगे थे। हालांकि ये समूह भी उग्र हिंदुत्ववादी विचारधारा से प्रेरणा लेते थे, मगर वे इस मायने में राष्ट्रीय स्वयंसेवक संघ से भिन्न थे कि उनकी गतिविधियों का दायरा मुख्य रूप से ग्रामीण इलाके तथा छोटे-छोटे कस्बे में सीमित था। इन समूहों में गैर-ब्राह्मण जातियों के युवा बड़ी संख्या में एकजुट हो रहे थे। 1984 के बाद शिव सेवा भी महाराष्ट्र के ग्रामीण इलाकों में पैठ बनाने लगी। उसने हिंदुत्ववादी राजनीति की खुले तौर पर वकालत की और महाराष्ट्र की पिछड़ी जातियों के युवाओं को आकर्षित करने पर ध्यान केन्द्रित किया। कांग्रेस के कमजोर हो जाने के कारण विभिन्न जातियों के युवा शिव सेना की उग्र हिंदुत्व की विचारधारा की ओर आकर्षित होने लगे। शिव सेना ने मराठवाड़ा विश्वविद्यालय का नाम बदलने के मुद्दे पर ग्रामीण मराठा और पिछड़ी जातियों के बीच व्याप्त गुस्से और हताशा का चतुराई से फायदा उठाया। उसने ऊंची जातियों के हिंदुओं की जातिगत भावनाओं को उनकी धार्मिक भावनाओं के साथ जोड़ दिया। राम जन्मभूमि आंदोलन के दौरान उसने लोगों की धार्मिक भावनाओं को और हवा दी। प्रचंड हिंदुत्व ने जल्दी ही शेतकारी संघटन को हाशिए पर धकेल दिया। इस दौर में एक तरफ तो राज्य के राजनीतिक फलक पर नई राजनीतिक ताकतें सामने आ रही थीं जबकि दूसरी तरफ कांग्रेस अपने मराठा नेतृत्व के परस्पर खींचतान में लगे धड़ों के घातक प्रहार झेल रही थी।

पवार और आक्रामक उदारीकरण

शरद पवार 1988 में कांग्रेस पार्टी की तरफ से राज्य के मुख्यमंत्री बने। उन्होंने उदारीकरण की नीति तेजी से लागू की और औद्योगिक विस्तार को मुंबई-थाणे-पुणे के अलावा दूसरे इलाकों तक भी फैलाने की कोशिश की। उनके कार्यकाल में नासिक, जलगांव, औरंगाबाद, कोल्हापुर और रत्नागिरी जिलों में तेज औद्योगिक विकास हुआ। उद्योग क्षेत्र को सरकारी सहायता जारी रही। 1985-86 से 1995-96 के बीच उद्योगों को वित्तीय संस्थानों से मिलने वाली सहायता में नौ गुना वृद्धि हुई। इस दौरान 8,000 से भी ज्यादा नई फैक्ट्रियां लगीं। राज्य के सकल उत्पाद में सेवा क्षेत्र का हिस्सा सबसे ज्यादा 46.5 प्रतिशत रहा। बाद के वर्षों में भी यह 44-45 प्रतिशत के आसपास बना रहा। हालांकि इनमें से कई प्रवृत्तियां पहले भी मौजूद थीं, परंतु पवार के दूसरे (और तीसरे) मुख्यमंत्रित्व काल में ये प्रवृत्तियां और मजबूत हुईं। खेती का महत्त्व पहले के मुकाबले अब और भी कम हो गया। पवार ने औद्योगिक विकास को खूब बढ़ावा दिया और 1995 पवार के चुनाव प्रचार में इसे एक मुख्य मुद्दा भी बनाया। उनके कार्यकाल में सरकार पर भ्रष्टाचार के कई आरोप लगे और चुनाव प्रचार में उनके विरोधियों ने इन आरोपों को जमकर भुनाया। पवार को आधुनिक पूंजीवादी विकास और पर्दे के पीछे चलने वाली सौदेबाजी व चौतरफा भ्रष्टाचार के साथ जोड़कर देखा जाने लगा।

नब्बे के दशक में कांग्रेस फौरी तकाजों के मद्देनजर जोड़-तोड़ की राजनीति और सांप्रदायिक तनाव को संभाल पाने में विफलता के बीच फंसी रही। 1989 से ही यह बात साफ दिखाई देने लगी थी कि प्रदेश की राजनीति पर कांग्रेस का नियंत्रण कमजोर पड़ता जा रहा है। पवार ने कई तरह के जोड़-तोड़ के जरिए हालात को संभालने की कोशिश की। उन्होंने मंडल आयोग की सिफारिशों पर मंजूरी देने के साथ-साथ अन्य पिछड़ी जातियों में से विभिन्न जातियों के लिए अलग से आरक्षण का प्रावधान भी कर दिया। उन्होंने धनगड़ और माली जैसी राजनीतिक रूप से ताकतवर जातियों को अपने साथ जोड़े रखने के लिए कुछ गैर-मराठी नेताओं को उभारा। विदर्भ और मराठवाड़ा के पिछड़े इलाकों (तथा शेष महाराष्ट्र) के लिए विकास बोर्डों का गठन किया। उन्होंने रिपब्लिकन पार्टी के एक धड़े से गठबंधन किया। मराठवाड़ा विश्वविद्यालय का नाम डॉ. अंबेडकर के नाम पर रखा गया। उन्होंने शिव सेना विधायक दल और जनता दल में तोड़-फोड़ की। मराठवाड़ा और विदर्भ क्षेत्र में शिव सेना मुख्य रूप से भुजबल के बढ़ते कद के कारण ही मजबूत थी। भुजबल माली जाति से ताल्लुक रखते हैं। उनके और शिव सेना के ब्राह्मण नेता मनोहर जोशी के बीच तनाव एक प्रमुख पहलू था जिसके कारण अंततः शिव सेना विधायकों में फूट पड़ी। इसका अप्रत्यक्ष कारण शिव सेना की पिछड़ा विरोधी सोच

थी। जनता दल में फूट डालना ज्यादा आसान था, क्योंकि पार्टी की राज्य इकाई में नेतृत्व, समन्वय और दिशा का अभाव था। सरकार ने महिलाओं के मुद्दों पर एक नीति-दस्तावेज भी जारी किया। लेकिन, इन तमाम कोशिशों में कोई दीर्घकालिक योजना या गहरी प्रतिबद्धता नहीं थी। विभिन्न मुद्दों को कमोबेश अलग-थलग ढंग से संबोधित किया गया था। कुल मिलाकर एक दीर्घकालिक जनाधार विकसित करने की संजीदा कोशिश नहीं की गई।

बाबरी मस्जिद टूटने के बाद सांप्रदायिक तनाव और बढ़ गया। सुधाकर नाईक की सरकार दिसम्बर 1992 के दंगों को प्रभावी ढंग से नियंत्रित नहीं कर सकी। जनवरी 1993 में मुंबई में भयानक दंगे हुए जिनमें पुलिस बल का सांप्रदायिक तनाव और बढ़ गया। अपराध जगत और राजनेताओं के बीच रिश्तों के बारे में गठबंधन के आरोपों का कांग्रेस संतोषजनक ढंग से जवाब नहीं दे पाई। इन समस्याओं को अनदेखा करते हुए पवार ने मौके का फायदा उठाया और नाईक के साथ हिसाब बराबर करने लगे। तत्पश्चात, मुख्यमंत्री के रूप में उनकी दोबारा वापसी हुई। मार्च 1993 में हुए बम विस्फोटों ने इस सोच को और हवा दी कि मुंबई पर अपराध जगत का ही दबदबा है। 1995 में हुए विधानसभा चुनावों में इन घटनाओं ने एक अहम भूमिका निभाई।

1978 के बाद, खासतौर से नब्बे के दशक में कांग्रेस क्षत-विक्षत ही रही। पार्टी की सांगठनिक गतिविधियां खत्म हो गईं। जनता को संगठित करने की उसकी क्षमता समाप्त हो गई। राज्य स्तर पर कांग्रेस इसलिए सत्ता में बनी रह पाई क्योंकि गैर-कांग्रेसी पार्टियों की ग्रामीण इलाकों में अच्छी पैठ नहीं थी। सच्चाई यह है कि 1987 में मराठा नेतृत्व के बिखराब के बाद से ही कांग्रेस राजनीतिक पहल खो चुकी थी। 1978 से 1990 के बीच राज्य के राजनीतिक-चुनावी वर्चस्व और भौतिक दायरे में नई ताकतों की बढ़त के बीच तीखा फासला रहा। जैसा कि हमने पीछे कहा था कि उद्योग और सेवा क्षेत्र लगातार महत्त्वपूर्ण होते गए। इस बदलाव से शहरी केन्द्रों की भूमिका महत्त्वपूर्ण होने लगी। शहरी और ग्रामीण संवेदनाओं के बीच खाई बढ़ती गई। नवधनाढ्य पूंजीपतियों और शहरी अमीरों का एक नया तबका अपनी मौजूदगी दर्ज कराने लगा। इन बदलावों का अर्थ यह था कि अब भौतिक स्तर पर प्रभुत्व प्राप्त करने के लिए केवल ग्रामीण संसाधनों पर नियंत्रण ही काफी नहीं था। महाराष्ट्र में कांग्रेस पार्टी समय रहते इस समस्या को नहीं समझ पाई और सहकारी संघों, जिला परिषदों आदि पर नियंत्रण की जोड़-तोड़ में ही लगी रह गई। पवार ने ग्रामीण अमीरों और शहरी हितों के बीच पुराने गठजोड़ को पुनर्जीवित करने की कोशिश की।

पवार ने राजनीतिक दबदबे को भौतिक वर्चस्व के साथ जोड़ने की भी कोशिश की। पवार जिस समीकरण को साकार करने के लिए प्रयास कर रहे थे उसमें शहरी हितों को न केवल शहरी विकास में बल्कि ग्रामीण विकास के क्षेत्र में भी निर्णायक जगह मिल सकती थी। पवार सरकार ने जिन कुछ चीजों पर सबसे

ज्यादा उत्साह के साथ काम किया उनमें निर्यातोन्मुखी खेती, बागवानी, पर्यटन, नए कृषि आधारित उद्योग आदि प्रमुख थे। इस नए समीकरण में निहित था कि भौतिक संबंध अब शहरी हितों की शर्त पर ही तय होंगे। ग्रामीण अमीर क्रियान्वयन की प्रक्रिया में तो हिस्सेदारी कर सकते थे, परंतु इन संबंधों को तय करने में उनकी भूमिका नहीं थी। इसके बदले में पवार मौजूदा ढर्रे पर अपना राजनीतिक वर्चस्व बनाए रखने की कोशिश कर रहे थे। उनकी इच्छा थी कि इस समीकरण में भी राज्य तंत्र पर औपचारिक नियंत्रण मराठाओं का ही रहे। परंतु राजनीतिक नेतृत्व के अपने भौतिक हित कहीं दिखाई नहीं दे रहे थे। दूसरे शब्दों में, कांग्रेस के केन्द्रीय नेतृत्व की तरह पवार भी अपनी पार्टी को नवधनाढ्य और आक्रामक भौतिक हितों के राजनीतिक वाहक का रूप देने की कोशिश कर रहे थे।

यह रणनीति कामयाब नहीं रही। इसने न केवल ग्रामीण हितों को नुकसान पहुंचाया, बल्कि इसके प्रति शहरी वोट भी आकर्षित नहीं हो पाए। कांग्रेस लाजिमी तौर पर सत्ता से बाहर चली गई और नए राजनीतिक गठबंधन की शुरुआत हुई। यह नया राजनीतिक गठबंधन भौतिक हितों के गठजोड़ को ज्यादा रास आ रहा था। आइए अब इस सवाल पर चर्चा करें कि कांग्रेस के इस पतन की चुनावी कहानी क्या रही?

1989 के लोकसभा चुनावों में राज्य की ज्यादातर सीटों पर त्रिकोणीय मुकाबला रहा। भाजपा ने पहली बार चुनावों में शिव सेना के साथ तालमेल किया। इस तालमेल के पीछे भाजपा और शिव सेना के बीच विचारधारात्मक नजदीकी का तो हाथ था ही, परंतु शिव सेना के साथ तालमेल करना इसलिए और भी ज्यादा फायदेमंद था क्योंकि वह सबसे आक्रामक विपक्षी पार्टी के रूप में जानी जा रही थी। हालांकि भाजपा एक राष्ट्रीय पार्टी है, परंतु शिव सेना के साथ अपना गठबंधन बनाए रखने के अलावा उसके पास और कोई चारा भी नहीं था। जहां तक एक तरफ भाजपा को परंपरागत रूप से ब्राह्मणों, बनियों और मध्य जातियों का समर्थन मिलता था, वहीं दूसरी तरफ शिव सेना शहरों और गांवों, दोनों इलाकों के पिछड़े युवकों को आकर्षित करती थी। इस स्थिति के कारण शिव सेना और भाजपा के बीच तमाम मतभेदों (मसलन 'नामांतर', पिछड़ों के लिए आरक्षण और बाद में एनरॉन परियोजना की बहाली जैसे मुद्दों पर दोनों पार्टियों के बीच सहमति नहीं थी) के बावजूद भाजपा को न केवल शिव सेना के साथ गठबंधन बनाना पड़ा बल्कि उसकी चौधराहट भी माननी पड़ी। हालांकि जनता दल और उसके सहयोगियों का भाजपा-शिव सेना के साथ औपचारिक गठबंधन नहीं था, परंतु कई सीटों पर उन्होंने चुनावी तालमेल के साथ काम किया। इससे गैर-कांग्रेसी वोटों को बिखरने से रोकने में कुछ हद तक मदद मिली। वैसे भी पूरे देश में माहौल कांग्रेस के हक में नहीं था। इन पहलुओं का मिला-जुला असर यह रहा कि कांग्रेस को नुकसान उठाना पड़ा। हालांकि उसको मिले मतों का प्रतिशत तो कमोबेश पहले जैसा (45.3 प्रतिशत) ही रहा, मगर उसे

सीटें सिर्फ 28 ही मिलीं। सबसे ज्यादा फायदा भाजपा और शिव सेना को हुआ। उन्हें क्रमशः 10 और 4 सीटें मिलीं। गौरतलब है कि भाजपा और शिव सेना, दोनों को ज्यादातर शहरी सीटों पर कामयाबी मिली क्योंकि इन इलाकों में भ्रष्टाचार के मुद्दे पर ज्यादा सकारात्मक प्रतिक्रिया मिलने की गुंजाइश थी। भाजपा-शिव सेना को चुनाव अभियान के दौरान रामशिला पूजन कार्यक्रमों से पैदा हुई हिंदुत्व की लहर का भी फायदा मिला। इन चुनावों के दौरान हिंदुत्व की राजनीति के प्रति शहरी समर्थन पहली बार उभर कर सामने आया।

1991 के लोकसभा चुनावों में गैर-कांग्रेसी पार्टियां अपनी इस कामयाबी को नहीं दोहरा पाईं। इसकी मुख्य वजह यह थी कि चुनाव अभियान के बीच में ही राजीव गांधी की हत्या के कारण माहौल काफी बदल गया था। हालांकि मंडल और मंदिर के मुद्दों ने चुनाव अभियान में एक अहम भूमिका अदा की, मगर परिणामों पर उनका कोई खास असर नहीं रहा। बहरहाल, इन विपरीत हालात में भी भाजपा 5 सीटें जीतने में कामयाब रही और शिव सेना ने भी 4 सीटों पर कामयाबी हासिल कर ली (असल में वह अपनी दो ही सीटें बचा पाई थी, दो सीटें उसने पहली बार जीती थीं)। भाजपा ने अन्य पिछड़ी जातियों के गोपीनाथ मुंडे (बंजारी), एन. एस. फरांदे (माली) और अन्ना डांगे (धनगड़) जैसे नेताओं को प्रोजेक्ट किया। असली नुकसान जनता दल को हुआ। वह एक भी सीट नहीं जीत पाया। राज्य स्तर पर विपक्षी पार्टी के रूप में उसकी छवि भी खत्म हो गई। राजनीतिक पहल भाजपा-शिव सेना गठबंधन के हाथ में चली गई।

कांग्रेस को धक्का : 1990

इन दो लोकसभा चुनावों के बीच 1990 में विधानसभा के चुनाव हुए। यह चुनाव राज्य की राजनीति के लिए काफी महत्त्वपूर्ण थे। इन चुनावों में राज्य स्तर पर कांग्रेस को भारी धक्का लगा। विधानसभा में कांग्रेस को न केवल स्पष्ट बहुमत नहीं मिल पाया, बल्कि उसको मिले मत भी 40 प्रतिशत से नीचे चले गए। 94 सीट जीतकर भाजपा-शिवसेना ने कांग्रेस की चौधराहट को सीधी चुनौती दी। इससे भी अहम बात यह थी कि इन चुनावों के जरिए गठजोड़ ने राज्य के ज्यादातर शहरी इलाकों में अपना जनाधार पुख्ता करने का मौका दिया।

1989 की तरह इस चुनाव में भी राज्य की ज्यादातर सीटों पर त्रिकोणीय मुकाबले हुए। भाजपा-शिव सेना का गठबंधन तो कायम था ही, परंतु दूसरी तरफ कांग्रेस ने भी दलितों के बीच थोड़ा और समर्थन हासिल करने के मकसद से रिपब्लिकन पार्टी के एक धड़े (रामदास अठावले) के साथ चुनावी गठजोड़ कर लिया। इस गठबंधन का एक नतीजा यह हुआ कि कई रिपब्लिकन गुटों को मिलाकर दिसम्बर 1989 में बनाई गई यूनाइटेड रिपब्लिकन पार्टी फिर टूट गई।

जनता दल, पीडब्ल्यूपी, दोनों कम्युनिस्ट पार्टियों, शेतकारी संघटन, कामगार अघाड़ी (दत्ता सामंत) और रिपब्लिकन पार्टी के कुछ धड़ों को लेकर तीसरा गठबंधन बनाया गया। इस गठबंधन को प्रोग्रेसिव डेमोक्रेटिक फ्रंट (पीडीएफ) का नाम दिया गया। पीडीएफ में कांग्रेस के कुछ बागी नेता भी थे। 1990 के चुनाव अभियान में शिव सेना ने आक्रामक हिंदुत्ववादी प्रचार किया। पीडीएफ ने पिछड़े मतदाताओं को लुभाने की कोशिश की। कांग्रेस की ओर से चुनाव प्रचार की कमान पवार ने संभाली। 1990 के नतीजों का क्षेत्रवार विश्लेषण करने पर पता चलता है कि मुंबई-कोंकण क्षेत्र में भाजपा-सेना गठबंधन की स्थिति मजबूत हो रही थी। हालांकि ये दोनों इलाके एक-दूसरे से अलग-अलग हैं, परंतु कोंकण में मतदान का रुझान मुंबई से काफी प्रभावित होता है। इसकी वजह यह है कि इन दोनों इलाकों के बीच आर्थिक रिश्ते काफी मजबूत हैं। वैसे भी अपने आसपास के इलाकों पर महानगर का प्रभाव पड़ता ही है। मुंबई और कोंकण के अलावा इस गठबंधन ने राज्य के विदर्भ और मराठवाड़ा इलाकों में भी पैठ बनाई। पश्चिमी महाराष्ट्र मजबूती से कांग्रेस के साथ खड़ा रहा (टेबल-1)। इन रुझानों से स्पष्ट हो गया कि कम से कम चार इलाकों में कांग्रेस का जनाधार खिसकने लगा है। इसमें से दो क्षेत्र शहरी सीटों या शहरीकरण के प्रभाव वाले इलाकों में आते हैं (मुंबई और कोंकण)। बाकी दोनों काफी पिछड़े इलाके हैं और वहां सहकारी संघों का नेटवर्क भी खास मजबूत नहीं है (विदर्भ और मराठवाड़ा)। विदर्भ और मराठवाड़ा में कांग्रेस को मिलने वाले समर्थन में कमी इस बात का संकेत थी कि ग्रामीण और मराठा-कुनबी व ओबीसी मतदाताओं के बीच कांग्रेस की लोकप्रियता घट रही है। 1995-96 के चुनावों में कांग्रेस का यह सिमटता जनाधार निर्णायक साबित हुआ।

कांग्रेस प्रणाली का पतन : 1995-96

1995 के विधानसभा चुनावों के फलस्वरूप राज्य की सत्ता कई लिहाज से नए हाथों में चली गई। सेना-भाजपा गठबंधन ने 138 सीटें जीतीं और निर्दलियों की सहायता से सरकार बनाई। उसे समर्थन देने वाले ज्यादातर निर्दलीय विधायक असंतुष्ट कांग्रेसी थे। 1996 के लोकसभा चुनाव 1995 में सामने आए रुझानों के मुताबिक ही थे। इन चुनावों से राज्य में कांग्रेसी प्रणाली के पतन पर निर्णायक मोहर लग गई।

विधानसभा चुनावों की पृष्ठभूमि में 1991 से 1995 तक के कांग्रेस शासन ने अहम भूमिका निभाई थी। चुनाव-प्रचार पर पवार-विरोधी प्रोपेगंडा हावी रहा। भ्रष्टाचार और शासक पार्टी के नेताओं तथा अपराधियों के बीच मिलीभगत चुनाव के मुख्य मुद्दे बन गए। कुछ नौकरशाहों ने भी पवार-विरोधी प्रचार में मदद दी। भाजपा और शिव सेना पवार की आर्थिक नीतियों का विरोध नहीं कर सकते थे, क्योंकि वे खुद भी उदारीकरण और नई आर्थिक नीतियों के समर्थक थे, उन्होंने कुप्रबंधन और

भ्रष्टाचार पर ज्यादा ध्यान दिया। पवार को एक और वजह से भी निशाना बनाया गया। कांग्रेस में वह एकमात्र ऐसे नेता थे जिनका ठोस जनाधार था, इसलिए भाजपा-सेना गठबंधन पवार को कमजोर करके ग्रामीण मतदाताओं में पैठ बनाने की जुगत में था। गठबंधन की यह रणनीति इतनी सफल सिद्ध हुई कि 1996 के लोकसभा चुनावों में बहुत आक्रामक प्रचार की जरूरत ही नहीं पड़ी। 1996 के चुनाव प्रचार में वैसा दमखम नहीं था। दोनों चुनावों में गैर-कांग्रेसी, गैर-भाजपा पार्टियों ने प्रचार के दौरान कोई खास भूमिका नहीं निभाई। यह चुनाव उम्मीदवारों और गठबंधनों के लिहाज से तो त्रिकोणीय रहे, परंतु आमने-सामने की टक्कर कुल मिलाकर कांग्रेस और सेना-भाजपा गठबंधन के बीच ही थी। 1995 में जनता दल ने पीडब्ल्यूपी, रिपब्लिकन पार्टी के दो धड़ों, समता पार्टी और समाजवादीजन पक्ष के साथ मिलकर पीडीएफ का गठन किया था। बहुजन महासंघ, भारतीय पब्लिकन पार्टी (प्रकाश आंबेडकर), दोनों कम्युनिस्ट पार्टियों और कामगार अघाड़ी ने मिलकर बहुजन श्रमिक समिति नाम का गठबंधन बनाया। इन दोनों गठबंधनों ने एक-दूसरे को ही ज्यादा नुकसान पहुंचाया जिसका सीधा फायदा सेना-भाजपा को मिला। 1996 में दोनों मोर्चों ने मिलकर 'तीसरा मोर्चा' बनाया, परंतु उनकी यह कोशिश भी बेकार रही।

1995 और 1996 के चुनाव परिणाम में एक जैसे रुझान सामने आए। 1995 के विधानसभा चुनाव में कांग्रेस को मात्र 80 सीटें मिलीं। इस चुनाव में उसके वोट भी न्यूनतम बिंदु (30.7 प्रतिशत) तक पहुंच गए। हालांकि 1990 के मुकाबले सेना-भाजपा के वोटों में मात्र 3 प्रतिशत की मामूली वृद्धि हुई थी, मगर उनके विधायकों की संख्या में 44 का इजाफा हुआ। और भी उल्लेखनीय बात यह थी कि इस गठबंधन को जो वोट मिले थे (29.3 प्रतिशत), वे दरअसल कांग्रेस को मिले वोटों से भी कम थे। ऐसा शायद इसलिए हुआ होगा क्योंकि ज्यादातर सीटों पर मुकाबला बहुकोणीय था और गैर-भाजपा, गैर-सेना वोटों में काफी बिखराव था। 1995 के चुनाव परिणामों का एक और काबिले-गौर पहलू यह था कि इस चुनाव में 50 निर्दलीय तथा अन्य उम्मीदवार विजयी हुए। इनमें से 35 कांग्रेस के बागी उम्मीदवार थे। यह पूरा घटनाक्रम गुटबाजी से होने वाले नुकसान और पार्टी संगठन के महत्त्व को स्पष्ट कर देता है, परंतु इससे भी ज्यादा अहम बात यह है कि इससे राज्य में कांग्रेस प्रणाली के पतन की पुष्टि होती थी।

अगले साल हुए लोकसभा चुनाव में भी कांग्रेस की स्थिति कोई बेहतर नहीं थी। सेना-भाजपा सरकार ने सत्ता में अपने पहले एक साल के दौरान अपने चुनावी आधार को पुख्ता करने और कांग्रेस को कमजोर करने पर ही जोर लगाया। एक तरफ तो इन दोनों पार्टियों ने शहरों के नाम बदलने, बांग्लादेशी प्रवासियों के खिलाफ मुहिम चलाने, राज्य अल्पसंख्यक आयोग को बंद करने और गौ-हत्या पर रोक लगाने के लिए विधेयक लाने जैसे सांकेतिक काम किए, वहीं दूसरी तरफ उसने

1992-93 के मुंबई दंगों की जांच कर रहे आयोग को भी भंग कर दिया। सरकार के इन कदमों को अपने 'हिंदू' जनाधार को मजबूत करने की कोशिशों के रूप में देखा गया। दूसरी तरफ सरकार ने मराठवाड़ा के सवर्ण हिंदुओं के खिलाफ दर्ज मामले वापस ले लिए। इनमें से ज्यादातर मराठा थे और उनके खिलाफ दलितों के खिलाफ हुए नामांतर-विरोधी दंगों के दौरान अत्याचार अधिनियम के तहत मुकदमे दर्ज किए गए थे। इस कदम को कांग्रेस से पहले ही निराश हो चुके मराठा समुदाय को लुभाने की कोशिश के तौर पर देखा गया। सरकार ने बहुत सारे चीनी सहकारी संघों और सहकारी बैंकों के खिलाफ अनुशासनात्मक कार्रवाई भी की। ये दोनों कांग्रेस के पुराने गढ़ थे। सरकार ने संबंधित अधिनियमों में संशोधन के जरिए स्थानीय निकायों पर कांग्रेस की पकड़ ढीली करने की कोशिश की। दूसरे शब्दों में, भाजपा और शिव सेना ने अपने शहरी प्रभाव क्षेत्र को तो और मजबूत किया ही, साथ ही उन्होंने ग्रामीण मतदाताओं में पैठ बनानी भी शुरू कर दी। इसके विपरीत कांग्रेस 1995 की अपनी पराजय के बाद लगातार रक्षात्मक और सांगठनिक रूप से कमजोर बनी रही। लोकसभा चुनावों में उसे सिर्फ 15 सीटों पर सफलता मिली। बाकी 33 सीटों पर भाजपा-शिव सेना (क्रमशः 18 और 15) गठबंधन की जीत हुई। 1996 के चुनावों में बागी उम्मीदवारों की संख्या नगण्य थी और 'तीसरे मोर्चे' की मौजूदगी से वोटों के बिखराव पर अंकुश लग गया था, इसलिए 1995 के मुकाबले इस बार कांग्रेस और गठबंधन, दोनों के ही वोटों में इजाफा हुआ। कांग्रेस को 34.7, भाजपा को 21.1 और शिव सेना को 17.6 प्रतिशत वोट मिले। शिव सेना-भाजपा गठबंधन के समर्थित उम्मीदवारों को भी 1.7 प्रतिशत वोट मिले। तीसरे मोर्चे को 13.3 प्रतिशत वोट मिले।

क्षेत्रवार विश्लेषण

यदि क्षेत्रवार विश्लेषण किया जाए तो कांग्रेस की हार को ज्यादा बेहतर तरीके से समझा जा सकता है। कांग्रेस की इस चुनावी हार के पीछे अलग-अलग क्षेत्रों में अलग-अलग कारण थे। मुंबई और कोंकण में भाजपा और शिव सेना तकरीबन एकतरफा दबदबा कायम कर चुके हैं। हालांकि कोंकण मोटे तौर पर एक ग्रामीण इलाका है, फिर भी मुंबई की राजनीति से उस पर काफी प्रभाव पड़ता है। नतीजतन, ये दोनों इलाके एक संयुक्त राजनीतिक इकाई का रूप ले लेते हैं। मुंबई पर शिव सेना-भाजपा की निर्विवाद पकड़ बन चुकी है। मुंबई महाराष्ट्र का सबसे महत्त्वपूर्ण शहर है, इसलिए इस शहर पर नियंत्रण से आम जनता के बीच यही संदेश जाता है कि राज्य के तमाम शहरी केन्द्रों पर शिव सेना-भाजपा का पूरा नियंत्रण है। इस गठबंधन को मुंबई में जो समर्थन मिला है उसके पीछे कई कारण गिनवाए जा सकते हैं। शिव सेना 1996 में अपनी स्थापना के समय से मुंबई में काफी मजबूत रही है। पिछले एक दशक के दौरान उसने हिंदुत्व की लहर, खासतौर

से अयोध्या विवाद के जरिए अपने इस आधार को और मजबूत बनाने की कोशिश की है। इस दौरान शहर में हुए सांप्रदायिक ध्रुवीकरण से भी शिव सेना ने काफी फायदा उठाया। दूसरी तरफ मुसलमानों ने कांग्रेस को बाबरी मस्जिद के टूटने के लिए भी और दंगों को रोक पाने की नाकाबिलियत के लिए भी दोषी ठहराया। सांप्रदायिक स्थिति के साथ-साथ भ्रष्टाचार के खिलाफ भाजपा के अभियान से भी शहरी मतदाताओं के बीच कांग्रेस की हालत और खराब हुई। ये कारण काफी हद तक दूसरे शहरी केन्द्रों पर भी लागू होते हैं।

उत्तर महाराष्ट्र में तीन जिले हैं : नासिक, धुले और जलगांव। नासिक और धुले में जनजातीय आबादी काफी है। इन दोनों जिलों में नौ विधानसभा सीटें अनुसूचित जनजातियों के लिए आरक्षित हैं। इस क्षेत्र की तीन लोकसभा सीटें भी जनजातियों के लिए आरक्षित हैं। इस क्षेत्र में सेना-भाजपा के प्रदर्शन से पता चलता है कि यहां उन्होंने अच्छी पैठ बना ली है। इसके पीछे नासिक और जलगांव जैसे नए उभरते शहरी केन्द्रों और मराठा व लेवा पाटिल जैसे प्रमुख जाति समुदायों के समर्थन को जिम्मेदार ठहराया जा सकता है। इस बिंदु पर आदिवासी इलाकों में संघ परिवार के लंबे समय से चले आ रहे प्रयासों को भी नजरअंदाज नहीं किया जा सकता।

विदर्भ के इलाके में भी भाजपा की स्थिति मजबूत हुई। जब से विदर्भ को शेष मराठी-भाषी इलाकों में मिलाया गया है तभी से यहां कुछ हद तक अलगाववादी भावनाएं काम करती हैं। विदर्भ के लिए अलग राज्य की मांग के जरिए भाजपा ने इन भावनाओं का काफी फायदा उठाया। विदर्भ की सामाजिक संरचना में अनुसूचित जातियों, अनुसूचित जनजातियों और अन्य पिछड़ी जातियों का काफी दबदबा है। इस पहलू के कारण यहां कुनबी और पिछड़े मतदाताओं की अहमियत काफी बढ़ जाती है। भाजपा ने इस क्षेत्र में कुनबी उम्मीदवारों को मैदान में उतारा और कई पिछड़े नेताओं को प्रोजेक्ट किया। इस क्षेत्र की जनजातीय, दलित और मुसलमान मतदाता बंटे हुए थे। जनजातीय मतदाता भाजपा और कांग्रेस के बीच जबकि दलित मुसलमान कांग्रेस तथा अन्य गैर-सेना/गैर-भाजपा दलों के बीच बंटे हुए थे। इससे शिव सेना-भाजपा गठबंधन, खासतौर से भाजपा को काफी फायदा मिला।

भाजपा और शिव सेना 1990 से ही मराठवाड़ा क्षेत्र में अपना जनाधार फैलाने की कोशिश कर रहे हैं। यह विदर्भ से भी ज्यादा पिछड़ा इलाका है। यहां मराठा समुदाय का वर्चस्व रहा है। हालांकि इस क्षेत्र में कई चीनी सहकारी संघ हैं परंतु उनका प्रबंधन सही ढंग से नहीं चलाया जा रहा है। कांग्रेस के मराठा नेताओं ने इन सहकारी संघों को कमोबेश अपनी सामंती मिल्कीयत की तरह इस्तेमाल किया है। जब मराठवाड़ा विश्वविद्यालय का नाम डॉ. अंबेडकर के नाम पर रखने की मांग उठाई गई और इस विषय में फैसला लिया गया, तो ऊंची जातियों ने इस क्षेत्र के

दलितों पर काफी अत्याचार किए थे। इस पृष्ठभूमि में सेना-भाजपा गठबंधन को कांग्रेस का जनाधार खिसकाने में काफी मदद मिली। उसने व्यापक असंतोष और जातीय/सांप्रदायिक ध्रुवीकरण, दोनों का फायदा उठाया। 1995 के विधानसभा चुनाव में इस क्षेत्र में कांग्रेस के वोट 9 प्रतिशत से भी अधिक गिरकर केवल 27.3 प्रतिशत रह गए थे। हालांकि कांग्रेस के पतन से सबसे ज्यादा फायदा तो शिव सेना को हुआ मगर लोकसभा चुनावों के परिणामों से पता चलता है कि यहां भाजपा को भी काफी फायदा हुआ था। गुटबाजी के अलावा कांग्रेस की हार के लिए मराठा वोटों में बिखराव तथा विदर्भ के दलित व मुस्लिम मतदाताओं के कांग्रेस व गैर-सेना/गैर-भाजपा पार्टियों के बीच बंट जाने को भी जिम्मेदार ठहराया जा सकता है।

1995 और 1996, दोनों चुनावों में कांग्रेस पश्चिमी महाराष्ट्र में ही अपनी जान बचा पाई। विधानसभा चुनावों के दौरान इस इलाके में कांग्रेस के खेमे में भारी बगावतें हुईं परंतु उस समय यहां सेना-भाजपा गठबंधन भी इतना कमजोर था कि वह इस अंत:कलह का कोई फायदा नहीं उठा पाया। वैसे भी इस क्षेत्र के बागी कांग्रेसी उम्मीदवार इतने मजबूत थे कि वे अपनी सीट निकालने में कामयाब रहे। 1995 के पश्चिमी महाराष्ट्र के 18 बागी उम्मीदवार विजयी हुए। लोकसभा चुनावों में बागी उम्मीदवार तो कम रहे लेकिन सेना-भाजपा इससे पहले ही अपने लिए यहां कुछ जगह बना चुके थे। इस क्षेत्र की दो सीटों पर भाजपा और एक सीट पर सेना को सफलता मिली। इससे पता चला कि इस चीनी पट्टी में भी गठबंधन की मौजूदगी मुखर होती जा रही है। परंतु इस इलाके में कांग्रेस के प्रति मराठा समर्थन कमोबेश यथावत है। इसकी एक संभावित वजह यह हो सकती है कि बदलते आर्थिक हालात के बावजूद यहां के प्रभुत्वशाली कृषि हितों को चोट नहीं पहुंची है, बल्कि खेती के व्यवसायीकरण से असल में उन्हें फायदा ही हुआ है। जब कांग्रेस हर इलाके में मार खा रही थी, उस समय पश्चिमी महाराष्ट्र मजबूती से कांग्रेस के साथ खड़ा रहा। परंतु दिक्कत यह है कि अब उसका आधार राज्य के केवल एक क्षेत्र में ही सिमट कर रह गया है।

कांग्रेस की हार के कारण

कांग्रेस की इस करारी हार के पीछे कई कारण गिनाए जा सकते हैं। सबसे प्रत्यक्ष कारण तो पार्टी के भीतर मौजूद अंत:कलह ही थी। वैसे तो गुटबाजी कांग्रेस के संगठन में न केवल महाराष्ट्र बल्कि पूरे देश में एक बड़ी समस्या रही है, लेकिन 1995-96 के विधानसभा चुनावों में तो इस गुटबाजी से कांग्रेस उम्मीदवारों को कुछ ज्यादा ही नुकसान हुआ। इस चुनाव में कांग्रेस के लगभग दो सौ बागी उम्मीदवार मैदान में थे, जिनमें से 35 की जीत हुई। 24 अन्य सीटों पर कांग्रेसी उम्मीदवार बागी और आधिकारिक उम्मीदवार के बीच वोटों के बिखराव के कारण ही हारे।

लोकसभा चुनावों में यह गुटबाजी इतनी तेज नहीं रही और उसने प्रत्यक्ष की बजाय अप्रत्यक्ष रूप से ज्यादा असर डाला। विदर्भ में पवार और नाइक के समर्थकों के बीच टकराव के कारण ही पार्टी को ज्यादातर सीटों पर हार का सामना करना पड़ा। इससे भीतरी गुटबाजी में जालना, बीड, नासिक, कोपरगांव और सतारा लोकसभा सीटों पर भी कांग्रेस उम्मीदवारों की हालत खराब रही। थोड़ा गहरे स्तर पर देखा जाए तो यह स्थिति जाति और भौतिक हितों के लिहाज से राज्य की राजनीति के बदलते समीकरणों के कारण पैदा हुई है।

कांग्रेस की हार के पीछे एक और कारण उसके प्रति मुसलमान समुदाय के समर्थन में गिरावट को माना जा सकता है। राज्य की आबादी में 9.3 प्रतिशत मुसलमान हैं। राज्य की लगभग 34 सीटें ऐसी हैं जहां मुसलमान मतदाता चुनाव परिणाम को गहरे तौर पर प्रभावित करते हैं। 1995 के चुनावों में 8 मुसलमान उम्मीदवार जीते थे। इनमें से दो कांग्रेस के, दो जनता दल के और एक शिव सेना का था। तीन उम्मीदवार समाजवादी पार्टी के टिकट पर जीत कर आए थे। मुस्लिम मतदाता कांग्रेस, जनता दल और समाजवादी पार्टी के बीच बंटे हुए थे। इस स्थिति का सबसे ज्यादा खमियाजा कांग्रेस को भुगतना पड़ा।

कांग्रेस दलित मतदाताओं का समर्थन हासिल नहीं कर पाई। असल में सेना-भाजपा गठबंधन भी दलित मतदाताओं पर नजर गड़ाए हुए था। महाराष्ट्र में रिपब्लिकन पार्टी शुरू से ही अंत:कलह का शिकार रही। सेना-भाजपा के उभार के बाद तो इन गुटों के सामने एक और मुद्दा आ खड़ा हुआ। सवाल था सांप्रदायिकता की चुनौती का मुकाबला कैसे किया जाए। 1990 में एकता की कोशिशें विफल रहीं, क्योंकि सांप्रदायिक ताकतों का मुकाबला करने के लिए एक गुट ने कांग्रेस से तालमेल कर लिया था। 1996 में कांग्रेस और भाजपा-सेना, दोनों से दूरी बनाए रखने की शर्त पर रिपब्लिकन धड़ों के बीच एकता कायम कर ली गई। इस घटनाक्रम से कांग्रेस के दलित समर्थक भ्रम में पड़ गए। इसके अलावा बौद्ध दलितों और हिंदू दलितों के बीच भी हमेशा थोड़ा-बहुत टकराव रहता ही है। सेना और भाजपा ने इस तथ्य का फायदा उठाया और उन्होंने खासतौर से मतंग व कर्माकरों को लुभाने की कोशिश की। जब यह गठबंधन सत्ता में आया तो शिव सेना ने कर्माकर जाति से और भाजपा ने मतंग जाति से एक-एक विधायक को मंत्री बना दिया। 1995 में उन्होंने विधानसभा में अनुसूचित जातियों के लिए आरक्षित 18 में से 12 सीटें जीती थीं। लोकसभा की तीन सीटें भी अनुसूचित जातियों के लिए आरक्षित हैं। 1996 में सेना ने उनमें से भी दो (एक मराठवाड़ा और एक विदर्भ) जीत ली।

यह घटनाक्रम एक लिहाज से पूरे राज्य के स्तर पर प्रमुख जाति समूहों की बदलती राजनीतिक निष्ठाओं की प्रक्रिया का हिस्सा है। जैसा कि हमने पीछे भी देखा था, विदर्भ और मराठवाड़ा में भाजपा व शिव सेना इसलिए कामयाब रही, क्योंकि वहां

उन्होंने प्रमुख जाति समूहों, क्रमशः कुनबी और मराठा, के बड़े हिस्सों को अपने साथ जोड़ लिया था। एक विश्लेषण के अनुसार, गरीब मराठा मतदाता इसलिए कांग्रेस का साथ छोड़ गए क्योंकि कांग्रेस कुछ सम्पन्न मराठा परिवारों के ही ज्यादा नजदीक थी। मराठवाड़ा के मराठा, विदर्भ और कोंकण के कुनबी तथा विदर्भ के सारे पिछड़े मतदाताओं ने सेना-भाजपा के हक में मतदान किया। यह बात मतदाता सर्वेक्षणों से भी साबित होती है, जिसके बारे में अगले भाग में चर्चा की गई है।

कांग्रेस की हार को समझने के लिहाज से शहरी और ग्रामीण मतदाताओं के बीच दूरी को भी एक महत्त्वपूर्ण कारण माना जा सकता है। शहरी मतदाताओं ने कभी भी कांग्रेस का बहुत उत्साह से समर्थन नहीं किया। सेना-भाजपा के सत्ता में आने से पहले ही शहरी इलाकों में गैर-कांग्रेसी पार्टियों का प्रदर्शन ठीक-ठाक रहता था। सेना-भाजपा गठबंधन ने इस रुझान का पूरा फायदा उठाया है। 1995 में गठबंधन के उम्मीदवार शहरी या अर्धशहरी किस्म की 63 विधानसभा सीटों पर विजयी हुए थे। महाराष्ट्र के तेज शहरीकरण के कारण 1991 तक राज्य की शहरी आबादी 39 प्रतिशत तक पहुंच चुकी थी। आने वाले सालों में इस श्रेणी की सीटों में निश्चित रूप से और इजाफा होगा जिससे सेना-भाजपा को होने वाले फायदे की उम्मीद की जा सकती है।

1998 और 1999 के चुनाव : कांग्रेस की वापसी

शहरी इलाकों में अपने जनाधार को मजबूत करने के लिए 1995 से 1998 के बीच भाजपा-सेना सरकार ने कई आर्थिक और सामाजिक नीतियां लागू कीं। सरकार की आर्थिक नीतियों से राज्य में उदारीकरण का रुझान और बढ़ा। बुनियादी ढांचे के विकास की परियोजनाओं में निजी क्षेत्र की हिस्सेदारी को बढ़ावा दिया गया। इनमें सबसे महत्त्वपूर्ण परियोजना 1,500 करोड़ रुपए की लागत से बनने वाला मुंबई-पुणे एक्सप्रेस-वे थी। फरवरी 1997 में राज्य सरकार ने 'एडवांटेज महाराष्ट्र' के नाम से विशाल सम्मेलन आयोजित किया। इसका मकसद निजी क्षेत्र के निवेश को बढ़ावा देना और खासतौर से बहुराष्ट्रीय कंपनियों को राज्य में आने के लिए आमंत्रित किया गया जिनकी कुल लागत 17,000 करोड़ रुपए के आसपास थी। राज्य सरकार ने पांच निर्यात प्रोत्साहन औद्योगिक पार्कों के गठन के लिए भी केन्द्र सरकार से अनुमति देने की मांग की। पूरे राज्य में 9 पांच सितारा औद्योगिक एस्टेट स्थापित करने की योजना भी बनाई गयी।

इन नीतियों से मुख्य रूप से उन इलाकों को फायदा होना था जिन्हें भाजपा और शिव सेना का परंपरागत गढ़ माना जाता है। उदाहरण के लिए, 1991 के बाद महाराष्ट्र में किए गए निवेश में से 33 प्रतिशत कोंकण क्षेत्र में केन्द्रित रहा, जबकि 27 प्रतिशत निवेश औद्योगिक रूप से पिछड़े विदर्भ और मराठवाड़ा के हिस्से में आया।

यह औद्योगिक विकास केवल कुछ खास केन्द्रों तक ही सीमित दिखाई देता था। जुलाई 1998 तक राज्य में हुए बाहरी निवेश का 60 प्रतिशत हिस्सा केवल छः जिलों की झोली में गया। इनमें से चार जिले मुंबई-कोंकण क्षेत्र के थे। लब्बोलुवाब यह था कि क्षेत्रीय असमानता को समाप्त करने की राजनीतिक घोषणाओं के बावजूद यह असमानता कायम रही।

पूंजीपतियों को आकर्षित करने के लिए बनाई गई नीतियों के बरक्स शहरी गरीबों के लिए लोकलुभावन नारे भी दिए गए। इनमें गरीबों को न्यूनतम कीमत पर भोजन उपलब्ध कराने की योजना (झुंका-भाकर योजना), मुंबई के झोपड़पट्टी वासियों के लिए निःशुल्क आवास योजना आदि शामिल थी। लेकिन, सरकार इन योजनाओं के बारे में अपना आश्वासन पूरा करने में विफल रही। क्रियान्वयन के सिलसिले में राजनीतिक पदाधिकारियों के खिलाफ भ्रष्टाचार के आरोप लगे। आरोप सिर्फ विपक्षी पार्टियां ही नहीं, बल्कि शासक गठबंधन में शामिल विभिन्न गुटों के नेता भी लगा रहे थे। इन आरोपों के कारण सेना और भाजपा के बीच आंतरिक रिश्ते बिगड़े।

भाजपा और सेना ने कांग्रेस के परंपरागत प्रभाव क्षेत्र, ग्रामीण इलाकों में पैठ बनाने की अपनी कोशिशें जारी रखीं। चुनाव मैदान में उन्हें आंशिक कामयाबी भी मिली। यह बात 1997 में हुए ग्रामीण और शहरी स्थानीय निकायों के चुनाव परिणामों से स्पष्ट हो चुकी है। 1992 के जिला परिषद चुनावों में कुल निर्वाचित सीटों में से 1,202 कांग्रेस के हिस्से में आ गई थीं। 1997 में उसे सिर्फ 807 सीटें मिल पाईं। 1992 में प्रखंड विकास परिषदों के चुनाव में अकेले कांग्रेस को 2,158 सीटें मिली थीं, जबकि 1997 में वह इनमें से सिर्फ 1,204 सीटें ही जीत पाई। नगरपालिका चुनावों (मुख्य रूप से अर्द्धशहरी इलाके) में भाजपा-शिव सेना गठबंधन को 22 प्रतिशत वोट मिले।

भाजपा-सेना गठबंधन ने ग्रामीण महाराष्ट्र में कांग्रेस के जनाधार को छिन्न-भिन्न करने की हरसंभव कोशिश की। कांग्रेसी नेताओं की देखरेख में चलने वाले कई चीनी सहकारी संघों के खिलाफ कड़ी अनुशासनात्मक कार्रवाई की गई। सरकार के इस कदम से कई प्रभावशाली चीनी व्यवसायी राजनीतिक फायदे की उम्मीद में भाजपा-शिव सेना के पाले में चले गए। दूसरी तरफ राज्य सरकार ने कपास और गन्ने जैसी नकदी फसलों की खेती करने वाले किसानों की मांगों को भी सिरे से अनदेखा कर दिया। नतीजतन, ग्रामीण इलाकों में सम्पन्न किसान तो गठबंधन के साथ जुड़ते दिखाई दिए, परंतु गरीब तबकों के मतदाता असंतुष्ट ही रहे। सरकारी तंत्र में सभी स्तरों पर चौतरफा भ्रष्टाचार फैला रहा। दिसम्बर 1997 में सामाजिक कार्यकर्ता अन्ना हजारे के भ्रष्टाचार विरोधी अभियान को राज्य के ग्रामीण इलाकों में जबर्दस्त समर्थन मिला।

1996-1999 के बीच शहरी और ग्रामीण इलाकों में राज्य सरकार के

खिलाफ असंतोष बढ़ता चला गया। इस असंतोष की किस्म छिन्न-भिन्न और असंगठित थी। यह बिखराव उदारीकरण के बाद की अवधि में राजनीतिक अर्थव्यवस्था के स्वरूप के कारण पैदा हुआ था। भाजपा-सेना गठबंधन ने हालात से निपटने के लिए बेहद आक्रामक तेवर अपनाए और पूंजीवादी विकास के रास्ते पर निर्मम तरीके से आगे बढ़ने की कोशिश की। सरकार की इस रणनीति से शासक गठबंधन का क्रूर चेहरा उजागर हो गया। शहरी और ग्रामीण, दोनों प्रकार के हित प्रभावित हुए। भाजपा-सेना गठबंधन को 1998 और 1999 में चुनावी नुकसान के रूप में अपनी इस रणनीति की कीमत चुकानी पड़ी।

1998 में कांग्रेस ने अपनी खोई प्रतिष्ठा काफी हद तक वापस पा ली। उसने रिपब्लिकन पार्टी ऑफ इंडिया (आरपीआई) और समाजवादी पार्टी के साथ गठबंधन किया और पूरी पार्टी सोनिया गांधी के नेतृत्व में एकजुट खड़ी दिखाई दी। उसे लोकसभा की 33 सीटों पर कामयाबी मिली। ऐसा लगा कि उसने अपनी पहले वाली चमक वापस पा ली है। चार सीटें उसकी सहयोगी आरपीआई को भी मिलीं। इससे भी महत्त्वपूर्ण बात यह रही कि कांग्रेस को मिले मतों का प्रतिशत बढ़कर 43 तक पहुंच गया। परंतु, गौरतलब बात यह थी कि वोटों के इस इजाफे से भाजपा-सेना के वोटों पर नकारात्मक प्रभाव नहीं पड़ा। उसकी सीटें तो 33 से घटकर केवल 10 रह गईं, परंतु उनके वोटों में 2 प्रतिशत का आंशिक इजाफा हुआ और उन्हें 42 प्रतिशत वोट मिले। इससे पता चलता है कि 1998 के चुनावों में 'तीसरा' विकल्प समाप्त हो चुका था और मतदाता कांग्रेस तथा भाजपा-शिव सेना, इन्हीं दोनों गठबंधनों के इर्द-गिर्द केन्द्रित रहे। क्षेत्रीय स्तर पर शिव सेना मुंबई-कोंकण क्षेत्र में चार सीटें जीत कर अपना जनाधार बनाए रही, परंतु भाजपा को मिली चारों सीटें अलग-अलग इलाकों में फैली हुई थीं।

कांग्रेस और उसके सहयोगियों को मिली भारी सफलता को कई तरह से समझा जा सकता है। एक दलील तो यह दी जा सकती है कि कांग्रेस की इस सफलता के पीछे सरकार-विरोधी भावनाओं (जो 1998 के चुनावों में पूरे देश में दिखाई दे रही थीं) का काफी हाथ था। सरकार के दयनीय प्रदर्शन और बढ़ते भ्रष्टाचार ने चुनाव परिणामों को काफी बड़े पैमाने पर प्रभावित किया था। परंतु कांग्रेस की सफलता में सबसे निर्णायक कारक आरपीआई और समाजवादी पार्टी के साथ उसका गठबंधन ही था। उस गठबंधन के चलते भाजपा-सेना-विरोधी वोटों को बिखरने से रोकने में काफी मदद मिली। कांग्रेस गठबंधन की बनावट के चलते दलितों, मुसलमानों और कुछ हद तक अन्य पिछड़ी जातियों जैसे प्रमुख सामाजिक तबकों को कांग्रेस के छाते तले इकट्ठा करने में मदद मिली। पिछले चुनाव में आरपीआई ने तीसरे मोर्चे से हाथ मिलाया था, जिससे दलित मतदाताओं को भ्रम का सामना करना पड़ रहा था। 1995 और 1996 के दोनों चुनावों में राज्य के मुसलमान कांग्रेस से दूर रहे (मुख्य रूप से 1992 की घटनाओं के

कारण) और उन्होंने किसी भी पार्टी के मुसलमान उम्मीदवार को वोट देना पसंद किया। लेकिन राज्य सरकार की मुसलमान विरोधी नीतियों के कारण 1998 के चुनावों में मुसलमान मतदाता दोबारा कांग्रेस के साथ एकजुट हो गए। इस प्रकार तीन महत्त्वपूर्ण सामाजिक शक्तियों के बीच सामाजिक गठबंधन ने भी कांग्रेस की सफलता में एक अहम भूमिका निभाई।

कांग्रेस 1999 के चुनावों में अपनी इस सफलता को नहीं दोहरा पाई। 1999 के समय से पहले विधानसभा चुनाव मध्यावधि लोकसभा चुनावों के साथ कराए गए, परंतु 1998 और 1999 के चुनावों के बीच कांग्रेस विभाजित हो चुकी थी। शरद पवार सोनिया गांधी का साथ छोड़ चुके थे। इस घटनाक्रम से राज्य में कांग्रेस की संभावनाओं को काफी नुकसान पहुंचा। कांग्रेस ने आरपीआई के गवई धड़े और आरपीआई के आंबेडकर धड़े—बहुजन महासंघ—के साथ तालमेल किया। पवार ने आरपीआई के अठावले गुट के साथ-साथ जनता दल, समाजवादी पार्टी, शरद जोशी की स्वतंत्र भारत पार्टी और पीडब्ल्यूडी के साथ भी गठबंधन किया था। कम्युनिस्टों ने किसी के साथ हाथ नहीं मिलाया। कुल मिलाकर राज्य में त्रिकोणीय मुकाबला रहा। पवार की राष्ट्रवादी कांग्रेस पार्टी (राकांपा) और कांग्रेस के बीच कड़वाहट भाजपा व सेना के प्रति उनकी दुश्मनी से भी ज्यादा तीखी रही। चुनावों के नतीजे आने पर एक त्रिशंकु विधानसभा अस्तित्व में आई, जिसके चलते दोनों कांग्रेस पार्टियों को अपने सहयोगियों के साथ मिलकर गठबंधन सरकार बनानी पड़ी। हालांकि सरकार तो उनके हाथ से जाती रही फिर भी कांग्रेस के वोटों में विभाजन के सहारे सेना और भाजपा को राज्य में अपना जनाधार बनाए रखने में मदद मिली। शरद पवार ने पश्चिमी महाराष्ट्र में अपनी ताकत का अहसास तो कराया, परंतु राज्य के और किसी हिस्से में वे बहुत असर नहीं डाल पाए। उन्हें प्रभावशाली मराठा नेतृत्व का समर्थन तो मिला, लेकिन वे मराठवाड़ा के आम मराठा मतदाताओं का विश्वास नहीं जीत पाए। वह 'बहुजन समाज' यानी पिछड़ों का नेता होने के अपने दावे को भी सही सिद्ध नहीं कर पाए। पवार के बिना भी कांग्रेस विधानसभा में सबसे बड़ी पार्टी बनी रही, परंतु जैसा कि सर्वेक्षण के आंकड़ों से पता चलता है, वह अपनी पहचान खो चुकी थी। उसे समाज के तमाम तबकों के वोट मिले, परंतु इतने वोट नहीं मिले कि वह पूर्ण बहुमत प्राप्त कर सके। कहने का अर्थ यह है कि 1999 के चुनावों तक भी 1995 में पैदा हुए हालात में गुणात्मक बदलाव नहीं आ पाया। भ्रम, कमजोर निष्ठाएं, तात्कालिक सामाजिक गठबंधन, आम जनता से जुड़े बुनियादी मुद्दों की उपेक्षा और विचारधारात्मक रवैए के बारे में अस्पष्टता बनी रही। जैसा कि पीछे कहा जा चुका है, इस तस्वीर के आधार पर राज्य की राजनीति को दो प्रतिद्वंद्वी खेमों में बांट कर नहीं देखा जा सकता। यह बिखराव कमजोर और वंचित सामाजिक तबकों को एक खासी चुनावी धड़े में एकजुट करने की तमाम संभावनाओं

को खत्म कर देता है। जिस तरह महाराष्ट्र के चुनावों में न कोई हारने वाला बचा है और न कोई जीतने वाला, उसी तरह अब यहां न तो कोई प्रगतिशील दिखाई देता है, न कोई प्रतिक्रियावादी।

1986–1998 की अवधि के बाद यह पहला मौका था जब पवार कांग्रेस से अलग होकर चुनाव मैदान में उतरे थे। दिलचस्प बात यह है कि उन्होंने एक दशक से भी ज्यादा समय तक अपना जनाधार बनाए रखा है। अपने चुनाव प्रचार में वे सामाजिक न्याय के मुद्दों पर ध्यान केन्द्रित नहीं कर पाए। नई आर्थिक नीतियों के प्रति पवार के मुखर समर्थन का एक आशय यह था कि चुनावी होड़ में आर्थिक नीतियों पर खींचतान नहीं होगी। कुल मिलाकर पवार मराठा लॉबी के साथ खड़े दिखाई दिए, और उन्होंने राज्य की राजनीति को चलाने के लिए नए मानदंड गढ़ने की कोशिश नहीं की।

2004 के चुनाव

अप्रैल और अक्टूबर 2004 के बीच महाराष्ट्र ने दो चुनाव देखे—पहला चुनाव लोकसभा के लिए था और दूसरा विधानसभा का। छह महीने के अंदर दो चुनाव वाली स्थिति बहुत ही कम मौकों पर आई होगी पर इससे हमें महाराष्ट्र की राजनीति को जानने समझने का बेहतर अवसर मिलता है। दोनों चुनावों के नतीजों में काफी समानता रही पर जो अंतर थे वह राजनीति के विद्यार्थियों को उलझन में डाल सकते हैं। पर ये राज्य की दलगत लड़ाई के लिए समीकरणों को भी बताते हैं।

लोकसभा चुनाव में कांग्रेस–एनसीपी गठबंधन को अगर 23 सीटें मिलीं तो भाजपा–शिव सेना ने 25 सीटें जीतीं। पहले गठबंधन को 44.8 फीसदी वोट मिले जबकि 42.7 फीसदी वोट पाकर दूसरा गठजोड़ ज्यादा सीटें ले गया। यह दो फीसदी का अंतर असल में आरपीआई और जद (से.) को मिले वोटों का है। पिछले चुनाव की तुलना में कांग्रेस–एनसीपी को 4 फीसदी वोटों का लाभ हुआ। और स्पष्ट लगने लगा कि दोनों गठबंधनों के बीच सीधे मुकाबले की स्थिति आ गई। उनके बीच वोटों के 13 फीसदी अंतर की दरार काफी हद तक पट गई। पर 1999 चुनाव में कांग्रेस और एनसीपी ने एक–दूसरे के खिलाफ मोर्चा रखा था जबकि भाजपा–शिव सेना का गठबंधन था। इस चलते हुए लोकसभा की 28 सीटें मिलीं और विधानसभा में लगभग पूरा बहुमत। पर 2004 चुनाव के पहले न सिर्फ कांग्रेस–एनसीपी ने गठजोड़ किया बल्कि जद (से.) और आरपीआई (अठावले, कवांड और गवई धड़ा) को भी साथ ले लिया। प्रकाश आंबेडकर के बहुजन महासंघ और वाम दलों, पीडब्ल्यूपी तथा समाजवादी पार्टी से गठबंधन का प्रयास हुआ पर बात न बनी और कई सीटों पर उसका नुकसान हुआ।

लोकसभा चुनाव के छह महीने बाद ही वही गठबंधन फिर से विधानसभा

चुनाव में आमने-सामने आए। कांग्रेस गठबंधन से जद (से.) बाहर हो गया था पर उसका ज्यादा असर नहीं था। माकपा के लिए कांग्रेस गठबंधन ने तीन सीटें छोड़ीं और दो स्वतंत्र उम्मीदवारों का समर्थन किया। उधर भाजपा-शिव सेना गठबंधन ने भी नाग विदर्भ आंदोलन समिति और स्वतंत्र भारत पार्टी जैसे छोटे दलों को साथ लिया। पर चुनाव परिणाम लोकसभा से अलग आए और सीटों तथा वोट, दोनों में कांग्रेस गठबंधन स्पष्ट बढ़त पर आ गया। वैसे दोनों ही प्रमुख गठबंधनों के वोट घटे पर जहां कांग्रेसी गठबंधन के वोट 3.5 फीसदी गिरे वहीं भाजपा-शिव सेना गठबंधन के वोट 7.5 फीसदी कम हो गए।

विधानसभा चुनाव में इलाकाई तस्वीर भी बदली। लोकसभा चुनाव में कांग्रेसी गठबंधन का विदर्भ क्षेत्र से लगभग सफाया हो गया था। वहां भाजपा-शिव सेना गठबंधन को आधी फीसदी के करीब ही वोट बढ़े पर उसे चार सीटों का लाभ हुआ था। ऐसा बसपा द्वारा कांग्रेस के वोट काटने से भी हुआ पर विधानसभा चुनाव में दोनों गठबंधनों को इस क्षेत्र में लगभग समान वोट और सीटें मिलीं। उत्तर महाराष्ट्र में भाजपा- शिव सेना को लोकसभा चुनाव की तुलना में छह फीसदी ज्यादा वोट मिले पर असल में उसे एक सीट का नुकसान हुआ। कांग्रेस-एनसीपी गठबंधन के वोट यहां नौ फीसदी कम हुए पर उसे पांच सीटों का लाभ हो गया। दूसरी तरफ भाजपा-शिव सेना अपने मुंबई और कोंकण के गढ़ में भी पिट गए। उसके वोट ज्यादा नहीं घटे पर सीटें काफी घट गईं। पर मराठवाड़ा और पश्चिम महाराष्ट्र में कांग्रेस गठबंधन को लोकसभा चुनाव की तुलना में नौ फीसदी वोटों का नुकसान हुआ। कांग्रेस का गढ़ माने जाने वाले इस इलाके में भाजपा-शिव सेना वोटों के मामले में उसके बराबर आ गई। पश्चिमी महाराष्ट्र में तो उसे लोकसभा चुनाव में 12 फीसदी और विधानसभा चुनाव में 8 फीसदी का लाभ हुआ और यहां उनकी सीटें भी काफी बढ़ीं।

लोकसभा चुनाव में कांग्रेसी गठबंधन के बदतर प्रदर्शन का कारण उनके बीच की कटुता का समाप्त न होना था। विधानसभा चुनाव तक यह स्थिति बदल गई और केन्द्र सरकार के अच्छे काम का लाभ भी मिला। वहां भी दोनों ने सत्ता में साझेदारी की। दूसरी तरफ भाजपा-शिव सेना गठबंधन चुनावी पराजय के बाद हतोत्साहित हुआ। अच्छे मानसून से किसानों की स्थिति सुधरने और केन्द्रीय मदद बढ़ने का लाभ भी कांग्रेसी गठबंधन को हुआ। पर दोनों चुनावों ने दो प्रमुख चीजें रेखांकित कीं : पार्टियों का सामाजिक जनाधार अब स्थायी नहीं रहा और दूसरा, दलगत लड़ाई का नया स्वरूप उभरा।

यह कहा जा सकता है कि गठबंधन राजनीति ने राज्य की राजनैतिक लड़ाई को बदल दिया है। गठबंधन के बीच वाली प्रतिद्वंद्विता काफी कुछ अवास्तविक है। सिर्फ कांग्रेस के मतदाताओं में से 71 फीसदी से ज्यादा ने यह

कहा कि हम कांग्रेस को ही वोट देंगे। एनसीपी के पक्के मतदाताओं का प्रतिशत सिर्फ 33 फीसदी था। भाजपा अकेले लड़े तो उसके 51 फीसदी वोटर ही उसके साथ जाते जबकि शिव सेना को हर हाल में वोट देने वाले 45 फीसदी ही थे। ये आंकड़े राष्ट्रीय चुनाव अध्ययन 2004 और लोक नीति तथा पुणे विश्वविद्यालय द्वारा कराए अध्ययन के थे।

नब्बे के दशक में शिव सेना और भाजपा मुख्य चुनावी ताकतों के रूप में उभरीं। यह स्थिति 1998 और 1999 के चुनावों में कांग्रेस की जीत के बावजूद बरकरार रही। भाजपा-सेना का बढ़ता प्रभाव न केवल चुनाव परिणामों से, बल्कि 1995-96 और 1998 में हुए मतदाता सर्वेक्षणों में मतदाताओं द्वारा व्यक्त की गई सामाजिक प्राथमिकताओं में से भी दिखाई देता है। ऐसा लगता है कि 1995-96 में कांग्रेस की पराजय कोई तात्कालिक परिघटना नहीं थी। दूसरी तरफ 1998 के चुनावों में कांग्रेस की जीत से ऐसा भी सिद्ध नहीं हुआ कि भाजपा-सेना के जनाधार में गिरावट आ रही है। मतदाताओं के कई तबके धीरे-धीरे कांग्रेस से दूर होते जा रहे हैं। सर्वेक्षण के आंकड़ों की मदद से इन तबकों की पहचान भी की जा सकती है। ऐसा लगता है कि कांग्रेस अपना परंपरागत जनाधार तो खोती जा रही है, परंतु सेना-भाजपा ने अपना एक खास प्रभाव क्षेत्र निर्मित कर लिया है। कांग्रेस 1998 के चुनावों में भी अपने पुराने मतदाताओं का दिल नहीं जीत सकी।

कांग्रेस को 1998 में भारी सफलता मिली। परंतु उसे सीटों का जो फायदा हुआ था, वह विभिन्न सामाजिक समूहों से उसे मिले समर्थन के अनुपात में नहीं था। कहा जाता है कि कांग्रेस इन चुनावों में मुख्य रूप से मराठाओं और पिछड़ी जाति के समूहों की बदलती प्रतिबद्धताओं के कारण ही कामयाब हुई थी। मगर 1998 के सर्वेक्षण से पता चलता है कि ये सामाजिक तबके अभी भी मोटे तौर पर भाजपा-सेना को ही पसंद करते हैं। 1999 के सर्वेक्षण के आंकड़ों से भी इसी बात की पुष्टि होती है।

कौन किसे वोट देता है!

चुनावों और सर्वेक्षण के आंकड़ों से पता चलता है कि 1996 में इन तबकों में कांग्रेस और सेना-भाजपा गठबंधन को मोटे तौर पर बराबर-बराबर समर्थन मिला था। हालांकि 1998 के चुनावी गणित में कांग्रेस आगे रही थी, परंतु 1999 में भी कांग्रेस, एनसीपी और सेना-भाजपा गठबंधन, इन तीनों दावेदारों को मतदाताओं के बीच लगभग एक जैसा ही समर्थन था। 2004 विधानसभा चुनाव से स्थिति कुछ बदली। इन आंकड़ों को राज्य में कांग्रेस के परंपरागत जनाधार के आईने में देखना प्रासंगिक रहेगा। नब्बे के दशक में कांग्रेस पतन की तरफ गई। सेना-भाजपा गठबंधन ने अपनी स्थिति मजबूत की। वैसे भी कांग्रेस का जनाधार काफी उथला और अविश्वसनीय रहा। हमने यह भी पाया कि कांग्रेस के प्रति समर्थन में आदत का तत्त्व काफी ज्यादा था, जबकि शिव सेना

और भाजपा के प्रति समर्थन ज्यादा सचेत रहा। आंकड़ों से यह संकेत भी मिलता है कि राज्य के राजनीतिक परिदृश्य में सेना-भाजपा गठबंधन निर्णायक शक्ति रहा है। यदि शिव सेना और भाजपा को अलग-अलग देखा जाए तो कोई भी पार्टी कांग्रेस विरोधी संभावनाओं को साकार नहीं कर सकती।

सामाजिक कारक और दलीय प्राथमिकता

हालांकि दलीय प्राथमिकता के साथ उम्र का कोई बहुत ठोस रिश्ता नहीं होता, परंतु फिर भी मूल रूप से 'व्यवस्था-विरोधी' पार्टियों के रूप में देखी जाने वाली सेना-भाजपा को उम्रदराज मतदाताओं के मुकाबले युवा मतदाताओं के बीच आंशिक रूप से ज्यादा समर्थन मिला है (तालिका-5.3)। कांग्रेस को पुरुषों के मुकाबले महिलाएं ज्यादा पसंद करती हैं। भाजपा को पुरुषों में ज्यादा समर्थन मिलता है। दूसरी तरफ शिव सेना और राकांपा का लैंगिक आधार भाजपा और कांग्रेस के मुकाबले ज्यादा संतुलित है (तालिका-5.4)। ग्रामीण जनाधार के लंबे इतिहास के चलते कांग्रेस को ग्रामीण इलाकों में अभी भी काफी अच्छा समर्थन मिलता है। यही बात राकांपा के मामले में भी लागू होती है। भाजपा की स्थिति इसके विपरीत है। जनसंघ के नाम से शहरी प्रतिपक्षी के रूप में राजनीति की शुरुआत करने के बाद अभी भी भाजपा को ग्रामीण मतदाताओं के मुकाबले शहरी मतदाता ही ज्यादा पसंद करते हैं। इसके विपरीत लंबे समय तक मुंबई केन्द्रित संगठन की पहचान में कैद रही शिव सेना ने ग्रामीण इलाकों में अच्छी-खासी पैठ बना ली है। सर्वेक्षण में जिन ग्रामीण मतदाताओं से बात की गई, उनके बीच उसे शहरी मतदाताओं के मुकाबले आंशिक रूप से ज्यादा समर्थन मिला (तालिका-5.5)। जैसा कि अपेक्षित है, भाजपा को पढ़े-लिखे लोगों में तुलनात्मक रूप से ज्यादा समर्थन मिलता है, जबकि कांग्रेस को निरक्षर तथा कम पढ़े-लिखे लोग ज्यादा पसंद करते हैं। राकांपा को मिलने वाले समर्थन में भी मोटे तौर पर यही रुझान दिखाई देता है। निरक्षरों के बीच उसे काफी भारी समर्थन (28 प्रतिशत) मिलता है। हालांकि शैक्षणिक स्तर बढ़ने के साथ-साथ शिव सेना के प्रति समर्थन भी बढ़ता है, परंतु उसके मामले में यह फर्क बहुत ज्यादा नहीं है। शिव सेना विभिन्न शैक्षणिक पृष्ठभूमि वाले मतदाताओं के बीच एक जेसे समर्थन का दावा कर सकती है (तालिका-5.6)। उच्चवर्गीय मतदाताओं के मुकाबले गरीब मतदाता कांग्रेस की तरफ ज्यादा आकर्षित होते हैं। मंझोले पेशों की श्रेणी में आने वाले उत्तरदाताओं से भी उसे अच्छा-खासा समर्थन मिला है (1996, 1998 और 1999 में क्रमशः 37, 52 और 31 प्रतिशत)। 1996 में ऊंचे पेशों और उच्च मध्यमवर्गीय पेशों में लगे उत्तरदाताओं ने भाजपा के प्रति ज्यादा समर्थन व्यक्त किया (क्रमश: 28 और 22 प्रतिशत)। शिवसेना के समर्थकों में हल्का सा बदलाव आया है। 1996 में विभिन्न व्यावसायिक श्रेणियों के उत्तरदाताओं की तरफ से उसके

प्रति समर्थन ज्यादा संतुलित था, और निचली श्रेणी के व्यवसायों में लगे लोगों से उसे 22 प्रतिशत समर्थन मिल रहा था। ऐसी ही स्थिति राकांपा की भी थी। उसे भी निचले व्यवसायों में संलग्न उत्तरदाताओं से अच्छा समर्थन (26.3 प्रतिशत) मिला था, जबकि उच्च व्यावसायिक श्रेणी से उसे 30 प्रतिशत समर्थन मिला था। (ये सभी आंकड़े राष्ट्रीय चुनाव सर्वेक्षण 96, 98, 99 और सीएसडीएस आंकड़ा एकांश के आंकड़ों पर आधारित हैं)।

जाति, समुदाय और दलीय प्राथमिकता

महाराष्ट्र में कांग्रेस को इस बात पर हमेशा गर्व रहा है कि उसे न केवल मराठा-कुनबी जातियों के बीच, बल्कि पिछड़ी, दलितों और आदिवासियों के बीच भी व्यापक समर्थन मिलता है। अब इस जनाधार में शिवसेना और भाजपा ने भी पैठ बना ली है। पिछले सालों के दौरान मराठा वोटों में बिखराव बढ़ा है। यही स्थिति पिछड़े मतदाताओं की भी रही। तालिका-5.7 से यही कहानी उभर कर सामने आती है : कांग्रेस को मराठा, दलित और मुसलमान मतदाताओं से अच्छा-खासा समर्थन मिल रहा है, परंतु आदिवासियों, पिछड़ों और कुनबियों के बीच उसकी लोकप्रियता कमजोर है। मराठा-कुनबी और पिछड़े मतदाताओं के बीच शिव सेना की स्थिति ज्यादा मजबूत है। यह साठ और सत्तर के दशक की कांग्रेस वाली स्थिति है। परंतु सेना को दलितों और मुसलमानों के बीच समर्थन नहीं मिल रहा है। राकांपा को मुसलमानों के बीच अच्छा-खासा समर्थन मिला था, लेकिन इसके अलावा मुख्य रूप से वह मराठा-कुनबी पार्टी के रूप में ही जानी जाती है। उसके 47 प्रतिशत मतदाता इसी तबके के हैं। शिव सेना के मामले में उसके आधे समर्थक मराठा-कुनबी और अन्य 34 प्रतिशत पिछड़े हैं। भाजपा को भी किसी एक समुदाय के बीच निर्णायक के रूप में घोर समर्थन नहीं मिलता। यही स्थिति कांग्रेस के मतदाताओं में भी दिखाई देती है (तालिका-5.8)।

दलित और मुसलमान कांग्रेस और राकांपा के बीच बंटे हुए हैं। इसके अलावा राज्य के मुसलमान समाजवादी पार्टी की तरफ भी आकर्षित हुए हैं। बहुत सारे दलित मतदाता आरपीआई के विभिन्न गुटों के बीच बंटे हुए हैं। इस बिखराव का एक परिणाम यह हुआ है कि दलित और मुसलमानों को एक गुट के रूप में चुनाव प्रक्रिया को प्रभावित करने का अच्छा मौका नहीं मिल पाता। पिछड़ों और मराठा-कुनबी वोटों के बिखराव के साथ देखने पर ऐसा लगता है कि अब विभिन्न पार्टियों किसी जाति/समुदाय विशेष पर अपनी निर्भरता के सहारे आगे नहीं बढ़ सकती। सर्वेक्षण के आंकड़ों से दो दिलचस्प बातें सामने आती हैं। पहली, शिव सेना सामाजिक जनाधार के मामले में कांग्रेस का प्रतिरूप दिखाई देता है। दूसरी, सेना और राकांपा का सामाजिक आधार मिलता-जुलता है। ऐसा लगता है कि आने

वाले समय में राज्य स्तर पर ये दोनों पार्टियां एक ही सामाजिक दायरे को निशाना बनाएंगी। भाजपा के समर्थन के बिना सेना का दावा कमजोर पड़ जाता है, जबकि कांग्रेस के तुलनात्मक संतुलित आधार के बिना राकांपा राज्य में एक टिकाऊ पहचान नहीं बना सकती। इसलिए माना जा सकता है कि राज्य की राजनीति में भले ही दो ध्रुव दिखाई देते हों, या चाहे वह त्रिकोणीय स्तर पर विभाजित हो, उसे बहुध्रुवीयता के जरिए ही ज्यादा अच्छी तरह समझा जा सकता है।

सत्ताधारियों की जातिगत पृष्ठभूमि

बदले राजनीतिक परिदृश्य से विधायकों और सांसदों की जातीय पृष्ठभूमि में क्या बदलाव आए हैं? मराठा वोटों में बिखराव और सेना-भाजपा गठबंधन के प्रति पिछड़े मतदाताओं का भारी समर्थन इस संभावना की ओर संकेत करता है कि सामाजिक अंकगणित के समीकरणों में भी बदलाव जरूर आया होगा। आइए, देखें कि इन बदलावों का स्वरूप कैसे रहा है।

संख्या और राजनीतिक प्रभाव की दृष्टि से ताकतवर जाति का सदस्य होने के नाते मराठा उम्मीदवार बड़ी संख्या में विधानसभा में पहुंचते रहे हैं। अक्सर तर्क दिया जाता है कि सत्ता में मराठाओं को उनकी संख्या के मुकाबले ज्यादा हिस्सा मिलता है। सत्ता में कुछ हिस्सेदारी ऊंची और मंझोली जातियों तथा गैर महाराष्ट्री समुदायों के उम्मीदवार भी करते हैं। हालांकि माली, धनगड, बंजारी और तेली जैसी कुछ पिछड़ी जातियों का राज्य के कुछ हिस्से में काफी दबदबा है, मगर ये पिछड़ी जातियां राजनीति की दिशा तय नहीं कर सकतीं। ये सभी जातियां राज्य के अलग-अलग हिस्से में बिखरी हुई हैं। राजनीति के 'मंडलीकरण' के फलस्वरूप 1990 के बाद हरेक पार्टी ने पिछड़े मतदाताओं को संगठित करने और पिछड़े उम्मीदवारों को ज्यादा से ज्यादा टिकट देने के जरिए इन जातियों को अपने साथ लामबंद करने की कोशिश की है। शिव सेना को शहरी पिछड़े मतदाताओं को अपने साथ एकजुट करने में काफी सफलता मिली, जबकि 1993 की शुरुआत में बहुजन महासंघ की भी स्थापना की गई। पिछड़ी जातियों के बीच अपनी पैठ बनाने के लिए भाजपा ने भी जमकर कोशिशें कीं।

1989 के बाद निर्वाचित प्रतिनिधियों की जातिगत पृष्ठभूमि क्या रही इसे तालिका-5.9 और तालिका-5.10 से समझा जा सकता है। इस दौरान जातिगत समीकरण में कोई भारी बदलाव आता दिखाई नहीं दिया। परंपरागत रूप से मराठा-कुनबियों को विधानसभा की लगभग 45 प्रतिशत सीटें मिलती हैं, जबकि पिछड़े उम्मीदवार 5 से 6 प्रतिशत सीटों पर जीतते हैं। यह रुझान नब्बे के दशक में भी जारी रहा, परंतु बदलाव इस तथ्य से निहित था कि अब मराठा-कुनबी जातियों के बहुत सारे विधायक सेना के टिकट पर जीत कर आते हैं। 1990 में शिव सेना के 24

विधायक मराठा थे। 1995 में इनकी संख्या 33 तक जा पहुंची और 1999 में भी उनकी संख्या 31 पर कायम रही। इस तथ्य से स्पष्ट हो जाता है कि पार्टी ने ज्यादा से ज्यादा मराठा उम्मीदवारों को टिकट देने की नीति अपनाई है। यह तथ्य मराठा नेताओं के शिव सेना की तरफ बढ़ते झुकाव की भी पुष्टि करता है। कांग्रेस और शिव सेना दोनों ही समर्थन के लिए मराठाओं का दिल जीतने पर काफी ध्यान देते हैं, इसलिए राज्य में राजनीतिक होड़ के बढ़ने से पिछड़ी जातियों को बहुत फायदा नहीं हुआ है।

पर तर्क यह भी दिया जा सकता है कि सेना-भाजपा गठबंधन के उदय के बाद राजनीतिक प्रतिनिधित्व में अलग-अलग जातियों की हिस्सेदारी पहले जैसी ही रही है। जहां तक राज्य मंत्रिमंडल का प्रश्न है, उसकी जातीय पृष्ठभूमि में कुछ न कुछ बदलाव जरूर आया है। सत्तर के दशक के अंत में राज्य मंत्रिमंडल के 60 प्रतिशत से ज्यादा सदस्य मराठा-कुनबी समुदाय के होते थे। अस्सी के दशक में मराठा-कुनबी मंत्रियों की संख्या 42 प्रतिशत के सर्वकालीन न्यूनतम बिंदु तक जा पहुंची। इससे गैर-मराठी, अनुसूचित जातियों और अनुसूचित जनजातियों के कुछ तबकों का फायदा हुआ। 1988 में जब पवार दोबारा सत्ता में आए तो उन्होंने पिछड़ी जातियों के उभार को देखते हुए इस समुदाय के मंत्रियों की संख्या बढ़ा दी, परंतु, इसके बाद भी उनके मंत्रिमंडल में मराठा-कुनबी समुदाय के मंत्रियों को 52 प्रतिशत से ज्यादा हिस्सा मिला। 1993 में पवार के मंत्रिमंडल में 42 में से 7 मंत्री पिछड़ी जातियों के थे। इसमें दो बातें साबित होती हैं। पहला, 1980-89 के अलावा कभी भी राज्य मंत्रिमंडल में मराठाओं का हिस्सा 52 प्रतिशत से नीचे नहीं गया। दूसरा, अस्सी के दशक के अंत में पिछड़ी जातियों के मंत्रियों की संख्या में इजाफा हुआ और 1993 में यह उच्चतम बिंदु तक जा पहुंचा। इस पृष्ठभूमि में देखने पर सेना-भाजपा मंत्रिमंडल एक दिलचस्प प्रयोग के रूप में सामने आता है। उसमें मराठा-कुनबी समुदाय का हिस्सा तो कम हुआ, परंतु पिछड़ों का हिस्सा नहीं बढ़ा। मनोहर जोशी मंत्रिमंडल में मराठा-कुनबी समुदाय के मंत्रियों की संख्या 41.5 प्रतिशत और पिछड़ी जातियों के मंत्रियों की संख्या 12 प्रतिशत से कुछ अधिक थी। इसका असली फायदा ऊंची जातियों को हुआ। 1995 के बाद मंत्रिमंडल में उच्च-साक्षर जातियों की संख्या लगभग 15 प्रतिशत तक जा पहुंची। मंत्रिमंडल में 41 में से 6 इसी पृष्ठभूमि के थे। इससे पता चलता है कि मराठा-कुनबी और ऊंची जातियों के आंतरिक संबंधों में परिवर्तन तो आया है, परंतु उससे पिछड़ों को फायदा नहीं हुआ। इस घटनाक्रम की राजनीतिक अहमियत के बारे में हम अंतिम भाग में चर्चा करेंगे। इस हिस्से में की गई चर्चा से राज्य की चुनावी राजनीति के बारे में दो अहम पहलू सामने आते हैं। एक पहलू तो यह है कि राजनीति का जातिगत आधार बदल रहा है, और दूसरा यह कि शहरी इलाके चुनावी राजनीति के नए गढ़ों के रूप में सामने आ रहे हैं।

मराठा और पिछड़ों के बीच विभाजन

मराठा-कुनबी जातियां परंपरागत रूप से कांग्रेस मुख्य आधार रही हैं। इनके अलावा दूसरी पिछड़ी जातियां भी कांग्रेस को अपना समर्थन देती रही हैं। नब्बे के दशक के चुनाव परिणामों और हमारे सर्वेक्षणों से पता चलता है कि अब इन दोनों जाति समूहों के बीच एक राजनीतिक दूरी पैदा हो गई है। अब मराठा और कुनबी समुदायों का एक बड़ा हिस्सा या तो शिव सेना के साथ या भाजपा के साथ खड़ा दिखाई देता है। मराठवाड़ा के मराठा और विदर्भ के कुनबियों के मामले में यह बात खासतौर से सही है। पिछड़े भी विभिन्न पार्टियों के बीच बंटे हुए हैं। इन जातियों में भाजपा व शिव सेना के प्रति समर्थन काफी अच्छा है। मराठा मतदाताओं का एक हिस्सा मंडल आयोग की सिफारिशों और मराठवाड़ा विश्वविद्यालयों के नामांतर के खिलाफ था। मराठा महासंघ ने सार्वजनिक रूप से रवैया घोषित किया था। पवार के कार्यकाल में कांग्रेस के पिछड़े-समर्थक, और दलित-समर्थक तेवरों से मराठाओं के बीच मौजूद रूढ़िवादी तबकों के जातिगत अहंकार को काफी ठेस पहुंची। यही तबके उदारीकरण और ग्रामीण इलाकों में औद्योगिक विस्तार की नीतियों के प्रति भी सशंकित थे। यद्यपि मराठा नेता सत्ता संरचना पर अपनी पकड़ बनाए रखने की जद्दोजहद में लगे रहे, मगर आम मराठा किसानों को भौतिक स्तर पर इससे कोई लाभ नहीं हुआ। इन स्थितियों के फलस्वरूप मराठा-कुनबी मतदाताओं के बीच टूट-फूट होने लगी। भाजपा और सेना मराठा-कुनबी, दोनों का समर्थन इसलिए हासिल कर पाए क्योंकि हिंदुत्व की राजनीति में रूढ़िवादी सोच रखने वाले तत्त्वों को अपनी हैसियत के बने रहने का आश्वासन मिलता रहता था और जबकि इन पार्टियों की विपक्षी राजनीति से वे लोग उनकी तरफ आकर्षित होते थे जिन्हें कांग्रेस के तहत कोई फायदा नहीं मिल पाया था।

पिछड़े मतदाताओं का बिखराव इससे भी ज्यादा आसानी से हुआ। एक अलग राजनीतिक चेतना के अभाव और एक वैकल्पिक राजनीतिक तंत्र के अभाव में ये जातियां परंपरागत रूप से कांग्रेस के पक्ष में मतदान करती थीं। परंतु कांग्रेस पार्टी इन जातियों के नए पीढ़ी के कार्यकर्ताओं की राजनीतिक आकांक्षाओं को जगह नहीं दे पाई। इसलिए कांग्रेस की संरचना में हाशिए पर पड़े पिछड़े समुदायों को कांग्रेस का साथ छोड़ देने के बाद भी ज्यादा नुकसान का डर नहीं था। शिव सेना और भाजपा, दोनों के पास ही कोई प्रभावशाली मराठा नेतृत्व नहीं था, इसलिए उन्हें पिछड़ी जातियों को अपनी तरफ आकर्षित करने में कोई खास दिक्कत नहीं हुई।

शहरी कारक

नब्बे के दशक में शहरी इलाके राजनीतिक सत्ता के नए केन्द्रों के रूप में सामने आए। 1990 तक राज्य की राजनीतिक सत्ता ग्रामीण पृष्ठभूमि से आने वाले राजनेताओं के इशारों पर चलती थी। 1995-96 के बाद शहरी और अर्द्धशहरी इलाकों की भूमिका

काफी अहम हो गई। इस बीच हुए विधानसभा चुनावों में भाजपा-शिव सेना गठबंधन को 63 शहरी/अर्द्धशहरी सीटों पर सफलता मिली। इन क्षेत्रों ने कांग्रेस को हाशिए पर धकेलने में एक अहम भूमिका निभाई। शहरी इलाकों का प्रभाव उनके आसपास के ग्रामीण इलाकों में भी दिखाई देता है। इस बारे में हम पहले ही चर्चा कर चुके हैं कि कोंकण की राजनीति पर मुंबई का कैसा असर पड़ता है। कुछ ऐसी ही स्थिति पुणे, नासिक, औरंगाबाद और बहुत सारे जिला मुख्यालयों से सटे इलाकों में भी दिखाई देती है। 1995 में सेना-भाजपा गठबंधन ने कम से कम 33 सीटें इन शहरों के प्रभाव में आने वाले इलाकों से ही जीती थीं। शहरी मतदाताओं के बीच एक जबर्दस्त लामबंदी दिखाई देती है। ऐसा लगता है कि भाजपा और शिव सेना ने शहरी राजनीतिक मंच पर अपना एकाधिकार जमा लिया है। ग्रामीण इलाकों में तो राजनीतिक होड़ बढ़ती जा रही है, मगर शहरी इलाकों में यह होड़ उतनी तीखी दिखाई नहीं देती। नतीजतन, कांग्रेस की हार ग्रामीण मतदाताओं के बिखराव और शहरी मतदाताओं की एकजुटता का ही परिणाम रही है। यह अनूठी परिघटना ग्रामीण क्षेत्रों के बरक्स शहरी क्षेत्रों को ज्यादा अहमियत प्रदान कर देती है, और राजनीतिक प्रक्रिया शहरी हितों के इर्द-गिर्द केन्द्रित होने लगती है।

आंतरिक स्तर पर शहरी हितों के भीतर भी अंतर्विरोध दिखाई देते हैं। हिंदुत्व की विचारधारा और राजनीतिक जीत को साकार करने के लिए एक-दूसरे से अलग-थलग और प्राय: परस्पर टकराने वाले शहरी हितों को एक साथ लाने में महत्त्वपूर्ण भूमिका निभाती है। हिंदुत्व की विचारधारा ने मराठा-पिछड़े मतदाताओं के विभिन्न हिस्सों में दलित-विरोधी भावनाओं का फायदा उठाकर ग्रामीण इलाकों में भी अपनी एक खास पहचान बना ली है। राज्य में अब जो नई राजनीतिक संरचना सामने आई है उसमें राज्य पर हावी हित-समूहों के संबंधों का नए सिरे से पुनर्गठन हुआ है। इस पुनर्गठन के लिए शहरी और ग्रामीण मतदाताओं के सामने एक साझा मिलन बिंदु का होना जरूरी था। इस नई राजनीति में एक विचारधारात्मक उद्देश्य दिखाई देना भी जरूरी था। हिंदुत्व की विचारधारा शहरी और ग्रामीण मतदाताओं के बीच मौजूद दूरी को पाटने की कोशिश करती दिखाई देती है। हिंदुत्व को सामाजिक समरूपीकरण और समाज पर वर्चस्व कायम करने वाली रणनीति के रूप में इस्तेमाल किया जा रहा है।

उभरती विशिष्टताएं

नब्बे के दशक में कांग्रेस का पतन साफ दिखाई देता है। चुनावी नफे-नुकसान के अलावा यह पतन कांग्रेस की इस नाकाबिलियत के रूप में ज्यादा दिखाई देता है कि अपने परंपरागत व्यापक सामाजिक गठबंधन को एकजुट नहीं रख पाई। वह आम लोगों की इच्छाओं का प्रतीकात्मक प्रतिनिधित्व भी नहीं कर पाई। इस मामले में

महाराष्ट्र का घटनाक्रम अखिल भारतीय परिदृश्य से खास अलग नहीं था। चुनावों की दृष्टि से महाराष्ट्र में कांग्रेस नए मतदाताओं (युवाओं, आदिवासियों आदि) को अपनी ओर नहीं खींच पाई। पार्टी सांगठनिक अंत:कलह पर अंकुश लगाने में भी नाकामयाब रही। पार्टी के प्रति मतदाताओं की निष्ठा ढुलमुल और अनिश्चित है। कांग्रेस के पतन की इस पहलू की देश के बाकी हिस्सों में उसकी दुर्गति के साथ भी तुलना की जा सकती है। एक महत्त्वपूर्ण तथ्य यह है कि 1995 में विधानसभा चुनावों में शिकस्त खाने के बाद भी स्थानीय स्तर के नेटवर्कों और चीनी सहकारी संघों पर कांग्रेस की चौधराहट बनी रही। कांग्रेस के बहुत सारे 'बागियों' ने आमतौर पर भाजपा या शिव सेना का दामन थामने से परहेज दिखाया।

समकालीन चुनावी राजनीति की जो दूसरी विशिष्टता सामने आती है, वह राज्य में जातिगत समीकरणों के पुनर्गठन की है। हम पहले ही देख चुके हैं कि राज्य स्तर पर मराठा-कुनबी और पिछड़े मतदाताओं के बीच बिखराव हो चुका है। वोटों के इस बंटवारे के अलावा विभिन्न जातियों के आपसी संबंधों में भी बदलाव आया है। कांग्रेस की सफलता का एक रहस्य यह था कि उसके पास विभिन्न जातियों के जटिल समूह को एकजुट रखने की क्षमता मौजूद थी। इस व्यवस्था में राजनीतिक पहलकदमी और औपचारिक सत्ता पर मराठा-कुनबी जातियों का दबदबा रहता था। हालांकि उसमें ब्राह्मणों को औपचारिक सत्ता से बेदखल कर दिया गया था, फिर भी ब्राह्मणों को सत्ता में दूसरे नंबर की हिस्सेदारी मिलती रही। मराठाओं की राजनीतिक सत्ता को पिछड़ी जातियों के 'बहुजन समाज' के नाम पर वैधता मिलती थी। वह बहुजन समाज मौजूदा सत्ता संरचना के प्रति राजनीतिक समर्थन तो व्यक्त करता था, परंतु उसमें अपना हिस्सा नहीं मांगता था। हालांकि नब्बे के दशक में पिछड़ी जातियों की भूमिका में बदलाव नहीं आया है, परंतु मराठाओं और ब्राह्मणों के बीच आंतरिक संबंध बदल गए हैं। सेना-भाजपा गठबंधन के तहत ऊंची जातियां, जो कि शहरी जातियां भी हैं, राजनीतिक रूप से ताकतवर जातियों के रूप में सामने आई हैं। राज्य की औपचारिक सत्ता संरचना में मराठाओं को हाशिए पर धकेल कर ब्राह्मणों और चंद्रसेनी कायस्थ प्रभुओं ने व्यापारिक जातियों को अपने साथ मिलाते हुए एक निर्णायक भूमिका प्राप्त कर ली है। मराठा समुदाय प्रभुत्वशाली, परंतु संख्या की दृष्टि से कमजोर सत्ताधारियों के लिए संख्या के अंकगणित में ताकत का स्रोत होता था। इस लिहाज से अपनी ब्राह्मण श्रेष्ठता के कारण सेना-भाजपा के जाति-गठबंधन को 'हिंदू' गठबंधन का नाम देना गलत नहीं होगा।

यह रुझान उत्तरी भारत की राजनीतिक संरचना में पिछड़ी जातियों के उभार की सबसे उल्लेखनीय परिघटना के विपरीत है। महाराष्ट्र में पिछड़े राजनीतिक रूप से अभी भी कमजोर हैं। 1993 में बने बहुजन महासंघ ने पिछड़ों और दलितों के साथ गठबंधन के जरिए राज्य में राजनीतिक होड़ की शर्तें बदलने की पुरजोर कोशिश

की, फिर भी चुनावी मैदान में वह केन्द्रीय हैसियत नहीं पा सका। बहुजन महासंघ की विफलता से भी ज्यादा महत्त्वपूर्ण और असली चोट वर्ण आधारित ऊंच-नीच से मिलते-जुलते 'हिंदू' गठबंधन के उभार के रूप में सामने आई है। मजे की बात यह है कि जाति-गठबंधन में यह बदलाव राज्य विधानसभा की परंपरागत जातिगत संरचना में बदलाव नहीं ला पाया। जैसा कि पीछे भी कहा गया है, विधायिका में अभी भी मराठा-कुनबी जाति समूह के पास ही बहुमत है। ब्राह्मण-प्रभु विधायकों की संख्या में बहुत इजाफा नहीं हुआ है, फिर भी उन्हें एक अहम स्थिति मिल गई है। इस अजीबो-गरीब स्थिति की एक व्याख्या हमें नब्बे के दशक के दौरान उभरी तीसरी और संभवत: सबसे अहम विशिष्टता की ओर ले जाती है।

हम पहले भी इस बात का जिक्र कर चुके हैं कि अस्सी के दशक से ही प्रभुत्वशाली हित समूहों के आपसी रिश्ते बदलना शुरू हो गए थे। नब्बे के दशक में यह बदलाव स्पष्ट दिखाई देता है। यशवंत राव चह्वाण किसानी और औद्योगिक हितों की भौतिक दबदबे में साझेदारी चाहते थे। साझेदारी के भीतर दोनों के बीच एक किस्म की होड़ भी शुरू हो गई। अस्सी के दशक में इस होड़ की शर्तें और तौर-तरीके पुनर्परिभाषित होने लगे। इस संदर्भ में सेवा क्षेत्र के एक प्रमुख क्षेत्र के रूप में उभरने में अहम भूमिका अदा की है। यहां तक कि ग्रामीण अर्थव्यवस्था में भी सेवा क्षेत्र ने अच्छी-खासी पैठ बना ली। यह रुझान यातायात, व्यापार, पर्यटन, होटल व्यवसाय और ठेका मजदूरी के उदय के साथ नब्बे के दशक में सतह पर दिखाई देने लगा। इस घटनाक्रम ने गैर-कृषि हितों के संख्यात्मक आधार को फैला दिया। जब एक बार प्रभुत्वशाली हित समूहों के बीच होड़ की शर्तें चौधराहट में हिस्सेदारी के परे तक जा पहुंचीं तो राजनीतिक संरचना की जरूरत पैदा कर दी। इस नई राजनीतिक संरचना में ग्रामीण जनप्रतिनिधियों की संख्यात्मक भूमिका को तो अनदेखा नहीं किया जा सकता था, परंतु राजनीतिक तंत्र पर निर्णायक नियंत्रण की बागडोर राजनीतिक नेतृत्व के शहरी तबकों और ऊंची जातियों के हाथों में सौंप दी गई। यह घटनाक्रम मंत्रिमंडल के गठन और मंत्रालयों के बंटवारे व नीति-निर्धारण की प्राथमिकता में भी दिखाई देता है।

कहने का अर्थ यह नहीं कि यदि कांग्रेस सरकार में होती तो उसकी नीतियां बुनियादी तौर पर अलग किस्म की होतीं। सच तो यह है कि पवार उन ज्यादातर नीतियों को खुद उत्साहपूर्वक लागू कर रहे थे, जिन्हें बाद में भाजपा-सेना सरकार ने आगे बढ़ाया। और वापस आई कांग्रेसी सरकार ने उन्हीं नीतियों को आगे बढ़ाया, परंतु उनकी सबसे बड़ी राजनीतिक सीमा यह थी कि उनका प्रभाव क्षेत्र मूल रूप से ग्रामीण था। 1960 के बाद कांग्रेस शासन के तहत राजनीतिक चौधराहट और भौतिक वर्चस्व के बीच एक दुराव पैदा होने लगा था। सेवा क्षेत्र के उदय और नई आर्थिक नीतियों के आगमन से यह दूरी और गहरी हो गई। भाजपा और शिव सेना

के उदय से संकेत मिलता है कि कम से कम तात्कालिक रूप से इस दूरी को पाट लिया गया है। भाजपा और सेना, दोनों ही बुनियादी तौर पर शहरी पार्टियां हैं। हालांकि दोनों पार्टियां अब ग्रामीण इलाकों में पैठ बनाने की कोशिश कर रही हैं, परंतु उनका नेतृत्व अभी भी शहर-केन्द्रित ही है। दोनों पार्टियों को शहरी और शिक्षित व्यक्तियों का समर्थन मिलता है। आधुनिक व्यवसायों में लगे लोग भी उनके समर्थक हैं। दोनों पार्टियां निरंतर आंदोलनों की बजाय भावनात्मक उभार और लोगों की लामबंदी पर ज्यादा निर्भर रहती हैं। यह परिघटना शहरी राजनीति के स्वरूप के मुताबिक है। शहरी प्रभाव क्षेत्र के ठोस समर्थन के कारण भाजपा और सेना पर ग्रामीण चिंताओं का कोई बोझ नहीं है।

इस प्रकार सेना-भाजपा गठबंधन का उदय राजनीतिक और भौतिक वर्चस्व के बीच संबंध टूटने की ही अभिव्यक्ति है। चूंकि राज्य की राजनीति इस दूरी को पाटने में विफल रही है, इसलिए कृषि-ग्रामीण हितों और शहरी-औद्योगिक हितों के बीच तनाव बना हुआ है। कांग्रेस और राकांपा का नेतृत्व आज इसी चौराहे पर खड़ा है। दोनों पार्टियों ने उदारीकरण और भूमंडलीकरण का उत्साहपूर्वक समर्थन किया है। दोनों प्रमुख गठबंधनों, कांग्रेस-राकांपा के डेमोक्रेटिक फ्रंट और सेना-भाजपा गठबंधन एक ही अंतर्विरोधी स्थिति का सामना करना पड़ रहा है। इस अंतर्विरोध से सेना-भाजपा गठबंधन भी मुक्त नहीं है। शहरी जनाधार वाली पार्टियों के रूप में ग्रामीण इलाकों के बीच उनका विस्तार उनके जनाधार में एक अस्थिरता ला देता है। परंतु उनके राजनीतिक नेतृत्व की शहरी जड़ें उनके और दोनों कांग्रेस पार्टियों के बीच एक बड़ा फर्क पैदा कर देती हैं। इस कारण से वर्चस्व की संरचनाओं को चुनौती देने के लिए राजनीति में बहुत गुंजाइश नहीं बचती।

सतही तौर पर ऐसा लगता है कि महाराष्ट्र में प्रतिस्पर्धात्मक दलीय प्रणाली कायम हो चुकी है। एक तरफ राजनीति का दायरा चुनावी लिहाज से ज्यादा 'प्रतिस्पर्धी' हो गया है, वहीं दूसरी तरफ यह स्थिति आम जनता के असंतोष पचाने की गारंटी भी कर देती है। क्या इसका अर्थ यह निकाला जाए कि इस तरह की दलीय प्रणाली में शासक वर्ग जन-असंतोष को बेअसर कर सकते हैं? होता यह है कि एक तरफ तो प्रतिस्पर्धी राजनीतिक दायरों की गैर-मौजूदगी असंतोष को प्रतिरोध में बदलने के लिए बहुत जगह नहीं छोड़ती, वहीं दूसरी तरफ महाराष्ट्र में शुरू हुई राजनीतिक होड़ का चरित्र कुछ ऐसा है कि उससे भी इसके लिए केवल एक भ्रामक गुंजाइश के पैदा होने की संभावना ही दिखाई देती है क्योंकि उसमें असंतोष की क्रांतिकारी संरचनाएं बनती नहीं दिखाई देतीं।

इससे शहरी हितों के लिए और आक्रामक भूमिका का अख्तियार करने का रास्ता खुल जाता है। इसका एक अर्थ यह भी है कि रेडिकल राजनीति का दायरा और सिमट जाएगा। इस दायरे के अभाव में चुनावी राजनीति लोकतंत्रीकरण की

अपनी अंतर्वस्तु खो देती हे। इस लिहाज से देखें तो महाराष्ट्र में वर्चस्व की अभिव्यक्ति लोकतांत्रिक अभिव्यक्ति पर हावी होती दिखाई देती है।

तालिका 5.1 लोकसभा और विधान सभा (1989–2004) के परिणाम

लोकसभा

वर्ष	पार्टी	लड़े	जीते	वोट प्रतिशत
1989	कांग्रेस	48	28	45.5
	भाजपा	33	10	23.7
	शिव सेना	10	4	4.4
	जनता दल+	50	6	18.1
1991	कांग्रेस	48	38	48.4
	भाजपा	31	5	20.2
	शिव सेना	17	4	9.5
1996	कांग्रेस	48	15	34.8
	भाजपा	25	18	21.8
	शिव सेना	20	15	16.8
	जनता दल+	37	0	12.6
	कांग्रेस	41	33	43.6
	कांग्रेस+	7	5	6.7
1998	भाजपा	25	4	22.5
	शिव सेना	22	6	19.7
	कांग्रेस	42	10	29.7
	कांग्रेस+	6	1	3.5
1999	एनसीपी	38	6	21.6
	एनसीपी गठबंधन	15	3	4.4
	भाजपा	26	13	21.2
	शिव सेना	22	15	16.9
2004	कांग्रेस	26	13	23.8
	कांग्रेस+	22	10	21.0
	भाजपा	26	13	22.6
	शिव सेना	22	12	20.1

विधानसभा

वर्ष	पार्टी	लड़े	जीते	वोट प्रतिशत
1990	कांग्रेस	276	141	38.2
	भाजपा	104	42	10.7
	शिव सेना	183	52	15.9
	जद वाला मोर्चा	301	38	17.2
1995	कांग्रेस	286	80	31
	भाजपा	116	65	12.8
	शिव सेना	169	73	16.4
	जद+	237	17	8.2
1999	कांग्रेस	249	75	27.2
	छोटी पार्टियां	44	4	2.6
	एनसीपी	223	58	22.6
	एनसीपी गठबंधन	104	11	4.5
	भाजपा	117	56	14.5
	शिवसेना	161	69	17.3
2004	कांग्रेस	157	69	21.1
	कांग्रेस–एनसीपी+	8	6	1.3
	एनसीपी	124	71	18.8
	भाजपा	111	54	13.7
	शिव सेना	163	62	20.0

तालिका 5. 2

महाराष्ट्र की सरकारें : प्रकृति और कार्यकाल (1962–2004)

सरकार	वर्ष	प्रकृति	सरकार जाने का कारण	कार्यकाल
कांग्रेस	1962	एक दल का बहुमत	कार्यकाल समाप्त	पांच वर्ष
कांग्रेस	1967	एक दल का बहुमत	कार्यकाल समाप्त	पांच वर्ष
कांग्रेस	1972	एक दल का बहुमत	कार्यकाल समाप्त	पांच वर्ष
कांग्रेस (आई)– कांग्रेस (यू)	मार्च से जुलाई 1978	चुनाव पश्चात अल्पमत गठबंधन	पवार गुट का अभाव	चार माह
पीडीएफ	जुलाई 1978 से फरवरी 1980	चुनाव पश्चात बहुमत गठबंधन	केन्द्र द्वारा बर्खास्त	19 माह
कांग्रेस	1980	एक दल का बहुमत	कार्यकाल समाप्त	पांच वर्ष
कांग्रेस	1985	एक दल का बहुमत	कार्यकाल समाप्त	पांच वर्ष
कांग्रेस	1990	एक दल अल्पमत (स्वतंत्र विधायकों का बाहरी समर्थन)	कार्यकाल समाप्त	पांच वर्ष
सेना–भाजपा	1995	बहुमतवाला गठबंधन (चुनाव पूर्व)	समय पूर्व चुनाव	साढ़े चार वर्ष
कांग्रेस–एनसीपी	1999	बहुमत गठबंधन (चुनाव पश्चात)	कार्यकाल समाप्त	पांच वर्ष
कांग्रेस–एनसीपी	2004	बहुमत गठबंधन (चुनाव पूर्व)		

तालिका : 5.3
शिवसेना-भाजपा गठबंधन का क्षेत्रवार प्रदर्शन : 1990-2004

क्षेत्र	कुल	1990	1995	1999	2004
मुंबई	34	24	30	19	14
कोंकण	31	16	21	20	16
उत्तर	36	10	15	17	13
विदर्भ	66	22	33	29	31
मराठवाड़ा	46	16	24	26	25
पश्चिम महाराष्ट्र	75	6	15	14	20

तालिका : 5.4
कांग्रेस और एनसीपी का क्षेत्रवार प्रदर्शन : 1990-2004

क्षेत्र	कुल	1990	1995	1999		2004
		कांग्रेस	कांग्रेस	कांग्रेस	एनसीपी	कांग्रेस+ एनसीपी
मुंबई	34	9	1	12	1	19
कोंकण	31	9	3	1	4	14
उत्तर	36	21	10	8	7	20
विदर्भ	66	25	17	26	5	30
मराठवाड़ा	46	23	12	11	5	18
प. महाराष्ट्र	75	54	37	17	36	45

तालिका : 5.5
विधानसभा और जिला परिषद चुनावों में शिवसेना-भाजपा गठबंधन को मिले वोट

जिला	विधानसभा (1977)	जिला परिषद (2002)	विधानसभा (2004)
सिंधुदुर्ग	46.4	48.3	51.3
रत्नागिरि	23.9	54.5	45.5
रैगाड	29.6	17.6	24.8
थाणे	37.5	29.9	40.3
नासिक	28.7	29.6	31.9
धुले	29.2	16.0	30.4

नंदूरबार	13.1	11.9	26.3
जलगांव	43.0	36.4	45.0
बुल्ढाना	28.0	30.1	38.4
अकोला	35.6	26.5	31.9
वाशिम	32.6	23.4	29.1
अमरावती	37.0	29.8	33.4
वर्धा	26.2	20.0	20.1
नागपुर	34.4	33.1	33.6
भंडारा	31.6	–	29.2
गोंदिया	42.0	–	35.6
चन्द्रपुर	32.9	26.1	26.9
गडचिरोली	30.0	22.5	24.0
यवतमाल	27.5	26.4	37.4
नांदेड़	25.8	29.9	27.8
परभानी	36.1	32.1	33.3
हिंगोली	33.3	35.0	35.0
जालना	40.3	35.1	36.3
औरंगाबाद	39.7	35.2	36.7
बीड	31.9	39.8	46.1
लातूर	33.3	24.6	40.8
ओसमानाबाद	26.6	22.4	24.3
सोलापुर	23.6	17.7	28.5
अहमदनगर	29.0	19.7	37.7
पुणे	28.9	19.5	34.5
सतारा	25.5	5.2	26.4
सांगली	11.2	2.8	11.9
कोल्हापुर	13.8	4.2	14.9

तालिका : 5.6
शिवसेना–भाजपा मंत्रिमंडल में जाति संयोजन (1995)

	शिवसेना		भाजपा		अन्य		कुल
जाति	कैबिनेट मंत्री	राज्य मंत्री	कैबिनेट मंत्री	राज्य मंत्री	कैबिनेट मंत्री	राज्य मंत्री	
उच्च	3	1	2	–	–	–	6
मराठा	2	3	3	1	–	5	14
कुनबी	–	1	1	1	–	–	3
दलित	2	–	–	1	–	–	3
आदिवासी	–	–	1	–	–	–	1
मुसलमान	1	–	–	–	–	–	1
गैर मराठी	1	1	–	2	–	–	4
कुल	**11**	**6**	**10**	**5**	**–**	**5**	**37**

तालिका : 5.7
कांग्रेस–एनसीपी मंत्रिमंडल में जाति संयोजन (1999)

	कांग्रेस		एनसीपी		अन्य		कुल
जाति	कैबिनेट मंत्री	राज्य मंत्री	कैबिनेट मंत्री	राज्य मंत्री	कैबिनेट मंत्री	राज्य मंत्री	
मराठा	6	1	8	2	–	2	19
कुनबी	–	3	1	2	–	–	6
अन्य	1	1	2	2	1	2	9
पिछड़ी जाति							
मध्यवर्ती	–	1	–	–	–	–	1
दलित	1	1	–	3	–	3	8
आदिवासी	2	–	1	1	–	–	4
मुसलमान	1	3	–	–	–	1	5
गैर मराठी	–	3	1	–	–	–	4
कुल	**11**	**13**	**13**	**10**	**1**	**8**	**56**

तालिका : 5.8

कांग्रेस–एनसीपी मंत्रिमंडल में जाति संयोजन (2004)

	कांग्रेस		एनसीपी		अन्य		कुल
जाति	कैबिनेट मंत्री	राज्य मंत्री	कैबिनेट मंत्री	राज्य मंत्री	कैबिनेट मंत्री	राज्य मंत्री	
उच्च	–	–	–	–			–
मराठा	5	1	8	3			17
कुनबी	–	1	–	1			2
अन्य	–	1	4	–			5
पिछड़ी जाति							
दलित	1	–	1	–		1	3
आदिवासी	2	–	1	1			4
मुसलमान	1	1	1	1			4
गैर मराठी	1	1	–	–			2
अन्य	1	1	1	–			3
कुल	**11**	**6**	**16**	**6**			**40**

तालिका : 5.9

विधायकों का सामाजिक संयोजन (1978)

	कांग्रेस (आई)	कांग्रेस (आर)	जेपी	पीडब्ल्यूपी	अन्य	स्वतंत्र	कुल
मराठा	21	50	35	3	3	14	126
कुनबी							
अन्य	14	7	12	5	3	4	45
पिछड़ी जाति							
दलित	2	4	2	2	4	5	19
आदिवासी	10	4	4	1	3	2	24
उच्च	–	–	19	–	1	–	20
मध्यवर्ती	6	4	3	1	–	–	14
मुसलमान	2		9	–	–	–	11
गैर मराठी	7	–	12	1	2	3	25
अन्य	–	–	3	–	1	–	4
कुल	**62**	**69**	**99**	**13**	**17**	**28**	**288**

तालिका : 5.10
विधायकों का सामाजिक संयोजन (1980)

	कांग्रेस (आई)	कांग्रेस (एस)	जेपी	भाजपा	अन्य	स्वतंत्र	कुल
मराठा कुनबी	76	30	10	2	5	5	128
अन्य पिछड़ी जाति	22	5	2	1	4	2	36
दलित	13	5	–	–	2	1	21
आदिवासी	18	1	1	–	2	–	22
उच्च	8	–	–	5	1	1	15
मध्यवर्ती	11	4	2	–	–	1	18
मुसलमान	13	–	–	–	–	–	13
गैर मराठी	23	2	1	6	–	–	32
अन्य	2	–	1	–	–	–	3
कुल	**186**	**47**	**17**	**14**	**14**	**10**	**288**

तालिका : 5.11
विधायकों का सामाजिक संयोजन (1985)

	कांग्रेस (आई)	कांग्रेस (एस)	जेपी	भाजपा	अन्य	स्वतंत्र	कुल
मराठा कुनबी	70	30	9	4	9	11	133
अन्य पिछड़ी जाति	29	7	4	2	4	1	47
दलित	12	5	–	1	2	–	20
आदिवासी	12	5	2	1	2	1	23
उच्च	5	1	1	5	–	2	14
मध्यवर्ती	5	3	2	–	–	4	14
मुसलमान	7	1	1	–	–	1	10
गैर मराठी	16	2	–	3	–	1	20
अन्य	5	–	1	–	–	–	6
कुल	**161**	**54**	**20**	**16**	**17**	**20**	**288**

तालिका : 5.12

विधायकों का सामाजिक संयोजन (1990)

	कांग्रेस	भाजपा	शिवसेना	अन्य	स्वतंत्र	कुल
मराठा कुनबी	79	12	26	15	7	140
अन्य पिछड़ी जाति	18	8	11	10	4	51
दलित	8	3	2	4	2	19
आदिवासी	11	5	2	5	–	23
उच्च	3	5	7	–	–	15
मध्यवर्ती	8	2	2	3	–	15
मुसलमान	4	–	1	2	–	7
गैर मराठी	9	7	–	–	–	16
अन्य	1	–	1	1	–	3
कुल	**141**	**42**	**52**	**40**	**13**	**289**

तालिका : 5.13

विधायकों का सामाजिक संयोजन (1995)

	कांग्रेस	भाजपा	शिवसेना	अन्य	स्वतंत्र	कुल
मराठा कुनबी	46	18	40	8	26	138
अन्य पिछड़ी जाति	12	9	11	10	3	45
दलित	3	8	5	–	3	19
आदिवासी	7	6	3	3	4	23
उच्च	2	5	5	–	–	12
मध्यवर्ती	5	6	3	2	3	19
मुसलमान	2	–	1	2	3	8
गैर मराठी	3	13	2	–	3	21
अन्य	–		3			3
कुल	**80**	**65**	**73**	**25**	**45**	**288**

तालिका : 5.14
विधायकों का सामाजिक संयोजन (1999)

	कांग्रेस	एनसीपी	भाजपा	शिवसेना	अन्य	स्वतंत्र	कुल
मराठा कुनबी	30	37	21	38	10	–	136
अन्य पिछड़ी जाति	9	3	9	9	9	–	39
दलित	5	3	6	5	3	–	22
आदिवासी	5	6	4	3	4	–	22
उच्च	–	1	5	2	–	–	8
मध्यवर्ती	5	3	2	4	–	1	15
मुसलमान	8	1	–	1	–	2	12
गैर मराठी	12	2	9	4	–	1	28
अन्य	1	–	2	3			6
कुल	**75**	**56**	**58**	**69**	**18**	**12**	**288**

तालिका : 5.15
विधायकों का सामाजिक संयोजन (2004)

	कांग्रेस	एनसीपी	भाजपा	शिवसेना	अन्य	स्वतंत्र	कुल
मराठा कुनबी	26	41	15	39	3	16	140
अन्य पिछड़ी जाति	8	10	12	7	5	–	42
दलित	7	4	6	5	1	–	23
आदिवासी	6	7	4	2	2	1	22
उच्च	–	2	5	4	–	–	11
मध्यवर्ती	4	1	5	5	1	1	17
मुसमान	7	4	–	–	–	–	11
गैर मराठी	10	2	7	–	1	1	21
अन्य	1	–	–	–	–	–	1
कुल	**69**	**71**	**54**	**62**	**13**	**19**	**288**

तालिका : 5.16
आयु वर्ग के अनुसार दलीय प्राथमिकता : 1996 व 1999

	कांग्रेस 1996	भाजपा 1999	शिव सेना 1996	राकांपा 1999	अन्य 1996	1999	1999
25 वर्ष तक	31.4	25.0	15.5	17.3	21.6	22.0	18.5
26–35 वर्ष	34.9	27.0	12.1	18.0	25.6	18.0	17.3
36–45 वर्ष	39.8	29.5	15.2	12.5	18.7	18.3	21.0
46–55 वर्ष	33.3	29.3	8.5	14.0	25.6	23.8	18.9
55 वर्ष से अधिक	36.7	25.0	11.6	11.7	21.8	16.8	31.6

तालिका : 5.17
लैंगिक आधार पर दलीय प्राथमिकता : 1996 और 1999

	कांग्रेस 1996	भाजपा 1999	शिव सेना 1996	राकांपा 1999	1996	1999	1999
पुरुष	32.4	23.9	15.8	18.6	22.5	20.0	20.6
महिलाएं	37.8	30.4	10.0	11.2	22.6	18.8	21.9

तालिका : 5.18
क्षेत्रवार दलीय प्राथमिकता : 1996 और 1999

	कांग्रेस 1996	भाजपा 1999	शिव सेना 1996	राकांपा 1999	1996	1999	1999
ग्रामीण	38.6	26.3	12.4	11.6	23.8	19.8	24.3
शहरी	27.3	28.9	14.2	21.3	22.0	18.7	15.2

तालिका : 5.19
शैक्षिक पृष्ठभूमि के अनुसार दलीय प्राथमिकता : 1996 और 1999

	कांग्रेस 1996	भाजपा 1999	शिव सेना 1996	राकांपा 1999	1996	1999	1999
निरक्षर	37.5	29.3	11.3	18.3	26.8	17.9	28.0
प्राथमिक तक	36.3	30.9		14.7		18.4	20.6
माध्यमिक तक	34.3	23.0		32.8		20.9	13.8
कॉलेज और अधिक	22.4	19.3		23.5		23.5	15.1

तालिका : 5.20
जाति/समुदाय के अनुसार दलीय प्राथमिकता : 1996 और 1999

	कांग्रेस	भाजपा	शिव सेना	राकांपा			
	1996	1999	1996	1999	1996	1999	1999
अनुसूचित जाति	27.7	50.0	8.3	3.5	8.3	7.0	20.9
अनुसूचित जनजाति	37.2	31.3	18.5	11.9	3.7	6.0	13.4
पिछड़े (गैर-कुनबी)	37.2	21.4	15.6	17.9	25.5	24.3	15.7
कुनबी	26.0	15.2	13.8	15.9	34.1	30.1	26.5
मराठा	37.8	22.4	4.3	11.9	36.0	25.1	28.4
मुसलमान	56.0	45.9	1.8	–	1.8	1.2	30.6
अन्य	38.2	30.7	16.1	30.7	12.0	14.6	13.1

तालिका : 5.21
समर्थकों की जातीय पृष्ठभूमि : 1996 और 1999

	कांग्रेस	भाजपा	शिव सेना	राकांपा			
	1996	1999	1996	1999	1996	1999	1999
मराठा	20.5	19.6	6.3	19.0	30.4	30.5	31.5
कुनबी	10.6	7.1	15.3	13.7	21.6	20.0	16.0
पिछड़े (गैर कुनबी)	28.4	21.4	32.4	32.7	30.4	34.0	20.0
अनुसूचित जाति	6.6	15.4	5.4	2.0	3.0	3.0	8.2

टिप्पणियां :

1. हालांकि 1960 और 1975-76 के बीच कुल फसली क्षेत्रफल के मुकाबले कुल सिंचित क्षेत्रफल के प्रतिशत में खास बढ़ोतरी नहीं हुई, मगर अनाज और दालों का क्षेत्रफल यथावत बना रहा और वास्तव में प्रति हेक्टेयर उपज गिरने लगी (महाराष्ट्र सरकार, 1996 : 141-143)। 1975-76 में प्राथमिक (कृषि) क्षेत्र का हिस्सा 31.6 प्रतिशत था जो 1986-87 में घटकर केवल 21.4 प्रतिशत रह गया।
2. पवार की राजनीति का गंभीरतापूर्वक अध्ययन नहीं किया गया है। अपने हितों का ध्यान रखने के अलावा बहुत संभव है कि पवार ने खुद इस बात को न महसूस किया हो कि इंदिरा गांधी का नियंत्रण मराठा चौधराहट के लिए नुकसानदेह साबित होगा।

पवार को 1977 से मराठा अभिजन के बीच जो समर्थन मिला है उससे इस व्याख्या की पुष्टि होती है।

3. शेतकारी संघटन की गतिविधियों के बारे में विस्तृत विवरण के लिए, देखें, दोषी, 1990 और लेनेबर्ग, 1988।

4. महाराष्ट्र में कांग्रेस की राजनीति 1977-78 से ही शरद पवार के इर्द-गिर्द केन्द्रित रही है। गैर-कांग्रेसी पार्टियों में उनके दोस्तों और कांग्रेस में उनके विरोधियों की कोई कमी नहीं है। 1989 से पवार भूमंडलीकरण की नीति पर तेजी से आगे बढ़ते रहे हैं। इससे उनके 'ग्रामीण' किसानी जनाधार में तनाव पैदा हुआ है। उनके विरोधी उन पर तदर्थवाद और राजनीतिक जोड़-तोड़ के आरोप भी लगाते हैं। उनकी नीतियों के सार-संक्षेप और उनकी आलोचना के लिए, देखें, फड़नीस, 1995। क्योंकि पवार ने खुद सोनिया गांधी का साथ छोड़ा था, इसलिए वे ज्यादा विवादास्पद रहे हैं, परंतु जैसा कि आगे चर्चा की गई है आने वाले सालों में वे अपनी ताकत बनाए रखने में कामयाब रहे।

5. महाराष्ट्र सरकार ने जिला परिषद पदाधिकारियों के खिलाफ अविश्वास प्रस्ताव पारित करने के लिए दो तिहाई बहुमत की अनिवार्यता खत्म करने के लिए एक अध्यादेश जारी किया। देखें, वोरा-पलशीकर, 1996 : 115-121।

6. ये आंकड़े 1995, 1996, 1998 और 1999 में किए गए सर्वेक्षणों से संबंधित हैं। पहला सर्वेक्षण राजनीति एवं लोक प्रशासन विभाग के तहत राजेन्द्र वोरा और सुहास पलशीकर ने किया। इसके लिए आंशिक आर्थिक सहायता भारतीय समाज विज्ञान अनुसंधान परिषद से मिली थी। और विवरण के लिए देखें, पलशीकर, 1996। 1996 के बाद किए गए सर्वेक्षण विकासशील समाज अध्ययन पीठ (सीएसडीएस), दिल्ली द्वारा आयोजित किए गए राष्ट्रीय चुनाव अध्ययन (एनईएस) के हिस्से के तौर पर संचालित किए गए थे। सुहास पलशीकर महाराष्ट्र के लिए राज्य कांग्रेस-संयोजक थे।* आंकड़ों और तालिकाओं को संशोधित करने का काम सीएसडीस आंकड़ा एकांश ने किया है।

मराठा महासंघ 1980 के दशक से सक्रिय मराठाओं का संगठन है। इस संगठन के एक धड़े ने 1996 के चुनावों में शिव सेना के साथ तालमेल किया था। क्षत्रिय अहम और निचली जातियों पर चौधराहट कायम करने की इच्छा ने मराठाओं के एक हिस्से को हिंदुत्व की विचारधारा अपनाने के लिए प्रेरित किया। देखें, वोरा-पलशीकर, 1990 : 220-222 और वोरा-पलशीकर, 1996 : 124-126।

*सर्वेक्षण के समन्वय और संचालन तथा विभिन्न जनप्रतिनिधियों की जाति से संबंधित सूचनाएं इकट्ठा करने में मदद के लिए यह लेखक नितिन बिरमल के प्रति आभार प्रकट करता है।

संदर्भ :

1. आर. आर. दोषी, 1990, आइडियोलॉजी एंड फंक्शनिंग ऑफ द शेतकारी संघटना : एन असेसमेंट, इंडियन जरनल ऑफ एग्रीकल्चरल इकोनॉमिक्स, खंड 45, संख्या 1, जुलाई-सितम्बर।
2. महाराष्ट्र सरकार, 1991, महाराष्ट्र सरकार, स्टेटिस्टिकल एब्सट्रेक्ट ऑफ महाराष्ट्रा, 1986-87, मुंबई, अर्थशास्त्र एवं सांख्यिकी महानिदेशालय।
3. महाराष्ट्र सरकार, 1996, महाराष्ट्र सरकार, इकॉनॉमिक सर्वे ऑफ महाराष्ट्रा, 1995-96, मुंबई, अर्थशास्त्र एवं सांख्यिकी महानिदेशालय।
4. महाराष्ट्र सरकार, 1997, महाराष्ट्र सरकार, इकॉनॉमिक सर्वे ऑफ महाराष्ट्रा, 1996-97, मुंबई, अर्थशास्त्र एवं सांख्यिकी महानिदेशालय।
5. गोपाल गुरु, 1995, 'असेंबली इलेक्शंस इन महाराष्ट्रा : रिअलाइनमेंट ऑफ फोर्सेज', इकॉनॉमिक एंड पोलिटिकल वीकली, 8 अप्रैल।

हिमाचल प्रदेश

Lahul & Spiti
Chamba
Kangra
Kullu
Mandi
Hamirpur
Una
Kinnaur
Bilaspur
Shimla
Solan
Sirmaur

सेकुलर वोटर और दो दलों की स्पर्धा

—टी. आर. शर्मा

हिमाचल प्रदेश की पहाड़ियों में एक सेकुलर किस्म की दो दलीय चुनावी राजनीति पनप रही है। यहां भाजपा कांग्रेस के बाद प्रमुख पार्टी जरूर है, पर उसका हिंदुत्व कार्ड काम नहीं करता। जनता सिर्फ विकास के आंकड़ों से ही प्रभावित नहीं होती। वोटर सार्वजनिक जीवन में कुछ पारदर्शिता चाहते हैं। क्षेत्रीय दलों की संभावनाएं कमजोर रहती हैं। ऊंची जातियों में राजपूत ब्राह्मणों पर हावी हैं। दोनों दलों का जनाधार तकरीबन समान है इसलिए जो अपनी आंतरिक कलह को रोक पाता है और बढ़िया चुनावी इंतजाम करता है, वह जीत जाता है।

मार्च 2003 में हुए हिमाचल प्रदेश के विधानसभा चुनाव में राष्ट्रीय मीडिया ने काफी दिलचस्पी दिखायी। भाजपा की एकतरफा चुनावी जीत के बाद समझा जाने लगा था कि शायद अब पूरे देश में भाजपा की लहर हो जायेगी। इसी संभावित 'हिंदुत्व लहर' की असलियत का पता लगाने के लिए हिमाचल का चुनाव एक बैरोमीटर माना जा रहा था। ज्यादातर लोगों का मानना था कि भाजपा और कांग्रेस के बीच नजदीकी मुकाबला रहेगा। लेकिन, अंत में कांग्रेस ने विधानसभा पर आसानी से कब्जा कर लिया। 'हिंदुत्व लहर' से जुड़ी कयासबाजी बेकार निकली।

हिमाचल में जाहिर है कि गुजरात का मॉडल नहीं दोहराया जा सका। इसका कारण यह था कि इस प्रदेश की चुनावी राजनीति का अपना अलग चरित्र बन चुका है। उसे देश के किसी अन्य भाग में पैदा हुए या किसी कथित राष्ट्रीय रुझान के आधार पर नहीं समझा जा सकता। हिमाचल में 1998 और 1999 के लोकसभा चुनावों के नतीजे को 1991 और 1996 में हुए चुनावों के साथ रखकर देखने पर यह बात साफ हो जाती है। 1991 में कांग्रेस ने लोकसभा की चार में से दो सीटें जीती थीं। 1996 में उसने चारों सीटों पर कब्जा कर लिया था। पर 1998 में हालात उसके खिलाफ हो गये और पार्टी सिर्फ एक सीट ही बचा पायी। 1999 में तो कांग्रेस का सफाया ही हो गया। वह चारों सीटें हार गयी। दिलचस्प बात यह है कि 1996 में इस पहाड़ी राज्य में जब कांग्रेस के लिए उभार दिखाई दे रहा था तो बाकी देश में

हवा कांग्रेस के खिलाफ थी। दूसरी तरफ, जब कांग्रेस ने 1998 में खराब और 1999 में दयनीय प्रदर्शन किया था, तो उस समय पूरे देश में उसकी स्थिति सुधर रही थी। 1998 में लोकसभा के कराये गये विधानसभा चुनावों में तो पार्टी को उतनी ही करारी शिकस्त झेलनी पड़ी।

इसी तरह, 1993 में विधानसभा चुनावों और 1996 के लोकसभा चुनावों में भाजपा का सफाया तथा 1998 और 1999 में उसकी शानदार वापसी बाकी देश में उसके प्रदर्शन से काफी भिन्न थी। नब्बे के दशक की चुनावी राजनीति 1972 के बाद से राज्य में दिखायी दिए चुनावी रुझानों से अलग रही है। नब्बे के दशक से पहले तक राज्य का चुनावी जनादेश तकरीबन आसपास के दूसरे राज्यों जैसा ही रहता था।

दूसरी गौर करने वाली बात यह है कि इस चुनाव में रिकॉर्ड 74.5 प्रतिशत मतदान हुआ। इससे साबित होता है कि यहां के लोग चुनावों में बड़े पैमाने पर हिस्सा लेते हैं। अलग राज्य बनने से पहले हिमाचल प्रदेश में मतदान बहुत अधिक नहीं होता था, पर पिछले बीस वर्षों में यहां भारी मतदान देखा गया है। 1990 के विधानसभा चुनावों को छोड़कर बाकी सभी विधानसभा चुनावों में 70 प्रतिशत से अधिक मतदान हुआ है। यह रुझान देश के दूसरे छोटे राज्यों में भी मिलता है।

लेकिन, हिमाचल की चुनावी राजनीति का तीसरा पहलू अधिक छोटे राज्यों में दिखने वाले रुझानों के मुताबिक नहीं है। ज्यादातर छोटे राज्य बहुदलीय प्रतिस्पर्धा के दौर से गुजर रहे हैं। इस तरह की होड़ में पार्टियों के साथ मतदाताओं का लगाव सतही रहता है। इन राज्यों के छोटे आकार के कारण छोटे दलों को राजनीति में टिकने का मौका मिल जाता है। हिमाचल प्रदेश इसका अपवाद है। यहां 'जो पहले मारे वो मीर' के चुनावी उसूल के तहत दो दलीय प्रणाली चलती है। पिछले पंद्रह साल में यहां कांग्रेस और भाजपा के रूप में साफ तौर पर दो दलीय प्रणाली विकसित हुई है। जनता दल और हिमाचल विकास कांग्रेस के रूप में उभरे दो नये दावेदारों को शुरुआती कामयाबी के बावजूद कोई खास सफलता नहीं मिल पायी। 2003 के विधानसभा चुनावों में सुखराम की हिमाचल विकास कांग्रेस के लगभग पूरी तरह सफाये ने यहां दो दलीय व्यवस्था को और मजबूत कर दिया। यही कुछ 2007 में बीएसपी के साथ हुआ।

चौथा पहलू दो दलीय व्यवस्था की मौजूदगी से ही संबंधित है। शुरू में चुनावी राजनीति के कारण इस प्रदेश से क्षेत्रीय, आर्थिक और जाति-वर्ग विभाजनों पर रोशनी पड़ी थी। नब्बे के पूरे दशक के दौरान ये विभाजन दोबारा सिर उठाते दिखायी दिये और लगा कि इन्हें नये सिरे से महत्त्व मिलने वाला है। पर अगले चुनावों में इनका महत्त्व फिर क्षीण पड़ गया। दो दलीय प्रणाली को और मजबूत कर दिया। सामाजिक विभेदों को राजनीति में बहुत उल्लेखनीय प्रोत्साहन नहीं मिल पाया है। दूसरे उत्तर भारतीय राज्यों की तुलना में यहां पिछड़ी जातियों की बहुत कम

संख्या के कारण यह राज्य मंडल राजनीति से भी अप्रभावित ही रहा। इसी कारण हिमाचल प्रदेश में सामाजिक महत्त्व भी कम है।

विभेदों की संरचना

राज्य के रूप में हिमाचल प्रदेश के गठन की प्रक्रिया ने ही एक संभावित क्षेत्रीय विभेद का दरवाजा खोल दिया था। मोटे तौर पर आर्थिक और सामाजिक गैरबराबरियों के साथ ही था। लोकतांत्रिक होड़ की राजनीति में नाना प्रकार के एक-दूसरे को काटने वाले विभेदों का व्यक्त होना लाजिमी है। लेकिन, लोकतांत्रिक राजनीति के अपने आग्रहों के कारण राजनीतिक विभेदों की शक्ल पहले से मौजूद सामाजिक विभेदों के आधार पर तय नहीं हुई।

एक पर्वतीय और अर्द्धपर्वतीय राज्य के रूप में हिमाचल पूर्वोत्तर भारत की 'सात बहनों' से काफी मिलता-जुलता है। यहां की आबादी देश की कुल आबादी का मात्र 0.6 प्रतिशत तथा राज्य का क्षेत्रफल देश के कुल क्षेत्रफल का 1.7 प्रतिशत है। लेकिन, जनसंख्या की दृष्टि से हिमाचल प्रदेश सिक्किम और पूर्वोत्तर की सात बहनों में से छह (असम के अलावा) से बड़ा है और क्षेत्रफल की दृष्टि से तो यह गोवा, हरियाणा, केरल, मणिपुर, मेघालय, नागालैंड, पंजाब, सिक्किम और त्रिपुरा से बड़ा है। हिमाचल प्रदेश इस लिहाज से भी देश के दूसरे पर्वतीय राज्यों या पर्वतीय क्षेत्रों से भिन्न है कि यहां उन राज्यों की तरह स्वायत्तता के लिए कोई हिंसक आंदोलन नहीं चल रहा है। इस लिहाज से हिमाचल प्रदेश पर मीडिया की ज्यादा नज़र नहीं जाती, हालांकि रणनीतिक दृष्टि से इसकी भौगोलिक स्थिति कोई कम महत्त्वपूर्ण नहीं है। अपनी राजनीति के शांत स्वभाव के कारण इस प्रदेश की कई बेहद संजीदा और वाजिब माँगों पर भी केन्द्र और पड़ोसी राज्य सरकारें अक्सर कान नहीं देतीं। इस राज्य को केन्द्र सरकार की रियायत की तरह देखने की प्रवृत्ति भी काफी रही है।

हिमाचल प्रदेश का केवल एक हिस्सा ही पंजाब के मैदानी इलाकों से मिलता-जुलता है। आम बोलचाल में पहाड़ी इलाके को 'ऊपरी इलाका' कहा जाता है, जबकि अर्द्धपर्वतीय तथा मैदानी इलाकों को 'निचले इलाके' के रूप में जाना जाता है। आबादी के लिहाज से राज्य का 60 प्रतिशत हिस्सा 'गैर आदिवासी पट्टी' में आता है, जबकि इसकी 96 प्रतिशत आबादी इसी इलाके में रहती है। शेष 40 प्रतिशत क्षेत्रफल आदिवासी पट्टी में पड़ता है, जिसमें राज्य की केवल 4 प्रतिशत आबादी रहती है। राज्य का भूगोल और आबादी की संरचना यहां की राजनीति, विशेष रूप से यहां की चुनावी राजनीति, पर काफी प्रभाव डालते हैं।

राज्य के रूप में हिमाचल प्रदेश 15 अप्रैल 1948 को एक केन्द्र शासित प्रदेश के रूप में जन्मा था। इसमें शिमला हिल्स की लगभग 30 देशी रियासतें थीं। संविधान पारित होने के बाद यह गणराज्य का भाग-'सी' राज्य बन गया।

1954 में बिलासपुर का भी इसमें विलय कर दिया गया। बिलासपुर स्वतंत्रता से पहले एक रियासत थी और उसे 1950 में 'ग' सूची का राज्य बना दिया गया था। देशी रियासतों की राजनीतिक संरचना अलोकतांत्रिक थी। समाज बेहद सामंती और ग्रामीण किस्म का था। अर्थव्यवस्था आदिम किस्म की थी। लोग भयानक गरीबी में रहते थे। उनकी मनोदशा दास भाव से ग्रस्त थी। सदियों के उत्पीड़न ने उन्हें इतना कमजोर और पस्त कर दिया था कि वे अपनी बेड़ियां तोड़ने की कल्पना भी नहीं कर सकते थे। बाहरी दुनिया के साथ उनका ताल्लुक दोनों विश्व युद्धों के दौरान ब्रिटिश शासन के लिए सिपाही मुहैया कराने के अलावा बहुत ज्यादा नहीं था। तीस के दशक के अंतिम और चालीस के दशक के शुरुआती सालों में सामंती रियासतों से इन राज्यों की मुक्ति के लिए शुरू किये गये प्रजा मंडल आंदोलन के बाद ही यहां के लोगों ने पहली बार अपना सिर उठाना शुरू किया, लेकिन यह आंदोलन कभी एक व्यापक जनाधार प्राप्त नहीं कर पाया। विभिन्न देशी रियासतों के हिमाचल प्रदेश में विलय और 1952 में पहले आम चुनावों के बाद शिमला हिल्स की जनता को अपनी पहली प्रतिनिधि सरकार मिली।

लोकतांत्रिक रास्ते पर इस नये राज्य का सफर सहज नहीं रहा। देश में 1965 में राज्यों का पुनर्गठन हुआ और हिमाचल प्रदेश का दर्जा घटाकर विधानसभा रहित केन्द्रशासित प्रदेश बना दिया गया तो यहां की लोकतांत्रिक प्रक्रिया को एक बड़ा झटका लगा। इस बदलाव के फलस्वरूप एक पृथक राजनीतिक इकाई के रूप में हिमाचल प्रदेश के अस्तित्व पर ही खतरा मंडराने लगा। लेकिन, 1963 में विधानसभा दोबारा कायम की गयी। तीन साल बाद पंजाब के भाषायी पुनर्गठन के समय नवम्बर 1966 में पंजाब के पर्वतीय क्षेत्रों, कांगड़ा, कुल्लू, लाहौल-स्पीति आदि को भी हिमाचल प्रदेश में शामिल किया गया। इस हस्तांतरण से राज्य की आबादी और क्षेत्रफल दोगुना हो गये। इस तरह हिमाचल प्रदेश केन्द्रशासित प्रदेश के बजाय दोबारा राज्य का दर्जा प्राप्त करने के रास्ते पर चल निकला। 1971 में हिमाचल प्रदेश को पूर्ण राज्य का दर्जा दे दिया गया।

गौरतलब है कि 1966 में जिन 'नये इलाकों' को हिमाचल प्रदेश में शामिल किया गया था वे न केवल राजनीतिक बल्कि आर्थिक नजरिये से भी 'पुराने इलाकों' से भिन्न थे। यहां तक कि कुछ लोगों का मानना है कि सामाजिक-सांस्कृतिक रूप से भी उनके बीच काफी भिन्नताएं थीं। ये इलाके 19वीं शताब्दी के मध्य में पंजाब प्रांत के ब्रिटिश साम्राज्य द्वारा अधिग्रहण के समय से उसका हिस्सा थे। इन इलाकों के पास ब्रिटिश शासन के दौरान और 1947 के बाद लोकतांत्रिक संस्थानों का एक सीमित अनुभव मौजूद था। 'नये इलाकों' के लोगों की राजनीतिक चेतना का स्तर 'पुराने इलाकों' की तुलना में काफी ऊंचा था। पंजाब में स्वतंत्रता आंदोलन को 1920 के असहयोग आंदोलन के दिनों से ही काफी समर्थन मिलता रहा था। 'नये

इलाकों' के कई नेताओं ने भारतीय राष्ट्रीय कांग्रेस के झंडे तले स्वतंत्रता आंदोलन में एक अहम भूमिका निभायी थी। नेहरू और गाँधी जैसे बड़े नेताओं के साथ कई बार मिलकर काम किया था। नतीजे के तौर पर 'नये इलाकों' के हस्तांतरण ने इस तरह के दो समुदायों को एक साथ कर दिया जो एक-दूसरे के प्रति पूर्वाग्रहों से मुक्त नहीं थे। हालांकि इन दोनों इलाकों को सांस्कृतिक रूप से एक जैसा माना जा सकता था, फिर भी उनकी राजनीतिक संस्कृति काफी भिन्न थी। जो प्रदेश की राजनीति में भी अक्सर प्रतिबिंबित होती रहती थी।

'नये इलाकों' के हस्तांतरण का एक ऐसा पहलू और था जिसने राज्य की राजनीति पर हमेशा अपना असर डाला। हिमाचल प्रदेश में विलय से पहले ये इलाके भौतिक और राजनीतिक-आर्थिक लिहाज से पंजाब के 'हाशिए' पर थे। हिमाचल प्रदेश में विलय के बाद वे केन्द्र में आ गये—कम से कम इन इलाकों के नेताओं को तो यही लगता था। लेकिन, जल्दी ही उन्हें अहसास हो गया कि नयी परिस्थितियों में उनके लिए पर्याप्त राजनीतिक गुंजाइश उपलब्ध नहीं है। नतीजतन, दोनों इलाकों के राजनीतिक नेतृत्व के बीच थोड़ी-बहुत खींचतान होने लगी। इन दोनों इलाकों में अलग-अलग सोच और प्रतिस्पर्धी राजनीतिक आकांक्षाएं पैदा हुईं। 'नये इलाकों' का नेतृत्व स्वतंत्रता आंदोलन में अहम भूमिका का हवाला देकर राजनीति पर वर्चस्व कायम करना चाहता था। दूसरी तरफ 'पुराने इलाकों' का नेतृत्व 'नये इलाकों' के नेतृत्व को हाशिए पर रखने के लिए राज्य की सत्ता संरचना में अपनी मौजूदा पैठ का फायदा उठाने की कोशिश करता था। 'नये इलाकों' में कुछ हद तक तुलनात्मक वंचना का एहसास पैदा होने लगा। यह कहना शायद गलत नहीं होगा कि विलय के 35 साल बाद भी राज्य की राजनीति कई लिहाज से 'पुराने-नये' के विभेद से प्रभावित होती रही है।

इस 'पुराने-नये' विभेद को आर्थिक कारकों ने और गहरा कर दिया है। कृषि संबंधी जलवायु के लिहाज से हिमाचल प्रदेश दो बिल्कुल अलग-अलग क्षेत्रों से मिलकर बना है। एक में बागवानी और दूसरे में कृषि संबंधी गतिविधियों का बोलबाला है। जहां 'नये इलाके' मुख्यतः कृषि केन्द्रित हैं, वहीं 'पुराने इलाकों' में विशाल बागवानी पट्टी है। स्थलाकृति और मिट्टी की विशेषताओं के लिहाज से कृषि क्षेत्र की पैदावार किसानों का पेट भरने में ही खर्च हो जाती है, जबकि बागवानी क्षेत्र में मुख्य रूप से बाहर के लिए उत्पादन होता है। जाहिर है कि कृषि क्षेत्र की पैदावार में बमुश्किल ही बाजार में बेचने लायक कुछ बच पाता है, जबकि बागवानी वाले इलाकों में ज्यादातर ऐसी ही पैदावार होती है। इतना ही नहीं, यहां की खेती अभी भी श्रम प्रधान है जबकि बागवानी कृषि अधिकाधिक पूँजी-सघन होती जा रही है। दोनों की प्राथमिकताएं एक-दूसरे से अलग-अलग हैं और राज्य से मिलने वाले संरक्षण और संसाधनों के लिए उनमें प्रतिस्पर्धा रहती है। भिन्न ऐतिहासिक

पृष्ठभूमि तथा बागवानी एवं कृषि क्षेत्रों के बीच आर्थिक विभेद 'पुराने' और 'नये' की अस्मिताओं को एक-दूसरे से नजदीक लाने के बजाय उन्हें और पृथक कर देते हैं।

'पुराने-नये', 'ऊपरी-निचले', 'बागवानी-कृषि' और 'आदिवासी-गैरआदिवासी' विभेदों के अलावा राज्य की राजनीति में जातिगत विभेद भी दिखाई देते हैं। लेकिन इस विभेद का चरित्र हिंदी इलाके के दूसरे राज्यों में दिखायी देने वाले जातिगत विभेदों से काफी अलग है। तालिका-6.1 में राज्य की जनसंख्या में जातिगत और सामुदायिक विशिष्टताओं का एक आकलन दिया गया है।

तालिका 6.1

हिमाचल प्रदेश की आबादी में प्रमुख जातियों और समुदायों का हिस्सा

नाम	(प्रतिशत भाग)	कुल
जातियां		**56.0**
राजपूत	28.0	
ब्राह्मण	20.0	
वैश्य/खत्री	8.0	
अन्य पिछड़ी जातियां		**10.5**
घिरथ	6.5	
गुज्जर	1.5	
अन्य	2.3	
अनुसूचित जातियां		**25.3**
चमार	15.0	
वाल्मीकि	3.0	
अन्य	7.3	
अनुसूचित जनजातियां		**4.2**
किन्नौरे	1.7	
लाहौले	1.0	
गद्दी/पंगवाल	1.5	
मुसलमान		**1.7**
सिख		**1.0**
बौद्ध और अन्य		**1.3**

नोट : अनुसूचित जातियों और अनुसूचित जनजातियों से संबंधित आंकड़े और धार्मिक संगठनों से संबंधित आंकड़े 1991 की जनगणना से लिए गये हैं। विभिन्न समूहों के भीतर जातिगत आंकड़े आधिकारिक रूप से उपलब्ध नहीं हैं। यहां दी गई संख्याएं लेखक का अपना आकलन हैं जो विभिन्न अनौपचारिक स्रोतों पर आधारित हैं।

हालांकि मंझोली जातियां तथा अन्य पिछड़ी जातियां देश के दूसरे राज्यों की राजनीति में एक निर्णायक भूमिका निभा रही हैं लेकिन इस पर्वतीय राज्य में उनकी संख्या बहुत कम है। अन्य पिछड़ी जातियों में घिरथ और गुज्जर समुदायों का ही थोड़ा-बहुत महत्त्व है। ये दो समुदाय भी कुछ खास इलाकों में ही केन्द्रित हैं और वहां सीमित राजनीतिक प्रभाव रखते हैं। राज्य की राजनीति में उनका कुल प्रभाव बहुत मामूली है। मंझोली जातियों में खत्री समुदाय कांगड़ा तथा चम्बा के इलाकों में थोड़ा-बहुत राजनीतिक असर रखता है। लेकिन कुल मिलाकर अन्य पिछड़ी जातियों तथा मंझोली जातियों की कुल आबादी लगभग 15 प्रतिशत के आसपास बैठती है। आबादी का लगभग 30 प्रतिशत हिस्सा अनुसूचित जातियों तथा अनुसूचित जनजातियों का है। अनुसूचित जातियां पूरे राज्य में समरूप ढंग से फैली हुई हैं, परंतु अनुसूचित जनजातियां मुख्य रूप से तीन पट्टियों में ही केन्द्रित हैं। राज्य की आबादी का बड़ा हिस्सा दो ऊंची जातियों—राजपूतों और ब्राह्मणों—का है। राजपूतों का दबदबा सबसे ज्यादा है। यहां सत्ता का संघर्ष न तो ऊंची और मध्य जातियों के बीच होता है और न ही दूसरे राज्यों की तरह मध्य और निचली जातियों के बीच होता है। सारी राजनीतिक प्रतिस्पर्धा मुख्य रूप से इन्हीं दो ऊंची जातियों के बीच सीमित है। सनद रहे कि 'पुराने क्षेत्रों' में राजपूतों को लाभ की स्थिति मिली हुई है, क्योंकि ऐतिहासिक रूप से रियासती व्यवस्था में वह सत्ताधारी रहे हैं। सापेक्ष लाभ की स्थिति में दूसरा समुदाय खत्रियों का है जिसकी मजबूत आर्थिक स्थिति ने उसे राज्य की राजनीति, विशेष रूप से नये इलाकों की राजनीति में, पैर जमाने में मदद दी है।

दो दलीय प्रणाली का उदय

राज्य में दो दलीय व्यवस्था के उदय को 1967 में हुए चौथे आम चुनावों के बाद की देन माना जा सकता है। उस समय तक देश के दूसरे राज्यों की तरह हिमाचल प्रदेश में भी कांग्रेस का वर्चस्व था। लोकसभा के लिए हुए पहले तीन आम चुनावों (1952, 1957 और 1962) के दौरान यहां कांग्रेस के वोटों का प्रतिशत 47.3 और 68.7 प्रतिशत के बीच था। यह संख्या राज्य की सभी सीटों पर कब्जा करने के लिए काफी थी। इस दौरान विधानसभा/क्षेत्रीय परिषद के लिए हुए चुनावों में यही पार्टी लगातार स्पष्ट बहुमत से जीतती रही और इन चुनावों में उसके वोटों का प्रतिशत 47.3 से 63.8 के बीच बना रहा। तत्कालीन जनसंघ तीनों में से किसी भी चुनाव के दौरान एक भी सीट नहीं जीत पाया और वोटों में उसका हिस्सा 2.2 और 5.6 प्रतिशत के बीच रहा। 1967 के आम चुनाव इस राज्य के चुनावी इतिहास में एक मील का पत्थर रहे। जनसंघ ने पहली बार राज्य में उल्लेखनीय प्रदर्शन किया। हालांकि जनसंघ इन चुनावों में भी लोकसभा की कोई सीट नहीं जीत पाया, फिर भी उसे 19.1 प्रतिशत वोट मिले जो कि कांग्रेस के अलावा किसी भी दूसरे दल को

मिले मतों से अधिक थे। विधानसभा चुनावों में उसका प्रदर्शन और भी अच्छा रहा। मात्र 13.9 प्रतिशत वोटों के साथ पार्टी 68 में से 7 सीटें जीतने में सफल रही। नये इलाकों के विलय के बाद यह पहला चुनाव था और जनसंघ ने जो सात सीटें जीतीं, उनमें से 5 इन नये इलाकों में ही थीं।

1967 के बाद जनसंघ ने अपनी स्थिति और मजबूत कर ली और राज्य में दो दलीय प्रणाली पैर जमाने लगी। 1967 के बाद से अब तक वहां लोकसभा और हिमाचल प्रदेश विधानसभा के चुनाव साथ-साथ कभी नहीं हुए हैं। संसदीय चुनावों के कुछ समय बाद होने के कारण विधानसभा चुनावों के परिणामों पर संसदीय नतीजों का निर्णायक असर होता रहा है। ऐसा इसलिए हुआ क्योंकि हिमाचल प्रदेश जैसे एक छोटे और निर्धन राज्य में मतदाताओं की आम प्रवृत्ति उस पार्टी को जिताने पर केन्द्रित रही जो केन्द्र में भी सत्ता में हो। इसकी एक बड़ी वजह यह भी कि हिमाचल प्रदेश को काफी हद तक केन्द्रीय सहायता पर आश्रित रहना पड़ता है।

1971 में हुए लोकसभा चुनावों के दौरान वहां कांग्रेस के पक्ष में भारी लहर थी, क्योंकि जनवरी 1971 में हिमाचल प्रदेश को पूर्ण राज्य का दर्जा दिया गया था। परिणामस्वरूप, कांग्रेस को अप्रत्याशित रूप से 75.5 प्रतिशत वोट मिले। जनसंघ को केवल 10.6 प्रतिशत वोट ही मिल पाये। पर फिर भी वह विधानसभा में 5 सीटें जीतने में कामयाब रहा। इनमें से 3 सीटें नये इलाकों की वे सीटें थीं जहां पार्टी 1967 में भी जीत चुकी थी। 1972 तक आते-आते जनसंघ ने कुछ विधानसभा क्षेत्रों में एक अच्छी मौजूदगी कायम कर ली और इस तरह 'कांग्रेस प्रणाली' में कुछ-कुछ पैर जमाने की स्थिति में आ गया। लेकिन जनसंघ अभी तक 'कांग्रेस प्रणाली' को अस्थिर करने की स्थिति में नहीं था। कांग्रेस को सरकार से हटा पाने का तो सवाल ही नहीं था। यदि आपात्काल और उसके दुष्परिणाम न होते तो 'कांग्रेस प्रणाली' इस राज्य में लंबे समय तक कायम रह सकती थी।

बाकी उत्तर भारत की तरह 1977 के चुनाव हिमाचल प्रदेश के राजनीतिक इतिहास के लिए भी निर्णायक साबित हुए। इमरजेंसी के बाद हुए चुनावों में मौजूदा व्यवस्था को भारी झटका दिया और दलीय प्रणाली में बदलाव का रास्ता खोल दिया। हिमाचल प्रदेश में कांग्रेस के मत प्रतिशत 38.6 तक गिर गये। यह उसका अब तक का सबसे खराब प्रदर्शन था। जनता पार्टी ने राज्य की सारी लोकसभा सीटें कांग्रेस से छीन लीं। कुछ माह बाद विधानसभा के लिए हुए चुनावों में भी कांग्रेस का काफी हद तक सफाया हो गया। 68 सदस्यों वाली विधानसभा में कांग्रेस केवल 9 सीटें जीत सकी। 43 सीटें हासिल करके जनता पार्टी को भारी बहुमत हासिल हुआ। हिमाचल प्रदेश में जनता पार्टी पर जनसंघ वाले धड़े का वर्चस्व था। संगठन कांग्रेस और कांग्रेस फॉर डेमोक्रेसी जैसे दूसरे घटक छोटे दावेदारों की हैसियत में थे। नतीजतन विधानसभा चुनावों के बाद पूर्व जनसंघ के नेता शांता कुमार मुख्यमंत्री

बने। परंतु जनता पार्टी विधायक दल के नेता के रूप में उनका चुनाव निर्विरोध नहीं हुआ। इस चुनाव को लेकर जनता पार्टी के जनसंघ और गैर जनसंघ धड़ों के बीच काफी खटास भी पैदा हो गयी थी। इसके बाद राज्य में जनता पार्टी लगातार गुटबाजी का शिकार रही और मुख्यमंत्री को कई बार विश्वास मत लेना पड़ा।

जनता पार्टी शासन के दो साल राजनीतिक लिहाज से काफी उतार-चढ़ाव वाले रहे। जनसंघ वाले धड़े ने इस दौरान जनता पार्टी के दूसरे घटकों की कीमत पर अपना जनाधार मजबूत करने पर ध्यान केन्द्रित किया। जनसंघ की एक रणनीति खुद को नये इलाकों के लिए न्याय दिलाने वाली पार्टी के रूप में प्रस्तुत करने पर केन्द्रित थी। उसकी दलील थी कि कांग्रेस सरकार ने इन इलाकों के साथ भेदभाव किया है। दूसरी रणनीति के तहत जनसंघ धड़े के सभी बड़े नेताओं को मंत्रिमंडल में शामिल किया गया और उन्हें महत्त्वपूर्ण मंत्रालय सौंपे गये। दूसरी तरफ सरकार के गैर जनसंघ खेमे के केवल छोटे-मोटे नेताओं को ही मंत्रिमंडल में जगह मिली और उन्हें भी काफी महत्त्वहीन विभाग सौंप दिये गये।

1979 में आंतरिक खींचतान के चलते जनता पार्टी टूट गयी तो जनसंघ के नये रूप भारतीय जनता पार्टी (भाजपा) ने ज्यादातर सांगठनिक ढाँचे पर अपना कब्जा जमा लिया। इसके बावजूद पार्टी अगले चुनावों में 53 में से केवल 23 सीटें ही बचा पायी और विधानसभा में अल्पमत में आ गयी। लोकसभा के लिए हुए मध्यावधि चुनावों में कांग्रेस ने 52.1 प्रतिशत वोटों के साथ राज्य की सभी चारों सीटें दोबारा अपने कब्जे में ले लीं। लेकिन यह 'कांग्रेस प्रणाली' की वापसी नहीं थी। 'भारतीय जनता पार्टी' के नये नाम से चुनावों में उतरे जनसंघ को 34.4 प्रतिशत वोट मिले। यह राज्य में पार्टी प्रणाली के इतिहास का एक महत्त्वपूर्ण ऐतिहासिक बिंदु था। कांग्रेस और भाजपा को कुल वोटों में से 88.5 प्रतिशत वोट मिले। इस तरह हिमाचल प्रदेश में दो दलीय प्रणाली शुरू हो गयी। जनता पार्टी का प्रदर्शन काफी खराब रहा और संसदीय चुनावों में उसे केवल 5.3 प्रतिशत वोट ही मिल पाये। राजस्थान और मध्य प्रदेश की तरह यहां भी भाजपा जनता पार्टी के चुनावी आधार को भुनाने में कामयाब रही। चूंकि भाजपा संसदीय चुनावों में राज्य से एक भी सीट नहीं जीत पायी और केन्द्र में इंदिरा गाँधी दोबारा सत्ता में लौट आईं, इसलिए राज्य की राजनीति पर उसके स्वाभाविक प्रभाव पड़े। शांता कुमार सरकार को गद्दी छोड़नी पड़ी। बड़े पैमाने पर हुए दलबदल के फलस्वरूप कांग्रेस जल्दी ही अपनी सरकार बनाने में कामयाब हो गयी। हालांकि कांग्रेस ने मूलतः केवल 9 सीटें जीती थीं पर जनता पार्टी के बहुत सारे विधायकों को अपने खेमे में हासिल करके उसने बहुमत हासिल कर लिया। दल-बदल करने वाले ज्यादातर सदस्य गैर-जनसंघ घटकों के थे। कांग्रेस ने राज्य विधानसभा को भंग किए बिना दो साल तक सरकार चलायी जबकि ज्यादातर उत्तर भारतीय राज्यों में राज्य विधानसभाओं को भंग कर दिया गया

था। यानी हिमाचल प्रदेश 1980 में ज्यादातर राज्यों में विधानसभा के लिए हुए मध्यावधि चुनावों में आयी कांग्रेस लहर के अनुभव से बच गया।

1982 में तय समय पर हुए विधानसभा चुनावों में कांग्रेस को 31 सीटें मिलीं और भाजपा को 29 सीटें। हालांकि कांग्रेस के पास स्पष्ट बहुमत नहीं था पर उसने निर्दलीय विधायकों की सहायता से सरकार बना ली। कांग्रेस को 42.5 प्रतिशत जबकि भाजपा को 35.2 प्रतिशत वोट मिले थे। जनता पार्टी का लगभग पूरी तरह सफाया हो गया। 4.2 प्रतिशत वोटों के साथ वह केवल 2 सीटें ही जीत पायी। नोट करने लायक बात यह है कि भाजपा की 29 में से 20 सीटें नये इलाकों में आयी थीं। दूसरी तरफ कांग्रेस की 31 में से केवल 10 ही नये इलाकों की थीं। बाकी 21 सीटें पुराने इलाकों से थीं। 1972 की महीन क्षेत्रीय दरार अब एक स्पष्ट राजनीतिक विभाजन का रूप ले रही थी। भाजपा के इस तर्क को नये इलाकों में काफी गंभीरता से लिया गया था कि कांग्रेस सरकार ने उनके साथ सौतेला व्यवहार किया है और इस क्षेत्र के हितों की रक्षा केवल भाजपा ही कर सकती है।

लोकसभा के लिए 1984 में और विधानसभा के लिए 1985 में कराये गये चुनाव इंदिरा गांधी की हत्या के बाद आयोजित किये गये थे। दोनों चुनावों में कांग्रेस के पक्ष में जबर्दस्त सहानुभूति लहर थी। संसदीय चुनावों में कांग्रेस को 67.6 प्रतिशत वोट मिले जबकि भाजपा को केवल 23.3 प्रतिशत। लेकिन, लोकसभा के ठीक बाद कराये गये विधानसभा चुनावों में भाजपा ने एक हद तक वापसी की और उसके वोटों का प्रतिशत 30.6 प्रतिशत हो गया जबकि कांग्रेस को 55.4 प्रतिशत वोट मिले। फिर भी कांग्रेस को विधानसभा में आसानी से भारी बहुमत मिल गया। भाजपा को केवल 7 और कांग्रेस को 58 सीटें मिलीं। इससे पहले कांग्रेस को कभी भी इतनी सीटें नहीं मिली थीं। 1982 के विधानसभा चुनावों में कांग्रेस ने जो 31 सीटें जीती थीं उनमें 30 दोबारा उसके खाते में गयीं और 22 सीटें उसने भाजपा से छीन लीं। ऐसा लगता है कि 1985 तक आते-आते कांग्रेस ने 1977 और 1982 में जनता पार्टी तथा भाजपा के हाथों जितना जनाधार खोया था वह वापस पा लिया। इसके बावजूद, जैसा कि हमने पीछे देखा, चुनावी प्रतिस्पर्धा की संरचना में बदलाव आ चुका था। अब हर एक चुनावी चक्र के बाद राज्य सरकार बदलने लगी थी।

कांग्रेस और भारतीय जनता पार्टी अखिल भारतीय पार्टियां थीं, परंतु राज्य में उन्होंने एक इलाकाई चरित्र विकसित कर लिया। प्रत्येक पार्टी एक विशेष आर्थिक क्षेत्र के साथ जोड़ कर देखी जाने लगी। दोनों के प्रति समर्थन का ढाँचा भी साफ-साफ था। कांग्रेस पुराने इलाकों में ज्यादा मजबूत थी। भाजपा पुराने इलाकों में गहरी और स्थायी पैठ नहीं बना पायी। प्रत्येक पार्टी ने प्रच्छन्न रूप से कुछ समय के लिए जातिगत पहचान भी अख्तियार की, परन्तु यह स्थिति लंबे समय तक कायम नहीं रह पायी। दोनों पार्टियों को दोनों उच्च जातियों में व्यापक समर्थन हासिल था। वहां

कोई क्षेत्रीय पार्टी नहीं थी और तीसरे दलों को केवल नाममात्र की ही मौजूदगी दर्ज कराने का मौका मिल रहा था।

1989 और 1990 में कांग्रेस विरोधी लहर

1989 में हुए लोकसभा चुनावों के पहले कांग्रेस भारी गुटबाजी का शिकार हो चुकी थी। एक राष्ट्रीय दल के रूप में हवा जनता दल के पक्ष में बहने लगी थी। बोफोर्स सौदे में कथित रूप से ली गई कमीशन के कारण कांग्रेस नेतृत्व की विश्वसनीयता संदिग्ध हो चुकी थी। संसदीय चुनावों में कांग्रेस पार्टी की नियति को इन सभी कारकों ने तय किया। हिमाचल प्रदेश में पार्टी का प्रदर्शन खराब रहा और वह चार में से केवल एक सीट ही बचा पायी। यह शिमला की आरक्षित सीट थी जो अधिकांशतः पुराने इलाकों में पड़ती है। बाकी तीनों अनारक्षित सीटें भाजपा की झोली में गिरीं। इनमें से एक, मंडी, मोटे तौर पर पुराने इलाके में पड़ती है, जबकि कांगड़ा और हमीरपुर नये इलाकों में स्थित हैं।

लोकसभा चुनावों में अपने प्रभावशाली प्रदर्शन से उत्साहित होकर भाजपा ने 1990 के विधानसभा चुनावों में सत्ता के लिए गंभीर दावेदारी पेश की। गैरकांग्रेसी वोटों में विभाजन को रोकने के लिए उसने जनता दल की राज्य इकाई के साथ चुनावी गठजोड़ भी किया। इस गठजोड़ के तहत भाजपा ने 51 सीटों पर चुनाव लड़ा जबकि बाकी 17 सीटें जनता दल के लिए छोड़ दीं। इस रणनीति के अपेक्षित परिणाम हुए और मतों के रुझान और मतों के बँटवारे से, दोनों कारकों ने भाजपा-जनता दल गठजोड़ को फायदा पहुंचाया। भाजपा को 41.8 प्रतिशत वोट मिले और वह 51 में से 46 सीटें जीतने में कामयाब रही। जनता दल का प्रदर्शन भी उतना ही प्रभावशाली रहा। जनता दल के वोटों का प्रतिशत बढ़कर 10.8 तक जा पहुंचा और उसे 17 में से 11 सीटों पर सफलता मिली। भंग विधानसभा में कांग्रेस के पास 58 सीटें थीं जो घटकर केवल 9 रह गयीं। कांग्रेस पार्टी एक बार फिर 1977 वाली अपमानजनक स्थिति में पहुंच गयी।

भारी बहुमत हासिल कर लेने के बाद भाजपा ने गठबंधन सरकार की बजाय अपनी स्वतंत्र सरकार बनाने का फैसला लिया। इस निर्णय ने राज्य में उभरती तीसरी शक्ति , जनता दल के भविष्य को काफी हद तक प्रभावित किया। भाजपा के इस निर्णय के बाद जनता दल न तो सरकार का हिस्सा बन पाया और न विपक्ष का। हालांकि जनता दल कुछ समय तक इधर-उधर झूलता रहा, लेकिन धीरे-धीरे उसके ज्यादातर विधायक कांग्रेस के खेमे की तरफ चले गये। उन्होंने अच्छी तरह समझ लिया कि वे राज्य की दो प्रमुख पार्टियों में से किसी एक के साथ रहकर ही अपना वजूद बनाये रख सकते हैं। भाजपा कार्यकर्ता आधारित पार्टी थी और सदन में उसके पास संतोषजनक बहुमत भी था, इसलिए

वह इन विधायकों को अपने खेमे में लेने के लिए बहुत तत्पर नहीं थी। दूसरी तरफ कांग्रेस आंशिक रूप से अपनी चुनावी संभावनाओं को सुधारने के लिए और आंशिक रूप से किसी भी तीसरे प्रतिद्वंद्वी को मुकाबले से बाहर रखने के लिए इन विधायकों को अपने साथ जोड़ने को तैयार थी। इस तरह भाजपा और कांग्रेस, दोनों ने यह सुनिश्चित करते हुए राज्य में दो दलीय प्रणाली बनाए रखी ताकि जनता दल को पैर जमाने का मौका न मिल पाये। कांग्रेस का यह रवैया 1998 के विधानसभा चुनावों के बाद हिमाचल विकास कांग्रेस के प्रति भाजपा के रवैये से मिलता-जुलता है। दोनों ने मिलकर तीसरे दल को सिरे से साफ कर दिया। यह सब कुछ चुनावों के बाद की अवधि में संगठनात्मक और सरकार के स्तर पर उठा-पटक के जरिये किया गया। यही प्रवृत्ति 2007 के चुनाव के बाद उभरती नजर आ रही है।

1991 के लोकसभा चुनावों में जनता दल इस दौड़ से गायब हो गया। कांग्रेस को 46.2 प्रतिशत और भाजपा को 42.8 प्रतिशत वोट मिले। 1989 के चुनावों के मुकाबले इस बार कांग्रेस को 4 प्रतिशत अधिक वोट मिले थे जिससे राज्य में उसकी लोकसभा सीटों की संख्या 1 से बढ़कर 2 हो गयी जबकि भाजपा के खिलाफ 2.5 प्रतिशत वोटों की गिरावट के चलते उसे 1989 की अपनी 3 में से 1 सीट गँवानी पड़ी। कांग्रेस को पुराने इलाकों की सीटों पर जीत मिली, जबकि भाजपा को नये इलाकों में कामयाबी मिली।

कांग्रेस की वापसी, 1993-1996 के चुनाव

1993 के विधानसभा चुनावों में यह समीकरण बुनियादी तौर पर बदल गया। दिसम्बर 1992 में बाबरी मस्जिद ध्वंस के बाद राज्य की भाजपा सरकार की बर्खास्तगी तथा बाद में विधानसभा भंग कर दिये जाने के बाद राज्य में मध्यावधि चुनाव कराने पड़े। उत्तर प्रदेश, दिल्ली और मध्य प्रदेश की तरह यहां भी भाजपा दोबारा सत्ता पाने में विफल रही। कांग्रेस ने 49.4 प्रतिशत वोटों के साथ विधानसभा में 52 सीटें हासिल कीं। भाजपा के वोट गिरकर 46.8 प्रतिशत और सीटें केवल 8 रह गईं। कांग्रेस की इस अनपेक्षित वापसी के पीछे एक कारण यह था कि केन्द्र में कांग्रेस की सरकार थी और इस तथ्य ने शक्ति संतुलन को राज्य स्तर पर उसके पक्ष में झुका दिया। परंतु इससे भी अहम बात यह थी कि भाजपा को मतदाताओं का यह गुस्सा मुख्य रूप से शांता कुमार की गलत और बिना सोची-समझी नीतियों के कारण झेलना पड़ा। भाजपा सरकार ने अपने शासन के दौरान राज्य की दो शक्तिशाली लॉबियों को नाराज कर दिया था। इनमें से एक खेमा बागवानी वालों का था जो मुख्य रूप से पुराने इलाकों में थे और दूसरा खेमा सरकारी कर्मचारियों का था। भाजपा ने सेब का समर्थन मूल्य वापस ले लिया जो कांग्रेस सरकार सेब उत्पादकों

को हमेशा उपलब्ध कराती आयी थी। इसकी बजाय भाजपा ने बाजार-हस्तक्षेप योजना शुरू की। इस योजना से सेब के बागान मालिकों को भारी नुकसान उठाना पड़ा। भाजपा सरकार ने फल उत्पादकों को विभिन्न आवश्यक वस्तुएं मुहैया कराने के प्रति भी उत्साह नहीं दिखाया और उन्हें आधारभूत ढाँचे से जुड़ी सहायता उपलब्ध कराने में बहुत धीमी गति से काम किया। जब 1990 में बागान मालिकों ने आंदोलन किया तो उन पर पुलिस ने गोलियां बरसाईं जिससे कुछ लोग मारे भी गये। इसके बाद फल उत्पादकों की पूरी लॉबी भाजपा के खिलाफ हो गई। दूसरे, जब राज्य सरकार के कर्मचारी अपनी माँगों के हक में 1992 में हड़ताल पर गये तो भाजपा सरकार ने 'काम नहीं तो वेतन नहीं' के नियम का सहारा लिया। कुछ कर्मचारी नेताओं को मुअत्तल और कुछ को बर्खास्त कर दिया गया। बहुत सारे कर्मचारियों को सजा के तौर पर दूर-दराज के इलाकों में स्थानांतरित कर दिया गया। भाजपा इतनी अलोकप्रिय हो चुकी थी कि 1993 में शांता कुमार और उनके कई मंत्रियों को अपमानजनक हार का सामना करना पड़ा।

1993 में सत्ता में वापसी के बाद कांग्रेस ने एक ही बात पर ध्यान केन्द्रित किया। उसने नये इलाकों में भाजपा के दबदबे को तोड़ने का प्रयास किया। उसने भेदभाव के आरोप का जवाब देने के लिए कई उपाय लागू किये। इन इलाकों में विकास कार्यक्रम शुरू करने पर खास ध्यान दिया गया। नये इलाकों के किसानों को फलों तथा सब्जियों की खेती के लिए प्रोत्साहित किया गया। नये इलाके में पड़ने वाले धर्मशाला को राज्य की शरदकालीन राजधानी के रूप में पेश किया जाने लगा। कई सरकारी विभागों को वहां अपने क्षेत्रीय कार्यालय खोलने का आदेश भी दे दिया गया। सरकार ने धर्मशाला और हमीरपुर में दो नये रेडियो स्टेशन शुरू करने की योजना पर भी मंजूरी दे दी। शैक्षणिक संस्थान खोलने और उनका स्तर सुधारने के मामले में नये इलाकों को प्राथमिकता मिलने लगी। शासक दल ने पिछली भाजपा सरकार द्वारा सरकारी कर्मचारियों के साथ किये अन्याय को भी समाप्त करने की कोशिश की। कुछ कर्मचारियों की बर्खास्तगी और सेवा समाप्ति के आदेश सरकार ने वापस ले लिए। हड़ताल की अवधि को छुट्टियों में समायोजित कर दिया गया। सरकार ने पुराने इलाकों में सेब के बागान मालिकों की शिकायतें भी दूर कर दीं। इन सब प्रावधानों से भाजपा हाशिए पर पहुंच गई। उसके पास ऐसा कोई मुद्दा नहीं बचा जिस पर वह मतदाताओं को कांग्रेस सरकार के खिलाफ गोलबंद कर सके।

राज्य में इन तीन सालों के दौरान कांग्रेस पार्टी के शासन में हुई कोशिशों के फलस्वरूप 1996 के लोकसभा चुनावों में उसे भारी सफलता मिली। पार्टी ने न केवल 1991 में जीती दोनों सीटें बचा लीं बल्कि भाजपा से बाकी दोनों सीटें भी छीन लीं। डाले गये कुल मतों में से पार्टी को 54.3 प्रतिशत वोट मिले जबकि

भाजपा को मात्र 39.6 प्रतिशत वोटों से संतोष करना पड़ा। इस तरह लोकसभा चुनावों में कांग्रेस की जीत काफी संतोषजनक और अपेक्षित दिखायी दी। अगर मतदान के आंकड़ों का विधानसभा क्षेत्रों के अनुसार विश्लेषण किया जाये तो पता चलता है कि उन चुनावों में कांग्रेस ने 55 विधानसभा क्षेत्रों में बाजी मारी जबकि भाजपा केवल 13 विधानसभाई क्षेत्रों पर आगे रही। इन 13 में से भी 10 क्षेत्र नये इलाकों में थे जबकि पुराने इलाकों में केवल 1 था। 1991 और 1996 के लोकसभा चुनावों में कांग्रेस पार्टी के प्रदर्शन से तुलना करने पर पता चलता है कि इन दोनों चुनावों में केवल 33 विधानसभा सीटों पर ही पार्टी आगे रही थी। इन 33 सीटों में से भी 11-11 सीटें शिमला (आरक्षित) और मंडी संसदीय क्षेत्रों की थीं। इनके अलावा तीन सीटें कांगड़ा और आठ हमीरपुर संसदीय निर्वाचन क्षेत्र के अंतर्गत थीं। कांग्रेस ने दो विधानसभा क्षेत्र जनता दल से छीन लिये। कहने का अर्थ यह कि कांग्रेस न केवल पुराने इलाकों में अपना चुनावी आधार मजबूत करने में कामयाब रही, बल्कि उसने नये इलाकों में भी मजबूती से पैर जमा लिये। केवल एक विधानसभा क्षेत्र (नालागढ़) ऐसा था जहां 1991 में कांग्रेस आगे थी, परंतु 1996 में वह भाजपा से पिछड़ गयी।

कांग्रेस में फूट और नुकसान, 1998-1999 के चुनाव

ऐसे शानदार चुनाव परिणामों को देखते हुए राज्य में कांग्रेस सरकार की लोकप्रियता आसमान छूने लगी। ऐसा लगा कि कांग्रेस के जनाधार में पैठ बना पाना भाजपा के लिए अब बहुत मुश्किल होगा। नवम्बर 1998 में होने वाले विधानसभा चुनावों के दौरान इस बात की संभावना काफी मानी जा रही थी कि कांग्रेस दोबारा सरकार में आ जाएगी। कांग्रेस मुख्यमंत्री वीरभद्र सिंह ने राज्य विधानसभा को भंग करने की सिफारिश कर दी और सुनिश्चित किया कि विधानसभा चुनाव 1998 में लोकसभा चुनावों के साथ आयोजित कराये जाएं। स्पष्ट था कि वे केन्द्र में भाजपा सरकार के गठन की स्थिति में विधानसभा चुनाव नहीं लड़ना चाहते थे। परंतु कांग्रेस के लिए सकते में डाल देने वाले परिणाम सामने आये। ऐसी अच्छी स्थितियों के बावजूद कांग्रेस की फलों से भरी टोकरी 1998 के लोकसभा चुनावों में उलट गयी। कांग्रेस का प्रदर्शन खराब रहा। वह 1996 में जीती चारों लोकसभा सीटों में से केवल एक ही बचा पायी।

1998 के विधानसभा चुनावों में भी कांग्रेस का प्रदर्शन इतना ही फीका रहा। विधानसभा में पार्टी की सीटों की संख्या 52 से घटकर 31 रह गयी और उसके वोट भी 49.3 प्रतिशत से गिरकर 43.3 प्रतिशत रह गये। सीटवार विश्लेषण से पता चलता है कि 1993 में कांग्रेस जिन 52 सीटों पर जीती थी उनमें से 22 नये इलाकों में और 20 पुराने इलाकों में थीं। पार्टी को इनमें से केवल 17 (7 नये इलाकों में

और 10 पुराने इलाकों में) का नुकसान हुआ। उसे चार ऐसी सीटों पर सफलता मिली जिन पर 1993 में वह हार गयी थी। 1993 में इनमें से तीन सीटों पर निर्दलीय जीते थे, जबकि एक पर भाजपा जीती थी। दूसरी तरफ भाजपा ने 1993 में जीतीं अपनी 8 में से 7 सीटें बचा लीं। जो भाजपा अब तक शासक पार्टी को चुनौती देने के लिए किसी सही मुद्दे की तलाश में हाथ-पाँव मार रही थी, वह अचानक मजबूती से खड़ी हुई और चुनावों में उसने भारी सफलता हासिल की।

यदि केन्द्र में भाजपा के नेतृत्व में सरकार के गठन के बाद नवम्बर 1998 में निर्धारित समय पर राज्य विधानसभा के चुनाव करवाए जाते, तो इस बात की पूरी संभावना थी कि कांग्रेस की सीटों की संख्या एक अंक तक सिमट जाती। यह आकलन इस तथ्य पर आधारित है कि केन्द्र में वाजपेयी सरकार के गठन के बाद जून 1998 में जिन तीन जनजातीय विधानसभा सीटों पर दूसरे चरण में मतदान करवाया गया, उन तीनों पर कांग्रेस हार गयी। जून में मंडी संसदीय क्षेत्र के लिए कराए गये लोकसभा चुनावों में कांग्रेस 17 में से 15 विधानसभा खंडों में भाजपा से पिछड़ गयी जबकि फरवरी 1998 में हुए विधानसभा चुनावों में भाजपा उन 14 में से केवल 6 सीटों पर ही बढ़त बना पायी, जिन पर चुनाव कराए गए थे। इसके अलावा, केन्द्रीय संचार मंत्री सुखराम को टेलीकॉम तथा अन्य घोटालों के बाद कांग्रेस पार्टी से निष्कासित कर दिए जाने के बाद उन्होंने हिमाचल विकास कांग्रेस (हिविकां) के नाम से एक स्थानीय राजनैतिक पार्टी का भी गठन किया। इस पार्टी की मौजूदगी से कई सीटों पर चुनाव एक त्रिकोणीय मुकाबला बन गया था। इस पार्टी ने कांग्रेस के जनाधार को उल्लेखनीय चोट पहुँचायी। हालांकि पार्टी केवल 5 सीटें जीत पायी, परंतु कम से कम 9 अन्य विधानसभा क्षेत्रों में वह कांग्रेसी उम्मीदवारों की हार का एक प्रमुख कारण बनी।

भाजपा ने शांता कुमार की जगह प्रेम कुमार धूमल को मुख्यमंत्री पद का उम्मीदवार घोषित किया। भाजपा नेतृत्व के इस निर्णय से पार्टी को फायदा हुआ। धूमल 1989-91 और 1991-96 के दौरान लोकसभा में हमीरपुर का प्रतिनिधित्व कर चुके थे। शांता कुमार के विपरीत धूमल से मतदाताओं के किसी वर्ग को कोई दिक्कत नहीं थी। कांग्रेस की तरफ से मुख्यमंत्री पद का उम्मीदवार पुराने क्षेत्र (जिला शिमला) से था, जबकि प्रेम कुमार धूमल नये इलाके से थे। नये इलाकों, खासतौर से हमीरपुर जिले में यह एक बड़ा चुनावी मुद्दा बनकर उभरा। हमीरपुर जिले में भाजपा के वोटों का प्रतिशत 56 तक पहुंच गया, जबकि पूरे राज्य का औसत इससे 17 प्रतिशत कम था।

एक और उल्लेखनीय पहलू यह था कि कांग्रेस के खेमे में कई सामंती तत्त्वों की मौजूदगी भी अपना काम कर रही थी। हिमाचल विकास कांग्रेस और भाजपा, विशेष रूप से हिविकां, ने कांग्रेस को एक सामंती पार्टी के रूप में पेश

किया। हालांकि मंडी संसदीय क्षेत्र से भाजपा के लोकसभा उम्मीदवार (महेश्वर सिंह) और बंजार से विधानसभा के उम्मीदवार (करण सिंह), दोनों कुल्लू राजघराने से थे, फिर भी जब कांग्रेस की तरफ से सामंती पृष्ठभूमि वाले उम्मीदवारों की सूची सामने आयी तो इनकी सामंती पृष्ठभूमि महत्त्वहीन हो गयी। कांग्रेस की सूची में रामपुर बुशेहर के राजा (वीरभद्र सिंह), नालागढ़ के राजा (वजिंद्र सिंह), जुबल के राणा (योगेन्द्र चंद्र), कुटलेहड़ के राजा (महेंद्र पाल), चम्बा की रानी (आशा कुमारी) और कांगड़ा की एक छोटी सी रियासत से ऐश्वर्या कटोच जैसे नाम शामिल थे। इनके अलावा मंडी से प्रतिभा कुमारी (वीरभद्र सिंह की पत्नी) भी चुनाव मैदान में थीं। हिविकां के सुप्रीमो सुखराम ने अपने चुनाव अभियान के दौरान ऐलान कर दिया कि उनकी सारी लड़ाई 'रजवाड़ाशाही' के खिलाफ है। कुल मिलाकर, कहा जा सकता है कि निचले इलाकों के साथ कथित पक्षपात, चुनावी मैदान में सुखराम की पार्टी की मौजूदगी और उनकी तरफ से रजवाड़ाशाही के खिलाफ किया गया आह्वान 1998 के चुनावों को निर्धारित करने वाले मुख्य कारक साबित हुए। कांग्रेस ने दो मुद्दों पर ध्यान केन्द्रित किया : स्थिरता और ऊपरी तथा निचले इलाकों का बराबर विकास। इनमें से पहले मुद्दे को तो मतदाताओं ने तवज्जो दी, मगर दूसरे से मुँह फेर लिया।

तालिका 6.2

हिमाचल प्रदेश में विधायकों की सामाजिक पृष्ठभूमि (1998)

जाति	प्रतिशत हिस्सा	
	1	2
ऊंची जातियाँ	63.2	
राजपूत		42.4
ब्राह्मण		14.7
खत्री/वैश्य		5.9
अन्य पिछड़ी जातियां	7.4	
घिरथ		4.4
गुज्जर		1.5
अन्य		1.3
अनुसूचित जातियां	23.5	
बाल्मीकि		2.9
चमार/कबीरपंथी आदि		19.1
धीमान		1.5

अनुसूचित जनजातियां	4.5	
किन्नौरे		1.5
लाहौले		1.5
गद्दी/पंगवाल		1.5
अन्य	1.5	
सिख	2.5	

1998 के विधानसभा चुनावों के बाद दोनों ही प्रमुख पार्टियां बहुमत से थोड़ा दूर रह गयीं। जिन 65 सीटों पर चुनाव हुए उनमें से कांग्रेस को 31 और भाजपा को 29 सीटें मिलीं। हिमाचल विकास कांग्रेस को 4 और निर्दलीयों (एक भाजपा का बागी उम्मीदवार) को एक सीट मिली। हिविकां ऐसी स्थिति में थी कि वह किसी भी पार्टी की सरकार बनवा सकती थी। शुरुआत में कांग्रेस ने एकमात्र निर्दलीय को अपने खेमे में खींचकर सरकार बना ली, परंतु वह विश्वासमत प्राप्त नहीं कर पायी। इस तरह भाजपा-हिविकां गठबंधन का रास्ता साफ हो गया। इस पर्वतीय राज्य में यह पहली गठबंधन सरकार थी। 1999 के लोकसभा चुनावों के दौरान भाजपा और हिविकां के बीच चुनावी तालमेल हुआ जिसके तहत भाजपा ने तीन और हिविकां ने पुराने इलाके की चौथी सीट पर चुनाव लड़ा। यह गठबंधन अपेक्षित रूप से सफल रहा और उसने अपने प्रतिद्वंद्वियों का सफाया कर दिया। भाजपा-हिविकां गठबंधन को कुल मतों में से 58.2 प्रतिशत मत प्राप्त हुए और उसने सभी चारों लोकसभा सीटों पर कब्जा जमा लिया। कांग्रेस का प्रदर्शन बेहद दयनीय रहा। इससे पहले उसकी इतनी बुरी हालत सिर्फ 1977 में हुई थी। पार्टी को केवल 39.2 प्रतिशत वोट मिले और वह एक भी सीट नहीं जीत पायी। भाजपा-हिविकां गठबंधन की इस शानदार जीत को तीन कारकों के आधार पर आंशिक रूप से समझा जा सकता है। इनमें से एक 1999 की गर्मियों में भारत और पाकिस्तान के बीच हुआ 'कारगिल युद्ध' था। हालांकि देश की कुल आबादी में हिमाचल प्रदेश का हिस्सा मात्र एक प्रतिशत है मगर कारगिल में मारे गये सिपाहियों में से 10 प्रतिशत हिमाचल के थे। भाजपा-हिविकां सरकार ने मृतकों को सम्मानित करके और उनके शवों का पूरे राजकीय सम्मान के साथ अंतिम संस्कार करके कारगिल के शहीदों को पूरा मान दिया। राज्य सरकार तमाम तरह के वित्तीय संकटों के बावजूद शहीदों के आश्रितों की मदद के लिए आगे आयी और उसने शोक संतप्त परिवारों को पांच-पांच लाख रुपए की अनुग्रह राशि तथा कई दूसरे लाभ देने का ऐलान किया। मुख्यमंत्री धूमल खुद व्यक्तिगत रूप से श्रद्धांजलि देने के लिए सभी शोकग्रस्त परिवारों के पास गये। सरकार के इन कामों ने उसकी छवि सुधार दी तथा युद्ध में मारे गये

लोगों के प्रति जनता की सहानुभूति इतने ऊंचे स्तर पर पहुँच गयी कि इस भावना ने एक आंदोलन का रूप ले लिया। इसके विपरीत कांग्रेस ने 1962, 1965 और 1971 के युद्धों के दौरान ऐसा कुछ भी नहीं किया था। वाजपेयी का करिश्मा और केन्द्र में भाजपा की सरकार होने से इन चुनावों में भाजपा की राष्ट्रीय अपील में इजाफा हुआ।

राज्य स्तर पर जो पहलू भाजपा के हक में रहा वह हिविकां के साथ उसका गठजोड़ था। इस पार्टी का राज्य के कुछ हिस्सों, खासतौर से मंडी जिले में एक निश्चित प्रभाव अवश्य था। कुल मिलाकर यह चार दशकों से कांग्रेस में रहे सुखराम का व्यक्तिगत प्रभाव था। अतीत में कई बार जब कांग्रेस सत्ता में आयी थी तो वे वीरभद्र सिंह के खिलाफ मुख्यमंत्री पद के एक अहम दावेदार रह चुके थे। 1993 में दोनों के बीच काँटे की टक्कर हुई थी और सुखराम मुख्यमंत्री बनते-बनते रह गये थे। इस तरह यह पार्टी कांग्रेस में वीरभद्र सिंह विरोधी खेमे के तमाम लोगों के लिए एक केन्द्र बिंदु बन गयी। भाजपा-हिविकां गठतोड़ सामाजिक लिहाज से भी एक-दूसरे का पूरक था। इस गठबंधन में धूमल राजपूत और सुखराम ब्राह्मण थे, जिससे राज्य की राजनीति को प्रभावित करने वाली दोनों प्रमुख जातियों को संतुष्ट किया जा सकता था।

2001 तक आते-आते दोनों प्रमुख पार्टियों ने अगले चुनावों के लिए रणनीति तैयार करनी शुरू कर दी। दोनों पार्टियां एक-दूसरे के जनाधार में पैठ बनाने की कोशिशें करने लगीं। भाजपा शिक्षित बेरोजगार युवकों को अपनी तरफ आकर्षित करने के लिए खुलकर अपने केसरिया एजेंडे पर चली गयी। दूसरी तरफ सरकार विरोधी भावना को भुनाने की उम्मीद में कांग्रेस वंचित वर्गों का दिल जीतने की कोशिश करने लगी। परंतु दोनों दलों में खेमेबाजी की कोई कमी नहीं थी। ऐसा लगता था कि निर्णायक बिंदु पर दोनों दलों की संभावनाएं इस बात पर ज्यादा निर्भर करेंगी कि वे अपनी भीतरी कलह को कितना शांत कर पाती हैं। हालांकि हिमाचल विकास कांग्रेस फूट के कारण थोड़ा कमजोर हो चुकी थी, परंतु इसके बावजूद कुछ विधानसभा क्षेत्रों में उसके पास एक रणनीतिक लाभ की स्थिति मौजूद थी। उसने भाजपा से दूरी बनानी शुरू कर दी। सुखराम के इन कदमों को देखते हुए कांग्रेस नेतृत्व का एक धड़ा तमाम संभावित कठिनाइयों के बावजूद इस संभावना पर विचार करने लगा कि उन्हें कांग्रेस के खेमे में वापस ले लिया जाए। पर बहुमत किसी भी सूरत में इस कोशिश के खिलाफ था।

दो दलीय प्रणाली की वापसी : 2003 के विधानसभा चुनाव

जून 1998 में तीन आदिवासी सीटों के लिए हुए चुनावों में से दो को जीतकर भाजपा विधानसभा में पूर्ण बहुमत प्राप्त कर चुकी थी। इसके बावजूद भाजपा का सुखराम से गठबंधन कायम रहा। इसके अलावा पार्टी कुछ उपचुनावों में भी जीत चुकी थी। दो विधायकों की मृत्यु के कारण सदन में कांग्रेस की ताकत घट गयी थी। लेकिन

हिविकां को एक बड़ा झटका तब लगा जब 2002 में पार्टी टूट गयी और उसके तीन में से एक विधायक ने नयी पार्टी की घोषणा कर दी। अंततः वह भाजपा में शामिल हो गया। इसके बाद से भाजपा और सुखराम के बीच संबंध बिगड़ने लगे। हिविकां के नेतृत्व का आरोप था कि यह फूट मुख्यमंत्री धूमल ने करवायी है क्योंकि भाजपा हिविकां को कमजोर करना चाहती है। इससे पहले मंत्रिमंडल में नंबर दो रहे हिविकां के प्रमुख सुखराम को टेलीकॉम घोटाले के फलस्वरूप दिल्ली की एक अदालत में आरोप-पत्र दाखिल होने के बाद मंत्रिमंडल से निकाल दिया गया था। हिविकां ने कई बार यह शिकायत उठायी कि भाजपा गठबंधन धर्म का पालन नहीं कर रही है, लेकिन भाजपा ने उसकी शिकायतों पर ध्यान नहीं दिया।

जैसे-जैसे 2003 के विधानसभा चुनाव नजदीक आए, हिविकां कांग्रेस के साथ गठबंधन की संभावनाएं तलाशने लगी। लेकिन उसकी यह कोशिशें परवान नहीं चढ़ पायीं। उसे अपने बूते पर ही चुनाव लड़ना पड़ा। उसका गणित यही था कि यदि विधानसभा इस बार भी त्रिशंकु रही तो हिविकां सरकार बनाने के लिए दोनों बड़ी पार्टियों को अपने इशारों पर नचाने में कामयाब हो जाएगी। 2003 के चुनाव परिणामों को निर्धारित करने वाला एक महत्त्वपूर्ण तथ्य यह था कि भाजपा के भीतर भारी गुटबाजी थी जो चुनाव के कई माह पहले ही बिल्कुल साफ दिखायी देने लगी थी। पार्टी के एक धड़े की बागडोर धूमल के हाथ में थी, जबकि दूसरा धड़ा केन्द्रीय मंत्री शांता कुमार के पीछे था। शांता कुमार के कुछ जाने-माने समर्थकों को इस बात का डर लगने लगा कि टिकटों के बँटवारे के समय धूमल उन्हें टिकट नहीं देंगे, इसलिए उन्होंने 'मितर मिलन' का गठन किया। धूमल के नेतृत्व वाले गुट ने पार्टी के भीतरी मतभेदों को सुलझाने के लिए गंभीरता से प्रयास नहीं किया। कृषिमंत्री विद्यासागर के इस्तीफे से असंतुष्ट खेमे को और हवा मिली। असल में ऐसा लगता है कि धूमल ने कांग्रेस पार्टी और शांता कुमार गुट को कमजोर स्थिति में लाने के लिए विधानसभा क्षेत्रों के पुनर्सीमांकन की प्रक्रिया को प्रभावित करने के लिए कुछ ज्यादा ही खुलकर दिलचस्पी ली थी। लेकिन कड़े प्रतिरोध के कारण उनकी यह कोशिश नाकाम हो गयी। जब भाजपा हाईकमान ने शांता कुमार के कई समर्थकों को टिकट नहीं दिया, तो पार्टी विभाजन के कगार पर पहुंच गयी। पार्टी की कई जिला इकाइयों में लगभग बगावत हो गयी और टिकट चाहने वाले कई नेता निर्दलीय के रूप में चुनाव मैदान में कूद पड़े।

कांग्रेस में भी गुटबाजी की कोई कमी नहीं थी। यहां भी गुटबाजी चुनावों के काफी पहले ही साफ दिखायी देने लगी थी। यह बात चुनाव अभियान के दौरान भी स्पष्ट रूप से सामने आयी। फिर भी पार्टी हाईकमान दोनों गुटों के बीच समझौता कराने में सफल रहा और टिकटों के बँटवारे को लेकर कांग्रेस में वैसी बगावत नहीं

हुई जैसी भाजपा में हुई थी। अर्थात असंतुष्टों को मना पाने में कांग्रेस की सफलता और भाजपा हाईकमान की विफलता ने चुनावों के अंतिम परिणामों को निर्धारित करने में एक अहम भूमिका अदा की। हिमाचल प्रदेश में 2003 के विधानसभा चुनावों के दौरान पहली बार एक बेहद सुनियोजित और चमक-दमक वाला अभियान देखने में आया। गुजरात में अपनी जीत की लहर पर सवार भाजपा गुजरात में हिंदू कार्ड की कामयाबी से उत्साहित होकर यहां भी वही रणनीति अपनाना चाहती थी। लेकिन, हिमाचल प्रदेश में मुसलमान आबादी नहीं के बराबर है इसलिए यहां उसका यह नारा कामयाब नहीं हो पाया। भाजपा ने चुनाव के लिए दूसरा मुद्दा पिछले पाँच सालों के दौरान किए गए विकास कार्यों को बनाया। उसने इस तथ्य को सामने रखा कि विकास के मामले में उसने कांग्रेस की तरह राज्य के किसी भी हिस्से के साथ किसी किस्म का भेदभाव नहीं किया। यह सही है कि भाजपा-हिविकां के पांच वर्षीय शासन के दौरान राज्य का काफी विकास हुआ था। लेकिन, इससे मतदाताओं की मनोदशा पर खास असर नहीं पड़ा। कांग्रेस का चुनाव अभियान दो मुद्दों के इर्द-गिर्द केन्द्रित रहा : भारी भ्रष्टाचार और आर्थिक कुप्रबंधन। पार्टी ने राज्य के भीतर और बाहर धूमल के स्वामित्व वाली ऐसी संपत्तियों की एक लंबी सूची जारी की जो करोड़ों रुपए की थी। हालांकि धूमल ने इन आरोपों को गलत बताया और पंजाब के मुख्यमंत्री कैप्टन अमरिन्दर सिंह तथा कांग्रेस के लिए चुनाव अभियान करने वाले कई नेताओं के खिलाफ मानहानि के मुकदमे ठोंक दिए। फिर भी भ्रष्टाचार के मुद्दे ने बड़े पैमाने पर मतदाताओं को प्रभावित किया। इसके साथ-साथ पार्टी ने प्रशासन में भारी भ्रष्टाचार को भी सामने रखा। कांग्रेस ने राज्य के लोक सेवा आयोग और अधीनस्थ सेवा चयन आयोग को भ्रष्टाचार के अड्डों के रूप में दिखाया। दूसरे, पार्टी का चुनाव अभियान राज्य की अर्थव्यवस्था के प्रबंधन पर केन्द्रित रहा। पार्टी का कहना था कि इस कुप्रबंधन के कारण हिमाचल जैसे छोटे से राज्य पर 1,500 करोड़ रुपए से भी ज्यादा कर्जा चढ़ गया है। कांग्रेस का आरोप था कि सत्तारूढ़ गठबंधन लोगों के लिए पर्याप्त रोजगार नहीं जुटा पाया और उसने इस बीच उपलब्ध हुए थोड़े-बहुत रोजगारों को भी संकीर्ण आधारों पर लोगों के बीच बांटा। दोनों पार्टियों के पास लगभग 40-40 प्रतिशत का जनाधार था इसलिए कांग्रेस के हक में 5 से 10 प्रतिशत वोटों का झुकाव राज्य में भाजपा की बत्ती गुल करने के लिए काफी था। अपने चुनाव अभियान के दौरान कांग्रेस पार्टी ने मुख्य रूप से भ्रष्टाचार, बेरोजगारी, शिक्षा के भगवाकरण, सेवाओं के राजनीतिकरण और अर्थव्यवस्था के कुप्रबंधन पर ही ध्यान केन्द्रित किया।

जब हिविकां कांग्रेस और भाजपा, दोनों के साथ ही चुनावी गठजोड़ नहीं बना पायी तो उसने अकेले दम पर मैदान में उतरने का फैसला लिया। उसने दोनों प्रमुख राजनैतिक पार्टियों की आलोचना की और आश्वासन दिया कि वह रोजगार

पैदा करेगी तथा भ्रष्टाचार समाप्त करेगी। लेकिन, पार्टी मतदाताओं को प्रभावित नहीं कर सकी। उसने 48 सीटों पर चुनाव लड़ा जिसमें से वह केवल एक सीट ही हासिल कर पायी। सुखराम के अलावा सारे उम्मीदवार चुनाव हार गये। इस चुनाव का एक पहलू यह था कि 6 निर्दलीयों के अलावा जल्दबाजी में गठित किए गये दो राजनैतिक दलों ने भी 1-1 सीट जीत ली। कांग्रेस को पर्याप्त बहुत मिल गया (जिन 65 सीटों पर चुनाव हुआ था उनमें से 40)। भाजपा को कुल 16 सीटें मिल पायीं। हालांकि 1993 (68 में से 7 सीटें) और 1985 (8 सीटें) के मुकाबले इस पार्टी का प्रदर्शन काफी बेहतर था, फिर भी उसकी हार कई लिहाज से काफी अपमानजनक रही। विधानसभा अध्यक्ष, उपाध्यक्ष, राज्य भाजपा अध्यक्ष और धूमल सरकार के लगभग सभी मंत्री चुनाव हार गये। भाजपा के लिए संतोष की सिर्फ यही बात रही कि धूमल जैसे-तैसे अपनी सीट बचाने में कामयाब रहे। पार्टी का प्रदर्शन इस लिहाज से भी अपमानजनक रहा कि भाजपा ने अपने तमाम स्टार प्रचारकों को मैदान में उतारकर मतदाताओं को लुभाने की हर संभव कोशिश की थी। यहां तक कि प्रधानमंत्री के हिमाचल कनेक्शन (मनाली में उनका एक मकान है) और राज्य में भाजपा के जीतने पर केन्द्र की तरफ से पूरी मदद के उनके आश्वासन के बावजूद पार्टी भाजपा विरोधी लहर पर अंकुश नहीं लगा पायी।

1998 के विधानसभा चुनावों के दौरान दोनों दलों को लगभग बराबर प्रतिशत वोट मिले। असंतुष्टों को मना पाने में भाजपा की विफलता (जो धूमल के अड़ियलपन के कारण थी) ने पार्टी को डुबो दिया। पार्टी की हार को लेकर चुनाव के बाद किये गये विश्लेषण में भाजपा के रणनीतिकारों ने सांगठनिक कमजोरी को ही अपनी पराजय का मुख्य कारण बताया। दूसरी तरफ, धूमल विरोधी धड़े के मुखिया माने जाने वाले शांता कुमार ने पार्टी की हार के लिए कुशासन को जिम्मेदार ठहराया। हिमाचल के चुनावों में यह संदेश साफ तौर पर सुना जा सकता है कि राज्य के लोग एक भ्रष्टाचारमुक्त और पारदर्शी सरकार चाहते हैं। उनके लिए विकास ही काफी नहीं है। यह बात 2007 में और भी स्पष्ट हो गई।

विकास के मोर्चे पर सरकार के प्रदर्शन और चुनावी नतीजों के बीच कुछ फर्क दिखायी देता है। ऐसा कांग्रेस की चुनावी रणनीति के कारण है जिसने लोगों को काफी हद तक यह विश्वास दिलाया कि सरकार में सभी स्तरों पर भारी भ्रष्टाचार व्याप्त हो चुका था। हालांकि विकास के मोर्चे पर धूमल सरकार का प्रदर्शन काफी अच्छा रहा था, परंतु मतदाता इस बात को महसूस नहीं कर पाये। विकासशील समाज अध्ययन पीठ (सीएसडीएस) द्वारा चुनाव बाद कराये गये सर्वेक्षणों में बहुत सारे लोगों ने सरकार के प्रदर्शन और विकास, इन दो मुद्दों को सबसे महत्त्वपूर्ण बताया। इसके विपरीत भाजपा का 'हिंदुत्व' इस सूची में काफी नीचे पाया गया।

तालिका 6.3 : विभिन्न मुद्दों पर मतदाताओं की राय, 2003

मुद्दे	प्रतिशत समर्थन
सरकार का प्रदर्शन	43
विकास से जुड़े मुद्दे	31
भ्रष्टाचार	7
जाति/समुदाय के प्रति प्रतिबद्धता	3
हिंदुत्व	2
कोई राय नहीं	14

स्रोत : *अध्ययन पीठ द्वारा हिमाचल प्रदेश विधानसभा चुनाव 2003 का चुनाव बाद सर्वेक्षण।*

नोट : *अध्ययन पीठ का चुनाव बाद नमूना सर्वेक्षण औचक ढंग से चुनी गयी 20 विधानसभा सीटों पर 40 निर्वाचन क्षेत्रों में 771 लोगों के साथ आमने-सामने की बातचीत पर आधारित था। यह सभी बातचीत मतदान खत्म होने के बाद 26 फरवरी और 28 फरवरी की शाम, अर्थात मतगणना शुरू होने से पहले, के बीच की गयी थीं। 20 विधानसभा सीटों का चुनाव आकार आनुपातिक संभाव्यता (पीपीएस) पद्धति के जरिए किया गया था। इसमें तथा आबादी संबंधी पहलुओं और पिछले चुनावी रिकॉर्ड का भी ध्यान रखा गया था।*

यदि अध्ययन पीठ के चुनाव बाद सर्वेक्षण की मदद से राजनीतिक दलों के लिए समर्थन की सामाजिक पृष्ठभूमि पर नजर डाली जाये, तो कुछ बड़े रोचक तथ्य सामने आते हैं। हिमाचल प्रदेश का एक अनूठा जातिगत चरित्र है। यहां की आबादी में दो ऊंची जातियों—राजपूत और ब्राह्मण—का हिस्सा 48 प्रतिशत है। राज्य की राजनीति पर इन्हीं दो जातियों का दबदबा है। दूसरी तरफ राज्य की आबादी में अनुसूचित जातियों का हिस्सा भी एक चौथाई के आसपास है। चुनाव बाद सर्वेक्षण में हमें 2003 के विधानसभा चुनावों के लिए हुए मतदान में जातिगत पृष्ठभूमि को समझने में मदद मिलती है।

तालिका 6.4 : जातिगत/सामुदायिक आधार पर मतदान, 2003

जाति	किस दल को वोट दिया (जाति/समुदाय का प्रतिशत)		
	कांग्रेस	भाजपा	अन्य
ब्राह्मण	27	45	26
राजपूत	33	39	28
कुछ ऊंची जातियां	43	33	24
अन्य पिछड़ी जातियां	39	44	17
दलित	54	22	23
अल्पसंख्यक	66	26	8

स्रोत : *अध्ययन पीठ द्वारा हिमाचल प्रदेश विधानसभा चुनाव 2003 का चुनाव बाद सर्वेक्षण।*

एक रोचक तथ्य यह है कि चुनावों में दूसरे स्थान पर रही भाजपा संख्या की दृष्टि से दो सबसे बड़ी ऊंची जातियों, यानी, राजपूतों और ब्राह्मणों, के बीच कांग्रेस से आगे थी। परंतु दलितों का एक बड़ा हिस्सा कांग्रेस के हक में झुका दिखा। यह अन्य ऊंची जातियों में भी भाजपा से आगे है। कांग्रेस ने संख्या की दृष्टि से कम अल्पसंख्यकों के बीच भी अच्छा प्रदर्शन किया। सर्वेक्षण से हमें विभिन्न राजनीतिक दलों को मिले समर्थन की वर्गीय पृष्ठभूमि को समझने में भी मदद मिलती है।

तालिका 6.5 : आर्थिक वर्ग के अनुसार मतदान, विधानसभा चुनाव 2003

आर्थिक वर्ग	दल		
	कांग्रेस	भाजपा	अन्य
गरीब	34	32	34
निम्न	39	34	27
मध्य	49	34	17
उच्च मध्यम वर्ग	39	38	32

स्रोत : अध्ययन पीठ द्वारा हिमाचल प्रदेश विधानसभा चुनाव 2003 का चुनाव बाद सर्वेक्षण।

हालांकि कांग्रेस और भाजपा, दोनों को ही सभी आर्थिक वर्गों से उल्लेखनीय समर्थन मिलता है परंतु ऐसा लगता है कि कांग्रेस को मध्यम वर्ग से भारी समर्थन मिला। यदि दोनों दलों के समर्थकों की शैक्षणिक पृष्ठभूमि की तुलना की जाये तो उससे भी एक बड़ी रोचक तस्वीर सामने आती है।

तालिका 6.6 : शैक्षणिक स्तर के अनुसार वोटिंग, विधानसभा चुनाव 2003

शिक्षा का स्तर	किस पार्टी को वोट दिया (शैक्षणिक श्रेणी का प्रतिशत)		
	कांग्रेस	भाजपा	अन्य
अशिक्षित	43	32	25
प्राथमिक	45	32	23
मैट्रिक	38	39	23
इंटरमीडिएट और उससे अधिक	34	45	21

स्रोत : अध्ययन पीठ द्वारा हिमाचल प्रदेश विधानसभा चुनाव 2003 का चुनाव बाद सर्वेक्षण।

दोनों पार्टियों के समर्थकों की शैक्षणिक पृष्ठभूमि का विश्लेषण काफी रोचक है। जैसे-जैसे हम शैक्षणिक पदानुक्रम में ऊपर बढ़ते हैं कांग्रेस पार्टी का समर्थन घटता दिखायी देता है जबकि दूसरी तरफ मतदाताओं के शैक्षणिक स्तर सुधार के

साथ-साथ भाजपा का समर्थन दिखायी देता है।

तालिका 6.7 : हिमाचल प्रदेश विधानसभा का सामाजिक विन्यास (2003)

जाति	विधायकों की संख्या	प्रतिशत	टिप्पणी
ब्राह्मण	10	14.7	41 यानी 60.3 %
राजपूत	28	41.1	
खत्री	03	04.4	
मंझोली तथा अन्य पिछड़ी जातियां	05	7.3	
अनुसूचित जातियां	16	23.5	
अनुसूचित जनजाति	02	3.0	3 यानी 4.5 %
बौद्ध/कोई जाति नहीं/ अनुसूचित जनजाति	01	1.5	
सिख	01	1.5	
जिन जातियों का निर्धारण नहीं हुआ है	02	3.0	
कुल	**68**	**100**	

एक रोचक बात यह है कि विधानसभा में अनुसूचित जातियों और अनुसूचित जनजातियों का हिस्सा (28 प्रतिशत) लगभग उतना ही है जितना राज्य की जनसंख्या में उनका हिस्सा है। दूसरी तरफ ऊंची जातियों का प्रतिशत आबादी में लगभग 56 है और उन्हें अपनी संख्या की तुलना में अधिक प्रतिनिधित्व (60.3 प्रतिशत) मिला हुआ है। जातियों और अन्य पिछड़ी जातियों की संख्या भी सदन में 7 प्रतिशत है और उनका प्रतिनिधित्व भी आबादी के अनुरूप ही है। 2003 की विधानसभा के सामाजिक विन्यास के कुछ पहलू ध्यान देने लायक हैं। पहला, राज्य की जनसंख्या में मुसलमानों की आबादी तो लगभग 2 प्रतिशत है मगर विधानसभा में उनका प्रतिनिधित्व नहीं है। दूसरा, ऊंची जातियों के बीच राजपूतों की संख्या ब्राह्मणों की तुलना में आंशिक रूप से ही अधिक है परंतु विधानसभा में 41.1 प्रतिशत का उनका प्रतिनिधित्व जनसंख्या में उनके हिस्से से काफी अधिक है। दूसरी तरफ ब्राह्मणों का प्रतिनिधित्व (14.7) आबादी में उनके प्रतिशत से काफी कम है। विधानसभा में खत्रियों का हिस्सा (4.4 प्रतिशत) आबादी में उनके हिस्से से आंशिक रूप से अधिक है।

विधानसभा में राजपूतों के इस भारी प्रतिशत के पीछे कुछ ऐतिहासिक और

कुछ सांगठनिक कारण हैं। राजपूत ऐतिहासिक रूप से एक ताकतवर जाति रहे हैं, इस तथ्य के अलावा राज्य स्तर पर दोनों प्रमुख पार्टियों का वर्तमान नेतृत्व भी राजनेताओं के हाथ में ही है। कांग्रेस का नेतृत्व वीरभद्र सिंह और विद्या स्टोक्स के हाथ में है, तो भाजपा का नेतृत्व प्रेम कुमार धूमल, सुरेश चंदेल तथा महेश्वर सिंह व अन्य के हाथ में है। दरअसल कांग्रेस पार्टी में कोई ब्राह्मण नेता नहीं है। कांग्रेस में सुखराम ही एकमात्र ऐसे नेता थे, परंतु उन्हें टेलीकॉम घोटाले के बाद पार्टी से निष्कासित कर दिया गया था। भाजपा में शांता कुमार एक प्रमुख ब्राह्मण नेता हैं, पर केन्द्रीय मंत्रिमंडल में होते हुए भी टिकटों के बँटवारे के दौरान धूमल तथा उनके धड़े के लोगों ने उन्हें हाशिए पर धकेल दिया। इस तथ्य के फलस्वरूप, पता चलता है कि कांग्रेस के 25 उच्च जाति विधायकों में से 15 राजपूत जबकि केवल 7 ब्राह्मण (तीन खत्री) हैं। छोटी पार्टियों से चुनकर आये तीन विधायकों में से दो (एलजेएस के सदानंद चौहान और हिम लोकतांत्रिक मोर्चा के महेन्द्र सिंह) राजपूत हैं, जबकि हिविकां के सुखराम ब्राह्मण। छह निर्दलीय विधायकों में से तीन ऊंची जाति के हैं और तीनों राजपूत हैं। इन तीन में से दो (सुभाष मंगलेट और राकेश वर्मा) भाजपा के बागी उम्मीदवार थे जबकि तीसरा (कुलदीप सिंह पठानिया) कांग्रेस का बागी उम्मीदवार था।

दूसरे, जनजातीय सीटों से चुनकर आये तीनों विधायक कांग्रेस के हैं। पिछली विधानसभा (1998) में इन तीन में से दो विधायक भाजपा के और एक हिविकां का था। जनजातीय सीटों (जो आमतौर पर बर्फ से घिरी रहती हैं) के लिए 1998 और 2003, दोनों बाहर हुए चुनाव शेष राज्य में हुए चुनावों के तीन माह बाद आयोजित कराये गये थे। जनजातीय क्षेत्रों के मतदाताओं ने दोनों बार उन दलों को पसंद किया जो राज्य में सरकार बना चुके थे : 1998 में भाजपा+हिविकां और 2003 में कांग्रेस। तीसरे, अनुसूचित जातियों के लिए आरक्षित सीटें लगभग पूरी तरह चार उपजातियों (ऊपरी इलाकों में कोली और निचले इलाकों में चमार, लोहार व जुलाहा) के पास गई हैं। अनुसूचित जनजाति के विधायकों की दलगत पहचान से पता चलता है कि उनमें से 10 कांग्रेस और तीन भाजपा के साथ हैं, जबकि तीन निर्दलीय हैं। इन निर्दलीय विधायकों में से दो—कासुम्टी से सोहनलाल और गोहड़वी से बीरू राम किशोर—कांग्रेस से संबंधित हैं और एक—नवीन धिमान—भाजपा से संबंधित है। जब उनकी पार्टियों ने उन्हें टिकट नहीं दिया था तो उन्होंने निर्दलीय के रूप में चुनाव लड़ा था।

यह भी गौर करने वाली बात है कि विधानसभा में महिलाओं की मौजूदगी दयनीय रूप से कम है। पूरे सदन में केवल चार महिला विधायक हैं और यह सदन की कुल संख्या का मात्र 6 प्रतिशत बनता है। सभी चारों महिलाएं (विद्या स्टोक्स, अनिता वर्मा, चंद्रेश कुमारी और आशा कुमारी) कांग्रेस की हैं। इस तरह कांग्रेस

विधायकों में से लगभग 10 प्रतिशत (43 में से 4) महिलाएं हैं। चारों राजपूत हैं।

नवम्बर-दिसम्बर 2007 में हुए विधानसभा चुनावों में भी कभी भाजपा तो कभी कांग्रेस को मौका मिलने की प्रवृत्ति वाले नतीजे ही सामने आए। पर यह कैसे हुआ और चुनावी नतीजे किन-किन चीजों से प्रभावित हुए यह जानना जरूरी है। 2003 चुनाव में विधानसभा की 68 में से 43 सीटें और 41 फीसदी वोट पाकर कांग्रेस निश्चिंत बैठी थी। उधर भाजपा ने 1998 में 31 सीटें जीत कर पांच साल राज्य चलाया पर 2003 में वह मात्र 16 सीटों तक सिमट गई थी। 1998 में उसे 39 फीसदी वोट मिले थे जो 2003 में 36 फीसदी हो गए थे। 1998 में कांग्रेस को सत्ता से बाहर रखने का उपकरण बनी हिमाचल विकास कांग्रेस पार्टी भले ही उसके बाद राज्य में तीसरी शक्ति के रूप में उभरने की कोशिश करती रही हो पर वह 2003 के चुनाव में पूरी तरह मटियामेट हो गई। पहले वह दो दलों के बीच संतुलनकारी बल बनकर त्रिशंकु विधानसभा में सूत्रधार बनने का सपना भी देखती थी लेकिन अकेले उसके नेता पंडित सुखराम ही अपनी सीट जीत पाए। और उन्हें भी राजनैतिक रूप से जिंदा रहने के लिए कांग्रेस में शामिल होने के अलावा और कोई रास्ता नहीं सूझा। उनके इस कदम से आगे कांग्रेस को निश्चित फायदा होना था क्योंकि प्रदेश में, और खासतौर से मंडी जिले में उनका काफी अच्छा आधार है। 2004 के लोकसभा चुनाव में यह फर्क दिखा भी जब कांग्रेसी उम्मीदवार और मुख्यमंत्री की पत्नी प्रतिभा सिंह ने भाजपा उम्मीदवार महेश्वर सिंह को बड़े आराम से और भारी अंतर से हरा दिया।

यह आम तौर पर माना जाता था कि राज्य में तीसरी पार्टी के न होने का लाभ 2008 के विधानसभा चुनाव में कांग्रेस को मिलेगा। इस बीच 2003 में विधानसभा का चुनाव जीतने वाले छह निर्दलीय विधायकों में से पांच कांग्रेस पार्टी में शामिल हो गए थे। ऐसा लगता था कि कांग्रेस हर तरह से मजबूत स्थिति में है। फिर ऐसी स्थिति के बाद भी कांग्रेस 2007 में सत्ता क्यों गंवा बैठी? उसकी हार के कारण क्या थे?

हां, हम चाहें तो यह सुविधाजनक तर्क दे सकते हैं कि वह सत्ता विरोधी सामान्य नाराजगी—एंटी इंकंबेंसी फैक्टर का शिकार हुई। इसी प्रकार कोई कह सकता है कि भारी महंगाई (मुद्रास्फीति का दोहरे अंकों में आ जाना) और बेरोजगारी मुख्य कारण थे। इनके चलते नौजवान कांग्रेस से कट गए और भाजपा सत्ता में आ गई। निश्चित रूप से भाजपा की जीत में ये सारे कारक थे, पर ये सामान्य किस्म के भी थे तथा इनके लिए अनुभवजन्य साक्ष्य जुटाने की जरूरत है। और ये पूरा सच नहीं बताते। इसे जानने के लिए हमें 2003 में कांग्रेस को मिली जीत के चरित्र पर ज्यादा बारीकी से गौर करना होगा। इसके साथ ही 2003-07 के दौरान घटी राज्य की महत्त्वपूर्ण राजनैतिक घटनाओं पर भी विचार करना होगा। इनसे ही 2007 में हुए भारी उथल-पुथल के असली और अब तक अचर्चित रहे कारकों का पता चलेगा।

2003 चुनाव के क्षेत्रवार विवरणों से पता चलता है कि कांग्रेस ने न सिर्फ

अपने 'पारंपरिक गढ़ों' में अच्छा प्रदर्शन किया बल्कि 'नए इलाकों' में भी, खासकर कांगड़ा जिले में अच्छा प्रदर्शन किया जहां की 16 में से 11 सीटें उसकी झोली में गईं। साफ लगता है कि कांगड़ा ने ही सत्ता का संतुलन भाजपा से कांग्रेस की तरफ झुका दिया। इसलिए अगर कांग्रेस को सत्ता में बने रहना था और बारी-बारी से सत्ता बदलने के क्रम को तोड़ना था तो उसे कांगड़ा वाले समर्थन को बनाए रखने या बढ़ाने का प्रयास करना चाहिए था। और लग रहा था कि कांग्रेस यह बात जान भी गई है। उसने कांगड़ा जिले के सात विधायकों को मंत्री पद दिया। इससे लोग भी संतुष्ट हुए और भाजपा के इस आरोप की हवा भी निकली कि कांग्रेस 'नए इलाकों' के साथ भेदभाव करती रही है। इस कदम का वांछित फल भी मिला। लगने लगा कि अगले चुनाव में कांग्रेस को इसका लाभ मिलेगा।

पर घटनाक्रम ने उल्टा ही रूप ले लिया। 2004 लोकसभा चुनाव में भाजपा के दिग्गज शांता कुमार को चुनौती देने और हरा सकने की उम्मीद में इसने जिले की पिछड़ी जातियों में काफी अच्छा आधार रखने वाले अपने मंत्री चंदर कुमार को उम्मीदवार बनाया। उनकी जीत से जिले का एक मंत्री कम हो गया, और जब संवैधानिक बाध्यता के चलते हिमाचल में मंत्रियों की संख्या सिर्फ बारह करनी पड़ी तो जिन चार मंत्रियों को बाहर किया गया वे चारों (चंद्रेश कुमारी, बी. वी. बुटैल, सुजान सिंह पठानिया और विजय सिंह मनकोटिया) कांगड़ा के ही थे। फिर सिर्फ सत महाजन और जी. एस. बाली ही कांगड़ा के मंत्री बच गए। पर इनमें कोई भी राजपूत न था जबकि जिले में उनकी संख्या और राजनैतिक-सामाजिक प्रभुत्व काफी है। वे सदियों से सत्ता के करीब रहे हैं।

जिन लोगों को मंत्री परिषद से निकाला गया उनमें से कई नाराज हो गए। इनमें से एम. विजय सिंह मनकोटिया ने तो बाकायदा मुख्यमंत्री वीरभद्र सिंह के खिलाफ मोर्चा ही खोल दिया। उन्होंने मुख्यमंत्री और उनकी सांसद पत्नी पर भ्रष्टाचार के गंभीर आरोप लगाए। उन्होंने पैसों के लेन देन वाली बातचीत का एक कैसेट भी जारी किया जो वैसे तो 20 साल पुराना था पर इसने पर्याप्त राजनैतिक नुकसान करा दिया। कांग्रेस नेतृत्व के मनोबल पर उल्टा असर हुआ और भाजपा को आलोचना का हथियार मिल गया। मनकोटिया ने इसके बाद कहा कि उनके पास अन्य कई मंत्रियों के खिलाफ भी सबूत हैं। इससे कांग्रेसी खेमे में और आतंक फैला। इस आरोप भर से लोगों की नजर में कांग्रेस की छवि खराब हुई।

शुरू में लगा कि यह एक मनकोटिया की निजी कुंठा है। पर तभी एक घटनाक्रम ने इस प्रकरण को काफी महत्त्वपूर्ण राजनैतिक बना दिया। बसपा सुप्रीमो मायावती ने राज्य के अगले चुनाव में पूरे दम खम से उतरने का फैसला किया। राज्य में पर्याप्त दलित आबादी होने का एहसास तो उन्हें था पर पार्टी के पास यहां न स्थानीय नेतृत्व था, न संगठन, न कार्यकर्त्ता। सो उन्होंने मनकोटिया को अपने काम के लिए सबसे

उपयुक्त मानकर उन्हें प्रदेश बसपा की कमान पकड़ा दी। फिर वीरभद्र सिंह के कई विरोधी, जिनमें कुछ पूर्व मंत्री और विधायक भी थे, बसपा में आते गए। मनकोटिया ने अपने खास लटके-झटकों से राज्य में बसपा की हवा सी चला दी और लगा कि राज्य में पहली बार त्रिकोणीय चुनावी मुकाबले होने वाले हैं।

बसपा वैसे तो राज्य में सरकार बनाने का दावा भी करने लगी थी पर पार्टी ने मुख्यत: कांग्रेस के वोट बैंक में सेंध लगाने भर का काम किया। 2007 चुनाव के परिणाम बताते हैं कि कांग्रेस को 2003 के मुकाबले इस बार दो फीसदी कम वोट मिले। पर इतनी गिरावट के चलते ही लगभग 20 सीटें उसके हाथ से निकल गईं और उसकी सत्ता भी गई। 2003 में उसने 43 सीटें जीतीं थीं और 41 फीसदी वोट पाए थे। 2009 में उसे 39 फीसदी वोट मिले और सीटों की संख्या गिरकर 23 हो गई। अकेले कांगड़ा जिले में उसके विधायकों की संख्या 11 से घटकर 5 हो गई। सोलन में तो उसका पत्ता ही साफ हो गया। बसपा को मात्र एक सीट पर जीत मिली और मनकोटिया धर्मशाला सीट पर हार गए लेकिन उन्होंने कांग्रेस से अपनी नाराजगी का बदला ले लिया था। उधर भाजपा ने अपने मतभेदों को संभाले रखा और जबरदस्त जीत हासिल की। उसके वोट 2003 के 36 फीसदी से बढ़कर 2007 में 43 फीसदी से ऊपर आ गए और सीटों की संख्या 16 से बढ़कर 41 हो गई।

कांग्रेस की हार में अगर बसपा की भूमिका थी तो दूसरे कारण भी थे। जब चुनाव आयोग ने समय से पूर्व (मौसम के चलते) चुनाव की घोषणा कर दी तो कांग्रेस एकदम हैरान रह गई। और इसी हैरानी में उसने जो कदम उठाए उनमें से कुछ नुकसानदेह भी साबित हुए। उधर भाजपा में इस घोषणा से उत्साह आया। आम तौर पर राज्य में 65 गैर-जनजाति सीटों के लिए फरवरी-मार्च में चुनाव होना था जबकि बर्फ से घिरे रहने वाले तीन क्षेत्रों का चुनाव मई-जून में। इन तीन क्षेत्रों से आने वाले विधायकों की शिकायत रहती थी कि उनके चुने जाने के पूर्व ही सरकार बन जाती है और उसमें उनकी कोई भूमिका ही नहीं होती। तीनों जनजाति विधायकों ने चुनाव आयोग से अपील की थी कि पूरे प्रदेश में एक साथ चुनाव कराया जाए। सरकार के गठन में अपनी भूमिका की चाह के अलावा इस मांग में कुछ दांव भी छिपे हुए थे। विधानसभा की अवधि 9 मार्च 2008 को समाप्त हो रही थी। अगर सभी क्षेत्रों में साथ चुनाव कराया होता तो सरकार के कार्यकाल को, भले ही बाद में उसे कामचलाऊ हैसियत से काम करना होता, मई-जून तक बढ़ाना पड़ा। चुनाव आयोग ने साथ चुनाव कराने की मांग तो मान ली लेकिन सरकार का कार्यकाल बढ़वा कर चुनाव कराने की जगह उसने 2007 में सर्दियों से पहले ही चुनाव कराने का फैसला कर लिया। उसने जनजातियों वाले क्षेत्रों में 1 नवम्बर 2009 को मतदान कराने का फैसला किया। चुनाव वक्त से छह महीने पहले आ गए, सो कांग्रेस मतदाताओं को लुभाने के लिए आखिरी समय वाली घोषणाएं और

फैसले नहीं कर सकी।

भाजपा और बसपा तो आयोग के फैसले से खुश हुए और चुनाव अभियान में लग गए, पर कांग्रेस चुनाव टलवाने के जुगत भिड़ाती रही। उसने तरह-तरह के तर्क दिए। उसने कहा कि इसी विधानसभा की अवधि अभी बची है। अगर नए चुनाव हो गए तो दो विधानसभाएं साथ-साथ अस्तित्व में होंगी और संवैधानिक संकट खड़ा हो जाएगा। कांग्रेस के कुछ लोग चुनाव आयोग के फैसले को अदालत में चुनौती देने की बात भी करने लगे। जब आयोग नहीं माना तो बोर्ड परीक्षा की तारीख से चुनाव के टकराव का तर्क दिया गया। कहा गया कि चुनाव कराने वाले शिक्षक और मतदान केन्द्र बनने वाले स्कूल भवन खाली नहीं होंगे। आयोग इन सब दलीलों से नाराज ही हुआ। जब आयोग ने चुनाव नवम्बर की जगह अक्टूबर में ही करा लेने की धमकी दी तब जाकर राज्य सरकार मानी। मतदाताओं को कांग्रेस का यह आचरण हार के अंदेशे से किया गया टालमटोल था।

भाजपा ने कांग्रेस की इस बेचैनी और डर का लाभ उठाया। दोहरे अंकों वाली महंगाई और बेरोजगारी को मुद्दा बनाने के साथ ही उसने कांग्रेस के चुनाव से भागने की कोशिश को भी मुद्दा बनाया। निस्संदेह कांग्रेस ने चुनाव आयोग के आगे बेमतलब की दलीलें रखने में अपना काफी सारा कीमती वक्त और ऊर्जा खर्च कर दिया। और फिर कांग्रेस चुनावी दौड़ में भाजपा को पकड़ ही नहीं पाई।

परिशिष्ट 6.1

हिमाचल प्रदेश में विधानसभा चुनाव 2003
मुख्य राजनैतिक दलों का उतरता-चढ़ता ग्राफ
(सीट और वोट प्रतिशत)

पार्टी	1982	1985	1990	1993	1998	2003	2007
कांग्रेस	34	55	09	52	31	43	23
	42.5	55.4	38.29	49.4	43.3	41.0	39
भाजपा	29	08	46	08	29+2	16	41
	35.2	30.6	41.78	36.8	39.0	35.38	43
जनता पार्टी/	02	–	11	–	–	–	–
जनता दल	4.2	–	10.83	–	–	–	–
हिविकां	–	–	–	–	4+1	01	–
	–	–	–	–	9.63	5.87	–
बसपा	–	–	–	–	–	–	1
	–	–	–	–	–	–	5

परिशिष्ट 6.2

2007 चुनाव में हार-जीत के बहुत कम अंतर वाली सीटें

सं.	विजेता	पार्टी	विस क्षेत्र	जीत का अंतर
1.	तुलसी राम (वर्तमान विस अध्यक्ष)	भाजपा	भरमौर	16 मत
2.	खिमी राम (वर्तमान उपाध्यक्ष)	भाजपा	बंजार	232 मत
3.	गुलाब सिंह (लोक निर्माण मंत्री)	भाजपा	जोगिंदरनगर	1713 मत
4.	कौल सिंह (प्रदेश कांग्रेस अध्यक्ष)	कांग्रेस	द्रांग	1809 मत

परिशिष्ट 6.3

हिमाचल प्रदेश में 2003 विधानसभा चुनाव कांग्रेस और भाजपा द्वारा जीती गई सीटों का जिलेवार ब्यौरा

जिला	कांग्रेस	भाजपा	अन्य	कुल
किन्नौर	01	–	–	01
शिमला	05	–	3	8
सोलन	03	02	–	05
सिरमौर	03	01	01	05
बिलासपुर	02	01	01	04
हमीरपुर	02	03	–	05
उना	03	02	–	05
कांगड़ा	11	04	01	16
चंबा	04	–	01	05
लाहौलस्पीति	01	–	–	01
कुल्लू	02	01	–	03
मंडी	06	02	02	10
कुल	43	16	09	68

परिशिष्ट 6.4

हिमाचल प्रदेश में 2007 विधानसभा चुनाव कांग्रेस और भाजपा द्वारा जीती गई सीटों का जिलेवार ब्यौरा

जिला	कांग्रेस	भाजपा	अन्य	कुल
किन्नौर	–	01	–	01
शिमला	05	02	01	8
सोलन	–	05	–	05
सिरमौर	04	01	–	05
बिलासपुर	01	03	–	04

हमीरपुर	01	04	–	05
उना	02	03	–	05
कांगड़ा	05	09	02	16
चंबा	02	03	–	05
कुल्लू	–	03	–	03
मंडी	03	06	1	10
लाहौल स्पीति	–	01	–	01
कुल	23	41	04	68

निष्कर्ष

उपरोक्त विश्लेषण से इस पर्वतीय राज्य की राजनीति में चार बड़े रुझान दिखायी देते हैं। पहला और सबसे प्रमुख रुझान तो यह है कि हिमाचल प्रदेश में एक स्थिर दो दलीय प्रणाली जड़ें जमा चुकी है और कोई क्षेत्रीय पार्टी राज्य में पैर नहीं जमा पा रही है। ऐसा लगता है कि यह रुझान आने वाले वर्षों में भी कायम रहेगा। दूसरा रुझान यह है कि दोनों बड़ी पार्टियों का जनाधार लगभग बराबर है और थोड़ी सी बढ़त भी संतुलन को एक पार्टी के पक्ष में झुका सकती है। इसलिए चुनाव अभियान के प्रभावी ढंग से संचालन और असंतुष्टों को सही ढंग से संभाल पाने की क्षमता अंतिम परिणामों पर भारी असर डाल सकती है। तीसरे, हालांकि राज्य के लोग तेज आर्थिक विकास तो चाहते हैं पर उसके लिए एक भ्रष्टाचारमुक्त और पारदर्शी सरकार भी चाहते हैं। और अंत में, यह साफ हो चुका है कि हिमाचल प्रदेश में भाजपा का हिंदुत्व कार्ड गुजरात या अन्य राज्यों की तरह बहुत फायदेमंद साबित नहीं हो सकता है।

संदर्भ :

जवीद आलम, 'पॉलिटिकल नैसेसिटी वर्सेज लॉस्ट पॉसिबिलिटीज' इकॉनॉमिक एंड पॉलिटिकल वीकली, 13–20 जनवरी, 1991

टी. आर. शर्मा, 1996, 'डाइस लोडेड अगेंस्ट बीजेपी', फ्रंटलाइन, 11 अप्रैल, 1996

टी. आर. शर्मा, 'लोकल कंफिगरेशंस एंड नेशनल पार्टीज इन हिमाचल प्रदेश', इकॉनॉमिक एंड पॉलिटिकल वीकली, 21–28 अगस्त, 1999 ए।

टी. आर. शर्मा, 'इलेक्शन 1999 : हिमाचल प्रदेश : वोटर्स एपेथी कॉस्ट्स कांग्रेस डीयर', इकॉनॉमिक एंड पॉलिटिकल वीकली, 11–17 दिसम्बर, 1999 बी।

योगेन्द्र यादव और अन्य, 'दि मीसिंग बीजेपी वेव', फ्रंटलाइन, 15–28 अगस्त, 2003

अनुवादक : योगेन्द्र दत्त

हरियाणा

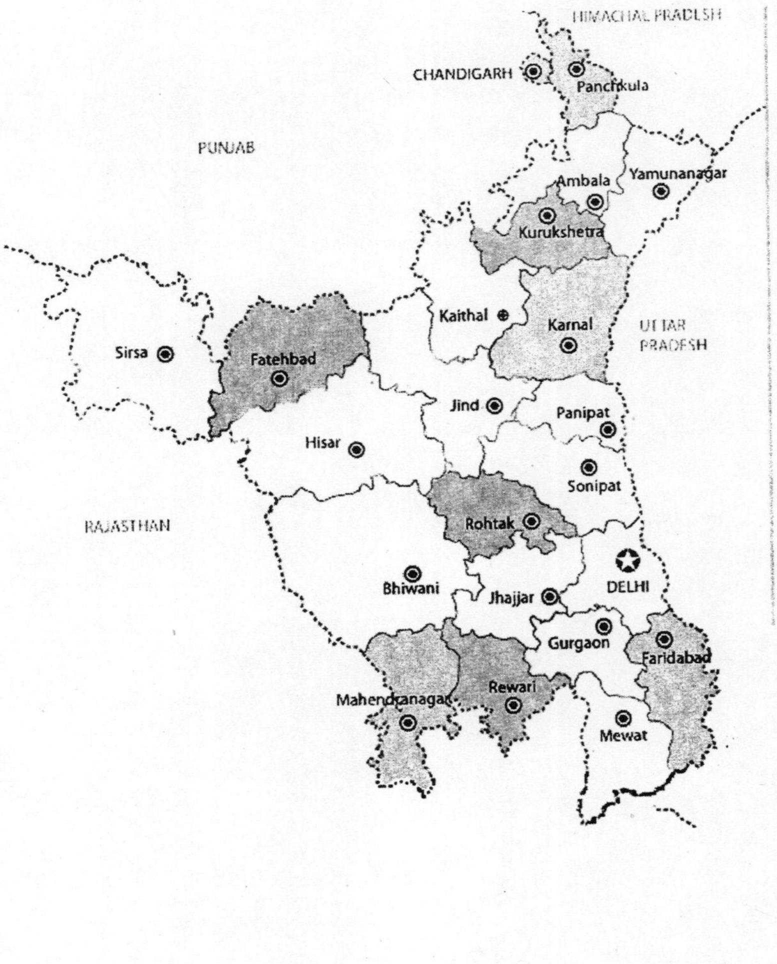
HIMACHAL PRADESH
CHANDIGARH
Panchkula
PUNJAB
Ambala
Yamunanagar
Kurukshetra
Kaithal
Karnal
UTTAR
PRADESH
Sirsa
Fatehbad
Jind
Panipat
Hisar
Sonipat
RAJASTHAN
Rohtak
Bhiwani
Jhajjar
DELHI
Gurgaon
Faridabad
Rewari
Mahendranagar
Mewat

टूटते-बनते सत्ता समीकरण

— विवेक यादव

हरियाणा में कांग्रेस ने शुरू में कई चुनाव जीते पर वह कभी अन्य प्रदेशों की तरह अपना वर्चस्व स्थापित नहीं कर पाई। 'आया राम-गया राम' संस्कृति को औजार बनाकर किसान जातियों के नेताओं ने ब्राह्मणों से सत्ता तो छीन ली, लेकिन वे प्रदेश को न तो स्थिर दलीय प्रणाली दे पाए और न ही उसकी राजनीति को विचारधारात्मक आधार। हरियाणा की चुनावी राजनीति सत्ता के लिए बनते-बिगड़ते गठजोड़ों और समीकरणों का सिलसिला बनकर रह गई। प्रति व्यक्ति बेहतर आय दर वाला यह राज्य आज भी दूरगामी नजरिए वाले नेतृत्व और टिकाऊ सामाजिक गठजोड़ पर आधारित कांग्रेस के विकल्प की प्रतीक्षा कर रहा है और उधर कांग्रेस ने लंबी अवधि के बाद जबरदस्त वापसी कर ली है।

हरियाणा उत्तर भारत के अन्य राज्यों जैसा नहीं है। उत्तर भारत के ज्यादातर राज्यों की राजनीति को राष्ट्रीय आईने में देखा जा सकता है, लेकिन हरियाणा हिंदी इलाके का ऐसा पहला राज्य है जिसकी राजनीति पर क्षेत्रीय प्रवृत्तियां हावी रही हैं। हरियाणा में कांग्रेस और भाजपा के बीच दो-दलीय होड़ का विकास नहीं हुआ, जबकि हिंदीभाषी पड़ोसियों हिमाचल प्रदेश, दिल्ली और राजस्थान की चारित्रिक विशेषता यही रही है। न ही हरियाणा अपने विशाल पड़ोसी उत्तर भारत की तरह मंडल और दलित राजनीति के उभार का साक्षी रहा है। इसका कारण दरअसल इस राज्य में सुसंगत दलीय प्रणाली का मौजूद न होना है। अपने गठन की शुरुआत से ही यह राज्य स्वयं को दलीय प्रणाली की विशेषताओं के अनुरूप नहीं ढाल पाया। उसमें न तो दलीय होड़ के लिए एक स्थिर ढांचा बन पाया, न ही वहां की पार्टियों का चरित्र टिकाऊ रहा। साथ ही विभिन्न तबकों के मतदाता का अपने राजनीतिक दल विशेष के प्रति समर्पण भाव विकसित नहीं हुआ। हरियाणा में मतदान और पार्टी का रिश्ता शेयर बाजार के दलाल के उस रिश्ते की तरह है जो उसका शेयर बाजार में दर्ज कंपनी के साथ होता है। इस लिहाज से हरियाणा उत्तर-पूर्व के मेघालय और मणिपुर की तरह है। ऐसा लगता है कि हरियाणा में दलीय प्रणाली

की अनुपस्थिति उसे किसी व्याख्यात्मक ढांचे में भी नहीं फिट होने देती।

हरियाणा की सामाजिक संरचना और राजनीतिक इतिहास अलग किस्म का है। यहां की राजनीति के जटिल चरित्र की एक वजह यह भी है। ब्राह्मण और राजपूत जैसी ऊंची जातियां इस प्रदेश में वर्चस्व की स्थिति में नहीं हैं। उनके विपरीत जाट न सिर्फ संख्या में बल्कि सामाजिक, आर्थिक और राजनीतिक आधार पर भी एक वर्चस्वशाली जाति है। इस राज्य की विलक्षण सामाजिक संरचना की एक और खासियत दलितों और अन्य पिछड़ी जातियों की उपस्थिति है। पर इन जातियों में अंदरूनी विभाजन काफी गहरे हैं।

यह राज्य शहरीकरण की अच्छी-खासी प्रक्रिया से भी गुजरा है, लेकिन इस प्रक्रिया का अपना कोई स्वायत्त चरित्र नहीं है। हरियाणा के कई बड़े शहर राष्ट्रीय राजधानी दिल्ली की परिधि के रूप में विकसित हुए हैं, लेकिन शहरीकरण के कारण राज्य के शहरी तीखी वर्गीय असमानताओं के शिकार नहीं हुए।

आजादी के पहले से हरियाणा में कांग्रेस कमजोर रही है। यह कमजोरी 1966 में नए राज्य के गठन के बाद भी जारी रही। शुरू के वर्षों में गंभीर प्रतिस्पर्धा न होने के कारण कांग्रेस कई चुनाव जीतने में सफल रही, पर सही मायनों में उसका 'एक दलीय प्रभुत्व' हरियाणा में कभी नहीं जम पाया। देश के अन्य राज्यों में दलीय प्रणाली ने कांग्रेस की मजबूत उपस्थिति के चलते ही आकार ग्रहण किया। लेकिन हरियाणा में कांग्रेस के कमजोर प्रभाव का नतीजा इस प्रणाली की अस्थिरता के रूप में सामने आया। ऐतिहासिक रूप से हरियाणा को ताकतवर राजनीतिक आंदोलनों की गैरमौजूदगी के रूप में चिह्नित किया जाता है, जिसके कारण इस प्रदेश की राजनीति को कोई मजबूत वैचारिक आधार नहीं मिल पाया। इसके साथ ही जुड़ा हुआ एक और तथ्य यह है कि हरियाणा में दूरगामी नजरिया रखने वाले किसी क्षेत्रीय नेतृत्व का विकास भी नहीं हुआ।

हरियाणा की रूपरेखा

एक पृथक राज्य के रूप में हरियाणा 1 नवम्बर 1966 को पंजाब के भाषायी पुनर्गठन के बाद सामने आया। हिंदीभाषी इलाकों को पंजाबीभाषी क्षेत्रों से अलग कर हरियाणा के रूप में एक नया राज्य बनाया गया। हरियाणा के तहत पड़ने वाले इलाके संयुक्त पंजाब में विकास के लिहाज से पिछड़े हुए थे। औपनिवेशिक प्रशासन ने भी इस क्षेत्र में कृषि के विकास की नियोजित उपेक्षा की थी। पंजाब के अन्य हिस्सों में बड़े पैमाने पर नहरें बिछाकर सिंचाई की सुविधा दी गई, वहीं इस क्षेत्र में सिंचाई सुधारने के लिए अधिक प्रयास नहीं किए गए। सिंचाई से वंचित इस निर्जल सूखे क्षेत्र को अच्छे किस्म के मवेशी विकसित करने के लिए उपयोगी समझा गया। पिछड़ी हुई खेतिहर अर्थव्यवस्था के कारण ब्रिटिश सेना को इस इलाके से सैनिक

मिलते रहे। 2001 की जनगणना के अनुसार हरियाणा महज 44,212 वर्ग किलोमीटर में फैला एक छोटा राज्य है। इसकी कुल जनसंख्या 2,10,80,000 है। साक्षरता दर 68.6 प्रतिशत है, जो कि राष्ट्रीय दर से करीब 3 प्रतिशत ज्यादा है। लेकिन उच्च साक्षरता दर और प्रति व्यक्ति बेहतर आय के बावजूद 2001 तक हरियाणा पुरुषों के मुकाबले स्त्रियों की देशभर में सबसे कम संख्या के लिए बदनाम रहा है।

हरियाणा मूलतः ग्रामीण राज्य है जिसकी आबादी का 71 प्रतिशत हिस्सा गांवों में रहता है। इसके चार प्रशासकीय संभागों के तहत 19 जिले आते हैं। चुनाव के राजनीतिक भूगोल के लिहाज से राज्य में 10 संसदीय तथा 90 विधानसभा निर्वाचन क्षेत्र हैं। इनमें से 2 संसदीय और 17 विधानसभा निर्वाचन क्षेत्र दलितों के लिए आरक्षित हैं। शुरू में 9 संसदीय और 81 विधानसभा निर्वाचन क्षेत्र हुआ करते थे, लेकिन 1976 के पुनर्सीमांकन के चलते इनकी संख्या बढ़ गई।

आबादी की सामाजिक संरचना

हरियाणवी समाज में खेतिहर जातियां सबसे बड़े समूह के रूप में मौजूद हैं। 1931 में जाति के आधार पर अंतिम जनगणना हुई थी। उसके आधार पर जाति संरचना तालिका : 7.1 में देखी जा सकती है। यहां 1,000 पुरुषों पर कुल 861 स्त्रियां हैं।

तालिका : 7.1

1931 की जनगणना के अनुसार हरियाणा की जनसंख्या का जातिगत विभाजन (प्रतिशत में)।

जिला	जातियां						
	जाट	राजपूत	चमार	ब्राह्मण	बनिया	मेव	अहीर
हिसार	28.48	16.82	9.55	5.62	7.46	0.08	1.36
रोहतक	36.80	7.10	9.15	9.67	5.95	0.02	2.68
गुड़गांव	11.45	6.92	12.73	7.95	4.38	19.54	12.80
करनाल	15.20	13.22	9.00	8.58	6.32	0.08	0.27
अंबाला	16.28	10.81	11.48	5.57	2.24	0.29	0.24

स्रोत : प्रेम चौधरी, दि वील्ड वूमन : शिफ्टिंग जेंडर इक्वेशन इन रूरल हरियाणा, 1980–1990, दिल्ली : ऑक्सफोर्ड यूनिवर्सिटी प्रेस, 1994

देश के विभाजन के कारण राज्य की आबादी के चरित्र में भारी बदलाव आया। मुसलमान बड़ी संख्या में पाकिस्तान चले गए। मुसलमानों की कुल आबादी 1951 में 20.78 से 3.8 प्रतिशत रह गई, पर गुड़गांव जिले की मेव (मुस्लिम)

आबादी में कोई महत्त्वपूर्ण परितर्वन नहीं हुआ। गुड़गांव जिले में उनकी आबादी 1931 में 19.54 के मुकाबले 1951 में 17 प्रतिशत तक ही गिरी। इसी दौरान सिखों की आबादी 5.66 से बढ़कर 8.8 प्रतिशत हो गई। सिखों के अलावा बड़े पैमाने पर पंजाबी हिंदू शरणार्थी राज्य के शहरों में आकर बस गए। हरियाणा के अधिकांश अध्येताओं ने विभिन्न जातियों के काफी मोटे-मोटे अनुमान दिए हैं, लेकिन इनमें भी कई बार काफी फर्क दिखता है। नीचे दी गई तालिका में जाति समूहों की आबादी तीन सबसे विश्वसनीय स्रोतों से दी गई है। ये स्रोत न सिर्फ तफसील में जाकर विभिन्न जाति समूहों की जनसंख्या का ब्यौरा देते हैं, बल्कि दूसरे ऐसे ही अनुमानों से ज्यादा सटीक लगते हैं। ये तीन स्रोत हैं- रणबीर सिंह (1977), हरियाणा के दूसरे पिछड़े वर्ग आयोग की रपट, सरकार द्वारा कराया गया एक गोपनीय सर्वेक्षण (ब्लैक सेंसस)।

तालिका - : 7.2
आज के हरियाणा में जातियों की आबादी के बारे में विभिन्न अनुमान।

जाति-श्रेणी	जाति का नाम	रणबीर सिंह (1977)	पिछड़ा वर्ग आयोग (1990)	गोपनीय सर्वेक्षण (1995)
ऊंची जातियां				
	बनिया	6.0	5.0	4.4
	ब्राह्मण	8.0	7.0	7.6
	कायस्थ	–	–	1.0
	पंजाबी हिंदू	10.0	8.0	7.3
	अन्य ऊंची जातियां	–	–	1.0
योग		24.0	22.0	20.3
कृषक जातियां (अन्य पिछड़ा वर्ग से अलग)				
	जाट	22.0	25.0	20.4
	राजपूत	5.0	3.0	3.6
	रोड़	2.0	1.0	1.0
योग		29.0	29.0	25.0

कृषक जातियां (अन्य पिछड़ा वर्ग समूह – ब)				
	अहीर	8.0	5.0	4.9
	गूजर	5.0	2.8	3.0
	सैनी	2.0	2.5	3.1
	बिश्नोई	2.0	0.7	0.6
योग		17.0	11.0	11.6
अन्य पिछड़ा वर्ग समूह – अ				
	कंबोज	2.0	4.0	1.1
	खाटी	–	–	2.5
	कुम्हार	–	–	2.6
	झिनवार	–	–	1.7
	नाई	–	–	1.4
	अन्य पिछड़े वर्ग	–	–	6.9
योग		2.0	4.0	16.2
अनुसूचित जातियां				
	चमार	–	10.0	9.9
	वाल्मीकि	–	4.0	4.3
	धानक	–	2.0	2.3
	मजहबी सिख	–	–	0.6
	अन्य अनु. जातियां	–	–	2.3
योग		–	16.0	19.4
अन्य धर्मावलंबी				
	जाट सिख/सिख*	6.3	4.0	3.5
	मेव/मुसलमान**	4.0	2.0	3.8
योग		10.3	6.0	7.3
कुल योग		82.3	88.0	99.8

स्रोत : रणबीर सिंह, पॉलिटिकल डिवेलपमेंट इन हरियाणा : ए स्डटी ऑफ इंटरेक्शन बिटवीन सोसायटी एंड स्टेट, जनरल ऑफ हरियाणा स्टडी, खंड ढ्ढङ्ग, अंक 1–1. 1977 : रिपोर्ट ऑफ दि बैकवर्ड क्लासिस कमीशन, 1990 और ब्लैक–सेंसस 1995।

नोट* : जहां आयोग ने जाट सिखों की संख्या दी है पर ब्लैक सेंसस ने सिखों की जनसंख्या के अनुमान दिए हैं। ब्लैक सेंसस में कुछ सिख जातियां जैसे लुवनाओं और राय सिखों को भी पिछड़ा वर्ग श्रेणी में शामिल कर लिया गया है। रणबीर सिंह ने सिखों की जनसंख्या 1971 की जनगणना के अनुसार बताई है। 1991 की जनगणना के अनुसार सिखों की आबादी 5.8 प्रतिशत है।

** मेवों को 1995 की पिछड़ी जाति सूची (ग्रुप बी) में रखा गया है। आयोग ने मेवों की जनसंख्या दी है, वहीं ब्लैक सेंसस ने सभी मुसलमानों की जनसंख्या भी बताई है। रणबीर सिंह ने मुसलमानों की जनसंख्या 1971 की जनगणना के अनुसार दी है। 1991 की जनगणना के अनुसार हरियाणा में मुसलमानों की संख्या 4.6 प्रतिशत है।

पिछड़ा वर्ग आयोग और ब्लैक सेंसस के अनुमानों में काफी निकटता दिखाई पड़ती है। ब्लैक सेंसस ने विस्तृत ब्यौरा देने के साथ-साथ अनेक जातियों को भी शामिल किया है, जबकि आयोग की रपट ने ऐसा नहीं किया। दूसरे, गोपनीय सर्वेक्षण ने विधानसभा निर्वाचन क्षेत्रों के आंकड़े भी संकलित किए हैं जिसने इसे चुनावी राजनीति के हमारे विश्लेषण के लिए काफी महत्त्वपूर्ण बना दिया है। विधानसभा स्तर पर अलग-अलग जातियों के ब्यौरों का इस्तेमाल करते हुए हमने चुनावी विश्लेषण के उद्देश्य से राज्य को चार क्षेत्रों में बांट कर देखा है (देखें परिशिष्ट—1 और 2)। ये क्षेत्र हैं ग्रामीण जाट क्षेत्र, दक्षिण का ग्रामीण क्षेत्र, उत्तर का ग्रामीण क्षेत्र और शहरी क्षेत्र। पहला क्षेत्र उन 35 विधानसभा निर्वाचन क्षेत्रों से मिलकर बना है, जिनमें जाट आबादी बड़े पैमाने पर रहती है। राजनीतिक रूप से राज्य की सबसे प्रभुत्वशाली जाति के रूप में जाट पूरे राज्य में बिखरे हुए हैं, लेकिन मुख्य रूप से भिवानी, जींद, सोनीपत, रोहतक, झज्जर और हिसार जिले हैं। अखबारी दुनिया में यह इलाका 'जाट प्रदेश' के नाम से मशहूर है। इसके अलावा ऐसे जाट बहुल गांव भी हैं, जो कि राज्य में इधर-उधर बिखरे हुए हैं। वर्ग क्रम के अनुसार जाटों की हैसियत ठीक-ठाक बता पाना बेहद कठिन है, लेकिन वे खुद को क्षत्रिय मानते हैं। हरियाणा में उनकी सामाजिक प्रतिष्ठा अहीरों, गूजरों और रोड़ों सरीखी किसान जातियों जैसी ही है। जाटों में करीब दो सौ गोत्र पाए जाते हैं। एक गोत्र के अधिकतर जाटों के गांव एक समूह में होते हैं जिसे 'खाप' के नाम से जाना जाता है। इन 'खापों' में पारंपरिक जाति पंचायतें हैं, जो 'खाप पंचायत' के नाम से प्रचलित हैं। हरियाणा के जाटों में 'सर्व खाप' सबसे बड़ी पंचायत है, जो कि तमाम खप पंचायतों का एक मिला-जुला रूप है। इन जाति पंचायतों की सामाजिक-राजनीतिक मुद्दों के निर्धारण में महत्त्वपूर्ण भूमिका रहती है। चुनाव के समय खाप के वोटों की किसी एक पक्ष में झुकाने में इन पंचायतों की निर्णायक भूमिका रहती है।

ग्रामीण-दक्षिण क्षेत्र में 15 विधानसभा क्षेत्र हैं। यहां अहीर और मेव जातियां बड़े पैमाने पर संकेन्द्रित हैं, कुछ विधानसभा क्षेत्रों के जहां अन्य जातियां जैसे गूजर काफी महत्त्वपूर्ण हैं। अहीर और यादव मध्यम स्तर की कृषक जाति

हैं। ये मूलतः रेवाड़ी, महेन्द्रगढ़ और गुड़गांव के कुछ हिस्सों में संकेन्द्रित हैं। यह क्षेत्र 'अहीरवाल क्षेत्र' के नाम से जाना जाता है। इस क्षेत्र में अहीर ही मुख्य भूस्वामी जाति हैं। हाल ही में इन्हें पिछड़ी जाति घोषित किया गया है, लेकिन इनकी आत्म-पहचान क्षत्रिय ही है। अनेक जतियां खुद को यादव कहती हैं और उनकी संख्या भारत की कुल जनसंख्या का दसवां हिस्सा है। इन सभी जातियों में दो चीजें एक सी हैं। पहली, वे उन यदु शासकों (यादव) का वंशज होने का दावा करते हैं जिनसे भगवान कृष्ण का संबंध था। दूसरे इस श्रेणी की कई जातियों की आजीविका मवेशियों पर निर्भर है। ये सभी जातियां छुआछूत की रेखा से ऊपर हैं वे या तो मंझोली जाति हैं या हिंदुओं की निचली श्रेणी के अंतर्गत हैं। इनमें से सभी जातियां क्षत्रिय होने का दावा भी करती हैं।

ऐतिहासिक रूप से इन जातियों को कई तरह की धर्मविधियों और नागरिकता के अधिकारों से वंचित रखा गया है। इन्हें वेद पढ़ने की अनुमति नहीं थी और न ही ये उपनयन के समय यज्ञोपवीत धारण करने के अधिकारी थे। इन अधिकारों की प्राप्ति के लिए उन्होंने क्षत्रिय बनने की कोशिश की और यदु वंशीय होने का दावा किया। साथ ही उन्होंने आर्य समाजी आचार-व्यवहार अपनाने के जरिए भी अपना दर्जा बढ़ाना चाहा। हरियाणा में अहीरों की भी वही सामाजिक प्रतिष्ठा है जो गूजरों की है।

मेव मुसलमान हैं और फरीदाबाद के कुछ हिस्सों और गुड़गांव जिले में केन्द्रित हैं। यह क्षेत्र 'मेवात' के नाम से जाना जाता है और पड़ोसी राज्य उत्तर प्रदेश और राजस्थान तक फैला हुआ है। मेव छोटे या मध्यम किसान हैं। मेवाती बोली का प्रयोग करने वाला यह समुदाय अपनी वंश परम्परा की खोज हिंदू राजपूत गोत्रों में करता है। इनके समसामयिक 'इस्लामीकरण' के बावजूद ये आज भी खुद को 'किशन कन्हैयाजी' या 'राजा राम' का वंशज मानते हैं।

उत्तर के ग्रामीण क्षेत्र के 23 विधानसभा निर्वाचन क्षेत्रों में तुलनात्मक रूप से ज्यादातर दलित आबादी रहती है। इस क्षेत्र में कुछ निर्वाचन क्षेत्र भी हैं जिसमें बड़े पैमाने पर सिख आबादी रहती है। इन दो समूहों के अलावा कुछ निर्वाचन क्षेत्रों में राजपूत और रोड़ सरीखी अन्य जातियां काफी प्रभावी हैं। रोड़ मंझोली कृषक जाति है। चौथा क्षेत्र शहरी है, जिसमें 17 विधानसभा निर्वाचन क्षेत्रों में पंजाबी हिंदू, ब्राह्मण और बनिया जातियों की जनसंख्या अधिक है। ब्राह्मण कृषि के साथ-साथ आधुनिक उद्यमों में भी संलग्न हैं। बनिया मूलतः व्यापारी है, साथ ही नौकरी से संबंधित पेशों में भी उनका दखल है। अधिकतर पंजाबी हिंदू, देश के विभाजन के बाद हरियाणा आए। बनिया जाति की तरह वे भी व्यापार और सेवा क्षेत्र में सक्रिय हैं। वे पंजाबी भाषा के विभिन्न रूपों का इस्तेमाल करते हैं। ये राज्य की जनसंख्या का 7-8 प्रतिशत बनाते हैं और ज्यादातर राज्य के बड़े शहरी नगरों में स्थित हैं। एक भाषायी समूह होने के बावजूद हरियाणा में उन्हें जाति के रूप में देखा जाता है।

हरियाणवी समाज में इनके खिलाफ बड़े पैमाने पर पूर्वाग्रह फैले हुए हैं।

हरियाणवी राजनीति की खास विशेषताएं

नब्बे के दशक में हरियाणा की राजनीति की खास बात यह दिखाई देती है कि उत्तर भारत के अन्य राज्यों की कई विशेषताएं हरियाणा में आते ही बेअसर हो जाती हैं।

मंडल आंदोलन की गैरमौजूदगी तथा मंझोले किसानों का प्रभुत्व

हरियाणा में उत्तर प्रदेश और बिहार की तरह दलितों और अन्य पिछड़े वर्गों का उभार नहीं हुआ। द्विज जातियों के रंग-रुतबे और गैरमौजूदगी के चलते मंडल समर्थन या मंडल-विरोधी मुद्दे राजनीति में कोई हिलोर पैदा नहीं कर पाए। यद्यपि हरियाणा में दलितों की अच्छी-खासी संख्या मौजूद है (1991 की जनगणना के अनुसार 19.7 प्रतिशत), लेकिन उन्हें ठीक ढंग से गोलबंद नहीं किया जाता है। उनके वोट भी काफी बिखरे हुए हैं। दलितों की सबसे बड़ी राजनीतिक पार्टी बहुजन समाज पार्टी (बसपा) की शुरुआत पड़ोसी राज्य पंजाब में हुई थी। यह पार्टी एक अन्य पड़ोसी राज्य उत्तर प्रदेश में काफी मजबूत है। पर हरियाणा में उसका संगठन काफी कमजोर है। हाल ही में दलितों के खिलाफ हुई जातिगत भेदभाव की घटना के बावजूद पार्टी उनकी लामबंदी का कार्यक्रम नहीं ले पाई। हरियाणा के दलितों में अस्मिता-निर्माण अभी नवजात स्तर पर है। हालांकि पिछड़ी जातियों की संख्या 28 प्रतिशत के आसपास है, लेकिन उनके उभार की प्रक्रिया भी यहां नहीं चल पाई, जबकि इसी प्रक्रिया ने हाल के दशकों में उत्तर प्रदेश और बिहार की राजनीति को नए सिरे से परिभाषित किया है। हरियाणा की पिछड़ी जातियां विभाजित हैं, सरकार ने स्वयं ही आरक्षण के मद्देनजर पिछड़ी जातियों को दो समूहों में बांट दिया इनमें यादव, गूजर और सैनी सरीखी शक्तिशाली जातियों को कुछ समय पहले ही पिछड़ी जातियों की श्रेणी में शामिल किया गया है। गौरतलब है कि इन जातियों में 'पिछड़े' होने का आत्मबोध नहीं है। इन्हें पिछड़ी जातियों के आंदोलन का नेतृत्व मिल सकता है पर वे खुद को पिछड़ी जाति के रूप में स्वीकार ही नहीं करतीं। दूसरी तरफ नाई, लोहार, सुनार और खाटी वगैरह पुरानी पिछड़ी जातियों का राज्य की कुल संख्या में 16 प्रतिशत हिस्सा होने के बावजूद उनका राजनीतिक दायरे में अपेक्षाकृत काफी कम प्रतिनिधित्व है। विधानसभा में इनका औसत एक प्रतिशत से भी कम है **(तालिका- 7.4)**।

हरियाणा की राजनीति हमेशा मध्यम स्तर की प्रभुत्वशाली कृषि जातियों, मुख्यत: जाटों द्वारा प्रभावित होती रहती है और यह प्रवृत्ति अभी भी बदस्तूर जारी है। ऐतिहासिक रूप से पंजाब और हरियाणा में ब्राह्मण और राजपूत जैसी द्विज जातियां प्रभुत्वशाली नहीं रही हैं। इस पूरे क्षेत्र में खेतिहर जातियों के सामाजिक, सांस्कृतिक प्रभुत्व के चलते ब्राह्मणवादी विचारधारा का प्रभाव कमजोर रहा है। और ब्राह्मणों की जो कुछ प्रतिष्ठा थी भी, वह कृषक जातियों, खासतौर पर जाटों में

आर्यसमाज आंदोलन के चलते समाप्त हो गई। बीस के दशक से आर्यसमाज को आत्मसात करने के चलते आम लोगों के जीवन में रीति-रिवाजों के जरिए ब्राह्मणों द्वारा किए जाने वाले हस्तक्षेप में काफी गिरावट आई। इस समूचे क्षेत्र में लोकतांत्रिक चुनावों के चलते बहुसंख्यक किसान जातियों की सामाजिक चौधराहट ने राजनीतिक नियंत्रण का रूप धारण कर लिया। हरियाणा में इस चुनावी राजनीति ने खेतिहर जातियों, खासतौर पर जाटों के वर्चस्व को और पुख्ता कर दिया। जाट इस प्रक्रिया से सबसे अधिक लाभान्वित हुए, क्योंकि वे इन जातियों में सबसे बड़े समूह थे। जाट राज्य की कुल जनसंख्या का लगभग 20 से 25 प्रतिशत हिस्सा बनाते हैं (**देखें तालिका - 7.2**)। वे राज्य में खेतिहर भूमि के सबसे बड़े मालिक हैं। इसी जाति ने राज्य को सबसे अधिक मुख्यमंत्री दिए (**तालिका - 7.3**)। एस. एन. श्रीनिवास की शब्दवाली में वे हरियाणा की 'प्रभुत्वशाली जाति' हैं।

तालिका : 7.3

हरियाणा के मुख्यमंत्री : 1967 से 2003

नाम	दल	समय काल	जाति
भगवत दयाल शर्मा	कांग्रेस	1 नवम्बर 1966 से 23 मार्च 1967	ब्राह्मण
राव वीरेन्द्र सिंह	विशाल हरियाणा पार्टी	24 मार्च 67 से 20 नवम्बर 67	अहीर
बंसीलाल	कांग्रेस	22 मई 68 से 30 नवम्बर 75	जाट
बनारसी दास गुप्ता	कांग्रेस	1 दिसम्बर 75 से 30 नवम्बर 77	बनिया
देवी लाल	जनता पार्टी	21 जून 77 से 28 जून 79	जाट
भजन लाल	जनता पार्टी	29 जून 79 से 5 जुलाई 85	बिश्नोई
बंसी लाल	कांग्रेस	5 जुलाई 85 से 19 जून 87	जाट
देवी लाल	लोकदल	17जुलाई 87 से 2 दिसम्बर 89	जाट
ओम प्रकाश चौटाला	जनता दल	2 दिसम्बर 89 से 22 मई 90	जाट
बनारसी दास गुप्ता	जनता दल	22 मई 90 से 12 जुलाई 90	बनिया
ओम प्रकाश चौटाला	जनता दल	12 जुलाई 90 से 17 जुलाई 90	जाट
हुकुम सिंह	जनता दल	12 जुलाई 90 से 21 मार्च 91	जाट
ओम प्रकाश चौटाला	जनता दल	22 मार्च 91 से 6 अप्रैल 91	जाट
भजन लाल	राष्ट्रीय कांग्रेस	23 जुलाई 91 से 9 मई 96	बिश्नोई
बंसी लाल	हरियाणा विकास पार्टी	11 मई 96 से 23 जुलाई 99	जाट
ओम प्रकाश चौटाला	भारतीय राष्ट्रीय लोकदल	24 मई 99 से -	जाट
भूपिंदर सिंह हुड्डा	कांग्रेस		जाट

स्रोत : डेविड बटलर, इंडिया डिसाइड्स इलेक्शन 1952-1995 नई दिल्ली : बुक्स एंड थिंक्स, 1995 और डब्ल्यूडब्ल्यूडब्ल्यू.हरियाणाऑनलाइन.कॉम।

राज्य विधानसभा में सबसे अधिक संख्या में विधायक भी इसी जाति से आते हैं **(देखें तालिका -7.4)**। लेकिन, हरियाणा में सामाजिक प्रभुत्व का ढांचा, जैसा सतह पर दिखाई देता है उससे अधिक जटिल है। ऊंची जातियां, मसलन पंजाबी हिंदू, ब्राह्मण और बनिया अभी भी उच्च सरकारी सेवाओं (देखें परिशिष्ट-3) और शिक्षा (देखें परिशिष्ट-4 और 5) जैसे क्षेत्रों में स्थापित हैं। किसान जातियों ने चुनावी राजनीति के चलते राजनीतिक प्रभुत्व जमा लिया है। किसान जातियों में जाट ही एकमात्र ऐसी जाति है जिसका सेवा और शिक्षा जैसे आधुनिक क्षेत्र में उचित संख्या में प्रतिनिधित्व है। जाटों के अलावा अन्य किसान जातियां, जैसे अहीर, गूजर, सैनी, बिश्नोई और रोड़ राजनीतिक रूप से अन्य महत्त्वपूर्ण किसान जातियां हैं।

तालिका : 7.4

विधायकों की सामाजिक पृष्ठभूमि

जाति	चुनाव वर्ष			औसत प्रतिनिधित्व अंश का (त्र में)						सूचकांक
	1967	1968	1972*	1977*	1982*	1987*	1991	1996	2000	2005	
ऊंची जातियां											
ब्राह्मण	6	3	–	–	–	8	5	7	2	4.2	55
बनिया	12	10	–	–	–	4	4	7	4	5.5	125
पंजाबी हिंदू	8	8	9	11	15	10	11	11	12	12.8	175
योग	26	21	9	11	15	22	20	25	18	22.5	116
कृषक जातियां											
जाट	23	23	26	29	27	29	32	27	30	33.1	162
राजपूत	2	3	2	3	3	1	3	3	2	3.0	27
रोड़	2	2	2	1	2	1	1	–	2	1.7	170
कृषक जातियां (अपिव समूह- बी)											
अहीर	7	7	6	5	4	5	4	5	6	6.6	134
सैनी	1	1	–	–	–	3	–	2	2	1.2	138
गूजर	1	3	2	4	6	3	6	2	5	4.3	143
बिश्नोई	1	2	2	1	1	1	1	3	2	1.9	316
मेव (मुसलमान)	2	3	2	3	4	3	4	3	3	3.6	94
योग	12	16	12	13	15	15	15	15	18	55.8	137

(कृषक+अन्य पिछड़ी किसान जाति-बी)											
अपिव समूह-ए											
कंबोज	–	–	–	–	–	3	–	–	–	0.4	36
कुम्हार	–	–	–	–	–	1	–	–	–	0.1	3
झिनवार	–	–	–	–	–	1	–	–	–	0.0	0
खाटी	–	–	–	–	–	–	2	–	–	0.3	12
योग	–	–	–	–	–	5	2	–	–	0.8	51
अनु. जातियां	15	15	15	15	17	17	17	17	17	19.8	100
सिक्ख	–	1	–	–	–	–	–	3	3	1.1	18
जानकारी रहित	–	–	15	16	11	–	–	–	–	–	42
योग	81	81	66	74	79	90	90	90	90	–	741

__स्रोत :__ 1967 और 1968 की विधानसभाओं के लिए, जे. आर. सिवॉच 'हरियाणा : सोशल डायनामिक्स एंड पॉलिटिक्स ऑफ डिफेक्शन' इकबाल नारायण (सं.): स्टेट पॉलिटिक्स इन इंडिया. मेरठ : मीनाक्षी प्रकाशन, 1961, 1972, 1977, और 1982 की विधानसभाओं के लिए, पी. एस. वर्मा 'प्रोफाइल ऑफ लेजिस्लेटिव एलीट इन हरियाणा', टी. आर. शर्मा (सं.)। न्यू चैलेंज ऑफ पॉलिटिक्स इन इंडियन स्टेट, नई दिल्ली : उप्पल पब्लिशिंग हाउस, 1986, 1987 और 1991 की विधानसभाओं के लिए, पी. टी. शर्मा और रमेश कुमार। 'लेजिस्लेटर इन ऐन इंडियन स्टेट : ए स्टडी इन सोशल करैक्टरस्टिक', __एशियन सर्वे__, नवम्बर 1992, 1996 और 2000 की विधानसभाओं के लिए लेखक ने हरियाणा विधानसभा के कुछ पुराने और वर्तमान विधायकों से सूचना जमा की।

__नोट :__ यह तालिका अभी पूरी नहीं है इसलिए इन्हें कुछ रुझानों को संकेत मात्र मानना चाहिए।

**1972, 1977 और 1982 चुनावों के लिए मूल लेखक ने जाट विधायकों की संख्या को क्रमशः 28.4 प्रतिशत, 32.2 प्रतिशत और 30 प्रतिशत दिया है। इन आंकड़ों को करीबी पूरे अंकों में तब्दील कर दिया गया है। लेखक ने सभी विधायकों की जातिगत पृष्ठभूमि को रेखांकित नहीं किया है। इसलिए इन वर्षों में विधायकों की कुल संख्या सदन की कुल संख्या से कम है जो कि 1972 में 81 और 1977 और 1982 में 90 थी। इसी कारण औसत अंश और प्रतिनिधित्व के सूचकांक में शामिल कुछ जातियों, जैसे ब्राह्मण, बनिया, सैनी, सिख और कुछ अन्यों की संख्या में कुछ कमी आ सकती है।*

हिंदुत्व की गैर मौजूदगी और भाजपा का उदय

हिंदुत्व की विचारधारा हरियाणा में अपनी जड़ कभी नहीं जमा सकी। इसका प्रभाव राज्यों के कुछ क्षेत्रों में ही सीमित रहा है। अन्य हिंदी राज्यों (देखें तालिका-7.5) में भाजपा 80 और 90 के दशक में ही मुख्य रूप से सामने आ गई थी, पर इस दौरान हरियाणा में भी उसकी हालत ठीक नहीं रही। जो कुछ वोट भाजपा को मिले हैं, वे मूलतः क्षेत्रीय दलों के साथ गठजोड़ के चलते ही संभव हो पाए हैं। तालिका के आंकड़ों से साफ पता चलता है कि भाज़पा पूरे

हरियाणा और पंजाब में कमजोर बनी रही। अन्य हिंदी क्षेत्रों के विपरीत हरियाणा में भाजपा अपने सामाजिक आधार को व्यापक पैमाने पर फैलाने में नाकाम रही। विकासशील समाज अध्ययन पीठ द्वारा हरियाणा विधानसभा चुनाव, 2002 के एक सर्वेक्षण के अनुसार यदि हम राजनीतिक दलों के सामाजिक आधार पर गौर करें तो साफ हो जाएगा, कि भाजपा राज्य में किसी भी मुख्य समुदाय को अपने पक्ष में लामबंद कर पाने में असफल रही है।

तालिका : 7.5

हिंदी राज्यों के विधानसभा चुनावों में भाजपा/भारतीय जनसंघ के वोट

चुनाव वर्ष	भाजपा/भारतीय जनसंघ वोट (प्रतिशत) हिंदी राज्यों में						
	हरियाणा	पंजाब	हिमाचल	उ.प्र.	बिहार	राजस्थान	म.प्र.
1989–90	–	–	41.8	11.6	11.6	25.2	39.1
1991–92	9.4	16.6	–	31.5	–	–	–
1993	–	–	36.1	33.3	–	38.6	38.8
1995–98	8.9	8.3	39.0	32.5	13.0	33.2	39.3
2000–03	8.9	5.7	35.7	19.7	14.5	–	–

__स्रोत :__ चुनाव आयोग की रपट और वी. बी. सिंह व शंकर बोस, स्टेट इलेक्शंस इन इंडिया : डेटा हैंडबुक ऑन विधानसभा इलेक्शन, 1952–85, नई दिल्ली : सेज, 1987–1988 के आधार पर गणना। यह पार्टी न सिर्फ बहुसंख्यक किसान जातियों के बीच कमजोर है, बल्कि यह राज्य की ऊंची जातियों के बड़े हिस्से को भी अपने पक्ष में नहीं ला पाई है।

कांग्रेस के प्रभाव में क्रमिक गिरावट

हरियाणा में कांग्रेस का 'एक दलीय प्रभुत्व' अपनी जड़ कभी नहीं जमा पाया। आजादी से पहले कांग्रेस संगठन की ताकत अन्य प्रांतों के मुकाबले संयुक्त पंजाब राज्य में बहुत कमजोर थी। 1946 से पहले हरियाणा संयुक्त पंजाब का हिस्सा था, उस समय मुसलमानों का बड़ा हिस्सा और ग्रामीण अंचलों में रहने वाले हिंदू, यूनिनिस्ट पार्टी को वोट देते थे। हिंदू सांप्रदायिक दल ने शहरी हिंदू वोटों में गहरी सेंध लगाई थी। दूसरी तरफ सिखों की आबादी का बहुसंख्यक हिस्सा अकाली दल के समर्थन में था। परिणामस्वरूप आजादी के बाद कांग्रेस पंजाब में किसी भी अन्य भारतीय क्षेत्र की तुलना में कमजोर रही, (ब्रास 1974)। हालांकि 1952 से 1962 के बीच हुए विधानसभा चुनावों में कांग्रेस ने अपनी स्थिति में काफी सुधार किया। हरियाणा में अन्य प्रांतों के मुकाबले कांग्रेस के वोटों का प्रतिशत हमेशा कम रहा।

तालिका : 7.6

पंजाब विधानसभा चुनाव 1952-1962 : विभिन्न क्षेत्रों में कांग्रेस का वोट शेयर

चुनाव वर्ष	संपूर्ण पंजाब में वोटों का प्रतिशत	हरियाणा क्षेत्र में वोटों का प्रतिशत	बचे हुए पंजाब में वोटों का प्रतिशत
1952	36.7	34.2	–
1957	47.5	42.4	50.3
1962	43.7	46.8	45.3

स्रोत : चुनाव आयोग की रपट और वी. बी. सिंह व शंकर बोस, स्टेट इलेक्शंस इन इंडिया : डेटा हैंडबुक ऑन विधानसभा इलेक्शन, 1952-85, नई दिल्ली: सेज, 1987-1988 के आधार पर गणना।

नए राज्य के रूप में हरियाणा के गठन तक राष्ट्रीय स्तर पर कांग्रेस के 'एक दलीय प्रभुत्व' का दौर खत्म होने को था। हालांकि गंभीर प्रतिस्पर्द्धा के अभाव में, राज्य बनने के एक दशक तक कांग्रेस ने कई चुनाव जीते, लेकिन इसकी शुरुआत राज्य में न्यूनतम बिंदु से हुई और जब पतन शुरू हुआ तो पड़ोसी हिंदीभाषी राज्यों की तरह इससे किसी को अचरज नहीं हुआ (तालिका-7.7)।

तालिका : 7.7

हिंदीभाषी राज्यों के विधानसभा चुनावों में कांग्रेस के वोट

चुनाव वर्ष	हिंदीभाषी राज्यों में कांग्रेस के वोट (प्रतिशत)						
	हरियाणा*	पंजाब*	हिमाचल	उ.प्र.	बिहार	राजस्थान	म.प्र.
1952	34.2	–	–	47.9	41.4	39.5	49.1
1957	42.4	50.3	–	42.4	42.1	45.1	49.8
1962	40.8	45.3	–	36.3	41.4	40.0	38.5
1967	41.3	37.7	42.2	32.2	33.1	41.4	40.7
1968-69	43.8	39.2	–	33.7	30.5	–	–
1972-74	46.9	42.8	53.2	32.2	33.1	51.1	47.9
1977	17.2	33.6	27.7	31.9	23.6	31.5	35.9
1980-82	37.6	45.2	42.5	37.7	34.2	43.0	47.5
1985-87	29.2	37.9	55.5	39.3	39.3	46.6	48.9
1989-90	–	–	36.5	27.9	24.8	33.6	33.3
1991-92	33.7	43.7	–	17.4	–	–	–
1993	–	–	49.4	15.0	–	38.2	40.7
1995-98	20.8	26.5	43.5	8.3	16.3	44.9	40.6
2000-03	31.2	36.5	40.7	8.8	11.1	–	–

स्रोत : चुनाव आयोग की रपट और वी. बी. सिंह व शंकर बोस, स्टेट इलेक्शंस इन इंडिया : डेटा हैंडबुक ऑन विधानसभा इलेक्शन, 1952-85, नई दिल्ली : सेज, 1987-1988 के आधार पर गणना।

** नोट : 1952 से 1962 के बीच होने वाले विधानसभा चुनावों के ये आंकड़े पंजाब के हरियाणा वाले क्षेत्र तथा उसके शेष हिस्से में कांग्रेस के मत प्रतिशत की ओर संकेत करते हैं। 1952 के चुनावों में शेष पंजाब के आंकड़ों को यहां इसलिए नहीं दिया गया है क्योंकि तत्कालीन पेप्सू के कई निर्वाचन क्षेत्र हरियाणा का हिस्सा थे। इस सबके चलते शेष पंजाब के संबंध में कोई स्पष्ट आंकड़ा नहीं दिया जा सकता।*

*** वर्तमान हिमाचल प्रदेश राज्य 1967 में अस्तित्व में आया।*

इस तालिका पर सरसरी निगाह डालने से साफ हो जाता है कि हिंदीभाषी राज्यों में से हरियाणा में कांग्रेस की शुरुआत बहुत न्यूनतम बिंदु से हुई। वैसे जहां तक कांग्रेस पार्टी के प्रदर्शन का मसला है, हम तालिका में दर्ज राज्यों में तीन तरह की प्रवृत्तियां साफ तौर पर चिह्नित कर सकते हैं। इसकी पहली बानगी उत्तर प्रदेश और बिहार में मिलती है, जहां शुरुआत में पार्टी की स्थिति काफी मजबूत थी, लेकिन पार्टी में उभरते मतभेदों, गुटों और फूट के चलते 1980 के दशक में कांग्रेस के प्रभाव में गिरावट शुरू हो गई। नब्बे का दशक आते-आते इन राज्यों में कांग्रेस महत्त्वहीन हो गई। पार्टी दूसरी बानगी में हिमाचल प्रदेश, राजस्थान और मध्य प्रदेश जैसे राज्य आते हैं, जहां कांग्रेस किसी तरह से भाजपा के साथ द्वि-दलीय प्रतिस्पर्धा के तहत गुत्थमगुत्था रही। इन राज्यों में कांग्रेस की स्थिति अभी तक काफी मजबूत है, और कभी सत्ता उसे मिल जाती है और कभी भाजपा को। तीसरी बानगी में पंजाब और हरियाणा जैसे राज्य आते हैं, जहां कांग्रेस की होड़ मजबूत क्षेत्रीय दलों के साथ है। हरियाणा में कांग्रेस को खासतौर से ग्रामीण आधारित मजबूत क्षेत्रीय दलों से गंभीर चुनौती है। हालांकि चुनावी लिहाज से कांग्रेस इस प्रदेश में आज भी ऐसी ताकत है, जिसे राज्य के तमाम बड़े समुदायों से उल्लेखनीय समर्थन मिलता रहता है। लेकिन चुनावी तौर पर महत्त्वपूर्ण भूमिका निभाने के बावजूद कांग्रेस अब इस प्रदेश की स्वाभाविक शासक पार्टी नहीं रह गई है। यदि हम पिछले दस साल में कांग्रेस को वोट देने वाले लोगों की सामाजिक बनावट पर एक नजर डालें, तो पाएंगे कि राज्य में पार्टी के पास अच्छी-खासी संख्या में 'अनिश्चित समर्थकों' का ऐसा घेरा है जो कभी उसे वोट देता है और कभी नहीं।

तालिका : 7.8

कांग्रेस के समर्थकों, अस्थिर मतदाताओं और विरोधियों की सामाजिक रूपरेखा

जाति	अक्सर %	कभी-कभार %	कभी नहीं %	संख्या
ऊंची जातियां	21	42	29	163
जाट	7	36	49	275
अन्य किसान जातियां	24	33	29	147
पंजाबी खत्री	30	45	15	33
अन्य पिछड़ी जातियां	31	37	21	143
जाट सिख	12	30	52	90
मुसलमान	33	47	10	72
अनुसूचित जाति	46	35	11	223
अन्य	27	26	24	37
योग	25	37	29	1182

***स्रोत :** सीएसडीएस-एनडीटीवी द्वारा हरियाणा विधानसभा चुनाव 2002 का चुनाव बाद सर्वेक्षण।*
***नोट :** यह प्रतिक्रिया उस सवाल के जवाब की तरह सामने आई : पिछले दस सालों में आपने कांग्रेस को कितनी बार वोट दिया है?*

कांग्रेस पार्टी संख्या की दृष्टि से बहुसंख्यक और राजनीतिक दृष्टि से सबसे महत्त्वपूर्ण जाटों के बीच बहुत कमजोर है। राज्य के जाट सिख भी इस पार्टी को बहुत पसंद नहीं करते। अन्य किसान जातियों के बीच भी पार्टी का समर्थन स्पष्ट नहीं है। सर्वेक्षण के नतीजों पर एक विस्तृत निगाह डालने से पता चलता है कि राज्य में किसानों के बीच यादव या अहीर कांग्रेस का थोड़ा-बहुत स्थाई आधार बनाते हैं। राज्य में दलित मुसलमान, पंजाबी, खत्री और अन्य पिछड़े वर्ग कांग्रेस के साथ रहते हैं।

शहरीकरण के बावजूद शहरी राजनीति का अभाव

हरियाणा मूलतः एक ग्रामीण राज्य है जिसकी आबादी का ज्यादातर हिस्सा गांवों में रहता है। 2001 की जनगणना के आंकड़ों के मुताबिक हरियाणा की कुल जनसंख्या का 71 प्रतिशत हिस्सा ग्रामीण अंचलों में रहता है। फरीदाबाद, हरियाणा का सबसे शहरीकृत जिला है, जिसकी जनसंख्या का 55.6 प्रतिशत हिस्सा शहरी क्षेत्रों में रहता है। दूसरी तरफ महेन्द्रगढ़ 86.5 प्रतिशत ग्रामीण आबादी के साथ न्यूनतम शहरीकृत इलाका है। हाल के दिनों में राज्य के शहरीकरण की राष्ट्रीय दर से भी

आगे निकल गया है। जबकि हरियाणा में शहरी जनसंख्या की दर 1991 (24.6 प्रतिशत) के मुकाबले 2001 में 29 प्रतिशत तक पहुंच गई है। देश में शहरी जनसंख्या की दर 27.8 प्रतिशत है। 1991 से 2001 के दौरान राज्य की शहरी आबादी की दर 10.7 प्रतिशत तक बढ़ी, जबकि हरियाणा में शहरीकरण की इस हालिया लहर का राजनीति पर कोई खास प्रभाव नहीं पड़ा है। गुजरात और महाराष्ट्र की तरह हरियाणा में शहरीकरण राज्य के भीतर हुए आर्थिक विकास की स्वायत्त प्रक्रिया का परिणाम नहीं रहा है। हरियाणा में शहरीकरण की प्रक्रिया दरअसल इस राज्य की राष्ट्रीय राजधानी के निकट होने का परिणाम है। गुड़गांव और फरीदाबाद सरीखे औद्योगिक नगरों का विकास दिल्ली से निकट संबंध होने के चलते संभव हो पाया, लेकिन यहां किसी मजबूत स्थानीय मजदूर वर्ग की रचना नहीं हो सकी। राज्य के श्रमिक वर्ग की राजनीति का भी कोई स्पष्ट रूप नहीं दिखता।

राजनीतिक सहभागिता का उच्च स्तर

हरियाणा में राजनीतिक सहभागिता का स्तर काफी ऊंचा है। गौरतलब है कि जब यह अविकसित पंजाब राज्य का हिस्सा था, तब भी हरियाणा में मतदान का प्रतिशत बाकी पंजाब से बेहतर था। 1952 के विधानसभा चुनावों में पूरे पंजाब क्षेत्र में 55 प्रतिशत मतदाताओं ने वोट दिया, वहीं हरियाण क्षेत्र में यह प्रतिशत 57 था। इसी प्रकार 1957 और 1962 में हुए विधानसभा चुनाव में एक ओर बाकी पंजाब में वोट देने वाले क्रमशः 56 और 64 प्रतिशत थे, वहीं हरियाणा क्षेत्र में यह संख्या क्रमशः 61 और 67 प्रतिशत थी। अलग राज्य के अस्तित्व में आने के बाद हरियाणा में मतदाताओं का प्रतिशत अन्य हिंदी राज्यों के मुकाबले ऊंचा रहा।

तालिका : 7.9

हिंदीभाषी राज्यों के विधानसभा चुनावों में मतदान : 1967–2003

चुनाव वर्ष	हिंदीभाषी राज्यों में मतदान (प्रतिशत में)						
	हरियाणा	पंजाब	हिमाचल	उ.प्र.	बिहार	राजस्थान	म.प्र.
1967	72.7	71.2	51.2	54.6	51.5	58.2	53.5
1968–69	57.2	72.3	–	54.0	52.8	–	–
1972–74	70.5	69.3	49.9	56.9	52.8	58.1	55.3
1977	64.5	65.4	58.6	46.1	50.5	54.4	52.7
1980–82	69.9	66.3	71.1	44.9	57.3	52.2	48.9
1985–87	71.2	67.5	70.4	45.7	56.3	55.0	49.8
1989–90	–	–	68.1	52.5	63.8	59.0	58.1

1991–92	65.9	23.8	–	50.0	–	–	–
1993	–	–	71.5	57.1	–	60.5	60.6
1995–98	70.5	68.7	71.2	55.7	61.8	63.3	60.2
2000–03	69.0	65.1	74.4	53.8	62.5	–	–

***स्रोत :** चुनाव आयोग की रपट और वी. बी. सिंह और शंकर बोस, स्टेट इलेक्शंस इन इंडिया : डेटा हैंडबुक ऑन विधानसभा इलेक्शन, 1952–85, नई दिल्ली : सेज, 1987–1988 के आधार पर गणना।*

ऊपर दी गई तालिका में सिर्फ हिमाचल प्रदेश में मतदान का प्रतिशत अधिक दिखाई देता है। इसे छोटे पहाड़ी राज्य की विशेष राजनीतिक स्थिति के रूप में समझा जाना चाहिए। बाकी सभी हिंदी राज्यों के मतदान का प्रतिशत हरियाणा से कम रहा है। यदि हम चुनाव के दौरान होने वाली सभाओं में हिस्सेदारी को राजनीतिक सहभागिता का सूचक मानें, तो हरियाणा अन्य सभी हिंदी राज्यों के समक्ष बेहतर स्थिति में खड़ा दिखता है (तालिका–7.10)।

तालिका : 7.10

विभिन्न राज्यों की चुनावी सभाओं में भागीदारी

राज्य विधानसभा चुनाव	जिन्होंने चुनावी सभा में हिस्सेदारी की (प्रतिशत)	संख्या
हरियाणा 2000	41	1182
बिहार 2000	31	2225
हिमाचल 2003	44	780
उत्तरांचल 2002	38	734
उत्तर प्रदेश 2002	32	2334
पंजाब 2002	35	1146

***स्रोत :** सीएसडीएस द्वारा चुनाव बाद कराया गया सर्वेक्षण।*

उत्तरांचल और हिमाचल प्रदेश में सहभागिता के उच्च स्तर को उनके छोटे पहाड़ी राज्य होने के विशेष चरित्र के रूप में समझा जा सकता है। इन दोनों तालिकाओं से साफ हो जाता है कि हरियाणा में राजनीतिक सहभागिता का स्तर उत्तर प्रदेश और बिहार से ऊंचा है। खास बात यह है कि इन प्रदेशों में हाल के वर्षों में भारी राजनीतिक उथल-पुथल हुई है, पर हरियाणा में राजनीतिक माहौल सौम्य रहा है।

पार्टियों के प्रति कमजोर जुड़ाव और राजनीतिक अस्थिरता

हरियाणा की राजनीति में मजबूत वैचारिक आधार का अभाव है। मतदाता और नेता

दोनों का राजनीतिक दलों के साथ लम्बे दौर का जुड़ाव बहुत कम देखने को मिलता है। इसी तरह चुनाव में जीतने और किसी भी तरह सत्ता में बने रहने के लिए नेताओं को दल बदलते देखना यहां बहुत आम बात है। इसी तरह मतदाताओं की भी राजनीतिक दलों के प्रति प्रतिबद्धता नहीं है। उनकी निष्ठा नेताओं और उनसे जुड़े धड़ों के प्रति अधिक रहती है। हरियाणा में निष्ठा मुद्दों या दलों के मुकाबले उम्मीदवारों के प्रति अधिक रहती है। हरियाणा और पंजाब में दलीय प्रणाली की विशेष प्रवृत्ति का विश्लेषण करते हुए एक विद्वान ने लिखा है कि इस क्षेत्र के राजनीतिक विमर्श में पार्टी शब्द का दो तरह से इस्तेमाल किया जाता है। पहला इस्तेमाल परम्परागत है जहां इस पद का इस्तेमाल राजनीतिक दल को इंगित करने के लिए इस्तेमाल किया जाता है, जैसे कांग्रेस पार्टी या जनता पार्टी। लेकिन, पार्टी शब्द का दूसरा रोचक इस्तेमाल राजनीतिक नेताओं के धड़ों को इंगित करने के लिए भी होता है, जैसे राव वीरेन्द्र सिंह पार्टी या देवीलाल पार्टी। इन धड़ों का चरित्र काफी कुछ स्थाई किस्म का रहता है, और वे विभिन्न दलों के साथ चुनाव के वक्त अधिक संख्या से सीटें पाने के लिए सौदेबाजी करते हैं। इस क्षेत्र के लोगों की इन धड़ों का नेतृत्व करने वाले शक्तिशाली नेताओं के साथ प्रतिबद्धता राजनीतिक दलों से प्रतिबद्धता के मुकाबले अधिक रहती है। विकासशील समाज अध्ययन पीठ द्वारा आयोजित राष्ट्रीय चुनाव अध्ययन 1996 के निम्नलिखित आंकड़े चुनाव पश्चात सर्वेक्षण द्वारा संकलित किए गए थे। इस तालिका में हिंदी क्षेत्र के मतदाताओं की राजनीतिक दलों के साथ प्रतिबद्धता जानने की कोशिश की गई है।

तालिका : 7.11

क्या आप किसी भी राजनीति दल के प्रति निकटता महसूस करते हैं?

राज्य	हां (%)	नहीं (%)	संख्या
हरियाणा	11	89	168
पंजाब	38	62	195
हिमाचल प्रदेश	17	82	62
उत्तर प्रदेश	32	68	1432
बिहार	33	67	880
राजस्थान	2	80	539
मध्यप्रदेश	21	79	707
अखिल भारतीय	31	69	9614

स्रोत : *अध्ययन पीठ द्वारा राष्ट्रीय चुनाव सर्वेक्षण 1996 के लिए किया गया चुनाव बाद सर्वेक्षण।*

यह तालिका यह स्पष्ट करती है कि राजनीतिक दलों के प्रति मतदाताओं की

कम प्रतिबद्धता पूरे भारत में देखी जा सकती है। केरल और पश्चिम बंगाल की बात अलग है क्योंकि वहां तीखा वैचारिक ध्रुवीकरण है।

उत्तर प्रदेश, बिहार और पंजाब में राष्ट्रीय स्तर के मुकाबले प्रतिबद्धता की दर ऊंची होने के कुछ विशेष कारण हैं। पिछले दशक में उत्तर प्रदेश और बिहार में जाति आधारित दलों का उभार हुआ, जिन्हें अपने जातिगत आधार पर बड़े पैमाने पर समर्थन मिलता है। पंजाब के मामले में प्रतिबद्धता के ऊंचे स्तर की व्याख्या अकाली दल जैसी धर्म आधारित पार्टी की उपस्थिति के रूप में की जा सकती है, जिसे सिखों का व्यापक पैमाने पर समर्थन मिलता है। हिंदी राज्यों में हरियाणा के मतदाताओं की राजनीतिक दलों के प्रति प्रतिबद्धता सबसे न्यूनतम है। एक तरफ ऊंचे स्तर की राजनीतिक सहभागिता और दूसरी तरफ स्थापित राजनीतिक दलों के प्रति मतदाताओं में प्रतिबद्धता का अभाव मिलकर राजनीतिक अस्थिरता का निर्माण करते हैं।

हरियाणा में सत्ता के लिए होने वाली जोरदार होड़ वैचारिक मुद्दों के इर्द-गिर्द नहीं बुनी गई है। इसी के चलते यह राजनीतिक अस्थिरता का वातावरण बनता है। यह अस्थिरता स्वयं को कई तरीकों से व्यक्त करती है, जैसे मतदाताओं में राजनीतिक दलों के प्रति लम्बे दौर पर प्रतिबद्धता का अभाव, व्यक्तिकेन्द्रित राजनीतिक धड़ों का अस्तित्व में आना जो अक्सर जातिगत हितों का मुखौटा मात्र होते हैं, राजनीतिक दलों के साथ नेताओं के सुविधाजनक संबंध आदि। इससे दल-बदलू की प्रवृत्ति में जबर्दस्त उभार आता है और सीटों की अनिश्चितता भी बढ़ जाती है। परिणामस्वरूप कई बार एक ही मुद्दा चुनावी लहर पैदा कर देता है जो अल्पजीवी साबित होता है। ऐसी लहरों से आने वाले राजनीतिक उभारों का नतीजा किसी दूरगामी व्यवस्थामूलक परिवर्तन में नहीं निकलता।

राजनीतिक मंडी की संस्कृति

कई ऐतिहासिक कारणों के चलते हरियाणा में आदर्शवाद से सराबोर किसी राजनीतिक संस्कृति का विकास नहीं हो सका। वहीं दूसरी तरफ राज्य में राजनीतिक मंडी की संस्कृति के लिए जगह बनी है। इस मंडी पर वैचारिक या सांगठनिक प्रतिबद्धताओं का कोई अंतर नहीं पड़ता। इसके लिए कुछ कारण जिम्मेदार हैं। सर छोटू राम की अंग्रेजपरस्त यूनिनिस्ट पार्टी के प्रभाव के कारण कांग्रेस के नेतृत्व में चल रहा आजादी का आंदोलन इस क्षेत्र में अपनी जड़ें नहीं जमा पाया जिससे इस क्षेत्र को आजादी के संघर्ष के फूटने वाले आदर्शवाद का स्पर्श नहीं मिल सका। इसी प्रकार इस क्षेत्र को देश के अन्य हिस्सों में हुए बहुत से सुधारवादी आंदोलनों का लाभ भी नहीं मिल सका। हालांकि आर्य समाज आंदोलन का कुछ प्रभाव इस क्षेत्र में जरूर था, लेकिन आर्य समाज की

आधुनिकीकरण को बढ़ावा देने वाली दयानंद एंग्लो विद्यालय शाखा के बजाय इस क्षेत्र में उसका पारम्परिक गुरुकुल पक्ष ही अधिक प्रभावी रहा। यूं तो दिल्ली के नजदीकी के कारण कई छोटे शहर विकसित हुए, लेकिन यहां शहरी संस्कृति और सेकुलर बुद्धिवाद से लैस मध्यम वर्ग का विकास नहीं हो पाया। यह वर्ग गुणात्मक रूप से राजनीतिक चेतना के विकास में सहायक हो सकता था। हरियाणा में देश के अन्य हिस्सों की तर्ज पर वामपंथी आंदोलन का भी विकास नहीं हो पाया। वामपंथ देश के अन्य हिस्सों की तरह यहां के नौजवानों को उग्र आदर्शवाद से ओत-प्रोत कर राजनीतिक चेतना के स्तर को ऊंचा उठा सकता था। बेहूदा राजनीतिक हस्तक्षेपों और विश्वविद्यालयों में भद्दे किस्म के जातिवाद के चलते राज्य में सेकुलर बुद्धिजीवी समुदाय भी विकसित नहीं हो सका। कुल मिलाकर राज्य में राजनीतिक चेतना के विकास का मार्ग अवरुद्ध ही रहा।

हरियाणा में चुनावी राजनीति (1967-87)

शुरुआती उथल-पुथल : आया राम गया राम की राजनीति या लोकतांत्रिक राजनीति का तर्क ?

नया राज्य बनने के तुरंत बाद हरियाणा में कांग्रेस की सरकार सत्ता में आ गई। पंजाब कांग्रेस कमेटी के चीफ भगवत दयाल शर्मा को राज्य का पहला मुख्यमंत्री नियुक्त किया गया। उस समय कांग्रेस के सदन में 54 में से 46 सदस्य थे, जिनमें से 22 को मंत्री बनाया गया। हरियाणा विधानसभा का पहला चुनाव फरवरी 1967 में कराया गया। इस चुनाव में कांग्रेस 81 में से 48 सीटें जीत गई। भगवत दयाल शर्मा दुबारा मुख्यमंत्री बने। हालांकि उन्होंने सभी बड़ी जातियों के विधायकों को प्रतिनिधित्व देकर मंत्रालय का गठन किया, लेकिन उन्होंने जानबूझ कर देवी लाल और श्रीचंद (जाट), राव वीरेंद्र सिंह (अहीर), चांद राम (दलित), और मनी राम गोधरा (बिश्नोई) को सरकार में शामिल नहीं किया। यह सरकार 13 दिन में गिर गई। देवी लाल और राव वीरेंद्र सिंह के नेतृत्व में विधायकों के एक समूह ने स्वयं को सरकार से अलग कर लिया। इसके बाद राव वीरेंद्र सिंह की अगुआई में संयुक्त विधायक दल सरकार ने 24 मार्च 1967 को कार्यभार संभाला। परंतु शह और मात का यह खेल इसके बाद भी जारी रहा और 32 सदस्य सरकार से अलग हो गए। इस नई सरकार ने लगभग 8 महीने तक काम किया। इसके बाद लगातार दल-बदल की संभावना के चलते राष्ट्रपति शासन लगा दिया गया। 1968 के मध्यावधि चुनाव में कांग्रेस एक बार फिर बहुमत में आई। इस बार कांग्रेस के आला नेताओं ने तुलनात्मक रूप से नए जाट नेता बंसी लाल को मुख्यमंत्री नियुक्त किया। लेकिन, भगवत दयाल शर्मा 15 विधायकों के साथ कांग्रेस से अलग हो गए और बंसी लाल

के नेतृत्व वाली सरकार को हटाने के लिए 41 सदस्यों को लेकर संयुक्त विधायक दल का गठन कर डाला। लेकिन, उन्हें अपने इस प्रयास में नाकामी मिली। कांग्रेस से अलग हुए कुछ विधायक वापस फिर कांग्रेस में आ गए। दलों की अदला-बदली के इस खेल में कुख्यात हो जाने के बाद हरियाणा को 'आया-राम गया-राम' की उपाधि प्राप्त हुई। ऊपर से देखें तो हरियाणा की राजनीति में दल-बदलू राजनीति, भ्रष्टाचार और मौका परस्ती से अधिक और कुछ नहीं दिखाई देता। लेकिन, मामला कुछ और था। वर्चस्वशाली जातियों के नेता सत्ता में अपना हिस्सा पाने की कोशिश कर रहे थे। ये नेता मुख्यतः वर्चस्वशाली बहुसंख्यक किसान जातियों से संबंधित थे। वे ब्राह्मणों की चौधराहट मानने के लिए तैयार नहीं थे। दरअसल, यहां जनतंत्र का तर्क अपने स्वाभाविक रास्ते पर चल रहा था।

चुनावी राजनीति के कुछ उल्लेखनीय बिंदु (1967-89)

पिछले बीस वर्ष के दौनान कांग्रेस का क्रमिक पतन हरियाणा की राजनीति का केन्द्रीय सार रहा है। हालांकि कांग्रेस हरियाणा में कभी भी वर्चस्व के उस स्तर को प्राप्त नहीं कर पाई, जैसा वर्चस्व उसे कर्नाटक जैसे दक्षिण भारतीय राज्य में प्राप्त था। गंभीर प्रतिस्पर्धा के अभाव में 1967-1972 तक कांग्रेस ने सभी चुनाव जीते। इस दौरान कांग्रेस को 40 प्रतिशत से अधिक वोट प्राप्त हुए। कांग्रेस 1967 के विधानसभा चुनावों और 1968 के मध्यावधि चुनाव में 81 में से 48 सीटें जीत गई, और नाटकीय अंदाज में हुए दल-बदल के बावजूद 1967 के चुनाव में इसका वोट प्रतिशत 41.3 से 2 प्रतिशत बढ़कर 43.8 प्रतिशत हो गया। 1972 में राज्य विधानसभा के लिए हुए चुनावों में कांग्रेस के वोट 3 प्रतिशत और बढ़कर 46.9 तक पहुंच गए। इस चुनाव में कांग्रेस 52 सीट जीतने में कामयाब हुई। पहले के मुकाबले कांग्रेस के बेहतर प्रदर्शन के 71 के बांग्लादेश युद्ध के चलते कांग्रेस के पक्ष में चली हवा के रूप में समझा जा सकता है। 1968-1972 के बीच बंसी लाल सरकार द्वारा बड़े पैमाने पर कराए गए विकास कार्यों को भी कांग्रेस की जीत के एक और कारण के रूप में समझा जा सकता है। लेकिन सबसे महत्त्वपूर्ण बात यह थी कि राज्य की चुनावी राजनीति में कांग्रेस का कोई भी सक्षम विकल्प मौजूद नहीं था। 1967 के लोकसभा चुनाव में कांग्रेस 9 में 7 सीटें जीत पाने में सफल हुई। 1971 के लोकसभा चुनाव में कांग्रेस पार्टी का 52.6 प्रतिशत मतों के साथ पहली बार बहुमत प्राप्त करना, राज्य के चुनावी इतिहास में दर्ज है। जनसंघ की उपस्थिति भी इस दौरान इंगित की जा सकती है, हालांकि 1967-1972 के विधानसभा चुनाव के दौरान इसका वोट प्रतिशत 14.4 से घट कर 6.5 प्रतिशत तक गिर गया। 1967 के चुनाव में यह पार्टी 12 सीटें जीत पाने में सफल हुई जो कि 1972 के चुनाव में सिमटकर 2 रह गईं। जनसंघ का सामाजिक आधार मूलतः पंजाबी

शरणार्थियों तक सीमित था, जो कि विभाजन के कारण यहां आकर बस गए थे। इसके साथ ही शहरी इलाकों में रहने वाले बनिया समुदाय के कुछ हिस्सों में भी जनसंघ का आधार था। विशाल हरियाणा पार्टी इस दौर की एक और मुख्य खिलाड़ी थी। विशाल हरियाणा पार्टी दरअसल प्रभावशाली अहीर नेता राव वीरेंद्र के कांग्रेस छोड़ने के बाद ताकतवर बनकर उभरी। अपने समर्थक आधार को मजबूत करने के लिए राव ने राजस्थान और उत्तर प्रदेश के कुछ हिस्सों को मौजूदा हरियाणा राज्य में मिलाकर विशाल हरियाणा बनाने का राजनीतिक नारा बुलंद किया। 1968 के विधानसभा चुनावों में 14.9 प्रतिशत वोटों के साथ यह 16 सीटें जीतने में सफल रही। 1977 के चुनाव तक इसकी सीटों की संख्या घटकर 5 रह गई और यह मात्र दक्षिण हरियाणा के अहीरवाल क्षेत्र तक सिमट गई। कुछ समय बाद राव वीरेंद्र सिंह ने अपनी पार्टी का कांग्रेस में विलय कर दिया।

कांग्रेस का सही मायने में पतन 1977 के चुनावों के बाद शुरू हुआ। सम्पूर्ण उत्तर भारत में जनता पार्टी के आने के बाद से शुरू हुई राजनीतिक अस्थिरता जारी रही। 1980 में केन्द्रीय सत्ता में कांग्रेस की वापसी का नतीजा यह निकला कि भजन लाल के नेतृत्व वाली जनता सरकार पूरी की पूरी कांग्रेस में चली गई। नतीजतन अगले दौर के (1982) विधानसभा के चुनावों में कांग्रेस फिर सत्ता में आई। 1982 के विधानसभा चुनाव में हालांकि कांग्रेस एकमात्र बड़े दल के रूप में उभर कर आई, लेकिन इसका वोट प्रतिशत घटकर 40 प्रतिशत से भी कम रह गया। इस चुनाव में देवी लाल का लोकदल 31 सीट और 23.9 प्रतिशत वोटों के साथ बड़ी ताकत के रूप में उभरकर आया। हालांकि कांग्रेस के पास विधानसभा में पूर्ण बहुमत नहीं था, फिर भी वही किसी तरह पाला-बदल इंजीनियरिंग के चलते सरकार बनाने में कामयाब हो गई। अगले दौर के लोकसभा चुनाव इंदिरा गांधी की हत्या के साए में हुए, जिसमें राष्ट्रीय स्तर पर कांग्रेस के पक्ष में व्यापक लहर थी। यह हरियाणा में सभी 10 सीटें जीत गई और अब तक की तुलना में सबसे अधिक 55 प्रतिशत वोट भी प्राप्त किए। कांग्रेस के पतन के लगातार सिलसिले में यह कुल मिलाकर अनूठी घटना थी। सत्तर और अस्सी के मध्य हुए चुनावों के दौरान हरियाणा में कांग्रेस का वोट प्रतिशत अन्य हिंदीभाषी राज्यों में कांग्रेस के वोट प्रतिशत से कोई 10 प्रतिशत कम था।

1987 के विधानसभा चुनावों तक लोकदल ने भाजपा के साथ मिलकर राजीव-लोंगोवाल गठजोड़ के खिलाफ हरियाणा संघर्ष समिति के बैनर तले सफल विरोध प्रदर्शनों के जरिए अपनी स्थिति को और मजबूत बना लिया था। समिति का दावा था कि पंजाब समझौते ने हरियाणा के हितों को अनदेखा किया है और इसके लिए सत्ताधारी कांग्रेस जिम्मेदार है। परिणामस्वरूप 1987 के विधानसभा चुनावों में देवी लाल के नेतृत्व वाले लोकदल के पक्ष में व्यापक लहर चली। इस चुनाव में लोकदल ने 60 सीटें जीतीं और उसे 10 प्रतिशत वोट मिले। लोकदल ने ग्रामीण

जाट क्षेत्र में 55.5 प्रतिशत वोट अपनी झोली में डाले। राज्य के चुनावी इतिहास में एक ही बार दक्षिणी ग्रामीण क्षेत्र में यह 33.1 प्रतिशत वोट पाने में सक्षम हो पाया। पारम्परिक रूप से वहां इसकी स्थिति कमजोर रही थी। भाजपा ने शहरी क्षेत्र में अपने अधिकतम वोट बटोरे। राज्य के बचे हुए अन्य तीन क्षेत्रों में इसका प्रदर्शन बहुत अच्छा नहीं रहा। कांग्रेस महज 29.2 प्रतिशत वोट के साथ 5 सीटें ही जीत पाई। हालांकि इसके वोट राज्य के चारों जिलों में समान रूप से फैले हुए थे, लेकिन शहरी और दक्षिणी ग्रामीण क्षेत्रों में इसका प्रदर्शन थोड़ा बेहतर रहा। 1989 के लोकसभा चुनाव तक लोकदल-भाजपा सरकार अपनी लोकप्रियता खोना शुरू कर चुकी थी। हालांकि लोकदल ने जनता दल के नए अवतार के रूप में 10 में से 6 संसदीय सीटें जीतीं। लेकिन, जहां इसने 87 के चुनावों में 60 सीटों पर चुनाव जीता वहीं इस चुनाव में यह महज 43 विधानसभा क्षेत्रों में ही आगे रहा। सरकार में शामिल भाजपा भी लोकदल से गठजोड़ के चलते खस्ताहाल में पहुंच चुकी थी। शहर विरोधी और किसान समर्थक खो दिया। उत्तर भारत में इस चुनाव के आम परिणाम से अलग हरियाणा में कांग्रेस की स्थिति पहले से कुछ बेहतर हो गई। जहां 1987 के विधानसभा चुनावों में यह मात्र 5 सीट ही जीत पाई थी, वहीं इस चुनाव में यह न सिर्फ 10 में से 4 संसदीय सीटें जीतने में कामयाब हुई, बल्कि यह 39 विधानसभा क्षेत्रों में औरों से आगे थी। भाजपा के शहरी वोटों में गहरी सेंध लगा पाने में कांग्रेस सफल रही।

चुनावी राजनीति (1991-2001)

पिछले दशक में शुरू हुआ कांग्रेस का पतन नब्बे के दशक में और तेज हो गया। लेकिन कांग्रेस पूरी तरह गायब नहीं हो गई थी। कांग्रेस के कमजोर होने का मुख्य कारण दरअसल राज्य में बहुसंख्यक किसान जातियों से मिलने वाले अनिश्चित समर्थन में छुपा हुआ है। कांग्रेस के प्रति इन जातियों का दोहरा रुख स्वतंत्रता पूर्व के दौर से देखा जा सकता है, जब इनकी अधिकांश संख्या सर छोटू राम की यूनिनिस्ट पार्टी का समर्थन करती थी। कांगेस चुनावी रणभूमि में कमजोर थी, पर कोई भी दल स्थिर विकल्प पेश कर पाने की स्थिति में नहीं था। भाजपा या जनसंघ का प्रभाव मुख्यतः शहरी इलाकों तक था और यह ऊंची जातियों (ब्राह्मण, बनिया) और पंजाबी हिंदुओं के समर्थन पर निर्भर थी। पार्टी ने ग्रामीण क्षेत्रों और निम्न जातियों में पैठ बनाने के लिए कोई गंभीर प्रयास नहीं किया। लोकदल जाटों और अन्य किसान जातियों में लोकप्रिय था पर उसके पास टिकाऊ सामाजिक गठजोड़ बनाने की दूरदृष्टि नहीं थी। प्रभावी जन नीतियां बनाकर उन्हें अपनी चुनावी सफलताओं में परिवर्तित कर पाने में भी लोकदल असफल रहा। बंसी लाल की हरियाणा विकास पार्टी के पास लोकदल की तुलना में कमजोर जाट आधार रहा है। साथ ही यह पार्टी अन्य सामाजिक समूहों को आकर्षित कर पाने में विशेष तौर पर असफल रही।

ऐतिहासिक दृष्टि से यह एक अल्पजीवी पार्टी साबित हुई। कांग्रेस के दबदबे का जमाना खत्म हो जाने के बाद नब्बे के दौरान हरियाणा की राजनीति में विभिन्न ताकतों ने सत्ता तक पहुंचने के विभिन्न तरीके अख्तियार किए। 1991 के विधानसभा चुनाव में अंतिम बार जीतने के बाद कांग्रेस ने अपनी पुरानी रणनीति का इस्तेमाल किया जिसके तहत वह सभी तबकों के वोट हासिल करने की कोशिश करती रही है। इधर नाना प्रकार के गठबंधन सत्ता पर काबिज होने में लगे रहे। इन गठबंधनों का आधार जाट समर्थन के इर्द-गिर्द कुछ सामाजिक समूहों को एकजुट करना था। इस रणनीति के तहत गठबंधन बनाने की व्यावहारिक योजना भाजपा और एक मजबूत जाट आधारित क्षेत्रीय पार्टी के मिलने के रूप में सामने आई। पहली दफा 1987 के विधानसभा चुनावों में लोकदल और भाजपा के गठबंधन ने इस रणनीति को अमली जामा पहनाया। उसके बाद कई बार विभिन्न क्षेत्रीय पार्टियों ने भाजपा के साथ गठजोड़ करके इसे आजमाया। यदि 1996 के चुनावों में हरियाणा विकास पार्टी ने इस रणनीति का फायदा उठाया, तो 1999 के लोकसभा और 2000 के विधानसभा चुनाव में लोकदल ने इसी युक्ति को आजमाया। लेकिन, इनमें से कोई भी गठबंधन स्थाई सिद्ध नहीं हुआ। गांव आधारित क्षेत्रीय दलों के साथ भाजपा का गठबंधन चुनाव जीतने की रणनीति से अधिक कुछ नहीं था। एक बार सत्ता में आ जाने के बाद गठबंधन के दोनों सहयोगियों के बीच कड़वाहट पैदा होने लगी। दोनों ही राज्य की नीतियों को अपने निर्वाचित सदस्यों के हितानुसार तय करने की कोशिश करते दिखे। इसके चलते टिकटों के बंटवारे में भी सहयोगियों के बीच विवाद की स्थिति पैदा हुई।

1991 में लोकसभा और विधानसभा चुनाव

नब्बे के दशक में हुए लोकसभा और विधानसभा चुनावों में कांग्रेस ने अपना अब तक का सबसे बेहतर प्रदर्शन 1991 में किया। राजीव गांधी की हत्या के बाद कांग्रेस के पक्ष में लहर चल पड़ी। हरियाणा में 1987 के विधानसभा चुनाव में धूमधाम से सत्ता में आई लोकदल सरकार के कुशासन भरे चार सालों के काम से आम जनता परेशान हो चुकी थी। उप प्रधानमंत्री बनने के पश्चात देवीलाल ने मुख्यमंत्री का पद अपने वरिष्ठ पुत्र ओमप्रकाश चौटाला को सौंप दिया था। लेकिन 'मेहम' मध्यावधि चुनाव में बड़े पैमाने पर हुई हिंसा के चलते तत्कालीन प्रधानमंत्री विश्वनाथ प्रताप सिंह ने चौटाला पर इस्तीफा देने के लिए दबाव डाला। उन्होंने बनारसीदास गुप्ता को मुख्यमंत्री के रूप में नामजद कर दिया। लेकिन जल्दी ही चौटाला फिर मुख्यमंत्री बन गए। केन्द्रीय नेतृत्व ने दुबारा दबाव डालकर उन्हें इस्तीफा देने को कहा। इस दफा उन्होंने मुख्यमंत्री के रूप में अपने समर्थक हुकुम सिंह को मनोनीत कर दिया। जैसे ही 1991 के संसदीय और विधानसभा चुनावों का वक्त आया, चौटाला ने तीसरी बार मुख्यमंत्री का कार्यभार संभाल लिया। लेकिन राज्यपाल धनिक मंडल ने

तालिका : 7.12

1991 के विधानसभा चुनाव का क्षेत्रवार विश्लेषण

क्षेत्र	मतदान प्रतिशत	कुल सीटें	कांग्रेस जीती/लड़ी	कांग्रेस वोट %	लोकदल जीती/लड़ी	लोकदल वोट %	भाजपा जीती/लड़ी	भाजपा वोट %	हविपा जीती/लड़ी	हविपा वोट %	बसपा जीती/लड़ी	बसपा वोट %
ग्रामीण जाट	65.4	35	15 (35)	35.6	12 (34)	30.1	0 (34)	3.1	5 (23)	14.0	0 (5)	0.3
ग्रामीण दक्षिण	62.2	15	11 (15)	35.0	2 (14)	17.6	1 (15)	12.3	0 (10)	12.7	0 (0)	0.0
ग्रामीण उत्तर	71.1	23	11 (23)	35.0	2 (23)	22.7	1 (23)	8.4	4 (14)	7.2	1 (14)	6.7
शहरी	63.5	17	14 (17)	37.2	0 (17)	10.6	0 (17)	17.5	3 (14)	16.6	0 (17)	2.1
कुल	**65.9**	**90**	**51 (90)**	**33.7**	**16 (88)**	**22.0**	**2 (89)**	**9.4**	**12 (61)**	**12.5**	**1 (26)**	**2.3**

स्रोत : विकासशील समाज अध्ययन पीठ का आंकड़ा एकांश।

इस सरकार को बर्खास्त कर दिया क्योंकि विधानसभा अध्यक्ष ने उनके तीन समर्थकों की सदस्यता को दल-बदल कानून के तहत खारिज कर दिया था, और सदन में वे अपना बहुमत साबित करने में असफल हो गए। परिणामस्वरूप 1991 के चुनावों से पूर्व राज्य में राष्ट्रपति शासन लागू कर दिया गया। राष्ट्रीय और स्थानीय कारणों के चलते राज्य के लोगों ने कांग्रेस के पक्ष में बड़े पैमाने पर मतदान किया। लोकसभा चुनावों में 37.2 प्रतिशत मतों के साथ दस में से नौ सीट जीतने में कांग्रेस सफल रही। उसी वर्ष हुए विधानसभा चुनाव में कांग्रेस ने 51 सीटें जीतीं और 33.7 प्रतिशत वोट भी प्राप्त किए। लोकदल सरकार को अपने कुशासन की कीमत चुकानी पड़ी। उसकी सीटों की संख्या 1987 में जीती 60 सीटों से गिरकर 16 पर पहुंच गई। इन दो चुनावों के बीच इसका वोट 38.6 प्रतिशत से गिरकर 22 प्रतिशत पर आ पहुंचा। 1991 के विधानसभा चुनावों की बेहतर समझ बनाने के लिए हमने क्षेत्रवार विश्लेषण दिया है।

मतदान के लिहाज से 1990 के दशक में सभी चुनाव एक से रहे हैं। उत्तरी ग्रामीण क्षेत्र में उच्चतम स्तर का मतदान और ग्रामीण जाट क्षेत्र में दूसरे नम्बर का उच्चतम मतदान दिखाई पड़ता है। कांग्रेस ने 1991 में राज्य के सभी चार क्षेत्रों में

पर्याप्त वोट बटोरे। इसे शहरी क्षेत्र में 37.2 प्रतिशत वोटों के साथ अधिक समर्थन मिला। इस चुनाव में कांग्रेस ने ग्रामीण जाट क्षेत्र में असाधारण रूप से 35.6 प्रतिशत वोट प्राप्त किंए। पारंपरिक रूप से यह इसका कमजोर गढ़ रहा है। लोकदल ने बावजूद खराब प्रदर्शन के ग्रामीण जाट क्षेत्र में 30.1 प्रतिशत वोट प्राप्त कर लिए। उत्तरी ग्रामीण क्षेत्र में भी इसका वोट प्रतिशत इसके औसत वोट स्तर से कुछ बेहतर था। भाजपा ने हालांकि इस चुनाव में खराब प्रदर्शन किया, पर शहरी क्षेत्र में इसने 19.5 प्रतिशत वोट हासिल करके अपनी उपस्थिति दर्ज कराई। बंसी लाल की हरियाणा विकास पार्टी ने शहरी और ग्रामीण जाट क्षेत्र में तुलनात्मक रूप से बेहतर प्रदर्शन किया। बहुजन समाज पार्टी ने इन चारों क्षेत्रों में कमजोर होने के बावजूद उत्तरी ग्रामीण क्षेत्र में ठीक-ठाक प्रदर्शन किया। यहां दलित आबादी बड़ी संख्या में रहती है।

1996 के लोकसभा और विधानसभा चुनाव

1996 में कांग्रेस को हरियाणा में लोकसभा के साथ हुए विधानसभा चुनावों में भारी पराजय का सामना करना पड़ा। भजनलाल के नेतृत्व वाली सरकार के खिलाफ नाराजगी का माहौल कांग्रेस की पराजय के रूप में सामने आया। उस समय की कई अखबारी खबरें बताती हैं कि जनता में भ्रष्ट और अकुशल कांग्रेस सरकार के खिलाफ नाराजगी थी। बाढ़ के कारण राज्य के कुछ भागों में पिछले साल हुई तबाही के चलते भी आम जनता सरकार के खिलाफ हो गई थी। 1991 के विधानसभा चुनाव में कांग्रेस के पास 51 सीटों के साथ बहुमत था, पर 1996 के चुनावों में यह संख्या गिरकर 9 पर पहुंच गई। इसका वोट प्रतिशत भी पिछले चुनावों के 33.7 प्रतिशत से गिरकर 1996 के चुनावों में 20.8 प्रतिशत पर आ गया। भजनलाल सरकार के 36 मंत्रियों में से 4 ही दुबारा निर्वाचित हो पाए। सत्तारूढ़ कांग्रेस सरकार इस मुगालते में थी कि जाट वोट बंसीलाल की हरियाणा विकास पार्टी और ओमप्रकाश चौटला की समता पार्टी (लोकदल) में विभाजित हो जाएंगे, जिसका फायदा कांग्रेस को मिलेगा। जाट वोट विभाजित तो जरूर हुए, परंतु दूसरी ओर कांग्रेस को अपने पारंपरिक वोटों का बड़ा हिस्सा गंवाना पड़ा। लोकसभा चुनावों में यह 10 सीटों पर लड़ी और मात्र दो ही सीटें जीत पाई।

यह चुनाव साफ तौर पर बंसीलाल की हरियाणा विकास पार्टी और उसके गठबंधन सहयोगी भाजपा के नाम रहा। अंतिम क्षणों में बंसीलाल और ओमप्रकाश चौटाला दोनों ही भाजपा के साथ गठबंधन करने का प्रयास करते रहे। भाजपा जहां 25 की मांग कर रही थी, वहीं चौटाला 16 से अधिक देने को तैयार नहीं थे। इसी दौरान बंसीलाल ने भाजपा के साथ गठजोड़ कर लिया। लोकदल और कांग्रेस ने अपने दम पर ही चुनाव लड़ने का फैसला किया। बंसीलाल द्वारा राज्य में 'शराबबंदी' का वायदा आम लोगों को रिझाने में सर्वाधिक महत्त्वपूर्ण मुद्दा बना। यह मुद्दा महिला

तालिका 7.13

1996 के विधानसभा चुनावों का क्षेत्रवार ब्यौरा

क्षेत्र	मतदान %	कुल सीटें	कांग्रेस जीती/लड़ी	कांग्रेस वोट %	लोकदल जीती/लड़ी	लोकदल वोट %	भाजपा जीती/लड़ी	भाजपा वोट %	हविपा जीती/लड़ी	हविपा वोट %	हविपा+भाजपा जीती/लड़ी	हविपा+भाजपा वोट %	बसपा जीती/लड़ी	बसपा वोट %
ग्रामीण जाट	71.3	35	3 (35)	19.1	12 (35)	25.5	0 (2)	1.1	17 (33)	33.9	17 (35)	35.0	0 (21)	3.2
ग्रामीण दक्षिण	64.7	15	2 (15)	20.2	1 (15)	11.9	3 (5)	12.3	7(10)	20.7	10 (15)	33.0	0 (15)	6.1
ग्रामीण उत्तर	77.5	23	2 (23)	20.9	9 (23)	26.0	2 (6)	5.3	6 (17)	18.1	8 (23)	23.4	0 (18)	8.9
शहरी	66.6	17	2 (17)	24.1	2 (16)	12.2	6 (12)	23.7	3 (5)	11.3	9 (17)	35.0	0 (13)	42.0
कुल	**70.5**	**90**	**9 (90)**	**20.8**	**24 (89)**	**20.6**	**11 (24)**	**8.9**	**33 (65)**	**22.7**	**44 (90)**	**31.6**	**0 (67)**	**5.4**

स्रोत : *विकासशील समाज अध्ययन पीठ का आंकड़ा एकांश।*

मतदाताओं के बीच काफी लोकप्रिय रहा। हरियाणा विकास पार्टी को भाजपा के साथ गठजोड़ का बहुत लाभ हुआ। जहां पिछले चुनावों में यह सिर्फ 12 सीटें जीत पाई थी, वहीं इस बार उसकी सीटों की संख्या 33 तक पहुंच गई। साथ ही इसका वोट प्रतिशत भी 1991 के 12.5 प्रतिशत से 10 प्रतिशत बढ़कर 96 के चुनावों में 22.6 प्रतिशत हो गया। लेकिन, भाजपा को हरियाणा विकास पार्टी के साथ गठजोड़ के चलते सबसे अधिक फायदा हुआ। जहां पिछले चुनावों में 89 सीटों पर खड़े किए गए इसके उम्मीदवारों में से सिर्फ दो ही जीत पाए थे, वहीं इस बार सिर्फ 25 सीटों पर चुनाव लड़कर उसने 11 सीटें जीत ली। लेकिन, इसके वोट पिछली दफा 9.4 प्रतिशत से 8.8 प्रतिशत पर आ पहुंचे। कुल मिलाकर गठबंधन 31.5 प्रतिशत वोट के साथ 44 सीटें जीत पाने में सफल रहा। उसी वर्ष हुए लोकसभा चुनाव में भाजपा और हरियाणा विकास पार्टी द्वारा जीती गई सीटों की संख्या क्रमशः 4 और 3 रही, और दोनों का वोट प्रतिशत मिलकर 34.9 प्रतिशत बना। ओमप्रकाश चौटाला के लोकदल ने भी 1991 के विधानसभा की तुलना में अपनी स्थिति में थोड़ा सुधार किया। पिछले विधानसभा चुनावों में उनके विधायकों की संख्या 16 थी, वहीं 1996 में यह संख्या बढ़कर 24 हो गई।

लेकिन, 1991 की तुलना में इसका वोट प्रतिशत 22 प्रतिशत से घटकर 20.5 प्रतिशत पर पहुंच गया। यदि यह भाजपा के साथ गठबंधन बनाने में सफल रहते तो, चुनावी आंकड़ा कुछ और बढ़ सकता था। लोकदल को भी टिकटों के अनियोजित बंटवारे के कारण कुछ सीटों पर हारना पड़ा। इसने 15 सीटों पर उम्मीदवारों को बदल दिया था। कई क्षेत्रों में विद्रोही दो सीटों से चुनाव में उतरे, लेकिन वे सिर्फ रोड़ी सीट ही जीत पाए। संपत सिंह, हीरानंद आर्य और सतबीर कादियान जैसे कई महत्त्वपूर्ण नेता चुनाव में अपनी सीट नहीं बचा पाए।

हरियाणा विकास पार्टी को ग्रामीण जाट क्षेत्र में सबसे अधिक 33.9 प्रतिशत वोट प्राप्त हुए। गठबंधन की सहयोगी भाजपा को शहरी क्षेच में 23.7 प्रतिशत वोट मिले। दोनों को शहरी क्षेत्र में कुल मिलाकर 35 प्रतिशत वोट मिले। दोनों ने मिलकर ग्रामीण जाट क्षेत्रों में 35 प्रतिशत वोट प्राप्त किए। जाट निर्वाचन क्षेत्रों में हरियाणा विकास पार्टी ने बढ़िया प्रदर्शन के चलते इन क्षेत्रों में लोकदल का वोट पिछले चुनावों में 30.1 के मुकाबले 25.5 पर आ गया। इसने उत्तरी ग्रामीण क्षेत्र में 26 प्रतिशत वोटों के साथ कुछ बेहतर प्रदर्शन किया। इस क्षेत्र की कुल सीटों पर बड़ी संख्या में सिख आबादी की मौजूदगी को लोकदल के बेहतर प्रदर्शन के रूप में देखा जा सकता है, जो पारंपरिक रूप से लोकदल के समर्थक रहे हैं। ग्रामीण जाट बहुल क्षेत्रों में कांग्रेस का वोट 1991 विधानसभा चुनावों के 35.6 प्रतिशत से गिरकर 19.1 प्रतिशत हो गया। 1996 तक बसपा अपनी पैठ चारों क्षेत्रों में बना चुकी थी, लेकिन उसका सबसे बेहतर प्रदर्शन उत्तरी ग्रामीण क्षेत्र में 8.6 प्रतिशत वोटों के साथ रहा।

1998 के लोकसभा चुनाव

1996 के विधानसभा चुनावों से शुरू हुआ कांग्रेस का पतन 1998 के लोकसभा चुनावों में भी जारी रहा। इसमें कांग्रेस 26 फीसदी वोटों के साथ केवल तीन सीटें जीत पाई। केवल 23 विधानसभा क्षेत्रा में ही उसे बढ़त मिली। उधर, सत्तारूढ़ हविपा-भाजपा भी इस चुनाव तक अपनी लोकप्रियता खो चुकी थी। शराबबंदी की नीति नाकाम हो चुकी थी। इसके कारण न केवल सरकार को राजस्व की भारी हानि हुई बल्कि सरकार के नजदीकी लोगों का हाथ शराब के गैरकानूनी धंधे में दिखने लगा। महेंद्रगढ़-भिवानी क्षेत्र में किसानों के आंदोलन पर पुलिस की फायरिंग ने सरकार को किसानों के बीच अलोकप्रिय कर दिया। पंजाब सरकार के कुछ लोकलुभावन वायदों से हरियाणा के किसानों की उम्मीदें भी बढ़ गई थीं। लेकिन, बंसीलाल सरकार उन्हें पूरा करने के लिए तैयार नहीं थी। सत्तारूढ़ गठजोड़ को 10 में से दो सीटें ही मिलीं। दोनों के वोट मिलकर 30.5 फीसदी रहे। हविपा का प्रदर्शन तो खास तौर पर खराब रहा। वह केवल आठ विधानसभा क्षेत्रों में ही आगे रही।

चौटाला और उनका हरियाणा लोकदल (राष्ट्रीय) 1996 के विधानसभा

चुनावों से ही लगातार अपनी स्थिति मजबूत कर रहा था। 1998 में उसने बसपा के साथ तालमेल किया। लोकदल ने चार और बसपा ने एक सीट जीती। दोनों ने मिलकर 33.6 फीसदी वोट प्राप्त किए। लेकिन इस पार्टी के सबसे महत्त्वपूर्ण उम्मीदवार देवीलाल रोहतक क्षेत्र से पराजित हो गए।

1999 के लोकसभा चुनाव

हरियाणा में 1999 के लोकसभा चुनाव नाटकीय राजनीतिक घटनाक्रम से शुरू हुए। भाजपा ने तीन साल पुरानी हरियाणा विकास पार्टी से गठजोड़ तोड़ दिया। कुछ रपटों के मुताबिक भाजपा ने अपना समर्थन इसलिए वापस लिया, क्योंकि बंसीलाल सरकार उसके कुछ सुझावों को मानने के लिए तैयार नहीं थी। खासतौर से चुंगी को समाप्त करने के लिए सुझाव। साथ ही भाजपा की आंख आने वाले लोकसभा चुनाव पर भी थी। बंसीलाल सरकार राज्य में अलोकप्रिय हो चुकी थी। 1998 के लोकसभा चुनाव में हरियाणा विकास पार्टी और भाजपा के गठजोड़ का 10 में से मात्र 2 सीटें जीत पाना इस बात को साफ कर देता है। 1996 के चुनाव में ओमप्रकाश चौटाला भाजपा से गठजोड़ न बना पाने के चलते सत्ता में नहीं पहुंच पाए थे। विपक्ष में बैठने के बावजूद उन्होंने केन्द्र की राष्ट्रीय जनतांत्रिक गठबंधन की सरकार को समर्थन देने का विकल्प चुना, क्योंकि वे किसी भी तरह भाजपा को हरियाणा विकास पार्टी से दूर रखना चाहते थे। इसके चलते 1999 के लोकसभा चुनाव में उन्हें काफी लाभ मिला। भाजपा द्वारा समर्थन वापस ले लेने के कारण हरियाणा विकास पार्टी में टूट हो गई और इसके 17 विधायकों ने हरियाणा विकास पार्टी (लोकतांत्रिक) नाम से एक नए दल का गठन कर लिया। बाद में इनमें से 14 विधायक चौटाला के राष्ट्रीय लोकदल में शामिल हो गए। कुछ समय तक हरियाणा विकास पार्टी की सरकार कांग्रेस द्वारा बाहर से समर्थन देने के कारण बची रही। कांग्रेस के केन्द्रीय नेतृत्व ने अपने स्थानीय नेताओं के विरोध के बावजूद हरियाणा विकास पार्टी को समर्थन दिया। इन स्थानीय कांग्रेस नेताओं का मानना था कि बंसीलाल की अलोकप्रिय सरकार को समर्थन देना अपने पैरों पर कुल्हाड़ी मारने जैसा होगा। कुछ ही समय में कांग्रेस को अपनी गलती का एहसास हो गया और सोनिया गांधी के विधानसभा भंग कर देने के सुझाव को न मानने पर बंसीलाल सरकार से कांग्रेस ने समर्थन वापस ले लिया। बंसीलाल के पास सत्ता छोड़ने के अलावा कोई विकल्प नहीं बचा था। इसने ओमप्रकाश चौटाला को भाजपा के समर्थन से नई सरकार बनाने का अवसर प्रदान किया। चुनाव के वक्त सत्ता में बने रहना लोकदल के लिए काफी फायदेमंद साबित हुआ।

भाजपा द्वारा समर्थन वापस लेने के बाद हरियाणा विकास पार्टी ने बहुजन समाज पार्टी से गठजोड़ बनाया। 1998 के लोकसभा चुनावों में बसपा ने लोकदल

तालिका :४११ 7.14

1999 के लोकसभा चुनावों का क्षेत्रवार विश्लेषण

क्षेत्र	मतदान प्रतिशत	कुल सीटें	कांग्रेस जीती/लड़ी	कांग्रेस वोट %	लोकदल जीती/लड़ी	लोकदल वोट %	भाजपा जीती/लड़ी	भाजपा वोट %	लोकदल+भाजपा जीती/लड़ी	लोकदल+भाजपा वोट %	हविपा जीती/लड़ी	हविपा वोट %	बसपा जीती/लड़ी	बसपा वोट %
ग्रामीण जाट	–	35	1 (35)	30.4	24 (25)	42.4	10 (10)	19.7	34 (35)	62.1	0 (7)	4.5	0 (2)	0.2
ग्रामीण दक्षिण	–	15	4 (15)	43.4	1 (1)	3.8	10 (14)	46.9	11 (15)	40.7	0 (6)	1.1	0 (8)	2.0
ग्रामीण उत्तर	–	23	0 (23)	33.6	12 (12)	31.5	11 (11)	26.5	23 (23)	58.0	0 (1)	0.6	0 (11)	5.2
शहरी	–	17	0 (17)	37.5	7 (7)	21.7	10 (10)	35.0	17 (17)	56.7	0 (4)	2.8	0 (6)	1.0
कुल	–	**90**	**5 (90)**	**34.9**	**44 (45)**	**28.8**	**41 (45)**	**29.2**	**84 (90)**	**58.0**	**0 (18)**	**2.7**	**0 (27)**	**2.0**

स्रोत : विकासशील समाज अध्ययन पीठ का आंकड़ा एकांश।

के साथ गठजोड़ बनाया था। हविपा द्वारा लिए गए कुछ अलोकप्रिय निर्णय चुनाव के महत्त्वपूर्ण मुद्दे बने। बंसीलाल सरकार की शराबबंदी की नीति असफल साबित हुई, और महज दो साल में ही पहले धूमधड़ाके से लागू किए फैसले पर उन्हें पुनर्विचार करना पड़ा। कर्मचारियों के विरोध प्रदर्शन के प्रति कड़ा रुख अपनाने के कारण सरकारी कर्मचारी भी सरकार से नाखुश थे। भाजपा ने इस घटनाक्रम के संभावित नकारात्मक परिणामों को महसूस किया, और ऐन चुनावों के कुछ पहले इसने बंसीलाल सरकार से अपने हाथ खींच लिए। ये सब कारण हरियाणा विकास पार्टी को लोकसभा चुनाव में करारी मात देने के लिए काफी थे। हरियाणा विकास पार्टी और बसपा गठजोड़ ने इस चुनाव में निहायत खराब प्रदर्शन किया और एक भी सीट नहीं जीत पाया। हरियाणा विकास पार्टी का वोट 2.7 प्रतिशत की दयनीय स्थिति पर पहुंच गया दोनों गठबंधन सहयोगियों का वोट मिलकर केवल 4.7 प्रतिशत ही बन पाया। पहले बंसीलाल को समर्थन देने के निर्णय और अचानक समर्थन वापसी के निर्णय से पार्टी की काफी फजीहत हुई। 35 प्रतिशत वोट पाने के बावजूद कांग्रेस एक भी सीट जीतने में नाकाम रही। पार्टी महज 5 विधानसभा क्षेत्रों में ही आगे थी।

यहां तक कि भजनलाल और प्रदेश अध्यक्ष भूपेंद्र सिंह हुड्डा सरीखे कांग्रेस के दिग्गज नेता तक चुनाव हार गए। दूसरी तरफ चौटाला के लोकदल के लिए भाजपा के साथ गठजोड़ करना क्रिकेट की भाषा में कहें तो, सही समय पर बेहतरीन शॉट के रूप में सामने आया। लोकदल और भाजपा दोनों ने 5-5 सीटों पर चुनाव लड़ा और सभी 10 सीटें अपने खाते में डालीं। दोनों दलों का मिला-जुला वोट लगभग 58 प्रतिशत था। कुल मिलाकर गठबंधन ने 85 विधानसभा क्षेत्रों में अपनी बढ़त बनाई।

लोकदल को ग्रामीण जाट क्षेत्र में सबसे अधिक 42.4 प्रतिशत वोट मिले। ग्रामीण उत्तर क्षेत्र में 31.5 प्रतिशत वोट के साथ वह दूसरे स्थान पर रहा। यदि हम इसके सहयोगी दल भाजपा के वोटों को भी इसमें मिला दें तो वोटों की संख्या 62.1 प्रतिशत बनती है। भाजपा को सबसे अधिक वोट (46.9 प्रतिशत) दक्षिणी ग्रामीण क्षेत्र से मिले। इसकी वजह को कारगिल युद्ध में विधवा हुई सुधा यादव की जीत के रूप में भी समझा जा सकता है जो महेंद्रगढ़ लोकसभा सीट से चुनाव जीती थीं। कांग्रेस को दक्षिणी ग्रामीण इलाके से सबसे अधिक वोट मिले जो इस चुनाव में एक भी सीट नहीं जीत पाई। हरियाणा विकास पार्टी का प्रदर्शन सभी चार क्षेत्रों में बेहद निराशाजनक रहा। इसे ग्रामीण जाट क्षेत्र में और जगहों के मुकाबले सबसे अधिक (4.5 प्रतिशत) वोट मिले। इसके सहयोगी दल बसपा का प्रदर्शन भी उसके समान ही रहा। बसपा को अधिकतम वोट (5.2 प्रतिशत) उत्तरी ग्रामीण क्षेत्र से मिले, जहां अन्य क्षेत्रों के मुकाबले उसने अच्छा प्रदर्शन किया था।

सन 2000 के विधानसभा चुनाव

विधानसभा चुनावों से पहले ही हरियाणा विकास पार्टी और भाजपा गठबंधन की सरकार गिर चुकी थी। भाजपा ने 1999 के लोकसभा चुनाव के पहले ही सरकार से समर्थन वापस ले लिया था। चुनाव में भाजपा ने ओमप्रकाश चौटाला के भारतीय राष्ट्रीय लोकदल से गठबंधन कर लिया था और दोनों ने मिलकर लोकसभा की सभी 10 सीट जीत ली थीं। 1999 के लोकसभा चुनाव में भारी सफलता मिलने के बाद चौटाला ने विधानसभा भंग कर जल्दी चुनाव करवा दिए, हालांकि विधानसभा का कार्यकाल 2001 तक था। लोकदल और भाजपा दोनों ने विधानसभा चुनाव हेतु गठबंधन में बने रहने का निर्णय लिया। पर दोनों दलों के बीच सीटों के बंटवारे को लेकर विवाद हो गया। लोकसभा चुनाव में मिले समर्थन के चलते चौटाला ने यह महसूस किया कि भाजपा जितनी सीटें जीतने में सक्षम है उससे अधिक मांग कर रही है। आखिरकार लोकदल ने 61 पर और भाजपा ने 29 सीटों पर चुनाव लड़ा। लोकदल के कार्यकर्ताओं ने कई जगहों पर भाजपा के उम्मीदवारों का समर्थन नहीं किया। साथ ही कई जगहों पर लोकदल के बागी उम्मीदवारों ने भाजपायी उम्मीदवार की जीत के मौकों को ओमप्रकाश

तालिका 7.15
2000 के विधानसभा चुनाव का क्षेत्रवार विश्लेषण

क्षेत्र	मतदान	कुल	कांग्रेस		लोकदल		भाजपा		लोकदल+भाजपा		हविपा		बसपा	
	प्रतिशत	सीटें	जीती/लड़ी	वोट %	जीती/लड़ी	वोट %	जीती/लड़ी	वोट %	जीती/लड़ी	वोट %	जीती/लड़ी	वोट %	जीती/लड़ी	वोट %
ग्रामीण जाट	71.7	35	8 (35)	34.3	22 (29)	36.1	1 (6)	3.2	23 (35)	39.3	1 (33)	9.5	0 (33)	3.0
ग्रामीण दक्षिण	66.7	15	7 (15)	33.7	5 (10)	25.2	1 (5)	10.2	6 (15)	35.6	0 (15)	2.7	0 (12)	1.4
ग्रामीण उत्तर	73.7	23	0 (23)	26.9	18 (19)	39.1	2 (4)	4.6	20 (23)	43.7	0 (19)	2.7	1 (12)	6.9
शहरी	61.3	17	6 (17)	29.1	2 (3)	6.9	2 (14)	24.0	4 (17)	30.9	1 (15)	5.5	0 (16)	6.1
कुल	**69.0**	**90**	**21 (90)**	**31.2**	**47 (61)**	**29.2**	**6 (29)**	**8.9**	**53 (90)**	**38.1**	**2 (82)**	**5.7**	**1 (83)**	**5.7**

स्रोत : विकासशील समाज अध्ययन पीठ का आंकड़ा एकांश।

चौटाला के 'तथाकथित' समर्थन से नाकाम कर दिया।

इस चुनाव में हरियाणा विकास पार्टी का पूरी तरह सूपड़ा साफ हो गया। 82 सीटों पर चुनाव लड़ने के पश्चात इसे सिर्फ 2 पर विजय प्राप्त हो पाई। उसे बहुत मामूली 5–7 प्रतिशत वोट ही मिल सके। कांग्रेस की स्थिति भी कोई बहुत अच्छी नहीं थी। इसने सभी 90 सीटों पर चुनाव लड़ा पर 31.2 प्रतिशत वोट के साथ यह 21 सीटों पर ही जीत दर्ज कर पाई। कांग्रेस के सतत पतन को सिद्ध करता हुआ हरियाणा उत्तर प्रदेश और बिहार के बाद उत्तर भारत का ऐसा तीसरा राज्य बना जहां यह लगातार दो विधानसभा चुनावों में हार चुकी थी। कांग्रेस के खराब प्रदर्शन के मुख्यतः दो कारण थे— पहला, लड़खड़ाती हविपा को थोड़े समय के लिए समर्थन देने के चलते यह अलोकप्रिय हो गई थी, और दूसरा, चुनाव के वक्त कांग्रेस भजनलाल और हुड्डा के नेतृत्व में दो धड़ों में विभक्त हो गई थी। इस चुनाव की सबसे बड़ी सफलता लोकदल के हिस्से में गई। 61 सीटों पर चुनाव लड़कर उसे 47 सीटों पर सफलता प्राप्त हुई और 29.2 प्रतिशत वोट मिले। ऐसा लगता है कि देवीलाल के बेटे की सरकार की आम जनता के दिलोदिमाग पर अच्छी पहचान ने लोकदल को इस चुनाव में बड़े पैमाने पर जीत दिलाने में

महत्त्वपूर्ण भूमिका निभाई। अध्ययन पीठ और एनडीटीवी के सर्वेक्षण में जब लोगों ने हरियाणा में 'तीन लालों' की सरकार में से सबसे बेहतर सरकार चुनने को कहा गया तो, सबसे अधिक (49 प्रतिशत) लोगों ने देवीलाल को चुना। लोकदल की सहयोगी पार्टी भाजपा दूसरी तरफ 29 में से मात्र 6 सीटें ही जीत सकी।

लोकदल को उत्तरी ग्रामीण क्षेत्र में सबसे अधिक (39.1 प्रतिशत) वोट मिले। ऐसा इस कारण हुआ क्योंकि इनमें से कुछ निर्वाचन क्षेत्रों की सिख आबादी ने लोकदल को बड़े पैमाने पर वोट दिया। ग्रामीण जाट निर्वाचन क्षेत्र में लोकदल को दूसरे नम्बर के सबसे अधिक वोट (36.1 प्रतिशत) मिले। भाजपा को अपना उच्चतम वोट प्रतिशत (24) शहरी निर्वाचन क्षेत्र से मिला। बाकी तीन क्षेत्रों में इसका प्रदर्शन निराशापूर्ण रहा। कांग्रेस पार्टी का वोट कहीं कम, कहीं अधिक सभी चारों क्षेत्रों में फैला हुआ था। लेकिन इसके सबसे अधिक वोट (34.3 प्रतिशत) जाट निर्वाचन क्षेत्र से प्राप्त हुए, हालांकि कांग्रेस यहां से मात्र एक सीट ही जीत पाई थी। बंसीलाल की हविपा ने सभी चार क्षेत्रों में समान रूप से खराब प्रदर्शन किया। बसपा ने सभी चार क्षेत्रों में अपनी उपस्थिति दर्ज करवाई, लेकिन इस बार उसका उच्चतम वोट दक्षिणी ग्रामीण क्षेत्र से आया और दूसरा उत्तरी ग्रामीण क्षेत्र से जो कि पारंपरिक रूप से इसका मजबूत आधार रहा है।

तालिका : 7.16

जाति/समुदाय के अनुसार वोट : 2000 के विधानसभा चुनाव

जाति	पार्टी						संख्या
	कांग्रेस (%)	लोद (%)	भाजपा (%)	हविपा (%)	बसपा (%)	अन्य	
ऊंची जातियां	33	31	18	60	4	7	149
जाट	20	54	6	8	1	10	263
अन्य किसान जातियां	32	42	13	7	–	5	135
पंजाबी खत्री	48	17	10	3	3	17	29
अन्य पिछड़ी जातियां	35	23	11	10	5	16	126
जाट सिख	8	82	6	1	–	3	87
मुसलमान	17	59	1	1	9	12	69
दलित	50	18	5	4	16	7	207
अन्य	21	61	3	–	–	15	33

स्रोत : अध्ययन पीठ-एनडीटीवी द्वारा हरियाणा विधानसभा चुनाव 2000 का चुनाव बाद सर्वेक्षण।

नोट : हालांकि सर्वेक्षण में 1182 उत्तरदाताओं से बात की गई, लेकिन अपने आंकड़ों को सटीक बनाने के लिए हमने उन सभी उत्तरदाताओं के जवाब को इसमें शामिल नहीं किया है, जिन्होंने 'नहीं कह सकते' / 'नहीं जानते' उत्तर दिया। अत: प्रभावी संख्या 1098 है।

अध्ययन पीठ और एनडीटीवी द्वारा सन् 2000 के हरियाणा विधानसभा चुनाव के दौरान कराया गया सर्वेक्षण हरियाणा में राजनीतिक दलों के सामाजिक आधार को समझने में हमारी मदद करता है। लोकदल को पारंपरिक रूप से हरियाणा के जाटों की पार्टी के रूप में जाना जाता था। लेकिन सर्वेक्षण यह सिद्ध करता है कि 2000 के चुनाव तक इसने हरियाणवी समाज के विभिन्न तबकों में अपनी जड़ें जमा ली थी। हालांकि अधिकांश जाट मतदाताओं (54 प्रतिशत) ने लोकदल को वोट दिया, परंतु यह समाज के अन्य तबकों से भी महत्त्वपूर्ण समर्थन पाने में सफल रहा। इसे अन्य किसान समुदायों से 42 प्रतिशत वोट मिले, जिसमें यादव और गूजर जातियां शामिल हैं। हरियाणा के जाट सिख मतदाताओं में से 82 प्रतिशत ने लोकदल के लिए वोट दिया। इसके साथ-साथ ऊंची जातियों से भी लोकदल को 31 प्रतिशत वोट मिले। लोकदल को सबसे कम वोट पिछड़ी जातियों और दलितों से मिले। मुसलमानों ने भी लोकदल को बड़ी संख्या में (59 प्रतिशत) वोट दिए। कांग्रेस के पक्ष में अलग-अलग समुदायों ने लगभग एक सा मतदान किया। सभी समुदायों में कांग्रेस की पैठ कमोबेश एक समान है। कांग्रेस की सामाजिक पृष्ठभूमि के बारे में हाल में किए गए अध्ययन से भी उसके सर्वग्राही चरित्र की पुष्टि होती है। यह बात खासतौर पर उन क्षेत्रों में देखी जा सकती है जहां कांग्रेस क्षेत्रीय दलों के साथ प्रतिस्पर्धा में है। परंतु यह किसानों के बीच और खासतौर पर जाटों के बीच कमजोर है। कांग्रेस को सबसे अधिक समर्थन दलितों की तरफ से मिलता है। 50 प्रतिशत के करीब दलित कांग्रेस को मतदान करते हैं। भाजपा चौतरफा कमजोर है। ऊंची जातियों के सिर्फ 18 प्रतिशत हिस्से ने भाजपा को मतदान किया जो इसके समर्थन की रीढ़ मानी जाती रही है। बसपा का हरियाणा में दलितों की मुख्य पार्टी के रूप में उभरना अभी बाकी है। मात्र 16 प्रतिशत दलित मतदाताओं ने ही इसके पक्ष में मतदान किया है।

तालिका : 7.17

सन 2000 के हरियाणा विधानसभा चुनाव : आर्थिक वर्गों के आधार पर वोट

वर्ग	पार्टी						संख्या
	कांग्रेस (%)	लोद (%)	भाजपा (%)	हविपा (%)	बसपा (%)	अन्य	
अति सम्पन्न	20	60	7	9	1	4	127
सम्पन्न	30	38	9	9	6	9	262
मध्य	31	43	9	5	4	8	324
निम्न	32	35	8	4	7	12	307
अति निम्न	35	36	9	6	8	6	78

लोकदल को सभी आय वर्ग के समूहों से समर्थन मिला। जहां एक ओर उच्च आय वर्ग के सबसे अधिक 60 प्रतिशत मत मिले, वहीं दूसरी ओर निम्न आय वर्ग से इसे 36 प्रतिशत मत प्राप्त हुए। सर्वेक्षण दिखाता है कि राज्य में किसान वर्ग के 56 प्रतिशत लोगों ने लोकदल के पक्ष में मतदान किया, लेकिन वर्गीय श्रेणी क्रम में यदि हम नीचे की ओर जाएं, तो पाएंगे कि कांग्रेस के मतों के प्रतिशत में इजाफा होता है। अत: जहां उच्च आय वर्ग से इसे 20 प्रतिशत वोट मिला, वहीं निम्न आय वर्ग से इसे 35 प्रतिशत वोट मिले

तालिका : 7.18

शैक्षणिक स्तर के आधार पर वोट : सन 2000 के हरियाणा विस चुनाव

शिक्षा का स्तर	पार्टी						संख्या
	कांग्रेस (%)	लोद (%)	भाजपा (%)	हविपा (%)	बसपा (%)	अन्य	
अशिक्षित	29	46	6	3	5	11	539
9वीं कक्षा तक	31	38	10	7	5	8	301
10+2	33	36	11	9	6	6	198
स्नातक और उससे ऊपर	30	30	14	14	3	9	57

***स्रोत :** अध्ययन पीठ–एनडीटीवी द्वारा हरियाणा विधानसभा चुनाव 2000 का चुनाव बाद सर्वेक्षण।*

***नोट :** हालांकि सर्वेक्षण में 1182 उत्तरदाताओं से बात की गई, लेकिन अपने आंकड़ों को सटीक बनाने के लिए हमने उन सभी उत्तरदाताओं के जवाब को इसमें शामिल नहीं किया है, जिन्होंने 'नहीं कह सकते' / 'नहीं जानते' उत्तर दिया। अत: प्रभावी संख्या 1098 है।*

शैक्षणिक पृष्ठभूमि के संबंध में राष्ट्रीय लोकदल और भाजपा का समर्थक आधार अलग से अध्ययन की मांग करता है। जैसे–जैसे मतदाताओं की शिक्षा का स्तर बढ़ना शुरू होता है, लोकदल का समर्थन क्रमश: घटता जाता है। शिक्षा के स्तर में बढ़ोतरी के साथ ही भाजपा के पक्ष में समर्थन बढ़ने लगता है। दूसरी ओर कांग्रेस को हर तरह की शैक्षणिक पृष्ठभूमि के मतदाताओं से समर्थन प्राप्त होता है। उपर्युक्त विश्लेषण से यह बात साफ हो जाती है कि राज्य की चुनावी राजनीति में 1980 के बाद से लोकदल ने निरंतर प्रगति की। 2000 के विधानसभा चुनाव के वक्त तक इसने अपनी पैठ जाट केन्द्रित आधार से आगे बढ़ाई।

तालिका : 7.19 : चुनावी नतीजे

दल	सीटें लड़ीं (2004)	सीटें जीतीं (2004)	1999 के बाद बदलाव 1999	वोट प्रतिशत (2004)	1999 के बाद बदलाव (प्रतिशत)
कांग्रेस	10	9	+9	42.1	+7.2
भाजपा	10	1	−4	17.2	−12
इनेलोद	10	0	−5	22.4	−6.3
हविपा	9	0	0	6.3	+3.6

तालिका : 7.20 : पार्टी समर्थन और निष्ठावान (प्रतिशत)

	कांग्रेस	भाजपा	इनेलोद	हविपा	N
कांग्रेस समर्थक	86	4	1	–	277
भाजपा समर्थक	9	66	11	1	127
इनेलोद समर्थक	7	9	70	3	176
एचवीपी समर्थक	5	0	8	83	40
फ्लोटिंग मतदाता	43	18	20	4	129

तालिका : 7.21 : सरकार के कामकाज के बारे में राय (प्रतिशत)

	कांग्रेस मतदाता	भाजपा मतदाता	इनेलोद मतदाता	हविपा मतदाता	N
संतुष्ट	28	18	37	6	411
असंतुष्ट	56	18	7	7	355

तालिका : 7.22 : विकास का मुद्दा (प्रतिशत)

वे जो सहमत	कांग्रेस मतदाता	भाजपा मतदाता	इनेलोद मतदाता	एचवीपी मतदाता	N
चौटाला और उनकी सरकार ने राज्य के विकास में काम किया	37	54	83	45	421
चौटाला सरकार द्वारा किसानों की मदद	34	43	76	29	368

तालिका : 7.23 : अन्य मुद्दे (प्रतिशत)

सुधार	कांग्रेस मतदाता	भाजपा मतदाता	इनेलोद मतदाता	हविपा मतदाता	N
कानून-व्यवस्था	11	22	49	8	175
सड़कों की हालत	39	45	70	32	375
विद्युत आपूर्ति	17	28	53	14	220
भ्रष्टाचार नियंत्रण	10	16	42	4	148
सिंचाई सुविधा	11	17	38	2	141

तालिका : 7.24 : आतंक का माहौल (प्रतिशत)

वे जो सहमत	कांग्रेस मतदाता	भाजपा मतदाता	इनेलोद मतदाता	हविपा मतदाता	N
चौटाला के शासन में कोई उनके खिलाफ नहीं बोल सकता था	68	69	45	76	508
चौटाला और उनके बेटों के आतंक का लोगों में डर	64	58	30	64	437
चौटाला के कार्यकाल में तानाशाही अधिक और लोकतंत्र कम	65	53	26	56	419
चौटाला के बेटों ने राज्य को लूटा	64	49	24	58	409

तालिका : 7.25 : मतदान का रुझान (प्रतिशत)

	कांग्रेस मतदाता	भाजपा मतदाता	इनेलोद मतदाता	हविपा मतदाता	N
जाट	25	20	38	12	234
ऊंची जाति	49	32	16	4	152
यादव और गूजर	49	12	17	8	75
अन्य पिछड़े	46	18	14	5	98
दलित	65	5	7	1	161
मुसलमान	44	13	17	9	23
सिख	36	9	49	0	45

तालिका : 7.26 : ग्रामीण–शहरी समर्थन (प्रतिशत)

	सभी मतदाता	कांग्रेस	भाजपा	इनेलोद	हविपा	एन
ग्रामीण	85	41	16	25	7	683
शहरी	15	46	25	8	2	119

तालिका – 7.27 – सरकार के बारे में राय (प्रतिशत)

चौटाला सरकार ने केवल जाटों के पक्ष में काम किया	सहमत	असहमत	एन
जाट	23	63	256
ऊंची जाति	58	32	168
यादव और गूजर	62	28	86
अन्य पिछड़े वर्ग	50	33	107
दलित	64	16	176
मुसलमान	54	32	28
सिख	53	35	51

तालिका : 7.28 : विधानसभा चुनाव नतीजे 2005

	सीटें		वोट	
दल	जीते	2000 के बाद बदलाव	वोट (प्रतिशत)	2000 से अंतर
कांग्रेस	67	+46	42.5	+11.3
भाजपा	2	−4	10.4	+1.4
इनेलोद	9	−38	26.8	−2.9
बीएसपी	1	0	3.2	−2.5
अन्य	11	−4	17.1	−7.3

तालिका : 7.29 : वोटरों का सामाजिक रुझान

	कांग्रेस		इनेलोद		भाजपा		अन्य	
	2005	अंतर	2005	अंतर	2005	अंतर	2005	अंतर
ऊंची जाति	52	+18	25	+3	16	−3	7	−18
पंजाबी	50	+9	10	−2	33	+24	7	−31
जाट	24	+2	40	−1	12	+6	24	−7
अन्य पिछड़े वर्ग	55	+21	25	+7	9	−4	11	−24
दलित	49	+1	21	+9	2	−3	28	−6

2004 लोकसभा चुनाव

अगले लोकसभा चुनाव में कांग्रेस ने एकदम पासा पलट दिया। इसने 1999 की तुलना में 7 फीसदी वोट ज्यादा हासिल किए और राज्य की दस में से 9 लोकसभा सीटें हासिल कर लीं। लोक दल के वोट 6 फीसदी कम हुए तथा उसका सफाया ही हो गया। भाजपा ने एक सीट जीती और राज्य में उसकी हिस्सेदारी 17 फीसदी वोटों की रही। उसके जिस किशन सांगवान ने सोनीपत की सीट जीती थी वे भी पहले लोकदल में थे और तीन बार इस सीट से जीत चुके थे। पर लोकदल की पराजय काफी बड़ी थी और आधी सीटों पर उसके उम्मीदवार मुख्य मुकाबले में भी न थे।

1999 में लोकदल ने भाजपा के साथ मिलकर चुनाव लड़ा था और दोनों को पांच-पांच सीटें मिली थीं। तब उन्हें 58 फीसदी वोट मिले थे। यह कहा जाता है कि गठबंधन टूटने का नुकसान दोनों को हुआ। चुनावी इतिहास यही बताता है कि कांग्रेस का प्रदर्शन तब अच्छा रहा है जब विपक्ष गठजोड़ करके नहीं लड़ता है। 1984 में उसने राज्य की सभी 11 सीटें जीती थीं पर जब 1987 में ही देवीलाल के लोकदल ने भाजपा के साथ मिलकर विधानसभा चुनाव लड़ा तो उसने 90 में से 85 सीटें जीत लीं।

पर कांग्रेस की 2004 की जीत को सिर्फ विपक्ष के एकजुट न होने के चलते ही नहीं माना जा सकता। चुनाव के पहले यह साफ हो गया था कि भाजपा और लोकदल के बीच गठजोड़ नहीं होगा। भाजपा को ओमप्रकाश चौटाला के नेतृत्व वाली लोकदल की सरकार के खिलाफ लोगों का स्पष्ट गुस्सा दिख गया था और उसने चुनाव के कुछ महीने पहले ही गठजोड़ तोड़ दिया था। चौटाला और लोकदल की पराजय के अनेक कारणों में यह एक छोटा कारण होगा। राष्ट्रीय चुनाव सर्वेक्षण-2004 में यह बात स्पष्ट रूप से सामने आई भी। कांग्रेस के पारंपरिक वोटर उसकी तरफ लौटे और ऐसे 86 फीसदी ने उसे वोट दिया। पारंपरिक समर्थकों के मामले में भाजपा और लोकदल कांग्रेस से काफी पीछे थे। सर्वेक्षण के अनुसार जो मतदाता अपने को कांग्रेस का पारंपरिक वोटर नहीं मानता उनमें से भी 43 फीसदी ने उसे वोट दिया, जबकि ऐसे 20 फीसदी ने लोकदल और 17 फीसदी ने भाजपा को वोट दिया। कांग्रेस को बहुकोणीय मुकाबले से भी लाभ हुआ।

ऐसा लगता है कि इंडियन नेशनल लोकदल के खिलाफ जो लहर थी वह कांग्रेस के पक्ष में गई। पर लोगों का यह गुस्सा सरकार के कामकाज से था या इसके कुछ और कारण थे। सर्वेक्षण में यह बात सामने आई कि 51 फीसदी लोग चौटाला सरकार के कामकाज से संतुष्ट थे। विकास के सवाल पर भी चौटाला सरकार के बारे में लोगों की राय अच्छी थी। बहुमत इसी पक्ष में था। दिलचस्प तथ्य यह भी है कि कांग्रेस के 37 फीसदी और भाजपा के 54 फीसदी वोटरों की यही राय थी। 46

फीसदी लोग चौटाला सरकार को किसानों का हितैषी मानते थे। अधिकांश वोटर मानते थे कि सड़कों की स्थिति अच्छी हुई है। पर भ्रष्टाचार रोकने और कानून-व्यवस्था के सवाल पर लोगों की राय सरकार के ज्यादा खिलाफ थी। मुख्यमंत्री और उनके बेटों के दखल के बारे में लोगों की राय बहुत खराब थी। 63 फीसदी लोगों का मानना था कि कोई भी इस परिवार के खिलाफ मुंह नहीं खोल सकता। 52 फीसदी मानते थे कि राज्य में लोकतंत्र नहीं तानाशाही है।

मुख्यमंत्री और उनके बेटों की यही छवि चुनाव में लोकदल पर सबसे ज्यादा भारी पड़ी, पर यह सवाल तब भी रहता है कि चौटाला विरोधी वोट भाजपा या हरियाणा विकास पार्टी की जगह कांग्रेस की झोली में क्यों गए? जहां तक भाजपा का सवाल है तो उसे सरकार से अलग नहीं माना गया—उसे लंबे समय तक चौटाला का साथ देने की कीमत चुकानी पड़ी। और हरियाणा विकास पार्टी मृतप्राय हो गई थी। उसमें कई बार टूट हुई थी और ज्यादातर विभाजक भाजपा या लोकदल में चले गए थे। कांग्रेस लोकसभा और विधानसभा, दोनों ही जगह मुख्य विपक्षी दल था। वह अधिकांश आंदोलनों के साथ रही। उसके नेता भूपिंदर सिंह हुड्डा भारतीय किसान यूनियन की प्रायः सभी सभाओं में दिख ही जाते थे। किसानों का आंदोलन लंबा चला था और सरकारी दमन भी हुआ था। कई जगह किसानों पर गोलियां चली थीं। कांग्रेस ने इसे चुनावी मुद्दा बनाया और उसे इसका लाभ मिला।

राष्ट्रीय चुनाव अध्ययन 2004 से यह अंदाजा भी होता है कि किस-किस समूह का वोट कांग्रेस को मिला। राज्य की राजनीति पर जाटों का वर्चस्व रहा है—यहां के 19 में से 12 मुख्यमंत्री जाट रहे हैं। जाट पारंपरिक रूप से लोकदल का आधार थे। पर 2004 चुनाव में जाटों का वोट चार हिस्सों में बंटा—लोकदल को 38 फीसदी, कांग्रेस को 26 फीसदी, भाजपा को 20 फीसदी। हरियाणा विकास पार्टी को जितने वोट मिले उनमें जाटों का ही बहुमत था। दलितों का वोट पारंपरिक रूप से कांग्रेस को मिलता रहा था और 2004 में भी उसे 65 फीसदी दलितों का वोट मिला। सिखों को छोड़कर बाकी सभी प्रमुख समूहों में कांग्रेस को ज्यादा वोट मिले। कांग्रेस को ग्रामीण और शहरी, दोनों मतदाताओं में स्पष्ट बढ़त मिली।

विधानसभा चुनाव 2005

हरियाणा में लोकसभा चुनाव तो एकतरफा हुए थे पर कांग्रेस के लिए कभी भी विधानसभा चुनाव उस तरह एकतरफा नहीं हुए जैसे 2005 के विधानसभा चुनाव में हुआ। लोकसभा चुनाव 2004 वाले रुझान को जारी रखते हुए मतदाताओं ने चौटाला सरकार को बाहर किया और कांग्रेस को 2000 की तुलना में 11 फीसदी की बढ़त के साथ ही राज्य की बागडोर सौंप दी। भाजपा और लोकदल के वोट तो कम हुए ही बसपा भी कांग्रेसी लहर की चपेट में आ गई। कांग्रेस को हरियाणा विकास पार्टी

के बिखरने का भी लाभ मिल गया।

और एक साफ लहर वाले इस चुनाव के बारे में यह कहने का लोभ संवरण करना मुश्किल है कि इसमें कांग्रेस का किया हुआ हर काम लाभकारी हुआ जबकि उसके विरोधियों ने जो-जो कुछ किया वही उन पर भारी पड़ता गया। कांग्रेस को हरियाणा विकास पार्टी का विलय कराना लाभकर हुआ तो चौटाला द्वारा भाजपा से रिश्ता तोड़ना उन्हें महंगा पड़ा। कांग्रेस ने अपने अंदर की गुटबाजी को भी चुनाव के मौके पर अच्छे ढंग से संभाल लिया। और यही कारण है कि उसने विधानसभा चुनाव में भी पिछले लोकसभा चुनाव वाले परिणाम ला दिए। तब उसे राज्य की 90 में से 71 विधानसभा सीटों पर बढ़त मिली थी जबकि इस बार उसने 65 स्थान हासिल किए। सीटें भले कुछ कम हो गई हों पर कांग्रेस को लोकसभा चुनाव की तुलना में आधा फीसदी अधिक वोट मिले। यह आंकड़ा भी काफी महत्त्वपूर्ण है क्योंकि आम तौर पर विधानसभा चुनाव में मतों का प्रतिशत कम ही आता है। भाजपा के वोट तो इसी दौरान 17.2 फीसदी से गिर कर 10.3 फीसदी हो गए। लोकदल के वोट जरूर लगभग 4 फीसदी बढ़े पर सीटों में उसे कोई लाभ न मिल सका।

पर चुनाव नतीजों पर बारीकी से गौर करने पर दोनों चुनावों के बीच काफी बदलाव दिखते हैं। लोकसभा चुनाव में जिस-जिस दल को बढ़त थी उसमें से लगभग एक तिहाई सीटों पर यह क्रम पलट गया। कांग्रेस की बढ़त जिन 71 सीटों पर थी उसमें से वह 54 ही जीत सकी। फिर यह कहना भी गलत होगा कि जाटों ने लोकदल का साथ छोड़ दिया। और हरियाणा के चुनाव नतीजों को अकेले जाटों के रुख के साथ जोड़ना भी गलत है। चुनाव बाद किए सर्वेक्षण से साफ होता है कि 40 फीसदी जाटों ने कांग्रेस को वोट दिया। शहरी इलाकों में तो लोकदल एकदम धुल गया। कांग्रेस ने राज्य की सारी शहरी सीटें जीत लीं। चौटाला के अपने सिरसा जिले की सभी 14 सीटों पर कांग्रेस ने जीत हासिल की। पर कांग्रेस को जाट-विरोधी ध्रुवीकरण का लाभ मिला हो ऐसा भी नहीं लगता। दलितों के अलावा अन्य गैर-जाटों में ज्यादा समर्थन मिला जबकि लोकदल को गैर-जाटों, ऊंची जातियों और सिखों के भी काफी वोट मिले। चुनाव में कोई जाट बनाम गैर-जाट ध्रुवीकरण हुआ हो, ऐसा भी नहीं लगता।

गठबंधन का गणित अपने आप में महत्त्वपूर्ण होता है पर हर स्थिति में यह लाभ हो ऐसा जरूरी नहीं है। सन 2000 में भाजपा और इनेलोद ने गठबंधन करके चुनाव लड़ा था पर यह आगे नहीं चल पाया। हालत यह हो गई कि चौटाला ने भाजपा उम्मीदवार के खिलाफ स्वतंत्र उम्मीदवार खड़े किए। सो लोकसभा चुनाव 2004 के पहले यह गठबंधन टूट गया और विधानसभा चुनाव में भी किसी ने इसकी जरूरत नहीं समझी। पर इतना कहा जा सकता है कि अगर दोनों ने मिलकर चुनाव लड़ा होता तो उनकी पराजय इतनी अपमानजनक नहीं होती। अगर दोनों के

वोट जोड़ लें तो उनके खाते में विधानसभा की 29 सीटें आ सकती थीं जबकि अभी वे सिर्फ 11 सीटें ही जीत पाए। पर गठबंधन से चौटाला का शासन बचने वाला नहीं था। इसी प्रकार हरियाणा विकास पार्टी के कांग्रेस में मिल जाने का लाभ उसे हुआ पर इससे वह जीती हो ऐसा भी नहीं है।

सो चुनाव नतीजों को सीधे-सीधे मुख्यमंत्री ओमप्रकाश चौटाला की कार्यशैली से लोगों की असहमति माना जा सकता है। सर्वेक्षण में 62 फीसदी लोगों ने कहा कि चौटाला को दुबारा राज नहीं सौंपा जा सकता। लोकदल का आधार रहे जाटों में भी 45 फीसदी की राय थी कि चौटाला को नहीं जीतना चाहिए। पर बिजली, पानी, सड़क जैसे मुद्दे पर चौटाला को परेशानी नहीं थी क्योंकि 73 फीसदी लोग इन मामलों में उनसे संतुष्ट थे। कानून-व्यवस्था, भ्रष्टाचार और सिंचाई की कमी जैसे मुद्दों पर लोगों की नाराजगी ज्यादा थी। पर सबसे ज्यादा नाराजगी उनकी तानाशाही वाली कार्यशैली से थी। उनके बेटों की करतूत और उससे बढ़कर उनकी छवि ने लोकदल को ज्यादा नुकसान किया। सरकार सिर्फ जाटों का काम करती है, यह छवि भी बनती गई थी और दलित तथा ऊंची जाति वालों को इससे भी काफी नाराजगी थी। पर 2004 लोकसभा चुनाव और 2005 विधानसभा चुनाव का स्पष्ट संदेश था कि भारत में लोगों के लोकतांत्रिक अधिकारों का हनन और उसमें कटौती करके कोई भी राज नहीं कर सकता। विकास और लोगों के लिए काम करने के आधारभर से चुनाव नहीं जीते जा सकते। सरकार का कामकाज लोकतांत्रिक ढंग से चले यह भी जरूरी है। राजनेता भले ही सामाजिक समीकरणों के आधार पर चुनाव जीत जाएं पर वे लोगों के मौलिक अधिकारों का उल्लंघन करके सिर्फ धनबल और बाहुबल के आधार पर चुनाव नहीं जीत सकते।

टिप्पणियां

1. हरियाणा सरकार की इच्छा थी कि , चुनावी राजनीति को ध्यान में रखते हुए, सरकारी मशीनरी के जरिए राज्य की जनता का बृहद् जातिगत सर्वेक्षण करवाया जाए। आंकड़ों की ग्राम स्तर पर गणना की गई तथा इनका विधानसभा चुनाव के लिए भी इस्तेमाल किया गया। हालांकि सर्वेक्षण के नतीजे गोपनीय थे, लेकिन अब ये सामान्य रूप से, पत्रकारों, पार्टी मैनेजरों के लिए चुनाव के वक्त उपलब्ध रहते हैं। हमने इन आंकड़ों की प्रामाणिकता की कई निर्वाचन क्षेत्रों में जमीनी स्तर पर सक्रिय राजनीतिक कार्यकर्ताओं के साथ जांच-पड़ताल की, और पाया कि ये आंकड़े उनकी गणनाओं के काफी नजदीक हैं। ये आंकड़े कुछ असामान्य तो हैं पर चुनावी विश्लेषण के लिए काफी महत्त्वपूर्ण स्रोत हैं। ये आंकड़े विकासशील समाज अध्ययन पीठ के आंकड़ा एकांश में उपलब्ध हैं।
2. 1995 में हरियाणा सरकार ने एक अधिसूचना (अधिसूचना नं. 1170-एसडब्ल्यू

1-15 दिनांक 7-6-95) जारी की जिसके तहत कुछ नई जातियों को पिछड़ा वर्ग/जाति का दर्जा दिया गया। सरकारी नौकरियों में आरक्षण के उद्देश्य से इन पिछड़े वर्गों को दो भागों 'ए' और 'बी' में बांटा गया। पिछड़े वर्गों में जो नई जातियां शामिल की गईं वे हैं: अहीर, गूजर, सैनी, लोद, मेव। इन जातियों को खण्ड बी में रखा गया।

3. इन आंकड़ों की चुनाव आयोग रिपोर्ट से गणना की गई वे हैं: वी. बी. सिंह और शंकर बोस : 'स्टेट इलेक्शंस इन इंडिया' : 'डेटा हैंडबुक ऑन विधानसभा इलेक्शन', 1952-85, नई दिल्ली, सेज, 1987-88।

4. इस भाग में दिए गए राजनीतिक घटनाक्रमों का विवरण जे. आर. सिवॉच के लेख (1976) से लिया गया है।

5. इस पार्टी का नाम समय के साथ बदलता गया है : 1982-89 तक इसका नाम लोकदल था। 1989-91 के दौरान यह जनता दल में मिल गया। 1991 के चुनावों में इसका नाम समाजवादी जनता पार्टी था। 1996 में हुए चुनावों में इसका नाम समता पार्टी हो गया। 1998 का लोकसभा चुनाव इसने हरियाणा राष्ट्रीय लोकदल या एचएलडी (आर) के नाम से लड़ा। 1999 के लोकसभा चुनावों से अब तक इसका नाम राष्ट्रीय लोकदल या आईएलडी (आर) है। लेकिन जनमानस में यह लोकदल के नाम से ही लोकप्रिय है।

संदर्भ :

प्राथमिक स्रोत

सेंसस ऑफ इंडिया, प्राइमरी सेंसेस एबस्ट्रेक्ट : जनरल पापुलेशन, सीरीज-1, पार्ट 2-बी, दिल्ली : रजिस्ट्रार जनरल और सेंसस कमिश्नर ऑफ इंडिया, 1991। सेंसस ऑफ इंडिया, रिलीजन (टेबल सी-9), सीरीज-8, पार्ट 4-बी (2), दिल्ली : डायरेक्टर ऑफ सेंसस ऑपरेशंस, हरियाणा, 1991। सेंसस ऑफ इंडिया, प्रोविजनल पापुलेशन टोटल्स, सीरीज-1, पेपर-1, दिल्ली : रजिस्ट्रार जनरल और सेंसस कमिश्नर ऑफ इंडिया, 2001। गवर्नमेंट ऑफ़ हरियाणा, रिपोर्ट ऑफ द बैकवर्ड क्लासिस कमीशन, चंडीगढ़ : कन्ट्रोलर ऑफ प्रिंटिंग एंड स्टेशनरी, 1990।

गवर्नमेंट ऑफ हरियाणा, स्टेटिस्टीकल अबस्ट्रेक्ट ऑफ हरियाणा 2000-01, चंडीगढ़ : इकोनोमिक एंड स्टेटिस्टीकल ऑर्गेनाइजेशन, प्लानिंग डिपार्टमेंट, 2002।

द्वितीयक स्रोत

पॉल आर. ब्रास, लैंग्वेज, रिलीजन एंड पॉलिटिक्स इन नॉर्थ इंडिया, कैम्ब्रिज यूनिवर्सिटी प्रेस, 1974।

डेविड अब्लर आदि, इंडिया डिसाइड्स : इलेक्शंस 1952-1975, नई दिल्ली : बुक्स

एंड थिंग्स, 1989, 1991 और 1995।
डी. आर. चौधरी, 'पॉलिटिक्स ऑफ हरियाणा' इन टी. आर. शर्मा, (सं), न्यू चैलिंजिस ऑफ पॉलिटिक्स इन इंडियन स्टेट्स, नई दिल्ली : उप्पल पब्लिशिंग हाउस।
प्रेम चौधरी, द वील्ड वूमैन : शिफ्टिंग जेंडर इक्वेशंस इन रूरल हरियाणा, 1880--1990, दिल्ली : ऑक्सफोर्ड यूनिवर्सिटी प्रेस, 1994।
एन्थोनी हीथ और योगेन्द्र यादव, 'द यूनाइटेड क्लरस इन कांग्रेस : सोशल प्रोफाइल ऑफ कांग्रेस वोटर्स,' इकोनोमिक एंड पोलिटिकल वीकली, अगस्त 21–28, 1999।
ईब्सटन डेंजिल, पंजाब कास्ट्स, लाहौर : गवर्नमेंट प्रेस, रिप्रिंट, 1974, दिल्ली : बी. आर. पब्लिशिंग, 1996।
इन्दु, मदन, 'पंजाबीज एज ए कम्यूनिटी इन हरियाणा पोलिटिक्स', अप्रकाशित एम.फिल. शोध प्रबंध चण्डीगढ : पंजाब यूनिवर्सिटी, 1992।
शैल मायाराम, रेसिस्टिंग सीजीम्स : मिथ मैमरी एंड द शेपिंग ऑफ ए मुस्लिम आइडेंटिटी, दिल्ली ऑक्सफोर्ड यूनिवर्सिटी प्रेस, 1997।
मुरलीधर, 'आईडेंटिटी फोरमेशन एंड पोलिटिकल कानससनैस अमंग दलित्स इन हरियाणा', अप्रकाशित एम.फिल. शोध प्रबंध, नई दिल्ली : जवाहरलाल नेहरू यूनिवर्सिटी प्रेस, 2002।
बलदेव राज नायर, माइनोरिटी पॉलिटिक्स इन द पंजाब, प्रिंसटन : प्रिंसटन यूनिवर्सिटी प्रेस, 1966।
गुलशन राय, फोरमेशन ऑफ हरियाणा, दिल्ली : बी. आर. पब्लिशिंग कारपोरेशन, 1987।
एम. एस. ए. राव, सोशल मूवमेंट्स एंड सोशल ट्रांसफोरमेशन : अ स्टडी ऑफ टू बैकवर्ड क्लासिस मूवमेंट इन इंडिया, दिल्ली मैकमिलन, 1979।
प्रणव राय, 'अ डेलीकेट बैलेंस', इंडिया टूडे, जून 15, 1987।
पी. डी. शर्मा और रमेश कुमार, 'लेजिस्टेटर्स इन एन इंडियन स्टेट : ए स्टडी इन सोशल कैरेक्टरस्टिक' एशियन सर्वे, नवम्बर, 1992।
पी. डी. शर्मा, लेजिस्लेटिव एलीट इन इंडिया : ए स्टडी इन पोलिटिक्स सोशलाइजेशन, कुरुक्षेत्र : विशाल पब्लिकेशन, 1984।
के. एस. सिंह, पीपुल ऑफ इंडिया : हरियाणा, अंक 23, नई दिल्ली : एन्थरोपोलोजिकल सर्वे ऑफ इंडिया एंड मनोहर, 1994।
रणबीर सिंह, 'पॉलिटिकल डेवलपमेंट्स इन हरियाणा : ए स्टडी ऑफ इंटरएक्शन बिटवीन सोसाइटी एंड पॉलिटिक्स', जरनल ऑफ हरियाणा स्टडीज, अंक 9, नंबर 1 एण्ड 2, कुरुक्षेत्र यूनिवर्सिटी, कुरुक्षेत्र, 1977।
रणबीर सिंह, 'चेंजिंग सोशल बेसिस ऑफ कांग्रेस' पोलिटिक्स सपोर्ट इन हरियाणा। इन रिचर्ड सीसोन एंड रामाश्रय रॉय (सं) 'डाइवरसिटी एंड डोमिनेंस इन इंडियन

पॉलिटिक्स' अंक 1, नई दिल्ली : सेज, 1990।

रणबीर सिंह, 'द कांटेस्ट इन द हिंदी बेल्ट : ए स्टडी इन हरियाणा' इन सुब्राता के. मित्रा एंड जेम्स चिरियंकान्ध (सं) इलेक्टोरल पॉलिटिक्स इन इंडिया : ए चेंजिंग लैंडस्केप, नई दिल्ली : सेगमेंट बुक्स, 1992।

रणबीर सिंह, 'सोशल क्लीवेजिस एंड पॉलिटिकल एलाइनमेंट इन हरियाणा', इन पॉल वॉलेस एंड रामाश्रय रॉय (सं) इंडियाज 1999 इलेक्शंस एंड ट्वेटिएथ सेंचुरी पॉलिटिक्स, नई दिल्ली : सेज, 2003।

वी. बी. सिंह एंड शंकर बोस, इलेक्शंस इन इंडिया : डेटा हैंडबुक ऑन लोकसभा इलेक्शन : 1952-85, नई दिल्ली : सेज, 1984।

जे. आर. सिवॉच, हरियाणा : 'सोशल डायनेमिक एंड पॉलिटिक्स ऑफ डिफैक्शंस' इन इकबाल नारायण (सं) स्टेट पॉलिटिक्स इन इंडिया, मेरठ : मीनाक्षी प्रकाशन, 1976।

एम. एन. श्रीनिवास, डोमिनेंट कास्ट एंड अदर एससे, दिल्ली : ऑक्सफोर्ड यूनिवर्सिटी प्रेस, 1987।

पी. एस. वर्मा, 'प्रोफाइल ऑफ लेजिस्लेटिव इन हरियाणा', इन टी. आर. शर्मा (सं) न्यू चैलेजिंस ऑफ पॉलिटिक्स इन इंडिया स्टेट्स, नई दिल्ली : उप्पल पब्लिशिंग हाउस, 1986।

पॉल वॉलेस, 'फ्लेबिसाइटरी इन इंडियाज 1980 पार्लियामेंट्री इलेक्शंस : पंजाब एंड हरियाणा', एशियन सर्वे, जून, 1980।

पॉल वॉलेस, 'द पार्टी प्रोसेस : फ्लेबिसाइटरी पॉलिटिक्स इन इंडिया पंजाब एंड हरियाणा', इन पॉल वॉलेस (सं) रीजन एंड नेशन इन इंडिया, नई दिल्ली : ऑक्सफोर्ड एंड आईबीएच, 1985।

यादव एन. डी. कृष्णा 'द राइज एंड फॉल ऑफ द विशाल हरियाणा पार्टी', अप्रकाशित पेपर।

योगेन्द्र यादव, 'रिकांफिग्रेशन इन इंडियन पॉलिटिक्स : स्टेट एजेंबली इलेक्शन, 1993-95', इकोनोमिक एंड पॉलिटिकल वीकली, जनवरी 13-20, 1996।

योगेन्द्र यादव, 'इलेक्टोरल पॉलिटिक्स इन द टाइम ऑफ चेंज : इंडियाज थर्ड इलेक्ट्रोल सिस्टम, 1989-99', इकोनोमिक एंड पॉलिटिकल वीकली, अगस्त 21-28, 1998।

योगेन्द्र यादव एंड ऑलिवर हीथ, 'अ स्पिलिट वरडिक्ट इन हरियाणा', फ्रंटलाइन, अप्रैल 14, 2000।

समाचार पत्र

जनसत्ता (हिन्दी), 1996 चंडीगढ़, 14 मई।

जनसत्ता (हिन्दी), 1999 चंडीगढ़, 24 जुलाई।
नवभारत टाइम्स (हिन्दी), 1996 नई दिल्ली, 21 मई।
द स्टेट्समैन, 1998 नई दिल्ली, 9 मार्च।
द टाइम्स ऑफ इंडिया, 1996, 13 मई।

वेब साइट्स

v. http://haryana-nic.in
v. www.haryanaonline.com

बिहार

PASCHIM CHAMPARAN
Bettiah
Motihari
PURBA CHAMPARAN
SITAMARHI
Shivhar
Sitamarhi
SHIVHAR
MADHUBANI
Madhubani
GOPALGANJ
Gopalganj
UTTAR PRADESH
Siwan
SIWAN
MUZAFFARPUR
Muzaffarpur
Dharbanga
DHARBANGA
SUPAUL
Supaul
ARARIA
Araria
KISHANGANJ
Kishanganj
SARAN
Chhapra
VAISHALI
Samastipur
Hajipur
SAMASTIPUR
Saharsa
KOSHI
MADHEPURA
PURNIA
Purnia
Buxar
BUXAR
Ara
BHOJPUR
PATNA
BEGUSARAI
KHAGARIA
Khagaria
KATIHAR
Katihar
Begusarai
Munger
NALANDA
BHAGALPUR
Bhagalpur
WEST BENGAL
BHABHUA
Bhabhua
ROHTAS
Sasaram
Jahanabad
JAHANABAD
Bihar Sharif
Shekhpura
SHEKHPURA
Luckeesarai
LUCKEESARAI
MUNGER
Banka
Aurangabad
AURANGABAD
Gaya
GAYA
Nawada
NAWADA
Jamui
JAMUI
BANKA
JHARKHAND

पिछड़ी जातियों की राजनीति का नया दौर

—संजय कुमार

बिहार की गिनती आर्थिक, शैक्षणिक और सामाजिक लिहाज से भले ही देश के सबसे पिछड़े राज्यों में हो लेकिन अपने तमाम पिछड़ेपन के बावजूद यह राजनीतिक रूप से बेहद महत्त्वपूर्ण है। बिहार का महत्त्व न केवल उसकी 54 लोकसभा सीटों (राज्य के विभाजन के बाद 14 लोकसभा सीटें झारखंड में चली गईं और आज बिहार में लोकसभा की 40 सीटें हैं।) के कारण है बल्कि उसका महत्त्व इसलिए भी है क्योंकि वहां लोकतंत्रीकरण की लंबी प्रक्रिया के फलस्वरूप लोगों में आत्मविश्वास और सशक्तीकरण का एक गहरा भाव विकसित हुआ है। बिहार की पिछड़ी जातियां अपनी इस नई ताकत को सत्तर के दशक के मध्य में ही महसूस करने लगी थीं। इस भावना की निर्णायक अभिव्यक्ति नब्बे के दशक की शुरुआत में तब हुई जब लालू यादव बिहार के मुख्यमंत्री बने। सत्ता में आने के बाद लालू यादव ने समाज के निचले तबकों, खासतौर से दलितों के लिए कई कल्याण कार्यक्रम शुरू किए। इन कार्यक्रमों के चलते यहां के दलित और अन्य पिछड़ा वर्ग तथा निचले तबके के लोग नब्बे के दशक के मध्य तक आते-आते एक निश्चित बदलाव महसूस करने लगे थे। सन 2005 में हुए विधानसभा चुनावों में हालांकि लालू प्रसाद के राजद की हार हुई और नीतीश के नेतृत्व में बिहार में जदयू और भाजपा गठबंधन की सरकार बनी, परन्तु इस राजनैतिक बदलाव से समाज में हुए परिवर्तन पर कोई असर नहीं पड़ा। नीतीश के नेतृत्व में जदयू को भी पिछड़ी जाति के मतदाताओं का भरपूर समर्थन मिला। सत्ता भले ही यादवों के हाथ से निकल गई परन्तु पिछड़ी जाति के लोगों ने राजनीति में अपना वर्चस्व बनाए रखा है।

बिहार में सशक्तीकरण की प्रक्रिया

हाशिए पर खड़े तबकों का सशक्तीकरण कोई नई बात नहीं है परन्तु बिहार में इसकी शुरुआत सत्तर के दशक में लगभग अचानक हुई थी और नब्बे के दशक में इसने दोबारा नए सिरे से जोर पकड़ा मगर यदि करीब से देखा जाए तो यह लंबे

समय से चले आ रहे राजनीतिक आंदोलनों का ही परिणाम था। इनमें से कई आंदोलनों की नींव आजादी से भी पहले पड़ चुकी थी।

कृषि बिहार की अर्थव्यवस्था की रीढ़ रही है। राज्य की लगभग अस्सी प्रतिशत आबादी आजीविका के लिए खेती पर ही आश्रित है। मगर यहां की खेतिहर जमीन पर मुख्य रूप से तीन ऊंची जातियों—राजपूतों, भूमिहारों और ब्राह्मणें का कब्जा रहा है। पिछड़ी जातियों यादवों, कुर्मियों और कोइरियों के पास जमीन का बहुत हिस्सा नहीं था। अगर कुछ छिट-पुट अपवादों को छोड़ दिया जाए तो अन्य पिछड़ी जातियां भी मोटे तौर पर भूमिहीन थीं।

स्वतंत्रता से पहले बिहार में भूमि सुधार के लिए लंबे समय तक जबर्दस्त आंदोलन चलाया था। इस आंदोलन का नेतृत्व 1920 में गठित की गई किसान सभा के नेताओं के हाथ में था। इस आंदोलन के नेताओं में स्वामी विद्यानंद, स्वामी सहजानंद सरस्वती और कार्यनंद शर्मा प्रमुख थे। यह आंदोलन मुख्य रूप से उत्तरी बिहार के इलाके में केन्द्रित था। इस आंदोलन में किसान सभा के नेताओं की मांग थी कि खेतिहर मजदूरों के लिए न्यूनतम वेतन निर्धारित किया जाए, जमींदारी व्यवस्था समाप्त की जाए, महाजनों के पास जो जमीनें रेहन पड़ी हैं उन पर भूमिहीनों को कब्जा दिया जाए तथा अन्य आवश्यक सुधार किए जाएं। क्योंकि ज्यादातर जमीन अगड़ी जातियों के पास थीं और उनके पास सामाजिक और राजनीतिक दायरा भी काफी था इसलिए इस तरह के आंदोलन लाजिमी तौर पर इनके खिलाफ ही केन्द्रित होने लगे। पिछड़ी जातियां इस आंदोलन की केन्द्रीय शक्ति थीं। उनके पास कहने के लिए नाममात्र की जमीन थी और उन्हें इन सुधारों से सबसे ज्यादा लाभ मिलने की उम्मीद दिखाई देने लगी। हालांकि भूदान आंदोलन के फलस्वरूप जमीन के पुनर्वितरण से अपेक्षित नतीजे तो नहीं निकल पाए मगर इस घटनाक्रम ने खेतिहर जमीनों पर ऊंची जातियों के दबदबे को काफी हद तक तोड़ दिया।

इसके बाद अपनी छोटी-छोटी जोतों और पेशों में विविधता के सहारे ये पिछड़ी जातियां धीरे-धीरे अपनी आर्थिक स्थिति में सुधार लाने की कोशिश करने लगीं और फलस्वरूप एक नए सम्पन्न ग्रामीण कृषक वर्ग के रूप में सामने आईं। इन्हें आमतौर पर 'कुलक' कहा जाता था। ये जातियां अपने इस नए अवतार में राज्य के सामाजिक और राजनीतिक दायरे में एक अहम भूमिका निभाने लगीं। इस संघर्ष ने उनके बीच सशक्तीकरण के बीज बो दिए थे।

उनके ये आक्रामक तेवर विभिन्न सामाजिक और राजनीतिक आंदोलनों के साथ और तीखे होते गए। जयप्रकाश नारायण के नेतृत्व में सत्तर के दशक के मध्य में चले आंदोलन से उनकी आक्रामकता में खासतौर पर भारी इजाफा हुआ। जयप्रकाश नारायण का यह आंदोलन वैसे तो अखिल भारतीय था मगर बिहार ने उसमें एक अग्रणी भूमिका निभाई थी। फलस्वरूप केन्द्र की सत्ता पर बैठी कांग्रेसी सरकार को

गद्दी छोड़नी पड़ी थी। यह आंदोलन सामाजिक, राजनीतिक और आर्थिक दायरे में भारी परिवर्तन तो नहीं ला सका मगर अस्सी के दशक के मध्य और नब्बे के दशक में खासतौर से मध्य बिहार में चले सामाजिक संघर्ष ने इस आंदोलन से जुड़े रहे वंचित तबके के लोगों में सशक्तीकरण की एक भावना जरूर पैदा कर दी। 1952–2000 के बीच हुए विधानसभा और लोकसभा चुनावों में उम्मीदवारों की लगातार बढ़ती संख्या और मतदान के स्तर में निरंतर वृद्धि इस निष्कर्ष की पुष्टि करती है। 1952 के विधानसभा चुनावों में केवल 1,602 उम्मीदवारों ने चुनाव लड़ा था जबकि 1995 में कुल 8,463 उम्मीदवार मैदान में थे। इसी तरह 1952 के लोकसभा चुनावों में भी मात्र 198 उम्मीदवार मैदान में थे जबकि 1996 के चुनावों में इन उम्मीदवारों की संख्या बढ़कर 1,448 तक पहुंच गई। (चुनाव लड़ने के बारे में लगाई गई कुछ खास पाबंदियों के बाद 1998 में लोकसभा चुनावों के उम्मीदवारों की संख्या घटकर 451 रह गई थी।) इस दौरान मतदान के स्तर में भी भारी इजाफा हुआ। 1952 के विधानसभा में केवल 39.7 प्रतिशत मतदान हुआ था जबकि 1995 के विधानसभा चुनावों में 61.8 प्रतिशत मतदान हुआ। 1998 के लोकसभा चुनावों में भी 64.6 प्रतिशत मतदान दर्ज किया गया जबकि 1996 में 59.5 प्रतिशत मतदान हुआ था (तालिका 8.1)। 2004 के लोकसभा चुनाव में बिहार में 58.0 प्रतिशत मतदान हुआ जो राष्ट्रीय औसत के बराबर था। 2005 में हुए विधानसभा चुनावों में मतदान प्रतिशत में गिरावट आई। 1952 के लोकसभा चुनावों में केवल 39.7 प्रतिशत मतदान हुआ था। मतदान के स्तर में यह वृद्धि इस बात की पुष्टि करती है कि पिछले पचास सालों के दौरान बिहार ने लोकतंत्र की राह पर एक लंबा सफर तय किया है।

हालांकि देश में राजनीतिक बदलाव की हवा साठ के दशक के मध्य से ही बहने लगी थी और 1967 में कई राज्यों (जिनमें बिहार भी शामिल था) में गैर–कांग्रेसी सरकारें सत्ता में आई थीं मगर पहली बार बड़े पैमाने का राजनीतिक बदलाव 1977 में सामने आया।

तालिका : 8.1

उम्मीदवार, उनकी बढ़ती संख्या और प्रदर्शन : विधानसभा चुनाव (1952–2005)

वर्ष	उम्मीदवारों की संख्या	प्रति निर्वाचन क्षेत्र उम्मीदवारों की औसत संख्या	जिन उम्मीदवारों की जमानत जब्त हुई (%)
1952	1602	5.0	53.3
1957	1394	4.3	46.9
1962	1529	4.8	53.0
1967	2025	6.3	64.5

1969	2154	6.7	63.4
1972	1982	6.2	62.9
1977	2973	9.1	73.7
1980	2959	9.1	74.6
1985	4238	13.0	83.2
1990	6439	19.8	91.5
1995	8410	26.0	91.8
2000	3934	12.1	–

स्रोत : *1985 तक, वी. बी. सिंह एवं शंकर बोस, इलेक्शंस इन इंडिया, दिल्ली: सेज पब्लिकेशंस, 1988, स्टेटिस्टिकल रिपोर्ट ऑन दि जनरल इलेक्शंस टू दि लेजिस्टेटिव असेंबली 1989–90, खंड I, भारत का निर्वाचन आयोग, नई दिल्ली, 1995, स्टेटिस्टिकल रिपोर्ट ऑन दि जनरल इलेक्शंस टू दि लेजिस्लेटिव असेंबली ऑफ बिहार, भारत का निर्वाचन आयोग, नई दिल्ली।*

इस साल हुए लोकसभा चुनावों में न केवल केन्द्र में कांग्रेस पार्टी का एकाधिकार टूट गया और जनता पार्टी सत्ता में आई बल्कि बहुत सारे राज्यों में भी गैर–कांग्रेस सरकारें भारी बहुमत के साथ सत्ता में आईं। केन्द्र में जनता पार्टी की सरकार लंबे समय तक नहीं टिक पाई और 1980 में कांग्रेस दोबारा सत्ता में आ गई। इसके नौ साल बाद जनता दल के रूप में गैर–कांग्रेसी शक्तियों का एक नया गठबंधन केन्द्र में सत्ता में आया। इन दोनों गैर–कांग्रेसी सरकारों के गठन में बिहार ने एक अहम भूमिका निभाई थी। 1977 और 1989, इन दोनों लोकसभा चुनावों में बिहार से गैर–कांग्रेसी उम्मीदवार भारी संख्या में जीत कर आए थे। 1977 के लोकसभा चुनावों में कांग्रेस को बिहार से एक भी सीट नहीं मिल पाई और उसे केवल 22.9 प्रतिशत वोटों से संतोष करना पड़ा जबकि 1971 के पिछले लोकसभा चुनावों में उसे 39 सीटें और 40.1 प्रतिशत वोट मिले थे। 1977 के विधानसभा चुनावों में भी कांग्रेस को केवल 57 सीटें मिल पाईं जबकि 1972 के विधानसभा चुनावों में उसे 168 सीटें मिली थीं। कांग्रेस को इन दो चुनावों के बीच 10 प्रतिशत वोटों का नुकसान उठाना पड़ा। 1972 में उसे 33.1 प्रतिशत वोट मिले थे जबकि 1977 में मात्र 23.6 प्रतिशत वोट मिले। अस्सी के दशक में कांग्रेस ने अपनी खोई हुई पहचान काफी हद तक दोबारा पा ली मगर 1989 के लोकसभा चुनावों में उसे फिर करारा झटका झेलना पड़ा। 1984 में उसे 48 सीटें और 51.8 प्रतिशत वोट मिले थे मगर इस बार उसे सिर्फ चार लोकसभा सीटों के साथ संतोष करना पड़ा और उसके वोट भी केवल 28.1 प्रतिशत रह गए। दूसरी तरफ जनता दल ने 36.4 प्रतिशत वोटों के साथ 31 सीटों पर कामयाबी पाई और भारतीय कम्युनिस्ट पार्टी

(भाकपा) व मार्क्सवादी कम्युनिस्ट पार्टी (माकपा) को कुल चार सीटें और क्रमशः 7.9 और 1.4 प्रतिशत वोट मिले।

तालिका : 8.2

उम्मीदवार, उनकी बढ़ती संख्या और प्रदर्शन : लोकसभा चुनाव (1952–1999)

वर्ष	उम्मीदवारों की संख्या	प्रति निर्वाचन क्षेत्र उम्मीदवारों की औसत संख्या	जिन उम्मीदवारों की जमानत जब्त हुई (%)
1952	198	3.6	33.8
1957	189	3.5	40.2
1962	233	4.3	46.1
1967	315	5.9	61.2
1971	421	7.9	71.0
1977	340	6.2	70.2
1980	594	11.0	76.9
1984	676	12.5	82.9
1989	711	13.1	81.0
1991	1246	23.0	90.1
1996	1448	26.8	91.5
1998	451	8.5	72.2
1999	497	9.2	76.2
2004			

स्रोत : 1984 तक, वी. बी. सिंह और शंकर बोस, इलेक्शंस इन इंडिया, दिल्ली: सेज पब्लिकेशंस, 1986, 1989–1991, वी. बी. सिंह, इलेक्शंस इन इंडिया, 1994–1996, स्टेटिस्टिकल रिपोर्ट ऑन दि जनरल इलेक्शंस टू दि इलेवंथ लोकसभा इलेक्शंस, 1996–1998, स्टेटिस्टिकल रिपोर्ट ऑन दि जनरल ट्वेल्थ लोकसभा इलेक्शंस, 1998, स्टेटिस्टिकल रिपोर्ट ऑन दि जनरल इलेक्शंस टू दि थर्टीन्थ लोकसभा इलेक्शंस, 1999, भारत का निर्वाचन आयोग, नई दिल्ली।

बिहार परंपरागत रूप से कांग्रेस का गढ़ रहा था परंतु 1977 और 1989, दोनों लोकसभा चुनावों में बड़े पैमाने पर गैर–कांग्रेसी उम्मीदवारों की सफलता के पीछे पिछड़ी जातियों के नए समीकरणों का काफी बड़ा हाथ था। इन चुनावों में पिछड़ी जातियों ने सामान्य रूप से कांग्रेस के खिलाफ मतदान किया था। इस तरह, पिछड़ी जातियों के बीच सत्तर के दशक के मध्य में नए समीकरणों की जो सुगबुगाहट शुरू

हुई थी वह नब्बे के दशक के प्रारंभिक वर्षों तक आते-आते स्पष्ट बदलाव का रूप ले चुकी थी। इस बदलाव के फलस्वरूप पिछड़ी जातियां कांग्रेस से लगातार दूर होती चली गईं। इसके अलावा एक और बदलाव यह हुआ कि पिछड़ी जातियों के बीच यादवों की चौधराहट को चुनौती देने के लिए पिछड़ी जातियों के एक हिस्से ने अगड़ी जातियों से हाथ मिला लिया।

बिहार विधानसभा चुनाव, 1995 : 'पिछड़े वर्गों' का उभार

हालांकि बिहार की राजनीति में बदलाव की हवा तो 1990 से ही बहने लगी थी मगर राजनीतिक दायरे में असली बदलाव 1995 के विधानसभा चुनावों में दिखाई दिया। इन चुनावों के जरिए पिछड़ी जातियों ने राज्य के पैमाने पर अपनी स्पष्ट राजनीतिक मौजूदगी दर्ज कराई। इस बदलाव ने एक ऐसे परिदृश्य को जन्म दिया है जो अभी आने वाले कई सालों तक बना रहेगा। ये चुनाव तीखे सामाजिक ध्रुवीकरण की पृष्ठभूमि में सम्पन्न हुए थे। इन चुनावों में न केवल अगड़ी जातियों के बीच ध्रुवीकरण रहा बल्कि खुद पिछड़ी जातियां भी आपस में बंटी हुई थीं। लालू यादव अपनी अल्पमत सरकार का कार्यकाल सफलतापूर्वक पूरा करके चुनावी मैदान में उतरे थे। यह वह समय था जब पूरे देश में सरकार विरोधी लहर चल रही थी। पिछड़ी जातियां दो अलग-अलग धड़ों में बिखरी हुई थीं। एक धड़े में मुख्य रूप से यादव थे जिनकी नुमाइंदगी जनता दल कर रहा था जबकि दूसरे धड़े में कुर्मी और कोइरी जातियां थीं जो समता पार्टी के साथ थीं। राज्य की राजनीति में पहली बार ऐसा हो रहा था कि अगड़ी जातियां अप्रासंगिक महसूस कर रही थीं। उनकी पुरानी सहयोगी कांग्रेस पूरी तरह हाशिए पर जा चुकी थी जबकि भाजपा अभी मतदाताओं को रिझाने में बहुत कामयाब नहीं हो पाई थी। जनता दल ने अपनी परंपरागत सहयोगी पार्टियों भाकपा, माकपा व झारखंड मुक्ति मोर्चा (झामुमो) के साथ मिलकर चुनाव लड़ा जबकि भारतीय जनता पार्टी (भाजपा), कांग्रेस और बिहार पीपुल्स पार्टी (बिपीपा) ने अकेले-अकेले चुनाव लड़ा। फलस्वरूप, समता पार्टी और भारतीय कम्युनिस्ट पार्टी (मार्क्सवादी लेनिनवादी-भाकपा-माले) को आपस में गठबंधन बनाना पड़ा। 1995 के विधानसभा चुनावों के नतीजे बहुत सारे लोगों के लिए आश्चर्यजनक साबित हुए। तमाम अंदाजों को झुठलाते हुए जनता दल पूर्ण बहुमत के साथ सत्ता में लौटा। उसे 324 में से 166 सीटें और 27.9 प्रतिशत वोट मिले। उसकी सहयोगी भाकपा को 26 सीटें और 4.8 प्रतिशत वोट तथा माकपा को 6 सीटें और 1.3 प्रतिशत वोट मिले। इनके अलावा झामुमो (सोरेन) को भी 16 सीटें और 3.7 प्रतिशत वोट मिले। भाजपा को 41 सीटें और 12.9 प्रतिशत वोट मिले। इस आधार पर भाजपा प्रमुख विपक्षी दल की हैसियत में पहुंच गई। जबकि कांग्रेस

महज तीसरे स्थान पर सिमट कर रह गई। कांग्रेस को 16.4 प्रतिशत वोटों के साथ महज 29 सीटों से संतोष करना पड़ा।

इस चुनाव में जनता दल को चौतरफा सफलता मिली। यद्यपि दक्षिण बिहार में उसे केवल 13 सीटें और 14.8 प्रतिशत वोट मिले थे परंतु उत्तर और मध्य बिहार में उसका प्रदर्शन शानदार रहा। उत्तर बिहार की 138 में से 97 सीटें उसके पाले में गईं और उसे 34.9 प्रतिशत वोट मिले। इसी तरह मध्य बिहार में भी 92 में से 54 सीटें जनता दल को मिलीं। यहां उसे 20.1 प्रतिशत वोट मिले। दक्षिण बिहार में भाजपा का प्रदर्शन संतोषजनक रहा। उसे 18.3 प्रतिशत वोटों के साथ यहां की 21 सीटों पर सफलता मिली। कांग्रेस का प्रदर्शन पूरे राज्य में दयनीय रहा।

जनता दल और उसके सहयोगियों की सफलता के पीछे मुख्य रूप से इस बात का हाथ था कि इस गठबंधन को समाज के गरीब और वंचित तबकों का भारी समर्थन मिला था। यह तबका संख्या की दृष्टि से काफी बड़ा है इसलिए इसके समर्थन ने जनता दल गठबंधन को अपने प्रतिद्वंद्वियों के मुकाबले एक निर्णायक बढ़त प्रदान कर दी। विकासशील समाज अध्ययन पीठ (सीएसडीएस) द्वारा बिहार के तीनों क्षेत्रों में फैली 16 विधानसभा सीटों पर किए गए एक सर्वेक्षण से पता चला कि दलितों, पिछड़ी जातियों, मुसलमानों, निरक्षरों और भूमिहीन खेतिहर श्रमिकों के बीच जनता दल और उसके सहयोगी दलों को भारी समर्थन मिला था। दलित जातियों के लगभग 48.7 प्रतिशत, पिछड़ी जातियों के लगभग 49.8 प्रतिशत और मुसलमानों के 57.3 प्रतिशत वोट जनता दल और उसके सहयोगी दलों को मिले थे। अनपढ़ तबके के मतदाताओं के बीच भी जनता दल ही सबसे लोकप्रिय पार्टी साबित हुई। इस तबके में उसे 47.3 प्रतिशत वोट मिले जबकि 43.8 प्रतिशत भूमिहीन मजदूरों ने भी उसके हक में वोट दिया। अगड़ी जातियों के अलावा बाकी सभी तबकों के बीच कांग्रेस का जनाधार सिमटता जा रहा था। अगड़ी जातियों के मतदाताओं में उसे 39.1 प्रतिशत वोट मिले जबकि जनता दल को उनके केवल 20.9 प्रतिशत वोट मिल पाए थे। भाजपा को विधानसभा की 41 सीटों पर सफलता तो मिली मगर राज्य में एक व्यापक जनाधार अभी भी उसके पास नहीं था। आदिवासियों के बीच 19 प्रतिशत, अगड़ी जातियों के बीच 16.5 प्रतिशत और मध्य वर्ग के बीच 18.3 प्रतिशत समर्थन के अलावा समाज के बाकी तमाम तबकों में उसका जनाधार सीमित रहा।

सबसे आश्चर्य की बात यह थी कि विकास कार्यों की उपेक्षा के तमाम आरोपों के बावजूद लालू यादव को संख्या की दृष्टि से समाज के सबसे बड़े तबकों के बीच भारी समर्थन मिला। यदि 1990–95 के बीच लालू सरकार के कामकाज पर बारीकी से नजर डाली जाए तो स्पष्ट हो जाता है कि गरीब और दलित मतदाता

जनता दल को ही क्यों पसंद कर रहे थे। अगर मुसहरों के लिए इंदिरा आवास योजना के तहत बनाए गए कुछ घरों जैसे इक्का-दुक्का कार्यक्रमों को छोड़ दिया जाए तो, इसमें कोई शक नहीं कि सरकार ने दलितों और गरीबों के लिए कुछ खास काम नहीं किया था। असल में इन तबकों के बीच जनता दल की लोकप्रियता का सबसे बड़ा कारण यह था कि इस सरकार के राज में ही इन तबकों को पहली बार स्वतंत्र रूप से वोट डालने का मौका मिला था। इसी एक तथ्य ने इन मतदाताओं के भीतर सशक्तीकरण की भावना पैदा की थी और यही सरकार के पक्ष में जा रही थी।

इसके अलावा पिछड़ी जातियों, खासतौर से यादवों के पास भी लालू के पक्ष में मतदान करने की अपनी वजहें थीं। लंबे संघर्ष के बाद सत्ता मिली थी और वह उसे इतनी जल्दी गंवाना नहीं चाहते थे। हालांकि 1995 के विधानसभा चुनावों में दो प्रमुख पिछड़ी जातियों—कुर्मियों और यादवों, ने चुनावी मैदान में एक-दूसरे से लोहा लिया था मगर समता पार्टी पर इस बात का आरोप भी लगाया जा रहा था कि वह लालू यादव की जातिवादी राजनीति का मुकाबला करने के नाम पर असल में अगड़ी जातियों के पक्ष में छद्मयुद्ध लड़ रही है। इस सोच ने कुर्मियों और कोइरियों के अलावा बाकी पिछड़ी जातियों को जनता दल के पीछे गोलबंद करने में और मदद दी।

मुसलमानों ने कुछ जगह तो उम्मीदवार के निजी प्रभाव या उसकी साफ-सुथरी छवि के आधार पर दलीय विभाजनों से परे हटकर मतदान किया परंतु ऐसी सीटें बहुत कम ही थीं। ज्यादातर जगह उन्होंने मुख्य रूप से जनता दल के पक्ष में मतदान किया। भागलपुर में हुए दंगे मुसलमानों के जेहन में अभी भी ताजा थे। मुसलमानों के बीच लालू यादव की लोकप्रियता की एक और वजह यह थी कि उन्होंने रथयात्रा के दौरान समस्तीपुर में भाजपा के लालकृष्ण आडवाणी को गिरफ्तार किया था। बाबरी मस्जिद के टूटने के बाद जब पूरा देश सांप्रदायिक हिंसा की आग में जल रहा था और लगातार पांच दिनों तक चली हिंसा में अनगिनत लोग मारे जा चुके थे, तब भी लालू यादव ही थे जिन्होंने अपने राज्य के मुसलमानों की रक्षा के लिए किसी तरह का कोई समझौता नहीं किया और डटकर खड़े रहे। इस दौरान पूरे बिहार में दंगे या हिंसा की एक भी घटना नहीं हुई। लालू के शासन में मुसलमानों को अपूर्व सुरक्षा प्रदान की गई और तब से लेकर अब तक मुसलमान जनता दल के प्रति निष्ठावान रहे हैं।

बिहार में 1995 के विधानसभा चुनावों के नतीजों ने आने वाले कुछ वर्षों के लिए पिछड़ी जातियों की राजनीति को खुलकर हवा दे दी। यह पहला मौका था जब पिछड़ी जातियों के उम्मीदवार एक-दूसरे से लोहा ले रहे थे और अगड़ी जातियां राजनीतिक संघर्ष के हाशिए पर खड़ी थीं। पिछड़ों ने राजनीतिक सत्ता पर नियंत्रण स्थापित कर लिया।

इस बार की एक प्रमुख उपलब्धि यह थी कि सबसे वंचित तबकों, यानी दलितों, के बड़े हिस्से को स्वतंत्र रूप से वोट डालने का मौका मिला। पहली बार उन्हें महसूस हो रहा था कि चुनावी राजनीति में उनका भी कोई वजूद है। हालांकि राज्य का शासन चलाने के मामले में तो सबसे अगली कतार में यादव ही थे मगर अन्य पिछड़ी जातियों और दलितों ने भी जनता दल का दामन नहीं छोड़ा। उन्हें साफ दिखाई दे रहा था कि राज्य की राजनीतिक सत्ता में उन्हें भी एक निश्चित हिस्सा मिल रहा है। कांग्रेस शासन के दौरान राज्य की सत्ता अगड़ी जातियों के हाथों में केन्द्रित थी और उस दौर में दलितों एवं पिछड़ों की आकांक्षाओं और मांगों को पूरा करने के लिए कोई संजीदा कोशिश नहीं की गई।

लोकसभा चुनाव, 1996 : भाजपा की बढ़त

जैसा कि पीछे भी जिक्र किया जा चुका है, बड़े पैमाने पर मतदाताओं के पाला बदलते जाने से राज्य की राजनीति में गहरे बदलाव आ रहे थे। 1996 के लोकसभा चुनावों के परिणामों से पता चलता है कि बिहार की राजनीति में एक नई शुरुआत हो चुकी थी। जनता दल और उसके सहयोगियों को इन चुनावों में भारी नुकसान उठाना पड़ा। सबसे पहली और सबसे बड़ी बात यह थी कि चुनाव के नतीजों ने समाज के एक वर्ग या हित समूह की राजनीति की सीमाएं उजागर कर दीं। इन नतीजों ने एक बहुदलीय लोकतंत्र में शासक पार्टी पर पड़ने वाले दबावों को भी जाहिर कर दिया। इस चुनाव में ज्यादातर विपक्षी पार्टियां वक्ती तौर पर शासन पार्टी के खिलाफ एकजुट होकर मोर्चा ले रही थीं। एक बहुदलीय लोकतंत्र में, जहां कोई राजनीतिक पार्टी महज 30 प्रतिशत वोटों के सहारे राजनीतिक सत्ता पर कब्जा कर सकती है, शासक दल के खिलाफ विपक्षी एकता गंभीर खामियों की ओर संकेत कर देती है।

इन चुनावों के नतीजे इसी तरह के परिदृश्य की उपज थे। 1995 के विधानसभा चुनावों में जनता दल और उसके सहयोगी भाकपा, माकपा और झामुमो (सोरेन) ने एक पूरी तरह बिखरे हुए विपक्ष का सामना किया था। हालांकि समता पार्टी ने भाकपा (माले) के साथ कुछ सीटों पर तालमेल किया था मगर इनके अलावा भाजपा, बिपीपा, कांग्रेस और कुछ अन्य छोटी-छोटी पार्टियों ने जनता दल और उसके सहयोगियों का अलग-अलग रहकर ही मुकाबला किया था। नतीजा यह निकला कि जनता दल मात्र 27.9 प्रतिशत वोटों के सहारे 166 सीट, यानी पूर्ण बहुमत पाने में कामयाब रहा। उसके सहयोगियों भाकपा, माकपा और झामुमो (सोरेन) को भी क्रमशः मात्र 4.8, 1.3 और 3.7 प्रतिशत वोटों के सहारे क्रमशः 26.6 और 16 सीटें मिल गईं। बहुत सारे लोगों को समता पार्टी से भी उम्मीद थी। उनका मानना था कि समता पार्टी शासक जनता दल का विकल्प साबित हो सकती

है। समता पार्टी का गठन जनता दल के असंतुष्टों को लेकर किया गया था और नीतीश कुमार उसके नेता थे इसलिए उम्मीद की जा रही थी कि समता पार्टी को कुर्मियों और कोइरियों के बीच अच्छा-खासा समर्थन मिलेगा। मगर उसका प्रदर्शन अच्छा नहीं रहा। उसे केवल 7 सीटें और 6.9 प्रतिशत वोट मिले। सिर्फ अगड़ी जातियों के समर्थन पर आश्रित कांग्रेस मात्र 29 सीटों पर सिमट गई और उसे 16.4 प्रतिशत वोट मिले। हालांकि भाजपा की हालत में थोड़ा सुधार हुआ और उसने 12.9 प्रतिशत वोट तथा 41 सीटों पर कामयाबी हासिल की मगर वह बिहार को अपने रंग में रंगने के सपने को पूरा करने की हालत में नहीं पहुंच पाई।

विधानसभा चुनावों में कामयाबी के बाद ऐसा लगता था मानों जनता दल अब बिहार में एक अजेय शक्ति बन चुका है। परंतु उसके खिलाफ खड़ी राजनीतिक पार्टियों ने तत्काल अपनी कमियों पर ध्यान देना शुरू कर दिया और चुनावों के कुछ समय बाद कई दौर की बातचीत के बाद आखिरकार समता पार्टी और भाजपा के बीच समझौता हो गया। इस समझौते में भाजपा को 32 और समता पार्टी को 22 सीटों पर चुनाव लड़ने का मौका मिला। दोनों पार्टियों के नेताओं ने तो इस गठबंधन का खुलकर स्वागत किया परंतु समता पार्टी के नेता, खासतौर से समाजवादी परंपरा के नाम पर कसमें खाने वाले जॉर्ज फर्नांडिज और नीतीश कुमार को एक सांप्रदायिक पार्टी के साथ गठबंधन के एवज में भारी आलोचना और निंदा का सामना करना पड़ा। इन नेताओं ने भाजपा के साथ अपने समझौते को एक विशेष राज्य में एक विशेष समय पर एक विशेष स्थिति की संज्ञा दी। उन्होंने कहा कि लालू यादव की जातिवादी राजनीति को उखाड़ फेंकने के लिए यही 'वक्त की मांग है।' विधानसभा चुनावों में बिहार पीपुल्स पार्टी (बिपीपा) का पूरी तरह सफाया हो गया और अंततः वह समता पार्टी में शामिल हो गई। उसे राजपूतों के बीच थोड़ा-बहुत समर्थन हासिल था इसलिए माना जा रहा था कि इस विलय से समता पार्टी को पिछड़ी जातियों के अलावा अन्य जातियों का भी कुछ समर्थन मिलेगा। भाजपा के साथ गठजोड़ जनता दल के खिलाफ एक ताकतवर मोर्चा खड़ा करने की दिशा में निश्चय ही एक महत्त्वपूर्ण कदम था। दूसरी प्रमुख विपक्षी पार्टी, कांग्रेस, मोटे तौर पर हाशिए पर सिमट चुकी थी। झामुमो के छोटे-छोटे गुटों की तरह उसने भी अकेले चुनाव लड़ा। जनता दल अपने परंपरागत सहयोगियों, भाकपा और माकपा को साथ लेकर चुनाव मैदान में उतरा। पिछले चुनावों के मुकाबले इस बार सिर्फ सीटों के तालमेल में थोड़ा-बहुत फर्क था। इस बार के गठबंधन में भाकपा और माकपा, दोनों पर लालू पूरी तरह हावी रहे। राज्य की 54 में से 44 सीटों पर जनता दल ने चुनाव लड़ा और भाकपा व माकपा के हिस्से में क्रमशः केवल 8 और 2 सीटें ही आईं।

हालांकि लालू यादव को राज्य की ज्यादातर सीटों पर सफलता का पूरा भरोसा था परंतु कुछ ही समय के भीतर विपक्षी पार्टियों ने उन्हें रक्षात्मक मुद्रा

अपनाने पर मजबूर कर दिया। विपक्षी दलों ने जनता दल सरकार के कार्यकाल में हुए चारा घोटाले के जरिए लालू यादव को निशाना बनाकर एक जबर्दस्त अभियान छेड़ दिया। दूसरी तरफ जनता दल ने सामाजिक न्याय का नारा दिया। उसने पिछड़ों और गरीबों की बेहतरी और बिहार को सांप्रदायिक पार्टी भाजपा के चंगुल में जाने से बचाने के लिए जनता दल और उसके सहयोगियों को वोट देने का आह्वान किया। दूसरी तरफ भाजपा–समता गठबंधन ने लालू यादव पर सामाजिक न्याय की आड़ में बिहार को जातिवादी हिंसा की आग में ढकेलने का आरोप लगाते हुए हमला बोल दिया। उन्होंने जनता दल के शासनकाल में हुए चारा घोटाले और अन्य घोटालों का ठीकरा सरकार के सिर फोड़ा। हालांकि हवाला का मुद्दा तो बिहार के गरीब ग्रामीण मतदाताओं के बीच चुनावी लिहाज से कोई खास महत्त्व नहीं पा सका मगर चारा घोटाले को यहां काफी प्रचार मिला। शुरुआत में ऐसा लगता था कि यह घोटाला भी लोगों के नजरिए पर बहुत असर नहीं डाल पाएगा और संभवत: विभिन्न पार्टियों की चुनावी संभावनाओं पर खास असर नहीं पड़ेगा। सीएसडीएस द्वारा चुनावों से पहले कराए गए दो सर्वेक्षणों से भी यही पता चलता था कि अभी भी बिहार की सबसे लोकप्रिय पार्टी जनता दल ही था। इस सर्वेक्षण के पहले दौर में जितने लोगों से बात की गई थी उनमें से 32.9 प्रतिशत ने कहा कि वह जनता दल को वोट देंगे जबकि दूसरे दौर में 40.3 प्रतिशत लोगों ने जनता दल को वोट देने का इरादा जाहिर किया था। इन दोनों सर्वेक्षणों में भाजपा को क्रमश: केवल 7.9 और 9.9 प्रतिशत समर्थन की संभावना व्यक्त की गई।

जैसे–जैसे चुनाव नजदीक आते गए, हालात तेजी से बदलने लगे। भाजपा और उसके सहयोगी दलों ने जनता और उसकी नीतियों पर जैसा तीखा हमला बोला था उससे जनता की मनोदशा में अंतिम क्षणों में भारी बदलाव दिखाई दिया। कुर्मी और कोइरी तो पहले ही भाजपा–समता गठबंधन के प्रति अपनी आस्था व्यक्त कर चुके थे लेकिन अब परंपरागत रूप से कांग्रेस को वोट देने वाले ब्राह्मण और दूसरी अगड़ी जातियां भी भाजपा–समता गठबंधन की ओर झुकने लगीं। इस घटनाक्रम से कुछ बेहद आश्चर्यजनक नतीजे सामने आए।

जिस जनता दल को महज साल भर पहले सम्पन्न हुए विधानसभा चुनावों में पूर्ण बहुमत मिला था, उसकी हालत खस्ता दिखाई देने लगी। उसके नेताओं को यकीन था कि उन्हें सारी सीटों पर कामयाबी मिलेगी मगर 1991 की 33 सीटों के मुकाबले इस बार उन्हें महज 22 सीटें ही मिल पाईं। उसके वोटों में भी 2.2 प्रतिशत की गिरावट आई। 1991 के लोकसभा चुनावों में उसे 34.1 प्रतिशत वोट मिले थे जबकि इस बार उसे सिर्फ 31.9 प्रतिशत वोट मिले। उसके गठबंधन सहयोगियों, भाकपा और माकपा, को भी भारी नुकसान उठाना पड़ा। भाकपा को पिछली बार के मुकाबले आधी सीटें भी नहीं मिलीं। उसके उम्मीदवार केवल तीन

सीटों पर जीत पाए। पिछली बार उसे 8 सीटों पर सफलता मिली थी और 7.6 प्रतिशत वोट मिले थे जबकि इस बार उसे केवल 5.1 प्रतिशत वोटों से संतोष करना पड़ा। माकपा को 1991 के लोकसभा चुनावों में 1 सीट मिली थी। 1996 के चुनावों में वह भी उसके हाथ से जाती रही।

समता पार्टी के साथ चलने से भाजपा को जबर्दस्त लाभ हुआ। उसे 18 लोकसभा सीटें और 20.5 प्रतिशत वोट मिले। 1991 के चुनावों के मुकाबले यह एक बड़ी कामयाबी थी। उस चुनाव में भाजपा को केवल 5 सीटें और 15.9 प्रतिशत वोट मिले थे। परंतु भाजपा के वोटों में यह इजाफा उससे कहीं ज्यादा था जितना कि दिखाई देता था। 1996 के लोकसभा चुनावों में उसने केवल 32 सीटों पर चुनाव लड़ा था जबकि 1991 के चुनाव में उसने 51 सीटों पर हाथ आजमाया था। समता पार्टी ने 22 सीटों पर चुनाव लड़ा और 6 पर जीत दर्ज की। 1995 के विधानसभा चुनावों के मुकाबले उसके वोटों में भी 7.6 प्रतिशत का इजाफा हुआ। हालांकि कांग्रेस को इस बार एक की जगह दो सीटें मिलीं मगर उसके वोट 1991 के 24.2 प्रतिशत से घटकर 1996 में केवल 13 प्रतिशत ही रह गए। 1991 के लोकसभा चुनावों में 6 सीटें जीतने वाले झामुमो को भी भारी नुकसान उठाना पड़ा। न केवल दक्षिण बिहार के अपने परंपरागत आदिवासी क्षेत्र में उसका जनाधार सिकुड़ गया बल्कि उसे अपनी गुटबाजी का भी खमियाजा भुगतना पड़ा। झामुमो के अलग-अलग गुटों ने एक-दूसरे के खिलाफ चुनाव लड़ा जिससे उसके वोट बुरी तरह बिखर गए। झामुमो (सोरेन) को सिर्फ एक लोकसभा सीट पर सफलता मिली और वह भी 5,000 वोटों के मामूली अंतर से।

लोकसभा चुनाव, 1998 : राजद का उदय

लोकसभा के समय से पहले ही भंग हो जाने के कारण देश को मध्यावधि लोकसभा चुनावों का सामना करना पड़ा। परंतु इस छोटी सी अवधि में ही बिहार का राजनीतिक फलक काफी बदल चुका था। लालू यादव पर गद्दी छोड़ने के लिए भारी दबाव पड़ रहा था। न केवल वामपंथी पार्टियां बल्कि उनकी अपनी पार्टी के लोग भी उन्हें मुख्यमंत्री और पार्टी अध्यक्ष का पद छोड़ने के लिए कहने लगे थे। इस घटनाक्रम से अंततः जनता दल विभाजित हो गया और 1998 के लोकसभा चुनावों से ठीक पहले लालू यादव के नेतृत्व में राष्ट्रीय जनता दल (राजद) का गठन किया गया। नई पार्टी के गठन से विभिन्न प्रतिद्वंद्वी राजनीतिक दलों के बीच नए समीकरणों की संभावना पैदा हो गई।

प्रमुख राजनीतिक दलों के बीच मौजूदा समीकरणों में तो भारी बदलाव नहीं आया। भाजपा अपनी सहयोगी समता पार्टी के साथ ही रही और जनता दल का भी भाकपा व माकपा के साथ गठबंधन कायम रहा। पिछले दो चुनावों में बुरी

तरह हाशिए पर सिमट चुकी कांग्रेस वापसी के लिए जमकर हाथ-पांव मार रही थी। हालांकि लालू यादव चुनावों में भारी सफलता का आत्मविश्वास दिखा रहे थे मगर इस बात को भी जानते थे कि इस बार उनके लिए हालात उतने सहज नहीं हैं। तीन प्रमुख पहलू उनके खिलाफ दिखाई देते थे। सबसे पहली बात तो यह थी कि उन्हें यादव मतदाताओं के बीच भी टूट-फूट का खतरा दिखाई दे रहा था। जाहिर है कि यदि ऐसा होता तो भाजपा को उसका निश्चित रूप से लाभ मिलता। दूसरे, वह जानते थे कि इस बार राजद को जो नया चुनाव चिह्न (लालटेन) मिला है उससे लोगों को अच्छी तरह वाकिफ कराने के लिए उनके पास पर्याप्त समय नहीं है। तीसरे, उन्हें एहसास था कि क्योंकि स्थानीय स्तर पर उनका पार्टी संगठन खत्म हो चुका है इसलिए उनकी नई पार्टी के लिए कई जगह खासी मुश्किल पैदा हो सकती है। इन तमाम दिक्कतों को देखते हुए लालू यादव किसी भी सूरत में वोटों को बंटने से रोकने के लिए एक व्यावहारिक गठबंधन की तलाश में थे। आखिरकार उन्होंने कांग्रेस से गठबंधन किया क्योंकि कांग्रेस भी किसी मजबूत सहयोगी की तलाश में थी। इसके अलावा 1991 के लोकसभा चुनावों में दक्षिण बिहार के पैमाने पर शानदार प्रदर्शन करने वाला झामुमो भी गठजोड़ की संभावनाएं तलाश रहा था। लालू यादव जानते थे कि दक्षिण बिहार में उनकी पार्टी का कोई खास वजूद नहीं है इसलिए उन्होंने हालात की नजाकत को देखते हुए झामुमो से भी गठबंधन कर लिया।

इन गठबंधनों को देखते हुए ऐसा लगता था कि इस बार बिहार एक त्रिकोणीय मुकाबले की दिशा में बढ़ रहा है। विभाजन के बाद, जनता दल के लिए यह एक परीक्षा की घड़ी थी। इस बात पर लगभग सहमति थी कि जनता दल में जो टूट हुई है उसके कारण उसके वोट जनता दल और राजद के बीच बंट जाएंगे और इससे पार्टी को भारी नुकसान होगा। इसी पृष्ठभूमि में राजद के नेता लालू यादव के व्यक्तिगत करिश्मे को भी कसौटी पर कसा जा रहा था। बहुत सारे लोगों का मानना था कि संभवत: राजद इस बार के चुनावों में कामयाब नहीं हो पाएगा क्योंकि चारा घोटाले में नाम आने के कारण लालू यादव अब राज्य की राजनीति में अपनी अहमियत खो चुके हैं और उनकी पार्टी ज्यादा सीटें नहीं जीत पाएगी। दूसरी तरफ कांग्रेस और झामुमो के साथ गठबंधन के दम पर लालू यादव उत्तरी बिहार में अपने विरोधियों को कड़ी टक्कर देने की उम्मीद कर रहे थे। उन्हें उम्मीद थी कि कांग्रेस के साथ गठबंधन के कारण यहां के परंपरागत कांग्रेसी मतदाता भी राजद की ओर खिंचेंगे। 1996 के लोकसभा चुनावों में दक्षिण बिहार से झामुमो को 12.2 प्रतिशत और कांग्रेस को 16 प्रतिशत वोट मिले थे इसलिए यहां भी इस गठबंधन को अच्छे प्रदर्शन का पूरा विश्वास था। दूसरी तरफ भाजपा-समता गठबंधन को यकीन था कि त्रिकोणीय मुकाबले में सबसे ज्यादा फायदा उसी को होगा।

इसके बाद जो कुछ हुआ वह राजनीतिक अटकलबाजों के लिए एक जबर्दस्त हैरत की बात थी। पूरा चुनाव राजद और भाजपा-समता गठबंधन के बीच आमने-सामने की टक्कर बनकर ही रह गया। जनता दल और उसके सहयोगी अपनी मौजूदगी भी दर्ज नहीं करा पाए। मगर नतीजों से पता चला कि पिछले चुनावों के मुकाबले इस बार, यानी, 1998 के लोकसभा चुनावों में कांटे की टक्कर हुई थी। पिछले तीनों लोकसभा चुनावों में बहुत सारी सीटों पर जीत का फासला लगातार घटता चला गया था। 1991 और 1996 के लोकसभा चुनावों में क्रमशः केवल 6 और 10 सीटें ऐसी थीं जहां जीत का फासला 5 प्रतिशत से कम रहा था जबकि 1998 में ऐसी सीटों की संख्या बढ़कर 18 तक जा पहुंची। इनके अलावा 6 सीटों पर जीत का फासला 5 और 10 प्रतिशत के बीच रहा। 1998 के लोकसभा चुनावों में जीत के फासले में और गिरावट इस बात का स्पष्ट संकेत है कि पिछले कुछ चुनावों के मुकाबले इस बार राज्य में होड़ की राजनीति कहीं ज्यादा तीखी थी।

1998 के लोकसभा चुनावों के साथ राज्य में जनता दल का लगभग पूरी तरह सफाया हो गया। हाजीपुर लोकसभा सीट से जीतने वाले रामविलास पासवान जनता दल के एकमात्र सफल उम्मीदवार रहे। पार्टी को 1996 के लोकसभा चुनावों में 31.9 प्रतिशत वोट मिले थे जबकि इस बार उसे सिर्फ 8.3 प्रतिशत वोट मिले। उसके गठबंधन सहयोगियों, भाकपा और माकपा को तो एक भी सीट नहीं मिली और उन्हें क्रमशः केवल 3.1 और 2.1 प्रतिशत वोटों से संतोष करना पड़ा। तमाम अपेक्षाओं को झुठलाते हुए राजद को 17 सीटें और 25.2 प्रतिशत वोट मिले। इसका मतलब है कि वोटों के लिहाज से अभी भी वही सबसे बड़ी पार्टी थी। हालांकि कांग्रेस को महज 7.2 प्रतिशत यानी 1996 के मुकाबले लगभग 6 प्रतिशत कम वोट मिले मगर इस बार उसे 5 सीटें मिलीं और थोड़ा-बहुत खोया हुआ जनाधार भी वापस मिल गया। पार्टी को मिले वोटों में गिरावट के पीछे मुख्य रूप से इस बात का हाथ था कि इस बार उसने राजद के साथ गठबंधन के कारण काफी कम सीटों पर चुनाव लड़ा था। त्रिकोणीय गठबंधन के बावजूद झामुमो का खाता नहीं खुल पाया। उसे सिर्फ 3 प्रतिशत वोट मिले। एक गठबंधन के तौर पर 1998 के लोकसभा चुनावों में भाजपा-समता गठजोड़ सबसे ज्यादा फायदे में रहा। भाजपा को 23.1 प्रतिशत वोटों के साथ 19 सीटें मिलीं जबकि समता पार्टी को 15.8 प्रतिशत वोटों के सहारे 10 सीटें मिलीं। कुल मिलाकर इस गठबंधन को 29 सीटों पर सफलता मिली। 1996 में हुए पिछले लोकसभा चुनावों में उसे 24 सीटें मिली थीं।

लोकसभा चुनाव, 1999 : राजद को झटका

यद्यपि लालू विरोधी ताकतों के एक-दूसरे के नजदीक आने की प्रक्रिया तो 1996 के

लोकसभा चुनावों से पहले ही शुरू हो चुकी थी मगर इस बार यह प्रक्रिया एक निर्णायक बिंदु तक पहुंच गई। समता पार्टी का जनता दल में विलय हो गया और नई पार्टी को जनता दल-एकीकृत का नाम दिया गया। इस नई पार्टी ने 1999 का चुनाव भाजपा के साथ मिलकर लड़ने का फैसला किया। बिपीपा ने भी भाजपा-जनता दल गठबंधन के साथ मिलकर चुनाव लड़ने का फैसला किया। जब कांग्रेस ने राजद के साथ तालमेल कर लिया तो स्पष्ट हो गया कि यह चुनाव भी दो खेमों के बीच आमने-सामने की टक्कर ही साबित होगा।

इस मुकाबले में भाजपा और उसके सहयोगी जनता दल (ए) को कुल 41 सीटें और 45.5 प्रतिशत वोट मिले जबकि राजद-कांग्रेस गठबंधन को केवल 11 सीटें और 37.1 प्रतिशत वोट मिल पाए। एक-एक सीट भाकपा और बिपीपा के पाले में गई। सीटों की संख्या के हिसाब से देखा जाए तो माना जा सकता है कि भाजपा-जनता दल (ए) ने राजद-कांग्रेस गठबंधन पर लगभग एकतरफा जीत दर्ज की थी।

लेकिन यदि जीत के फासले पर ध्यान दिया जाए तो पता चलता है कि पिछले तीन लोकसभा चुनावों में यह सबसे करीबी मुकाबला था। दोनों गठबंधनों को मिले वोटों में 8.4 प्रतिशत का फासला था। 54 में से 23 सीटें ऐसी थी जहां जीत का फासला 5 प्रतिशत से भी कम था। 1998 में ऐसी सीटों की संख्या केवल 17 थी जहां इतने कम अंतर से हार-जीत का फैसला हुआ था।

राजद-कांग्रेस गठबंधन को 1998 के मुकाबले इस बार सबसे ज्यादा नुकसान हुआ। उसकी सीटों में 11 की कमी आई। मगर गौर करने वाली बात यह थी कि वोटों के लिहाज से अभी भी राजद ही राज्य की सबसे बड़ी पार्टी बनी रही। बल्कि 1998 के लोकसभा चुनावों के मुकाबले इस बार राजद के वोटों में 3 प्रतिशत से भी ज्यादा का इजाफा हुआ।

भाजपा-समता गठबंधन की इस कामयाबी को राज्य में भाजपा के उभार का परिणाम नहीं माना जा सकता। हालांकि उसकी सीटों में इस बार तीन का इजाफा हुआ मगर उसके वोटों में तकरीबन एक प्रतिशत की गिरावट भी आई थी। हालांकि यह कमी इस कारण भी हो सकती है क्योंकि इस बार उसने पिछली बार से भी कम सीटों पर भाग्य आजमाया था। इस सफलता के पीछे ज्यादा बड़ा हाथ संभवतः समता पार्टी और जनता दल के विलय का था। जनता दल (ए) के रूप में नई पार्टी के गठन और भाजपा, बिपीपा के साथ उसके गठबंधन ने इस गठजोड़ को राज्य में अपने प्रतिद्वंद्वियों के मुकाबले एक निर्णायक बढ़त प्रदान कर दी थी। इससे पूरे राज्य में लालू यादव विरोधी मतदाताओं में एक अपेक्षित गोलबंदी भी पैदा हुई। हालांकि जनता दल (ए) के वोटों में लगभग 3 प्रतिशत की गिरावट आई (1998 में समता पार्टी और जनता दल, दोनों के कुल

मतों के योग की तुलना में) मगर उसकी सीटों में 6 का इजाफा हुआ।

2004 और 2005 के तीन चुनाव

इन दो वर्षों में बिहार में तीन चुनाव हुए और इनमें तीन अलग-अलग जनादेश आए। एक स्तर पर देखने में यह विरोधाभासी लग सकता है, पर यह स्पष्टतः केन्द्र की तब की राजग और बिहार की राजद सरकार के खिलाफ जनादेश थे और इन तीनों ने बिहार की राजनीति एकदम बदल दी। पहला चुनाव 2004 में हुआ जिसमें राष्ट्रीय जनता दल और उसके सहयोगी दलों ने भाजपा और जनता दल-ए को पीछे छोड़ा। और इस नतीजे के बल पर लालू प्रसाद और उनका दल केन्द्र की राजनीति में दमदार ढंग से दखल देने की स्थिति में आ गया। पर फरवरी 2005 में राज्य विधानसभा चुनाव में उसे भारी धक्का लगा और राज्य विधानसभा में सरकार गठन के लिहाज से अस्पष्टता बनी रही। फिर अक्टूबर 2005 में जब चुनाव हुए तो लालू प्रसाद और उनकी पार्टी की राज्य की राजनीति से विदाई ही हो गई। कभी उनके साथी रहे और 2000 के विधानसभा चुनाव में काफी पिटे नीतीश कुमार ने शानदार ढंग से चुनाव जीता और मुख्यमंत्री बने। लालू प्रसाद यादव और उनकी पत्नी राबड़ी देवी के 15 वर्षों के राज का अंत हुआ।

बिहार में 2004 का लोकसभा चुनाव दो कारणों से महत्त्वपूर्ण है। पहला, इसने राज्य में राजद के राजनीतिक दबदबे को एक बार फिर कायम किया। दूसरा, इस चुनाव ने केन्द्र में गैर-राजग और गैर-भाजपा सरकार के गठन में बहुत महत्त्वपूर्ण भूमिका निभाई। बिहार में संयुक्त प्रगतिशील गठबंधन के सदस्य के रूप में राजद ने 26 सीटों पर चुनाव लड़ा और इनमें से 22 पर जीत कर राजद कांग्रेस-नीत गठबंधन का सबसे बड़ा सहयोगी बना। इस स्थिति की चुनावों से पहले कल्पना करना भी मुश्किल था। कांग्रेस को बिहार में केवल 4 सीटों पर चुनाव लड़ने का अवसर मिला लेकिन वह 3 सीटों पर जीतने में कामयाब रही। भाजपा-जद (यू) गठबंधन के बल पर 11 सीटें जीत सका और 1999 के मुकाबले उसे आठ सीटों और 6 प्रतिशत मतों का नुकसान हुआ।

बिहार का राजनीतिक इतिहास बताता है कि केन्द्र में सरकार कोई भी हो उसमें बिहार की भागीदारी प्रमुख रही है। यह तथ्य केन्द्र में पहली गैर-कांग्रेसी सरकार के 1977 में गठन से और भी ज्यादा उभर कर आता है। 1977 में बिहार की सभी 54 लोकसभा सीटों पर जनता पार्टी विजयी रही। 1989 में एक बार फिर गैर-कांग्रेसी सरकार का गठन हुआ और इस बार भी बिहार में कांग्रेस घट कर चार सीटों पर सिमट गई। 1996 में गैर कांग्रेसी सरकार का एक और प्रयोग हुआ और पहले एच. डी. देवगौड़ा और बाद में इंद्र कुमार गुजराल प्रधानमंत्री बने। इन प्रयोगों को सफल बनाने में बिहार द्वारा चुने गए गैर-भाजपाई सांसदों की केन्द्रीय भूमिका थी।

तालिका : 8.3 ए

बिहार : लोकसभा चुनाव परिणाम 1996-2004

वर्ष	कुल सीटें	मतदान (%)	कांग्रेस लड़ी/जीती	(%)	भाजपा लड़ी/जीती	(%)	जद(यू)/समता लड़ी/जीती	(%)
1996	54	59.5	54/2	13.0	32/18	20.5	20/6	14.5
1998	54	64.6	21/5	7.3	32/20	24.0	21/10	15.7
1999	54	61.5	16/4	8.8	29/23	23.0	23/18	20.8
2004	40	58.0	4/3	4.5	16/5	14.6	24/6	22.7

तालिका : 8.3 बी

बिहार : लोकसभा चुनाव परिणाम 1996-2004

वर्ष	कुल सीटें	मतदान (%)	जद/राजद लड़ी/जीती	(%)	अन्य लड़ी/जीती	(%)
1996	54	59.5	44/22	31.9	1,298/6	20.1
1998	54	64.6	38/17	26.6	357/2	26.4
1999	54	61.5	36/7	28.3	393/2	19.1
2004	40	58.0	26/22	30.7	380/4	27.5

स्रोत : *सीएसडीएस आंकड़ा एकांश।*

2004 के लोकसभा चुनावों में भी बिहार की यह नाटकीय प्रभाव पैदा करने वाली भूमिका बनी रही, लेकिन एक अंतर के साथ। बिहार 70 के दशक से गैर-कांग्रेसवाद की प्रयोगशाला रहा है। लेकिन 1996 और 2004 के चुनावों में बिहार के मतदाता ने भाजपा-जद (यू) नेतृत्व में बने राष्ट्रीय जनतांत्रिक गठबंधन को सजा देने का मन बनाया। जैसा कि तालिका (8.3 ए तथा बी) में स्पष्ट है कि राजद-कांग्रेस-लोजपा गठबंधन ने बिहार की 40 लोकसभा सीटों में 29 सीटों के साथ 46.6 प्रतिशत मत प्राप्त किए। भाजपा गठबंधन से राजद गठबंधन 9.6 प्रतिशत से आगे रहा।

राजग गठबंधन के दोनों सहयोगियों को 1999 के चुनाव की तुलना में नुकसान हुआ। वोट और सीट दोनों ही लिहाज से यह नुकसान जद (यू) को ज्यादा था। मतों की गिनती में 1999 के मुकाबले भाजपा को 2.3 प्रतिशत और जद (यू) को 6.2 प्रतिशत का नुकसान हुआ। सीटों का नुकसान भाजपा को सात और जद (यू) को 12 का हुआ।

तालिका : 8.4

लोकसभा चुनाव, 2004 : पार्टियों और गठबंधन को मिली सीटें और मत प्रतिशत

गठबंधन	पार्टी	लड़ी	जीती	मत प्रतिशत
भाजपा और गठबंधन	कुल	40	11	37.0
	भाजपा	17	5	14.2
	जद(यू)	23	6	22.9
कांग्रेस और गठबंधन	कुल	40	29	46.6
	कांग्रेस	4	3	4.8
	राजद	26	22	29.8
	लोजपा	8	4	8.7
	राकांपा	1	0	1.0
	सीपीआई (एम)	1	0	0.8
वाम	कुल	5	0	1.1
	सीपीआई	5	0	1.1

स्रोत : सीएसडीएस आंकड़ा एकांश।

बिहार में 2004 के लोकसभा चुनाव भाजपा-जद (यू) के लिए गहरा आघात साबित हुआ लेकिन यह देखना जरूरी है कि 2004 के चुनावों में क्षेत्रीय पैटर्न क्या रहे। क्या भाजपा-जद (यू) को सभी क्षेत्रों में एक जैसा नुकसान हुआ या कुछ क्षेत्रों में कम कुछ में ज्यादा?

बिहार में राजनीतिक रुझानों का क्षेत्रवार विश्लेषण करने के लिए पारम्परिक रूप से उत्तर-मध्य और दक्षिण बिहार को तीन अलग-अलग क्षेत्रों के रूप में देखा जाता था। लेकिन 1999 और 2004 के लोकसभा चुनावों के बीच बिहार के भूगोल में एक बड़ा परिवर्तन आया। बिहार के जिस दक्षिणी भाग का विश्लेषण हम एक सघन आदिवासी क्षेत्र के रूप में करते थे वह झारखंड नाम से एक नया राज्य बन गया।

झारखंड के अलग होने के बाद शेष बिहार को पांच क्षेत्रों में बांट कर देखा जा सकता है। ये पांच क्षेत्र हैं : तिरहुत, मिथिला, मगध, पूर्व और भोजपुर। जहां तिरहुत और मगध 12 और 10 लोकसभा सीटों के साथ बिहार के दो बड़े क्षेत्र हैं वहीं मिथिला और पूर्व सात-सात तथा भोजपुर चार लोकसभा सीटों के साथ अपेक्षाकृत छोटे क्षेत्र हैं।

2004 के लोकसभा परिणाम दिखाते हैं कि इन पांच क्षेत्रों में से किसी भी क्षेत्र में भाजपा-जद (यू) गठबंधन 1999 की तुलना में बेहतर प्रदर्शन नहीं कर

तालिका : 8.5 क

2004 के लोकसभा चुनाव परिणामों का क्षेत्रवार विश्लेषण

क्षेत्र	–	कुल		कांग्रेस				भाजपा			
	कुल सीटें	मतदान 2004	1999 से बदलाव	जीती 2004	1999 से बदलाव	वोट % 2004	1999 से बदलाव	जीती 2004	1999 से बदलाव	वोट % 2004	1999 से बदलाव
तिरहुत	12	55.24	−12.32	0	0	0.00	−3.46	0	−3	10.55	−2.04
मिथिला	7	58.03	−8.72	1	1	6.44	1.15	0	−2	10.31	−4.10
मगध	10	61.36	−2.49	1	−1	6.82	−2.01	0	−3	14.22	−1.79
पूर्व	7	58.45	−3.26	0	0	0.00	−3.05	4	2	26.96	−1.15
भोजपुर	4	55.45	−5.66	1	1	14.53	14.53	1	−1	12.71	−5.74
कुल	40	57.94	−6.85	3	1	4.49	−0.28	5	−7	14.58	−2.34

तालिका : 8.5 ख

2004 के लोकसभा चुनाव परिणामों का क्षेत्रवार विश्लेषण

क्षेत्र	–	कुल		जद-यू				राजद			
	कुल सीटें	मतदान 2004	1999से बदलाव	जीती 2004	1999 से बदलाव	वोट % 2004	1999 से बदलाव	जीती 2004	1999 से बदलाव	वोट % 2004	1999 से बदलाव
तिरहुत	12	55.24	-12.32	3	-3	22.58	-11.42	8	5	38.24	-2.69
मिथिला	7	58.03	-8.72	0	-5	28.24	-9.31	4	4	29.34	-6.86
मगध	10	61.36	-2.49	2	-3	27.09	-3.76	6	6	32.17	2.17
पूर्व	7	58.45	-3.26	0	-2	11.75	0.42	3	2	21.54	0.45
भोजपुर	4	55.45	-5.66	1	1	15.79	-2.29	1	-1	23.69	-16.47
कुल	40	57.94	-6.85	6	-12	22.33	-6.23	22	16	30.67	-3.25

तालिका : 8.5 ग

2004 के लोकसभा चुनाव परिणामों का क्षेत्रवार विश्लेषण

क्षेत्र	–	कुल		वाम				अन्य			
	कुल सीटें	मतदान 2004	1999 से बदलाव	जीती 2004	1999 से बदलाव	वोट % 2004	1999 से बदलाव	जीती 2004	1999 से बदलाव	वोट % 2004	1999 से बदलाव
तिरहुत	12	55.24	−12.32	0	0	0.60	0.33	1	1	28.02	19.27
मिथिला	7	58.03	−8.72	0	0	2.13	0.15	2	2	23.54	18.97
मगध	10	61.36	−2.49	0	0	2.08	−4.84	1	1	17.63	10.23
पूर्व	7	58.45	−3.26	0	−1	4.52	−4.58	0	−1	35.23	7.91
भोजपुर	4	55.45	−5.66	0	0	0.41	−2.13	0	0	32.87	12.10
कुल	40	57.94	−6.85	0	−1	1.94	−2.02	4	3	25.98	14.11

सका। अपवाद के रूप में केवल पूर्वी बिहार ऐसा क्षेत्र रहा जिसमें भाजपा को 1999 चुनाव की अपेक्षा दो सीटों का लाभ मिला। यह भी उल्लेखनीय है कि इस क्षेत्र में मुस्लिम आबादी की सघनता अधिक है। इसी क्षेत्र में भाजपा को अपनी राज्यव्यापी औसत वोटों के लगभग दोगुने वोट (26.9 प्रतिशत) मिले। जद (यू) ने तिरहुत क्षेत्र में 1999 में 6 सीटों पर जीत दर्ज की थी जो 2004 में घट कर तीन रह गईं। तिरहुत क्षेत्र में जद (यू) के वोट प्रतिशत में गिरावट और भी भारी थी। जद (यू) को 1999 की तुलना में 11.4 प्रतिशत वोट का नुकसान हुआ। जद (यू) को सबसे भारी गिरावट तिरहुत क्षेत्र में ही देखनी पड़ी। मिथिला क्षेत्र में भी पार्टी को 9.3 प्रतिशत मतों का नुकसान हुआ। जहां 1999 में मिथिला की सात में से पांच सीटें जद (यू) के खाते में दर्ज हुईं, 2004 में वह खाली हाथ ही रह गई।

2005 के विधानसभा चुनाव

2005 में बिहार में विधानसभा के लिए दो बार चुनाव हुए। पहली बार फरवरी में और दुबारा नवम्बर में। और ये चुनाव बिहार की सत्ता से लालू-राबड़ी राज की विदाई का क्रमशः सेमीफाइनल और फाइनल साबित हुए। राजद के वोटों में कोई ज्यादा गिरावट नहीं हुई पर उसके विरोधी वोट एकजुट हो गए। पहली बार यह ध्रुवीकरण कम था और दुबारा ज्यादा। पहली बार केन्द्र में साथ-साथ सरकार में रहने वाले राजद और रामविलास पासवान के नेतृत्व वाली लोक जनशक्ति पार्टी तो अलग-अलग लड़े ही कांग्रेस भी काफी समय तक दोनों में से एक को चुनने की दुविधा में लगी। अंततः उसने राजद के साथ जाने का फैसला किया। पर रामविलास पासवान ने अपनी ओर से चुनावी रणनीति में कोई कसर नहीं रहने दी थी। उन्होंने अगड़ों, दलितों—उनमें भी दुसाधों, को आगे करके एक बड़ा सामाजिक गठबंधन बनाने का प्रयास किया जो बाद में उत्तर प्रदेश में दिखा। ठीक चुनाव के पहले बना यह गठजोड़ जम नहीं पाया। राज्य में 15 साल से शासन कर रहे राजद के खिलाफ नाराजगी को देखते हुए कांग्रेस ने पहले लोजपा से गठजोड़ का भ्रम बनाए रखना चाहा, पर बाद में उसे खुलकर राजद के साथ ही जाना पड़ा। लोजपा के 29 लोग चुनाव जीते पर इसमें एक भी मुसलमान न था। लालू के राजद को 25.07 फीसदी वोट और 74 सीटें मिलीं। सबसे बड़ी पार्टी होकर भी वह सरकार बनाने की स्थिति में न था। दूसरी ओर भाजपा-जनतादल (ए) का राजग 92 सीटें पाने के बाद भी बहुमत (122) से काफी नीचे था। पासवान सत्ता की चाबी अपने पास होने का दावा करते रहे, पर उनकी चाबी किसी ने नहीं ली और पहले त्रिशंकु बन गई विधानसभा स्थगित हुई और बाद में भंग कर दी गई।

अक्टूबर-नवम्बर में हुए दुबारा चुनाव तक राज्य की राजनीति की तस्वीर काफी बदल गई। केन्द्र में लालू प्रसाद और कांग्रेस का साथी होने के चलते रामविलास पासवान का लालू विरोधी वोटों से दावा घटा। एक भी मुसलमान न जितवा पाने के चलते वोट की लड़ाई में महत्त्वपूर्ण इस सामाजिक समूह के नेतृत्व पर उनका दावा कमजोर हुआ। और लालू के विरोध में अल्पसंख्यकों वाली मानसिकता से वोट देने वाले अगड़े भी खासकर नीतीश कुमार की अगुवाई वाले राजग की तरफ मुड़े। लोजपा मुख्यतः दलितों के भरोसे रह गई। नीतीश कुमार के साथ ओबीसी की दो मजबूत जातियों—कुर्मी और कोइरी के साथ अति पिछड़ों का समर्थन भी आ जुटा था। उन्होंने भाजपा के साथ रहते हुए भी मुसलमानों में अपना समर्थन बनाया था—खासकर पसमांदा मुसलमानों में, बल्कि उनकी राजनीति के चहेते बिहार में भाजपा के तेवर भी किसी अन्य राज्य की तुलना में कम मुसलमान विरोधी रहे। नीतीश की अगुवाई वाले मोर्चे ने जब फरवरी में राजद के मुख्य विरोधी का दर्जा पा लिया तो नवम्बर चुनाव में वही सबसे आगे होकर सामने आया और लोजपा पिछड़ गई। राजग को 243 सदस्यों वाली विधानसभा में 144 सीटें मिलीं।

लालू प्रसाद-राबड़ी देवी के 15 साल के राज की समाप्ति का अंत बिहार में ओबीसी राज का जाना न था क्योंकि नीतीश कुमार खुद उसी धारा के थे और उनकी सरकार में प्रतिनिधित्व भी संतुलित रहा। वे स्वयं ओबीसी से हैं। पर पहली बार उन्होंने राज्य कैबिनेट में चार अति पिछड़ों को जगह दी जबकि राबड़ी सरकार में उनको मुश्किल से एक स्थान मिला था। पर नीतीश सरकार में अगड़ों का हिस्सा भी काफी बढ़ गया। सबसे ज्यादा नुकसान में मुसलमान रहे जिनके कम विधायक भी जीते और मंत्री पद भी कम मिले। उन्हें लालू प्रसाद यादव का साथ देने की कीमत चुकानी पड़ी जबकि मुसलमानों में, खासकर पसमांदा मुसलमानों में यह सवाल काफी प्रमुखता से उठने लगा था कि आखिर 15 साल के राजद शासन में मुसलमानों को क्या मिला। बिहार में कुशासन, अपराधीकरण और विकास भी चुनाव में मुद्दे बने और इन तीनों मसलों पर लालू-राबड़ी राज का रिकॉर्ड अच्छा न था। उनके मुकाबले एक अन्य दमदार पिछड़ा और दलित नेता आने से सामाजिक न्याय वाला तर्क भी ज्यादा दूर तक नहीं चल पाया। और इस प्रकार बिहार में 2005 निर्णायक बना। आगे की राजनीति ने साबित किया कि सुशासन, विकास, अपराध नियंत्रण बिहार की राजनीति के केन्द्रीय मुद्दे बने और वही लालू प्रसाद इन सवालों पर भी होड़ करते नजर आने लगे। वे भी विकास और प्रबंधन के गुरु बनने की होड़ में थे। दूसरी ओर बिहार में भी हर मोर्चे पर बदलाव दिखने लगा।

तालिका : 8.6 ए

बिहार विस में जाति और समुदायों की सदस्य संख्या : 2000-2005 (प्रतिशत में)

जाति और समुदाय	2000	2005
ऊंची जातियां	**25.8**	**25.9**
ब्राह्मण	3.7	3.7
भूमिहार	8.6	11.1
राजपूत	11.5	9.9
कायस्थ	1.2	1.2
पिछड़ी जातियां	**40.3**	**41.9**
यादव	24.7	20.6
कुर्मी	4.9	7.8
कोइरी	6.6	8.6
बनियां	4.1	4.9
अति पिछड़ी जातियां	**419**	**5.3**
अनुसूचित जाति	16.0	16.0
मुसलमान	10.3	7.4
बिना पहचान वाली	**3.3**	**3.3**
कुल	99.8	99.9

क्रिस्टोफ जेफ्रेलो की किताब 'द प्लेबियन्स' से साभार

स्रोत : लेखक का निजी सर्वेक्षण।

लोकसभा चुनाव, 1991-1999 : क्षेत्रवार विश्लेषण

1996, 1998 और 1999 में सम्पन्न हुए लोकसभा चुनावों के नतीजों को साथ रखकर देखने पर ऐसा लगता है कि जनता दल (1998 के लोकसभा चुनावों से राजद), जिसकी स्थिति पिछले कुछ चुनावों से लगातार खराब होती जा रही थी, का 1999 के लोकसभा चुनावों में पूरी तरह सफाया हो गया। 1998 और 1999 के लोकसभा चुनावों में भाजपा-समता गठबंधन (1999 में जनता दल के विलय के फलस्वरूप भाजपा-जनता दल-ए) लगातार मजबूत होता गया। इन पार्टियों की ताकत का सही अंदाजा लगाने के लिए बेहतर होगा कि बिहार के तीनों अलग-अलग भौगोलिक इलाकों, यानी उत्तर, मध्य और दक्षिण बिहार, में उनके प्रदर्शन का अलग-अलग अध्ययन किया जाए।

व्यापक गरीबी और बाढ़ की आशंका से ग्रस्त रहने वाले उत्तरी बिहार के हिस्से में लोकसभा की 26 सीटें आती हैं। यह राजनीतिक दृष्टि से बिहार का सबसे महत्त्वपूर्ण क्षेत्र है। उत्तर बिहार 1990 के बाद हुए चुनावों में जनता दल का गढ़ रहा था। 1991 के चुनावों में जनता दल को इस क्षेत्र से 22 सीटों पर कामयाबी मिली और उसे 48.3 प्रतिशत वोट मिले। इनके अलावा तीन सीटें उसकी सहयोगी भाकपा के खाते में गईं। इस प्रकार पूरे गठबंधन को यहां से 25 सीटें मिलीं। 1996 के चुनावों में जनता दल को यहां 6 सीटों का नुकसान उठाना पड़ा। उसे 40.3 प्रतिशत वोटों के साथ केवल 16 सीटें मिलीं। 2 सीटें उसकी सहयोगी भाकपा को मिलीं। इस प्रकार, 1996 के चुनावों में गठबंधन को यहां कुल 18 सीटें हाथ लगीं। 1991 के चुनावों में भाजपा का यहां खाता भी नहीं खुल पाया था लेकिन 1996 के चुनावों में उसने अपनी सहयोगी समता पार्टी के साथ मिलकर न केवल 6 सीटें जीतीं बल्कि उसे 33.8 प्रतिशत वोट भी मिले। 1998 के चुनावों में भाजपा-समता गठबंधन को यहां और भी फायदा हुआ। उसे 35 प्रतिशत वोटों के साथ 8 सीटों पर कामयाबी मिली। जनता दल और उसके सहयोगियों का प्रदर्शन पूरे राज्य में खराब रहा था मगर उत्तर बिहार में उसे फिर भी साख बचाने का मौका मिल गया। यहां उसे 18.3 प्रतिशत वोट मिले और राज्य की एकमात्र सीट पर उसे यहीं से कामयाबी मिली। इस बार के चुनावों में यहां राजद को एकतरफा सफलता मिली। उसने 14 सीटों के साथ 29.4 प्रतिशत वोट हासिल किए (तालिका 8.3 ए तथा बी)।

तालिका : 8.6

उत्तर बिहार में चुनावी प्रदर्शन : लोकसभा चुनाव, 1991-1999

कुल सीट—26

वर्ष	मतदान	कांग्रेस			भाजपा गठबंधन			जद गठबंधन			राजद		
	प्रतिशत	लड़े	जीते	वोट %	लड़े	जीते	वोट %	लड़े	जीते	वोट %	लड़े	जीते	वोट %
1991	64.4	25	0	22.8	24	0	13.0	25	25	53.9	-	-	-
1996	61.0	26	1	12.1	24	6	33.8	27	18	45.4	-	-	-
1998	66.6	10	2	5.5	25	8	35.0	28	1	18.3	20	14	29.4
1999	66.1	3	0	3.9	26	20	46.2	-	-	-	21	4	34.8

स्रोत : विकासशील समाज अध्ययन पीठ आंकड़ा एकांश, दिल्ली।

1999 के चुनावों में भाजपा और उसके सहयोगियों ने उत्तरी बिहार में जबर्दस्त कामयाबी दर्ज की। यहां इस गठबंधन को 20 सीटें और 46.2 प्रतिशत वोट मिले।

1998 के मुकाबले राजद को 10 सीटों का भारी-भरकम नुकसान उठाना पड़ा। परंतु इस नुकसान के आधार पर भी यह मान लेना ठीक नहीं होगा कि इस क्षेत्र में पार्टी का जनाधार खत्म हो रहा था। उसको मिले वोटों के लिहाज से देखें तो 1998 के मुकाबले इस बार राजद के मतों में 5.4 प्रतिशत का इजाफा हुआ था। परंतु जनाधार में वृद्धि के बावजूद पार्टी को अच्छी-खासी सीटें गंवानी पड़ीं क्योंकि लालू विरोधी वोटों में बिखराव कम हो गया था। जनता दल और समता पार्टी के विलय से वह वोट भी भाजपा और उसके सहयोगियों के पाले में चले गए जो 1998 में जनता दल को मिले थे (देखें तालिका 8.3 ए तथा बी)।

यह इस बात का स्पष्ट संकेत है कि राज्य की राजनीति में लालू यादव अभी भी एक प्रमुख शक्ति बने हुए हैं। उत्तरी बिहार में राजद की अच्छी-खासी मौजूदगी थी और यहां के लालू विरोधी मतों में हल्का सा बिखराब भी पार्टी को एकतरफा जीत की राह पर आगे बढ़ा सकता है।

दक्षिण बिहार के खनिज भंडारों से समृद्ध पहाड़ी इलाके लोकसभा में 14 सांसद भेजते हैं। यहां भाजपा की मौजूदगी काफी अच्छी थी। पिछले दशक में भाजपा न केवल दक्षिण बिहार की सबसे प्रमुख पार्टी बनी रही बल्कि 1996, 1998 और 1999 के लोकसभा चुनावों में उसने लगभग सबका सफाया भी कर दिया। 1991 के चुनपावों में उसे यहां से 5 सीटें मिली थीं जबकि 1996 और 1998 में उसे क्रमश: 12 तथा 14 तथा 1999 के लोकसभा चुनावों में 11 सीटों पर सफलता मिली। तीन लोकसभा चुनावों (1996, 1998 और 1999) में पार्टी को लगातार एक बराबर सीटों पर सफलता से इस बात का संकेत नहीं मिलता कि दक्षिण बिहार में भाजपा के लिए कितना बदलाव आया था हालांकि 1998 और 1999 के चुनावों में पार्टी को कमोबेश एक समान वोट मिले मगर 1996 और 1998 के बीच इस क्षेत्र में भाजपा का जनाधार काफी दूर तक फैल चुका था। 1996 के लोकसभा चुनावों में उसे केवल 34 प्रतिशत वोट मिले थे जबकि 1998 के चुनावों में उसे 45.5 प्रतिशत वोट मिले।

नब्बे के दशक के शुरुआती सालों में जनता दल को भी यहां आंशिक सफलता मिली थी। 1991 के लोकसभा चुनावों में उसने यहां से तीन सीटें जीती थीं। 1996 के चुनावों में जनता दल को यहां से 24.5 प्रतिशत वोट तो मिले मगर सीट उसे एक भी नहीं मिल पाई। 1991 और 1996 के चुनावों के बाद तो यहां जनता दल कभी भी व्यापक जनाधार वाली पार्टी नहीं रह पाई। भाजपा के अलावा कांग्रेस और झामुमो ने भी इस क्षेत्र में अपनी मौजूदगी दर्ज कराई। 1998 के चुनावों से कुछ ही समय पहले राजद ने कांग्रेस और झामुमो के साथ गठबंधन किया था। हालांकि उम्मीद की जा रही थी कि इस क्षेत्र में यह गठबंधन कुछ आश्चर्यजनक परिणामों को जन्म देगा परंतु वह अपनी मौजूदगी भी अच्छी तरह दर्ज नहीं करा

पाया। 1996 के चुनावों में झामुमो को दुमका सीट पर कामयाबी मिली थी जहां से उसके अध्यक्ष शिबू सोरेन 5,000 मतों के मामूली से अंतर से जीत पाए थे। 1998 और 1999 में उसको इस सीट पर भी सफलता नहीं मिल पाई और उसके वोट भी 1996 के 12.2 प्रतिशत से गिरकर 1998 और 1999 में क्रमश: 10.5 और 9.2 प्रतिशत ही रह गए। इस क्षेत्र में थोड़ा-बहुत फायदा कांग्रेस को भी हुआ। उसने यहां की चौदहों सीटों पर चुनाव लड़ा और उसके उम्मीदवार दो सीटों पर कामयाब रहे। उसे 15.7 प्रतिशत वोट मिले। हालांकि 1999 में भी उसकी सीटें तो इतनी ही रहीं मगर इस बार उसके वोटों में लगभग 8 प्रतिशत का इजाफा हो गया (देखें तालिका 8.4)।

तालिका : 8.7

दक्षिण बिहार में चुनावी प्रदर्शन : लोकसभा चुनाव, 1991-1999

कुल सीट-14

वर्ष	मतदान	कांग्रेस			भाजपा गठबंधन			जद गठबंधन			राजद		
	प्रतिशत	लड़े	जीते	वोट %	लड़े	जीते	वोट %	लड़े	जीते	वोट %	लड़े	जीते	वोट %
1991	49.9	14	0	17.9	14	5	32.9	7	3	12.5	8	6	21.4
1996	54.8	14	1	16.0	14	12	34.0	14	0	24.3	14	1	12.2
1998	59.7	7	2	15.7	14	12	45.5	10	0	6.2	8	0	10.5
1999	48.5	11	2	23.8	14	11	47.5	-	-	-	12	0	9.2

स्रोत : *विकासशील समाज अध्ययन पीठ आंकड़ा एकांश, दिल्ली।*

उपजाऊ खेती वाले मध्य बिहार में लोकसभा की 14 सीटें पड़ती हैं। आजादी से लेकर अब तक खेती के सवाल पर यहां अनगिनत संघर्ष हो चुके हैं। किसानों के इन संघर्षों को मुख्य रूप से विभिन्न वामपंथी पार्टियों ने नेतृत्व दिया था। जनता दल और अन्य वामपंथी पार्टियां इस क्षेत्र में परंपरागत रूप से मजबूत रही हैं। हालांकि जनता दल इस क्षेत्र में लगातार एक मजबूत पार्टी बना रहा परंतु 1996 के लोकसभा चुनावों में उसे भाजपा-समता गठबंधन की ओर से कड़ी चुनौती झेलनी पड़ी। 1991 के लोकसभा चुनावों में जनता दल और उसके सहयोगियों को यहां की 14 में से 13 सीटें मिली थीं मगर 1996 में उसे भारी नुकसान उठाना पड़ा। 1996 के चुनावों में उसे केवल 7 सीटें (जनता दल-6, भाकपा-1) मिली। इन चुनावों में जनता दल को 25.1 प्रतिशत और वामपंथी पार्टियों को 10.6 प्रतिशत वोट मिले थे। 1998 के चुनावों में जनता दल और उसके सहयोगियों को वामपंथ के परंपरागत गढ़ में भी मुंह की खानी पड़ी। यहां से इस गठबंधन को एक भी सीट नहीं मिल पाई। उसको मिलने वाले वोट भी घटकर केवल 8 प्रतिशत रह गए।

नवगठित राजद का प्रदर्शन भी यहां अच्छा नहीं रहा। उसे केवल 3 सीटें मिलीं। परंतु आश्चर्यजनक बात यह थी कि उसे 35.9 प्रतिशत वोट मिले थे। राजद ने 1999 में भी 32.4 प्रतिशत वोट के सहारे यहां अपने प्रतिद्वंद्वियों को जबर्दस्त टक्कर तो दी मगर इस बार उसे कुल दो ही सीटें मिल पाईं। 1996, 1998 और 1999 के लोकसभा चुनावों में इस क्षेत्र में भी सबसे ज्यादा फायदा भाजपा-समता गठबंधन को ही हुआ। 1991 में भाजपा का यहां खाता भी नहीं खुल पाया था मगर 1996 में समता पार्टी के साथ गठबंधन के बाद न केवल उसे 6 सीटें मिलीं बल्कि 37.9 प्रतिशत वोट भी मिले। 1998 में गठबंधन का प्रदर्शन और बेहतर रहा। इस साल के लोकसभा चुनावों में उसे 9 सीटें मिलीं और उसके वोट बढ़कर 42.8 प्रतिशत तक जा पहुंचे। 1999 में जनता दल और समता पार्टी के विलय के बाद मध्य बिहार में भाजपा और उसके सहयोगियों की स्थिति और मजबूत हो गई। यहां इस गठबंधन को 10 सीटें और 44.2 प्रतिशत वोट मिले। कांग्रेस ने यहां से दो सीटों पर चुनाव लड़ा और दोनों सीटें जीत भी लीं (तालिका : 8.5)।

तालिका : 8.8

मध्य बिहार में चुनावी प्रदर्शन : लोकसभा चुनाव, 1991-1999

कुल सीट-14

वर्ष	मतदान	कांग्रेस			भाजपा गठबंधन			जद गठबंधन			राजद		
	प्रतिशत	लड़े	जीते	वोट %	लड़े	जीते	वोट %	लड़े	जीते	वोट %	लड़े	जीते	वोट %
1991	62.9	13	1	31.5	13	0	8.4	14	13	46.5	-	-	-
1996	61.1	14	0	12.1	14	6	37.9	13	7	35.8	-	-	-
1998	68.1	4	1	3.5	13	9	42.8	15	0	8.0	12	3	35.9
1999	63.6	2	2	6.4	15	10	44.2	-	-	-	11	2	32.4

स्रोत : विकासशील समाज अध्ययन पीठ आंकड़ा एकांश, दिल्ली।

विधानसभा चुनाव, 2000 : राजद की वापसी

बिहार में 1999 के लोकसभा चुनावों के फौरन बाद विधानसभा चुनाव करवाए गए थे। उल्लेखनीय है कि 1999 के लोकसभा चुनावों में राजद को भारी हार का सामना करना पड़ा था। 1999 के लोकसभा चुनावों के नतीजों ने इस बात का संकेत दे दिया कि आने वाले विधानसभा चुनाव भी राजद के लिए एक कठिन चुनौती साबित होंगे। ऐसा लग रहा था कि इस बार पार्टी हार सकती है और संभव है कि राज्य में भाजपा-जनता दल (ए) की सरकार बन जाए।

कांग्रेस के नेता राजद के साथ गठबंधन से खुश नहीं थे। पार्टी का राज्य नेतृत्व लोकसभा चुनावों से पहले भी इस तालमेल के खिलाफ था मगर केन्द्रीय नेतृत्व की

जिद के आगे उसे झुकना पड़ा। फलस्वरूप कांग्रेस को राजद के साथ मिलकर ही लोकसभा चुनाव लड़ना पड़ा। पार्टी के केन्द्रीय नेताओं को इस गठबंधन से अच्छा-खासा फायदा मिलने की उम्मीद थी। मगर 1999 के लोकसभा चुनावों में पार्टी को खास कामयाबी नहीं मिल पाई। फलस्वरूप कांग्रेस ने 2000 के विधानसभा चुनाव अकेले अपने दम पर लड़ने का फैसला लिया। उसने राजद के साथ गठबंधन तोड़ दिया। राजद को भाकपा और एके राय वाली मार्क्सवादी समन्वय समिति के रूप में नए चुनावी सहयोगी मिले।

भाजपा-जनता दल (ए) गठबंधन में टिकटों के बंटवारे और नेतृत्व के सवाल को लेकर खींचतान साफ दिखाई दे रही थी क्योंकि इस गठबंधन के सभी साझीदारों की राज्य में अपनी एक अलग पहचान थी। फलस्वरूप, अंततः समता पार्टी-जनता दल (ए) गठबंधन तो टूट गया परंतु दोनों पार्टियों ने चुनाव के लिए सीटों पर तालमेल कर लिया। टिकटों के बंटवारे की समस्या अब भी पूरी तरह हल नहीं हो पाई थी क्योंकि गठबंधन में शामिल तीनों साझीदार ज्यादा से ज्यादा सीटों पर दावा ठोंक रहे थे। आखिरकार कई सीटों पर उन्हें एक-दूसरे के खिलाफ चुनाव लड़ना पड़ा।

इन विधानसभा चुनावों के परिणाम राष्ट्रीय जनतांत्रिक गठबंधन (राजग) और राजद, दोनों के लिए एक झटका साबित हुए। यह झटका राजग के लिए ज्यादा महंगा था क्योंकि उसके केन्द्रीय और राज्य नेतृत्व ने तो मान ही लिया था कि इस बार उनकी निर्णायक और एकतरफा जीत होकर रहेगी।

1999 के लोकसभा चुनावों में राजग का प्रदर्शन वाकई शानदार था। उसे 54 में से 41 सीटों पर कामयाबी मिली थी। यदि इन सीटों का विश्लेषण किया जाए तो पता चलता है कि 324 विधानसभा क्षेत्रों में से 199 में राजग के घटक दल आगे रहे थे। पूरे चुनाव अभियान के दौरान और मतगणना से एक दिन पहले तक भी राजग के नेताओं को पूरा यकीन था कि उन्हें कम से कम 170-180 सीटें मिल जाएंगी। आखिरकार उन्हें 125 सीटें मिलीं (जिनमें 4 ऐसी सीटें भी शामिल थीं जहां से इन पार्टियों के उम्मीदवारों ने अनधिकृत उम्मीदवारों के तौर पर चुनाव लड़ा था)। यह संख्या राजग की उम्मीदों से बहुत कम थी। इससे भी बुरी बात यह रही कि उनकी संख्या राजद और माकपा की 126 सीटों से भी कम रह गई। राजद को 124 सीट और 28.2 प्रतिशत वोट मिले और वह राज्य में सबसे बड़ी पार्टी के रूप में सामने आई। भाजपा 66 सीटों के साथ उससे कोसों पीछे थी। उसे 14.5 प्रतिशत वोट मिले।

यदि यह चुनाव परिणाम राजद के लिए अनपेक्षित नहीं दिखाई दिए तो इसके पीछे मुख्य रूप से मीडिया द्वारा राजद के बारे में व्यक्त की गई संभावनाओं का हाथ था। मीडिया ने भी यही संभावना व्यक्त की थी कि इस बार राजद का प्रदर्शन दयनीय रहेगा। इस पूरी पृष्ठभूमि में राजद की हार भी एक जीत जैसी दिखाई देने

लगी। लालू प्रसाद यादव ने 1990 में राजनीतिक सत्ता के सामाजिक संतुलन में एक ऐतिहासिक बदलाव की शुरुआत की थी। यह बदलाव की एक ऐसी प्रक्रिया थी जो 1991 के लोकसभा चुनावों और 1995 के विधानसभा चुनावों में और पुख्ता होती दिखाई दी। परंतु वर्ष 2000 के विधानसभा चुनावों और 1998 और 1999 के लोकसभा चुनावों ने यह भी स्पष्ट कर दिया कि वह इस सामाजिक बदलाव के सहारे वैसा स्थायी राजनीतिक लाभ नहीं उठा पाएंगे जैसा लाभ पश्चिम बंगाल में वाम मोर्चा ने उठाया है। 1995 के चुनावों के मुकाबले 2000 में उसकी सीटों में 43 की गिरावट राजद सरकार के कुशासन पर एक जनादेश था। राजद वैसे तो राजग की सीटों के कुल योग से भी पीछे रह सकता था मगर एक अजीबोगरीब इत्तेफाक ने उसका साथ दिया। 7 सीटों पर हार-जीत का फैसला 500 से भी कम वोटों से हुआ था। इनमें से 5 सीटें राजद के पाले में गई थीं। इनके अलावा 12 सीटें ऐसी थीं जिन पर हार-जीत का फासला 500 से 1,000 वोट के बीच था। इनमें से भी 4 राजद को मिलीं। परंतु राजग का आरोप था कि यह कोई संयोग नहीं है और मतगणना में जमकर धांधली हुई है।

क्षेत्रीय प्रवृत्तियां

चुनाव परिणामों के विश्लेषण से बिहार के तीनों क्षेत्रों में अलग-अलग पार्टियों की तुलनात्मक ताकत का पता चलता है। भाजपा और समता पार्टी ने 1995 का विधानसभा चुनाव एक-दूसरे के खिलाफ लड़ा था। 1995 के चुनावों के मुकाबले बाद के चुनावों में राजग को राज्य के तीनों क्षेत्रों में वोटों के लिहाज से और सीटों के लिहाज से भी फायदा हुआ। सीटों के लिहाज से यह फायदा संबंधित क्षेत्र की कुल सीटों के प्रायः अनुपात में रहा है परंतु जहां तक वोटों का सवाल है, मध्य और उत्तरी बिहार के मुकाबले दक्षिणी बिहार में राजग का प्रदर्शन कहीं ज्यादा अच्छा रहा। इसके बावजूद राजग झारखंड में एकतरफा जीत हासिल नहीं कर पाया। अब यह बात स्पष्ट हो चुकी है कि यदि वर्तमान विधानसभा से झारखंड के लिए एक अलग विधानसभा गठित की जाती तो वह भी 'त्रिशंकु' विधानसभा ही होती। पिछली बार पूर्वी बिहार की कुछ पॉकेटों के अलावा समूचे उत्तर बिहार में हावी रहने वाले राजद को इस क्षेत्र में सबसे ज्यादा सीटों का नुकसान उठाना पड़ा। इसके बावजूद, उसके दबदबे का आलम ये है कि राज्य में जबर्दस्त हार के बावजूद उसने इस क्षेत्र में उल्लेखनीय प्रदर्शन किया। यहां की 124 में से 74 सीटों पर उसे सफलता मिली। हालांकि मध्य बिहार में उसे 7 सीटों का नुकसान हुआ मगर फिर भी उसके वोटों में तकरीबन 6 प्रतिशत का इजाफा हो गया। इसके पीछे मुख्य रूप से इस तथ्य का हाथ था कि राजद ने यहां भाकपा के साथ चुनावी तालमेल नहीं किया था और ज्यादातर सीटों पर अकेले चुनाव लड़ा था।

दक्षिण बिहार में पार्टी का प्रदर्शन खराब रहा और यह कोई आश्चर्य की बात नहीं थी (तालिका 8.6)।

कांग्रेस 2000 के विधानसभा चुनावों में अकेले मैदान में उतरी। उसे उत्तर प्रदेश की तरह यहां भी थोड़ी-बहुत वापसी की उम्मीद दिंखाई दे रही थी। अंतिम चुनाव परिणाम उसके लिए एक बार फिर निराशाजनक साबित हुए। कांग्रेस कोई वापसी नहीं कर पाई। उसे 11.1 प्रतिशत वोटों के साथ मात्र 24 सीटें हाथ लगीं।

उत्तर में कांग्रेस की सीटों में तो कमी नहीं आई मगर यहां उसके वोटों में 7 प्रतिशत की गिरावट आई। यह गिरावट तब थी जबकि पिछली बार के मुकाबले इस बार उसने काफी ज्यादा सीटों पर चुनाव लड़ा था। दक्षिण बिहार में 1995 के विधानसभा चुनावों के मुकाबले इस बार पार्टी को दो सीटों का नुकसान उठाना पड़ा हालांकि यहां उसके वोटों में आंशिक इजाफा हुआ था। दक्षिण बिहार में तो कांग्रेस अभी भी एक उल्लेखनीय ताकत थी मगर उत्तर में उसकी साख खत्म हो चुकी थी (देखें तालिका 8.6)।

इन विधानसभा चुनावों के नतीजे वामपंथी पार्टियों के लिए भी सुखद साबित हुए। 1995 के विधानसभा चुनावों में सभी वामपंथी पार्टियों (भाकपा, माकपा, भाकपा [माले], मार्क्सवादी समन्वय समिति) को कुल 40 सीटें मिली थीं। 2000 के विधानसभा चुनावों में उन्हें महज 13 सीटें मिल पाईं। भाकपा और माकपा, दोनों की स्थिति में भारी गिरावट आई। भाकपा ने लंबे समय तक मुख्यधारा की किसी पार्टी से हाथ मिलाए बिना चुनाव लड़ा था। इस बीच पार्टी की हालत कितनी खराब हो चुकी थी यह बात इन चुनावों से साफ हो गई। वह भाकपा (माले) से भी पीछे रही। पार्टी को केवल पांच सीटें हाथ लगीं। यानी, पिछली विधानसभा के मुकाबले इस बार उसे 21 सीटों का नुकसान हुआ। राज्य में प्रमुख वामपंथी पार्टी की हैसियत भी उसके हाथ से जाती रही। भाकपा (माले) ने भाकपा के मुकाबले कम-सीटों पर चुनाव लड़ा था मगर उसके विधायकों की संख्या भाकपा से एक अधिक थी। हालांकि माकपा ने 2000 का विधानसभा चुनाव राजद के साथ मिलकर लड़ा था मगर 1995 के चुनावों के मुकाबले उसे भी चार सीटों का नुकसान उठाना पड़ा। वोटों के लिहाज से उसका जनाधार यथावत रहा। 1995 के विधानसभा चुनावों में ए. के. रॉय की मार्क्सवादी समन्वय समिति को दो सीटें मिली थीं। इस बार उसका खाता भी नहीं खुल पाया (देखें तालिका 8.6)

गठबंधन सहयोगियों का तुलनात्मक प्रदर्शन : भाजपा, समता एवं जनता दल (ए)

राज्य के तीनों क्षेत्रों में भाजपा का प्रदर्शन समता पार्टी और जनता दल (ए), दोनों से बेहतर रहा। उसने जितनी सीटों पर चुनाव लड़ा उनमें से 39 प्रतिशत पर उसे

सफलता मिली और इन सीटों पर उसे औसत 29 प्रतिशत वोट मिले। समता पार्टी ने 28 प्रतिशत सीटों पर कामयाबी पाई और उसे इन सीटों पर औसतन 23 प्रतिशत वोट मिले। जनता दल (ए) का प्रदर्शन खास अच्छा नहीं रहा। उसने 24 प्रतिशत सीटों पर कामयाबी पाई और उसे इन सीटों पर केवल 13 प्रतिशत औसत वोट मिले। भाजपा और समता पार्टी, दोनों को अपने परंपरागत गढ़, दक्षिण और मध्य बिहार में नुकसान उठाना पड़ा। हालांकि दक्षिण बिहार में भाजपा को सबसे ज्यादा वोट मिले थे मगर वह यहां से बहुत अधिक सीटें नहीं जीत पाई। इसी तरह समता पार्टी ने मध्य बिहार में सबसे ज्यादा सीटों पर चुनाव लड़ा था मगर उनमें से सिर्फ एक चौथाई ही उसके हाथ आ पाईं। जनता दल (ए) की तो मौजूदगी ही उत्तर बिहार तक सीमित थी (तालिका 8.7)।

तालिका : 8.9

बिहार में भाजपा और उसके सहयोगियों का तुलनात्मक प्रदर्शन

क्षेत्र	भाजपा			समता			जद(ए)		
	लड़े	जीते	वोट %	लड़े	जीते	वोट %	लड़े	जीते	वोट %
उत्तर	55	23	11.1	48	14	8.2	52	16	9.9
दक्षिण	73	31	24.5	20	7	5.5	14	3	2.1
मध्य	39	12	11.4	52	13	12.5	21	2	3.8
कुल	167	66	14.5	120	34	8.8	87	21	6.5

स्रोत : विकासशील समाज अध्ययन पीठ आंकड़ा एकांश, दिल्ली।

क्या 2000 के विधानसभा चुनावों में भाजपा और उसके सहयोगियों को इसलिए नुकसान हुआ क्योंकि बहुत सारी सीटों पर राजग के ही विभिन्न घटकों के उम्मीदवार आमने-सामने थे? राजग के नेता तो यही मानते हैं। अगर अलग-अलग सीटों के स्तर पर सामने आए नतीजों को नजदीक से देखा जाए तो पता चलता है कि राजग की हार के पीछे यह बहुत बड़ा कारण नहीं था। ऐसी 37 सीटें थीं जहां गठबंधन के अलग-अलग सहयोगी दलों के उम्मीदवार आमने-सामने थे। उनमें से 11 सीटों पर राजग के ही किसी न किसी उम्मीदवार को सफलता मिली। 15 में राजग का ही कोई न कोई उम्मीदवार दूसरे नंबर पर रहा। यदि राजग एकजुट होकर इन सीटों पर केवल एक ही उम्मीदवार उतारता तो वह केवल दो विधानसभा सीटों के परिणाम ही उलट सकता था। ये मोहिउद्दीन नगर और कुर्था की सीटें थीं। यह दोनों सीटें मामूली अंतर से राजद के पाले में गईं। इनके अलावा बाकी सीटों पर

जीतने वाली पार्टी की जीत का अंतर इतना ज्यादा था कि अगर राजग के सारे उम्मीदवारों के वोटों को एक साथ रख दिया जाए तब भी उनके वोटों का योग जीतने वाले उम्मीदवार के वोटों से कम रह जाता है।

सीटों की अदला-बदली

यदि इस बात पर ध्यान दिया जाए कि 1995 और 2000 के विधानसभा चुनावों में कितनी सीटें एक पार्टी के हाथ से निकलकर दूसरी पार्टी के हाथ में चली गईं, तो पता चलता है ऐसी सीटों की संख्या बहुत बड़ी थी। 324 में से 182 सीटें ऐसी रहीं जो 1995 के चुनावों में एक पार्टी को मिली थी और 2000 के चुनावों में वह किसी दूसरी पार्टी के हाथों में चली गई। हालांकि वर्ष 2000 के विधानसभा चुनावों में राजग को 1995 के चुनावों में उसके विभिन्न साझीदारों द्वारा जीती गई कुल सीटों के मुकाबले दोगुना सीटें मिलीं मगर मजे की बात यह है कि वह अपनी पुरानी सीटों में से आधी भी नहीं बचा पाया। 2000 के चुनाव में कांग्रेस 1995 की अपनी 29 सीटों में से केवल 7 सीटों पर दोबारा जीत पाई। उसकी 10 सीटें राजग के खाते में चली गईं जबकि 6 पर राजद के उम्मीदवार जीते। वामपंथी पार्टियों ने न केवल अपनी ज्यादातर सीटें गवां दीं बल्कि अपनी सीटों पर दोबारा सफलता का स्तर भी काफी खराब रहा। राजद ने 1995 के विधानसभा चुनावों में जिन सीटों पर सफलता पाई थी उनमें से 94 पर उसके उम्मीदवार दोबारा जीतने में कामयाब रहे मगर उसकी भी 57 सीटें राजग के पास चली गईं (तालिका 8.8)।

विधायकों का मूल्यांकन

अपने राजनीतिक प्रतिनिधियों के प्रति लोगों में असंतोष लगातार बढ़ता जा रहा है। 2000 के विधानसभा चुनावों के बाद कराए गए एक सर्वेक्षण के जरिए इस बात का पता लगाने की कोशिश की गई कि आम लोग पांच साल विधानसभा में रह चुके अपने विधायक के प्रदर्शन से कितने संतुष्ट हैं। इस सर्वेक्षण में जितने लोगों से बात की गई उनमें से लगभग एक तिहाई अपने विधायकों से असंतुष्ट थे। ऐसे लोगों की संख्या केवल 15 प्रतिशत थी जो अपने विधायक से पूरी तरह संतुष्ट थे। यह रुझान करीब सभी वर्गों के लोगों के बीच एक जैसा था। पढ़े-लिखे लोग अनपढ़ों के मुकाबले ज्यादा असंतुष्ट दिखाई दिए। विधायक के प्रति असंतोष ऊंची जातियों और दलितों, दोनों के बीच काफी ज्यादा था। ज्यादातर महिलाओं की इस मुद्दे पर कोई स्पष्ट राय नहीं थी (तालिका 8.9)।

तालिका : 8.10

विधायकों के प्रति संतोष का स्तर

श्रेणी	संतुष्ट नहीं %	थोड़ा-बहुत संतुष्ट %	बेहद संतुष्ट %	कोई राय नहीं %
सभी	33	29	15	23
निरक्षर	30	22	13	35
स्नातक	36	35	21	8
पुरुष	37	34	19	10
महिलाएं	28	23	11	38
अगड़ी जातियां	40	29	10	21
दलित	40	26	8	26

स्रोत : बिहार विधानसभा चुनाव सर्वेक्षण, 2000।

राजद का जनाधार

2000 के विधानसभा चुनावों में सीटों के लिहाज से राजद का प्रदर्शन भले ही खराब रहा हो मगर इस बार उसके वोटों में इजाफा हुआ था। 1990–2000 के बीच हुए चुनावों में सीटों के लिहाज से पार्टी भले ही ऊपर-नीचे जाती रही है मगर उसे मिलने वाले वोट कमोबेश बराबर रहे हैं। इससे पता चलता है कि बिहार में राजद का जनाधार कितना ठोस है। यह जनाधार 1990 से 2000 के बीच तकरीबन लगातार उसके साथ रहा है। परंतु क्या इसका यह मतलब निकाला जा सकता है कि जिन तबकों के लोगों ने उसे पहले वोट दिया था वह अभी भी उसके साथ हैं? 2000 के विधानसभा चुनावों के बाद कराए गए सर्वेक्षण के जरिए राजद के मतदाताओं की सामाजिक पृष्ठभूमि को समझने की कोशिश की गई थी।

जिन लोगों ने हमेशा राजद को वोट दिया है और जिन्होंने राजद को कभी वोट नहीं दिया है, उनकी पृष्ठभूमि में तीखा अंतर दिखाई देता है। राजद को मिलने वाले वोटों में से 50 प्रतिशत से अधिक यादवों और मुसलमानों के वोट हैं। जिन्होंने राजद को कभी वोट नहीं दिया है उनमें से केवल 6 प्रतिशत ही इन दो सामाजिक श्रेणियों में मतदाता थे। अन्य पिछड़ी जातियों के बीच भी राजद के प्रति निष्ठा एक जैसी नहीं थी। राजद के वोट की सामाजिक पृष्ठभूमि में व्यावहारिक रूप से कोई बदलाव नहीं

आया है और विपक्षी पार्टियां लालू समर्थकों के बीच पैठ बनाने में नाकाम सिद्ध हुई हैं। राजद का सबसे तीखा विरोध ऊंची जातियों ने किया है। जिन्होंने राजद को कभी वोट नहीं दिया है उनमें से आधे इन्हीं जातियों के मतदाता हैं। इनके अलावा दलितों और आदिवासियों के बीच भी एक हिस्सा ऐसा है जिसने कभी राजद को वोट नहीं दिया है (तालिका 8.10)।

राजनीतिक दलों का बदलता सामाजिक आधार

1990–2000 के बीच राज्य में हुए विभिन्न चुनावों से स्पष्ट पता चलता है कि 1996 के लोकसभा चुनावों तक राज्य की सबसे प्रमुख पार्टी, जनता दल, 1998 के लोकसभा चुनावों के बाद तेजी से कमजोर पड़ने लगी। 1999 के लोकसभा चुनाव में पार्टी को अपमानजनक हार का सामना करना पड़ा। 1991 के लोकसभा चुनावों में 15.1 प्रतिशत वोट पाने वाली भाजपा ने समता पार्टी के साथ गठबंधन के जरिए 1996 के लोकसभा चुनावों के दौरान और उसके बाद बिहार की राजनीति में भारी घुसपैठ बना ली।

तालिका : 8.11

राजद के मतदाताओं की पृष्ठभूमि (प्रतिशत)

जाति	राजद को कभी वोट नहीं दिया	हमेशा राजद को वोट दिया	1999 लोस चुनाव में राजद को वोट दिया	2000 विस चुनाव में राजद को वोट दिया
सभी	28	20	26	27
अगड़ी जातियां	45	7	9	11
यादव	2	32	28	27
मुसलमान	4	26	21	23
*अन्य ओबीसी	26	21	22	20
दलित	11	13	19	18
आदिवासी	12	1	1	3

** इनमें यादवों के अलावा सभी पिछड़ी जातियां शामिल हैं।*

स्रोत : बिहार विधानसभा चुनाव सर्वेक्षण 2000।

1996 और 1998 के चुनावों में भाजपा को क्रमश: 20.5 और 23.1 प्रतिशत वोट मिले। 1999 के लोकसभा चुनावों में समता पार्टी और जनता दल को मिलाकर बनाए गए जनता दल (ए) की मौजूदगी से भाजपा की कामयाबी में चार चांद लग गए। इस गठबंधन के सहारे भाजपा को यादवों और दलित मतदाताओं के बीच घुसपैठ बनाने का बढ़िया मौका मिला। राज्य में इन दोनों जातियों के मतदाताओं की अच्छी-खासी संख्या है। प्राप्त वोटों के लिहाज से पार्टी के समर्थन में वृद्धि भले ही उतनी प्रभावशाली न दिखाई देती हो परंतु इस बात को भी अनदेखा नहीं किया जा सकता कि जब पार्टी ने पिछले चुनावों के मुकाबले कम सीटों पर चुनाव लड़ा था तब भी उसके वोटों में निश्चित इजाफा हुआ था। सर्वेक्षण से जाहिर हुआ कि जनता दल को पिछड़ी जातियों, दलितों और मुसलमानों के बीच ज्यादा समर्थन मिला जबकि भाजपा को अगड़ी जाति के मतदाताओं ने ज्यादा पसंद किया। भाजपा और समता पार्टी गठबंधन ने भी भाजपा को कुर्मी और कोइरी, इन दो पिछड़ी जातियों के बीच जगह बनाने में मदद दी। जनता दल और समता पार्टी के विलय से दलित मतदाताओं का एक हिस्सा 1999 के लोकसभा चुनावों में भाजपा-जनता दल (ए) गठबंधन की ओर से बढ़ता दिखाई दिया।

पिछले कुछ सालों से समाज के लगभग सभी तबकों के बीच कांग्रेस की लोकप्रियता गिरती जा रही थी। सीएसडीएस के सर्वेक्षण से पता चलता है कि जो सामाजिक तबके और समूह कभी जनता दल का ठोस आधार थे वह भी 1998 के लोकसभा चुनावों के बाद पाला बदलने लगे। लेकिन समाज के कुछ हिस्से अभी भी जनता दल के साथ थे। राजद को मिले ज्यादातर वोट यादवों और मुसलमानों के थे। इस सर्वेक्षण से राज्य में विभिन्न राजनीतिक दलों के बदलते सामाजिक आधार को समझने में मदद मिलती है।

बिहार में भाजपा की लगातार बढ़ती मौजूदगी मुख्य रूप से अगड़ी जातियों के बीच उसके फैलते प्रभाव की देन है। ये मतदाता परंपरागत रूप से कांग्रेस के समर्थक रहे थे परंतु 1996 के लोकसभा चुनावों के बाद वह भाजपा और उसकी सहयोगी, समता पार्टी, की ओर तेजी से आकर्षित हुए। सर्वेक्षण से यह भी पता चलता है कि 1995 में अगड़ी जातियों के बीच केवल 28.7 प्रतिशत समर्थन पाने वाली भाजपा को 1998 और 1999 के लोकसभा चुनावों में अगड़ी जातियों के 75 प्रतिशत से भी अधिक वोट मिले, हालांकि 2000 के विधानसभा चुनावों में इन मतदाताओं के बीच भाजपा गठबंधन को कुछ नुकसान भी उठाना पड़ा। जनता दल को भी 1996 के लोकसभा चुनावों तक तो अगड़ी जातियों का थोड़ा-बहुत समर्थन मिलता रहा मगर उसके बाद इस तबके के बीच पार्टी की लोकप्रियता तेजी से गिरती गई (8.11)।

तालिका : 8.12

अगड़ी जाति मतदाताओं की बदलती पसंद, 1995–2000 (प्रतिशत)

पार्टी	1995	1996	1998	1999	2000
कांग्रेस	39.1	10.1	8.7	8.3	15.0
भाजपा गठबंधन	28.7	59.5	77.6	76.7	60.7
जद गठबंधन	20.9	29.1	11.6	–	–
राजद	–	–	नगण्य	नगण्य	10.5

स्रोत : *बिहार विधानसभा चुनाव सर्वेक्षण 1995, राष्ट्रीय चुनाव अध्ययन 1996, 1998 और 1999, विधानसभा चुनाव 2000।*

पिछले दो दशक के दौरान राज्य की राजनीति में अन्य पिछड़ी जातियों की भूमिका काफी महत्त्वपूर्ण हुई है। अब कांग्रेस अन्य पिछड़ी जाति के मतदाताओं के बीच बहुत लोकप्रिय नहीं रही है। ओबीसी मतदाता परंपरागत रूप से समाजवादी धारा के समर्थक रहे हैं। 1989 के लोकसभा चुनावों से पहले जनता दल के गठन के साथ बहुत सारे ओबीसी मतदाता जनता दल की ओर आकर्षित हुए थे। सर्वेक्षणों से पता चलता है कि 1995 के विधानसभा और 1996 के लोकसभा चुनावों में ओबीसी मतदाताओं ने जनता दल को भारी संख्या में वोट दिए थे। इस तबके के कुछ वोट भाजपा–समता पार्टी गठबंधन को भी मिले थे। 1998 के चुनावों में 42.5 प्रतिशत ओबीसी मतदाताओं ने भाजपा गठबंधन को वोट दिया जबकि इस श्रेणी के मतदाताओं के बीच जनता दल गठबंधन को 1996 में जो 50.3 प्रतिशत समर्थन मिला था वह 1998 में मात्र 17.3 प्रतिशत रह गया। राजद को ओबीसी मतदाताओं के बीच 28 प्रतिशत समर्थन मिला परंतु 1999 के लोकसभा चुनावों में समता पार्टी और जनता दल के विलय के चलते राजद को इन जातियों से मिलने वाला समर्थन गिरकर केवल 22 प्रतिशत रह गया। विधानसभा चुनाव से ठीक पहले दोनों दलों के बीच दोबारा टूट–फूट होने से ओबीसी मतदाताओं का एक तबका दोबारा राजद की ओर चला गया। 1995 में कांग्रेस को इस तबके के बीच केवल 13.7 प्रतिशत समर्थन मिला था जो 1998 में और भी गिरकर केवल 7.9 प्रतिशत रह गया। राजद के साथ गठबंधन के सहारे कांग्रेस को 15 प्रतिशत ओबीसी मतदाताओं का समर्थन मिला जो 2000 के विधानसभा चुनावों में दोबारा घटकर मात्र 5 प्रतिशत रह गया। यह इस बात का संकेत है कि कांग्रेस और राजद का गठबंधन होने से भी कांग्रेस को ओबीसी मतदाताओं के बीच मजबूत पैठ बनाने में मदद नहीं मिल पाई है (तालिका 8.12)।

तालिका : 8.13

ओबीसी मतदाताओं की बदलती पसंद, 1995–2000 (प्रतिशत)

पार्टी	1995	1996	1998	1999	2000
कांग्रेस	13.7	9.9	7.9	14.9	5.0
भाजपा गठबंधन	26.2	36.2	42.5	50.3	38.7
जद गठबंधन	49.8	50.3	17.3	–	–
राजद	–	–	28.0	22.0	40.8

स्रोत : *बिहार विधानसभा चुनाव सर्वेक्षण 1995, विधानसभा चुनाव, राष्ट्रीय चुनाव अध्ययन 1996, 1998 और 1999, विधानसभा चुनाव सर्वेक्षण 2000।*

1990–2000 के दशक में कांग्रेस के प्रति मुसलमानों के समर्थन में कमी आई। कांग्रेस से मुसलमानों की दूरी भागलपुर दंगों के बाद से ही बढ़ने लगी थी और यह प्रक्रिया बाबरी मस्जिद टूटने के बाद भी जारी रही। कांग्रेस से मोहभंग के बाद जनता दल और उसके सहयोगी ही यहां मुसलमानों की स्वाभाविक पसंद थे। सर्वेक्षण के आंकड़ों से पता चलता है कि 1995 के विधानसभा चुनावों और 1996 के लोकसभा चुनावों में जनता दल गठबंधन को मुसलमान मतदाताओं का भारी समर्थन मिला था। बाद में जनता दल के टूट जाने से अब यह समर्थन काफी हद तक क्षीण हो चुका है। 1996 के लोकसभा चुनावों में जनता दल गठबंधन को मुसलमानों के 68.9 प्रतिशत वोट मिले थे जबकि 1998 में उसे सिर्फ 19 प्रतिशत वोट मिले। उल्लेखनीय है कि मुसलमानों के 59.6 प्रतिशत वोट इस बार राजद के पाले में चले गए। 1998 के लोकसभा चुनावों तक समता–भाजपा गठबंधन को मुसलमानों को रिझाने में खास कामयाबी नहीं मिली मगर जनता दल (ए) के गठन के बाद भाजपा के सहयोगियों को 1999 के चुनावों में मुसलमानों के कुछ वोट जरूर मिले। 2000 के विधानसभा चुनावों से पहले समता पार्टी और जनता दल ने दोबारा एक–दूसरे का साथ छोड़ दिया था। नतीजतन, मुसलमानों के उन्हें मिलने वाले बहुत सारे वोट दोबारा राजद के पास चले गए (तालिका 813)।

1990–2000 के बीच हुए चुनावों के दौरान अगड़ी जातियों के मतदाता भाजपा की ओर आकर्षित हुए जबकि अधिकतर ओबीसी और मुसलमान मतदाता 1996 तक जनता दल और 1998 के लोकसभा चुनावों से राजद के साथ रहे। परंतु क्या इसका अर्थ यह भी निकाला जा सकता है कि इन समूहों के भीतर मौजूद विभिन्न जातियों की पसंद–नापसंद एक जैसी रही?

तालिका : 8.14

मुसलमान मतदाताओं की बदलती पसंद, 1995–2000 (प्रतिशत)

पार्टी	1995	1996	1998	1999	2000	2004	2005
कांग्रेस	21.9	23.3	14.9	33.9	6.6		
भाजपा गठबंधन	7.5	5.6	4.2	13.4	7.9		
जद गठबंधन	57.3	68.9	19.0	–	–		
राजद	–	–	59.6	48.2	61.4		

स्रोत : बिहार सर्वेक्षण 1995, राष्ट्रीय चुनाव अध्ययन 1996, 1998 और 1999, विधानसभा चुनाव सर्वेक्षण 2000।

गौरतलब है कि न तो अगड़ी जातियां और न ही ओबीसी ऐसे समूह हैं जिनमें आंतरिक स्तर पर कोई विविधता नहीं है। इन दोनों समूहों में कई जातियां आती हैं। राजपूत, भूमिहार, ब्राह्मण और कायस्थ अगड़ी जातियों में आते हैं। दूसरी तरफ ओबीसी समूह में भी कई जातियां आती हैं। यादव, कुर्मी और कोइरी ओबीसी समूह की प्रभावशाली जातियां हैं जबकि कहार, कुम्हार, लोहार, ततमा, तेली, धानुक आदि जातियां ओबीसी में निचले हिस्से की जातियां मानी जाती हैं। मुसलमानों के बीच भी ऊंची और नीची जातियां मौजूद हैं। ऐसी सूरत में यहां भी वही सवाल खड़ा होता है : क्या अगड़ी जातियों, ओबीसी और मुसलमानों में मौजूद विभिन्न जातियों के बीच निहित भारी राजनीतिक-आर्थिक गैर-बराबरी के बावजूद उनके मतदान की प्रवृत्तियां एक जैसी हैं ?

इस बारे में इकट्ठा किए गए आंकड़ों के विश्लेषण से पता चलता है कि चार अगड़ी जातियों की तुलना में ओबीसी समूह की जातियों के बीच मतदान की प्राथमिकता के लिहाज से भारी आंतरिक विविधताएं हैं। 1996 के लोकसभा चुनावों तक यादवों के बीच जनता दल काफी लोकप्रिय था। बाद में पार्टी के टूट जाने पर ज्यादातर वोट राजद के पाले में चले गए। गौरतलब है कि 1996 के चुनावों तक यादव निर्णायक रूप से जनता दल के साथ थे मगर 1998 के चुनावों में यादव वोट जनता दल, राजद और भाजपा-समता, तीनों गठबंधनों के बीच बिखरते दिखाई दिए। फिर भी 1998 के चुनाव में यादवों के ज्यादातर वोट राजद के ही उम्मीदवारों को मिले। मजे की बात यह रही कि यादवों के वोट हासिल करने के मामले में भाजपा-समता गठबंधन जनता दल से भी आगे रहे। कुल मिलाकर उनके वोट भाजपा के सहयोगियों, कांग्रेस और राजद के बीच बुरी तरह बंटे हुए थे। राजद के साथ गठबंधन के कारण कांग्रेस को यादवों का काफी समर्थन मिला। यह गठबंधन टूट जाने पर 2000 के विधानसभा चुनावों में यादव एकतरफा तौर पर फिर राजद के पीछे हो लिए (देखें तालिका 8.14)।

कुर्मी और कोइरी जातियों की मतदान प्राथमिकता यादवों से बिल्कुल भिन्न थी। क्योंकि यादव जनता दल के साथ थे इसलिए उन्होंने जनता दल के प्रतिद्वंद्वी भाजपा-समता गठबंधन को बड़ी संख्या में वोट दिए। परंतु सर्वेक्षण के आंकड़ों से पता चलता है कि भले ही अधिकतर कुर्मी और कोइरी मतदाताओं ने भाजपा गठबंधन को वोट दिया हो मगर कई मौकों पर उन्होंने दूसरे दलों को भी अपना समर्थन दिया। 1996 और 1999 के लोकसभा चुनावों में कर्मी और कोइरी भाजपा गठबंधन के साथ दिखाई दिए जबकि 2000 के विधानसभा चुनावों में उन्होंने राजद को भी बड़ी संख्या में समर्थन दिया (देखें तालिका 8.14)।

1990 और 2000 के बीच हुए चुनावों में ओबीसी समूह की निचली जातियों ने विभिन्न पार्टियों के प्रति अलग-अलग स्तर पर निष्ठा व्यक्त की। इस दौरान निचली ओबीसी जातियां साफ तौर पर भाजपा-समता गठबंधन की ओर बढ़ती दिखाई दीं। 1998 के लोकसभा चुनावों में भाजपा गठबंधन को इस तबके के लगभग 50 प्रतिशत वोट मिले। 1999 के चुनावों में भाजपा गठबंधन इस तबके के 63 प्रतिशत वोट हासिल करने में कामयाब रहा। निचली ओबीसी जातियां जनता दल से साफ तौर पर दूरी बनाती जा रही थीं। मगर 2000 के विधानसभा चुनावों में निचली ओबीसी जातियों के बहुत सारे मतदाताओं ने राजद को वोट दिया। इस चुनाव में इन तबकों के बीच भाजपा गठबंधन को मिलने वाले समर्थन में कमी आई। निचली ओबीसी जातियों के बीच कांग्रेस के प्रति समर्थन तेजी से कम हुआ (देखें तातिका 8.14)।

1999-2000 के बीच मुसलमानों की ऊंची जातियों और निम्न जातियों के बीच विभिन्न राजनीतिक पार्टियों के प्रति समर्थन के रुझान अलग-अलग थे। इस दौरान मुसलमानों की ऊंची जातियों में तो कांग्रेस का जनाधार समाप्त हो चुका है लेकिन मुसलमानों की निचली जातियों में पार्टी अभी भी एक हद तक लोकप्रिय है। मुसलमानों की निचली जातियों के बीच कांग्रेस को मिलने वाले समर्थन में 1995, 1996, 1998 और 1999 के चुनावों में आंशिक गिरावट तो आई परंतु 2000 के विधानसभा चुनावों में इस समर्थन में अचानक भारी गिरावट दिखाई दी। सर्वेक्षण से संकेत मिलता है कि मुसलमान भाजपा-समता गठबंधन की बजाय अभी भी कांग्रेस के पक्ष में वोट देना ज्यादा पसंद करते हैं।

मुसलमानों की ऊंची और निम्न, दोनों जातियों के ज्यादातर मतदाताओं ने 1998 के लोकसभा चुनावों में राजद को वोट दिया। इस तबके के मतदाताओं के बीच जनता दल और उसके सहयोगियों का जनाधार बुरी तरह क्षीण हो चुका है। मुसलमानों की निचली जातियां 1999 के लोकसभा और 2000 के विधानसभा चुनावों में राजग के पीछे गोलबंद रहीं। यद्यपि मुसलमानों की ऊंची जातियों के मतदाताओं में से ज्यादातर ने राजद को ही वोट दिया मगर उनमें से एक हिस्से ने

अन्य पार्टियों को भी वोट दिया (देखें तालिका 8.14)।

1990 से 2000 के बीच हुए चुनावों के दौरान दलित मतदाताओं की प्राथमिकताएं भी उल्लेखनीय रूप से बदलती दिखाई दीं। दलित परंपरागत रूप से कांग्रेस के समर्थक रहे हैं परंतु इस दौरान उनमें से लगभग आधे मतदाता जनता दल और उसके सहयोगियों के पास चले गए। 1995 के विधानसभा चुनावों में कांग्रेस को इस तबके के केवल 23 प्रतिशत वोट ही मिल पाए। 1995 के विधानसभा चुनावों में भाजपा दलितों का दिल नहीं जीत सकी। परंतु इन चुनावों में बिहार के दलित मतदाता धीरे-धीरे निश्चित गति से कांग्रेस की बजाय दूसरी पार्टियों की ओर खिंचते गए हैं। हालांकि उनमें से बहुत सारे मतदाताओं ने तो जनता दल और उसके सहयोगियों को वोट दिया परंतु एक तबके ने भाजपा और उसके सहयोगियों को भी समर्थन दिया। 1998 के चुनावों से पहले जनता दल में हुई टूट से दलित मतदाता तीन खेमों में बंट गया। उसके सामने अब जनता दल और उसके सहयोगी, भाजपा और उसके सहयोगी तथा राजद के रूप में तीन विकल्प पैदा हो गए।

1999 के लोकसभा चुनावों के बाद हालात काफी बदल चुके थे। समता पार्टी और जनता दल (ए) के विलय से दलित मतदाता भाजपा और उसके सहयोगियों की ओर आकर्षित होने लगे। दलित समर्थन के मामले में रामविलास फैक्टर ने भी भाजपा और उसके सहयोगियों को मदद पहुंचाने का काम किया। 2000 के विधानसभा चुनावों में राजद को दलितों के बीच कुछ समर्थन मिला हालांकि अधिकतर दलितों ने भाजपा और उसके सहयोगियों को ही वोट दिया (तालिका 8.15)।

निरक्षर मतदाताओं के बीच भाजपा कभी भी बहुत लोकप्रिय नहीं हो पाई। 1995 के विधानसभा चुनावों के सिलसिले में किए गए सर्वेक्षण के आंकड़े इस बात की पुष्टि करते हैं। समता पार्टी के साथ गठबंधन के बाद इस दायरे के बीच पार्टी की छवि बदलने लगी और 1996 के लोकसभा चुनावों से अब तक निरक्षर मतदाताओं में से एक हिस्सा निश्चित रूप से भाजपा और उसके सहयोगियों के पीछे गोलबंद हो चुका है। समता पार्टी और जनता दल (ए) के विलय ने 1999 के लोकसभा चुनावों में दलितों का समर्थन हासिल करने के मामले में एक अपेक्षित भूमिका निभाई परंतु 2000 के विधानसभा चुनावों से पहले जनता दल (ए) और समता पार्टी के बीच टूट से इस गठबंधन को निरक्षरों के बीच मिलने वाला समर्थन कुछ कम हो गया।

जनता दल और उसके सहयोगियों की स्थिति भाजपा गठबंधन के बिल्कुल विपरीत रही है। जनता दल और उसके सहयोगी दल निरक्षर मतदाताओं के बीच अत्यंत लोकप्रिय रहे हैं। 1998 के लोकसभा चुनावों से ठीक पहले जनता दल में हुई टूट से निरक्षर मतदाता भी जनता दल और राजद के बीच बंट गए। 1999 के लोकसभा चुनावों के साथ राजद निरक्षर मतदाताओं के बीच अपनी खोई हुई जमीन

वापस पाने लगा परंतु इस तबके के बीच उसे मिलने वाला समर्थन अभी भी नब्बे के शुरुआती सालों के मुकाबले कम है (तालिका 8.16)।

तालिका : 8.16

दलित मतदाताओं की बदलती पसंद, 1995-2000 (प्रतिशत)

पार्टी	1995	1996	1998	1999	2000
कांग्रेस	23.0	19.0	13.7	17.3	9.4
भाजपा गठबंधन	15.0	24.8	24.5	47.1	38.9
जद गठबंधन	48.7	31.4	28.4	–	–
राजद	–	–	23.5	26.0	33.1

स्रोत : बिहार विधानसभा चुनाव सर्वेक्षण 1995, राष्ट्रीय चुनाव अध्ययन 1996, 1998 और 1999, विधानसभा चुनाव सर्वेक्षण 2000।

तालिका : 8.17

निरक्षर मतदाताओं की बदलती पसंद, 1995-2000 (प्रतिशत)

पार्टी	1995	1996	1998	1999	2000
कांग्रेस	19.8	11.6	15.0	21.7	10.4
भाजपा गठबंधन	20.1	38.7	33.2	43.8	33.0
जद गठबंधन	47.3	40.4	17.0	–	–
राजद	–	–	18.6	22.4	36.0

स्रोत : बिहार विधानसभा चुनाव सर्वेक्षण 1995, राष्ट्रीय चुनाव अध्ययन 1996, 1998 और 1999, विधानसभा चुनाव सर्वेक्षण 2000।

शिक्षित मतदाताओं के बीच भाजपा और उसकी सहयोगी पार्टियां लोकप्रिय रहीं। नब्बे के दशक में इन मतदाताओं के बीच भाजपा गठबंधन की लोकप्रियता में इजाफा हुआ है। 1990-2000 के बीच हुए सभी चुनावों में लगभग 50 प्रतिशत उच्च शिक्षा प्राप्त मतदाताओं ने भाजपा और उसके सहयोगियों को वोट दिया। सर्वेक्षण के आंकड़े इस बात की पुष्टि करते हैं कि ये मतदाता कांग्रेस के पाले से खिसक कर भाजपा गठबंधन की ओर गए थे। हालांकि जनता दल और उसके सहयोगी शिक्षित मतदाताओं के बीच कभी भी लोकप्रिय नहीं रहे परंतु इस दायरे में उन्हें भी कुछ समर्थन जरूर मिलता रहा (तालिका 8.17)।

तालिका : 8.18

शिक्षित (स्नातक या उससे अधिक) मतदाताओं की बदलती पसंद, 1995–2000 (प्रतिशत)

पार्टी	1995	1996	1998	1999	2000
कांग्रेस	30.1	20.0	नगण्य	15.2	9.5
भाजपा गठबंधन	34.3	56.0	55.0	45.5	58.3
जद गठबंधन	20.5	20.0	15.0	–	–
राजद	–	–	20.0	18.2	22.6

स्रोत : बिहार विधानसभा चुनाव सर्वेक्षण 1995, राष्ट्रीय चुनाव अध्ययन 1996, 1998 और 1999, विधानसभा चुनाव सर्वेक्षण 2000।

निर्वाचित प्रतिनिधियों की बदलती सामाजिक पृष्ठभूमि

नब्बे का दशक बिहार की राजनीति में एक नए दौर की राजनीति का सूचक रहा है। संख्या के लिहाज से मजबूत पिछड़ी जातियां राज्य के चुनावी संघर्ष में एक अहम भूमिका तो शुरू से निभाती आ रही थीं मगर 1977 को छोड़कर और कभी भी उन्हें राज्य की राजनीति को निर्णायक दिशा प्रदान करने का मौका नहीं मिला था। नब्बे से पहले वह कुल मिलाकर एक द्वितीयक या सहायक की भूमिका में ही थीं।

पिछड़ी जातियों के लिए मंडल–आयोग की सिफारिशों के आधार पर नई आरक्षण नीति के क्रियान्वयन का विभिन्न अगड़ी जातियों ने पूरे देश में आमतौर पर इस नीति का समर्थन तो किया मगर उसके हिंसक विरोध पर यह जातियां मूकदर्शक बनी रहीं। इसके विपरीत बिहार में ये जातियां राजनीतिक रूप से गोलबंद हुईं और उन्होंने मंडल विरोधी आंदोलनकारियों को खुलकर चुनौती दी। आरक्षण विरोधियों में मुख्य रूप से अगड़ी जातियों के युवा थे जबकि आरक्षण समर्थकों में पिछड़ी जातियों के युवा मोर्चा संभल रहे थे। इस मुद्दे पर इन दोनों खेमों के बीच कई जगह लंबे और हिंसक संघर्ष हुए थे। इस घटनाक्रम से अगड़ी और पिछड़ी जातियों के बीच सदियों से दबी दुश्मनी सतह पर आ गई। यह ऐसा मौका था जब परस्पर विभाजित पिछड़ी जातियां अगड़ी जातियों की चुनौती का जवाब देने के लिए एक साथ इकट्ठा हुई थीं। जातिवाद के बीज बोने के लिए मंडल आयोग को भले ही कितना भी भला–बुरा कहा जाए मगर उसने विभिन्न जातियों को दो धुरियों पर गोलबंद करने का काम तो किया ही है। मंडल आयोग की सिफारिशों के बाद विभिन्न जातियां अगड़ी और पिछड़ी जातियों में बंट गईं। फिलहाल उनके बीच मौजूद अनगिनत मतभेद काफी हद तक दब गए हैं। इस सामाजिक बदलाव का

फौरी असर राज्य में राजनीतिक प्रतिनिधित्व के स्वरूप पर दिखाई दिया। अब ज्यादा से ज्यादा पिछड़ी जातियां जनप्रतिनिधित्व का दावा करने लगीं।

यदि पिछले कुछ सालों के दौरान बिहार विधायिका की सामाजिक पृष्ठभूमि को देखा जाए तो पता चलता है कि उसमें भारी परिवर्तन आ चुके हैं। राज्य विधानसभा में अगड़ी जातियों के प्रतिनिधित्व में धीमी किंतु निरंतर गिरावट आई है। 1995 की विधानसभा में अगड़ी जातियों के केवल 17 प्रतिशत विधायक थे। 1995 के विधानसभा चुनावों में जीतने वाले ओबीसी उम्मीदवारों की संख्या 45 प्रतिशत तक जा पहुंची जिसके सहारे जनता दल ने शानदार जीत दर्ज की। न केवल ओबीसी जातियों के जनप्रतिनिधियों की संख्या में नाटकीय इजाफा हुआ बल्कि पहली बार उन्होंने ऊंची जातियों के विधायकों को पीछे छोड़ दिया। हालांकि 2000 के चुनावों में पिछली बार के मुकाबले ओबीसी विधायकों का अनुपात कम रहा मगर इसके बावजूद यह अगड़ी जातियों के विधायकों से अधिक था। राज्य में मुसलमानों की अच्छी-खासी आबादी रही है मगर विधानसभा में उनकी मौजूदगी हमेशा 10 प्रतिशत के नीचे ही रही है। 2000 के विधानसभा चुनावों के अलावा बाकी सब चुनावों में महिलाओं की मौजूदगी भी 5 प्रतिशत के नीचे रही है। केवल 2000 के विधानसभा चुनावों में जीतने वाली महिला उम्मीदवारों की संख्या 7 प्रतिशत से कुछ अधिक थी (तालिका 8.18)।

तालिका : 8.19

बिहार विधानसभा की बदलती सामाजिक बुनावट, 1967-2000 (%)

श्रेणी	1967	1969	1985	1990	1995	2000
ऊंची जाति	41.8	38.3	26.4	32.5	17.1	29.9
ओबीसी	24.2	26.7	24.6	29.7	45.0	36.4
मुसलमान	5.6	5.9	10.1	6.1	7.1	9.3
महिलाएं	3.4	1.2	4.0	4.0	2.8	7.4

स्रोत : *1967 स्टेटिस्टिकल रिपोर्ट ऑन जनरल इलेक्शन टू दि लेजिस्लेटिव असेंबली ऑफ बिहार, भारत का निर्वाचन आयोग, नई दिल्ली, 1969 स्टेटिस्टिकल रिपोर्ट ऑन जनरल इलेक्शन टू दि लेजिस्लेटिव असेंबली ऑफ बिहार, भारत का निर्वाचन आयोग, नई दिल्ली, 1985 स्टेटिस्टिकल रिपोर्ट ऑन जनरल इलेक्शन टू दि लेजिस्लेटिव असेंबली ऑफ बिहार, भारत का निर्वाचन आयोग, नई दिल्ली, 1990 स्टेटिस्टिकल रिपोर्ट ऑन जनरल इलेक्शन टू दि लेजिस्लेटिव असेंबली ऑफ बिहार, भारत का निर्वाचन आयोग, नई दिल्ली, 1995 स्टेटिस्टिकल रिपोर्ट ऑन जनरल इलेक्शन टू दि लेजिस्लेटिव असेंबली ऑफ बिहार, भारत का निर्वाचन आयोग, नई दिल्ली, 2000 निर्वाचन आयोग की वेबसाइट।*

1989 से 1999 के बीच लोकसभा के लिए जीतने वाले उम्मीदवारों की

सामाजिक पृष्ठभूमि में भी बदलाव आया है। 1989 के लोकसभा चुनावों में बिहार से जीतने वाले लोकसभा सदस्यों में से 33.3 प्रतिशत अगड़ी जातियों के थे। यह संख्या 1991 के चुनावों में घटकर 18.9 प्रतिशत रह गई। दूसरी तरफ 1989 के चुनावों में पिछड़ी जातियों के विजयी उम्मीदवारों की संख्या 30.6 प्रतिशत थी जो 1991 में बढ़कर 43.1 प्रतिशत हो गई। इसके पीछे मुख्य रूप से इस बात का हाथ था कि पिछड़ी जातियां जनता दल के साथ गोलबंद हो चुकी थीं। 1996 के लोकसभा चुनाव इस मायने में अनूठे थे कि कांग्रेस राज्य के राजनीतिक परिदृश्य से पूरी तरह साफ हो गई। मुख्य रूप से कुर्मी और कोइरी जातियों के दम पर खड़ी समता पार्टी ने 1995 के विधानसभा चुनावों में नाकामयाब कोशिश करने के बाद भाजपा से हाथ मिला लिया। इस तरह, एक लिहाज से अगड़ी जातियों ने भाजपा के नेतृत्व में कुर्मी और कोइरी, दो प्रमुख पिछड़ी जातियों की सहायता से जनता दल को चुनौती दी। पिछड़ी जातियों के बीच इस बिखराव से उनके प्रतिनिधित्व पर स्वाभाविक नकारात्मक असर पड़ा। 1996 के लोकसभा चुनावों में उनकी संख्या घटकर 38.7 प्रतिशत रह गई। अभी भी यह संख्या अगड़ी जातियों के विजयी उम्मीदवारों से ज्यादा थी (तालिका 8.19)।

तालिका : 8.20

बिहार के लोकसभा सांसदों की बदलती सामाजिक पृष्ठभूमि, 1989–1999 (प्रतिशत)

श्रेणी	1989	1991	1996	1998	1999
ऊंची जाति	33.3	18.9	27.7	29.6	42.5
ओबीसी	30.6	43.1	38.7	31.4	24.0
मुसलमान	5.5	4.1	7.4	11.1	5.5
महिलाएं	3.7	5.5	5.5	7.4	9.2

स्रोत : *1980 स्टेटिस्टिकल रिपोर्ट ऑन जनरल इलेक्शन टू दि नाइन्थ लोकसभा इलेक्शन, भारत का निर्वाचन आयोग, नई दिल्ली, 1991 स्टेटिस्टिकल रिपोर्ट ऑन जनरल इलेक्शन टू दि टेन्थ लोकसभा इलेक्शन, भारत का निर्वाचन आयोग, नई दिल्ली, 1996 स्टेटिस्टिकल रिपोर्ट ऑन जनरल इलेक्शन टू दि इलेवन्था लोकसभा इलेक्शन, भारत का निर्वाचन आयोग, नई दिल्ली, 1989 स्टेटिस्टिकल रिपोर्ट ऑन जनरल इलेक्शन टू दि ट्वेल्थ लोकसभा इलेक्शन, भारत का निर्वाचन आयोग, नई दिल्ली, 1999 स्टेटिस्टिकल रिपोर्ट ऑन जनरल इलेक्शन टू दि थर्टीन्थ लोकसभा इलेक्शन, भारत का निर्वाचन आयोग, नई दिल्ली।*

जनता दल में फूट के बाद हुए 1998 के लोकसभा चुनावों में लालू यादव ने राजद के नाम से अपनी अलग क्षेत्रीय पार्टी बना ली थी। इससे निर्वाचित प्रतिनिधियों

की सामाजिक पृष्ठभूमि में और बदलाव आए। 1996 में कुर्मी और कोइरी जातियां समता पार्टी की तरफ बढ़ने लगी थीं। पिछड़ी जातियों के वोटों में बिखराव की जो प्रक्रिया यहां से शुरू हुई थी उसे तब और बढ़ावा मिला जब कुछ अन्य पिछड़ी जातियों ने भी जनता दल का साथ छोड़कर राजद को वोट दिया। इन चुनावों से जनता दल और राजद के बीच यादव मतदाताओं के बिखरने की भी शुरुआत हो गई। 1996 के लोकसभा चुनावों में कुर्मी और कोइरियों की सफलता से उनकी राजनीतिक एकजुटता को और बढ़ावा मिला। 1996 में उच्च जाति के प्रतिनिधियों की संख्या 27.7 प्रतिशत थी जो 1998 में आंशिक रूप से और गिरकर 24 प्रतिशत रह गई। अच्छे-खासे मुस्लिम वोट बैंक के लिए चली खींचतान से न केवल मुस्लिम उम्मीदवारों की संख्या में वृद्धि हुई बल्कि जीतने वाले मुस्लिम उम्मीदवारों की संख्या भी बढ़ गई (देखें तालिका 8.19)।

लालू विरोधी ताकतों के एकजुट होने की प्रक्रिया 1999 के लोकसभा चुनावों के दौरान भी जारी रही। जनता दल और समता पार्टी का विलय हो गया और पिछले चुनाव की तरह इस बार भी उन्होंने भाजपा के साथ मिलकर चुनाव लड़ा। बिपीपा भी इस गठबंधन में शामिल हो गई। भाजपा और उसके सहयोगियों ने जबर्दस्त जीत दर्ज की जिससे उच्च जातियों के प्रतिनिधित्व में वृद्धि हुई। 1999 के लोकसभा चुनावों में बिहार से जीतने वाले अगड़ी जातियों के उम्मीदवारों की संख्या 42 प्रतिशत को पार कर गई जबकि ओबीसी सांसदों की संख्या घटकर 24 प्रतिशत रह गई। मुस्लिम प्रतिनिधित्व घटकर मात्र 5 प्रतिशत रह गया परंतु महिला प्रतिनिधियों की संख्या बढ़कर 9 प्रतिशत तक जा पहुंची जो पिछले पांच लोकसभा चुनावों में सबसे बड़ी संख्या थी।

निर्वाचित जनप्रतिनिधियों की बदलती सामाजिक पृष्ठभूमि इस बात का संकेत है कि पिछड़ी जातियां अब बिहार की राजनीति में एक महत्त्वपूर्ण भूमिका निभाने के लिए कमर कस चुकी हैं। इस बारे में कुछ विश्लेषकों का यह भी तर्क है कि ऐसा मुख्य रूप से सत्ता में पहुंचने वाली पार्टी के बदलने का परिणाम है। लेकिन 1990-2000 के बीच हुए चुनावों से अब पूरी तरह स्पष्ट हो चुका है कि पार्टियां भले ही बदलती रहें मगर आने वाले समय में भी इस बात की कल्पना करना मुश्किल है कि यहां पिछड़ी जातियों को राजनीतिक सत्ता से वंचित कर दिया जाएगा। जब तक पिछड़ी जातियों को राजनीतिक प्रतिनिधित्व में उनका वाजिब हिस्सा नहीं मिलेगा तब तक सरकार बनाने की उम्मीद पालने वाली कोई भी शासक पार्टी उनका समर्थन हासिल करने में कामयाब नहीं हो पाएगी। अगड़ी जातियों की पार्टी मानी जाने वाली भाजपा को 1996 के लोकसभा चुनावों में 18 सीटों के साथ जबर्दस्त कामयाबी मिली थी। परंतु ऐसा संभवत: तभी हो पाया था जब उसने कुर्मी और कोइरी, इन दो प्रमुख पिछड़ी जातियों का पर्याप्त समर्थन हासिल कर लिया। बिहार

की राजनीति में पिछड़ी जातियों के उभार की यह परिघटना आने वाले कई सालों तक बनी रहेगी। आज यहां की पिछड़ी जातियां न केवल राजनीतिक सत्ता का लाभ ले रही हैं बल्कि अब यह राजनीतिक व्यवस्था के हाशिए पर संतुष्ट भी नहीं रह पाएंगी। बल्कि संभव है कि 'पिछड़ावाद' के लिए आने वाले दौर की राजनीति में जगह न मिले। इसलिए 'पिछड़ावाद' को पीछे रखकर उसे बृहत्तर सामाजिक समूहों के साथ एकीकृत कर दिया जाना चाहिए।

टिप्पणी :

तीनों सर्वेक्षण विकासशील समाज अध्ययन पीठ (सीएसडीएस), दिल्ली द्वारा 1995 और 2000 के विधानसभा चुनावों तथा 1996, 1998 और 1999 के लोकसभा चुनावों के दौरान कराए गए थे। 1995 के विधानसभा चुनावों के लिए राज्य के तीनों क्षेत्रों में फैली 16 विधानसभा सीटों पर सर्वेक्षण किया गया था। इस सर्वेक्षण में 817 लोगों से विस्तारपूर्वक बात की गई थी। 2000 के विधानसभा चुनावों के लिए राज्य के तीनों क्षेत्रों में स्थित 36 विधानसभा सीटों में सर्वेक्षण किया गया था। इस सर्वेक्षण में कुल 2,220 लोगों से विस्तारपूर्वक राय ली गई थी।

1996, 1998 और 1999 के सर्वेक्षण उन्हीं नमूनों के आधार पर लोकसभा चुनावों के दौरान सम्पन्न कराए गए थे। यह सर्वेक्षण 11 लोकसभा सीटों के 22 विधानसभा क्षेत्रों में स्थित 44 निर्वाचन केन्द्रों पर संचालित किया गया था। सर्वेक्षण के लिए संसदीय चुनाव क्षेत्रों का चयन प्रोबेबिलिटी प्रोपोर्शनेट टू साईज (पीपीएस) पद्धति के जरिए स्ट्रेटीफाईड रेंडम सेम्पलिंग के आधार पर किया गया था। इन सर्वेक्षणों के लिए 1996, 1998 और 1999 में क्रमश: 880, 833 और 881 व्यक्तियों से बात की गई थी।

1995 के विधानसभा चुनावों के दौरान जनता दल ने भाकपा और माकपा के साथ गठजोड़ किया था। भाजपा और समता पार्टी ने इस साल अलग-अलग चुनाव लड़ा। 1996 और 1998 के चुनावों की सार्थक ढंग से तुलना करने के लिए दोनों पार्टियों को 1995 के विधानसभा चुनावों के लिए भी एक गठजोड़ के तौर पर ही देखने की कोशिश की गई है।

1991 के लोकसभा चुनावों के दौरान झामुमो ने जनता दल के साथ गठबंधन किया था परंतु बाद के चुनावों में यह गठबंधन कायम नहीं रह पाया। 1998 के लोकसभा चुनावों के दौरान भाजपा और जनता दल का गठबंधन यथावत रहा जबकि राजद ने कांग्रेस और झामुमो के साथ गठजोड़ किया।

अनुवाद : योगेन्द्र दत्त और अन्य

लेखक परिचय

योगेन्द्र यादव
सीनियर फेलो, सीएसडीएस और लोकनीति के निदेशक

सुहास पल्शीकर
लोकनीति के नेशनल कॉंडिनेटर, पुणे विश्वविद्यालय के पोलिटिक्स एंड पब्लिक एडमिनिस्ट्रेशन विभाग में प्रोफेसर

के.सी. सूरी
हैदराबाद विश्वविद्यालय में राजनीति विज्ञान के प्रोफेसर

जी. गोप कुमार
केरल विश्वविद्यालय में राजनीतिशास्त्र विज्ञान विभाग में प्रोफेसर

ए.के. वर्मा
क्राइस चर्च कॉलेज कानपुर के राजनीतिक विभाग में रीडर

संध्या गोस्वामी
गुवाहाटी विश्वविद्यालय में रीडर

राजेश्वरी देशपांडे
पुणे विश्वविद्यालय में प्रवक्ता

टी.आर. शर्मा
पंजाब विश्वविद्यालय, चंडीगढ़ में राजनीतिक विभाग के पूर्व अध्यक्ष

विवेक यादव
लोकनीति, सीएसडीएस से जुड़े रहे हैं

संजय कुमार
फेलो सीएसडीएस

अरविन्द मोहन
पत्रकार, लेखक और अनुवादक, संपादक, लोकनीति

□□□